新入藏墓誌

陝西省考古研究院

陝西省考古研究院 編

上海古籍出版社

圖書在版編目(CIP)數據

陝西省考古研究院新入藏墓誌/陝西省考古研究院編. —上海：上海古籍出版社，2019.4
ISBN 978-7-5325-8959-3

Ⅰ. ①陝… Ⅱ. ①陝… Ⅲ. ①墓誌—彙編—中國—古代 Ⅳ. ①K877.45

中國版本圖書館CIP數據核字(2018)第181026號

責任編輯：姚明輝
裝幀設計：嚴克勤
技術編輯：耿瑩禕

陝西省考古研究院新入藏墓誌
陝西省考古研究院 編
上海古籍出版社出版發行
（上海瑞金二路272號 郵政編碼200020）
（1）網址：www. guji. com. cn
（2）E-mail：guji1 @ guji. com. cn
（3）易文網網址：www. ewen. co
上海麗佳製版印刷有限公司印刷
開本787×1092 1/8 印張52.5 插頁16 字數314,000
2019年4月第1版 2019年4月第1次印刷
印數：1—1,500
ISBN 978-7-5325-8959-3
K · 2532 定價：980.00元

本書獲得陝西省文物局考古發掘資料整理專項資金資助

僅以本書獻給陝西省考古研究院建院六十週年

本書納入「十三五」國家重點圖書音像電子出版物出版規劃增補項目

主編　李　明

編著（按姓氏筆畫排列）
丁　巖　于春雷　王　東　王小蒙　王望生　田有前　李　坤
李　恭　李舉綱　肖健一　邢福來　段　毅　徐雍初　耿慶剛
袁　明　馬志軍　張　蘊　曹　龍　陳愛東　楊利平　劉呆運
譚青枝

編務　杜　鎮　米晨凡

拓片　王勝利　劉永剛

攝影　李欽宇

掃描　廣州漢閩數據公司

封面題簽　羅　丰

彩版一：墓誌出土現場

二 西魏乞伏孝達妻吐谷渾庫羅伏墓誌

五 北周去斤鍾馗妻莫多婁氏墓誌

一二 隋元某妻崔氏墓誌

二〇 唐程公墓誌

一八〇 元董正爲高祖建塋壙誌

一八九 明張鋭暨妻石氏王氏合葬墓誌

二〇一 明張敎暨妻田氏合葬墓誌

彩版二：墓誌照片

一六 唐隋起部侍郎元君墓誌

二〇 唐故右衛美泉府吏程公墓誌

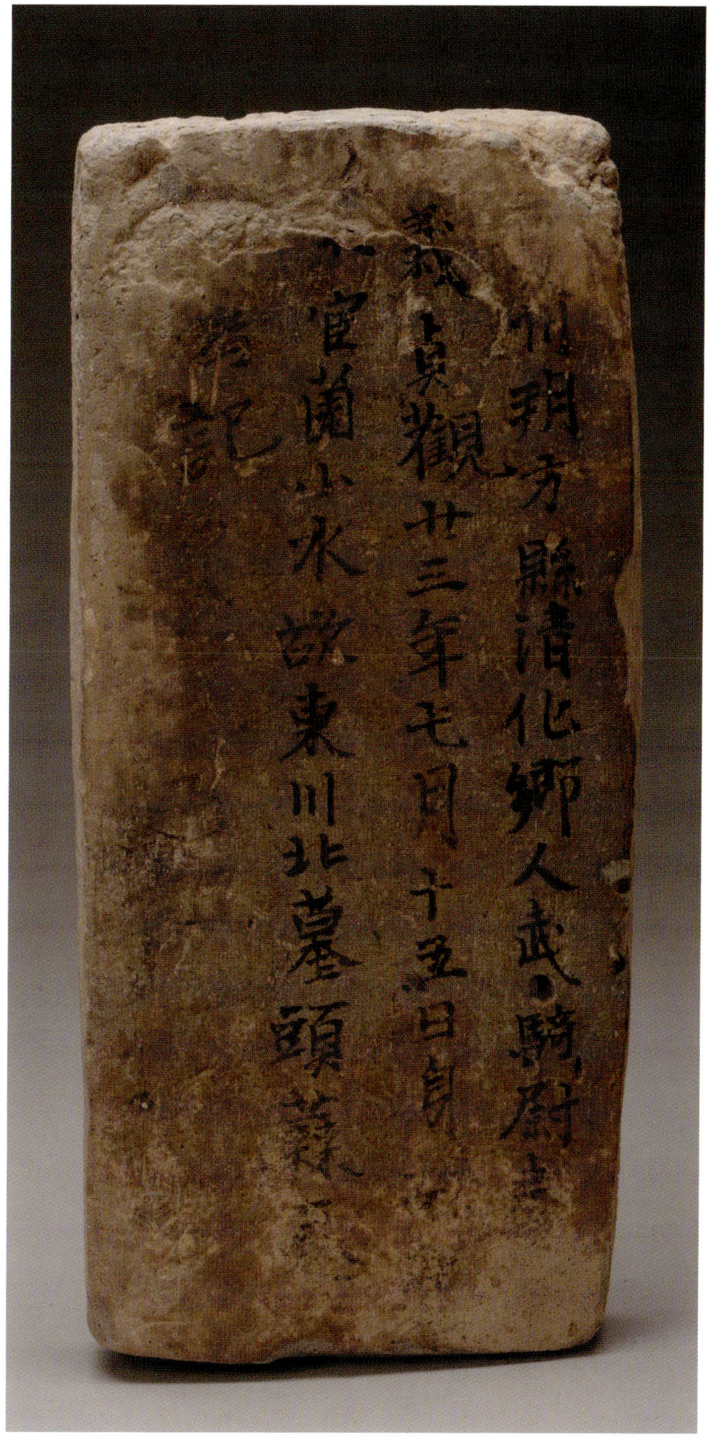

二一 唐夏州朔方縣清化鄉人武騎衛秦文義墓誌（正面、墨書、背面）

二九　唐故品子孫大郎（弘進）墓誌銘

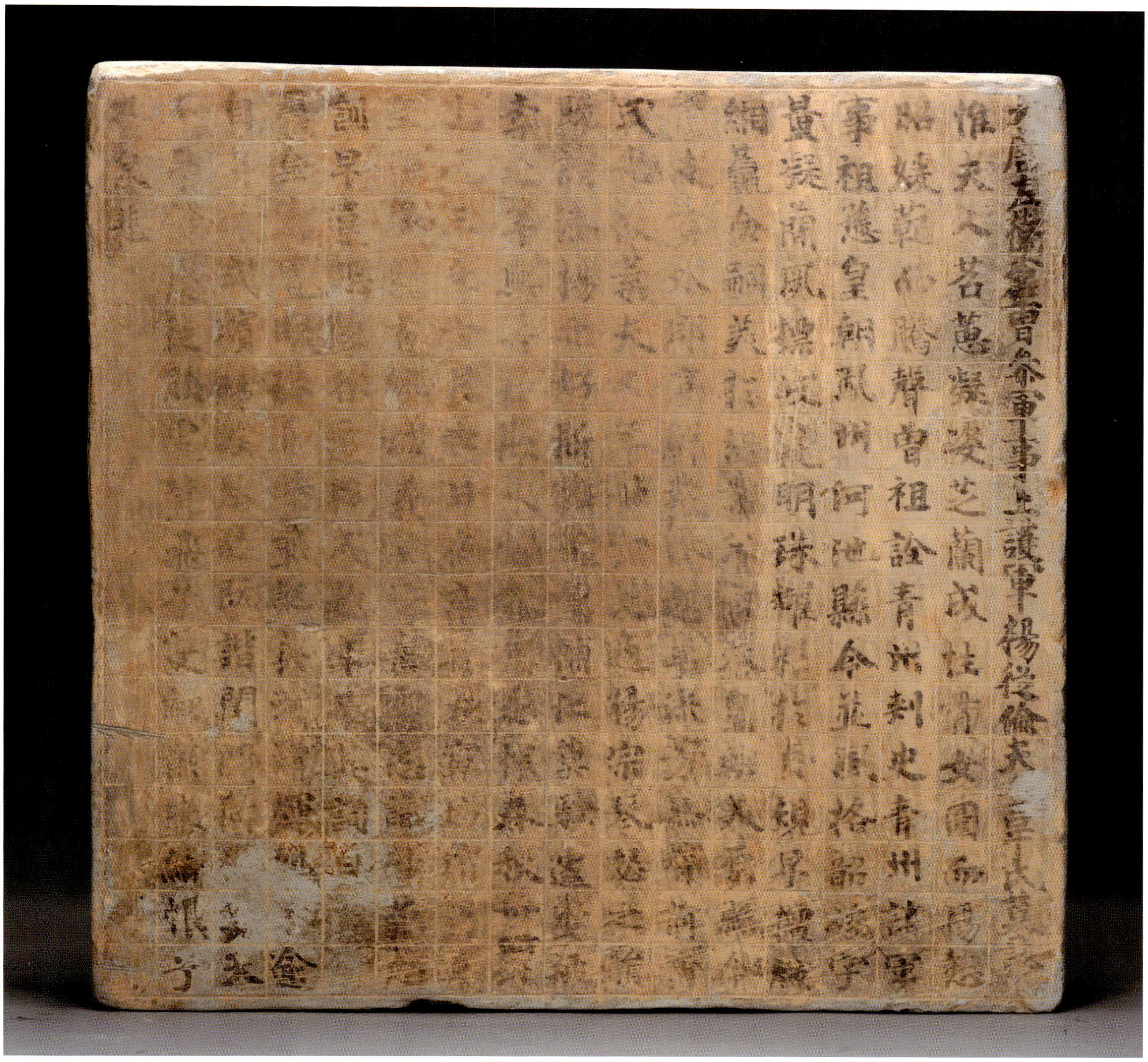

三五 唐左衛倉曹參軍事上護軍楊從儉夫人韋氏墓誌

四四 武周天水趙君劉夫人（英）墓誌銘

四七　武周司農寺丞鄭福善第四女墓誌

五五 唐前邛州安仁縣丞羅君故人李氏（大娘）墓誌銘

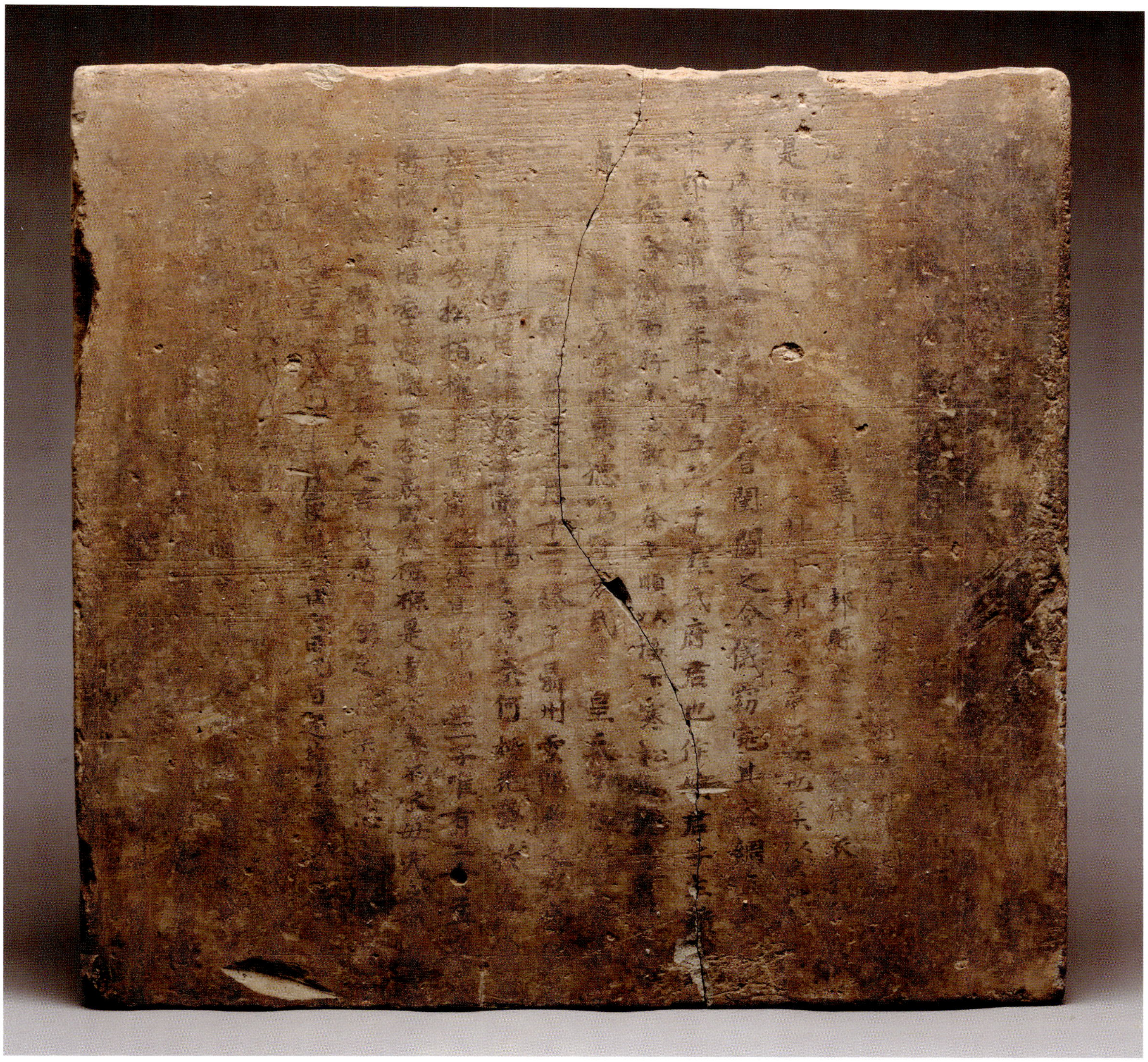

六七 唐羅某夫人墓誌銘

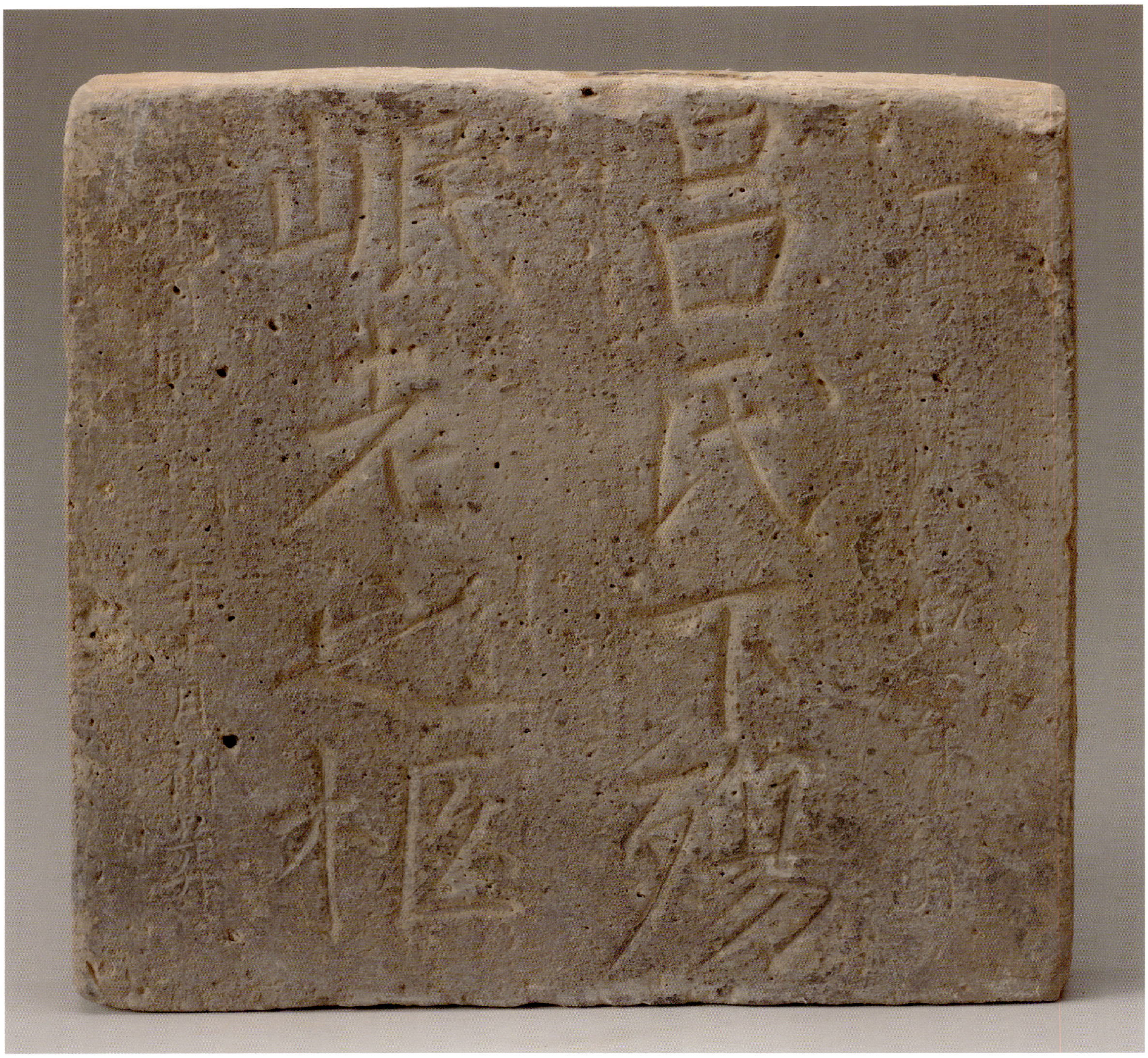

一五〇　北宋吕氏（大防）下殤岷老墓誌

一五八 北宋吕氏（大雅）殤子興伯墓誌

一五九 北宋吕氏（大雅）殤子鄭十七墓誌

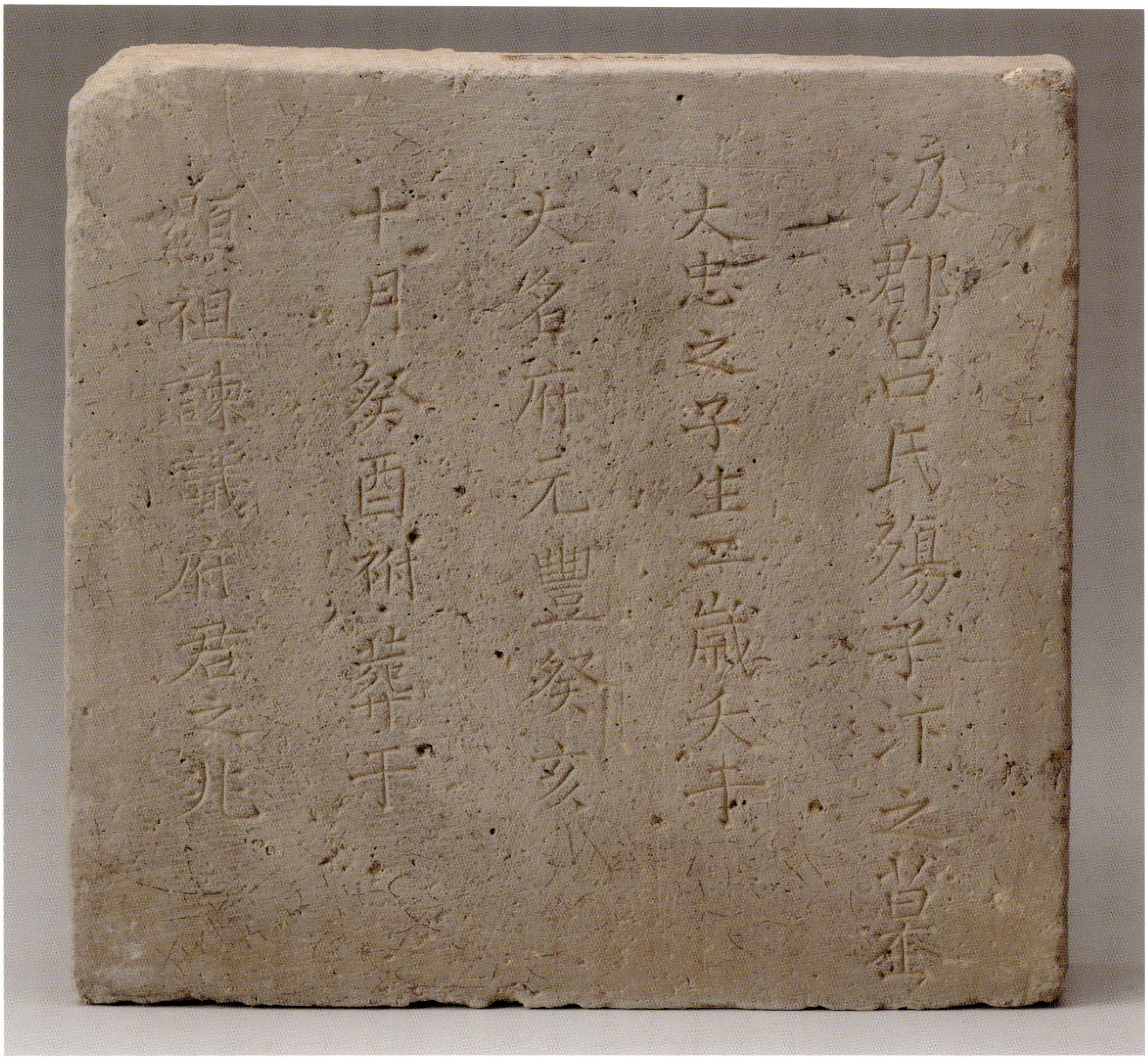
汲郡呂氏殤子汴之墓
大忠之子生五歲夭于
大名府元豐癸亥
十月癸酉祔葬于
顯祖諫議府君之兆

一六二 北宋汲郡吕氏（大忠）殤子汴墓誌

一七七　金李居柔買地券

序

超越死亡　禮敬逝者

國家文物局文物出版社原總編輯
陝西師範大學人文社科高等研究院特聘教授　葛承雍

一個民族給予死去的先賢先輩祭拜位置，是反映其内在歷史態度的標誌。在生命長眠的另一端，不論是追思還是悼念，逝去的人物都被封存於歷史的隧道之下，留下的信息凝固在石刻載體之中，猶如我們讀大地之書、認家園之道，超越死亡之旅去重新解讀遠古的隱秘。

慎終追遠，還是從早期人類文明説起吧。

古埃及人認爲死亡並不意味着生命的結束，而是生命進入了另一個世界不斷延續，逝者的靈魂要得到永生，其肉體與輪回轉世的物品一起放入墓中，後者受親屬的委託被置於逝者身旁，不僅能幫助死者面對未來、克服未知的危險，而且能防止在冥界被怪獸吞噬不得超生。古埃及墓葬中隨葬石碑的歷史較爲悠久，從古王國一直延續到其後的各個時期（公元前二六五〇—前三三二年）。在不同時期，石碑都有不同的形狀和圖像。石碑的功能主要是爲了保證在喪葬品遺失或在没有親人看護墳墓的情況下，死者仍能獲得必須的喪葬品和祝福，這種功能一般是通過石碑上面的文字來實現的。

二〇〇五年我們考察意大利佛羅倫薩國立博物館埃及館時，看到中王國時期（公元前二〇六五年—前一七八一年）的迪傑菲爾哈皮的隨葬石碑，這塊石灰岩石頭做成的碑上，刻有其姓名和稱號。而末朝時期（公元前六五六—前三三二年）的祭司潘布石碑，不僅雕刻有文字符號記録墓主人生平，還在墓碑上描繪有死者曾經在人間的生活環境（田耕收穫、釀酒製陶）和曾經享受過的歡樂時光（遊獵宴飲）。記得看完這些墓碑後，我們只有感歎這些相當於中國夏商周時期的文物，不愧是重要的人類文明遺産，真是「山外有山、天外有天」。

《阿拉伯之路——沙特阿拉伯出土文物展》首次亮相北京中國國家博物館，映入我們眼簾的是公元前六千年到前一千年的德丹文字刻銘石碑，以及公元前四千年的人形石碑，接着是公元前五到前四世紀的墓碑，砂岩石板雕刻一張面龐，下刻「紀念塔伊姆　扎伊德之子」。還有公元前四世紀著名的哈拉姆石碑，上面裝飾的星相人物源自美索不達米亞，銘文則屬於阿拉姆語。在古代阿拉伯半島南部，這類石碑有着相當廣泛的分布，阿拉姆語曾經是國際通用的商貿語言，銘文涉及里西安王室成員之子的一系列行動，也體現了阿拉伯半島西北部與南部的聯繫。

我幾次詢問策展人這些墓碑文物的年代可靠準確嗎？在得到肯定回答後沉默無語，内心不得不佩服兩河流域的文明起源遠遠早於華夏祖先。中國與兩河流域遠隔萬里，可是「視死如生」的觀念與厚葬之風，與我們的春秋戰國何其相似。是否有文化的聯繫或是偶然的交流，不敢隨意判斷，但是喪葬文化的厚重着實反映了靈魂不朽的觀念。

與國外石刻墓碑相比，中國的石刻墓誌和碑刻出現得相對較晚。據我所知，墓誌刻石肇源於東漢，墓葬中隨葬石刻墓誌的風氣盛行於北魏，魏體漢字書寫的墓碑作爲藝術佳品而名揚天下。北齊、北周至隋代的墓誌亦不少。煌煌盛世的唐代出土墓誌則已成千上萬，數量上不僅遠遠超過前代，也力壓後世宋、元、遼、金。宋人編的《寶刻叢編》中已著録了相當數量的唐代墓誌，可知唐代墓誌在宋代已有出土。

近年來各地墓誌石刻大量出現。隨着全國經濟開發而帶動的城市建設項目高速推進，考古工作使得地下墓葬中的墓誌石刻資料如雨後春筍般出現。有些地方民間博物館也如井噴一般冒出大量各個時代的墓誌。目前，僅唐代墓誌總數就達到了近一萬方，其中陝西無疑是唐墓誌最重要的出土地，僅在長安高陽原、少陵原、神禾原等地就有大量墓葬出土墓誌。近十年来（二〇〇七—二〇一七年），陝西發現的唐代墓葬何止千座，其中不少是紀年墓，爲學術界提供了可觀的實物研究資料。例如轟動社會各界的唐玄宗之武惠妃墓、盛唐宰相韓休夫婦墓、武則天時代的女官上官婉兒墓等，以及周邊地區的李道堅墓、執失思力墓、秦守一墓、戴胄墓，等等。特别是唐代家族墓地被多次發現，從郭子儀家族墓到令狐楚家族墓，從阿史那氏家族墓到安氏、爔倹氏、曹氏、康氏等諸多墓葬，其中如唐代百濟國遺民祢氏家族祖孫三代的墓地、唐代突騎施王子光緒墓，都爲我們研究東亞和西域的歷史提供了重要資料。

陝西省考古研究院是古都長安及其周邊京畿之地墓誌發現與收藏的大單位，不但數量大而且品相高，特别是高等級墓葬集中於長安地區，具有得天獨厚的條件。圍繞着黄土臺原分布有大量古代墓葬，諸如長安區韋曲街道的神禾原、少陵原，滻河以東的龍首原、長樂原、白鹿原、銅人原、洪慶原，以及長安區的高陽原、細柳原、鳳棲原、畢原等，都是古代墓葬分布的密集區域。由該院編纂的《陝西省考古研究院新入藏墓誌》，是繼《長安高陽原新出土隋唐墓誌》之後的又一部大型石刻文獻著作。這部書收集了從前秦、西魏到隋、唐、宋、元諸朝代共二百二十八種墓誌，其中唐代一百零九方，有將近八成是首次公布，爲學界提供了全新的資料。並且，其中還有名將馬璘家族、大宦官梁守謙家族以及宋代藍田吕氏家族三代人共二十八種墓誌，爲增訂縉紳世系譜續寫了新篇。如果説唐代後期門閥世族因爲戰亂被打散流失，那麼家族墓地仍然堅持回歸家庭的傳統，即使不在一個墓園，也會在故鄉遥遥相望。

我們翻開全書拓片，可見許多有故事的墓誌。最引人矚目的就是景雲元年（七一〇）《大唐故昭容上官氏墓誌銘》，誌主即大名鼎鼎的上官婉兒，她既是著名詩人又是介入政治的女官，有文采有膽略，在唐中宗時代歷經風雲變幻，留下了許多傳説故事。近千字的墓誌内容記載了她的世系、生平、身份、葬地等信息，喪挽文學筆意濃濃，執筆者很有可能是一個與她共過事的文人。另一個是唐玄宗時期受到欣賞的名相韓休伉儷墓誌。韓休於開元廿八年（七四九）葬於少陵原，墓誌記載他「十二能屬文，十八通群籍」，不但文筆絶倫、出類拔萃，而且爲人正直，對策國問，近忠良，遠奸佞，被人們呼喧爲「賢相」，爲開元盛世、振奮朝綱做出過傑出貢獻，居官榮貴幾十年，家無私積藏金，是一個真正的「清官」、「好官」。

近年出土墓誌類圖書所起的補史證史作用備受國内外關注，學者們均試圖從誌文記載中找出相關的歷史事件、相關人物的家族譜系和生平經歷，有些意想不到的墓誌會帶給人們新的認識。比如本書所收的《唐李範墓誌》，披露墓主爲契丹烏丸人，曾祖是北齊所授的八部落大蕃長。《唐李寂墓誌》載墓主李善同曾祖是西魏夏州酋長。當時有很多其他民族被漢化的酋長首領，匯入漢文化圈，成爲走向盛唐建基不可或缺的人物。

墓誌基本都是由家屬或是門生故吏所撰寫，當然也有少數名家執筆留字，他們很有可能約定成俗而流傳後世，有的彰顯功勳、溢美歌頌，有的掩蓋秘史、虛實結合，經歷過跌宕起伏的官場風雨。像唐中宗時韋皇后家族墓地就在長安韋曲周邊，其族參與政治鬥争却幾遭毀滅。而唐玄宗李隆基的養母燕國太夫人竇淑，開元九年（七二一）死後備極哀榮，不僅給予一品規格葬禮，而且樹立爲賢妻良母的榜樣。

長安周圍高等級墓葬區很多，但建立在莽莽坡原上，遠睇三輔舊圖，俯瞰黄壤千里，大唐氣勢確實非比尋常。而且豪門貴族的墓誌，體量巨大，雕鏤極精，四側綫刻的如意雲紋、牡丹紋、祥雲紋等襯托出墓主的高貴顯赫，每當看到那些襯以遠山、點綴森林的墓誌綫刻，看到「壼門」中獸首人身、持笏而坐的十二生肖圖像，都會體會到「貴胄衣冠、世軌風模」的非凡氣場。

當然，並不是所有墓誌都是從高墳巨冢中發掘出來的。中唐以後，長安也出現了許多小墓誌。因爲安史之亂後，外族入侵，藩鎮混戰，朝廷潰逃，民衆遷移，動輒數以萬計的黎民百姓散亡，不僅號稱「門閥」的世家大族因社會動亂被殺戮而斷絶，傳統文化也隨着精英階層被打得七零八落而衰落，絶大多數人可能連墓誌也未鐫刻就雲消煙散。現在從中唐以後墓誌上並不能看出他們因戰亂死亡的文字，家人花錢雇人寫祭文和請工匠打磨石頭都不容易，一些中産階層的官吏文士或富商大賈也没有什麼值得誇耀的事迹，粗製濫造的小墓誌流行於民間，因而中唐以後能在慘色哀聲中保存下来的墓誌本身就已經很珍貴了。

目前各省市文物庫房中堆積着許多無人整理的墓誌，私人收藏者對石刻文字秘而不宣，數量估計也不少。這就更凸顯出陝西省考古研究院近年来墓誌整理工作的突出成績。由於歷史原因造成的後遺症，這些墓誌石刻中有近百方暫時還無法查清出處，但多是當年長安周邊重要的政治、文化的遺痕，其上記録着歷史事件、重要人物、典章制度、文學語言等重要信息，如果没有這些保存的碑誌填補空白，很難想象我們今天所了解的隋唐長安以及三秦大地是什麼面貌。所以我每次看到這些墓誌，仿佛就能聽到生命花開花落的聲音，猶如采浩然之正氣，念先人之功勳，沐歷史之風雨。

「爲文化留根，爲民族存史」，是我們大家共同執有的心願。近年来我參與編寫、組織和策劃的《長安新出墓誌》、《西安新獲墓誌集萃》、《長安高陽原新出土隋唐墓誌》等都經過長時間的考訂，墓誌中的異體字、別字、俗字以及文字殘缺漫漶的困擾很大，深奥典故、拗口辭藻都頗費思量，深知考古工作者和文獻研究者付出了夜以繼日的心血。李明等人將考古出土文物與古籍文獻緊密結合的嘗試，已經邁出了扎實的脚步，隨着新的墓誌石刻繼續增加，他們的整理工作也將不斷深入，視野也將不斷開闊，使墓誌由公物變成公器，這也必將嘉惠於海内外學術界，爲人類尊重歷史、超越死亡獻上温馨的禮花。

二〇一八年十二月二十八日於北京

前言

陝西省考古研究院　李明

陝西省考古研究院成立於一九五八年，承擔着全省境内的考古調查、勘探、發掘任務以及考古學研究工作，目前是全國規模最大、實力最强的省級考古科研機構。依托陝西豐富的古代文化遺存，六十年來，陝西省考古研究院發掘古代遺址上千處、墓葬數以萬計，院藏各類文物近二十萬件（組）。院藏文物包羅萬象，門類繁多，而考古出土的歷代墓誌無疑是最具「份量」的一類。經編者整理統計，陝西省考古研究院現藏磚石墓誌七百餘種、一千一百餘方（蓋、誌合計）。其中一部分歷年來在各類考古報告、考古簡報、論文以及《隋唐五代墓誌彙編·陝西卷》、《全唐文補遺》各輯、《長安碑刻》、《長安高陽原新出土隋唐墓誌》等著作中刊布，但公布的數量仍不足出土數量的四分之一。墓誌類文物在院藏文物中雖然總體占比極小，但其重要價值和歷史文化信息含量無需贅言，然而當前的現實情况嚴重制約了院藏墓誌類文物價值的有效發揮。

院内幾代學人都曾嘗試整理院藏墓誌，但終因工程量過大、經費無法落實等原因未能畢其功。上世紀八〇年代末，爲慶祝建所三十週年，陝西省考古研究所曾計劃組織編寫學術專著約四十種，鑒於當時西安東郊和南郊基本建設考古集中出土一批唐代墓誌，擬編纂《陝西省考古研究所藏唐代墓誌集》〔一〕。此書雖未能付梓，但其中的二十五種院藏隋唐墓誌被一九九一年八月出版的《隋唐五代墓誌彙編·陝西卷》第三册、第四册收録〔二〕，這是院藏墓誌的第一次集中公布。然而限於條件，該書只有拓片圖版，並無録文，圖版説明也非常簡略。二〇一四年九月出版的《長安碑刻》收録院藏墓誌二十七種〔三〕，其中拓本首次發表者七種。這二十八種墓誌原石存於陝西省考古研究院，拓本估計是發掘時考古隊提交給當時的長安縣文物管理委員會的。一九九〇年代後期，考古所内資料室以當時收藏的墓誌拓片爲基礎，製作了墓誌録文，但最終還是未能編集成書。二〇〇九年，肖健一、秦造垣整理西安南郊明墓發掘資料時，收集了院藏明代墓誌十種，附録於考古報告之後〔四〕，其中有墓誌録文和拓片圖版，對院藏墓誌整理來説是一項有益的嘗試。二〇一〇年起，李明、劉呆運、李舉綱整理了西安南郊高陽原隋唐墓地出土的墓誌一百一十三種，該項目獲得「陝西省文物局考古發掘資料整理專項資金」和二〇一四年國家古籍整理出版專項經費資助，最終於二〇一六年正式出版〔五〕。這是院藏墓誌的第一次結集刊布，填補了院内學術空白，也受到學界的普遍歡迎和認可。

二〇〇四年涇渭基地建成後，原先分散存放於澧東工作站、銅川工作站、秦陵工作站、院内地下室庫房的墓誌先後移至涇渭基地保存，各考古隊也將新出土墓誌移交涇渭基地。由於墓誌體積較大、數量較多，十年間不得不露天堆放於庫房之間的空地，苔深不掃，塵蠹叢生，非但不能發揮其價值，而且面臨着散亂、剥蝕的風險。有了編纂高陽原隋唐墓誌的經驗，編者於二〇一二年初提出了整理並刊布院藏歷代墓誌的計劃，院領導當即表示支持，並要求精心謀劃，大膽實施，力争早日將這一批沉睡的珍寶公之於世。隨後，院内啓動了「陝西省考古研究院院藏歷代墓誌整理與研究項目」，並再次申請獲得「陝西省文物局考古發掘資料整理專項資金」資助。當年年底，以部分院藏墓誌參加故宫博物院承擔的「國家社會科學基金重大招標項目——新中國出土墓誌整理與研究（第二期工程）」，作爲該項目子課題，編纂《新中國出土墓誌·陝西〔肆〕》。院領導和同仁們的支持和幫助，加上兩筆整理資金的資助，是院藏墓誌整理項目能夠順利開展並完成的前提。

爲了徹底改變包括墓誌在内的院藏石刻文物常年風吹雨淋的窘狀，陝西省考古研究院投資新建了涇渭基地石刻文物標本庫。二〇一六年石刻庫落成投用，涇渭基地的同仁不辭辛勞，將全部院藏墓誌入庫上架存放，並編輯製作了檢索檔案，終於實現了對指定墓誌的快速定位，極大地便利了對墓誌的觀摩研究。這些工作大多數是不爲人知的，其中甘苦亦何足爲外人道。

二

本書係「陝西省考古研究院院藏歷代墓誌整理與研究項目」階段性成果，與《長安高陽原新出土隋唐墓誌》和《新中國出土墓誌・陝西〔肆〕》可合併觀之，三書共收録十六國至清代磚、石墓誌六百七十一種，基本反映了陝西省考古研究院院藏歷代墓誌的全貌。本項目及本書所收墓誌的出土時間截至二〇一六年，二〇一七年以來，院内各考古工地仍有墓誌不斷出土，但數量不多，本書未予收録。另有若干字迹模糊的磚墓誌和無法準確配對的墓誌蓋，爲保證資料的嚴謹性，本書亦未收録。

本書共收録磚、石墓誌二百二十八種，共計三百五十九方。其中十六國前秦墓誌一種、西魏墓誌三種、北周墓誌五種、隋代墓誌五種、唐代（含武周）墓誌及鎮墓石一百三十一種、五代墓誌一種、宋代墓誌三十種、金代墓誌一種、元代墓誌三種、明代墓誌三十一種、清代墓誌十七種。其中一百七十種墓誌（前秦一、西魏二、北周三、隋三、唐一百零七、五代宋金元六、明清四十八）以前從未發表，占總數的七成半，而且大多數不爲學界所知，所以資料的全新性是本書的一大優勢。本書所收墓誌是上世紀八〇年代至二〇一六年之間，陝西省考古研究院在基本建設考古和搶救發掘工作中發掘出土或采集所得，目前全部收藏於本院涇渭基地石刻文物標本庫。因此，資料的可靠性也是本書獨一無二的優勢。

三

葉昌熾《語石》卷二中説：「關中爲漢唐舊都，古碑淵藪。」本書所收墓誌大多爲今西安、咸陽兩地出土。上世紀八〇年代末到九〇年代初和本世紀的第一個十年，是基本建設考古大規模開展的兩個高峰時期，大約一半以上的院藏墓誌是這兩個時期出土的。近年來面世的上官婉兒墓誌、韓休夫婦墓誌等唐代名人墓誌，受到了社會和學術界的極大關注，對於推進出土墓誌的研究和保護來説，都是可遇而不可求的契機。名人墓誌當然珍貴，但我們認爲，每一方出土墓誌都是珍貴的、不可再生的資源。以本書所收墓誌爲例，即頗有可咀嚼之處。

前秦張惡婢妻吕迚南墓誌，是院藏墓誌中時代最早的一方，代表了墓誌發展的較爲原始的狀態。此誌出土地點約當於漢長安城宣平門外東約八百米，誌主應係前秦都城萇安的居民，且吕氏乃十六國時期氐族大姓，則此方墓誌對於長安城沿革與北族研究皆有重要價值。

西魏乞伏孝達妻吐谷渾庫羅伏墓誌和乞伏永壽妻姚護親墓銘，是近年來罕見的真正的西北少數民族墓誌（北周常見漢族賜鮮卑姓，如本書所收的北周去斤誕墓誌，誌主本姓許，漢人）。吐谷渾暉華公主吐谷渾庫羅伏，是西魏文帝悼皇后之姨，因隨夫護送茹茹公主來婚而留滯西魏，死後即葬於長安城郊外。另一誌主姚護親很可能是她的儿媳。出土这兩種墓誌的墓葬保存完整，是難能可貴的西北民族考古研究材料。

院藏墓誌中，唐代墓誌數量最巨，學術價值也最高。唐代盛行族葬，院藏墓誌中有許多家族墓誌，如葬於長安城東銅人原的以馬璘爲代表的馬氏家族墓，共出土三代人墓誌十種，本書收録二種（另八種收録於《新中國出土墓誌・陝西〔肆〕》）。葬於長安城東白鹿原的唐代大宦官梁守謙家族墓，迄今共出土墓誌六種，即梁守謙墓誌[六]、梁守志墓誌[七]、梁寶威德（梁守謙生母）墓誌（《新中國出土墓誌・陝西〔肆〕》收録）、梁守志妻趙氏墓誌（本書收録）、梁承政墓誌[八]、梁某（梁守謙子）妻劉氏墓誌（本書收録）。另有梁守謙女郭文幹妻梁氏墓誌（本書收録）出土於長安城南高陽原。這一系列新出土墓誌和考古資料對於研究唐代後期的宦官制度及政治生活史都具有重要的參考價值。

卒於貞觀十四年（六四〇）的李寂和葬於上元三年（六七六）的李達磨，實爲父子。李寂是隋德廣郡公李和之孫，李和嗣子徹，字廣達，《隋書》卷五十四有傳。據《李和墓誌》，和字慶穆，但在李寂墓誌中其祖諱「懿」，歷官與李和墓誌所載大致相同。《北史》卷六十六《李和傳》：「周文嘗謂諸將曰：『宇文慶和累經任委，每稱吾意。』又賜名意焉。」這個「意」可能就是「懿」之訛。另，李和之父僧養，「累世雄豪」，曾任魏夏州酋長，很可能是世襲的少數民族首領。而李和在夏州起家，父子兩代或任或贈夏州刺史，説明其勢力範圍還是在夏州。自李和墓誌到李達磨墓誌所稱的籍貫「隴西狄道人」，可説是典型的冒籍。《北史》和《隋書》關於李和、李徹的籍貫記載「朔方巖緑人」更值得采信。

燕國太夫人竇淑，是唐玄宗李隆基的姨母，實際上也是他的養母。其墓誌規格按一品例，達到九十厘米以上。竇淑從夫张守讓合葬，與其父竇孝諶、兄竇希瓘墓相距不遠，都葬於洪瀆原的唐代高等級墓地，地位極其尊崇。這三座墓的禮葬，顯示了李隆基加强李唐皇室及其本身正統性的決心，也是在位皇帝彰顯自身孝悌品行的手段。

唐代的少數族裔墓誌所反映的唐代政治格局一直是學術界關心的熱點問題，本書所收的《唐故左屯衛郎將李公（範）墓誌銘》即一合初唐時代契丹人墓誌。誌主李範是貞觀二年（六二八）降唐的契丹君長摩會之子，《李範墓誌》記載，早在武德元年（六一八），摩會即被唐朝廷「授本部八蕃君長，仍賜鼓纛，加上柱國、左武衛將軍，封長松公」，其賜姓李氏早於兩唐書《北狄傳》所載的契丹酋長窟哥於貞觀二十二年的賜姓。李範在長安有私第，奉養母親，結婚生女，被授予左屯衛郎將的實職，很顯然是契丹的質子。

唐韋泂東方鎮墓石、唐韋泂中央鎮墓石兩種石刻，很有可能是出土於唐韋泂墓。長安區博物館藏有唐韋泂西方鎮墓石〔九〕，可與此三種石刻合併觀之。韋泂是唐中宗韋皇后的堂兄弟，在中宗朝曾任高官。日本學者加地有定認爲韋泂死於七〇九年〔十〕。編者認同此説，並推測韋泂也葬於「榮先陵」左近，其墓與韋皇后父、兄墓一同被毁〔十一〕，墓誌早已不知所蹤。唐五精鎮墓石盒蓋，與河南偃師出土的唐天寶十三載（七五四）鄭旻墓安魂盒形制、文字基本相同，可見時代相近〔十二〕。學者認爲這是陝西境內出土的僅見的五精石盒，「此種器物當係道教葬儀用品，屬於上清派的遺存」〔十三〕。上述三種石刻，與唐韋泂中央鎮墓石共計四種，雖不是墓誌，但都屬於與葬儀有關的石刻，故本書亦予收録。

本書收録的宋代墓誌，除呂繼旻墓誌和龔德方墓誌外，均爲藍田呂氏墓誌，從嘉祐六年（一〇六一）至政和七年（一一一七），時間跨度長達半個世紀，涵蓋藍田呂氏三代人，共二十八種墓誌。北宋藍田呂氏的代表人物呂大臨，不僅對「關學」發展貢獻巨大，而且是公認的「考古鼻祖」，在中國考古史上占有重要地位。這批發掘資料現已出版公布，是宋代考古的重要發現〔十四〕。明清墓誌中也多見家族墓誌，如葬於高陵徐吾村的明張鋭一族，祖孫三代共四合墓誌；葬於曲江孟村的明張義一族，祖孫三代亦四合墓誌。這些都説明關中地區聚族而葬的傳統，自北朝一直延續到明代未曾改變。

四

從考古學角度出發的出土墓誌研究，要放在墓葬考古發掘的資料環境中做整體的考慮。認識墓葬形制與規模、隨葬器物的種類與組合，了解喪葬禮儀程式的進行，對於研究者理解墓誌内容非常必要；反之，研讀墓誌也對理解考古發掘材料裨益頗深，讀懂墓誌往往是研究考古發掘資料的前提和基礎。深入分析墓誌出土的墓葬背景和考古迹象，與玩味墓誌行文的微妙變化同樣令人入迷，如果兩者能夠有效結合，將產生幾何量級的信息收穫。事實上，在當前的研究環境下，古代史研究者越來越依賴於考古資料所提供的旁證，考古背景材料能夠可靠地提供通往各個領域的橋梁，使研究更加具有深入性和專業性。

經不懈努力，至項目結項時，大部分院藏墓誌已落實出土信息，但由於種種原因，仍有一百零五種墓誌不明出處，查對核實還需假以時日。还有個別已發表的院藏墓誌仍未找到，如《隋代墓誌銘匯考》第三册收録的《隋魯阿鼻墓誌》，係一磚刻墓誌，一九九一年出土於西安市長安縣南里王村七〇六七工地一四九號墓。此誌下葬日期與本書所收《隋修北周右正宮治尚宮平昌長樂郡國夫人魯氏（鍾馗）墓誌銘》爲同一天，誌主又同姓，顯係同一家族成員。隋宋忻暨妻韋胡磨墓誌、唐郭元誠塔銘，《長安碑刻》皆言藏於陝西省考古研究院，但目前亦未見。當然，隨着考古發掘工作的開展，今後仍將會有新的墓誌不斷出土，我們將持續予以關注，繼續完善院藏墓誌資料。

編者學力不逮，書中失誤難免，望讀者包涵的同時亦不吝批評，明以教之。

二〇一八年十二月

注

〔一〕《開拓奮進的三十年——陝西省考古研究所的歷史和現狀》，《考古與文物》一九八八年第五期、第六期。

〔二〕王仁波主編：《隋唐五代墓誌彙編·陝西卷》，天津古籍出版社，一九九一年。

〔三〕陝西省古籍整理辦公室編：《長安碑刻》，陝西人民出版社，二〇一四年。

〔四〕陝西省考古研究院編：《西安南郊明墓》，三秦出版社，二〇一三年。

〔五〕陝西省考古研究院編：《長安高陽原新出土隋唐墓誌》，文物出版社，二〇一六年。

〔六〕《梁守謙墓誌》存誌文，但原石已佚，見《大唐故開府邠國梁公墓誌銘》，周紹良、趙超主編：《唐代墓誌彙編》下册，二一〇三—二一〇四頁，上海古籍出版社，一九九二年。

〔七〕西安碑林博物館：《西安碑林博物館新藏墓誌續編》，五四五頁，陝西師範大學出版總社有限公司，二〇一四年。

〔八〕《朝請大夫行内侍省宫闈局令員外置同正員上柱國賜紫金魚袋梁公（承政）墓誌》，陝西省古籍整理辦公室、洛陽市第二文物工作隊編：《全唐文補遺》第八輯，二一四—二一五頁，三秦出版社，二〇〇五年。

〔九〕西安市長安博物館編：《長安新出墓誌》，三二六頁，文物出版社，二〇一一年。

〔十〕［日］加地有定著，翁建文、徐璐譯：《唐代長安鎮墓石研究：死者的再生與昆侖山升仙》，一四〇頁。三秦出版社，二〇一二年。

〔十一〕李明：《論唐代的毀墓——以唐昭容上官氏墓爲例》，《考古與文物》二〇一五年第三期。

〔十二〕偃師商城博物館：《河南偃師唐墓發掘報告》，《華夏考古》一九九五年第一期。

〔十三〕張勛燎、白彬著：《中國道教考古》，第五册，一四九〇—一四九二頁，綫裝書局，二〇〇六年。

〔十四〕陝西省考古研究院、西安市文物保護考古研究院、陝西歷史博物館編著：《藍田吕氏家族墓園》，文物出版社，二〇一八年。

凡例

一、本書收録的全部墓誌，按照石、磚兩種質地分別依下葬時間順序排列，無法確定下葬時間的，排在朝代最後。

二、録文行款依原墓誌自然行款，以「/」表示轉行，銘文换韻亦不另行提行。平闕或缺字空格皆空一格。損泐不能辨識之字以□代替。□中之字爲編者補缺。

三、墓誌文中出現的俗别字分以下幾種情況：

（一）只涉及偏旁部首的俗字，如「揚」寫作「楊」、「帳」寫作「悵」、「著」寫作「箸」等，根據文意徑改爲本字。

（二）常見如「署」、「遊」等不影響識讀的異體字照録。

（三）有歧義的異體字則在其後以〔 〕注其正字。

四、部分墓誌録文後加簡注，提示相關問題或資料出處。

目録

圖版

録文

圖　版

一　前秦張惡婢妻呂迎南墓誌

甘露五年（三六三）十一月十七日

磚質。未見蓋。誌長三二、寬一六、厚七厘米。誌文三行，滿行七至一〇字不等。隸書，無界格，四側素面。

二〇〇八年出土於西安市未央區張家堡街道明光路，白樺林間住宅小區工地二號墓。

二　西魏茹茹驃騎大將軍俟利莫何度支尚書金城王乞伏孝達妻暉華公主吐谷渾氏（庫羅伏）墓誌銘

大統七年（五四一）二月七日

石質。盝頂蓋。蓋長三八點三、寬三九、厚一二厘米。無字無紋飾。誌長四二點八、寬四九點三、厚一四點五厘米。誌文二一行，滿行二〇字。正書，有界格，四側素面。

二〇一五年七月出土於西安市長安區大兆街道郭新莊村二號墓。

三　西魏故征東將軍淅州長史行長利郡事清河縣開國男張君（惇）墓誌

恭帝二年（五五五）四月廿八日

石質。無蓋。誌長三六、寬三六點四、厚七厘米。誌文二二行，滿行二二字。正書，有界格，四側素面。

一九八九年十一月出土於咸陽市渭城區底張鎮，西安咸陽國際機場工地。

四　西魏特進公都尚書金城乞伏永壽妻臨洮郡君姚護親墓銘

恭帝三年（五五六）閏八月三日

磚質。平頂蓋。蓋長四六、寬二三、厚七厘米。蓋文二行，滿行九字，墨書正書，無界格。誌長四六、寬二三、厚七厘米。誌文四行，滿行一〇字。雙鉤正書，有界格，四側素面。

二〇一五年七月出土於西安市長安區大兆街道郭新莊村三號墓。

五　北周故使持節車騎大將軍儀同三司燕恒朔三州諸軍事恒州刺史去斤鍾馗妻金大明郡君莫多婁太夫人墓誌

武成元年（五五九）十一月八日

石質。盝頂蓋。蓋長三八點五、寬三九、厚一〇點五厘米。無字無紋飾。誌長三八點五、寬三九、厚七厘米。誌文一七行，滿行一七字。正書，有界格，四側素面。

二〇一五年十一月出土於咸陽市渭城區正陽街道張閆村，秦韻佳苑（一期）住宅小區工地一號墓。

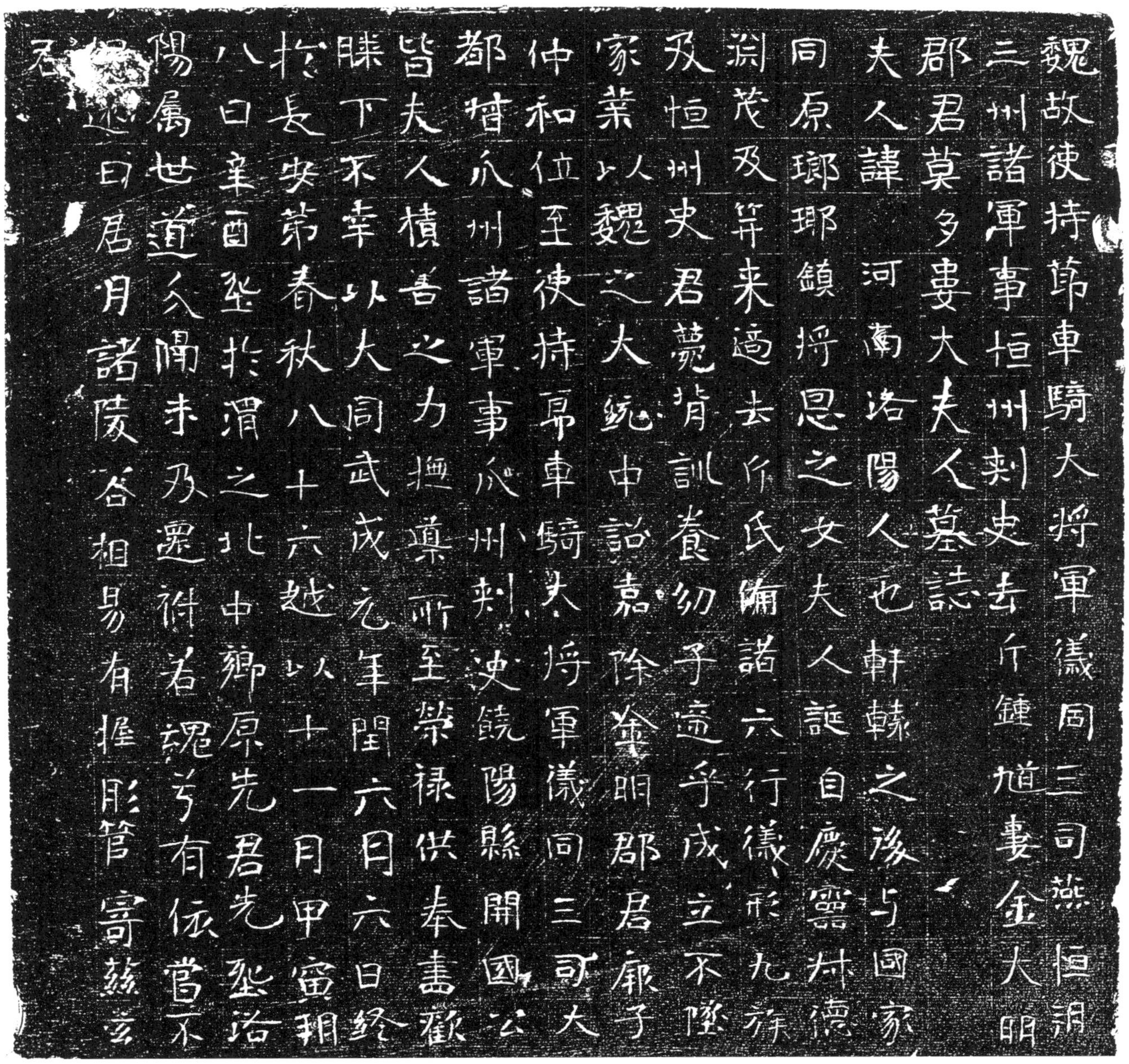
魏故使持節車騎大將軍儀同三司燕恒朔
三州諸軍事恒州刺史去斤鍾馗妻金大明
郡君莫多婁大夫人墓誌
夫人諱　河南洛陽人也軒轅之後与國家
同原瑯瑘鎮將恩之女夫人誕自慶靈材德
淵茂及笄來適去斤氏備諸六行儀形九族
及恒州史君薨背訓養幼子遠乎成立不墜
家業以魏之大統中詔嘉除金明郡君長子
仲和位至使持節車騎大將軍儀同三司大
都督代州諸軍事代州刺史饒陽縣開國公
皆夫人積善之力撫導所至榮禄供奉盡歡
睒下不幸以大周武成元年閏六月六日終
於長安第春秋八十六越以十一月甲寅朔
八日辛酉窆於渭之北中鄉原先君先窆洛
陽屬世道交喪未及還祔若魂兮有依嘗不
忘遠日居月諸陵谷相易有推彤管寄茲玄
石銘

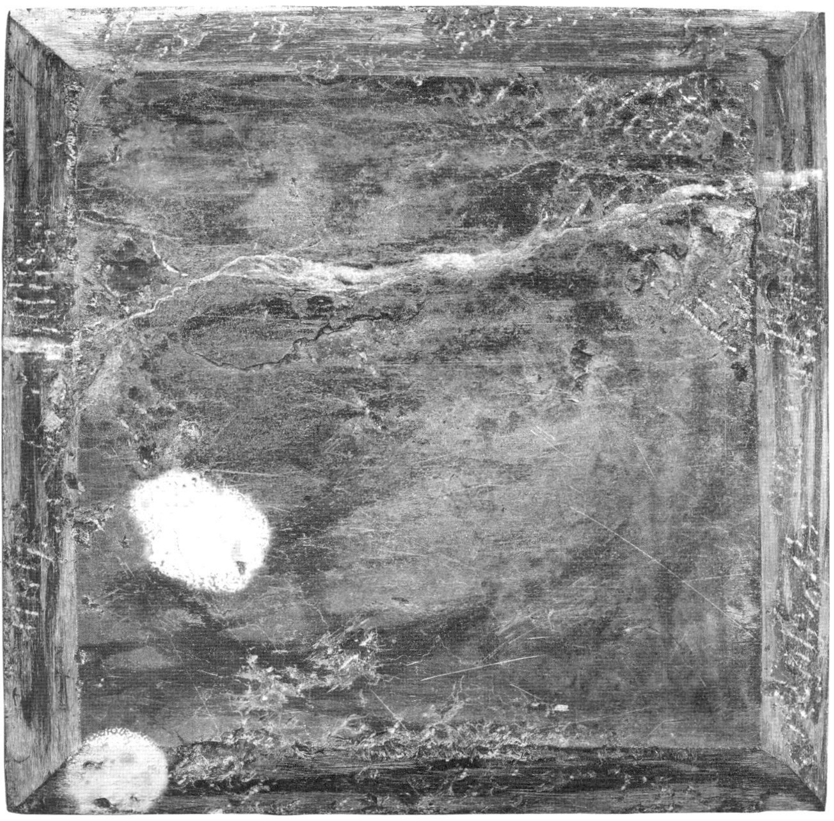

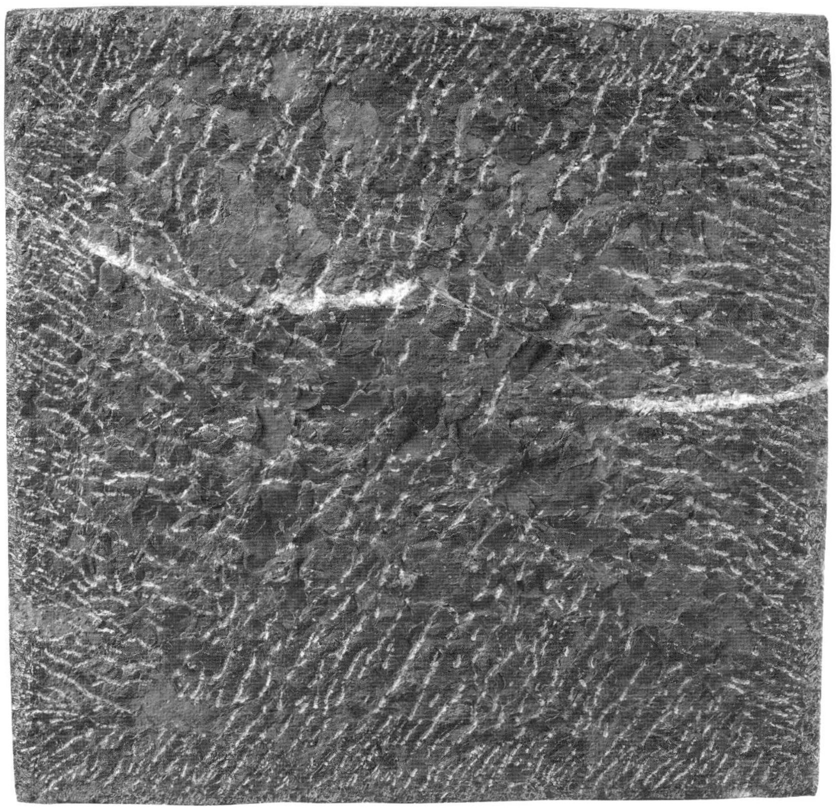

六　北周故使持節車騎大將軍儀同三司大都督瓜洮隴恒朔五州諸軍事五州刺史饒陽公（去斤誕）墓誌之銘

保定四年（五六四）正月十四日

石質。盝頂蓋。蓋長四四點五、寬四四點五、厚一一厘米。無字無紋飾。誌長四五、寬四四點五、厚一二點五厘米。誌文一五行，滿行一六字。正書，有界格，四側素面。

二〇一五年十一月出土於咸陽市渭城區正陽街道張閆村，秦韻佳苑（一期）住宅小區工地一號墓。

周故使持節車騎大將軍儀同三司大都
督瓜洮隴恒朔五州諸軍事五州刺史饒
陽公墓誌之銘
公諱誕字仲和代郡武周人本姓許大嶽
之苗裔因封饒陽遷乎北土居樹真鄉爲
遂孫里周承魏禪錄九十九姓即以[illegible]爲
姓首賜去斤氏逮乎顯考世聽官爵父馗
仕魏爲武階郡守贈儀同三司恒州刺史
公少播令問早處朝端遂登三事頻捴方
牧踐禁闈則爲黃門武衛出撫民則歷任
五州然清貞儉素恭肅孝慈雖古之名節
無以加也春秋七十保定三年薨乎家
天子愍悼朋僚痛傷以四年正月　朔
十四日　葬于長安北原恐陵谷交
易鐫石爲記

周使持節驃騎大將軍開府儀
同三司大都督武候新昌公宇
文氏夫人拓拔氏墓銘
天和六年歲次辛卯十一月
乙巳朔廿八日壬申
世子乾緒
長女伊那婁氏
次女比丘尼貞暉
次女光暉
次女領男

七　北周使持節驃騎大將軍開府儀同三司大都督武候新昌公宇文氏夫人拓拔氏墓銘

天和六年（五七一）十一月廿八日

蓋磚質，誌石質。平頂蓋。蓋長三六、寬三六、厚六點五厘米。無字無紋飾。誌長三七點五、寬三七、厚一一厘米。誌文九行，滿行一二字。正書，無界格，四側素面。

二〇一三年六月出土於咸陽市渭城區北杜鎮鄧村，西咸新區空港物聯產業城工地三號墓。

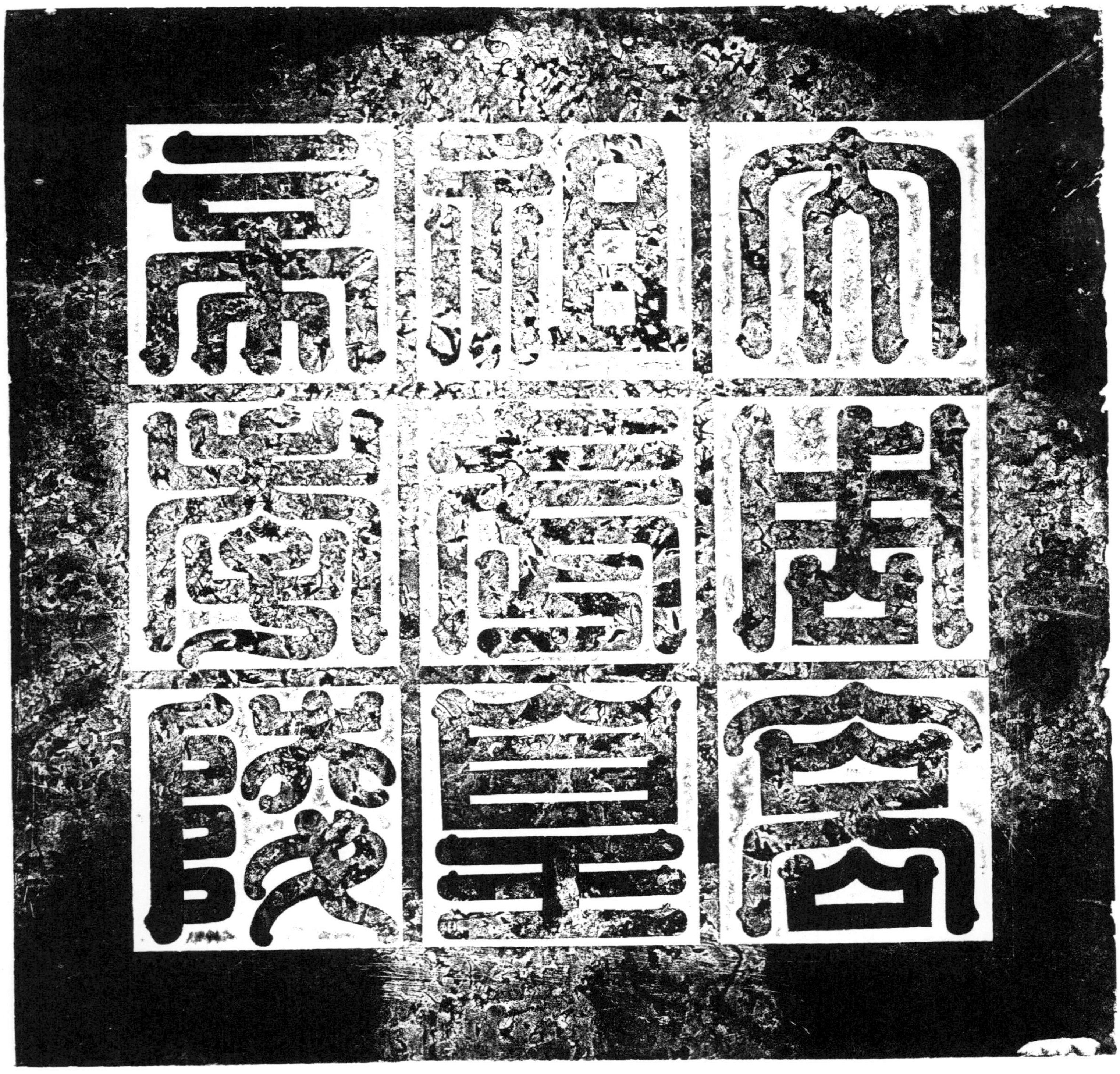

八　北周高祖武皇帝孝陵誌

宣政元年（五七八）六月二十三日

石質。盝頂蓋。蓋長八五、寬八五、厚一四厘米。蓋素面，無字無紋飾。誌長八五、寬八五、厚一一厘米。誌文三行，滿行三字。陽刻篆書，有界格。四側素面。

一九九五年一月出土於咸陽市渭城區底張鎮陳馬村。

九　北周交州刺史焦虎墓誌

大象二年（五八〇）十月廿一日

石質。盝頂蓋。蓋長四八、寬四九、厚九厘米。蓋文三行，滿行三字，篆書。四刹素面。誌長四七、寬四八點五、厚八厘米。誌文一五行，滿行一六字。隸書，有界格。四側素面。

二〇一〇年六月出土於西安市長安區韋曲街道，富力城二期南区工地。

一〇　隋任屯郎妻張氏銘記

開皇十六年（五九六）十二月廿五日

磚質。未見蓋。長二八點五、寬一六點五、厚七厘米。誌文四行，滿行一〇字。正書，無界格。四側素面。

出土時地暫不詳。

周右正官治尚宮平昌長樂郡國夫人魯氏墓誌銘
夫人性魯諱鍾馗本齊人從居雍州扶風縣仍為扶風人也
仲連廿三世孫皆漢臣吳將嬋聯不絕曾祖祥雍州刺史司
公祖慶雍州刺史並位居台鉉任職藩惟倜儻瓌奇英資挺秀
父瓊高尚不仕栖遲巖壑放曠烟霞遠貴丘園辭榮隱處人倫
世表高步一時雅亮淵猷退懷慕昔並出誠入孝允文允武夫
人生仁義之門秉端莊之操爰及禮年作配君子芝蘭之性逾
芳琴瑟之和弥篤都督外宣戎政三略六奇之謀夫人內寬閨
閫四德二儀之美組織紘綖恭承俎豆周天和元年八宮即治
正宮事夫人☐行履端直肅慎有儀奉節宮闈勤誠克著建德四
年治上宮事宣政元年治正宮事太象二年又封長樂郡國夫
人　大隋開皇元年夫人出事周皇太后備仰
有儀風姿可範陪侍九重嘗無譴咎來遊甲第未有失疑加以
深弘九念積脩十善以茲妙果遂嚮遠福以仁壽元年八月十
三日構疾良醫妙藥頻介療治遂不蒙祐石火易飄金丹罕驗
以其年八月十六日薨於岐川岐山縣之第春秋六十有八粤
以其年歲次辛酉十一月辛巳朔二日壬午歸葬於雍州大興
縣洪固鄉曉貴里之原長子世昉亮有家風惟孝惟誠且恭且
順居喪盡禮哀毀過人刊茲景行納之泉戶寄以玄石式鐫不
朽乃為銘曰
綿綿世胄出自海源承基鼎族因此高門婉容久匠孀志難論
恭勤不爽節儉斯存水逝川流人隨世閱夜臺難曉泉扉永閉
龍暗雲浮松哀風結唯餘彤管名芳無絕

一一　隋修北周右正官治尚宮平昌長樂郡國夫人魯氏（鍾馗）墓誌銘

仁壽元年（六〇一）十一月二日

青砂石質。蓋長三六點五、寬三六、厚五厘米。蓋文三行，滿行三字，陽刻正書。蓋四刹素面。誌長三七、寬三六點五、厚八點五厘米。誌文二三行，滿行二四字。正书，有界格。四側素面。

一九九一年出土於西安市長安縣韋曲鎮南里王村，七〇六七基地工地一五四號墓。

大隋尚書起部郎元
君妻崔
太業五年六月十五
日薨於第以十一月
廿一日殯於涇陽縣
奉賢鄉

一二　隋尚書起部郎元君妻崔氏墓誌

大業五年（六〇九）十一月廿一日

磚質。係唐隋起部侍郎元君墓誌之蓋，出土時字面朝下覆於該誌之上。誌長三二、寬三二、厚六點五厘米。誌文六行，滿行八字。陰刻正書，字口内塗朱，有界格。四側素面。

二〇一〇年十一月出土於咸陽市渭城區底張鎮布里村，西安咸陽國際機場二期擴建工程工地一二三號墓。

一三　隋修西魏故金紫光禄大夫清河縣男張府君（子明）墓誌

大業九年（六一三）十一月二日

石質。盝頂蓋。蓋殘碎，長四五、寬四五、厚五點二厘米。蓋文三行，滿行三字，陽刻篆書。四刹和四側素面。誌長四六、寬四六點八、厚八厘米。誌文二七行，滿行二七字。正書，有界格。四側素面。

一九八〇年代末出土於咸陽市渭城區，咸陽機場工地。

魏左銀青光祿大夫奉車都尉朱衣直閤贈丹州刺
史安定侯王府君墓誌
公諱慶字和并州太原人也元承帝嚳後胤周姬
冠冕紛紳代稱名美祖泰太常卿嘉猷懋德燻灼衣
冠嫣仍高凝亭跱當世父藹涼州刺史馳名藉甚流
譽垂芳龜玉交輝華蟲耀彩公稟淳粹之精靈資沖
和之景氣多標岐嶷早擅聡穎釋褐雍州主薄公族
貴胄高當斯選任年卌四轉任奉朝請尋加大都督
俄遷左銀青光祿大夫奉車都尉其年任朱衣直閤
方膺錫於眉壽以保遐年豈悟靈草難逢追深反魂
之切仙桃詎執空歎桒田之移春秋五十有七薨于
京兆郡
詔贈丹州刺史安定侯禮也夫人梁氏天水人也父
真弘農郡太守昔韓子雙環輅公乖於鄭國豊城兩
劍終會遇於延津以大業十年歲次甲戌四月戊辰
朔廿九日合葬於京兆新豊縣義成鄉驪山之西原
嗚呼哀哉乃為銘曰
祖考隆赫冠冕蟬聯景行爰備徒書猷然風雲慘色
松路凝煙勒之鍾石傳芳万年

一四　隋修魏左銀青光禄大夫奉車都尉朱衣直閤贈丹州刺史安定侯王府君（慶）墓誌

大業十年（六一四）四月廿九日

石質。盝頂蓋。蓋長三三點五、寬三三、厚九厘米。蓋文三行，滿行三字，陽刻篆書。蓋頂四周減地綫刻忍冬；四刹減地綫刻四神，以遠山爲背景；四側綫刻忍冬。誌長三二、寬三二厘米、厚一〇點五厘米。誌文一八行，滿行二〇字。正書，有界格。四側減地綫刻壺門十二生肖，動物形態。襯以遠山和樹木。

出土時地暫不詳。

大唐故秘書省司辰師趙府君之墓誌
君諱意字如意襄州襄陽人也夫美安居宦遊京
輦君家連貴冑弈葉衣冠世軌風模恒居晝節去
隋大業十一年詔授秘書省守司辰師至如躬
初下政九族之道邕熙一任京官五辰之儀清肅
又至大唐武德二年五月詔授秘書省太史兼司
辰師君惟心奉國夙夜虔恭屈體思仁心希靜訖
於是堂堂之誦響徹於天庭濟濟之風令聞於朝
野君春秋六十有一以武德九年歲次景戌朔四
月一日己未薨於雍州萬年縣崇義坊朝伍懷君
悲聞皇關之內即以其年其月九日葬於京城東
南佛宋村東北孝龕命筆以安居府遂即窮茲玄
宇攜立墳堂度日取時遷靈永處鐫金留記刊石
為銘字寄同終存之不朽其銘曰
於惟若人實光重世耕道猶德依仁遊藝偃息四
端周旋五際玉華既剖金膏可鑛永辭華屋即安
荒兆原野終空車使輕擾隴被晨霜松吟宿鳥朱
燈已滅幽閈難曉

一五　唐故秘書省司辰師趙府君（意）之墓誌

武德九年（六二六）九月九日

石質。蓋不詳。誌長三〇、寬三〇、厚七厘米。誌文一八行，滿行一九字。正書，有界格，劃兩次界格。四側素面。

出土時地暫不詳。

一六　唐隋起部侍郎元君墓誌

貞觀五年（六三一）十月廿三日

磚質。平頂蓋，蓋即隋尚書起部郎元君妻崔氏墓誌。誌長三四、寬三三點五、厚六點三厘米。誌文七行，滿行七字。朱書正書，無界格。四側素面。

二〇一〇年十一月出土於咸陽市渭城區底張鎮布里村，西安咸陽國際機場二期擴建工程工地一二三號墓。（附彩版）

一七　唐故左屯衛郎將李公（範）墓誌銘

貞觀十四年（六四〇）十月

石質。盝頂蓋。蓋長五二、寬五一、厚九點五厘米。無字。蓋四刹減地綫刻忍冬；四側綫刻忍冬。誌長五〇、寬五〇、厚一一厘米。誌文三二行，滿行三四字。正書，有界格。四側減地綫刻忍冬。

一九九一年八月出土於西安市灞橋區紡織城街道東園村，西北國棉四廠自建村工地一號墓。

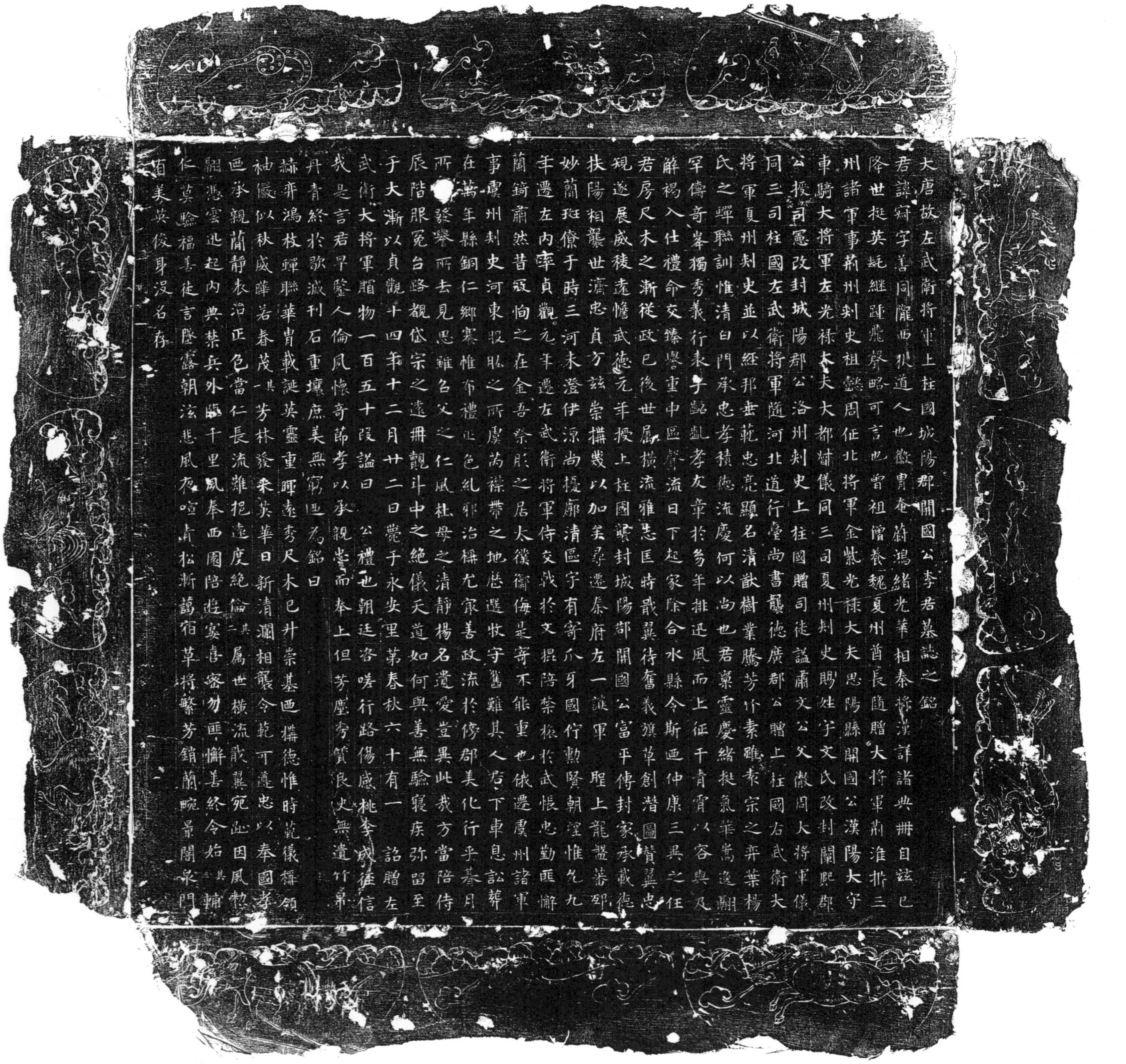

一八　唐故左武衛大將軍上柱國城陽郡開國公李府君（寂）墓誌銘

貞觀十四年（六四〇）十二月廿二日

石質。盝頂蓋。蓋長七二、寬七〇、厚一一點五厘米。蓋文五行，滿行五字，陽刻篆書。蓋頂四周減地綫刻忍冬，外一周連珠紋；四刹減地綫刻四神，襯以遠山、樹木和流雲；四側綫刻忍冬。誌長七二、寬七二、厚一二厘米。誌文二三行，滿行二三字。正書，有界格。四側減地綫刻壼門十二生肖，動物形態，襯以遠山、樹木和流雲。

一九八九年四月出土於西安市灞橋區洪慶鎮路家灣村，向陽公司工地五〇〇號墓。

一九　唐故上柱國侍御史韋君（楷）墓誌銘

貞觀十七年（六四三）十月廿六日

石質。蓋不詳。誌裂爲三段。誌長三六、寬三六、厚七點五厘米。誌文一八行，滿行一八字。正書，有界格。四側減地綫刻壼門十二生肖，動物形態，襯以遠山、樹木和流雲。

出土時地暫不詳。

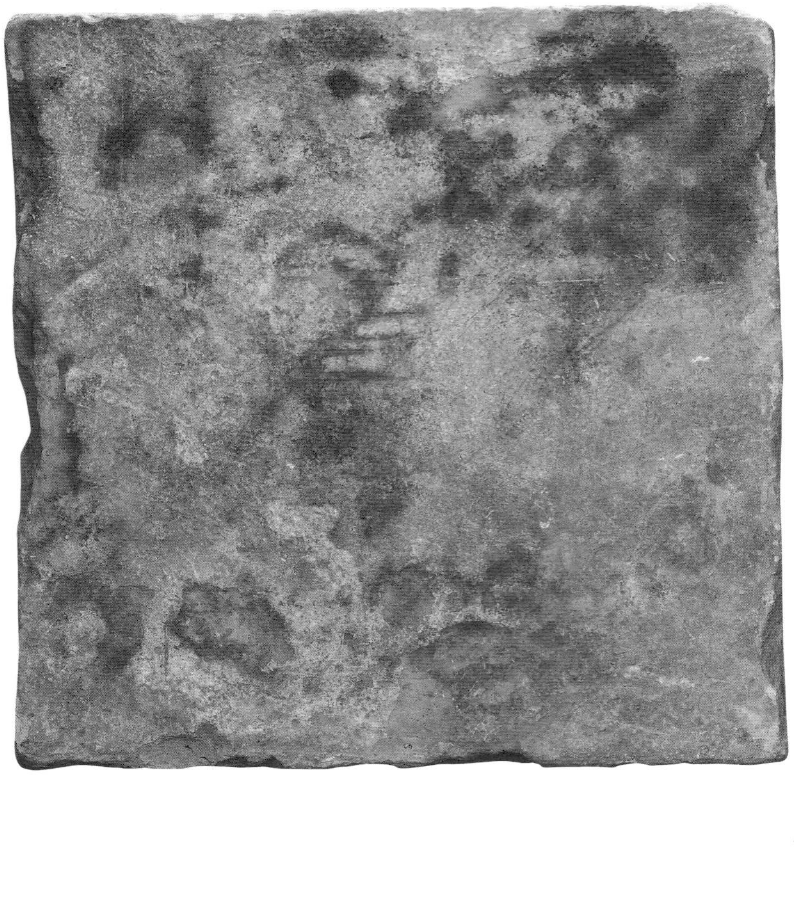

二〇　唐故右衛美泉府吏程公墓誌

貞觀廿三年（六四九）二月九日

磚質。平頂蓋。蓋長二八、寬二九、厚四厘米。蓋素面，無字無紋飾。誌長二九點七、寬三三點五、厚四厘米。誌文二二行，滿行二〇至二二字不等。墨書正書，有界欄。四側素面。

二〇〇九年三月出土於咸陽市渭城區周陵鎮北賀村，西安咸陽國際機場二期擴建工程工地二五六號墓。（附彩版）

二一　唐夏州朔方縣清化鄉人武騎衛秦文義墓誌

貞觀廿三年（六四九）七月十五日

磚質，兩方，一刻寫、一墨書。刻寫墓誌出土於墓室内。誌長三二點五、寬一三點五、厚四點五厘米。一面刻劃三字「秦平□」，另一面刻誌文四行，滿行一四字。正書，無界格。四側素面。墨書墓誌出土於甬道内。誌長三二點一、寬一三點五、厚四點八厘米。墨書誌文四行，滿行一四字不等。正書，無界格。四側素面。

二〇一二年出土於榆林市靖邊縣紅墩界鄉白城則村八大梁墓地六號墓。（附彩版）

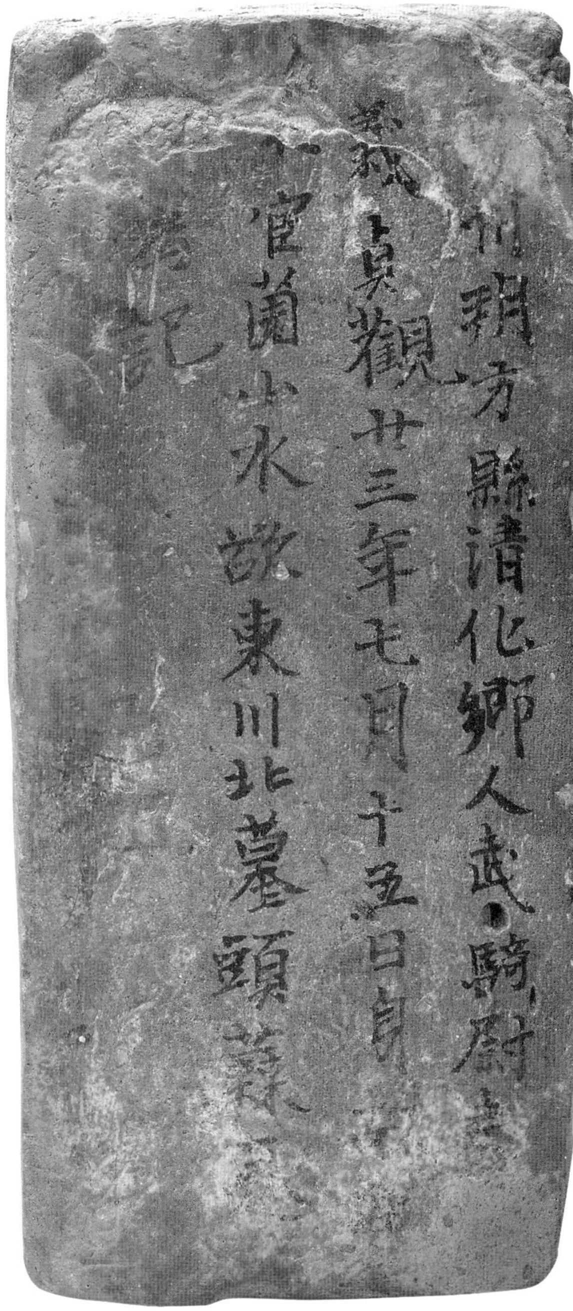

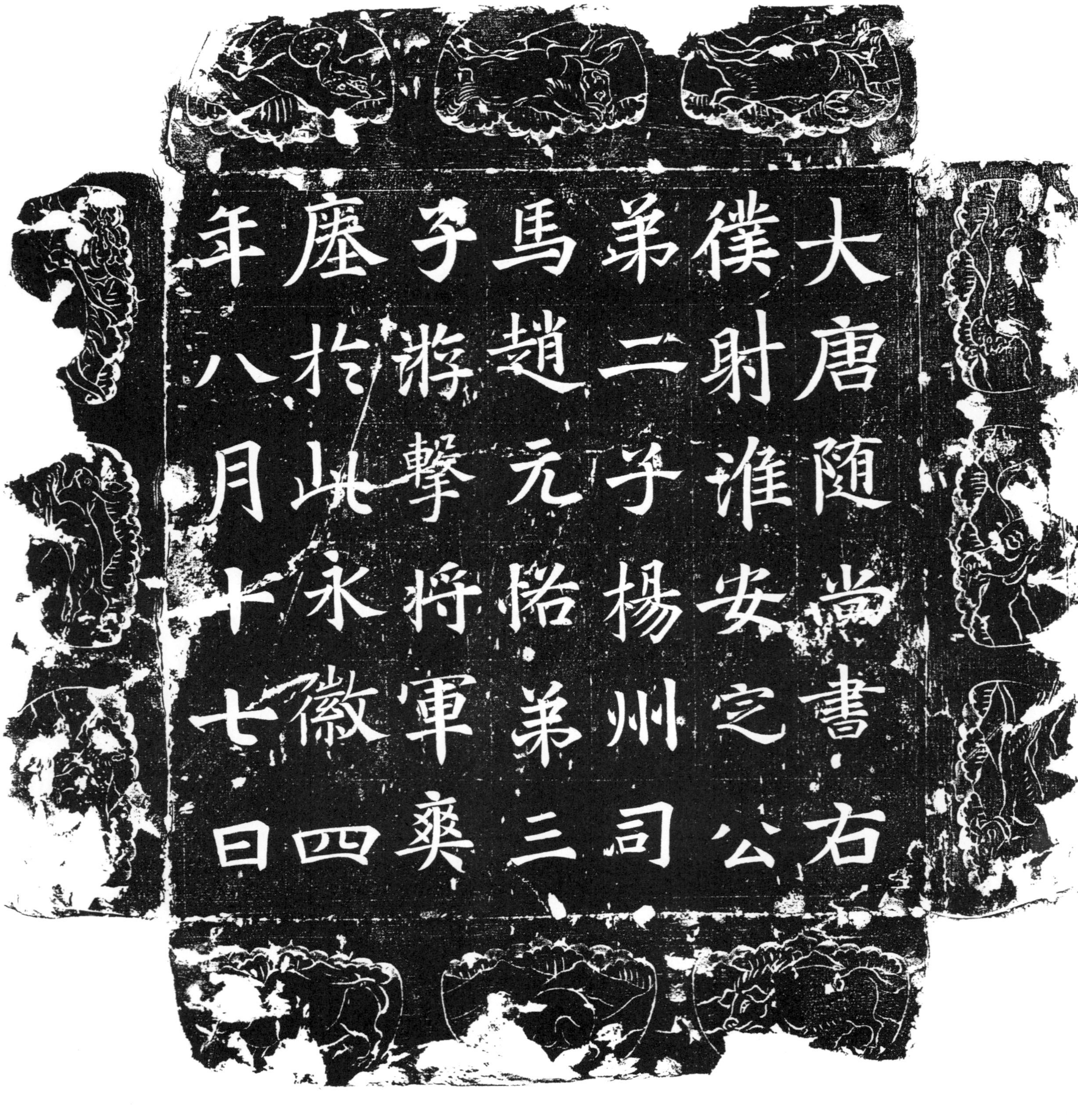
大唐隨尚書右
僕射淮安定公
弟二子揚州司
馬趙元楷弟三
子游擊将軍爽
麼於山永徽四
年八月十七日

二二　唐游擊將軍趙爽墓誌

永徽四年（六五三）八月十七日

石質。蓋不詳。誌長三一點五、寬三一、厚七厘米。誌文七行，滿行六字。正書，有界格。四側減地綫刻壺門十二生肖，動物形態，襯以遠山和樹木。

出土時地暫不詳。

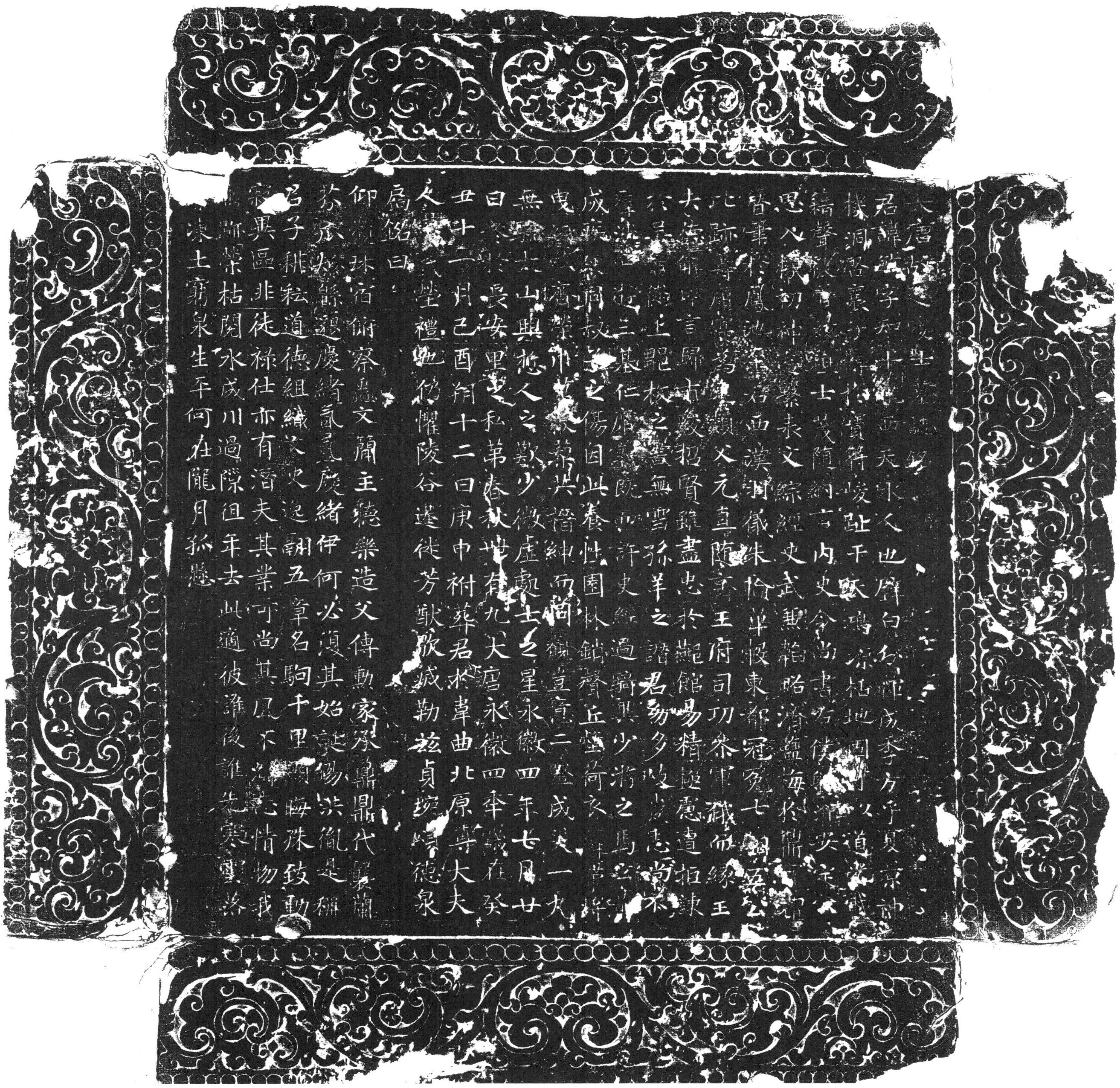

二三　唐故趙處士（敏）墓誌銘

永徽四年（六五三）十一月十二日

石質。蓋不詳。誌長四一點五、寬四一點五、厚八點五厘米。誌文二三行，滿行二三字。正書，有界格。四側減地綫刻忍冬。

出土時地暫不詳。

二四　唐故朝請大夫趙君（洪茂）墓誌銘

永徽五年（六五四）九月十二日

石質。蓋不詳。誌長三八、寬三八點五、厚八點五厘米。誌文二三行，滿行二四字。正書，有界格。四側減地綫刻壼門十二生肖，動物形態，襯以遠山和樹木。

出土時地暫不詳。

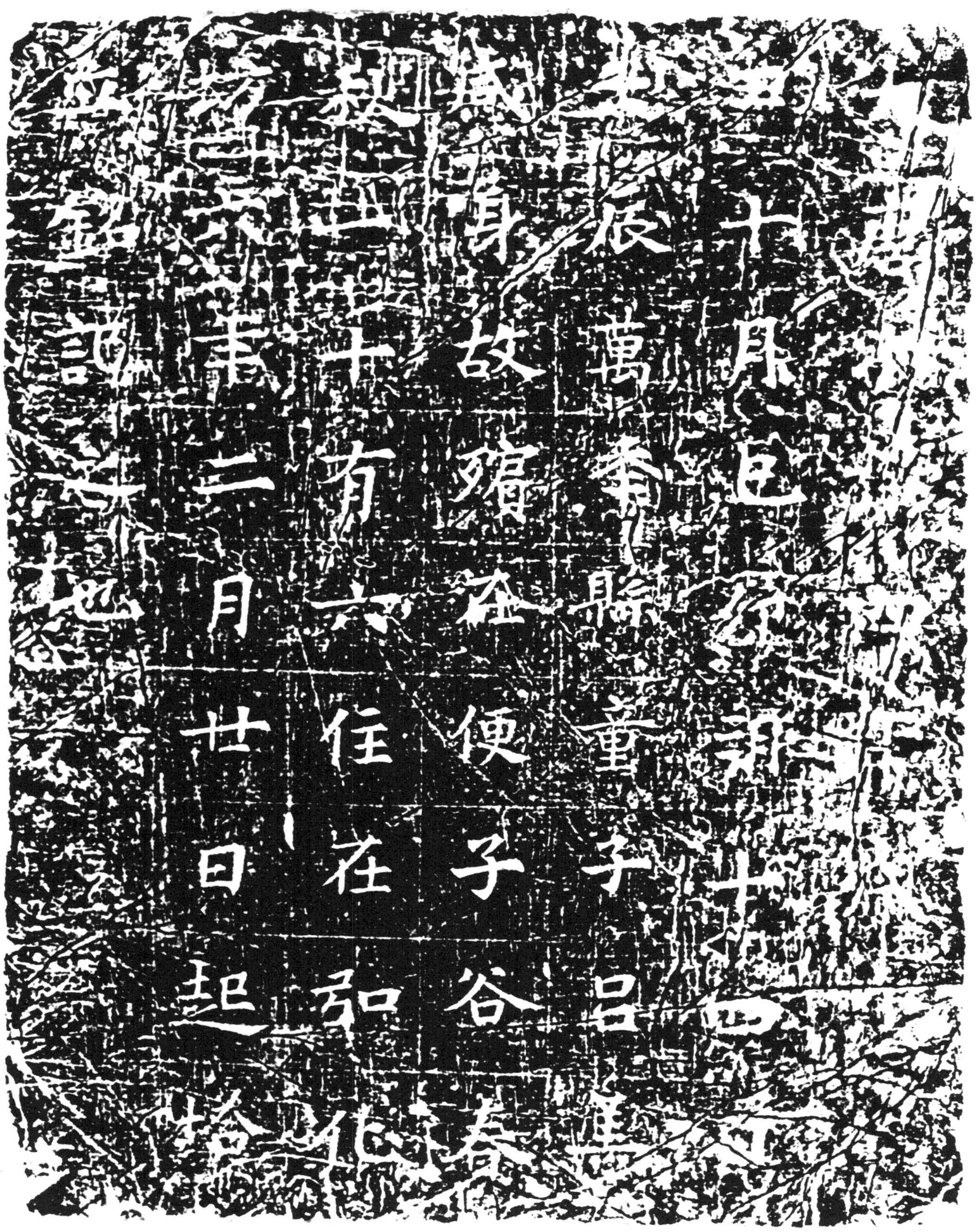

二五　唐萬年縣童子呂善感塔銘

永徽六年（六五五）二月廿日

石質。蓋不詳。誌長二五、寬一九點三、厚七點二厘米。誌文七行，滿行九字。正書，有界格。四側素面。

出土時地暫不詳。

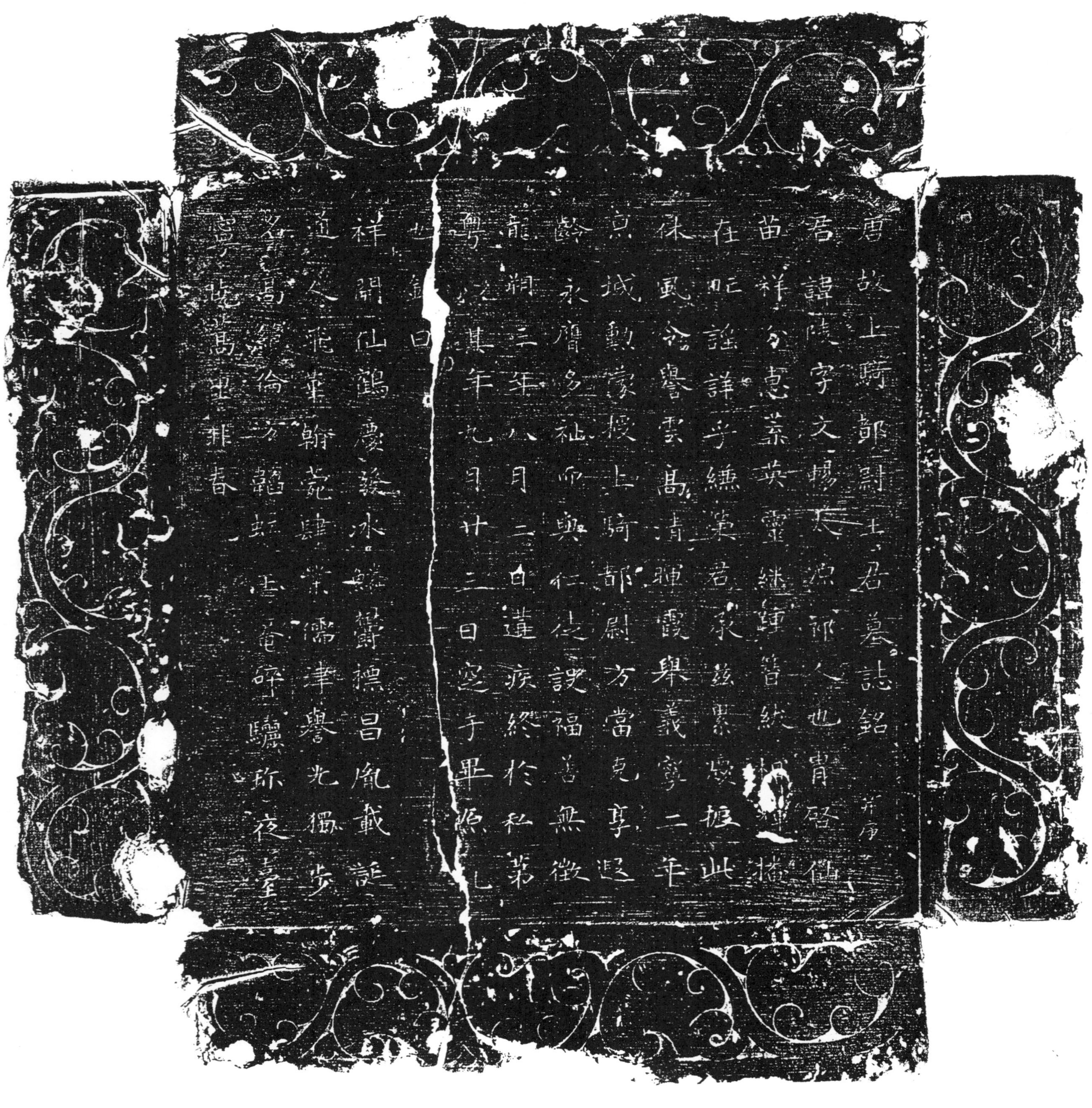

二六　唐故上騎都尉王君（陵）墓誌銘

龍朔三年（六六三）九月廿三日

石質。盝頂蓋，左上角稍殘。蓋長二九、寬二八、厚七厘米。蓋文三行，滿行三字，陽刻篆書。蓋四刹減地綫刻忍冬，四側綫刻忍冬。誌縱向裂爲兩段。誌長二九點五、寬二八、厚七厘米。誌文一四行，滿行一四字。正書，有界格。四側減地綫刻忍冬。

出土時地暫不詳。

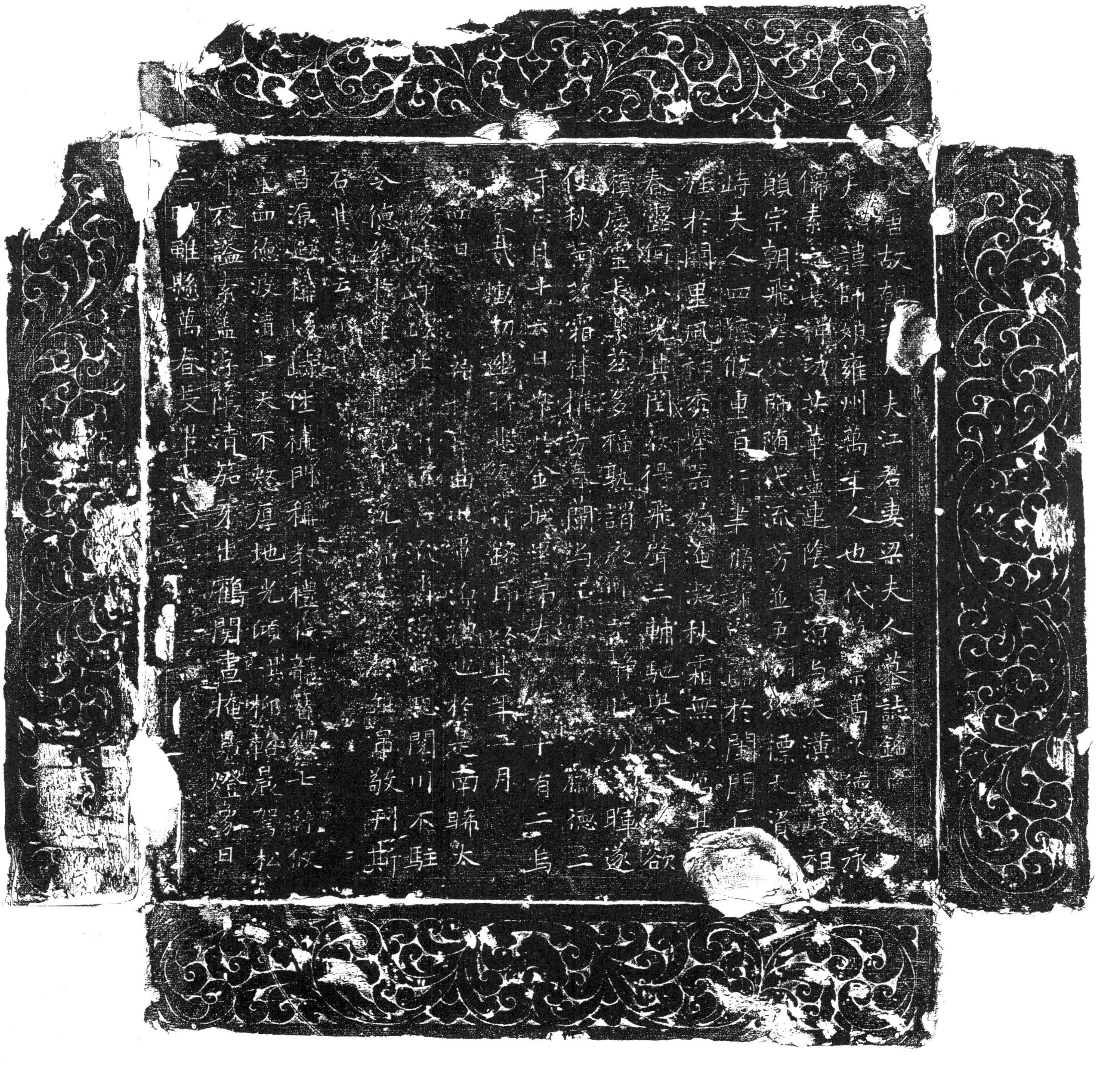

二七　唐故朝議大夫江君妻梁夫人（師娘）墓誌銘

麟德二年（六六五）二月四日

石質。蓋不詳。誌長四〇、寬三九、厚七厘米。誌文一九行，滿行一九字。正書，有界格。四側減地綫刻忍冬。誌面損泐嚴重。

出土時地暫不詳。

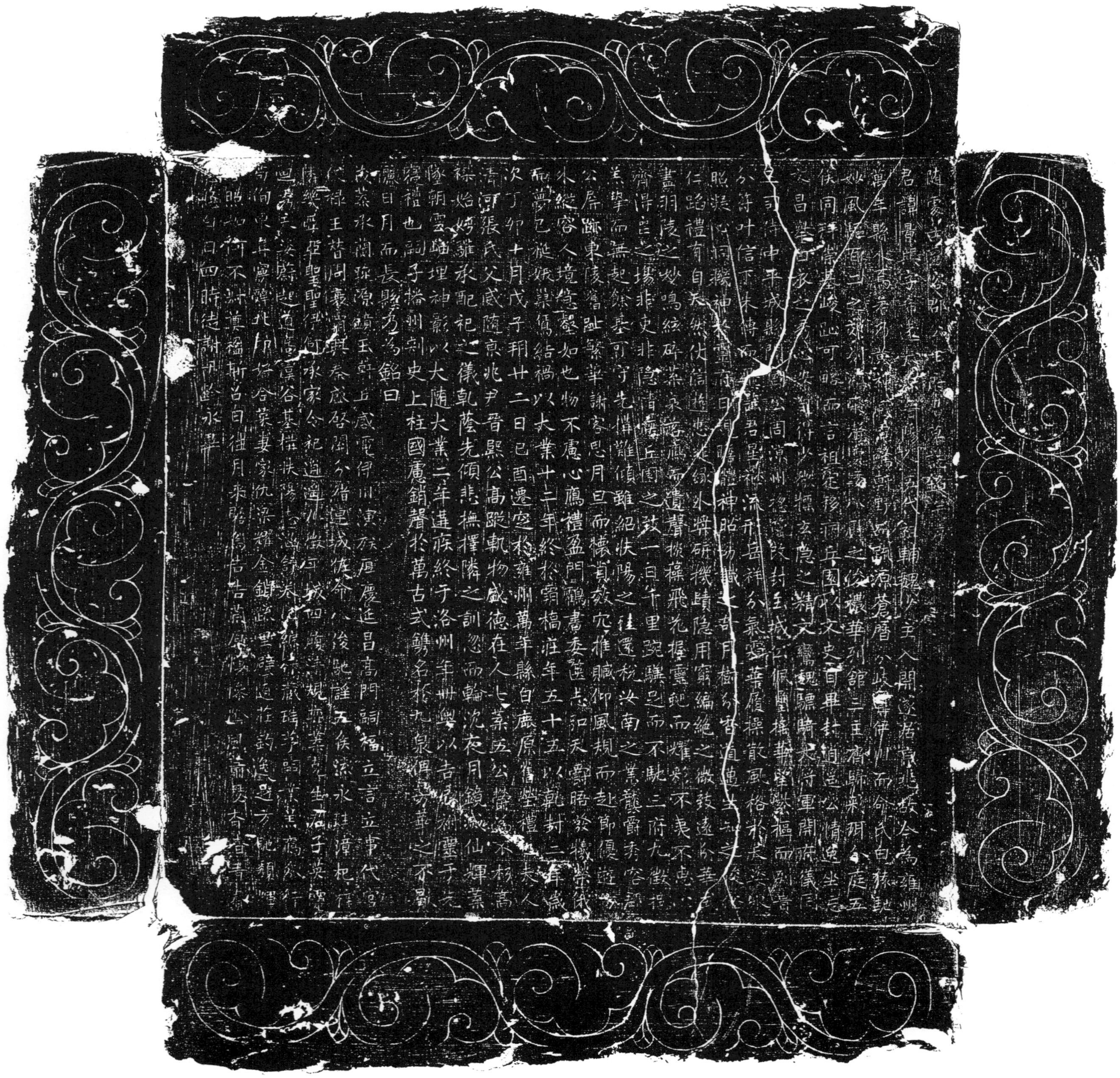

二八　唐修隋處士秀容郡公王府君（景興）墓誌銘

乾封二年（六六七）十月廿二日

石質。蓋不詳。誌長四三點八、寬四四點二、厚九厘米。誌文二八行，滿行三〇字。正書，有界格。四側綫刻忍冬。

出土時地暫不詳。

二九　唐故品子孫大郎（弘進）墓誌銘

乾封二年（六六七）十二月五日

磚質。平頂蓋。蓋長三五點五、寬三五點五、厚七厘米。蓋素面，無字無紋飾。誌長三四點五、寬三五點五、厚七厘米。朱書誌文一八行，滿行二一字不等。正書，無界格。四側素面。

二〇一一年十二月出土於西安市長安區郭杜街道茅坡村，長安萬科城二期住宅小區工地一八號墓。（附彩版）

三〇　唐故沙州燉煌縣令宋君（素）墓誌銘

咸亨元年（六七〇）五月一日

石質。盝頂蓋。蓋長四四、寬四三、厚九厘米。蓋文二行，滿行二字，陰刻篆書。蓋頂四周減地綫刻忍冬，四隅各刻花一朵；四刹綫刻四神：右爲朱雀，左爲玄武，上爲青龍，下爲白虎，皆襯以雲紋。誌長四四、寬四四、厚八厘米。誌文二九行，滿行二九字。正書，有界格。四側綫刻壺門十二生肖，動物形態，襯以流雲。誌面損泐嚴重。

二〇一四三月年出土於渭南市華陰市夫水鎮連村村南。

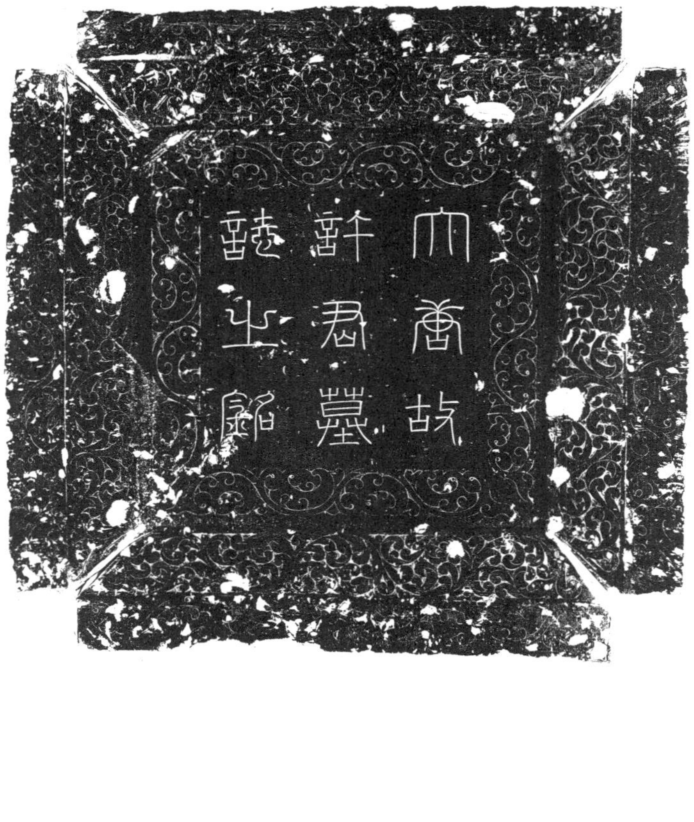

三一　唐太子故文學河間縣開國公許君（昱）墓誌銘

咸亨三年（六七二）六月廿五日

石質。盝頂蓋。蓋長五三、寬五三、厚一〇厘米。蓋文三行，滿行三字，陰刻篆書。蓋頂四周和四刹減地綫刻忍冬；四側綫刻忍冬。誌長五二、寬五二點五、厚一〇厘米。誌文三二行，滿行三二字。正書，有界格。四側減地綫刻忍冬。

出土時地暫不詳。

三二　唐故□監門直長柳君（大贇）墓誌銘

上元二年（六七五）二月廿二日

磚質。蓋不詳。誌長三六、寬三六、厚七點五厘米。誌文一〇行，滿行一〇字。正書，有界格。四側素面。

出土時地暫不詳。

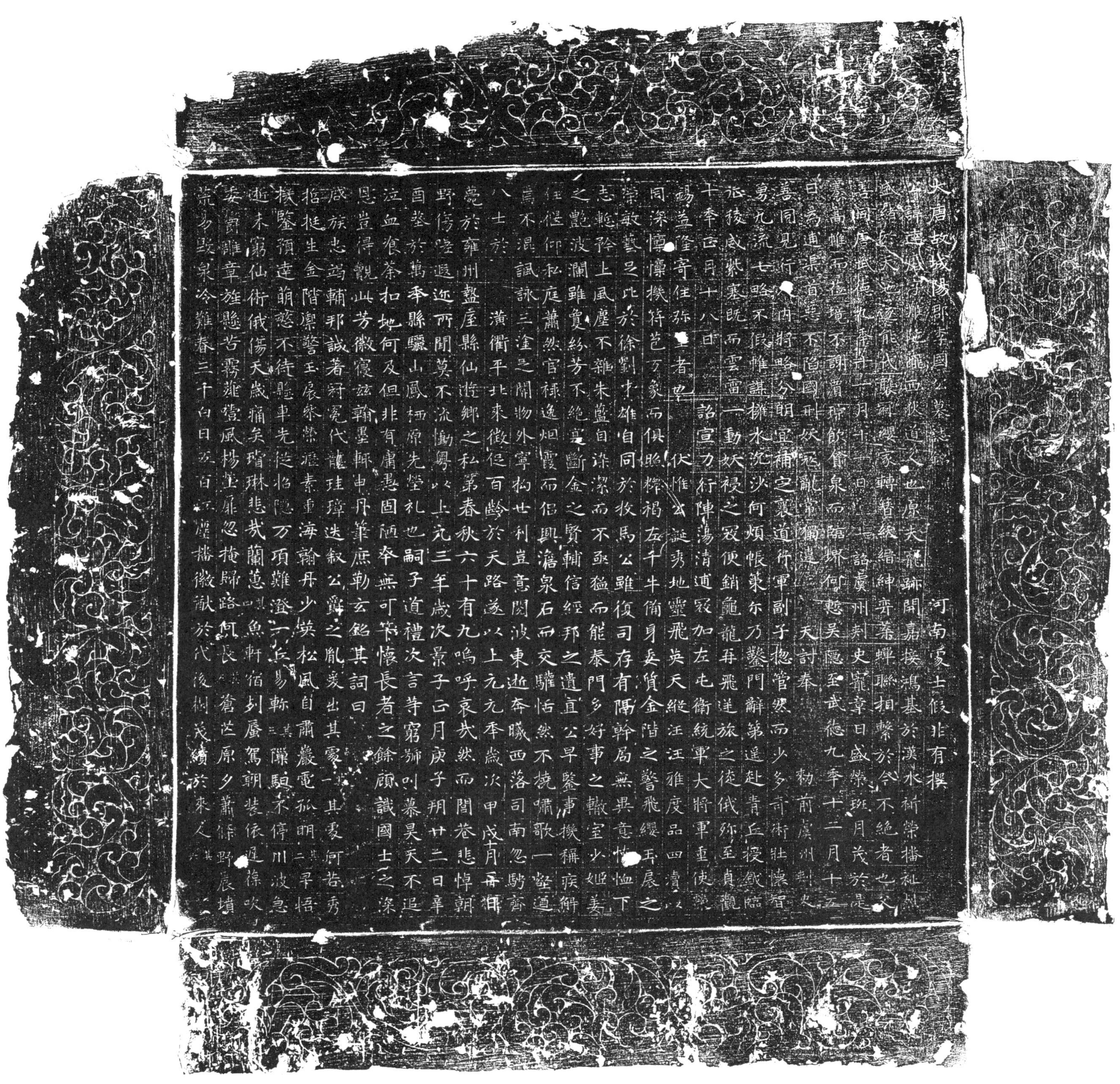

三三　唐故城陽郡李國公（達摩）墓誌銘

上元三年（六七六）正月廿二日

石質。盝頂蓋。蓋長五七點五、寬五七、厚一四厘米。蓋文三行，滿行三字，陽刻篆書。蓋頂四周和四刹減地綫刻忍冬；四側綫刻忍冬。誌長六〇、寬五九點五、厚一一厘米。誌文三〇行，滿行三〇字。正書，有界格。四側減地綫刻忍冬。

一九八八年出土於西安市灞橋區洪慶鎮路家灣村，向陽公司工地。

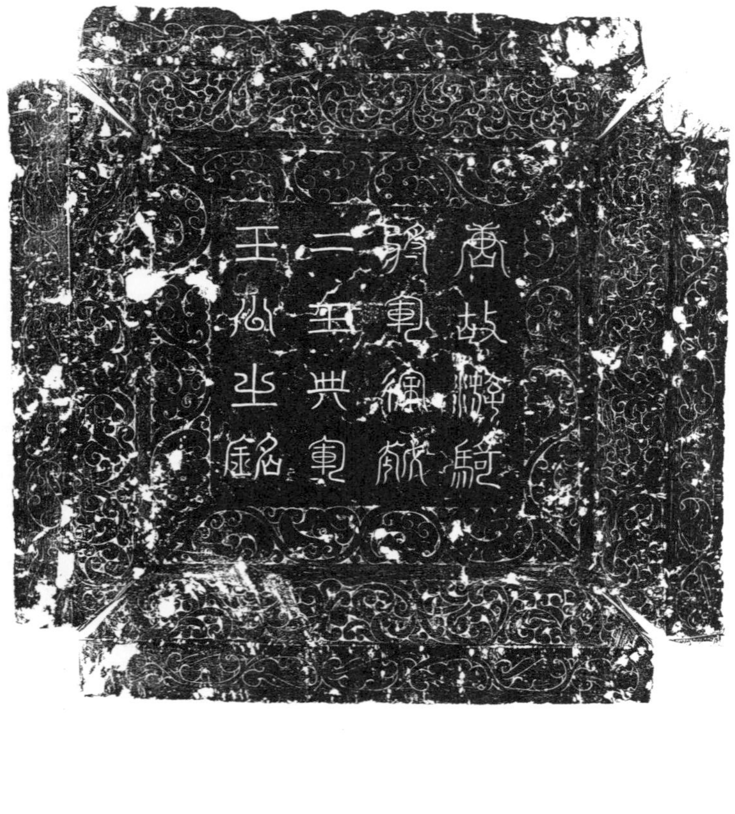

三四　唐故游騎將軍徐越二王典軍王公（傑）誌銘

上元三年（六七六）三月四日

石質。盝頂蓋。蓋長五二、寬五二、厚九厘米。蓋文四行，滿行四字，陰刻篆書。蓋頂四周和四刹減地綫刻忍冬；四側綫刻忍冬。誌長五三、寬五三、厚一〇點五厘米。誌文三一行，滿行三一字。正書，有界格。四側減地綫刻忍冬。

一九八八年五月出土於西安市灞橋區洪慶鎮路家灣村，向陽公司工地一六三號墓。

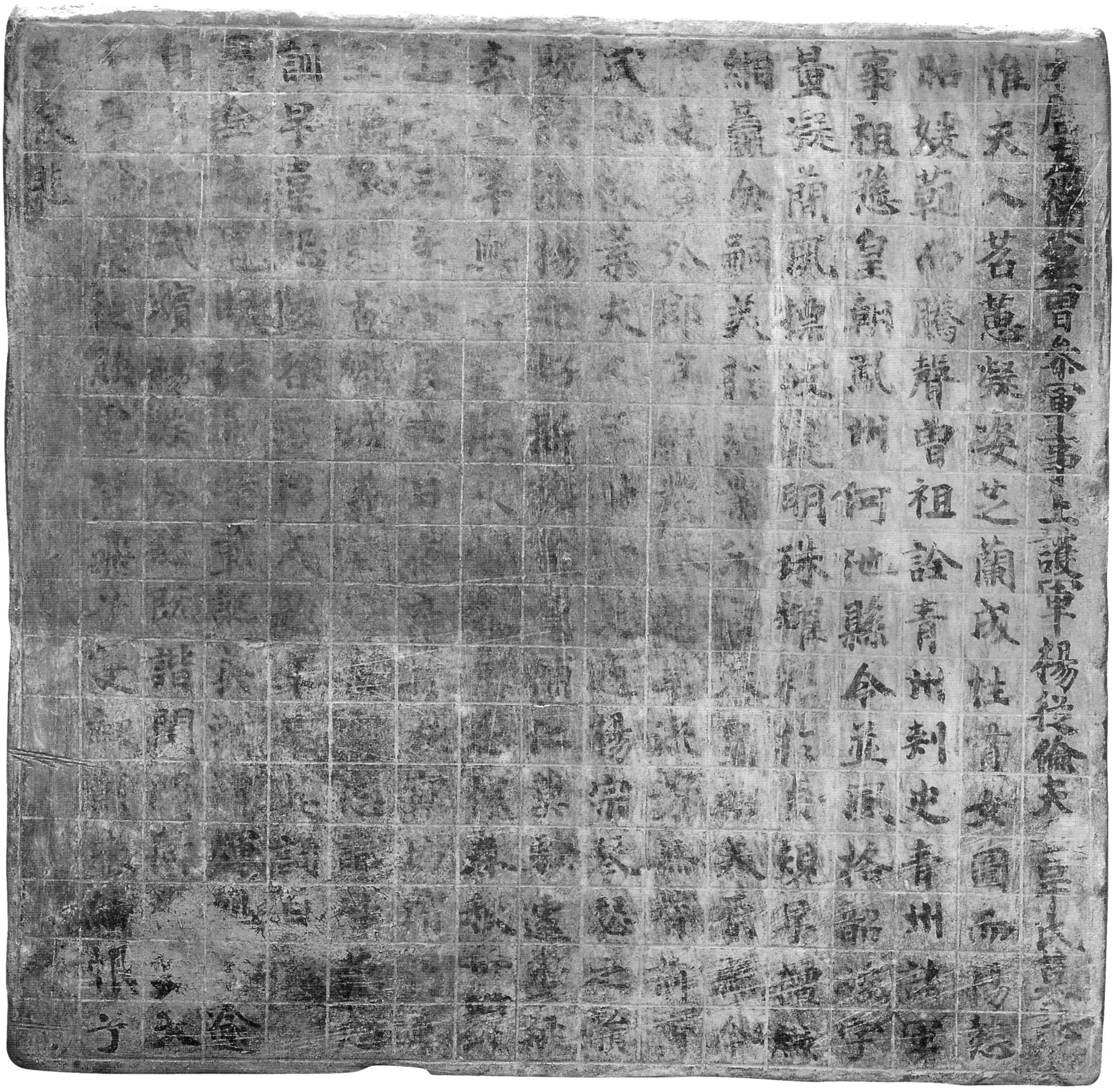

三五　唐左衛倉曹參軍事上護軍楊從儉夫人韋氏墓誌

上元三年（六七六）七月六日

磚質。有蓋未見。誌長三五點二、寬三五、厚六點五厘米。誌文一七行，滿行一七字。墨書正書，有界格。四側素面。

二〇〇二年出土於西安市雁塔區曲江街道孟村，西安理工大學曲江校區工地三區三三號墓。（附彩版）

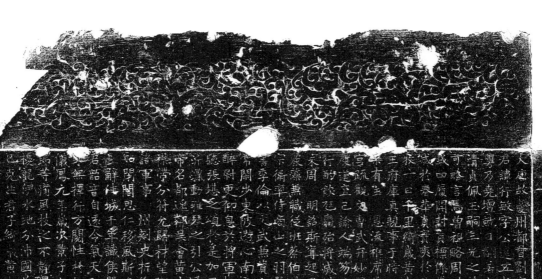

三六　唐故夔州都督劉府君（行敏）墓誌銘

儀鳳元年（六七六）十二月三日

石質。盝頂蓋。蓋長六〇、寬六〇、厚一〇厘米。蓋文四行，滿行四字，陽刻篆書。蓋頂四周和四刹減地綫刻忍冬；四側綫刻忍冬。誌長五九點五、寬六〇、厚一三點五厘米。誌文三五行，滿行三五字。正書，有界格。四側減地綫刻忍冬。

出土時地暫不詳。

三七　唐左清道細引劉君（弘智）墓誌銘

儀鳳元年（六七六）十二月三日

石質。盝頂蓋。蓋長三四、寬三四、厚八點五厘米。蓋文三行，滿行三字，陽刻篆書。蓋頂四周和四刹減地綫刻忍冬；四側綫刻忍冬。誌長三三點五、寬三三點五、厚一二厘米。誌文一八行，滿行一八字。正書，有界格。四側減地綫刻忍冬。

出土時地暫不詳。

三八　唐洛州密縣令馮君（孝約）墓誌銘

永隆二年（六八一）二月二十日

石質。盝頂蓋。蓋長六二點五、寬六二點三、厚一〇點二厘米。蓋文四行，滿行四字，陰刻篆書。四刹素面。誌長五九點五、寬五九點五、厚一〇點五厘米。誌文三八行，滿行三八字。正書，有界格。四側素面。

二〇一五年四月出土於西安市户縣大王鎮兆倫村西，西咸北環綫高速公路工地五五號墓。

三九　唐故韋君（月尚）墓誌

垂拱元年（六八五）二月十四日

石質。蓋不詳。誌長三〇、寬三〇、厚六厘米。誌文二一行，滿行二〇字。正書，有界格。四側減地綫刻忍冬。誌面損泐嚴重。

出土時地暫不詳。

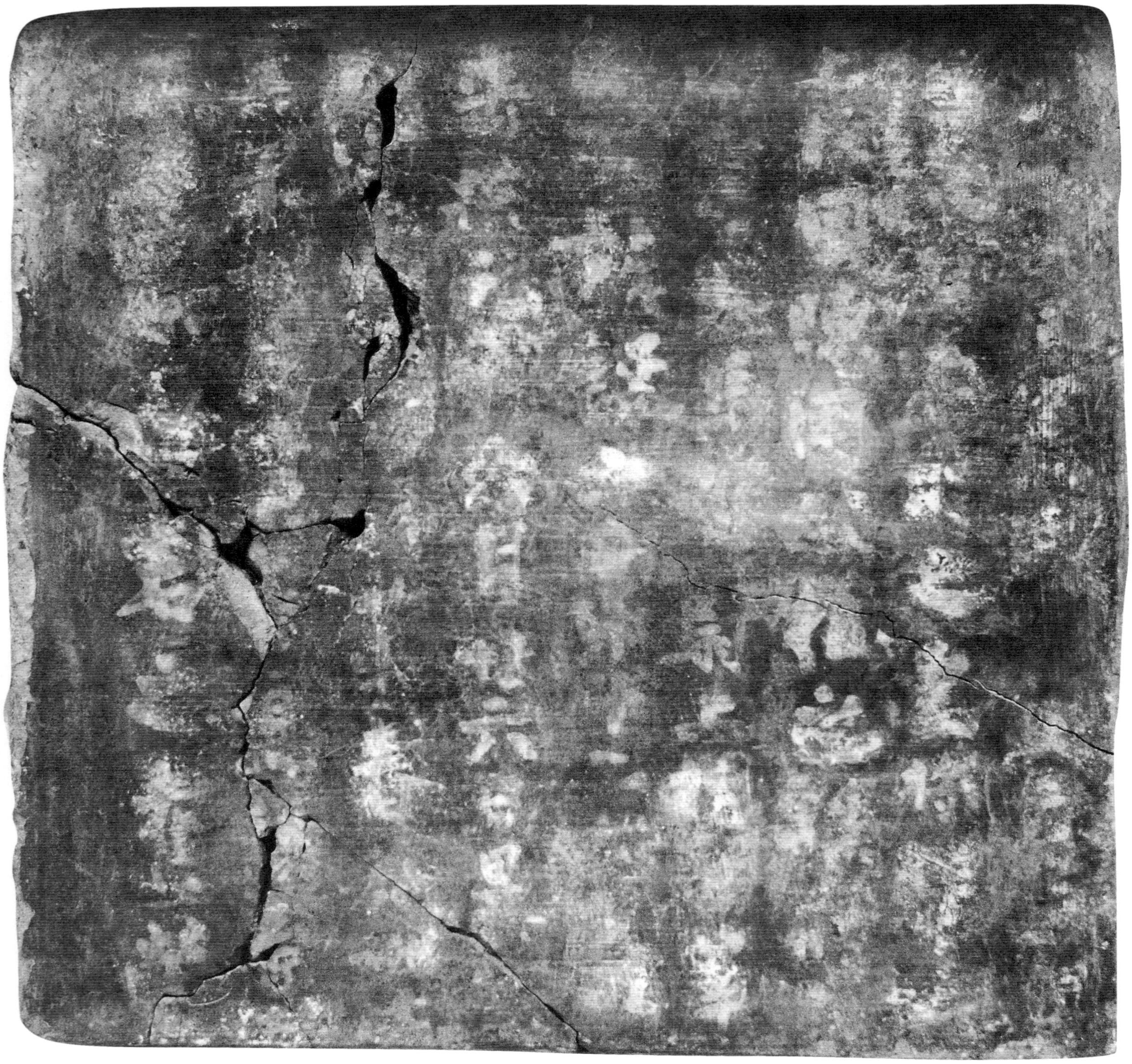

四〇　唐竇氏墓誌

垂拱元年（六八五）七月□□日

磚質。平頂蓋。蓋長三二點五、寬三二、厚六點五厘米。素面，無字無紋飾。誌長三一點五、寬三二點五、厚六厘米。誌文九行，滿行一一字。朱書正書，無界格。字跡損泐嚴重。四側素面。

二〇一〇年十一月出土於西安市長安區郭杜街道岔道口村，陝西日報社工地一四號墓。

四一　唐故益州大都督府成都縣令韋府（綝）墓誌蓋

永昌元年（六八九）五月廿一日

石質。盝頂蓋。蓋長五一點五、寬五二、厚一〇厘米。蓋文四行，滿行四字，陰刻篆書。蓋頂四周和四刹減地綫刻忍冬；四側綫刻忍冬。未見誌。

一九八六年出土於西安市長安縣韋曲鎮東韋村。

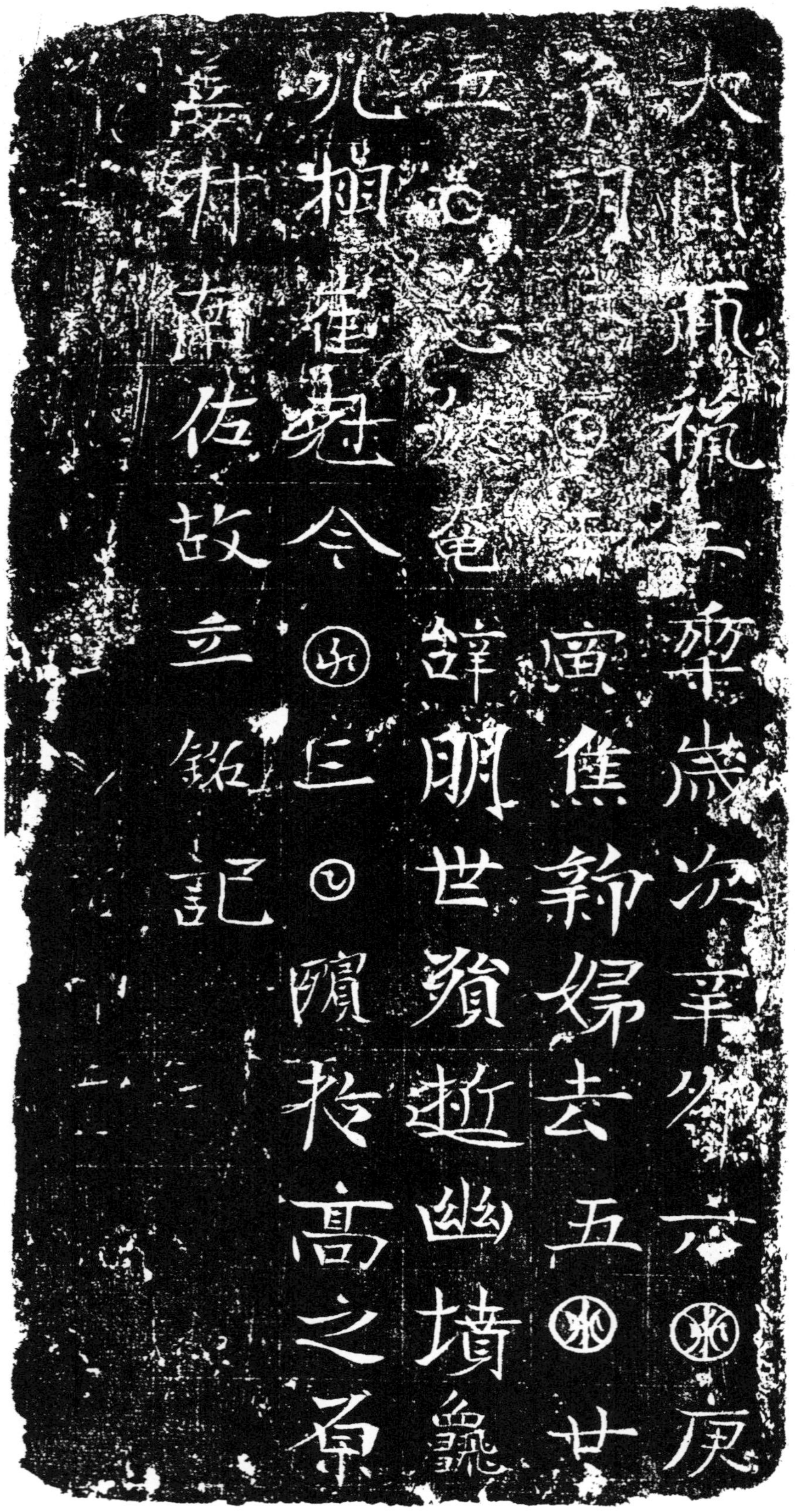

四二　武周焦新婦墓誌

天授二年（六九一）六月三日

石質。無蓋。誌長三七點三、寬一七點五、厚七點八厘米。誌文五行，滿行一三字。正書，有界格。四側素面。

二〇一二年一月出土於西安市長安區郭杜街道茅坡村，長安萬科城二期住宅小區工地三七號墓。

四三　武周故魏州昌樂縣令韋君（傑）墓誌銘

長壽三年（六九四）五月十九日

石質。蓋不詳。誌長五七點五、寬五七點五、厚一三厘米。誌文三三行，滿行三三字。正書，有界格。四側減地綫刻忍冬。

出土時地暫不詳。

四四　武周天水趙君劉夫人（英）墓誌銘

天册萬歲元年（六九五）十月廿八日

磚質。平頂蓋。蓋長三五、寬三五、厚七厘米。蓋素面，無字無紋飾。誌長三五、寬三五、厚七厘米。朱書誌文一九行，滿行二四字不等。正書，劃烏絲界欄。四側素面。

二〇一二年十月出土於西安市長安區郭杜街道茅坡村，長安萬科城二期住宅小區工地一四六號墓。（附彩版）

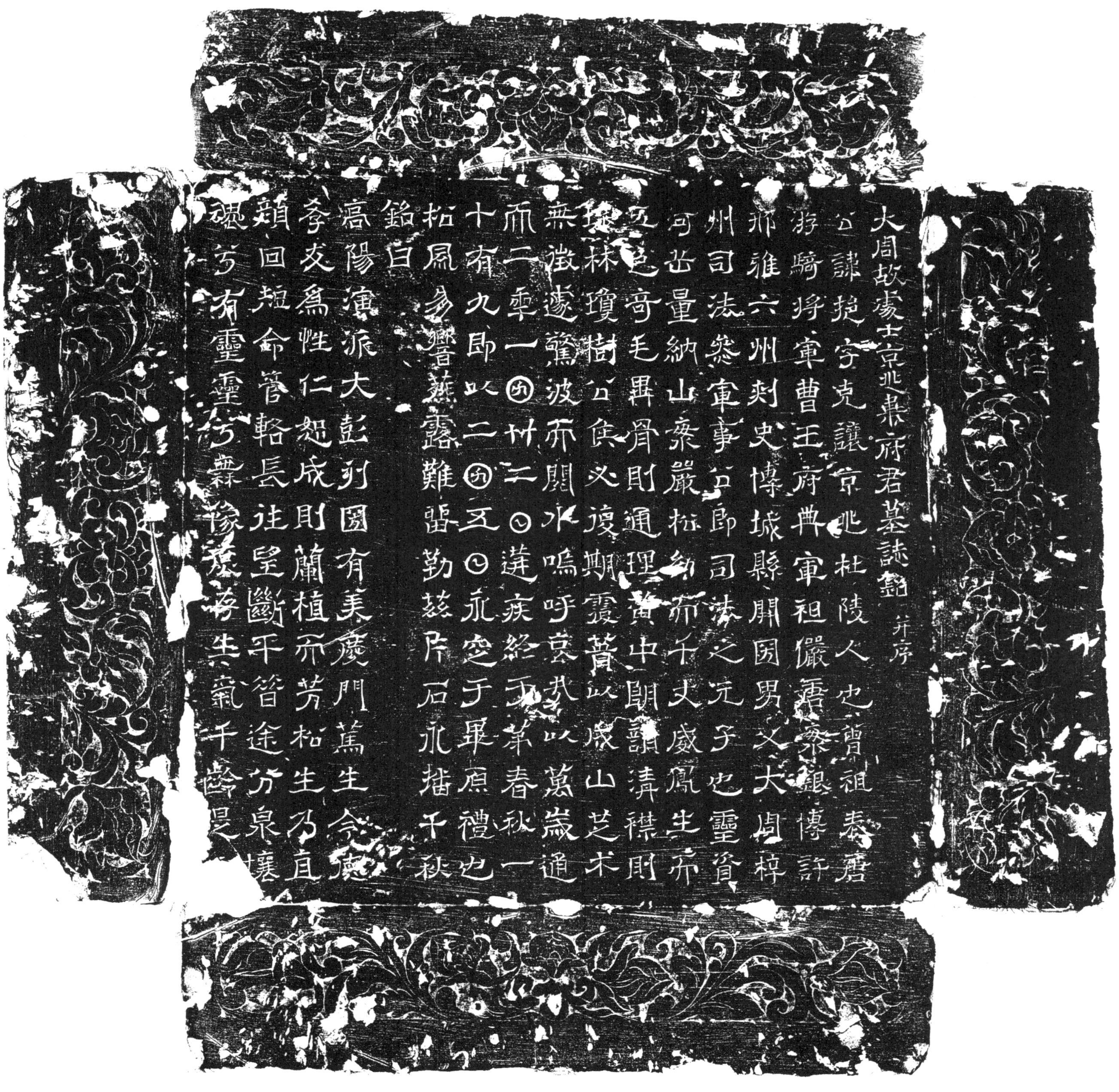
大周故處士京兆韋府君墓誌銘并序

大周故
韋府君
墓誌銘

四五　武周故處士京兆韋府君（挹）墓誌銘

萬歲通天二年（六九七）二月五日

石質。盝頂蓋。蓋長四四、寬四四、厚一〇厘米。蓋文四行，滿行四字，陰刻篆書。四刹減地綫刻忍冬；四側綫刻波浪紋。誌長四三點五、寬四五、厚一一點五厘米。誌文一七行，滿行一六字。隸書，無界格。四側減地綫刻忍冬。

出土時地暫不詳。

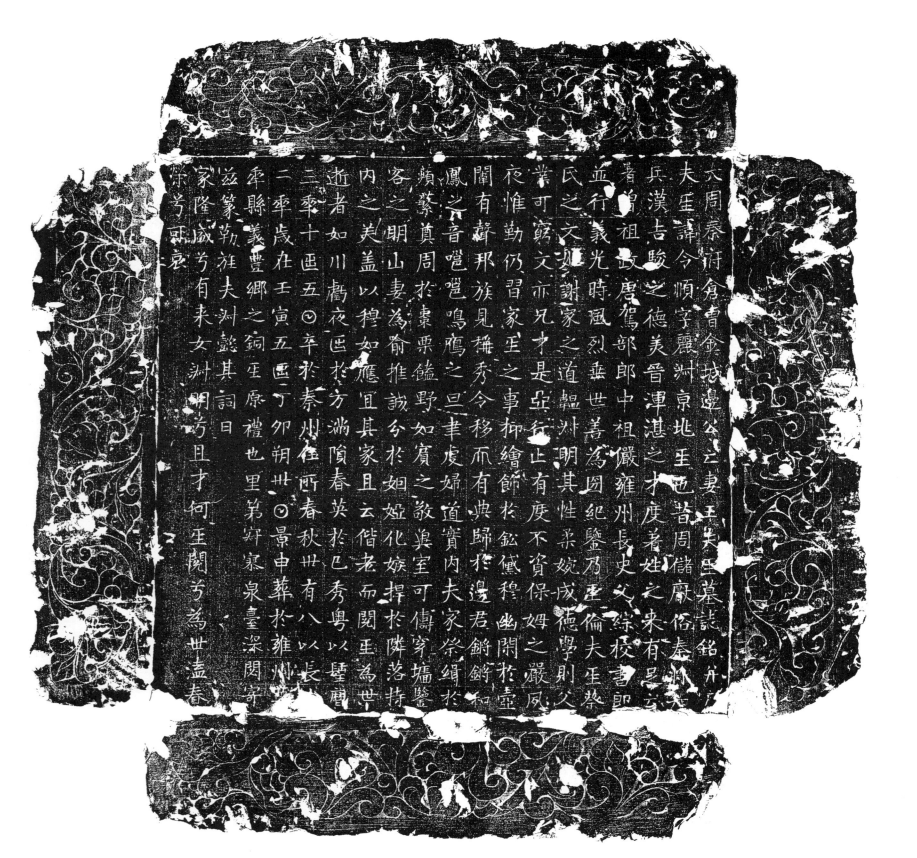

四六　武周秦府倉曹金城邊公亡妻王夫人（令順）墓誌銘

長安二年（七〇二）五月卅日

石質。蓋不詳。誌長三八點五、寬三八、厚八點五厘米。誌文二〇行，滿行二〇字。正書，有界格。四側減地綫刻忍冬。

一九八八年出土於西安市灞橋區洪慶鎮路家灣村，向陽公司工地。

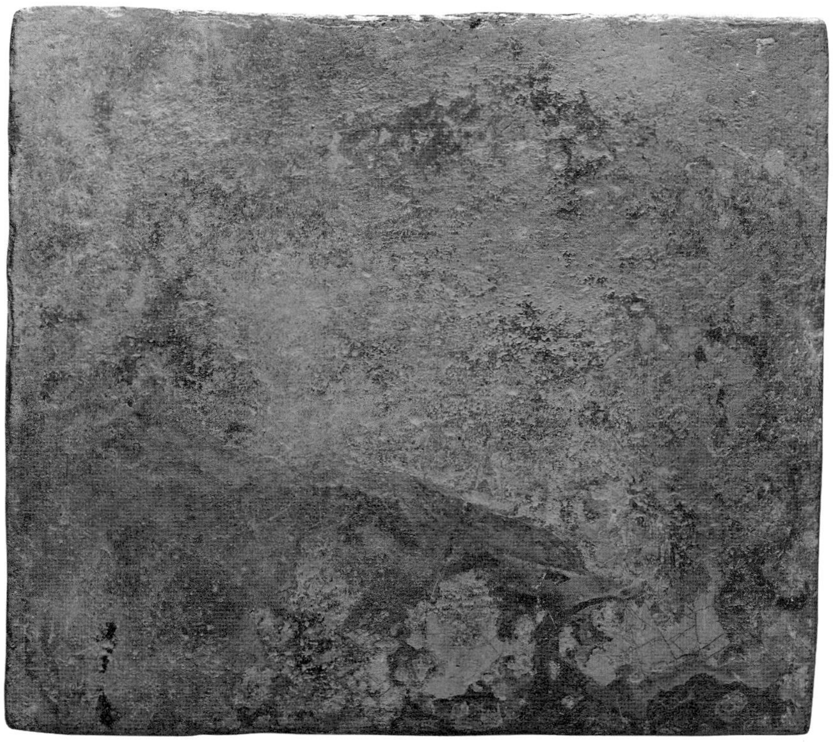

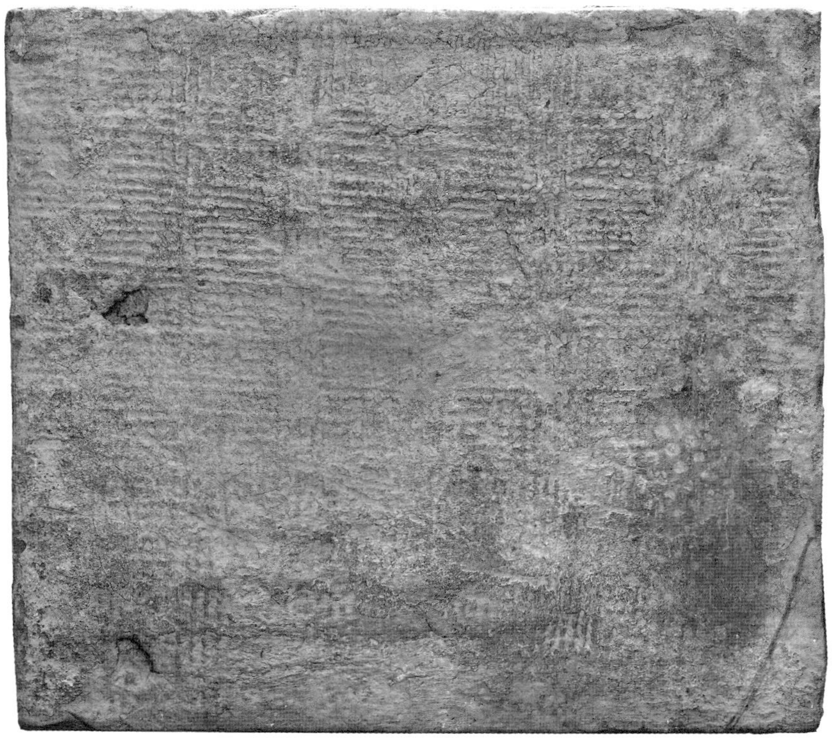

四七　武周司農寺丞鄭福善第四女墓誌

長安二年（七〇二）十一月

磚質。有蓋未見。誌長三六、寬三三、厚六點五厘米。誌文七行，滿行一三字。朱書正書，無界格。四側素面。

二〇一三年五月出土於安市長安區郭杜街道茅坡村，長安萬科城二期住宅小區工地二三一號墓。（附彩版）

四八　唐故朝請大夫彭州唐昌縣令柱國公士武君（太）墓誌

神龍二年（七〇六）十一月二日

石質。盝頂蓋。蓋長五四、寬五四、厚九點五厘米。蓋文三行，滿行三字，陰刻篆書。蓋頂四周和四刹綫刻忍冬。誌長五四、寬五四、厚一〇厘米。誌文三一行，滿行三〇字。正書，有界格。四側綫刻忍冬。

二〇一四年八月出土於西安市高陵縣崇皇鄉，西部工業物流項目工地一號墓。

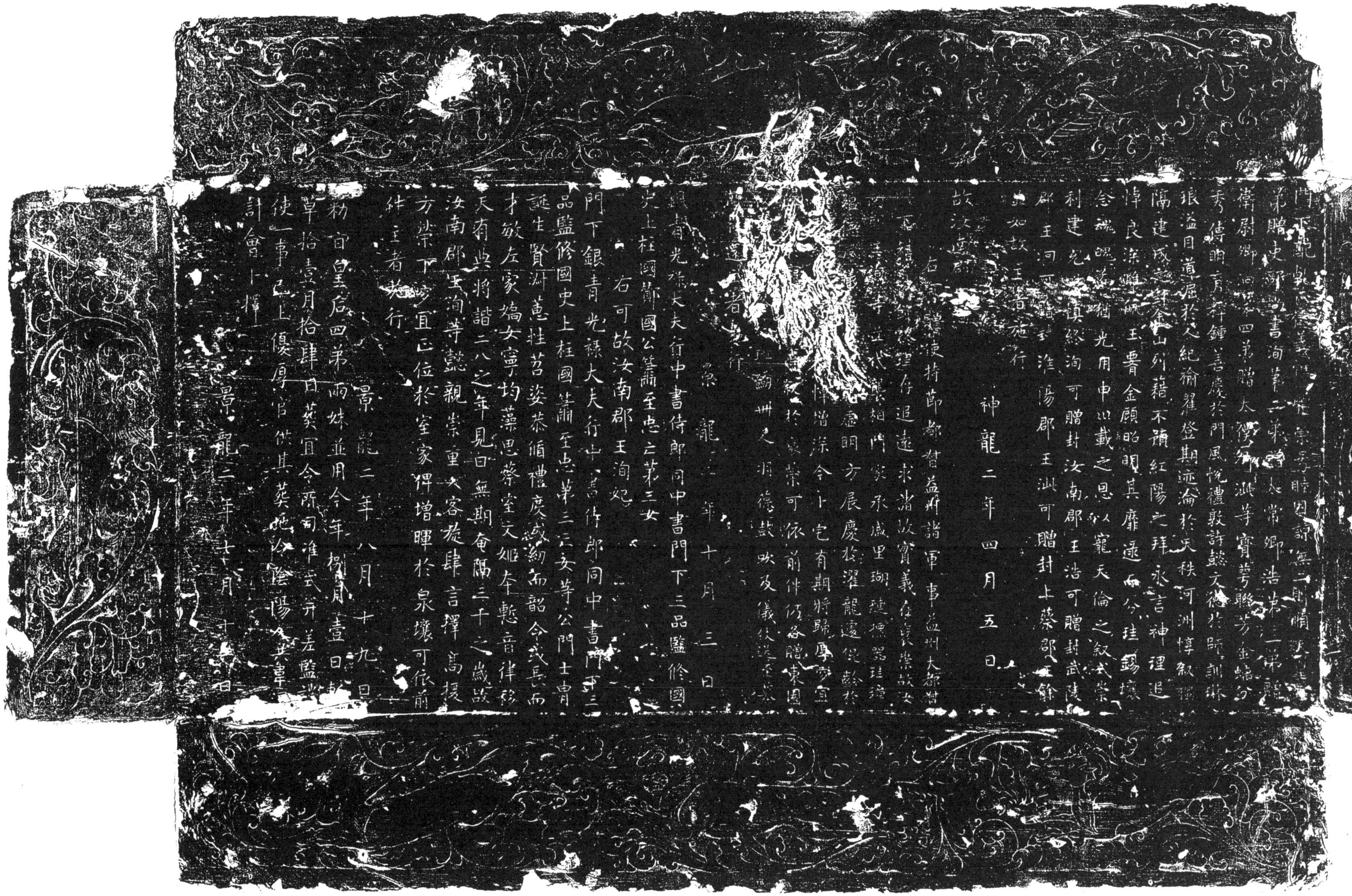

四九　唐韋洵暨妃蕭氏敕旨刻石

景龍二年（七〇八）十月三日

石質。蓋不詳。石長三一、寬七二、厚一〇厘米。石面劃細綫界欄，陰刻正書三九行，滿行二九字。四側減地綫刻瑞獸，襯以忍冬。

一九八八年出土於西安市長安縣韋曲鎮南里王村。

五〇　唐韋泚暨妃鄭氏敕旨刻石

景龍二年（七〇八）十月三日

石質。蓋不詳。石長三二、寬七二、厚一〇厘米。石面劃細綫界欄，陰刻正書三九行，滿行二〇字。四側減地綫刻瑞獸，襯以忍冬。

一九八八年出土於西安市長安縣韋曲鎮南里王村。

五一　唐韋洞中央鎮墓石

景龍二年（七〇八）十一月一日

石質。蓋不詳。石長五四、寬五三、厚一〇厘米。上部陰刻雲篆六行，滿行三字；下部陰刻鎮墓文二一行，滿行八字，末行五字。正書，無界格。

一九八八年出土於西安市長安縣韋曲鎮南里王村。

五二　唐故左武衛郎將京兆蘇公（通）墓誌銘蓋

景龍三年（七〇九）二月十五日

石質。盝頂蓋。蓋長五九、寬五八、厚七點五厘米。蓋文三行，滿行三字，陰刻篆書。蓋頂四周和四刹減地綫刻忍冬，四側素面。未見誌。

一九八六年採集於咸陽市煤校基建工地。

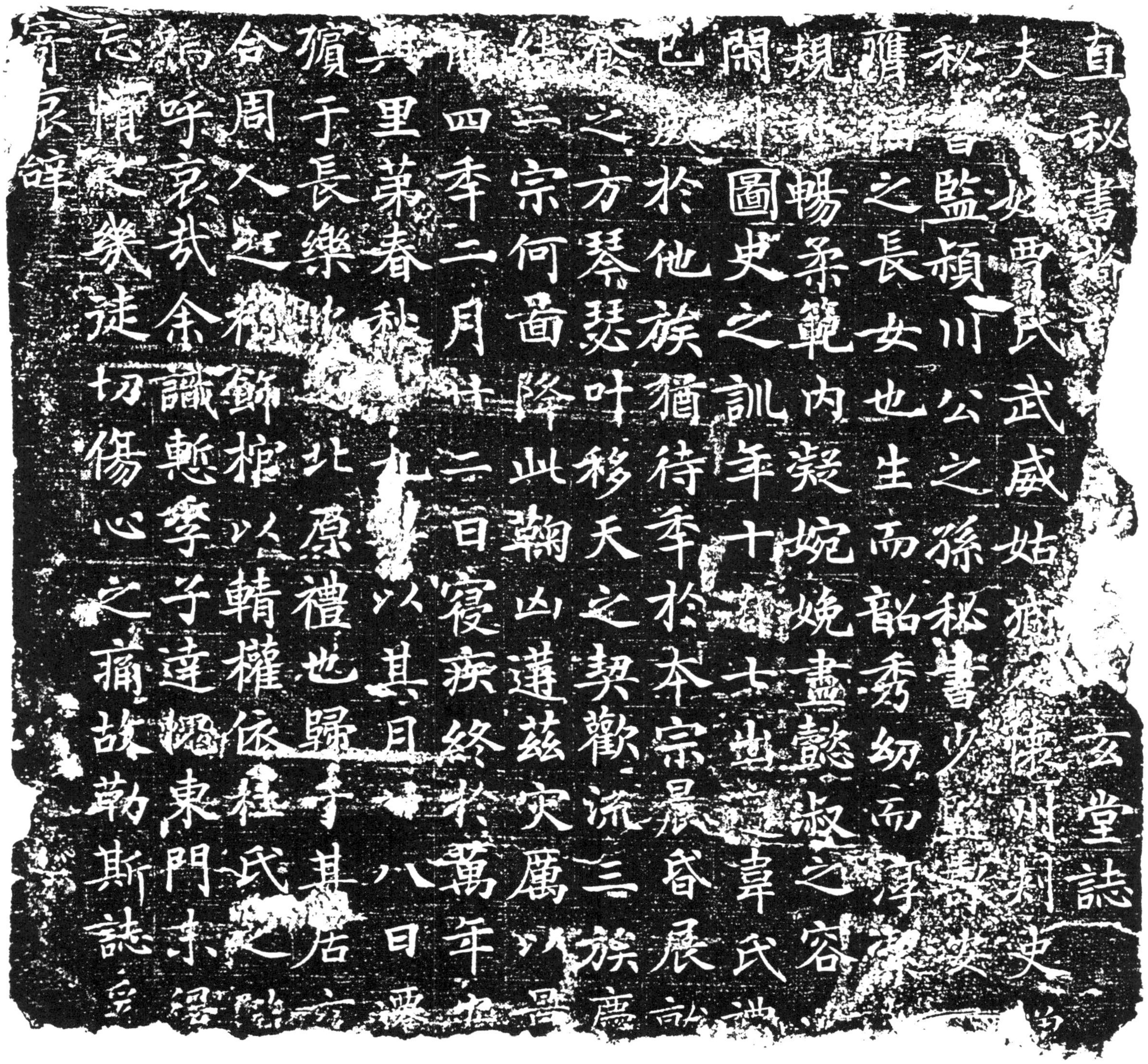

五三　唐直秘書省韋某妻賈氏玄堂誌

景龍四年（七一〇）二月廿二日

石質。無蓋。誌長二九點五、寬二八、厚七厘米。誌文一四行，滿行一五字。正書，有界格。四側素面。

一九八六年六月採集於西安市灞橋區長樂東路某施工工地。

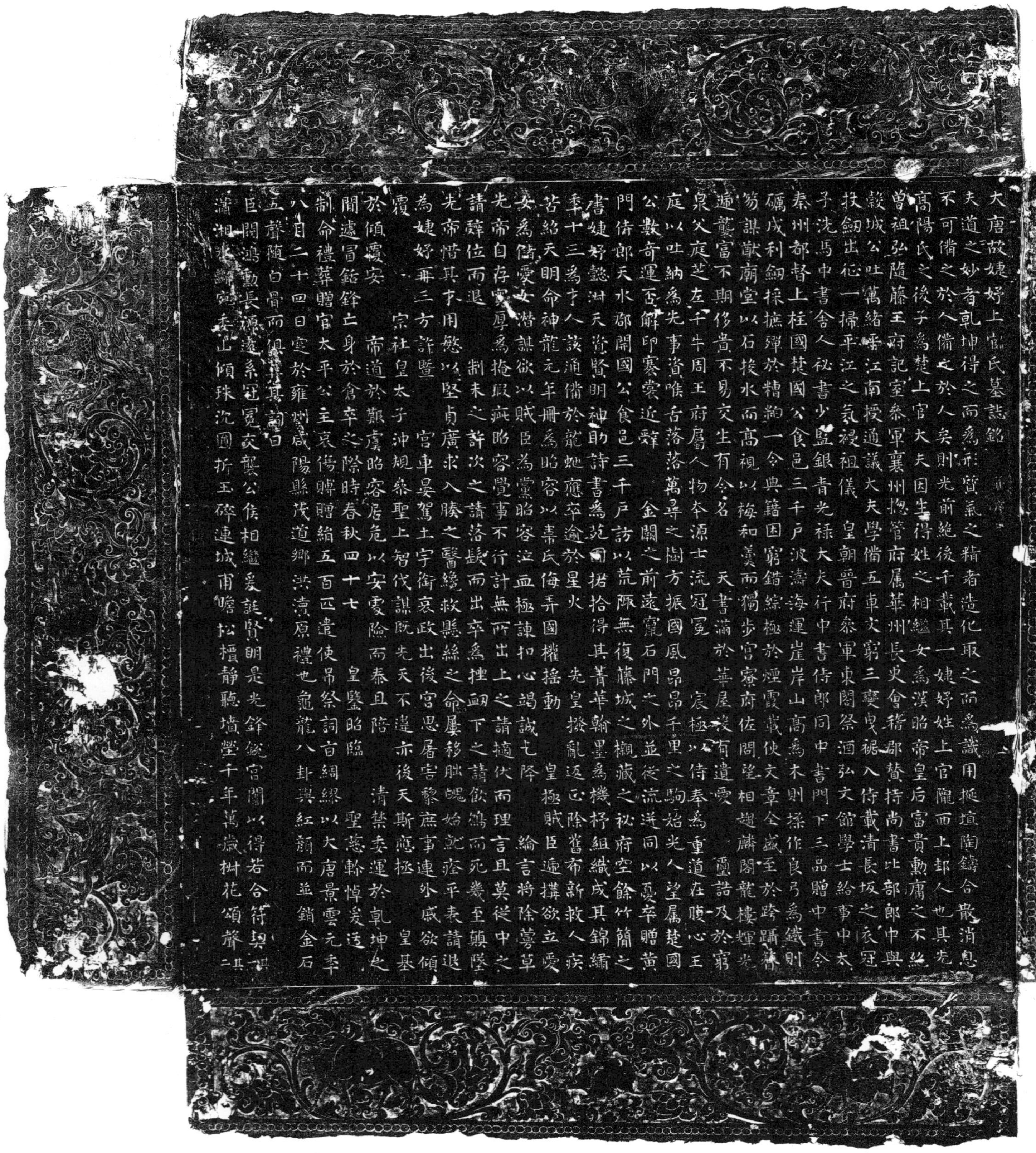

五四　唐故昭容上官氏墓誌銘

景雲元年（七一〇）八月二十四日

石質。盝頂蓋。蓋長七五、寬七三、厚一二點五厘米。蓋文三行，滿行三字，陰刻篆書。蓋頂四周減地綫刻牡丹；四刹減地綫刻瑞獸，襯以花卉；四側減地綫刻牡丹紋帶。誌長七四、寬七四、厚一五點五厘米。誌文三三行，滿行三三字。正書，有界格。四側減地線刻十二生肖，動物形態，襯以纏枝花卉。

二〇一三年八月出土於咸陽市渭城區北杜鎮鄧村北，空港新城南大道工地一號墓。

五五　唐前邛州安仁縣丞羅君故人李氏（大娘）墓誌銘

延和元年（七一二）六月十六日

磚質。盝頂蓋。蓋長三一點二、寬三一點二、厚四厘米。無字無紋飾。誌長三一點二、寬三一點二、厚五點八厘米。誌文一四行，滿行二二字不等。墨書正書，無界格。四側素面。

二〇〇九年出土於西安市長安區韋曲街道韓家灣村，黃河上游水電開發公司工地五四號墓。（附彩版）

五六　唐故中大夫衛州司馬韋府君（縱）誌銘

開元三年（七一五）八月二十三日

石質。盝頂蓋。蓋長四七點五、寬四七、厚九厘米。蓋文三行，滿行三字，陰刻篆書。蓋四刹和四側減地綫刻忍冬。蓋係用他人墓誌志石改刻，原刻未磨平，殘存原誌文二一行，行二〇字。正書，無界格。誌長四六點五、寬四七、厚一一厘米。誌文二二行，滿行二二字。正書，有界格。四側減地綫刻忍冬。

一九八九年十一月出土於西安市灞橋區紡織城街道棗園村，西北國棉五廠新建住宅區工地九六號墓。

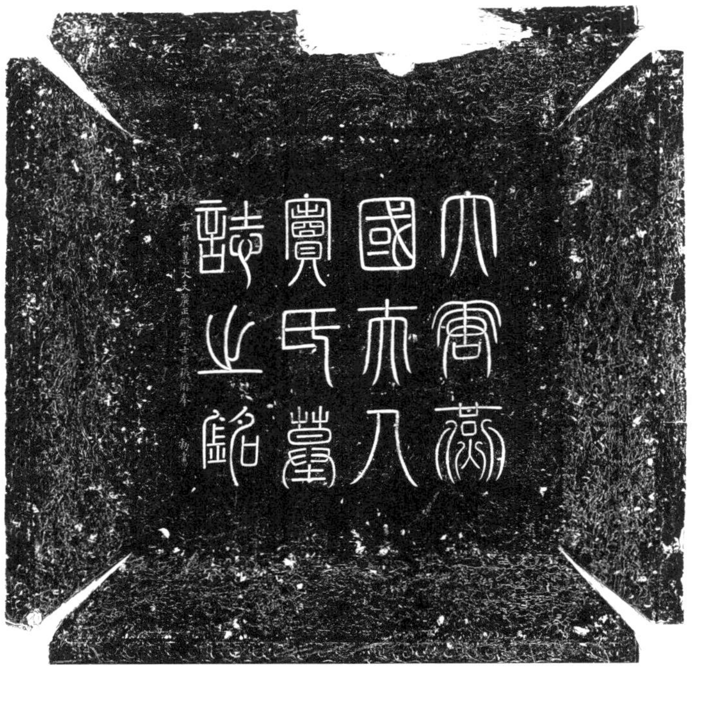

五七　唐燕國夫人竇氏（淑）墓誌銘

開元九年（七二一）八月廿一日

石質。盝頂蓋。蓋長九〇、寬九〇點五、厚一三厘米。蓋文四行，滿行三字，陰刻篆書。左側有書丹題款一行，正書。蓋頂四周減地綫刻花卉；四刹減地綫刻四神，襯以花卉；四側減地綫刻如意雲紋。誌長九一、寬九一、厚一三點五厘米。誌文三八行，滿行三七字。正書，有界格。四側減地綫刻壺門十二生肖，動物形態，襯以如意雲紋。

一九八八年出土於咸陽市渭城區底張鎮，西安咸陽國際機場停機坪工地一號墓。

故監察御史隆康縣男韋府君夫人故安
豐縣君竇氏墓誌銘并序
夫人諱　字　扶風平陵人也　吏部尚書
懿曾孫司勳郎中孝鼎孫岐州扶風縣令
晦第六女也誕茲華胄光肖明德才冠族
姻譽流閨閫既叶宜家之美且聞從宅之
訓方保戩穀克昌年考奄弃高堂遠歸厚
夜以開元十九年六月廿七日寢疾終于
東都淳化里第春秋七十有三粤以其年
十二月廿七日從殯于京兆府長安縣高
陽原禮也嗣子昇御等茹心靡恃泣血何
從見託斯文以圖不朽銘曰
荒郊暮兮雲景昏哀挽遲遲兮出國門于
嗟夫人託茲高原雖深谷之有變庶貞
石之長存

大唐故
竇夫人
墓誌銘

五八　唐故監察御史隆康縣男韋府君（知遠）夫人故安定豐縣君竇氏墓誌銘

開元十九年（七三一）十二月廿七日

石質。盝頂蓋。蓋長四五點五、寬四四點五、厚九厘米。蓋文三行，滿行三字，陰刻正書。蓋頂四周減地綫刻花卉，四隅減地綫刻柿蒂紋；四刹減地綫刻四神，襯以如意雲紋。誌長四五點五、寬四四點五、厚九厘米。誌文一五行，滿行一六字。正書，有界格。四側減地綫刻忍冬。

二〇一四年出土於西安市長安區郭杜街道茅坡村，長安萬科城住宅小區工地一四七號墓。

五九　唐故都尉上柱國内教供奉趙府君（弘眘）銘

開元廿一年（七三三）二月一日

石質。盝頂蓋。蓋長三四、寬三四、厚七點五厘米。蓋文三行，滿行三字，陰刻正書。蓋四刹減地綫刻花卉。誌長三三、寬三三點五、厚九點五厘米。誌文一七行，滿行一八字。正書，有界格。四側減地綫刻纏枝花卉。

出土時地暫不詳。

六〇　唐濟州長史京兆韋君（虔晃）故夫人李氏墓誌銘

開元廿三年（七三五）五月十七日

石質。盝頂蓋。蓋長四四點五、寬四二點五、厚六厘米。蓋文三行，滿行三字，陰刻篆書。四刹減地綫刻花卉。未見誌，誌拓長四四、寬四三、厚一一厘米。誌文二二行，滿行二二字。正書，有界格。四側減地綫刻花卉。

出土時地暫不詳。

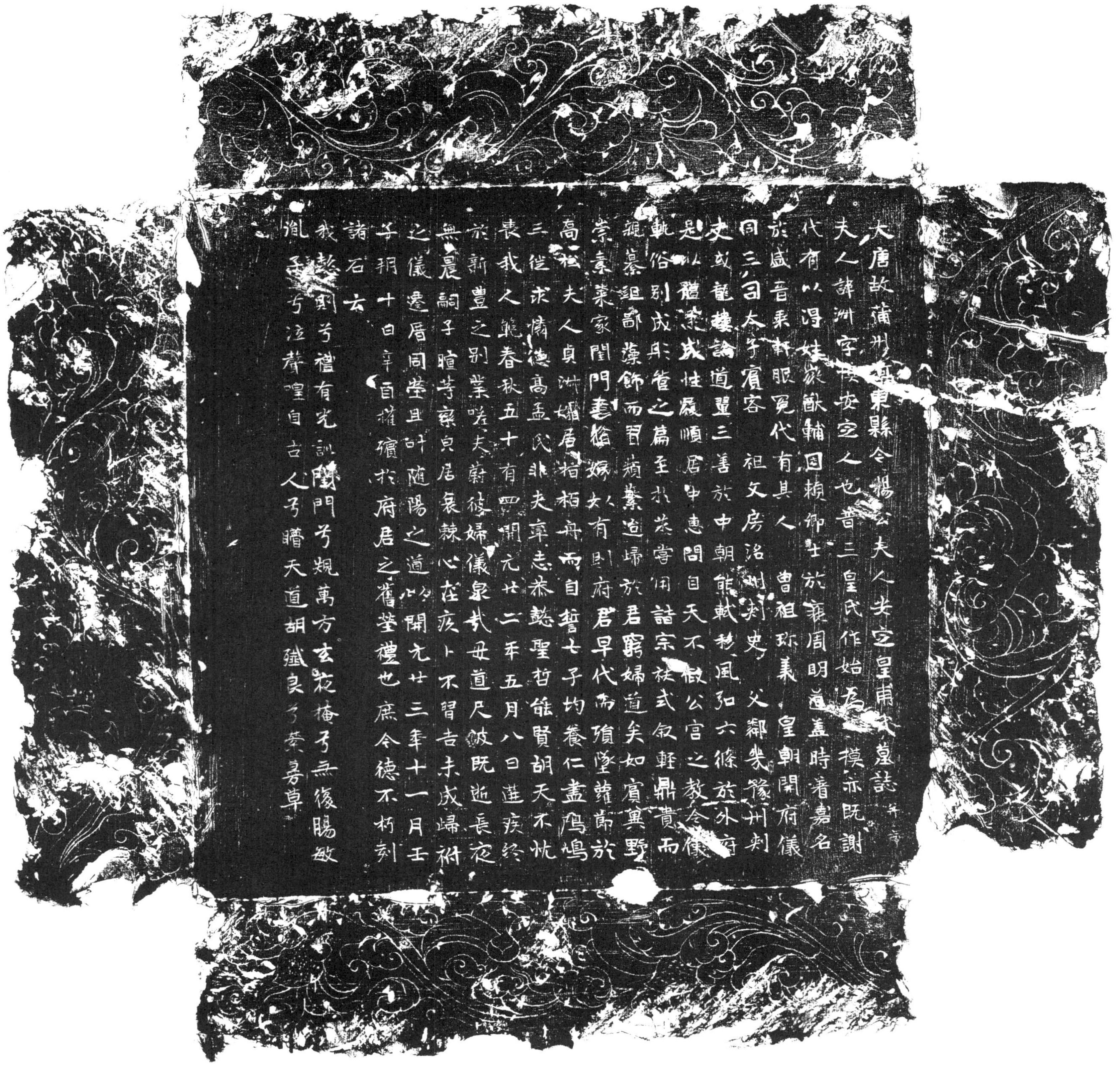

六一　唐故蒲州河東縣令楊公夫人安定皇甫氏（淑）

墓誌

開元廿三年（七三五）十一月十日

石質。盝頂蓋。蓋長三九點五、寬三九點五、厚五厘米。蓋文三行，滿行三字，陰刻篆書。蓋頂面四周綫刻花卉，四隅各刻花一朵；四刹減地綫刻花卉。誌長三九、寬三九、厚一〇厘米。誌文二〇行，滿行二二字。正書，有界格。四側綫刻纏枝石榴。

二〇〇二年出土於西安市雁塔區曲江街道孟村，西安理工大學曲江校區工地三區二一四號墓。

六二　唐故濟州長史韋公（虔晃）墓誌銘

開元廿四年（七三六）正月二日

石質。蓋不詳。誌上半部殘佚，殘長四三點五、寬五三、厚七點五厘米。誌文二八行，滿行三〇字。正書，有界格。四側綫刻花卉。

出土時地暫不詳。

六三　唐故京兆府長安縣尉韋府君（最）墓誌銘蓋

開元廿五年（七三七）十二月三日

石質。盝頂蓋。蓋長六〇、寬六〇、厚九厘米。蓋文三行，滿行三字，陰刻篆書。四刹減地綫刻忍冬。未見誌。

一九八五年秋出土於西安市長安縣韋曲鎮東韋村。

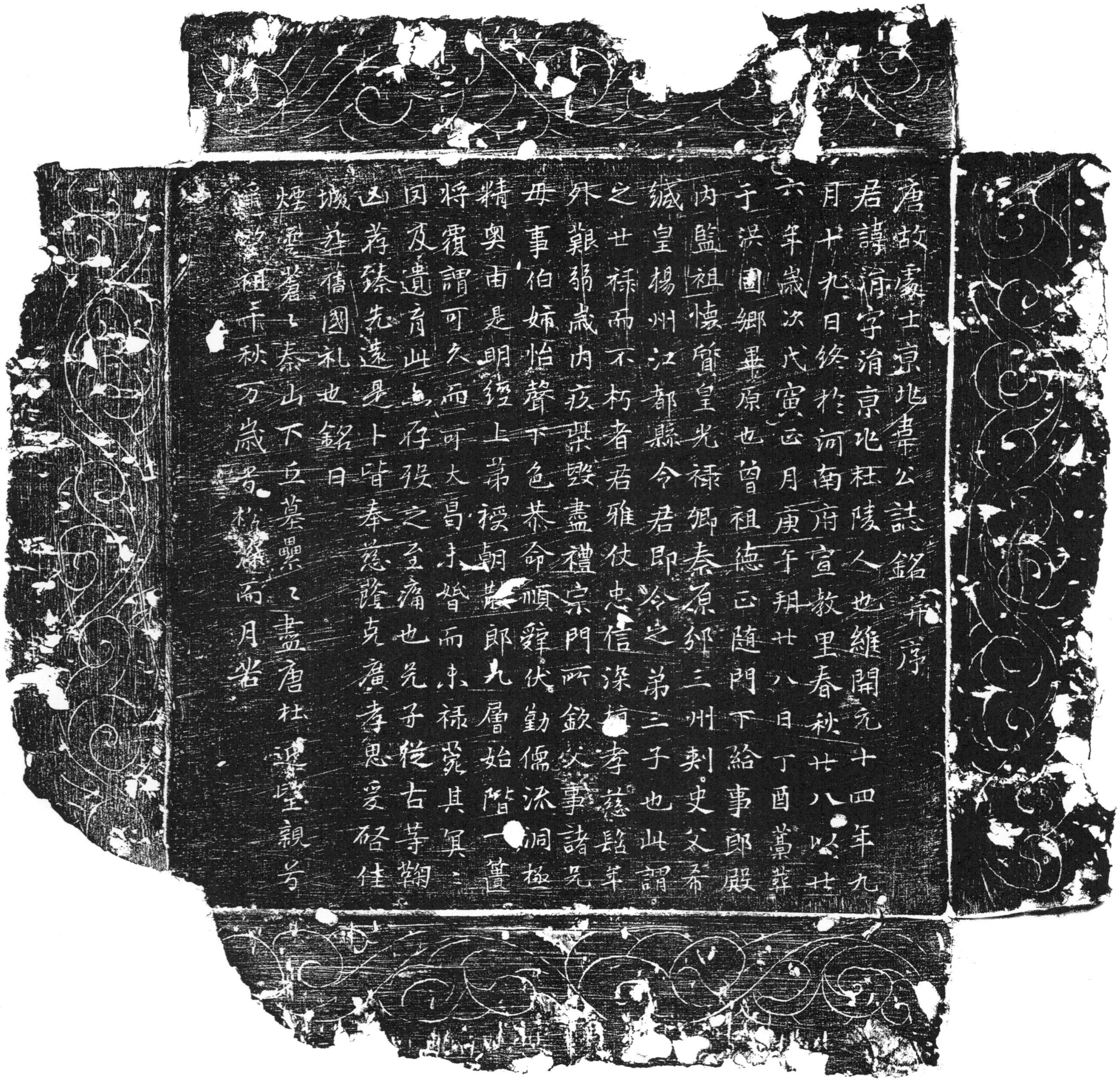

六四　唐故處士京兆韋公（涓）誌銘

開元廿六年（七三八）正月廿八日

石質。蓋不詳。誌長三三、寬三三、厚六點二厘米。誌文一七行，滿行一八字。正書夾雜草書，無界格。四側綫刻忍冬。

出土時地暫不詳。

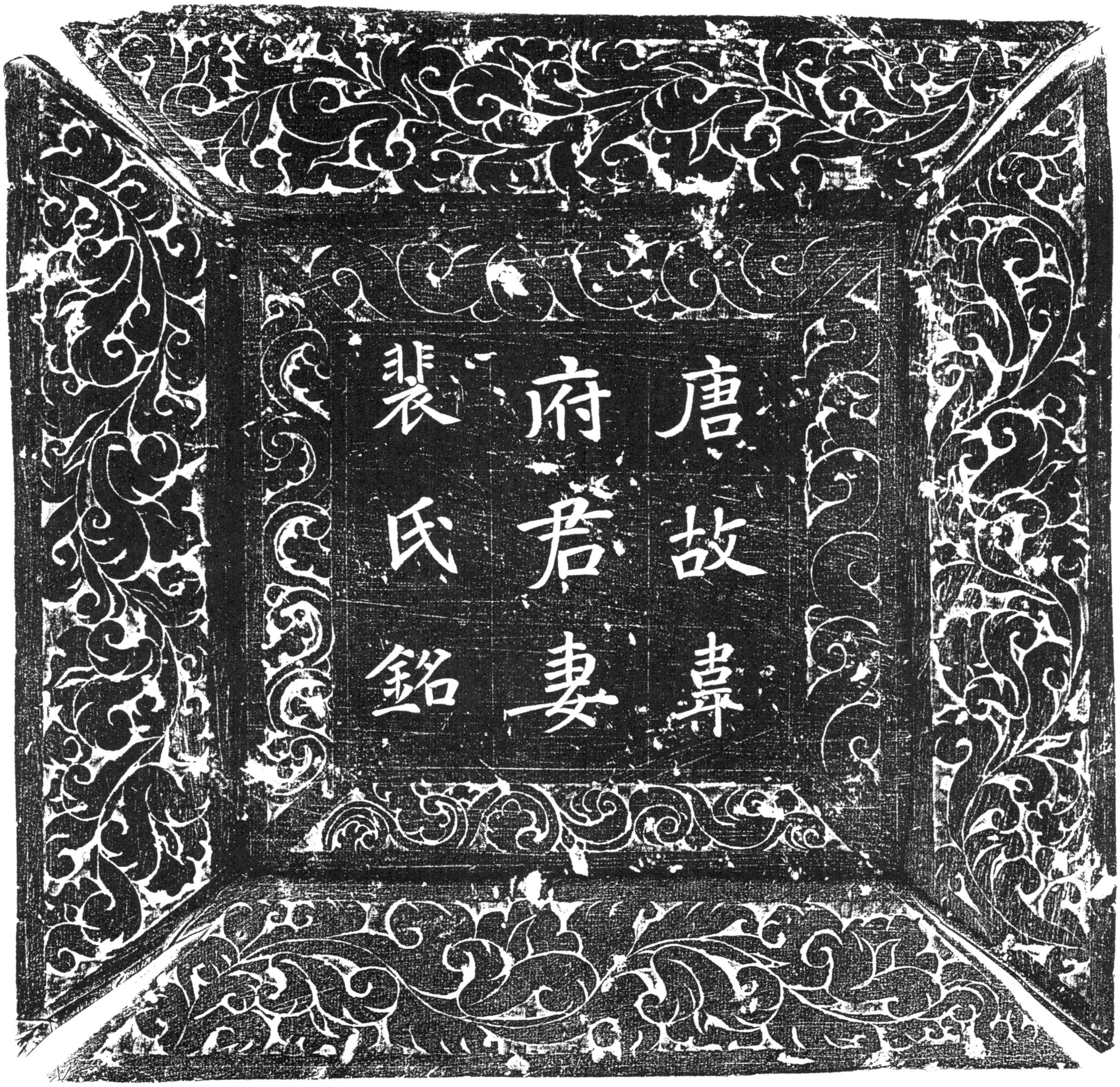

六五　唐故長安尉京兆韋府君（最）妻河東裴氏墓誌銘蓋

開元廿六年（七三八）十一月八日

石質。盝頂蓋。蓋長三五、寬三五點五、厚六厘米。蓋文正書。頂蓋四周減地綫刻忍冬；四刹減地綫刻忍冬。未見誌。

一九八五年出土於西安市長安縣韋曲北原。

六六　唐藍田縣尉張君故夫人韋氏墓誌

開元廿七年（七三九）八月廿四日

石質。蓋不詳。誌長四六點六、寬四七、厚七點八厘米。誌文一九行，滿行一九字。正書，有界格。四側正中各減地綫刻鴻雁一隻，襯以花卉和流雲。

出土時地暫不詳。

六七　唐羅某夫人墓誌銘

開元廿七年（七三九）十月廿六日

磚質。平頂蓋。蓋長三五點五、寬三五點五、厚七厘米。無字無紋飾。誌長三五點五、寬三五點五、厚七厘米。誌文二〇行，滿行二三字不等。墨書正書，有界欄。四側素面。

二〇〇九年出土於西安市長安區韋曲街道韓家灣村，黃河上游水電開發公司工地四〇號墓。（附彩版）

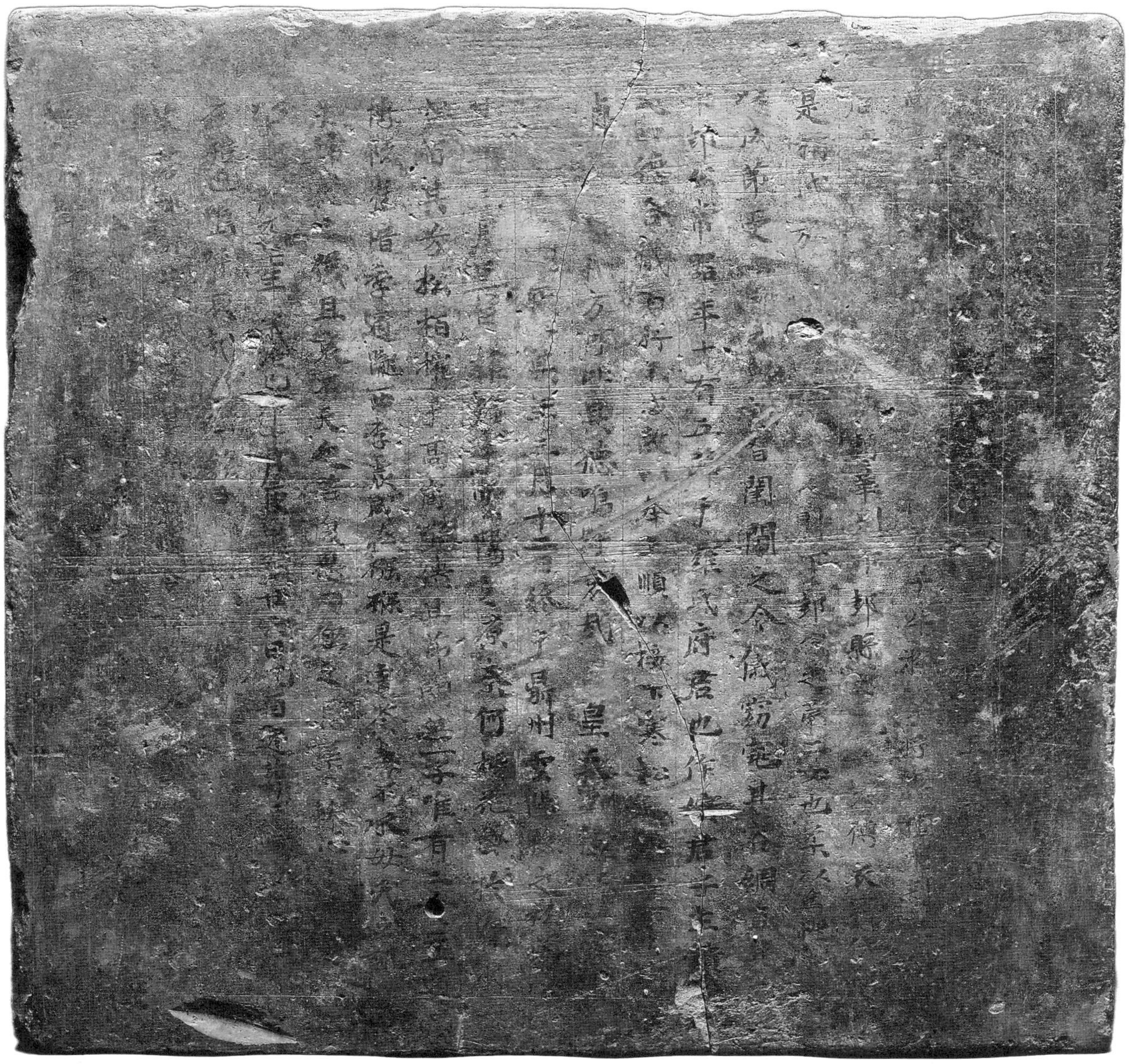

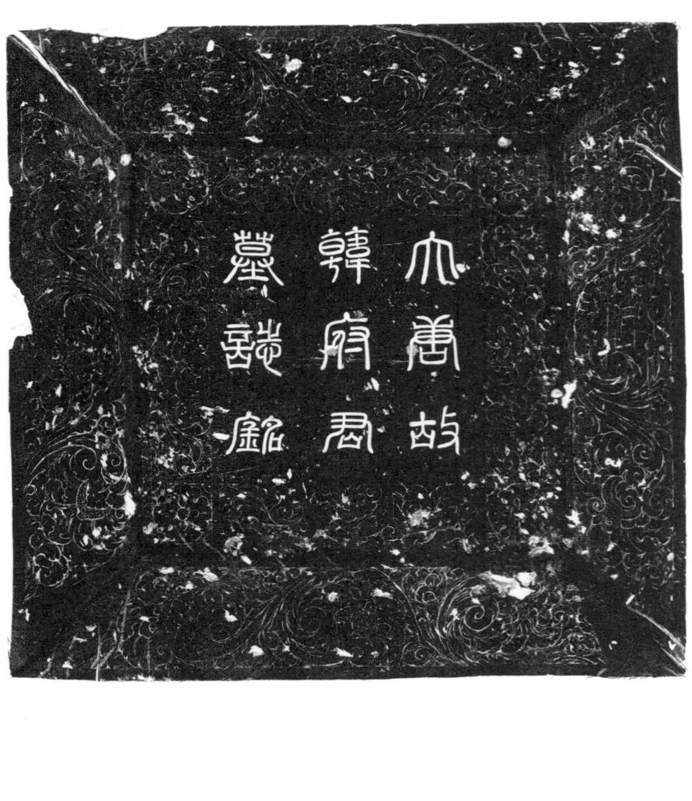

六八　唐故太子少師贈揚州大都督昌黎韓府君（休）墓誌銘

開元廿八年（七四〇）八月十八日

石質。盝頂蓋。蓋長六九、寬六九、厚四點五厘米。蓋文三行，滿行三字，陰刻篆書。蓋頂四周減地綫刻花卉，四隅各刻花一朵；四刹減地綫刻花卉。誌長七二、寬七二、厚一一厘米。誌文四一行，滿行四四字。正書，有界格。四側減地綫刻花卉。

二〇一四年出土於西安市長安區大兆街道郭新莊村一號墓。

六九　唐故相韓公（休）夫人河東郡夫人柳氏墓誌文

天寶七載（七四八）十一月四日

石質。盝頂蓋，横向斷裂，下半部裂爲數段。蓋長七五、寬七五、厚九厘米。蓋文四行，滿行四字，陰刻篆書。蓋頂四周和四刹減地綫刻花卉。誌長七二、寬七二、厚一一厘米。誌文二六行，滿行二七字。正書，有界格。四側減地綫刻花卉。

二〇一四年出土於西安市長安區大兆街道郭新莊村一號墓。

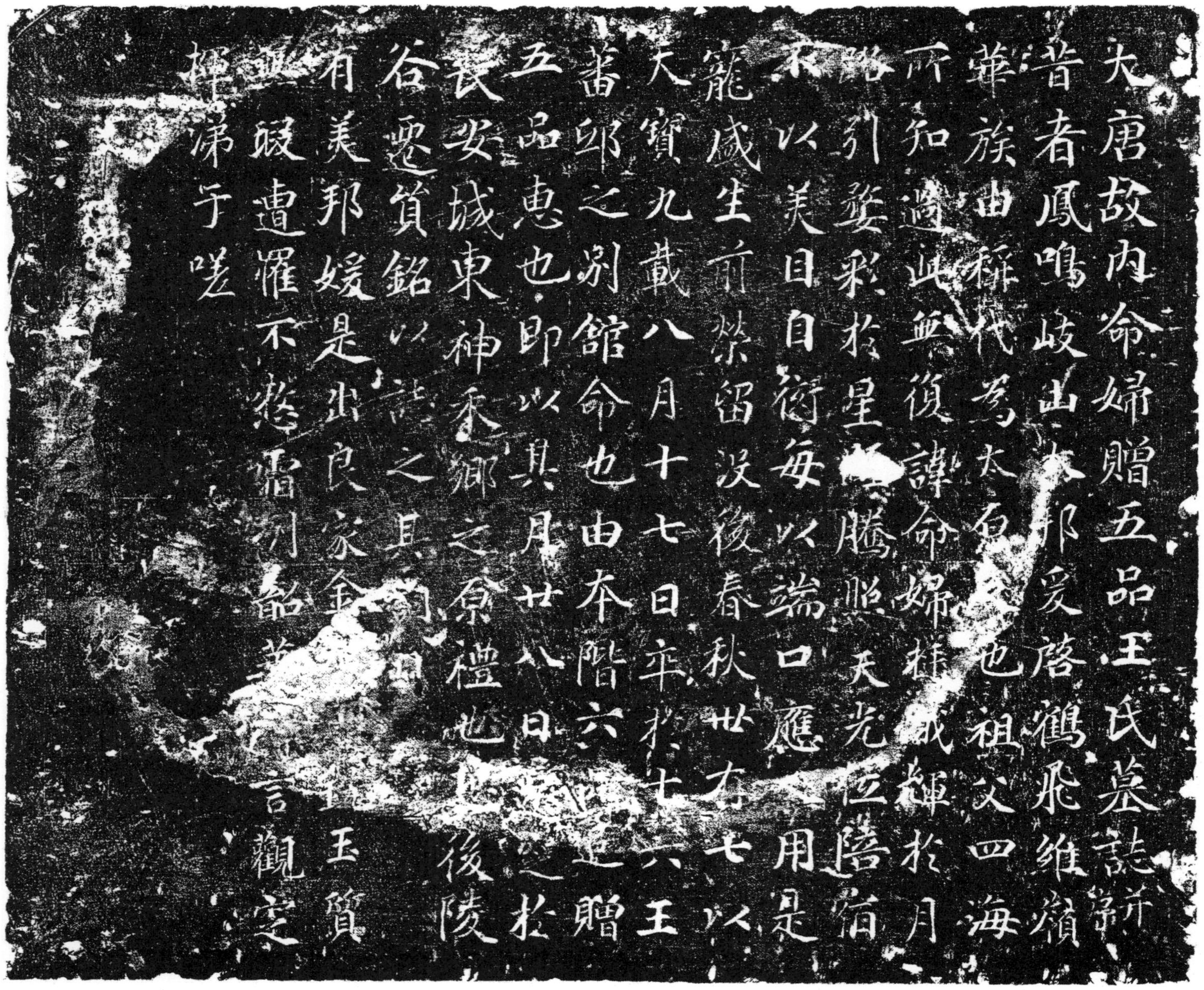

七〇　唐故内命婦贈五品王氏墓誌

天寶九載（七五〇）八月廿八日

石質。蓋不詳。誌長三〇點五、寬三六、厚八點五厘米。誌文一四行，滿行一四字。正書，無界格。四側素面。誌底面凹凸不平。

出土時地暫不詳。

七一　唐故馮翊郡司户參軍韋公（涵）墓誌銘

天寶十三載（七五四）十一月二十九日

石質。蓋不詳。誌長五八、寬五九點五、厚八點五厘米。誌文二三行，滿行二五字。正書，有界格。四側減地綫刻忍冬。

出土時地暫不詳。

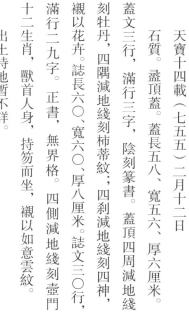

七二　唐故左羽林軍大將軍康府君（太和）墓誌銘

天寶十四載（七五五）二月十二日

石質。盝頂蓋。蓋長五八、寬五六、厚六厘米。蓋文三行，滿行三字，陰刻篆書。蓋頂四周減地綫刻牡丹，四隅減地綫刻柿蒂紋；四刹減地綫刻四神，襯以花卉。誌長六〇、寬六〇、厚八厘米。誌文三〇行，滿行二九字。正書，無界格。四側減地綫刻壼門十二生肖，獸首人身，持笏而坐，襯以如意雲紋。

出土時地暫不詳。

七三　唐雲麾將軍左羽林軍大將軍故夫人韓氏墓誌銘

天寶十四載（七五五）十一月五日

石質。盝頂蓋。蓋長五九、寬五九、厚九點五厘米。蓋文三行，滿行三字，陰刻正書。蓋頂四周減地綫刻花卉；四刹減地綫刻牡丹和石榴。誌長五九、寬五九、厚一〇厘米。誌文二〇行，滿行二三字。正書，有界格。四側減地綫刻纏枝牡丹。

出土時地暫不詳。

七四　唐故武都侯右龍武軍大將軍章府君（令信）墓誌銘蓋

乾元元年（七五八）十月十日

石質。盝頂蓋。蓋長三六點五、寬三六點五、厚五厘米。蓋文三行，滿行三字，陰刻篆書。蓋四刹減地綫刻牡丹。未見誌。

一九八〇年一月出土於西安市灞橋區紡織城街道，西北國棉四廠子校操場工地一號墓。

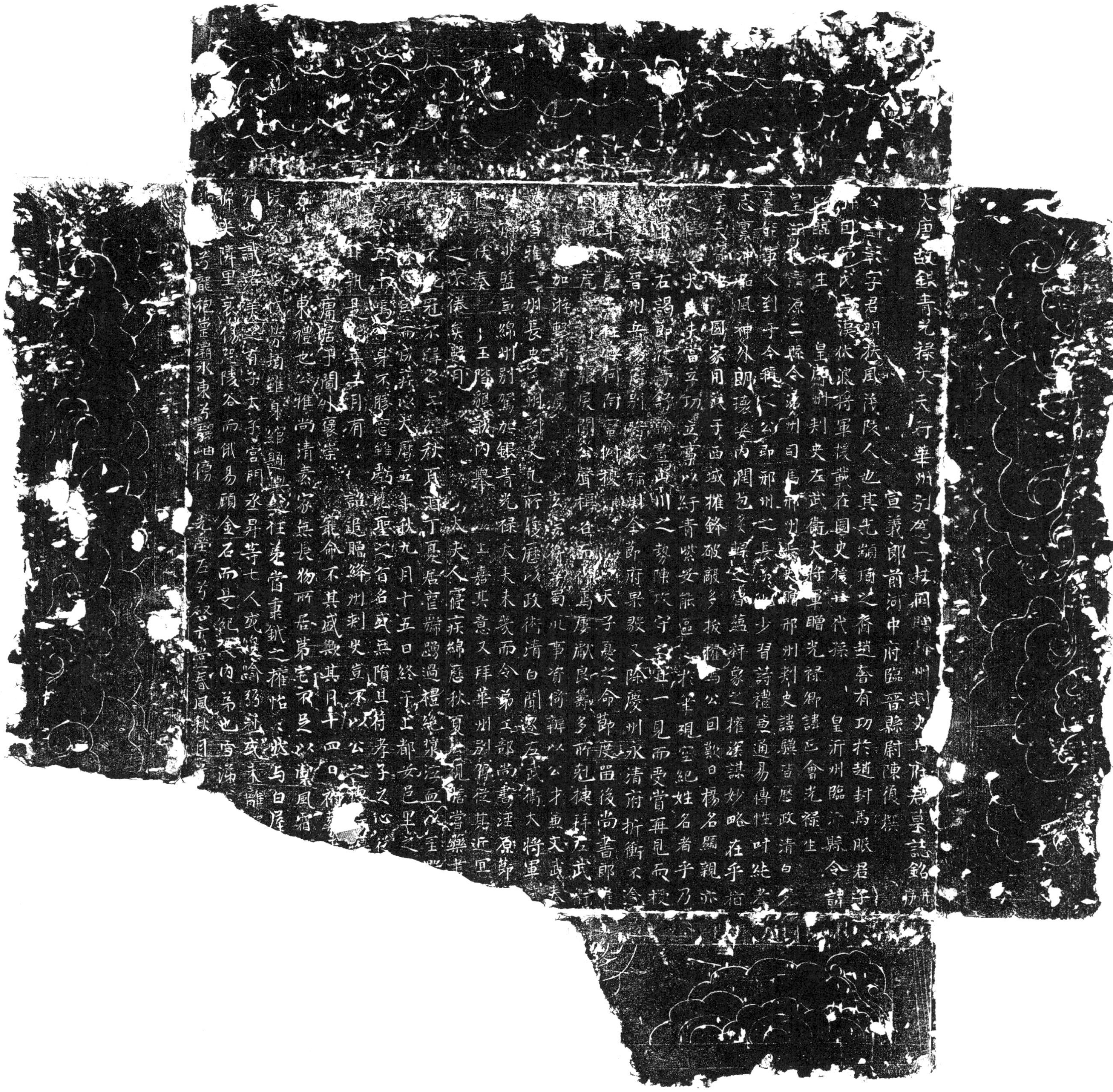

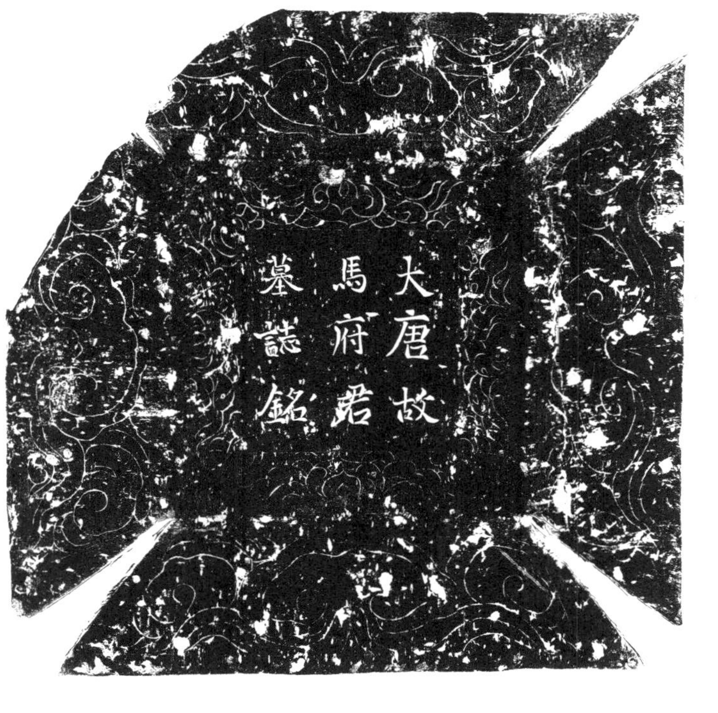

七五　唐故銀青光祿大夫行華州別駕上柱國贈絳州刺史馬府君（彰）墓誌銘

大曆六年（七七一）二月十四日

石質。盝頂蓋。蓋長四六點五、寬四六點五、厚一二厘米。蓋文三行，滿行三字，陰刻正書。蓋頂四周綫刻花卉；四刹綫刻如意雲紋。誌左下角殘，誌面上半部分損泐。誌文二九行，滿行二九字。正書，無界格。四側綫刻如意雲紋。

一九八八年八月出土於西安市灞橋區洪慶鎮路家灣村，向陽公司工地一二九號墓。

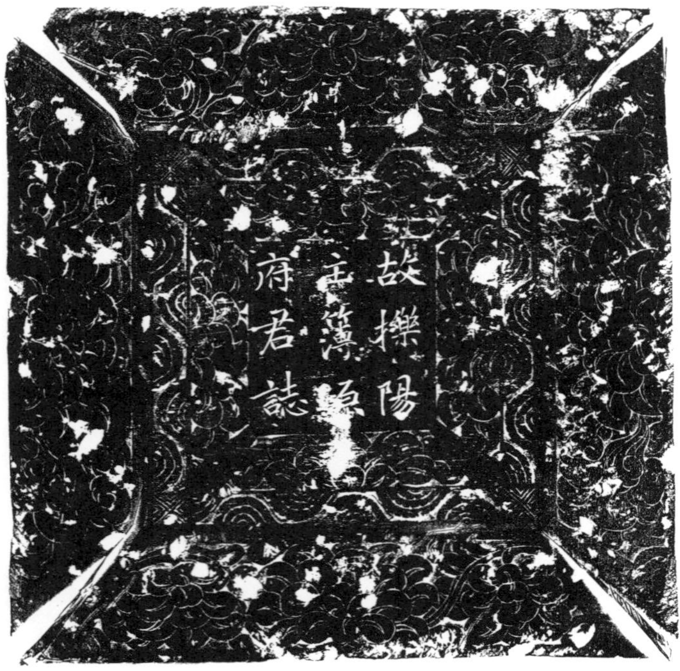

七六　唐大理評事兼京兆府櫟陽縣主簿源府君（邈）墓誌銘

大曆十二年（七七七）五月四日

石質。盝頂蓋。蓋長三七、寬三七、厚六點五厘米。蓋文三行，滿行三字，陰刻正書。蓋頂四周減地綫刻牡丹，外圍減地綫刻水波紋，四隅刻X形紋飾；四刹減地綫刻牡丹。誌長三五點四、寬三五點七、厚七點六厘米。誌文二〇行，滿行二〇字。正書，無界格。四側減地綫刻牡丹。

二〇〇二年出土於西安市雁塔區曲江街道孟村，西安理工大學曲江校區工地一區一四號墓。

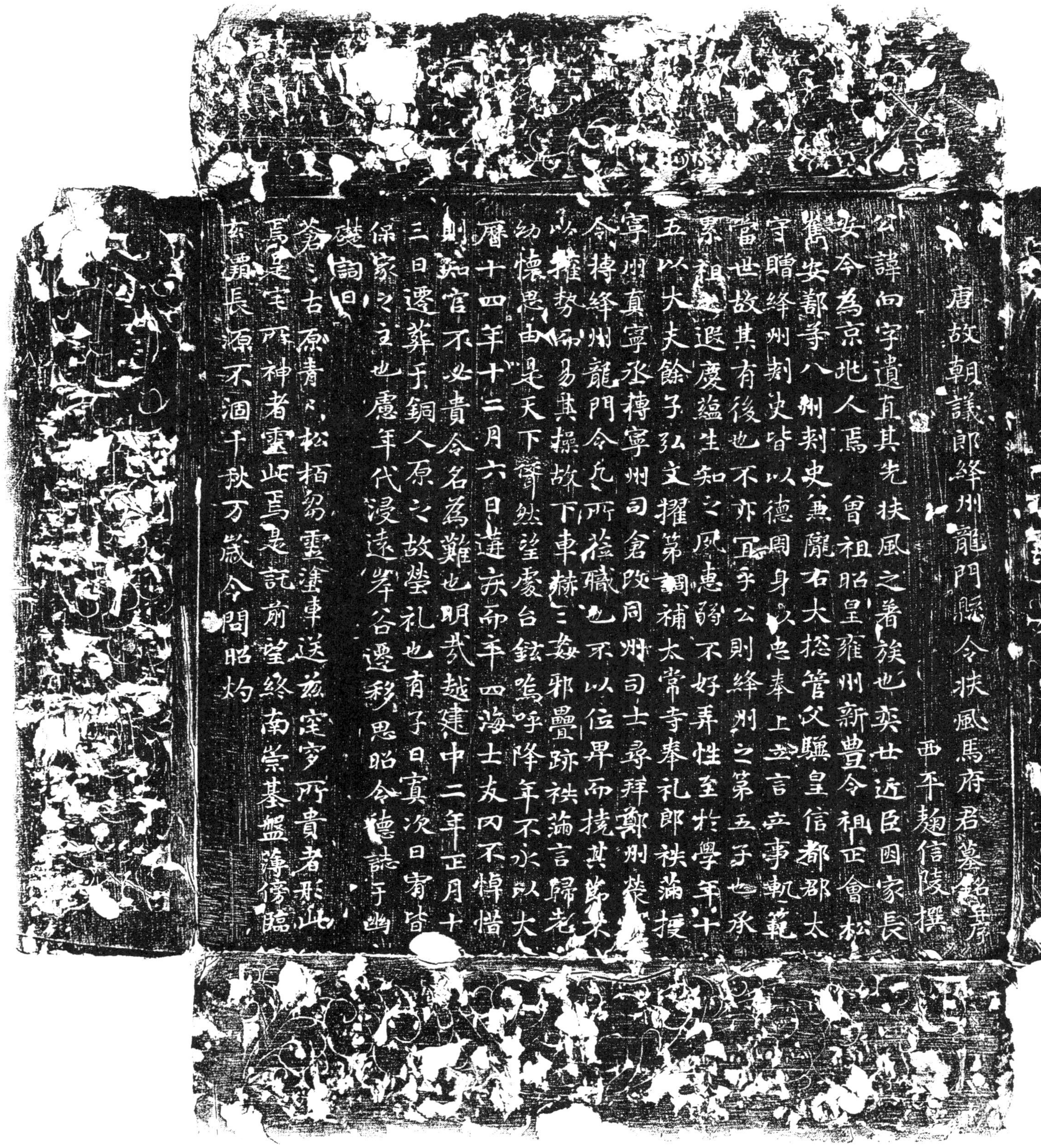

唐故朝議郎絳州龍門縣令扶風馬府君墓銘并序
西平趙信陵撰
公諱向字遺直其先扶風之著族也奕世近臣國家長
安令為京兆人焉曾祖昭皇雍州新豐令祖正會松
舊安都督八州刺史兼隴右大揔管父顯皇信都郡太
守贈絳州刺史皆以德周身以忠奉上立言立事軌範
當世故其有後也不亦宜乎公則絳州之第五子也承
累祖之退慶蘊生知之風惠弱不好弄性至於學年十
五以大夫餘子弘文擢第調補太常寺奉礼郎秩滿授
寧州真寧丞轉寧州司倉改同州司士尋拜鄭州滎
令轉絳州龍門令凡所莅職也不以位卑而撓其節未
以權勢而易其操故下車赫三姦邪疊跡秩滿言歸老
幼懷恩由是天下僉然望處台鉉嗚呼降年不永以大
曆十四年十二月六日遘疾而卒四海士友罔不悼惜
則知官不必貴令名為難也明哉越建中二年正月十
三日遷葬于銅人原之故塋礼也有子日寘次日寓皆
保家之主也慮年代浸遠岸谷遷移思昭令德誌于幽
礎詞曰
蒼蒼古原青青松栢紛雲塗車送茲窆穸所貴者形此
焉是宅所神者靈此焉是託前望終南崇基盤薄傍臨
玄灞長源不涸千秋万歲令問昭灼

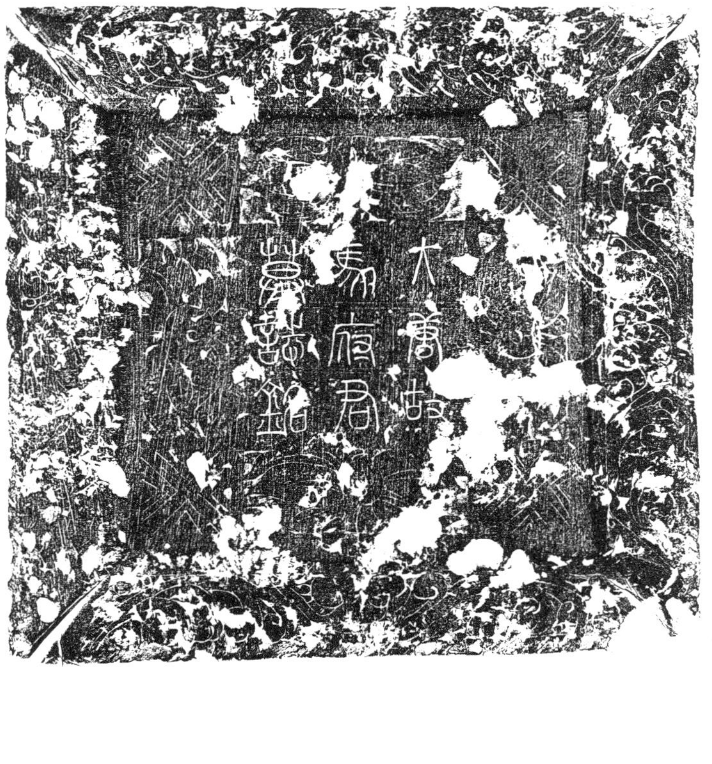

大唐故
馬府君
墓誌銘

七七　唐故朝議郎絳州龍門縣令扶風馬府君（向）墓誌銘

建中二年（七八一）正月十三日

石質。盝頂蓋。蓋長三七、寬三七、厚五厘米。蓋文三行，滿行三字，陰刻篆書。蓋頂四周減地綫刻花卉，四隅刻X形紋飾；四刹減地綫刻花卉。誌長三四、寬三四、厚八厘米。誌文二一行，滿行二一字。正書，無界格。四側減地綫刻花卉。

一九八八年出土於西安市灞橋區洪慶鎮路家灣村，向陽公司工地。

唐故朝議郎行同州司户參軍韋府君夫人樂安孫氏合祔
墓誌銘并序
伏惟府君諱涵其先京兆杜陵人也祖巨山贈曹州刺史父
元晨殿中侍御史皆以懿文德宗儒行爲立身之本府君爲子也
於孝爲父也於慈爲臣也於忠行義質於鬼神音容中於律度宜
其享上壽服大官而官止於州司徒數須於知天命者亦猶顏回
宜促好學擅於孔門限爵位早不仁歸於臧氏以天寶十三年五
月十九日寢疾終於同州官舍享年五十有三以其年十一月廿
三日安厝於長安城南畢原洪固鄉胄貴里以附先塋禮也長
男偡終商州長史次男頌終鄭州司户次男頎盧江縣令次男顥
殿中侍御史次男靖西昌縣令女子子比丘尼瑱嗣未笄纏疴禪
攝而滅顥失怙之年十有三歲才非幼達識異生知養蒙穀
於劬勞恩尚煩於顧復及齒逾强仕訓之趨庭令名不揚哀
心罔極鄴熱簡登朝列官近地皆以虛蒙奨過實受遷感餘
慶之所鍾奉遺體之增懼先夫人樂安孫氏父嘉之贈祕書監親兄
遜刑部侍郎贈尚書左僕射高蹈女師之訓克配府君之德五
行精秀六親孝慈四德功言百家子史雖得自規摸而通於意外
於其子也既生既育愛之誨之服夫人之至教免人間之大過
屬兵氣未殄版輿隨安以大曆八年三月廿四日褐鍾陳留
權厝所寓享年七十以貞元六年十月廿九日歸祔於長安城南
畢原府君舊塋禮也銘曰
誰謂天比父高遠莫余顧誰謂地比母手足莫余霞父兮母兮不
可視恩兮德兮過天地境欲尋兮何是路哀不極兮冤無訴仰
號況景兮無由遏哀留棘心兮侍泉户次男守殿中侍御史顥書

七八　唐故朝議郎行同州司户參軍韋府君（涵）夫人樂安孫氏合祔墓誌銘

貞元六年（七九〇）十月廿九日

石質。盝頂蓋。蓋長五四點五、寬五五點五、厚七厘米。蓋文四行，滿行三字，陰刻篆書。蓋頂四周減地綫刻牡丹，四隅各刻花一朵；四刹減地綫刻如意雲紋。誌長五六、寬五五、厚八厘米。誌文二四行，滿行二五字。正書，無界格。四側素面。

出土時地暫不詳。

七九　唐守辰州刺史韋公（士伋）故夫人博陵崔氏墓誌文

貞元七年（七九一）九月十五日

石質。蓋不詳。誌長三六點四、寬三六點六、厚六厘米。誌文一九行，滿行二〇字。正書，無界格。四側減地綫刻牡丹。

出土時地暫不詳。

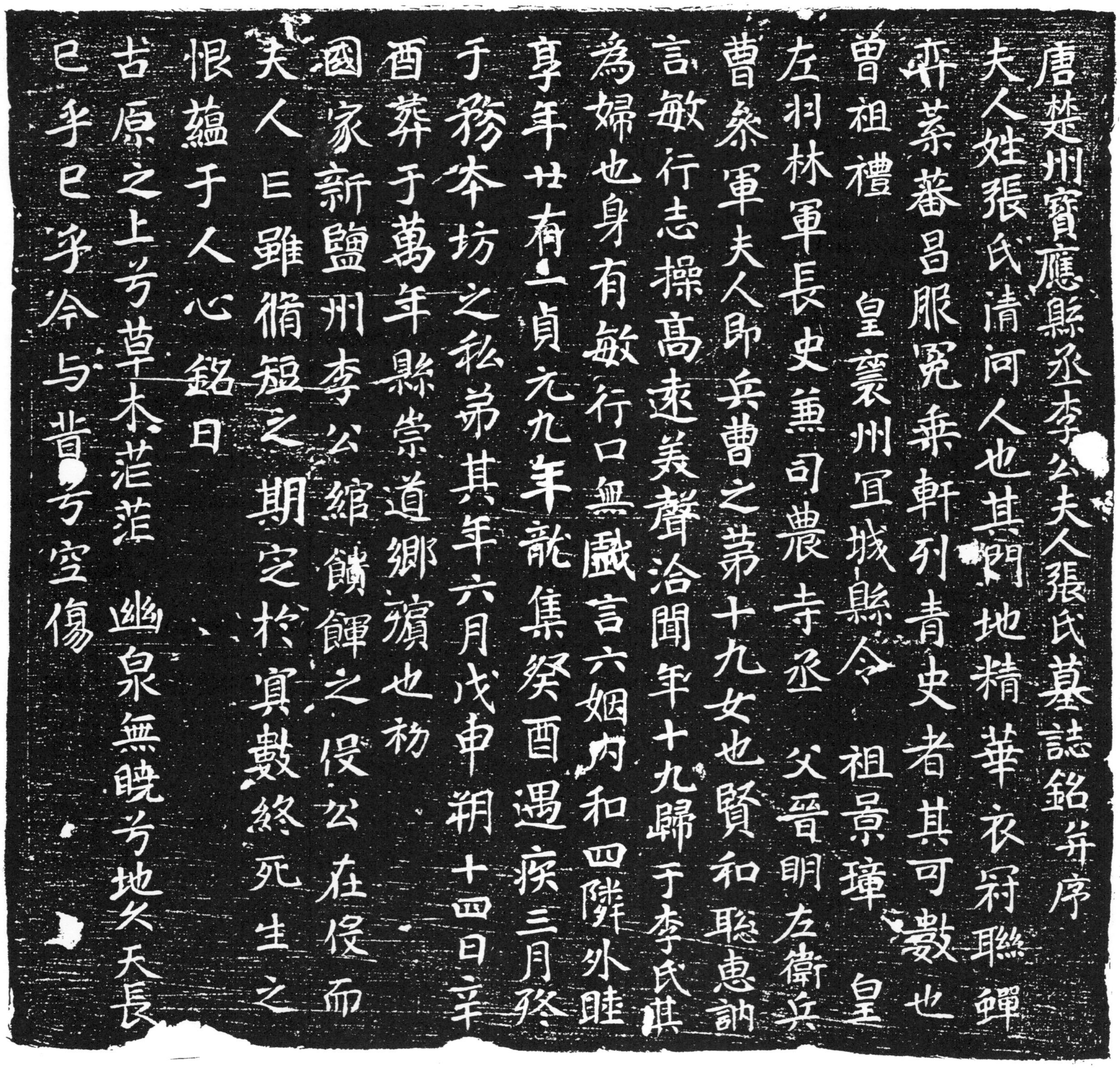
唐楚州寶應縣丞李公夫人張氏墓誌銘并序
夫人姓張氏清河人也其門地精華衣冠聯蟬
弈葉蕃昌服冕乘軒列青史者其可數也
曾祖禮　皇襄州宜城縣令　祖景瑋　皇
左羽林軍長史兼司農寺丞　父晉明左衛兵
曹參軍夫人即兵曹之第十九女也賢和聰惠訥
言敏行志操高遠美聲洽聞年十九歸于李氏其
為婦也身有敏行口無戲言六姻內和四隣外睦
享年廿有一貞元九年龍集癸酉遇疾三月終
于務本坊之私弟其年六月戊申朔十四日辛
酉葬于萬年縣崇道鄉殯也初
國家新鹽州李公綰餞餫之役公在役而
夫人已雖脩短之期定於冥數終死生之
恨蘊于人心　銘曰
古原之上兮草木茫茫　幽泉無曉兮地久天長
已乎已乎兮今与昔兮空傷

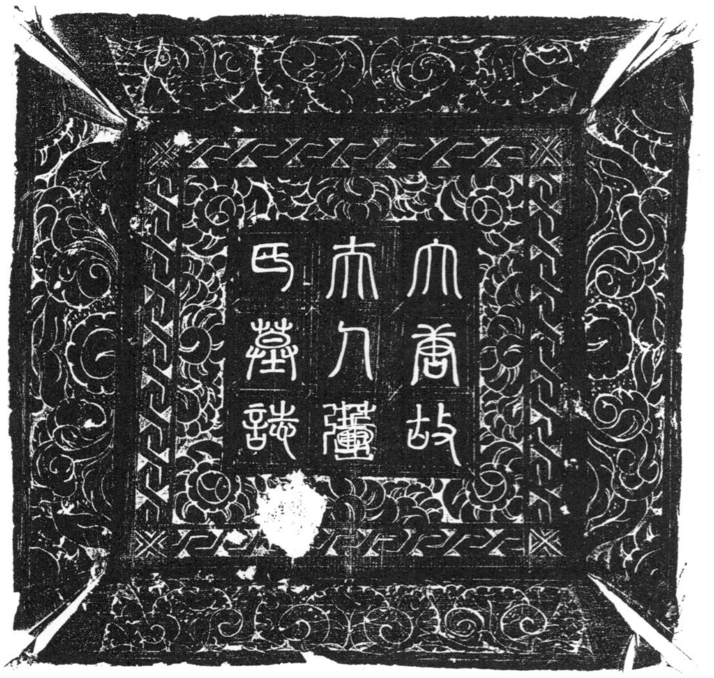

八〇　唐楚州寶應縣丞李公夫人張氏墓誌銘

貞元九年（七九三）六月十四日

石質。盝頂蓋。蓋長三三、寬三三、厚五厘米。蓋文三行，滿行三字，陰刻篆書。蓋頂四周減地綫刻牡丹，外圍減地綫刻勾連雲紋，四隅刻X形紋飾；四刹減地綫刻花卉。誌長三三、寬三三、厚五厘米。誌文一六行，滿行一八字。正書，無界格。四側素面。

出土時地暫不詳。

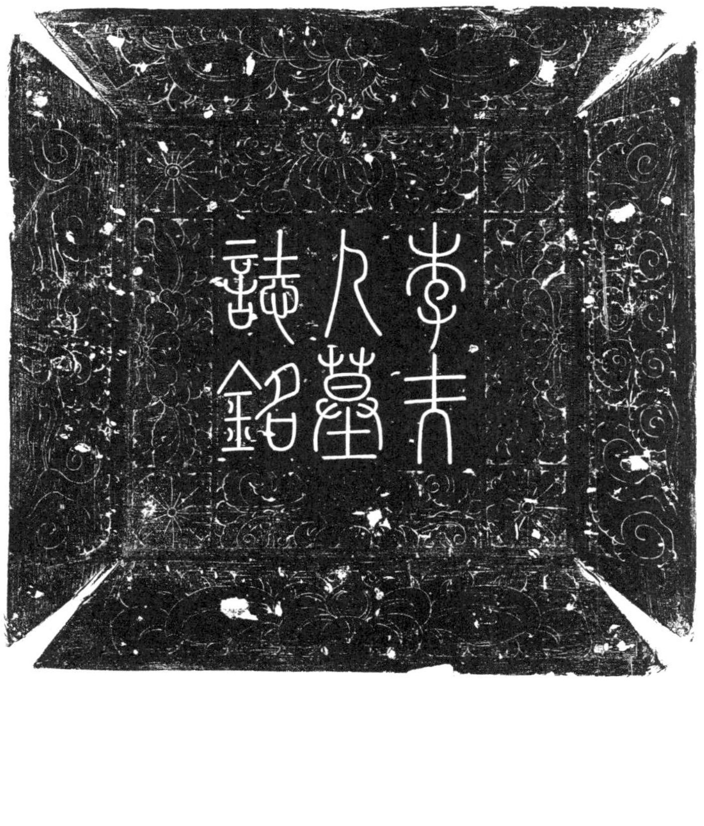

八一　唐大理評事韋縱先妣李夫人墓誌銘

貞元十年（七九四）二月十七日

石質。盝頂蓋。蓋長四七、寬四七、厚七點五厘米。蓋文三行，滿行二字，陰刻篆書。蓋頂四周減地綫刻牡丹，四隅刻菊花；上、下刹減地綫刻牡丹，左、右刹減地綫刻如意雲紋。誌長四六點五、寬四五點五、厚九厘米。誌文二二行，滿行二四字。正書，無界格。四側減地綫刻如意雲紋。

出土時地暫不詳。

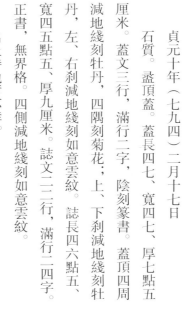

八二　唐故通議大夫檢校尚書祠部員外郎兼太常博士上柱國扶風縣開國男京兆韋公（都賓）墓誌銘

貞元十一年（七九五）十二月廿二日

石質。蓋不詳。誌長五八、寬五八、厚九點五厘米。誌文三四行，滿行三五字。正書，無界格。四側減地綫刻如意雲紋。

出土時地暫不詳。

八三　唐故元從朝請大夫試將作少監兼資州別駕上柱國宣城縣開國男左府君（横）墓誌銘

貞元十三年（七九七）二月廿六日

石質。盝頂蓋，左上角稍殘。蓋長五三、寬五〇、厚七點三厘米。蓋文三行，滿行三字，陰刻篆書。蓋頂四周減地綫刻牡丹，四刹減地綫刻四神，上白虎、下青龍、左朱雀、右玄武。誌長五〇、寬五〇、厚九厘米。誌文二三行，滿行二四字。正書，無界格。誌面四周綫刻勾連雲紋，四側綫刻雲紋。

出土時地暫不詳。

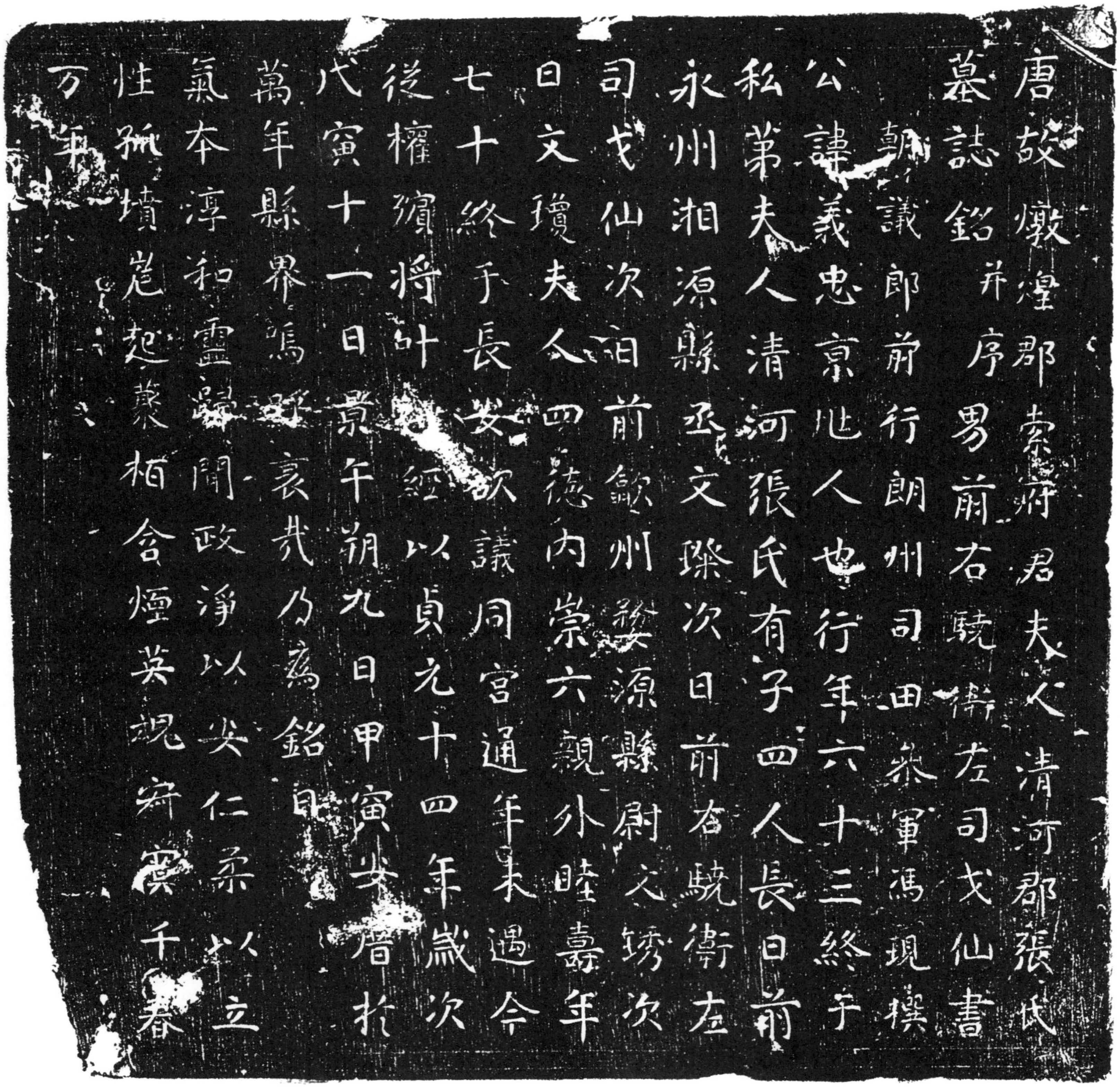
唐故燉煌郡索府君夫人清河郡張氏
墓誌銘并序　男前右驍衛左司戈仙書
朝議郎前行朗州司田參軍馮現撰
公諱義忠，京兆人也。行年六十三終于
私第。夫人清河張氏，有子四人：長曰前
永州湘源縣丞文璨，次曰前右驍衛左
司戈仙，次曰前歙州婺源縣尉文琇，次
曰文瓊。夫人四德内崇，六親外睦，壽年
七十，終于長安[illegible]議同宮通年未遇令
從權殯，將叶經，以貞元十四年歲次
戊寅十一月景午朔九日甲寅安厝於
萬年縣界鴻[illegible]，哀哉！乃為銘曰：
氣本淳和，靈歸閒政，淨以安仁，柔以立
性。孤墳崒起，蒙栢含煙，英魂寂寞，千春
万年。

八四　唐故燉煌郡索府君（義忠）夫人清河郡張氏墓誌銘

貞元十四年（七九八）十一月九日

石質。蓋不詳。誌長三四、寬三四、厚九厘米。誌文一五行，滿行一五字。正書，無界格。四側素面。

出土時地暫不詳。

八五　唐故大理寺丞韋府君夫人徐氏墓誌銘

貞元廿年（八〇四）十一月一日

石質。盝頂蓋，左半部殘佚。蓋長四四、殘寬二七、厚六厘米。蓋文三行，滿行三字，陰刻正書。蓋頂四周減地綫刻牡丹，四隅刻花或X形紋飾；四刹減地綫刻牡丹。誌長四五點五、殘寬三九、厚六厘米。誌右側三分之一殘佚。誌文二〇行，滿行二〇字。正書，無界格。四側減地綫刻如意雲紋。

一九八九年末出土於西安市長安縣韋曲鎮北原，〇六七工地。

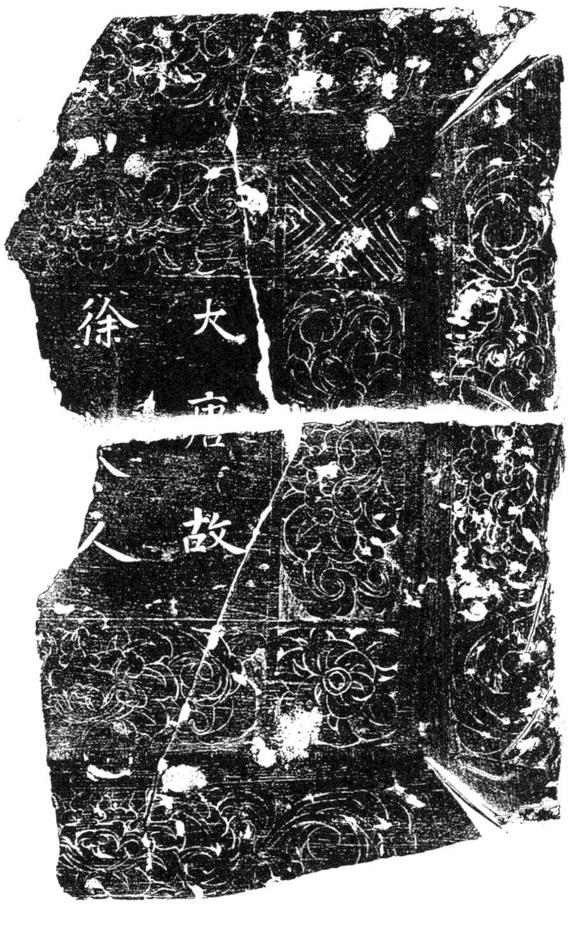

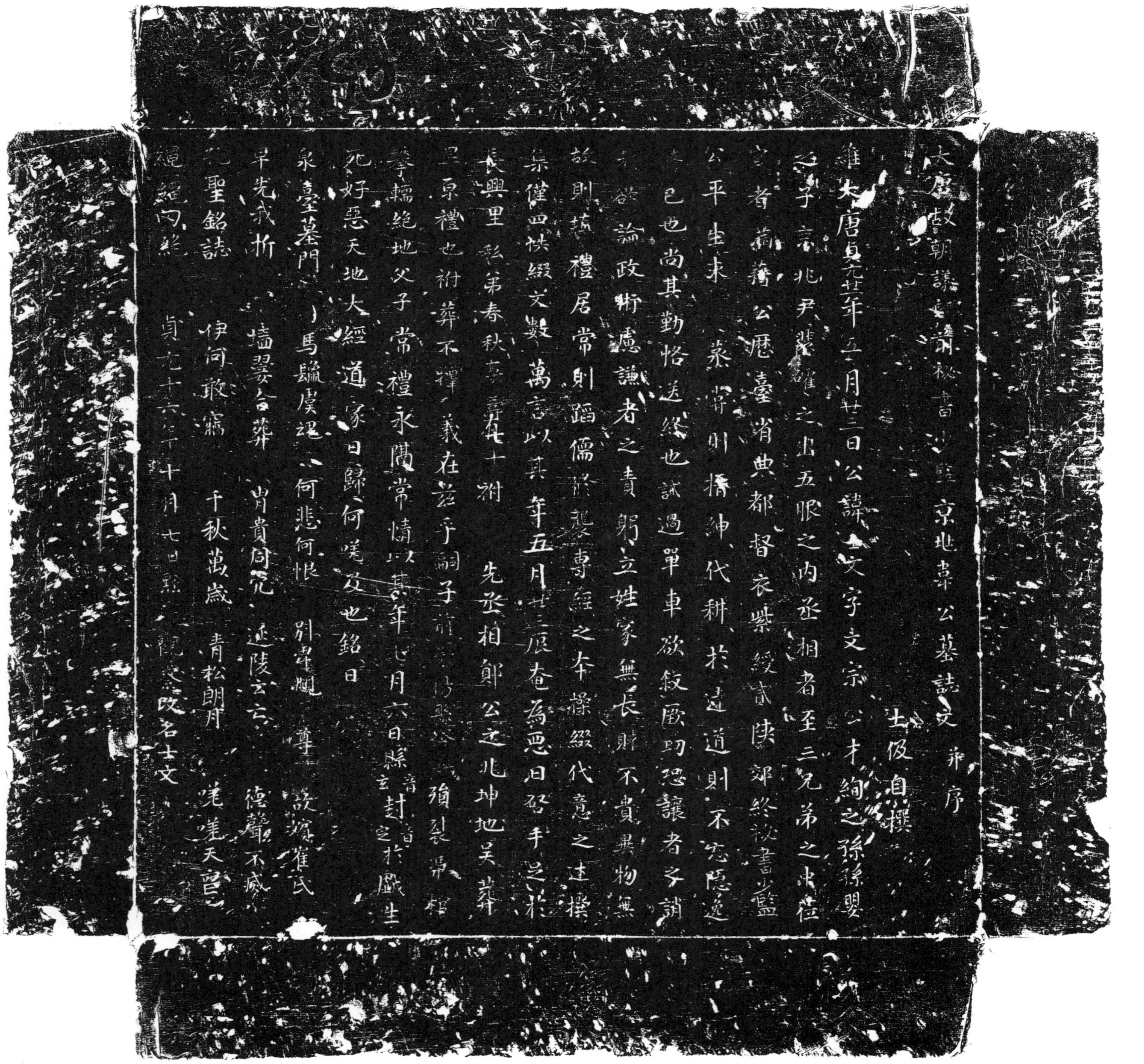

八六　唐故朝議郎前秘書少監京兆韋公（士文）墓誌文

貞元廿一年（八〇五）七月六日

石質。蓋不詳。誌長四五點五、寬四五點五、厚七厘米。誌文一七行，滿行二七字。正書，無界格。四側綫刻十二生肖，獸首人身，持笏而坐。

出土時地暫不詳。

八七　唐朝議郎行陜州大都督府户曹参軍上柱國馮唐渭妻故扶風馬氏銘

元和元年（八〇六）十一月十三日

石質。無蓋。誌長五三點五、寬五三點五、厚七點八厘米。誌文二七行，滿行二七字。正書，無界格。四側素面。

一九八八年十二月出土於西安市灞橋區紡織城街道東園村，西北國棉五廠三分廠工地四號墓。

八八　唐故台州長史弘農楊君（守義）墓誌銘

元和二年（八〇七）二月廿六日

磚質。盝頂蓋。蓋長三二點二、寬三三點五、厚五點五厘米。素面，無字無紋飾。誌長三二、寬三三、厚五點五厘米。誌面劃烏絲界欄一四行，誌文朱書，已脱落。鐫刻誌文五行，滿行一六字。正書。四側素面。

二〇一〇年一月出土於咸陽市渭城區北杜鎮邊方村，西安咸陽國際機場二期擴建工程工地三一六號墓。

唐將仕郎前守饒州餘干縣尉馮少連妻故扶風馬氏夫
人墓誌銘并序
前鄉貢明經馮敦穆譔
噫大凡生於天地之間皆曰死生有命其或秀而不賓者惜
乎夫人姓馬氏其先扶風人也曾祖瓌任銀青光祿大夫
慶州刺史贈大理卿祖錫任銀青光祿大夫少府監父士長
任宣義郎行京兆府奉先縣尉皆承寵命遺芳藹然
夫人即奉先之長女也稟性柔和天資貞懿惠穆承於禮訓
淑慎美於姜詩德茂蘋蘩教成沼沚故可以奉君子之仇
中饋之政始年十七適我長樂馮公禮事舅姑
娣姒令範表於門風德容光於里族至乃纂組之工盡
美饋奠之禮有典有則禮曰內舉不避親今則可得言之
夫人即族姻也所宜偕老以贊室家之美樂只君子永諧琴
瑟之歡烏虖天不仁歟殲我窈窕玉容方茂於春蘭欻華忽
先於朝露享年廿二以元和四年五月廿日遇疾終于長安
務本里之私第公由是想離佩之遺音悼幽期之永隔哀
則哀矣以悲以傷有子二人免於懷抱長曰陝郎次曰小陝
既嬰且稚物莫之知公遂命蓍龜卜宅兆青龍叶吉丹旐
言歸以其年五月廿一日窆於萬年縣崇道鄉白鹿之原禮
也烏虖哀哉松楸遠列藥棘永懷況忝娅㜸之姻獲奉天倫
之命刻石為紀謂無述虖銘曰猗歟夫人爕乎淑慎作嬪
君子睦親以順閨門忽辝容顏遽殯勒石下泉慶流後胤
外生宣德郎試右監門衛率府兵曹參軍裴兆素書

八九　唐將仕郎前守饒州餘干縣尉馮少連妻故扶風馬氏夫人墓誌銘

元和四年（八〇九）五月廿一日

石質。無蓋。誌長五三點五、寬五三點五、厚七點八厘米。誌文二三行，滿行二三字。正書，無界格。四側減地綫刻壺門十二生肖，獸首人身，持笏而坐。

一九八八年十二月出土於西安市灞橋區紡織城街道棗園村，西北國棉五廠三分廠工地三號墓。

唐故夫人彭城劉氏墓誌銘并序
京兆府高陵縣尉韋汶撰
夫人大漢高祖之苗裔纘承五百餘載大哉帝王之業
備列漢紀事不煩述文上其要曾祖玄一朝議郎守左
內率府率祖賢道舉登科雲林畢志父浦平盧軍節度
營田判官濮州長史皆深奧玄理桂冠歸閑當世稱道
德之高而不以軒冕為感夫人長史第二女也以
夫人賢淑和茂儀範可則求成我家作配于室善理琴
瑟和鳴好音有男二人女一人雖幼雅皆成而訓之所及
嗚呼于何不臧神與斯疾秦醫遍訪百藥備嘗沉痼彌
留終然靡効夫人享年四十一以元和七年四月六
日終於京兆府高陵縣官舍嗚呼悼淑人之亡矣想群
容之如在儀形期我卜我筮叶從皆吉神道謙安遂
以其年七月十七日葬于京兆府萬年縣崇道鄉白鹿
原禮也嗚呼我室我家悽然如客尚依依有託以魂靈
之猶在今旌旐啓路歸夜泉之永辭傷玉德瑩存而蘭
姿忽隕心骨驚摧仰慕在公之情極將悼亡雖捨託身
之意雖日月云逝而我心不移遺恨序中再述銘曰
淑德芳兮遠彌馨桃李茂兮先秋零魂沉沒兮化無形
窆穿冥兮閟無聲哀稚子兮神無精強鼓盆兮曲無成
歸真宅兮無身展萬恨兮斯銘

唐故夫
人劉氏
墓誌銘

九〇　唐（韋汶）故夫人彭城劉氏墓誌銘

元和七年（八一二）七月十七日

石質。盝頂蓋。蓋長五三、寬五四點五、厚七點五厘米。蓋文三行，滿行三字，陰刻篆書。蓋頂四周減地綫刻牡丹，四隅刻X形紋飾；四刹減地綫刻四神，襯以牡丹。誌長五三、寬五三、厚一一厘米。誌文二一行，滿行二一字。正書，無界格。四側綫刻壺門十二生肖，獸首人身，持笏而坐。

一九八九年九月出土於西安市灞橋區紡織城街道東園村，西北國棉五廠新建住宅區工地五八號墓。

九一　唐故驃騎大將軍行右衛上將軍致仕兼御史大夫上柱國瑯琊郡王食實封二百户贈陝州大都督王公（侁）墓誌銘

元和八年（八一三）十月卅日

石質。盝頂蓋。蓋長六七、寬六七、厚一三點五厘米。蓋文三行，滿行三字，陰刻篆書。蓋頂四周減地綫刻牡丹；四刹減地綫刻四神，襯以牡丹。誌長六八、寬六八、厚一五點五厘米。誌文三五行，滿行四〇字。正書，無界格。四側減地綫刻壼門十二生肖，獸首人身，持笏而坐。

一九八七年十月出土於西安市雁塔區長延堡鄉南窯村，西安净水廠工地二三號墓。

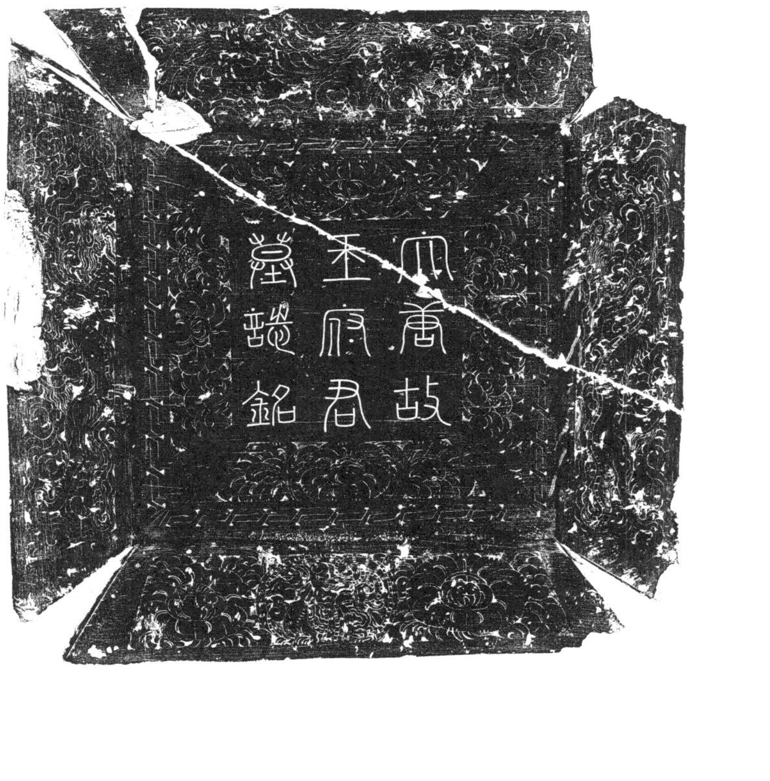

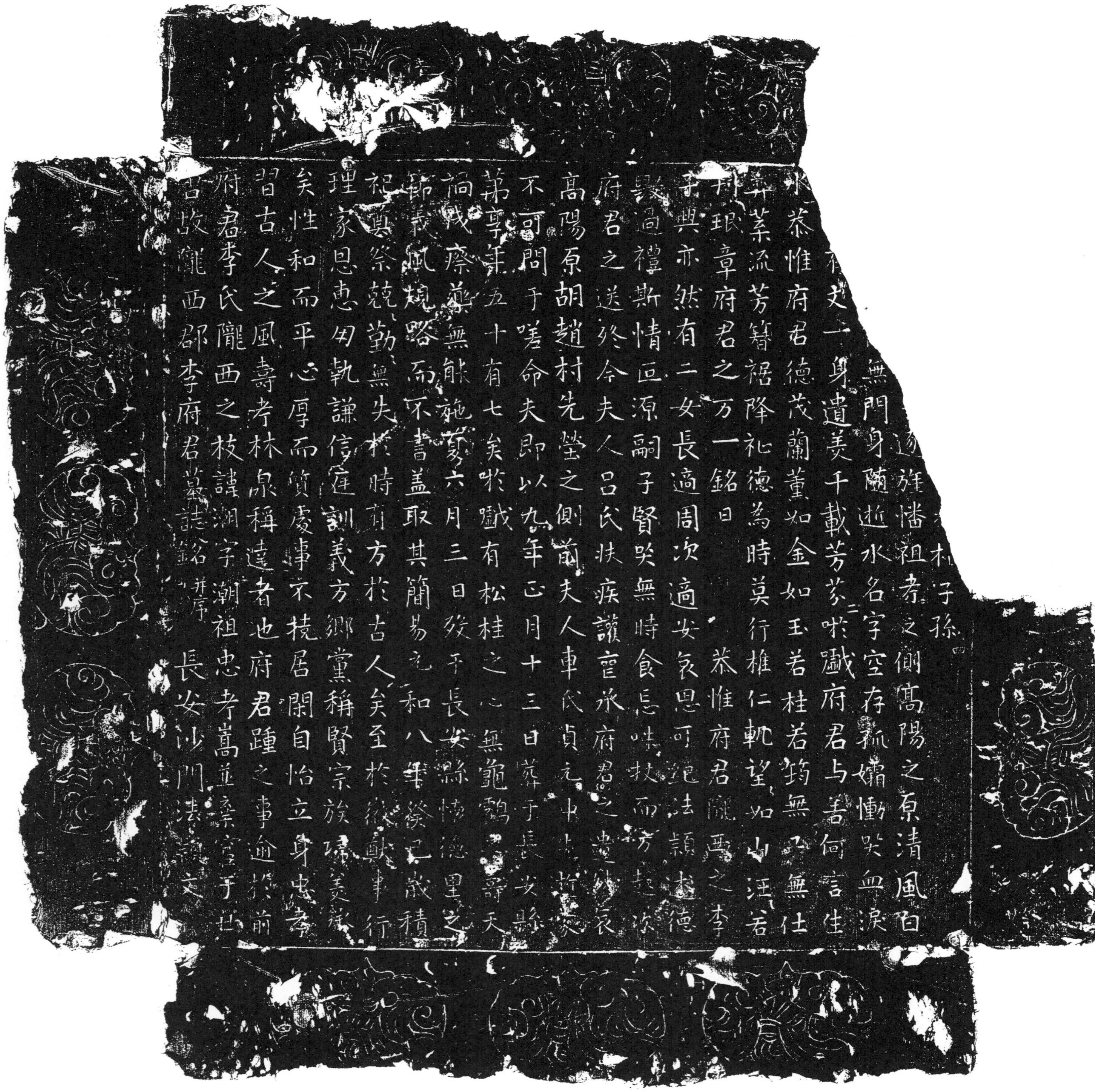

九二　唐故隴西郡李府君（潮）墓誌銘

元和九年（八一四）正月十三日

石質。盝頂蓋。蓋長四二、寬四三、厚七厘米。蓋文三行，滿行三字，陰刻篆書。蓋頂四周減地綫刻牡丹，四隅刻X形紋飾；四刹減地綫刻四神，襯以牡丹。誌長四三、寬四二、厚八厘米。右上角殘損。誌文二二行，行二二字。正書，無界格，右行書寫。四側減地綫刻壺門十二生肖，獸首人身，持笏而坐。

出土時地暫不詳。

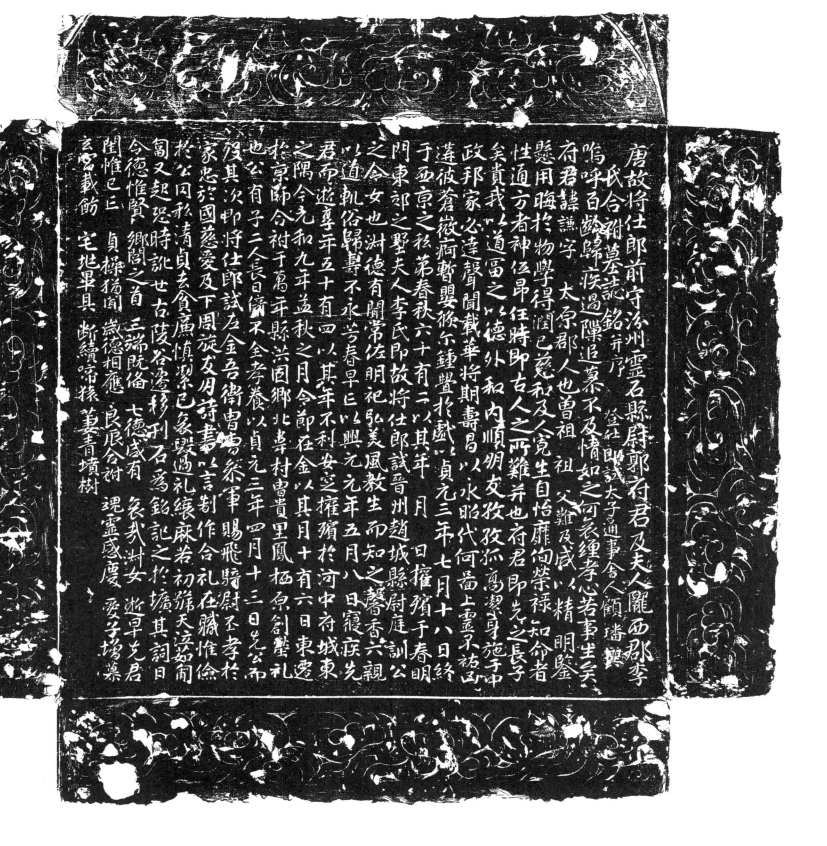

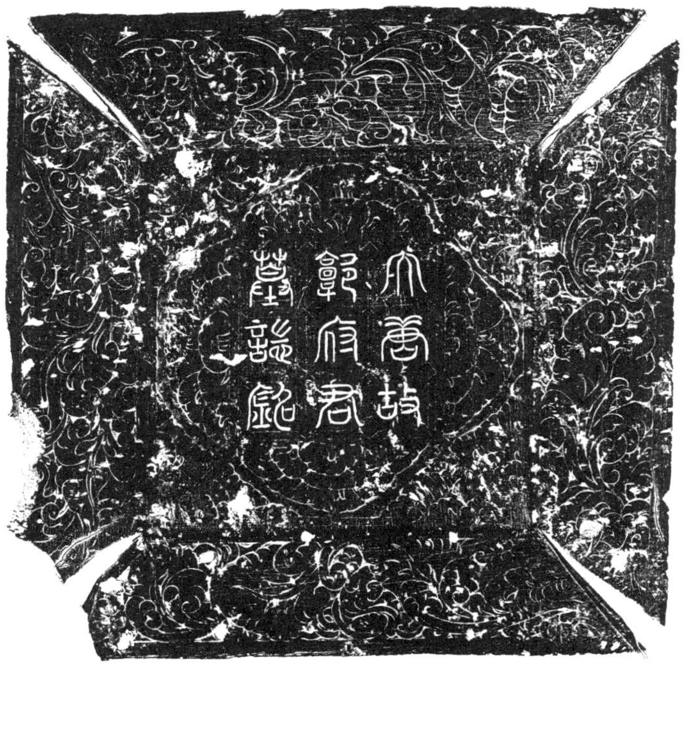

九三　唐故將仕郎前守汾州靈石縣尉郭府君（謙）及夫人隴西郡李氏合祔墓誌銘

元和九年（八一四）七月十六日

石質。盝頂蓋。蓋長四三、寬四二、厚七點六厘米。蓋文三行，滿行三字，陰刻篆書。蓋頂四周減地綫刻牡丹；四剎減地綫刻忍冬。誌長四三、寬四二點五、厚八厘米。誌文二四行，行二四字。正書，無界格。四側減地綫刻如意雲紋。

出土時地暫不詳。

九四　唐故通議大夫尚書祠部員外郎兼太常博士上柱國扶風縣開國男京兆韋公（都賓）夫人隴西郡君李氏墓誌銘

元和九年（八一四）十一月廿九日

石質。盝頂蓋。蓋長五九、寬五九、厚一〇點五厘米。蓋文三行，滿行三字，陰刻篆書。蓋頂四周減地綫刻花卉，四刹減地綫刻四神，襯以如意雲紋。誌長五八、寬五八、厚一〇厘米。誌文三一行，滿行三二字。正書，無界格。四側綫刻壼門十二生肖，獸首人身，持笏而坐。

出土時地暫不詳。

唐故右神策軍正將奉天定難功臣銀青光祿大夫檢
校太子詹事上柱國清河郡張府君墓誌銘并序
鄉貢進士張洎撰
公諱明俊其先清河人也系族蕃懿家諜詳之略而不書貴
貴之義也　曾祖諱蕳高道不仕　祖諱準　父諱從一皆
碩德貞諒包人好義賤視榮寵性合希微則府君武氣神
資英風天殖懷濟危之惠有必克之心知五貴而不虧於九
思而每處雅好禪寂風奉真宗深入妙門默傳法印動必合
禮義不苟容素抱忠良風懷雄勇將為雲松永翠積善保存
豈期靈裁隨衆木而摧哲人逐逝川而逝嗚呼痛哉於元和
十一年七月十四日遘疾終于長安醴泉里之私第享齡七
十有一全骨歸地留星殞天悲風慘空啼鳥喧噪遂龜筮叶
吉擇以明年二月十九日葬于城西龍首原祔先塋之禮也
令弟諱壽痛以疾首迸淚如雨人孝自天哀苦逾制有子四
人長曰懷安次曰懷德季曰懷恩幼曰懷英茹荼擗慟泣血
訴天見者哀之感傷聞者謂之殞淚夫人左氏性稟柔和天
生令質極育孤下動合母儀姪懷義右神策軍正將銀青光
祿大夫檢校太子詹事上柱國中孝而全執心無二同理喪
事稱家有無恐年代推変陵谷遷移故刊琬琰以誌玄門
其銘曰
猗歟府君孝友資身瓌奇秀朗英質清真雄勇堂堂神精
氣爽名播四方周行人樣家承積善壽冀延長天乎不惠哀
我賢良松風切切月色蒼君之遊逝有逝德音不忘

唐故張府君墓誌銘

九五　唐故右神策軍正將奉天定難功臣銀青光祿大夫檢校太子詹事上柱國清河郡張府君（明俊）墓誌銘

元和十二年（八一七）二月十九日

石質。盝頂蓋，橫向斷裂。蓋長五四、寬五三點五、厚九點五厘米。蓋文三行，滿行三字，陰刻篆書。蓋頂四周減地綫刻四神，襯以牡丹，外圍一周勾連雲紋；四刹減地綫刻牡丹。誌長五六、寬五六、厚一〇厘米。誌文二一行，滿行二三字。行書，無界格。四側減地綫刻壹門十二生肖，獸首人身，持笏而坐。

出土時地暫不詳。

大唐前監察韋公故高氏墓誌銘并序
前監察御史裹行韋廙撰
有唐元和十二年二月廿九日高氏歿於長安親仁里之私第
生廿七年矣實可痛哉其先代曉音律世服朱紫有親姊三人
皆藝貝絕代長姊歌啓齒而梁塵暗落次姊指拂絃而秦聲動
天並為 君命所求歿身惡非吾偶第三姊復因公主抑奏今
寵貴無比 上欲製置新曲必先錯綜於其箏唯此姊与兄三
人同出於李氏其母嘗歎三女拘限宮禁每仲夏之朔兮遂一
面況小女孤幼倍所鍾愛變易姓氏養於他族而天假艷麗之
質生知絲竹之音凡樂有經耳之聲我箏必隨而盡得窈親聽
其清響妙絕知酷似同母之姊矣女工妓巧𢹂出於心新眉愁
嚬鬢蓑於頃年十六從于韋雖非正禮嘗主中饋無戚以制律
已服之須韋於荊楚滯留黔南從事中間暫會復又南行相繼
五年託以家事韋之兒女下染重疾躬親藥物口嘗手授適其
寒燠皆遂痊平其年冬中韋方旋又如新知之樂每聯步以遊
纔經周歲有餘未報辛勤之節正月中而遘疾二月歿而奄謝
母及第二兄同執藥餌名醫術士無所施力有行一紀而無其
子遼長往矣可不哀哉以其年三月廿五日窆于長安縣義陽
鄉任賈村韋莊之西恐陵谷之變故勒石以紀銘曰
粲而幹麗而聰秋之翠春之紅三星耀兮人去室九原歸兮花
辞風廿七兮壽太促十二年兮歡遽終神福善兮言何謬眞無
主兮事如空 帝城南兮故園之西北臨穴一慟兮路人
悲塞

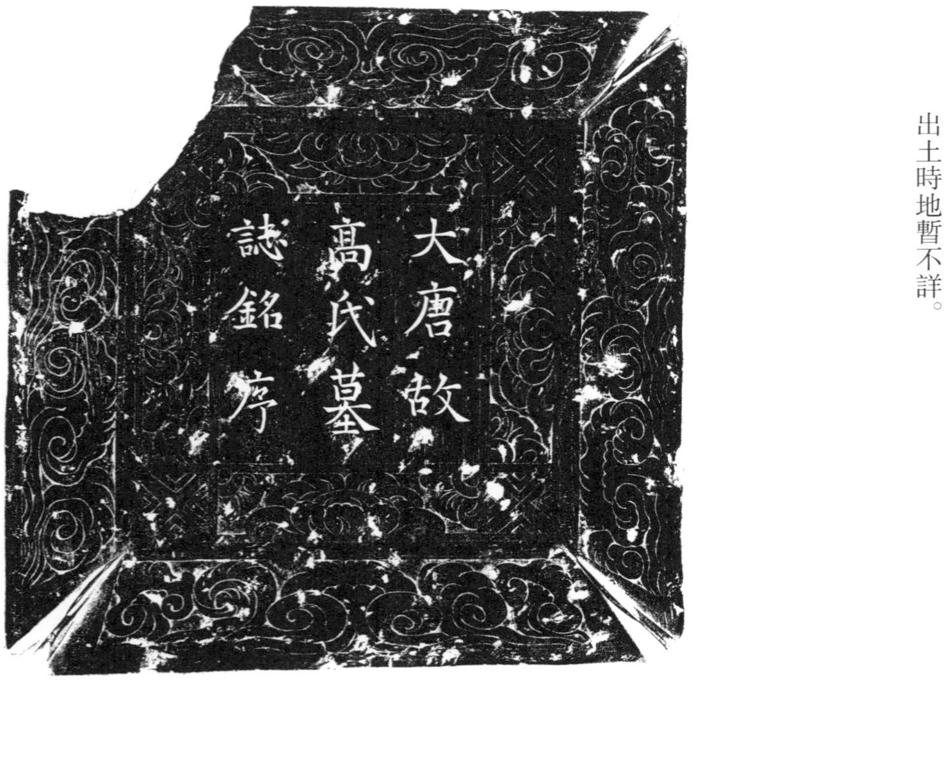
大唐故
高氏墓
誌銘序

九六　唐前監察韋公故高氏墓誌銘

元和十二年（八一七）三月廿五日

石質。盝頂蓋。蓋長四四點五、寬四四、厚七厘米。蓋文三行，滿行三字，陰刻正書。蓋頂四周減地綫刻牡丹，四隅刻X形紋飾；四刹減地綫刻雲紋。誌長四五、寬四五點五、厚八厘米。誌文二三行，滿行二四字。正書，無界格。四側減地綫刻如意雲紋。出土時地暫不詳。

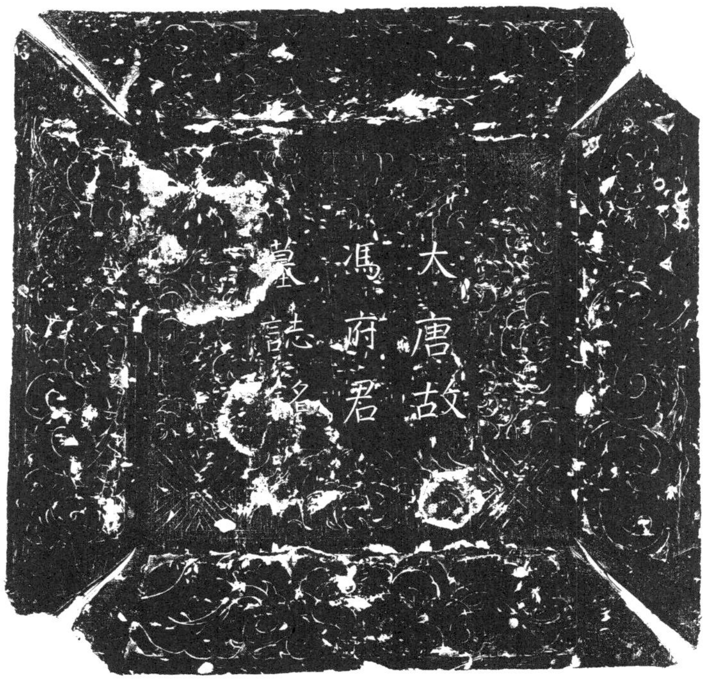

九七　唐故宗正寺德明興聖廟令長樂馮府君（元悰）銘

元和十二年（八一七）十二月五日

石質。盝頂蓋。蓋長五二、寬五二、厚九點五厘米。蓋文三行，滿行三字，陰刻正書。蓋頂四周減地綫刻牡丹，四隅刻X形紋飾；四刹減地綫刻牡丹。誌長五二、寬五二、厚一一厘米。誌文二八行，滿行二六字。正書，無界格。四側減地綫刻如意雲紋。

出土時地暫不詳。

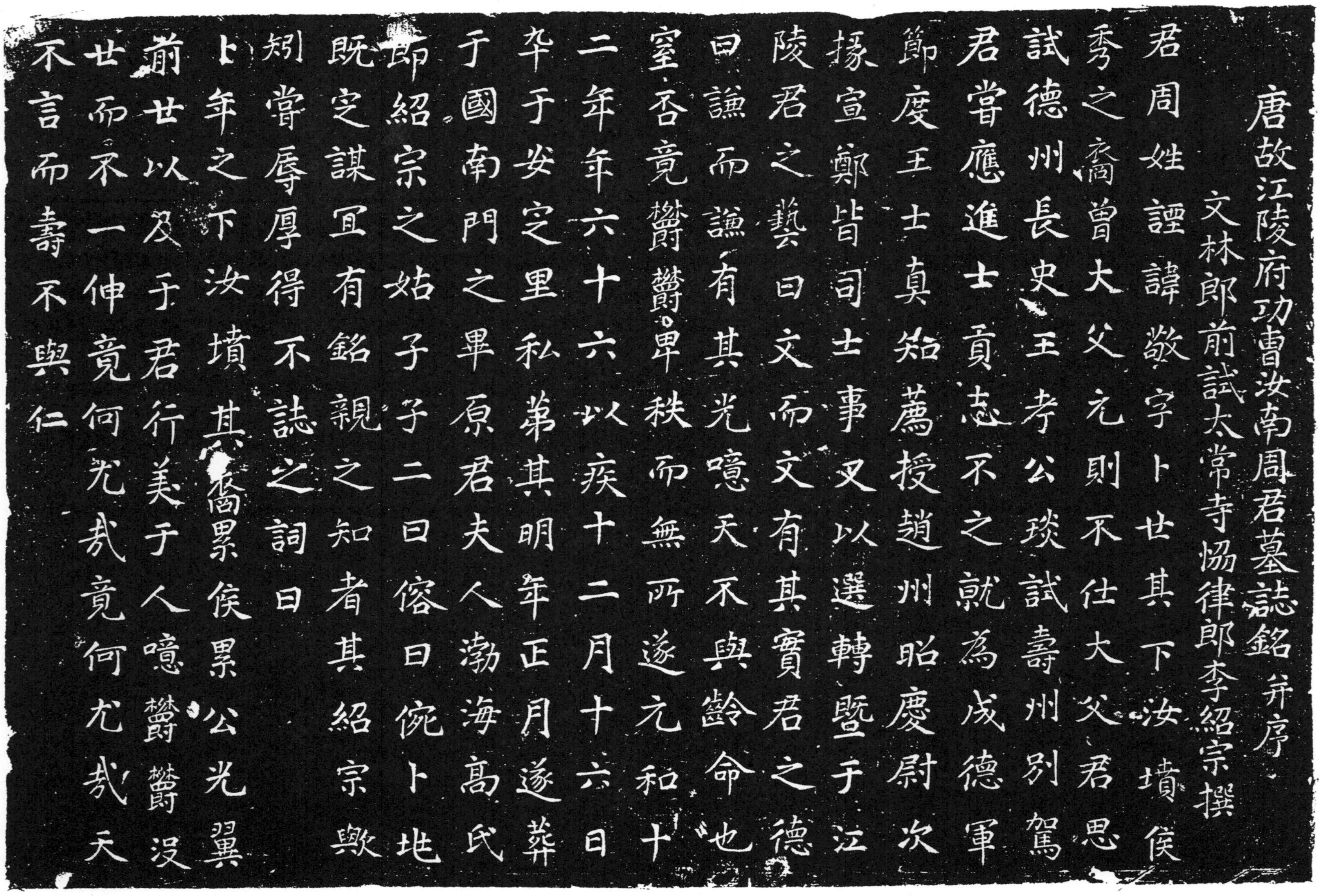
唐故江陵府功曹汝南周君墓誌銘并序
文林郎前試太常寺協律郎李紹宗撰
君周姓諲諱敬字卜世其下汝墳侯
秀之裔曾大父元則不仕大父君思
試德州長史王考公琰試壽州别駕
君嘗應進士貢志不之就為成德軍
節度王士真知薦授趙州昭慶尉次
掾宣鄭皆司士事又以選轉暨于江
陵君之藝曰文而文有其實君之德
曰謙而謙有其光噫天不與齡命也
室否竟欝欝卑秩而無所遂元和十
二年年六十六以疾十二月十六日
卒于安定里私第其明年正月遂葬
于國南門之畢原君夫人渤海高氏
即紹宗之姑子子二曰偺曰俛卜地
既定謀宜有銘親之知者其紹宗歟
矧嘗辱厚得不誌之詞曰
卜年之下汝墳其裔累侯累公光翼
前世以及于君行美于人噫欝欝没
世而不一伸竟何尤哉竟何尤哉天
不言而壽不與仁

九八　唐故江陵府功曹汝南周君（諲）墓誌銘

元和十三年（八一八）正月石質。無蓋。誌長三一、寬四五點五、厚一〇厘米。誌文二〇行，滿行一四字。正書，無界格。四側素面。

出土時地暫不詳。

九九　唐故江陵府司録參軍韋府君（鋏）墓誌銘

元和十五年（八二〇）閏正月廿九日

石質。蓋不詳。誌長四七、寬四六點五、厚七點五厘米。誌文二四行，滿行二五字。正書，無界格。四側素面。

出土時地暫不詳。

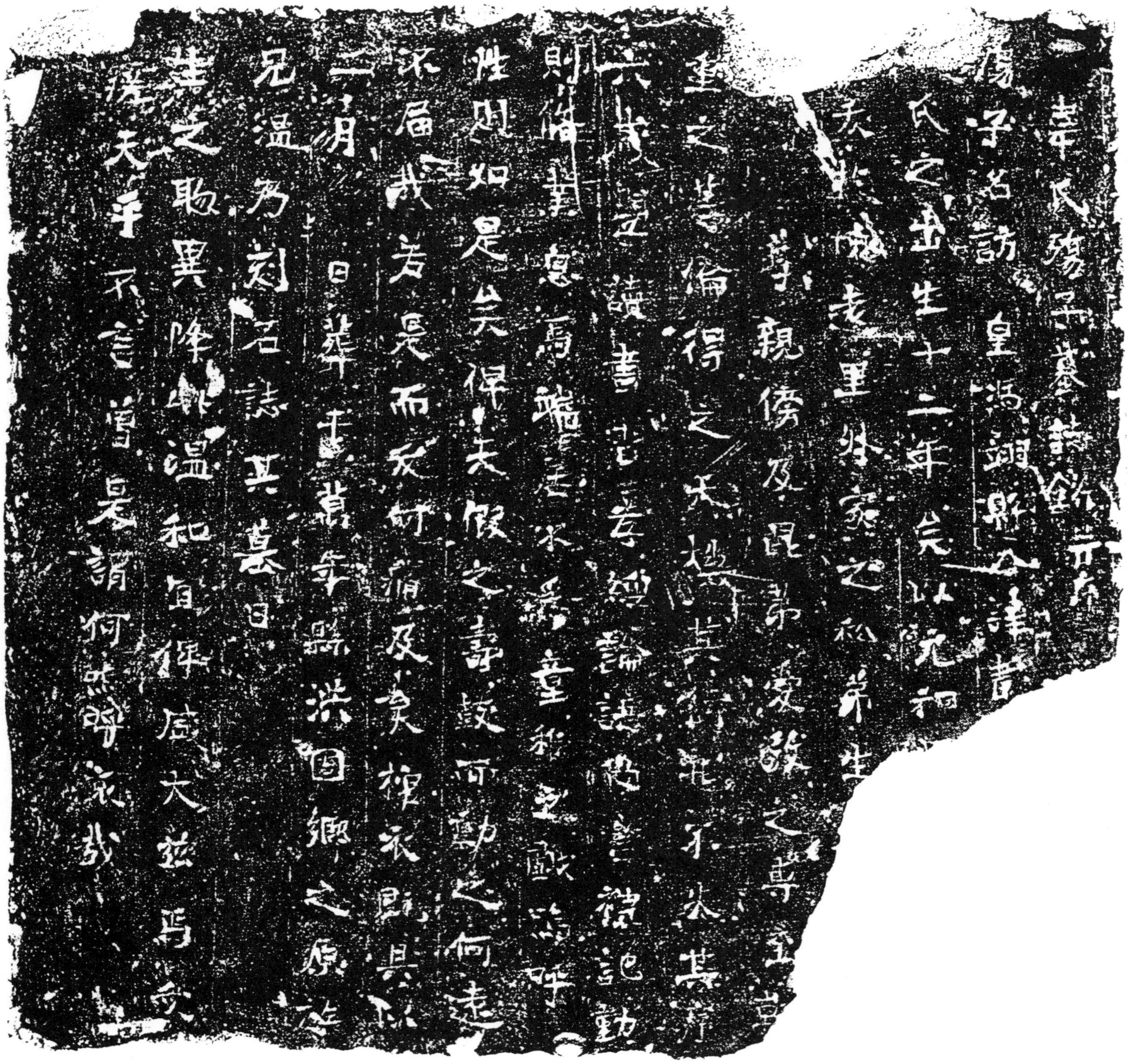

一〇〇　唐韋氏殤子（訪）墓誌銘

元和□年二月

磚質。蓋不詳。誌右下角殘佚。誌長三二點五、寬四三四、厚五點五厘米。誌文一四行，滿行一六字不等。正書，有界欄。四側素面。

出土時地暫不詳。

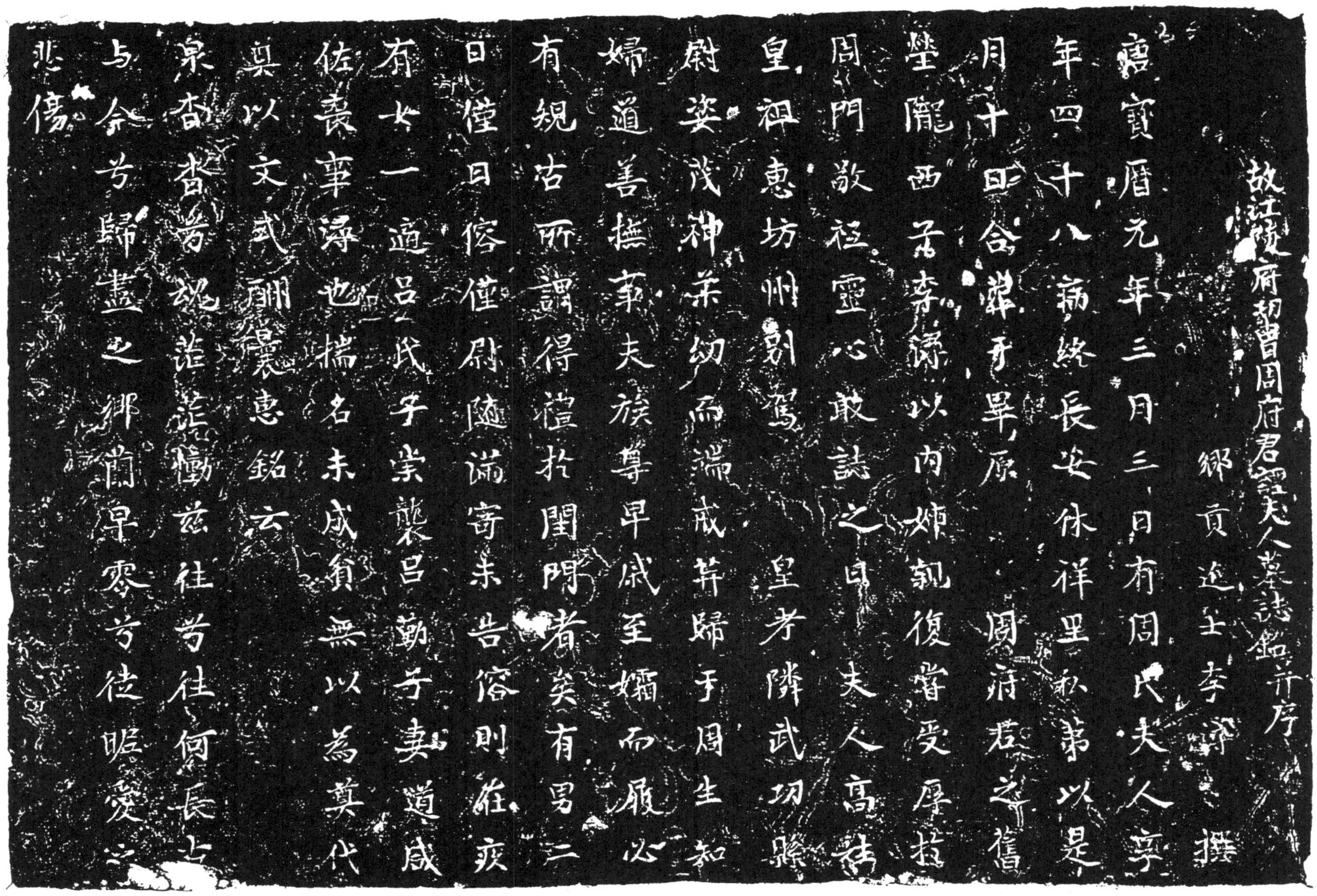

一〇一　唐江陵府功曹參軍周府君諱夫人（高氏）墓誌銘

寶曆元年（八二五）三月十日

石質。無蓋。誌長三〇點六、寬四〇點二、厚八點五厘米。誌文一八行，滿行一五字。正書，無界格。四側素面。

出土時地暫不詳。

一〇二　唐□議郎行鴻臚主簿吴興沈中庯故夫人梁郡喬氏（素）墓誌銘

寶曆二年（八二六）五月廿三日

石質。盝頂蓋。蓋長三九、寬三九、厚七厘米。蓋文三行，滿行三字，陰刻篆書。蓋頂四周陰刻細綫框；四刹綫刻牡丹。誌長三九點五、寬三九點五、厚七點五厘米。誌文一九行，滿行二五字。正書，無界格。四側減地綫刻十二生肖。

一九九二年出土於西安市長安縣韋曲鎮南里王村，七〇六七基地工地一一六號墓。

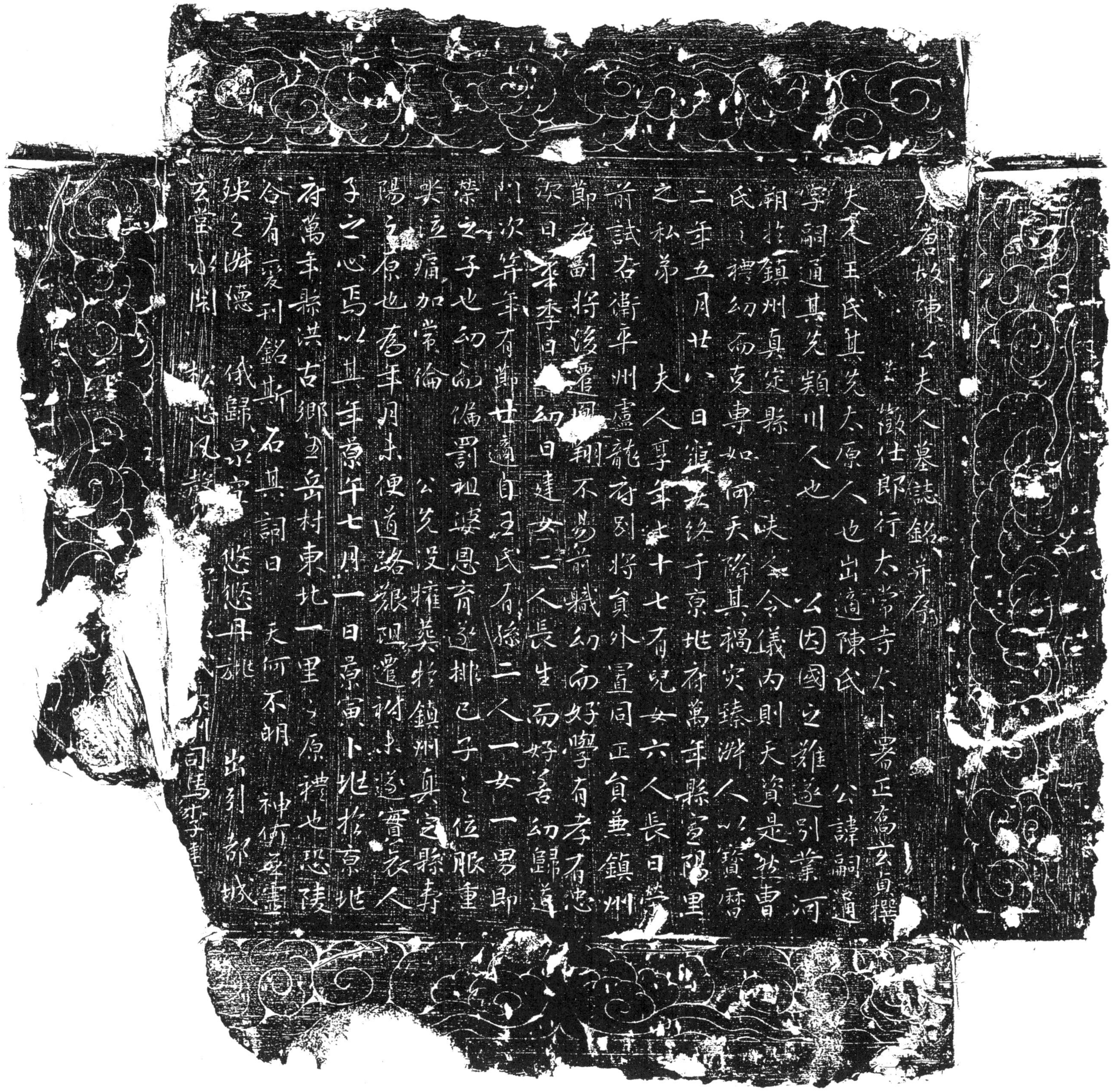

一〇三　唐故陳公（嗣通）夫人王氏墓誌銘

寶曆二年（八二六）七月一日

石質，盝頂蓋，左半殘佚。蓋長三九、殘寬二四、厚四點五厘米。蓋文三行，滿行三字，陰刻正書。蓋頂四周減地綫刻牡丹，四隅刻X形紋飾；四刹減地綫刻如意雲紋。誌長三九、寬三九、厚七點五厘米。誌文二〇行，滿行二〇字。行書，無界格。四側減地綫刻如意雲紋。

出土時地暫不詳。

一〇四　唐故德明廟令長樂馮府君（元悰）夫人河南獨孤氏（婉）墓誌銘

寶曆二年（八二六）十月二十七日

石質。盝頂蓋。蓋長六一點五、寬六一、厚八厘米。蓋文三行，滿行三字，陰刻正書。蓋頂四周減地綫刻花卉，四隅刻X形紋飾；四刹減地綫刻四神，四神方向顛倒，襯以如意雲紋。誌長六一點五、寬六一、厚九厘米。誌文二九行，滿行二九字。正書，無界格。四側綫刻壺門十二生肖，獸首人身，持笏而坐。

出土時地暫不詳。

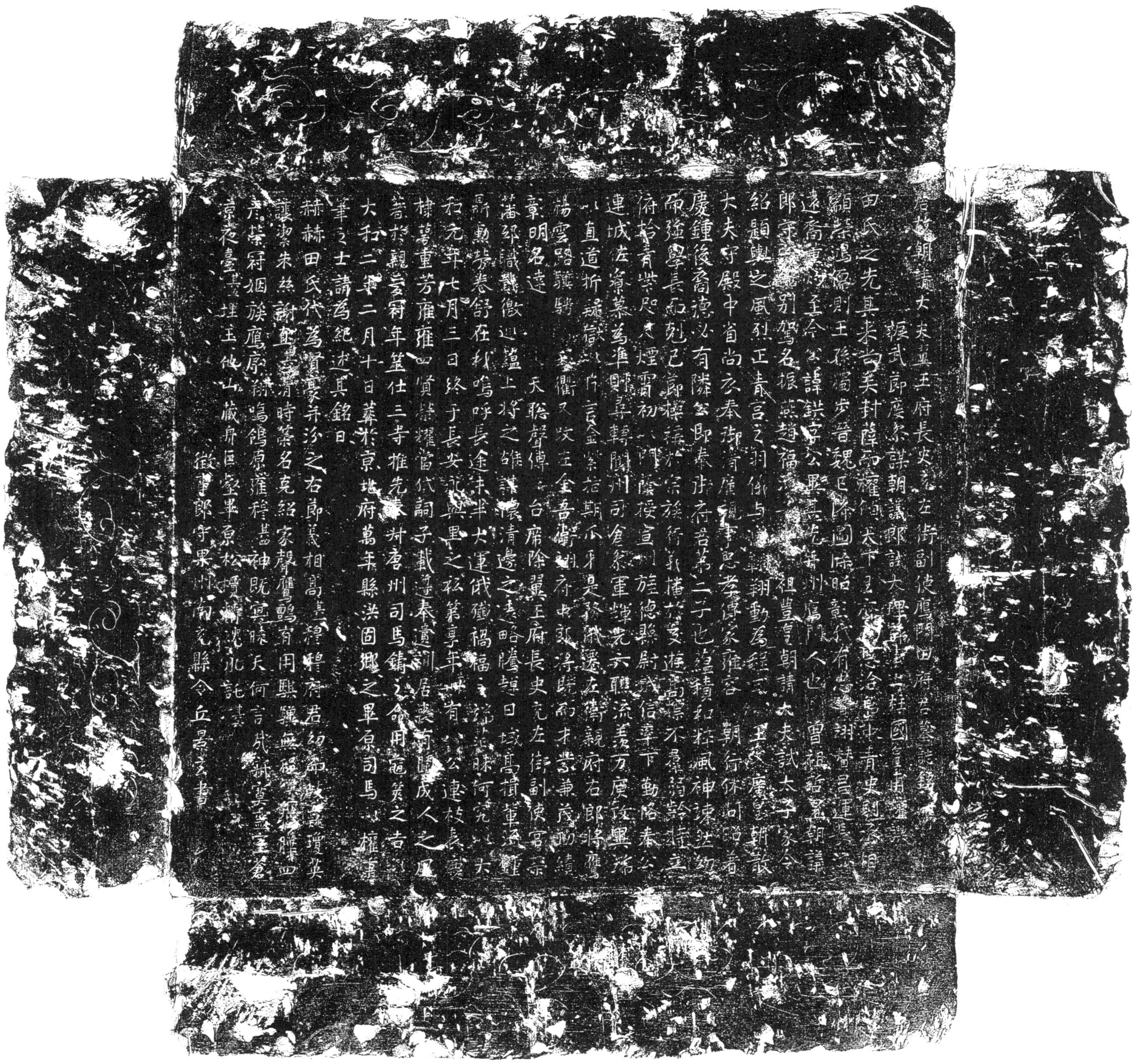

一〇五　唐故朝請大夫翼王府長史充左街副使雁門田府君（鉷）墓誌銘

大和二年（八二八）二月十日

石質。盝頂蓋。蓋長五一點五、寬五一、厚九點五厘米。蓋文三行，滿行三字，陰刻篆書。蓋四刹綫刻四神，襯以卷雲紋。誌長五一、寬五四、厚一一厘米。誌文二七行，滿行二七字。正書，無界格。四側綫刻如意雲紋。

一九八六年出土於西安市長安縣韋曲北原。

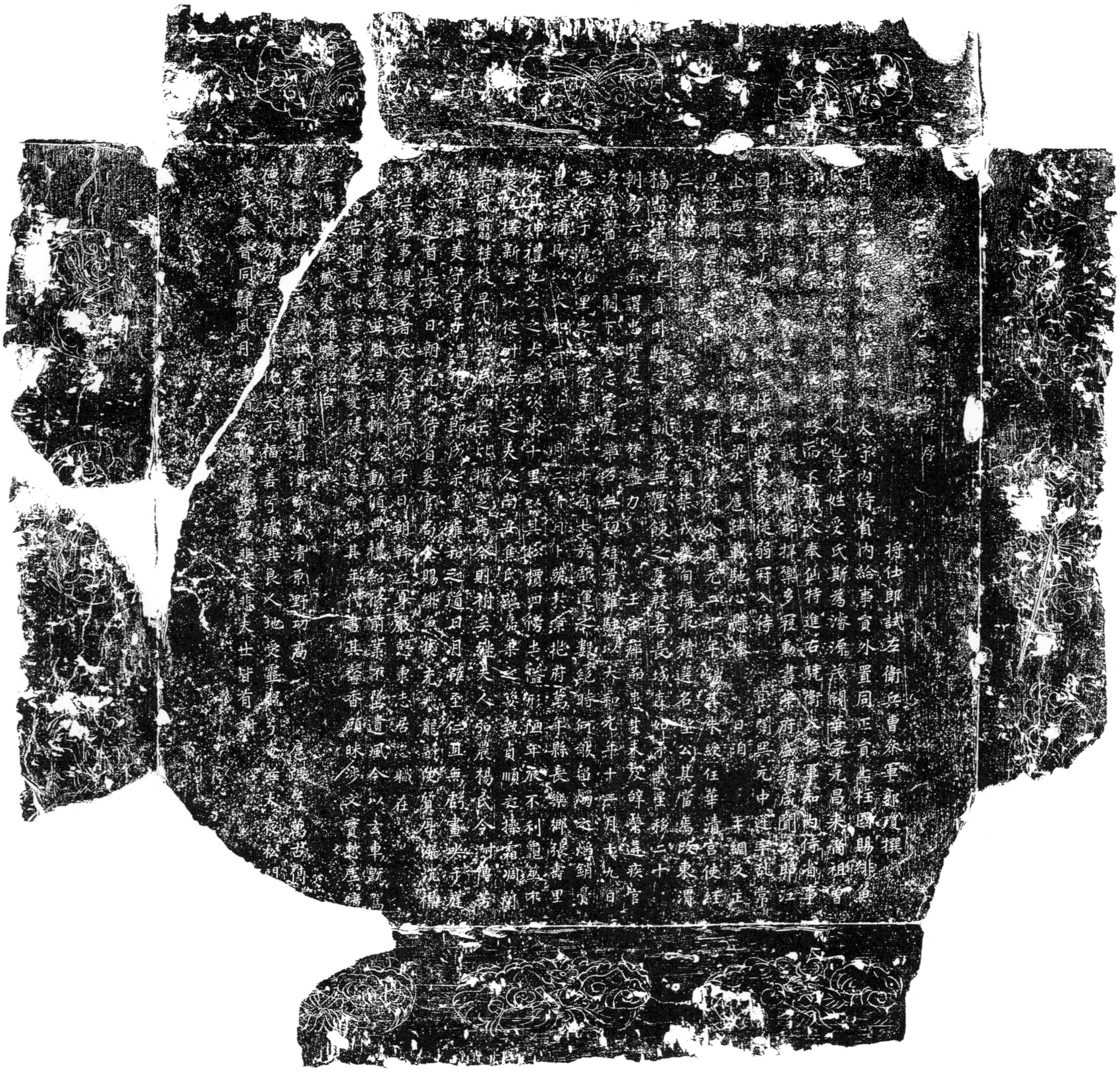

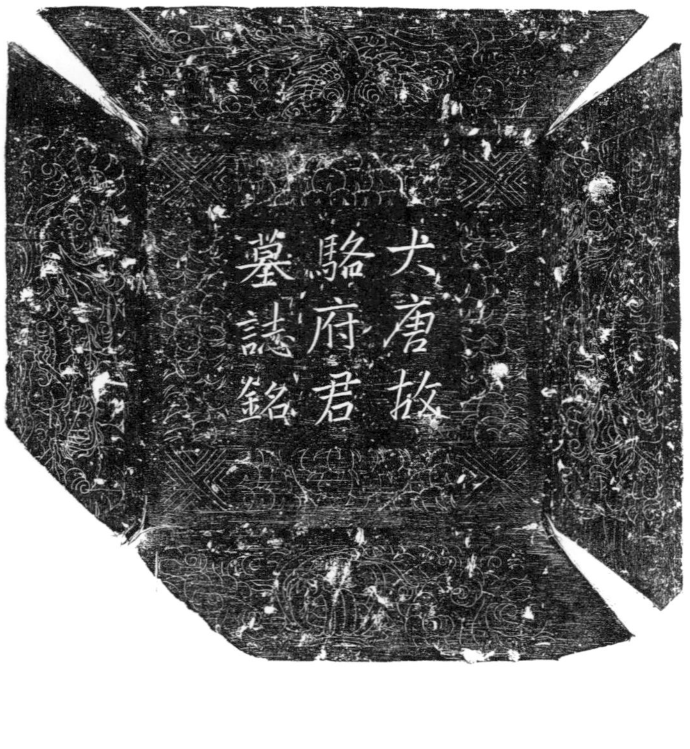

一〇六　唐故駱府君（明珣）墓誌銘

大和二年（八二八）十一月二十日

石質。盝頂蓋，左下角殘損。蓋長六〇、寬六〇、厚一〇厘米。蓋文三行，滿行三字，陰刻正書。蓋頂四周減地綫刻牡丹，四隅刻X形紋飾；四刹綫刻四神，襯以如意雲紋。誌長六〇、寬六〇、厚一一點五厘米，右上角斷裂，左下角和右下角殘損。誌文二五行，滿行三〇字。正書，無界格。四側綫刻壺門十二生肖，獸首人身，持笏而坐。

出土時地暫不詳。

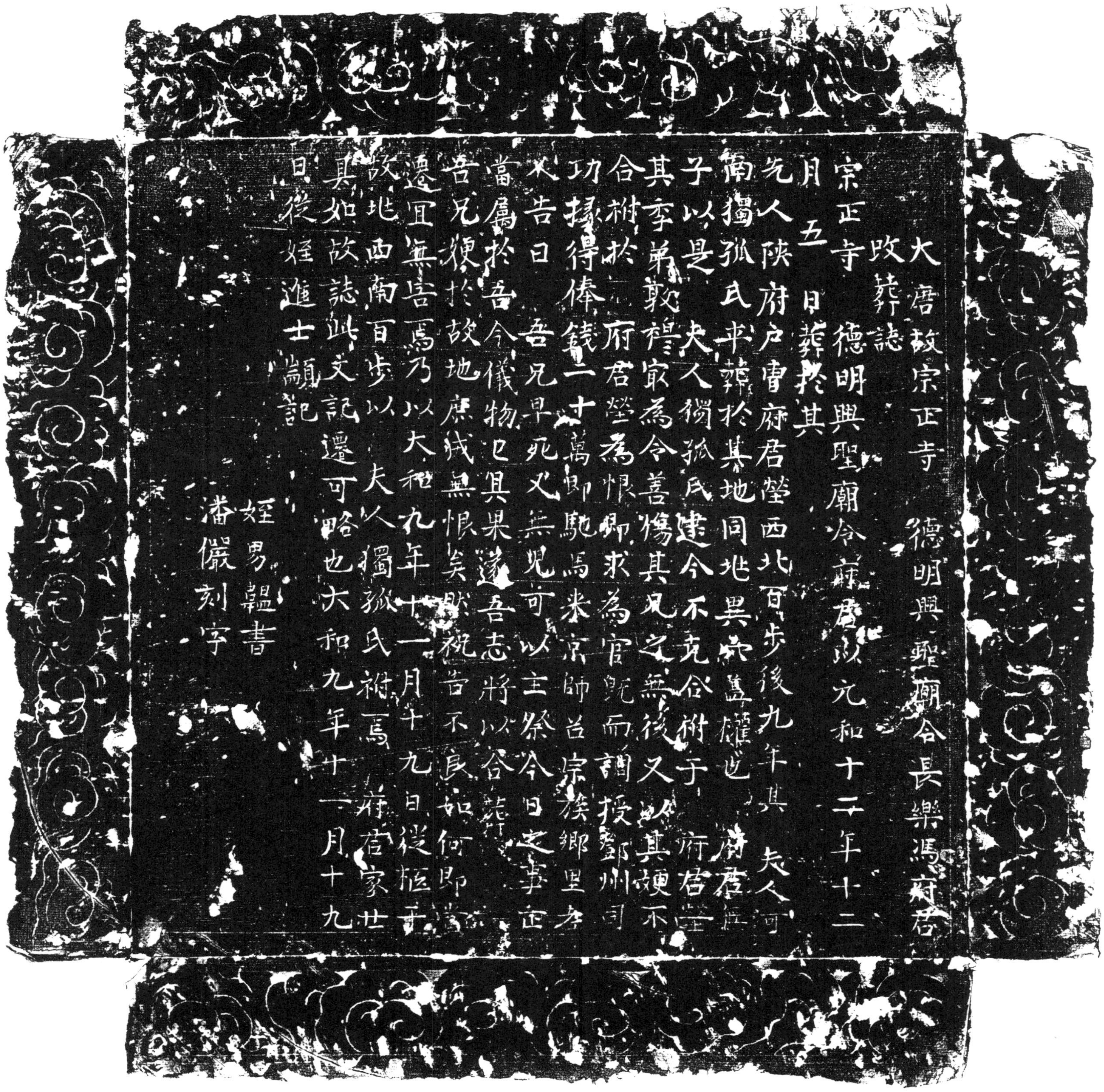

一〇七　唐故宗正寺德明興聖廟令長樂馮府君（元琮）改葬誌

大和九年（八三五）十一月十九日

石質。盝頂蓋。蓋長三六點五、寬三六、厚六厘米。蓋文三行，滿行三字，陰刻正書。蓋頂四周和四刹減地綫刻牡丹。誌長三九、寬三八、厚六厘米。誌文一八行，滿行二〇字。正書，無界格。四側綫刻雲紋。

出土時地暫不詳。

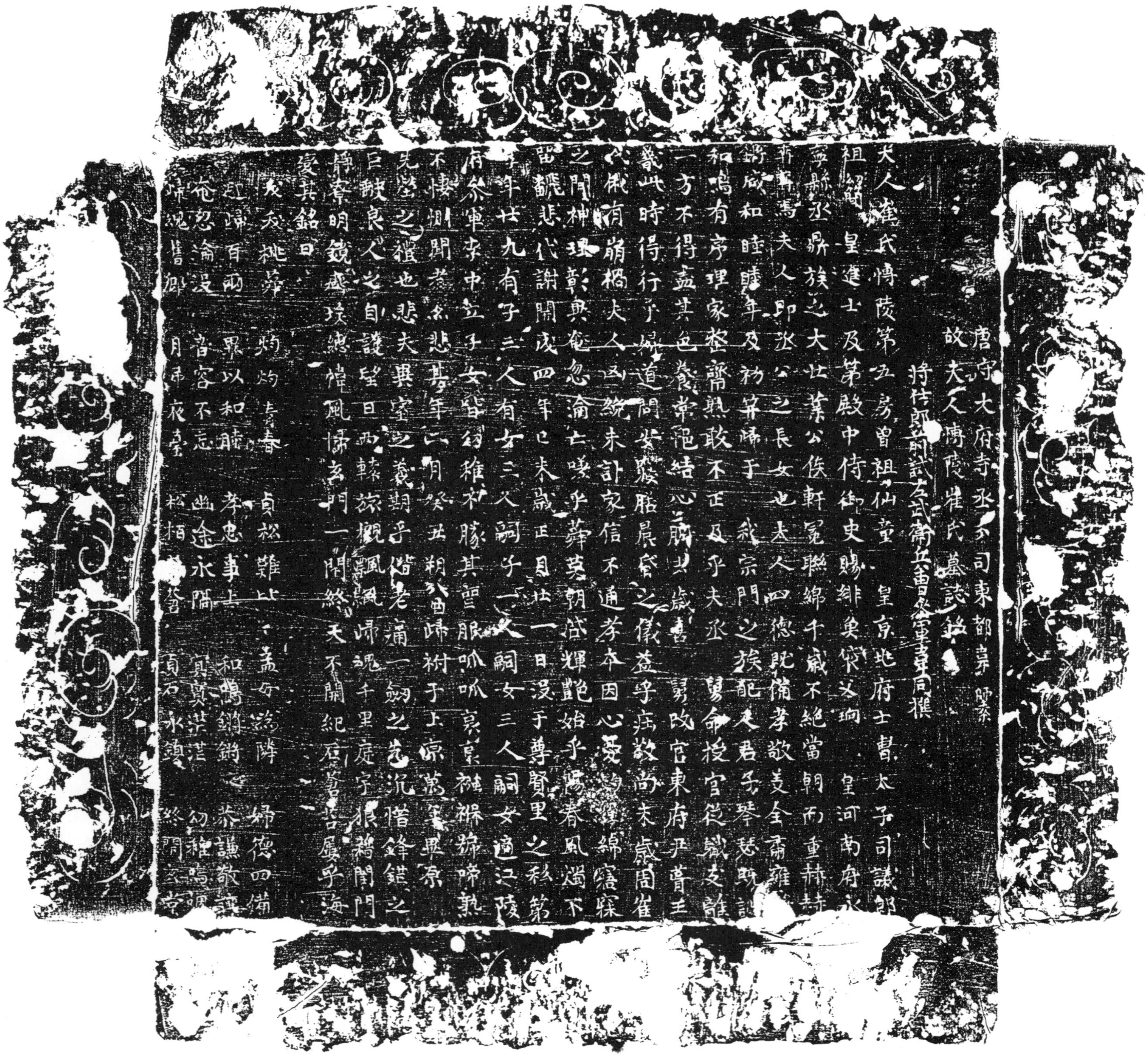

一〇八　唐守太府寺丞分司東都韋師素故夫人博陵崔氏墓誌銘

開成四年（八三九）二月八日

石質。盝頂蓋。蓋長三四、寬三三、厚六厘米。蓋文三行，滿行三字，陰刻正書。蓋頂四周和四刹綫刻花卉。誌長三三、寬三四、厚六厘米。誌文二四行，滿行二五字。正書，無界格。四側綫刻卷雲紋。

出土時地暫不詳。

一〇九　唐故銀青光禄大夫行内侍省内侍員外置同正員上柱國武威縣開國子食邑五百户賜紫金魚袋段公（嘉貞）墓誌銘

開成某年（八三六—八四〇）十月十一日

石質。盝頂蓋。蓋長六一、寬六一、厚九點六厘米。蓋文三行，滿行三字，陰刻篆書。蓋頂四周減地綫刻牡丹，四隅刻X形紋飾；四刹綫刻四神，襯以如意雲紋。誌長六一、寬六一、厚九點九厘米。誌文三五行，滿行三四字。正書，無界格。四側綫刻壼門十二生肖，獸首人身，持笏而坐，襯以雲紋。

一九八八年十二月出土於西安市灞橋區紡織城街道棗園村，西北國棉五廠三分廠工地二號墓。

一一〇　唐故京兆府兵曹參軍韋公（文度）墓誌銘

會昌六年（八四六）二月十九日

白石質。蓋不詳。誌長三六點五、寬三七、厚八點五厘米。誌文二二行，滿行二五字。正書，無界格。四側減地綫刻牡丹。

一九八六年出土於西安市長安縣韋曲北原。

一一一　唐故朝議郎行潭州都督府法曹參軍充度支勾官上柱國清河張府君（惟鋒）墓誌銘

會昌六年（八四六）九月四日

石質。盝頂蓋。蓋長五二點二、寬五二、厚九厘米。蓋文三行，滿行三字，陰刻篆書。蓋頂四周減地綫刻牡丹，四隅各刻牡丹一朵；四刹減地綫刻四神，襯以雲紋。誌長五二點五、寬五二點四、厚八點七厘米。誌文二四行，滿行二四字。正書，無界格。四側綫刻壺門十二生肖，獸首人身，持笏而坐。

出土時地暫不詳。

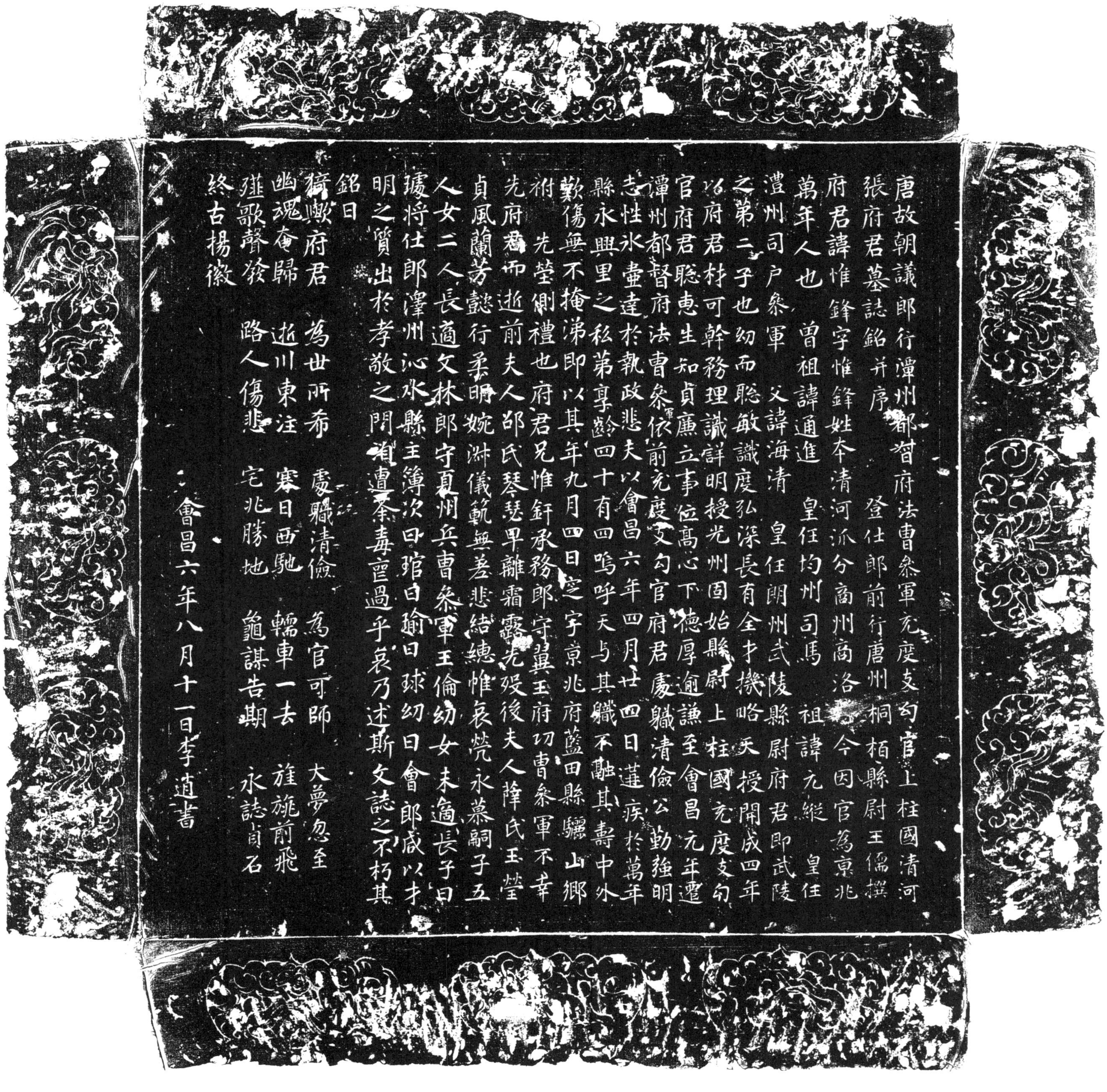
唐故朝議郎行潭州都督府法曹參軍充度支勾官上柱國清河
張府君墓誌銘并序　登仕郎前行唐州桐栢縣尉王倫撰
府君諱惟鋒字惟鋒姓本清河派分商州商洛今因官為京兆
萬年人也　曾祖諱通進　皇任均州司馬　祖諱允縱　皇任
澧州司户參軍　父諱海清　皇任朗州武陵縣尉府君即武陵
之第二子也幼而聰敏識度弘深長有全才幾略天授開成四年
以府君材可幹務理識詳明授光州固始縣尉上柱國充度支勾
官府君聰惠生知貞廉立事位高心下德厚逾謙至會昌元年遷
潭州都督府法曹參軍依前充度支勾官府君處職清儉公勤強明
志性氷壺達於執政悲夫以會昌六年四月廿四日遘疾於萬年
縣永興里之私第享齡四十有四嗚呼天与其職不融其壽中外
歎傷無不掩涕即以其年九月四日窆于京兆府藍田縣驪山鄉
祔　先塋側禮也府君兄惟釪承務郎守冀王府功曹參軍不幸
先府君而逝前夫人邵氏琴瑟早離霜露先殁後夫人韓氏玉瑩
貞風蘭芳懿行柔明婉淑儀範無虧悲結總帷哀焚永慕嗣子五
人女二人長適文林郎守夏州兵曹參軍王倫幼女未適長子曰
瓌將仕郎潭州沁水縣主簿次曰琯曰瑜曰球幼曰會郎咸以才
明之質出於孝敬之門俄遭荼毒過乎哀乃述斯文誌之不朽其
銘曰
猗歟府君　為世所希　處職清儉　為官可師　大夢忽至
幽魂奄歸　逝川東注　寒日西馳　輀車一去　旌旐前飛
蒞歌聲發　路人傷悲　宅兆勝地　龜謀吉期　永誌貞石
終古揚徽
會昌六年八月十一日李道書

大唐故
清河張
府君誌

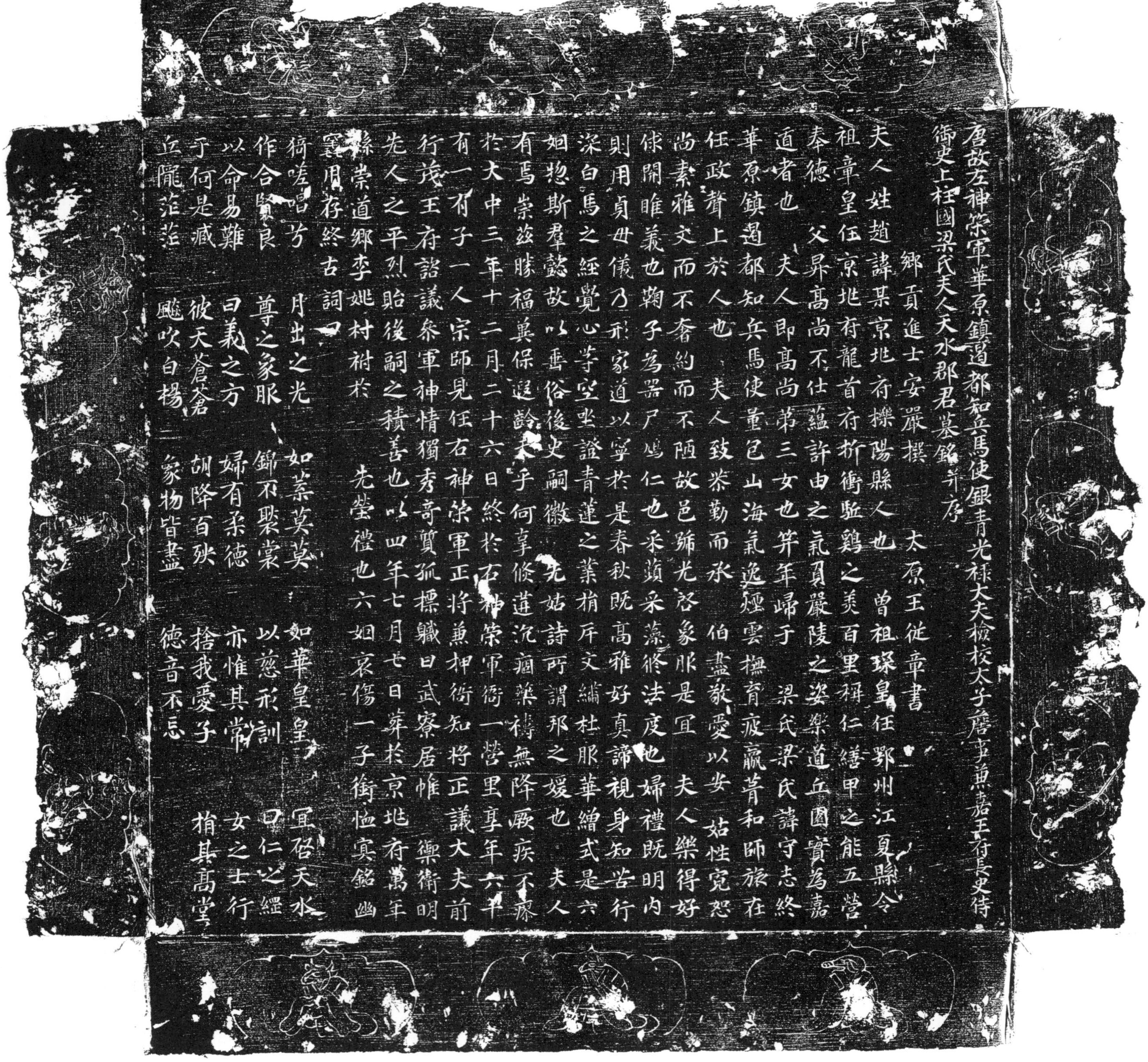
唐故左神策軍華原鎮遏都知兵馬使銀青光祿大夫檢校太子詹事兼嘉王府長史侍
御史上柱國梁氏夫人天水郡君墓銘并序
鄉貢進士安嚴撰　太原王從章書
夫人姓趙諱某京兆府櫟陽縣人也　曾祖琛皇任鄂州江夏縣令
祖章皇任京兆府龍首府折衝驍鷄之美百里稱仁繕甲之能五營
奉德　父昇高尚不仕蘊許由之氣負嚴陵之姿樂道丘園實為嘉
道者也　夫人即高尚第三女也笄年歸于　梁氏梁氏諱守志終
華原鎮遏都知兵馬使董邑山海氣逸煙雲撫育疲羸着和師旅在
任政贊上於人也　夫人致恭勤而承　伯盡敬愛以安　姑性寬恕
尚素雅文而不奢約而不陋故邑號光啓象服是宜　夫人樂得好
條開睢義也鞠子為器尸鳩仁也采蘋采藻脩法度也婦禮既明內
則用貞母儀乃形家道以寧於是春秋既高雅好真諦視身知苦行
深白馬之經覺心等空坐證青蓮之葉捐斥文繡杜服華繪式是六
姻揔斯羣懿故以垂俗後史嗣徽　先姑詩所謂邦之媛也　夫人
有焉崇茲勝福冀保遐齡天乎何享倏遘沈痾藥禱無降厥疾不瘳
於大中三年十二月二十六日終於右神策軍衙一營里享年六十
有一有子一人宗師見任右神策軍正將兼押衙知將正議大夫前
行茂王府諮議參軍神情獨秀奇質孤標職曰武寮居帷　禦衛明
先人之平烈貽後嗣之積善也以四年七月七日葬於京兆府萬年
縣崇道鄉李姚村祔於　先塋禮也六姻哀傷一子銜恤寘銘幽
窆用存終古詞曰
猗嗟唱兮　月出之光　如菓莫莫　如華皇皇　宜啓天水
作合賢良　尊之象服　錫不聚棠　以慈形訓　曰仁之經
以命易難　曰義之方　婦有柔德　亦惟其常　女之士行
于何是臧　彼天蒼蒼　胡降百殃　捨我愛子　捐其高堂
丘隴茫茫　飈吹白楊　象物皆盡　德音不忘

一一二　唐故左神策軍華原鎮遏都知兵馬使銀青光禄大夫檢校太子詹事兼嘉王府長史侍御史上柱國梁氏（守志）夫人天水郡君趙氏墓銘

大中四年（八五〇）七月七日

石質。盝頂蓋。蓋長五三點五、寬五三點五、厚七厘米。蓋文三行，滿行四字，陰刻篆書。蓋頂四周綫刻牡丹；四刹綫刻四神，襯以如意雲紋。誌長五三、寬五三、厚八點五厘米。誌文二六行，滿行二五字。正書，無界格。四側綫刻壼門十二生肖，獸首人身，持笏而坐。

出土時地暫不詳。

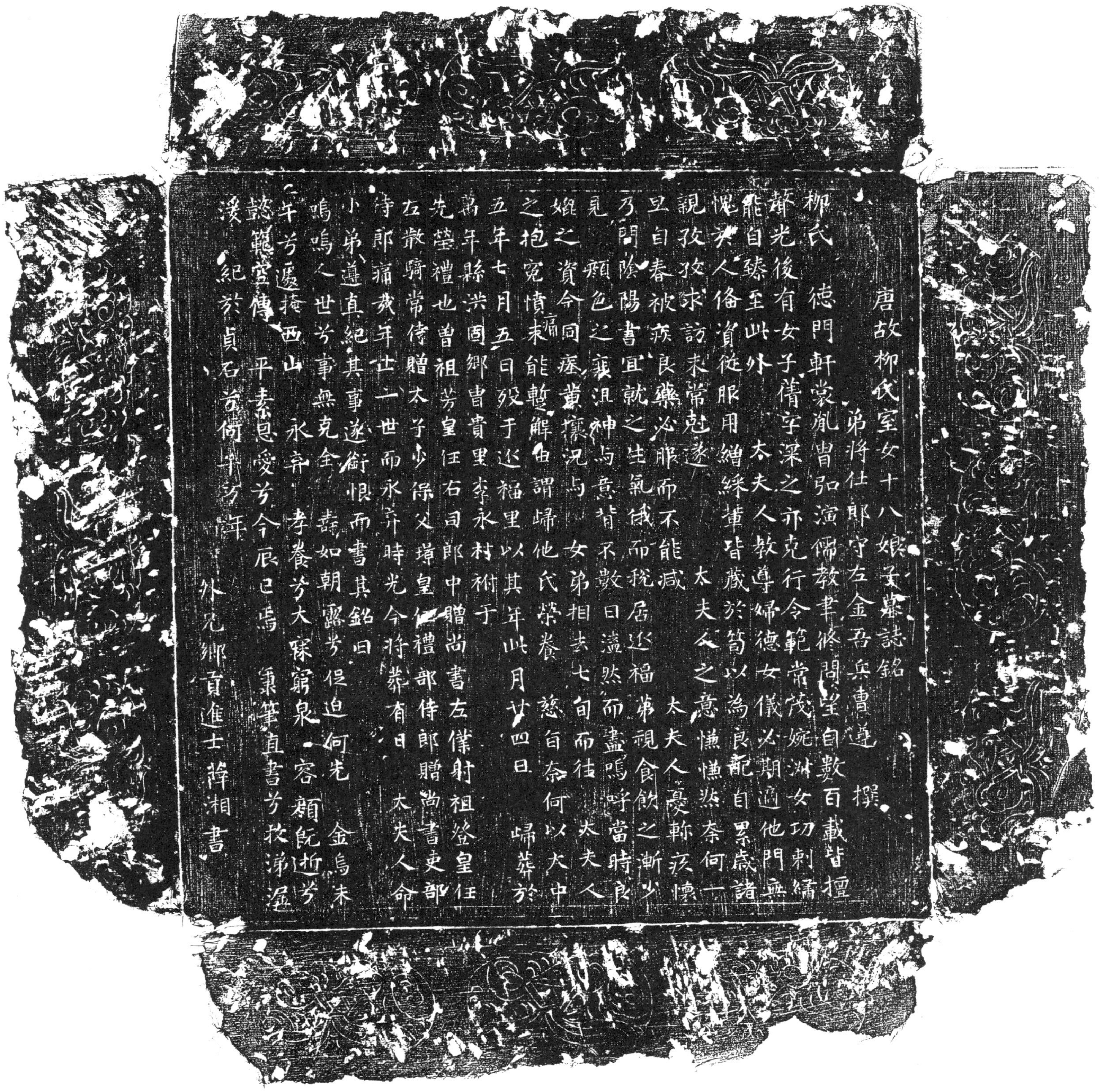

一一三　唐故柳氏室女十八娘子（蒨）墓誌銘

大中五年（八五一）七月廿四日

石質。盝頂蓋。蓋長三八、寬三七點五、厚六厘米。蓋文三行，滿行三字，陰刻正書。蓋頂四周綫刻牡丹，四刹綫刻四神，襯以如意雲紋。誌長三八、寬三六點五、厚八厘米。誌文二三行，滿行二一字。正書，無界格。四側綫刻壹門十二生肖，獸首人身，持笏而坐，襯以如意雲紋。

二〇〇七年七月出土於西安市長安區韋曲街道北里王村，曲江灞山住宅小區工地一一號墓。

一一四　唐故右龍武軍兵曹參軍辛府君（鋭）清河崔氏墓誌銘

大中七年（八五三）四月一日

石質。盝頂蓋。蓋長四四、寬四四、厚九厘米。蓋文三行，滿行三字，陰刻正書。蓋頂四周減地綫刻牡丹，四隅刻X形紋飾；四剎減地綫刻四神，襯以雲紋，四神方向顛倒。誌長四五點五、寬四五、厚八點五厘米，誌面右下部損泐。誌文二六行，滿行二五字。正書，無界格。四側綫刻壼門十二生肖，獸首人身，持笏而坐，襯以如意雲紋。

二〇一一年採集於西安市長安區韋曲街道夏殿村西，曲江觀山悅住宅小區工地。

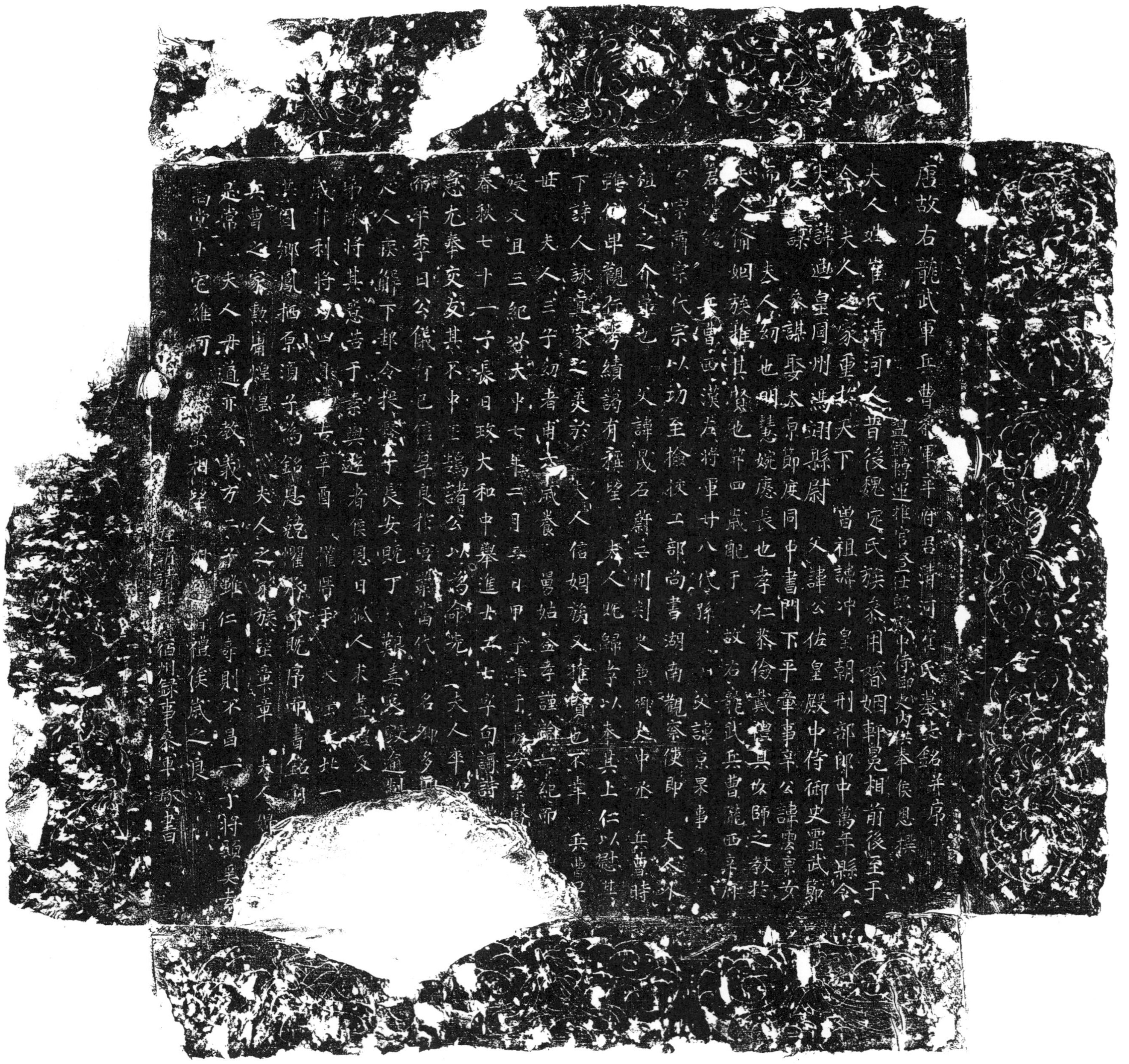

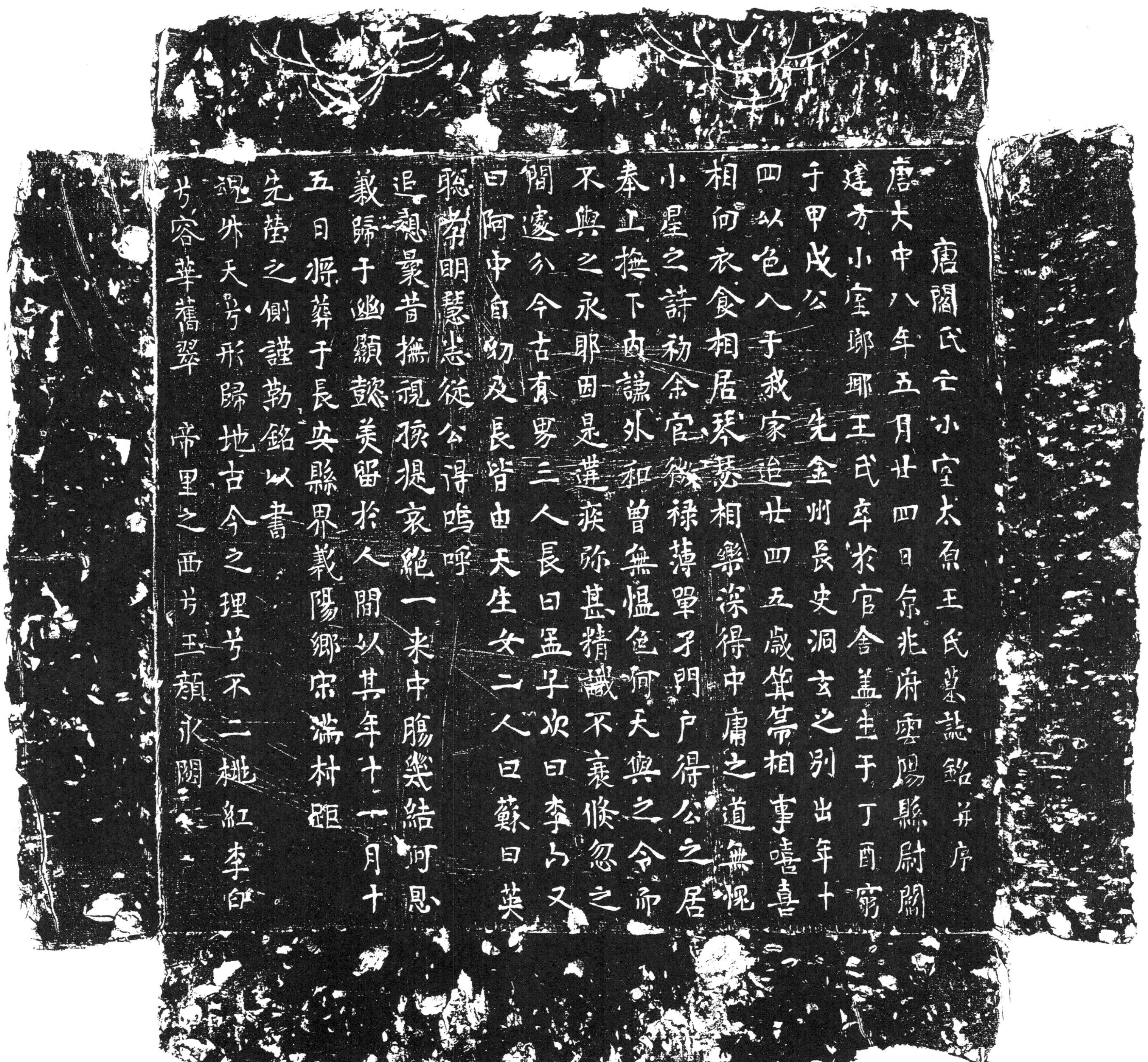
唐閻氏亡小室太原王氏墓誌銘并序
唐大中八年五月廿四日京兆府雲陽縣尉閻
建方小室瑯琊王氏卒於官舍蓋生于丁酉窮
于甲戌公 先金州長史洞玄之別出年十
四以色入于我家迨廿四五歲箕箒相事嘻喜
相向衣食相居琴瑟相樂深得中庸之道無愧
小星之詩初余官微禄薄單孑門户得公之居
奉上撫下內讓外和曾無慍色何天與之令而
不與之永耶因是遘疾彌甚精識不衰倏忽之
間邃分今古有男三人長曰孟子次曰李六又
曰阿中自幼及長皆由天生女二人曰蘇曰英
聰敏明慧志從公得嗚呼
追覩曩昔撫視孩提哀絕一來中腸幾結何恩
義歸于幽顯懿美留於人間以其年十一月十
五日將葬于長安縣界義陽鄉宗瀚村距
先塋之側謹勒銘以書
魂升天兮形歸地古今之理兮不二桃紅李白
兮容華舊翠 帝里之西兮玉顏永閟

一一五　唐閻氏（建方）亡小室
太原王氏墓誌銘

大中八年（八五四）五月

石質。無蓋。誌長四〇、寬四二點五、厚七厘米。誌文一八行，滿行一八字。正書，無界格。四側之上側面綫刻花卉二朵。

二〇一三年一月出土於西安市長安區郭杜街道茅坡村，長安萬科城二期住宅小區工地一八五號墓。

一一六　唐故銀青光禄大夫檢校太子賓客守左神策軍大將軍兼侍御史上柱國潁川郡開國男食邑三百户康府君（英賢）墓誌銘

大中九年（八五五）七月八日

石質。盝頂蓋。蓋長六〇點五、寬六一、厚一一點五厘米。蓋文三行，滿行三字，陰刻篆書。蓋頂四周綫刻牡丹，四隅刻X形紋飾；四刹綫刻四神。誌長六二、寬六二點五、厚八點五厘米。誌文三〇行，滿行三〇字。正書，無界格。四側綫刻壺門十二生肖，獸首人身，持笏而坐。

一九九二年九月出土於西安市新城區韓森寨街道，東方機械廠工地一號墓。

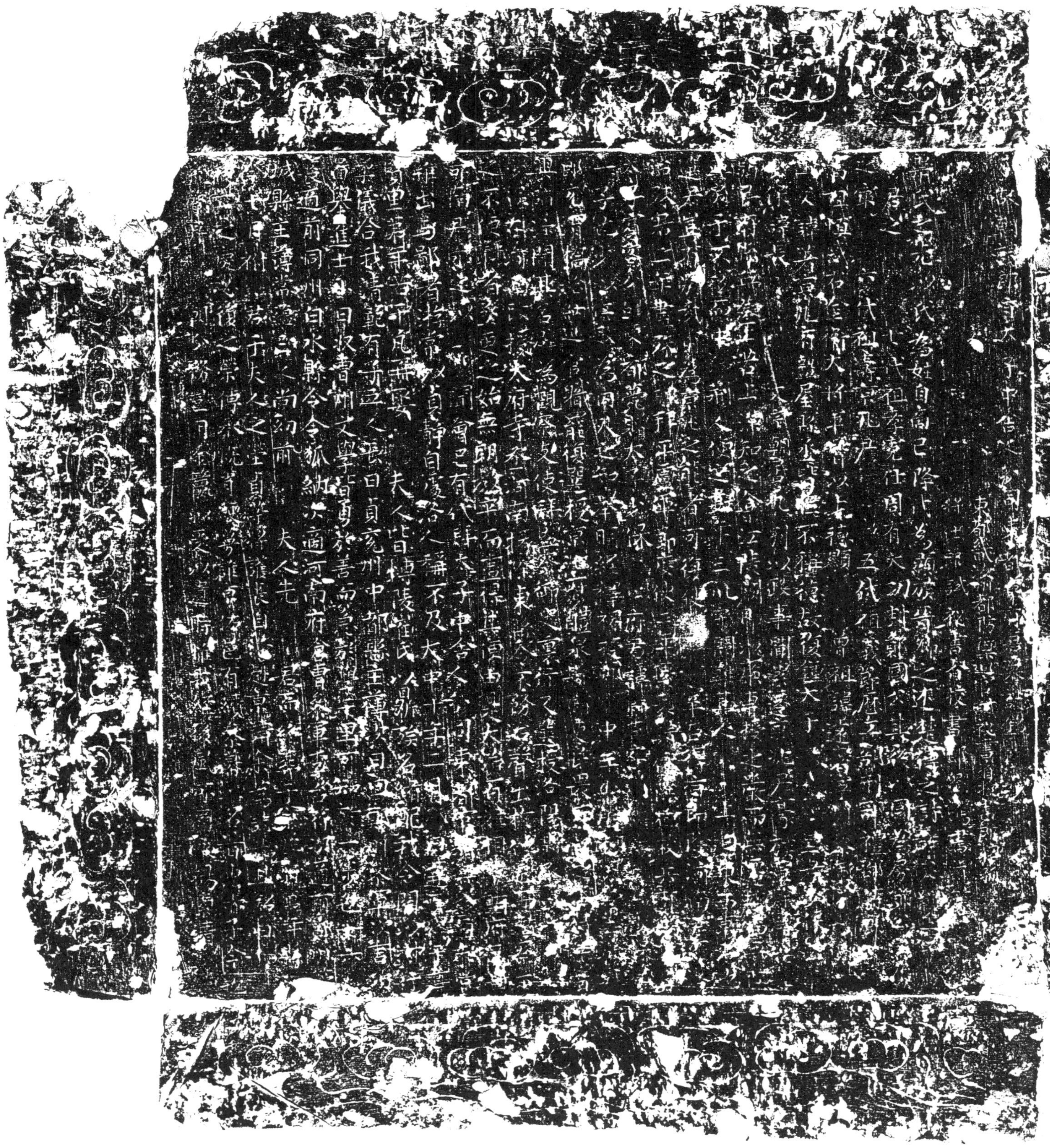

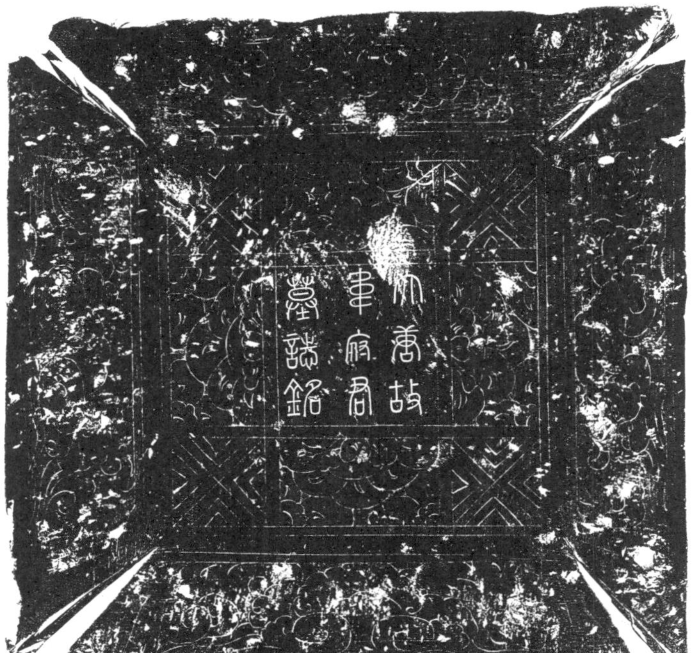

一一七　唐故朝議郎守太子中舍人分司東都韋府君（師素）墓誌銘

大中十年（八五六）七月

石質。盝頂蓋。蓋長四三點五、寬四三、厚八厘米。蓋文三行，滿行三字，陰刻篆書。蓋頂四周減地綫刻牡丹，四隅刻X形紋飾；四刹減地綫刻如意雲紋。誌長四三、寬四三、厚七點五厘米。誌文二九行，滿行二六字。正書，無界格。四側減地綫刻如意云紋。誌石及四側損泐嚴重。

出土時地暫不詳。

一一八　唐故綿州神泉縣令馮府君（敦睦）及夫人天水姜氏合葬墓誌銘

大中十年（八五六）十二月廿八日

石質。盝頂蓋。蓋長四四、寬四四、厚一〇厘米。蓋文四行，滿行三字，陰刻篆書。蓋頂四周減地綫刻花卉，四隅刻X形紋飾；四刹減地綫刻四神，襯以花卉。誌長四五、寬四五、厚九點五厘米。誌文二六行，滿行二七字。正書，無界格。四側綫刻壹門十二生肖，獸首人身，持笏而坐。出土時地暫不詳。

大唐故朝議大夫檢校國子祭酒侍御史兼福王府傅瓊渠二州刺史賜紫金魚袋雁門郡田府君墓誌銘并敘

大唐故
田府君
墓誌銘

一一九　唐故朝議大夫檢校國子祭酒侍御史兼福王傅瓊渠二州刺史賜紫金魚袋雁門郡田府君（章）墓誌銘

大中十二年（八五八）閏二月廿八日

石質。盝頂蓋。蓋長四六、寬四六、厚四厘米。蓋文三行，滿行三字，陰刻正書。蓋頂四周綫刻牡丹；四刹綫刻四神。誌長四五、寬四六、厚八點五厘米。誌文三〇行，滿行三〇字。正書，無界格。四側綫刻壹門十二生肖。

一九八六年出土於西安市長安縣韋曲北原。

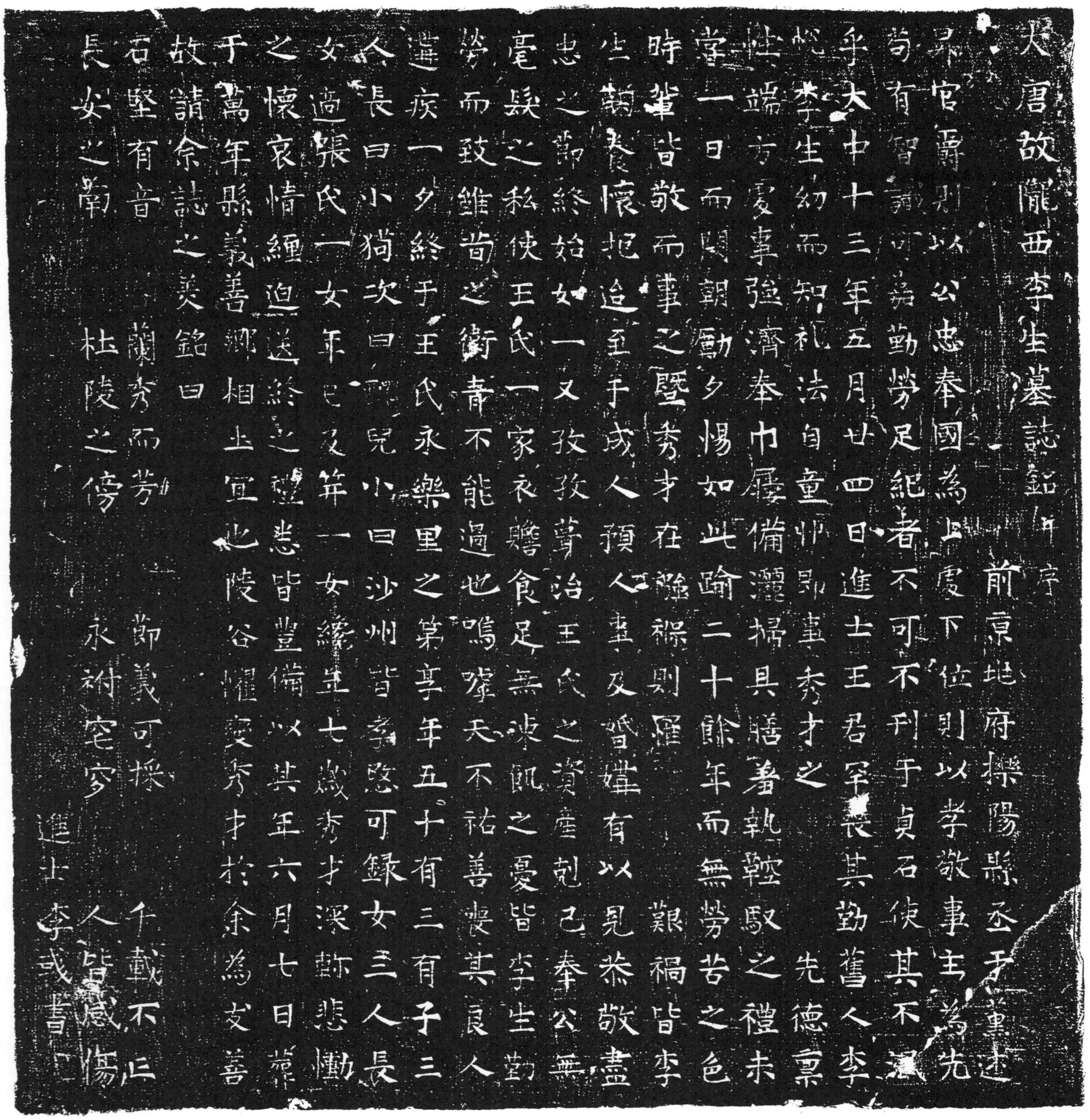
大唐故隴西李生墓誌銘并序
前京兆府櫟陽縣丞李薰述
昇官爵則以公忠奉國為上處下位則以孝敬事主為先
苟有智識可嘉勤勞足紀者不可不刊于貞石使其不泯
乎大中十三年五月廿四日進士王君罕長其勤舊人李
悦李生幼而知禮法自童丱即事秀才之 先德稟
性端方處事強濟奉巾屨備灑掃具膳羞執鞍馭之禮未
嘗一日而闕朝勵夕惕如此踰二十餘年而無勞苦之色
時輩皆敬而事之暨秀才在離襁褓則罹 艱禍皆李
生鞠養懷抱追至于成人預人事及昏媾有以見恭敬盡
忠之節終始如一又孜孜葺治王氏之資產剋己奉公無
毫髮之私使王氏一家衣贍食足無凍餒之憂皆李生勤
勞而致雖昔之衛青不能過也嗚呼天不祐善喪其良人
遘疾一夕終于王氏永樂里之第享年五十有三有子三
人長曰小猶次曰醜兒小曰沙州皆孝慈可錄女三人長
女適張氏一女年已及笄一女纔生七歲秀才深歎悲慟
之懷哀情纏迫送終之禮悲皆豐備以其年六月七日葬
于萬年縣義善鄉相上宜也陵谷權變秀才於余為友善
故請余誌之爰銘曰
石堅有音 蘭秀而芳 節義可採 千載不亡
長安之南 杜陵之傍 永祔窀穸 人皆感傷
進士李彧書

一二〇 唐故隴西李生（悅）墓誌銘

大中十三年（八五九）六月七日

石質。無蓋。誌長三五、寬三三、厚四點五厘米。誌文二二行，滿行二二字。正書，無界格。四側素面。

二〇〇六年出土於西安市長安區韋曲街道三府井村，富力城住宅小區工地一九二號墓。

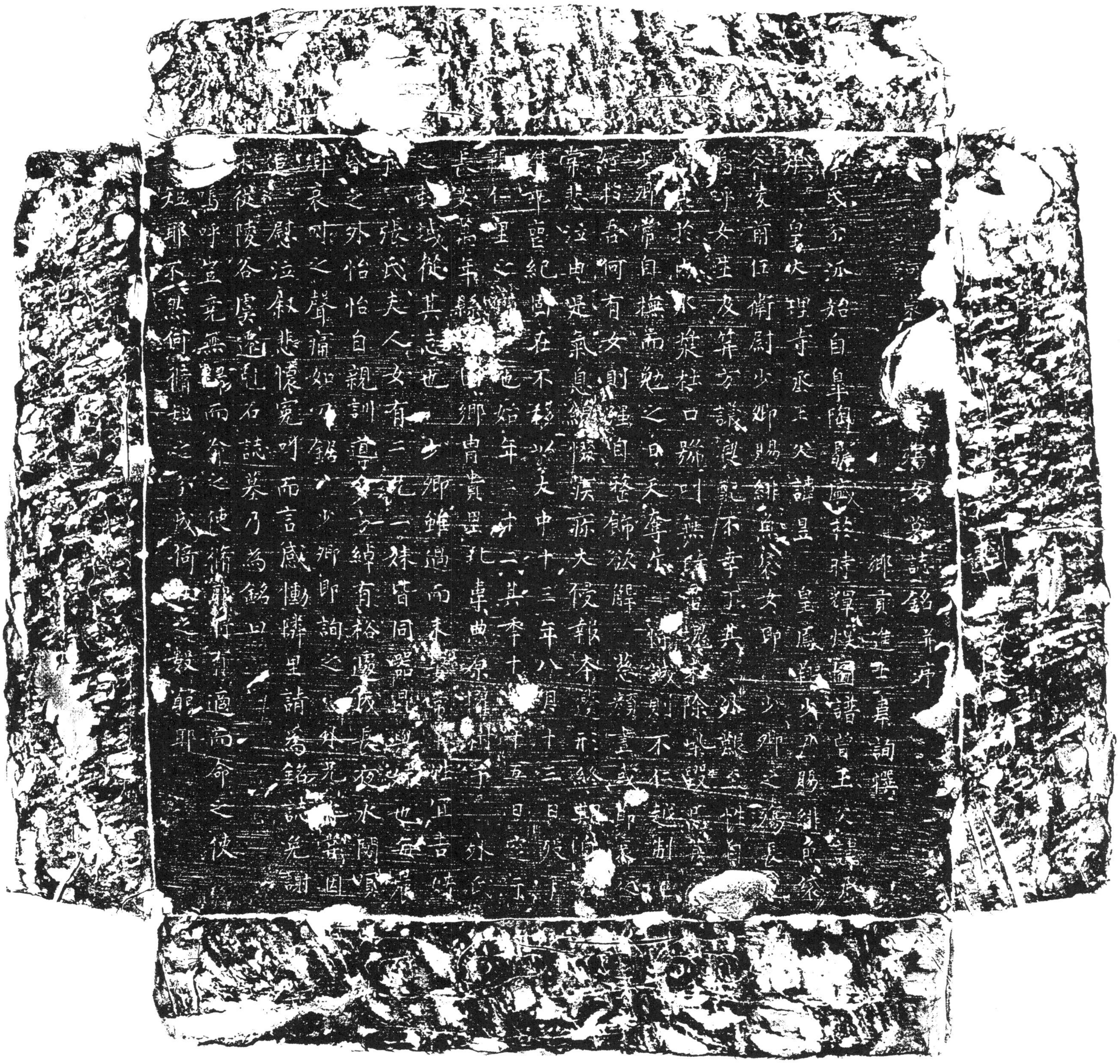

一二二　唐河東薛氏（凌）長殤女墓誌銘

大中十三年（八五九）十月十五日

石質。盝頂蓋。蓋長三一、寬三〇點五、厚六厘米。蓋文三行，滿行三字，陰刻篆書。蓋四刹綫刻圖案不清。誌長三二點五、寬三二點五、厚六點五厘米。誌文二二行，滿行二一字。正書，無界格。四側綫刻如意雲紋。

出土時地暫不詳。

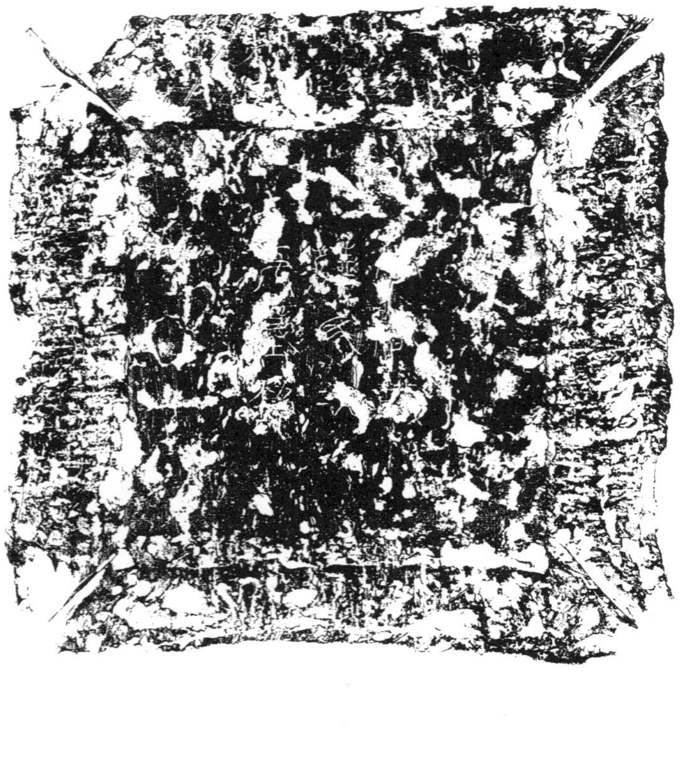

一三二　唐河東薛氏（凌）次殤女墓誌銘

大中十三年（八五九）十月□五日

石質。盝頂蓋。蓋長三〇、寬三一、厚六厘米。蓋文三行，滿行三字，陰刻篆書。蓋四刹綫刻圖案不清。誌長三三、寬三二點五、厚五點五厘米。誌文二〇行，滿行二〇字。正書，無界格。誌面損泐嚴重，四側綫刻圖案不清。

出土時地暫不詳。

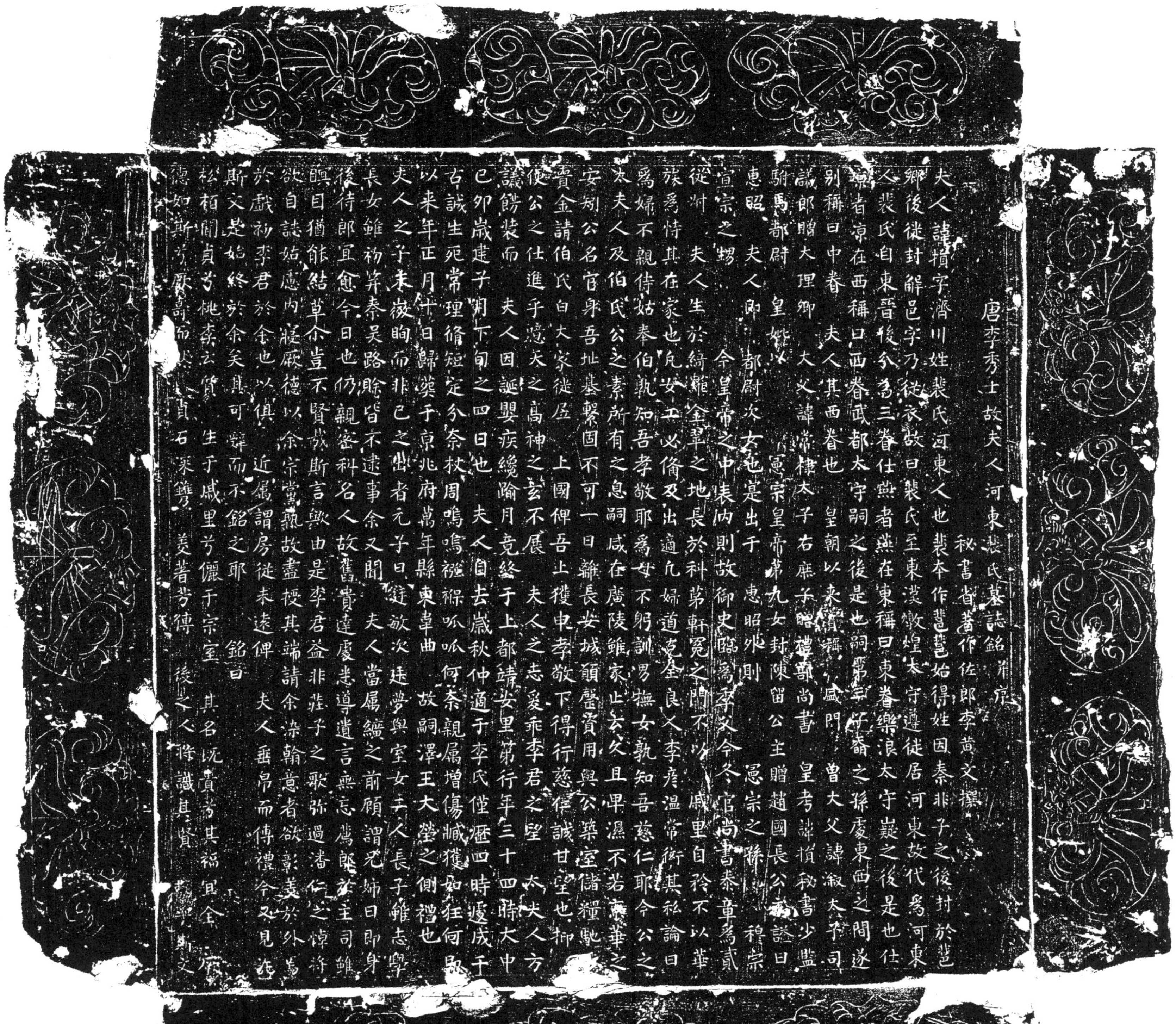

一二三　唐李秀士（彦温）故夫人河東裴氏（損）墓誌銘

大中十四年（八六〇）正月十日

石質。蓋不詳。誌長四九、寬四九點五、厚八點五厘米。誌文三一行，滿行三一字。正書，無界格。四側綫刻壼門十二生肖，獸首人身，持笏而坐，衬以雲紋。

出土時地暫不詳。

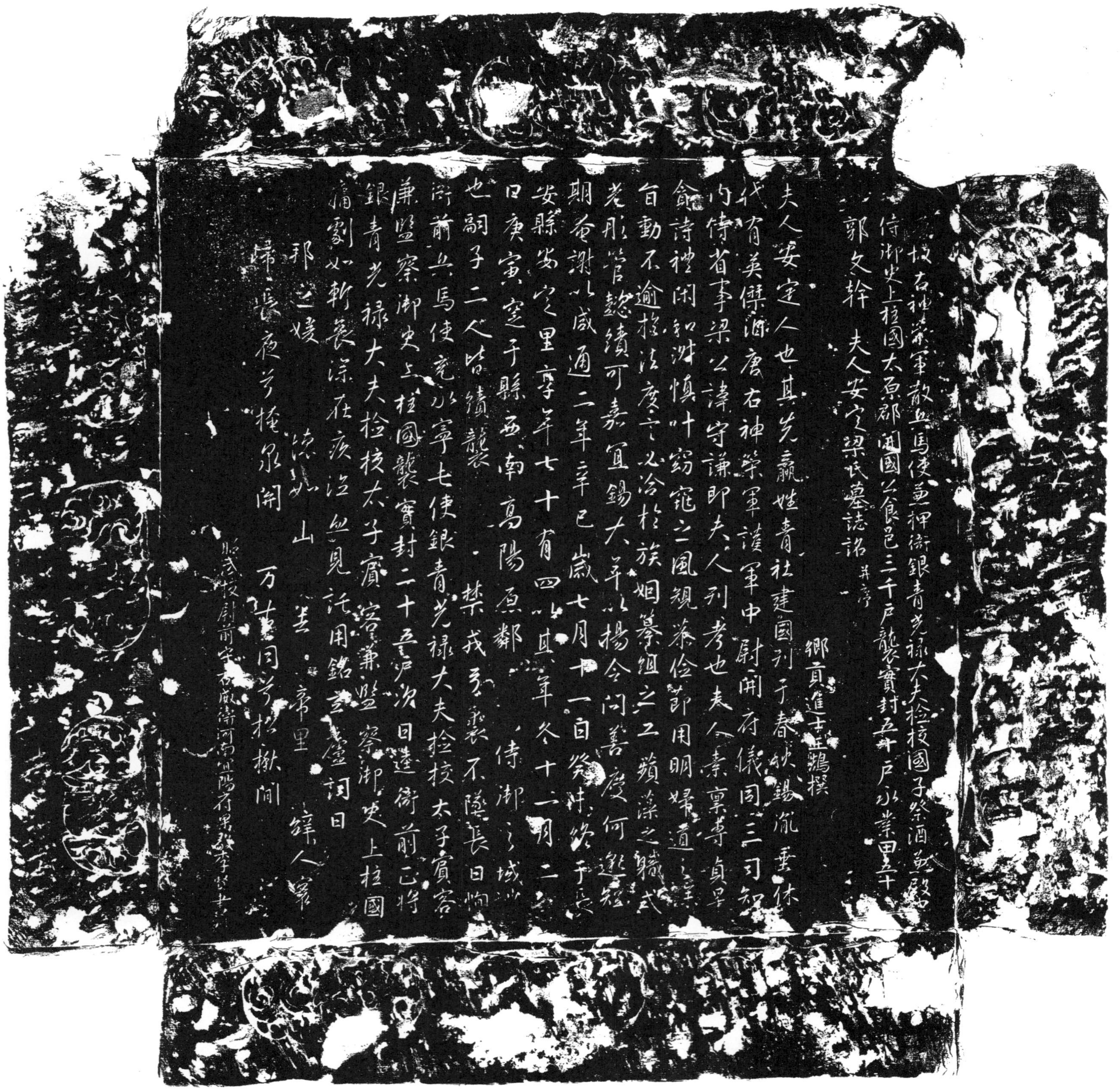

一二四　唐故右神策軍散兵馬使兼押衙銀青光禄大夫檢校國子祭酒兼殿中侍御史上柱國太原郡開國公食邑三千户襲實封五十户永業田五十□郭文幹夫人安定梁氏墓誌銘

咸通二年（八六一）十一月二十日

石質。盝頂蓋。蓋長四五、寬四五點五、厚八點三厘米。蓋文三行，滿行三字，陰刻篆書。蓋頂四周減地綫刻牡丹，四隅刻X形紋飾；四刹減地綫刻四神，襯以雲紋。誌長四五、寬四五、厚八點五厘米。誌文二〇行，滿行二二字。行書，無界格。四側減地綫刻壼門十二生肖，獸首人身，持笏而坐，襯以雲紋。

二〇一四年十一月出土於西安市長安區郭杜街道茅坡村，長安萬科城二期住宅小區工地二六六號墓。

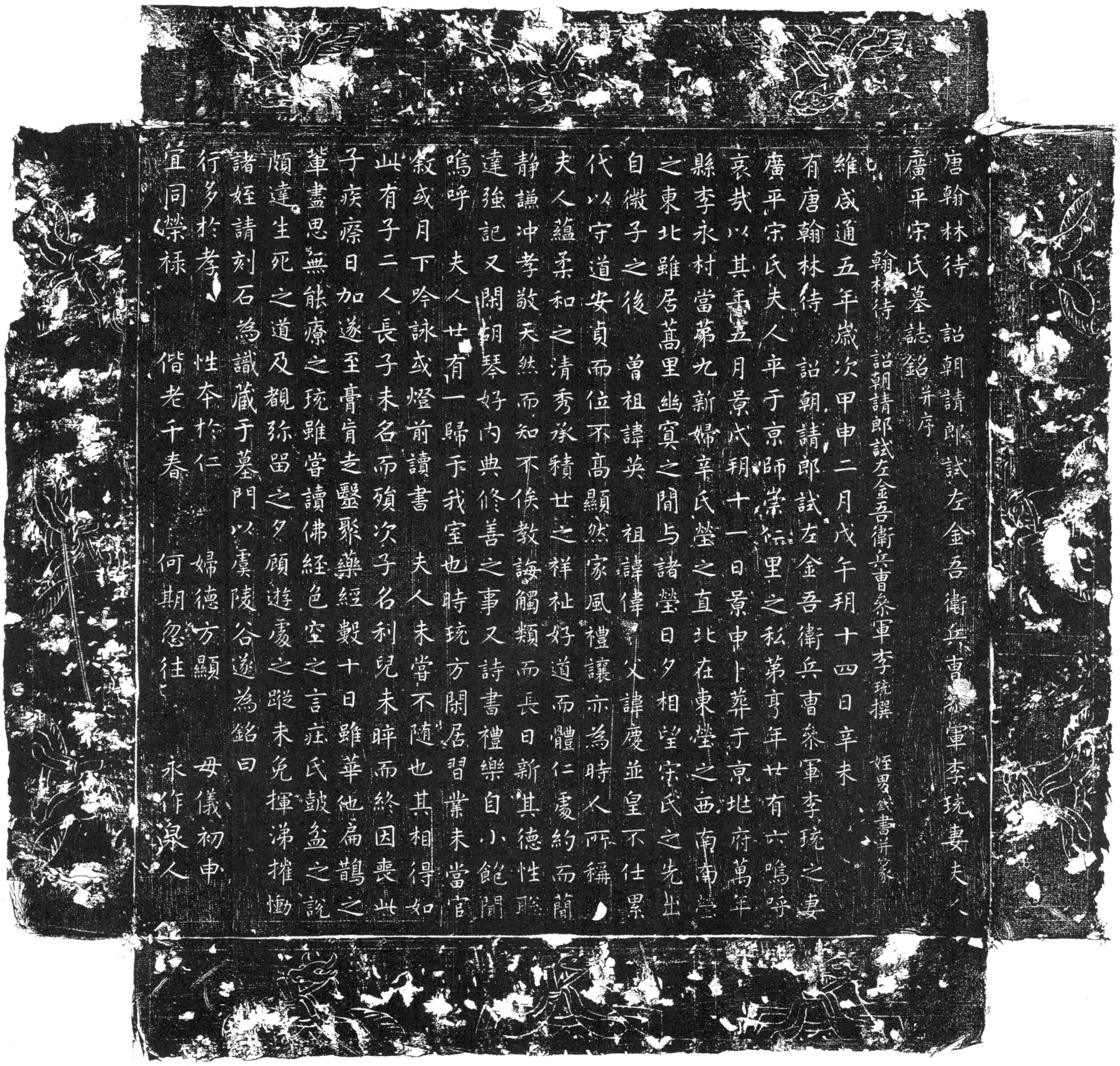
唐翰林待詔朝請郎試左金吾衛兵曹參軍李琉妻夫人
廣平宋氏墓誌銘并序
翰林待詔朝請郎試左金吾衛兵曹參軍李琉撰　姪男鈛書并篆
維咸通五年歲次甲申二月戊午朔十四日辛未
有唐翰林待詔朝請郎試左金吾衛兵曹參軍李琉之妻
廣平宋氏夫人卒于京師崇仁里之私第享年廿有六嗚呼
哀哉以其年五月景戌朔十一日景申卜葬于京兆府萬年
縣李永村當第九新婦辛氏塋之直北在東塋之西南當塋
之東北雖居蒿里幽冥之間与諸塋日夕相望宋氏之先出
自微子之後　曾祖諱英　祖諱偉　父諱慶並皇不仕累
代以守道安貞而位不高顯然家風禮讓亦為時人所稱
夫人蘊柔和之清秀承積廿之祥祉好道而體仁處約而簡
靜謙冲孝敬天然而知不俟教誨觸類而長日新其德性聦
達強記又閑胡琴好內典修善之事又詩書禮樂自小飽聞
嗚呼夫人廿有一歸于我室也時琉方閑居習業未當官
叙或月下吟詠或燈前讀書　夫人未嘗不隨也其相得如
此有子二人長子未名而殞次子名利兒未晬而終因喪此
子疾瘵日加遂至膏肓之醫聚藥經數十日雖華佗扁鵲之
筆盡思無能瘵之琉雖嘗讀佛經色空之言莊氏鼓盆之說
頗達生死之道及覩弥留之夕顧遊處之蹤未免揮涕摧慟
諸姪請刻石為識藏于墓門以虞陵谷遂為銘曰
行多於孝　性本於仁　婦德方顯　母儀初申
宜同榮禄　偕老千春　何期忽往　永作泉人

一二五　唐翰林待詔朝請郎試左金吾衛兵曹參軍李琉妻夫人廣平宋氏墓誌銘

咸通五年（八六四）五月十一日

石質。盝頂蓋。蓋長四五、寬四六、厚五點五厘米。蓋文三行，滿行三字，陰刻篆書。蓋頂四周綫刻如意雲紋，四隅刻 X 形紋飾；四刹綫刻四神，襯以如意雲紋。誌長四四點五、寬四四點五、厚六厘米。誌文二三行，滿行二三字。正書，無界格。四側綫刻十二生肖，獸首人身，持笏而坐。

出土時地暫不詳。

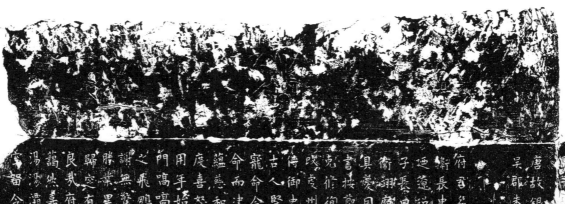

一二六　唐故銀青光禄大夫檢校國子祭酒前虔州司馬殿中侍御史上柱國吴郡朱府君（迴）墓誌銘

咸通七年（八六六）閏三月九日

石質。盝頂蓋。蓋殘長四〇、寬五七點五、厚六厘米。蓋文四行，滿行四字，陰刻正書。蓋頂四周和四刹綫刻圖案模糊。誌長五四點五、寬五四點五、厚一三點五厘米。誌文二八行，滿行二七字。正書，無界格。四側綫刻十二生肖，獸首人身，持笏而坐。誌面正中原放置一長方形鐵片，鏽蝕後造成誌面損泐。

出土時地暫不詳。

唐故朱氏第四十一女墓誌銘并序
府寺丞宋巡休述
於戲大塊之中孰不生死雖壽夭同期而脩短
一何相遼哉洎陰陽不測神化無窮幽冥之道
難明斯古之格言也有唐華州別駕朱公名僚
幼女始自丱歲至于齠年無驕騃任情之性有
孝敬慈順之心聰而且敏柔而能溫知父母保
之恩慈奉兄弟友愛之深言覩望成立輝映
家門奈何苗而不秀蕣花凋落纍疾纏嬰遽至
長夜年十三 咸通八年七月九日逝于萬年
縣勝業里之私家 曾祖庭玨皇不仕 祖沂
皇試左金吾衛長史 母滕氏南陽郡君哀慟悲
傷 幾不勝忍 先以日月未便權厝於塋域之側
九年正月十四日歸窆于本縣崇道鄉蚍村
里余與 別乘厚其分辱命誌之銘曰
逝若歸途 生如行客 年方幼稚 促景何迫
龜兆有期 茲辰卜宅 依俙音容 髣歸精魄
淒涼九陌 冥歷孤墳 風觸松柏

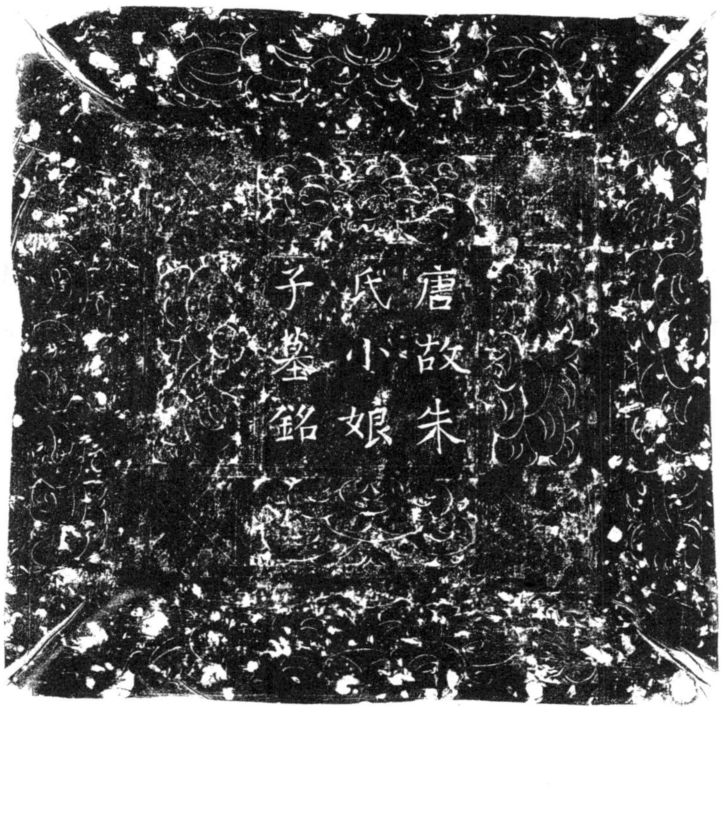
唐故朱
氏小娘
子墓銘

一二七　唐故朱氏小娘子墓誌銘

咸通九年（八六八）正月十四日

石質。盝頂蓋。蓋長三七、寬三七、厚五點五厘米。蓋文三行，滿行三字，陰刻篆書。蓋頂四周減地綫刻牡丹，四隅刻X形紋飾；四刹綫刻牡丹。誌長三八、寬三九、厚六厘米。誌文一八行，滿行一八字。正書，無界格。四側素面。

出土時地暫不詳。

仲父故白水縣令府君如夫人南陽鄧氏墓誌并銘
撰文
録事參軍
子曰我百年後葬我於長安城足矣無負吾心
夫人咸通九年十月七日歿于河中宫舍以咸
通九年十一月廿五日葬于萬年縣洪固鄉中
鄉貢進士李崇書并篆蓋

南陽鄧
氏夫人
墓誌銘

一二八　唐故白水縣令（夏侯）府君如夫人南陽鄧氏墓誌并銘

咸通九年（八六八）十一月廿五日

石質。盝頂蓋，横向斷裂，左下角殘。蓋長四七點五、寬四七點五、厚五厘米。蓋文三行，滿行三字，陰刻篆書。蓋頂四周綫刻牡丹；四刹綫刻圖案模糊。誌長四五、寬四五、厚七厘米。誌文一八行，滿行一八字。正書，無界格。四側綫刻壹門十二生肖，獸首人身，持笏而坐。

一九八六年出土於西安市長安縣韋曲北原。

唐故隴西李氏夫人墓誌
夫前大同軍衙前兵馬使銀青光祿
大夫檢校太子賓客上柱國張君遇述
唐咸通十年三月十八日終疾於招國
里私第享年四十李氏夫人襄陽人也
年十八出適皇丈山南東道忠軍副將
少清次女嗚呼一生行於婦隨應奉六
親賓客至於生計內外合儀二男一女
長男復禹次男復恩康女伴娘夫人生
於庚戌卒於己丑其年四月十六日葬
於京兆府萬年縣寧安鄉姜徐村南原
嗚呼哀哉神爽失靚魂兮何去白玉墜
泉永流千古

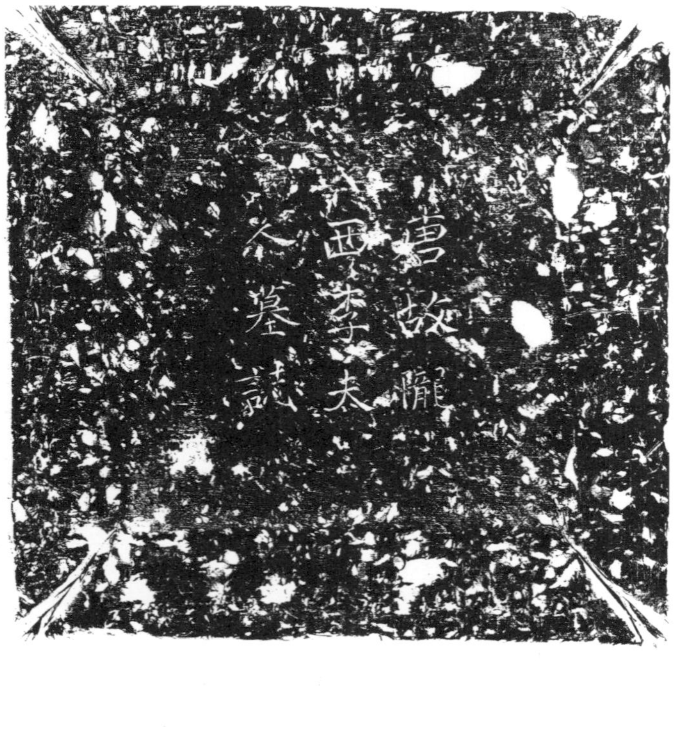
唐故隴
西李夫
人墓誌

一三〇　唐（張君遇妻）故隴西李氏夫人墓誌

咸通十年（八六九）四月十六日

石質。盝頂蓋。蓋長二九、寬二七點五、厚五點五厘米。蓋文三行，滿行三字，陰刻正書。蓋頂四周素面，四刹綫刻圖案模糊。誌長三〇、寬三〇、厚五點五厘米。誌文一三行，滿行一五字。正書，無界格。四側綫刻圖案模糊。

出土時地暫不詳。

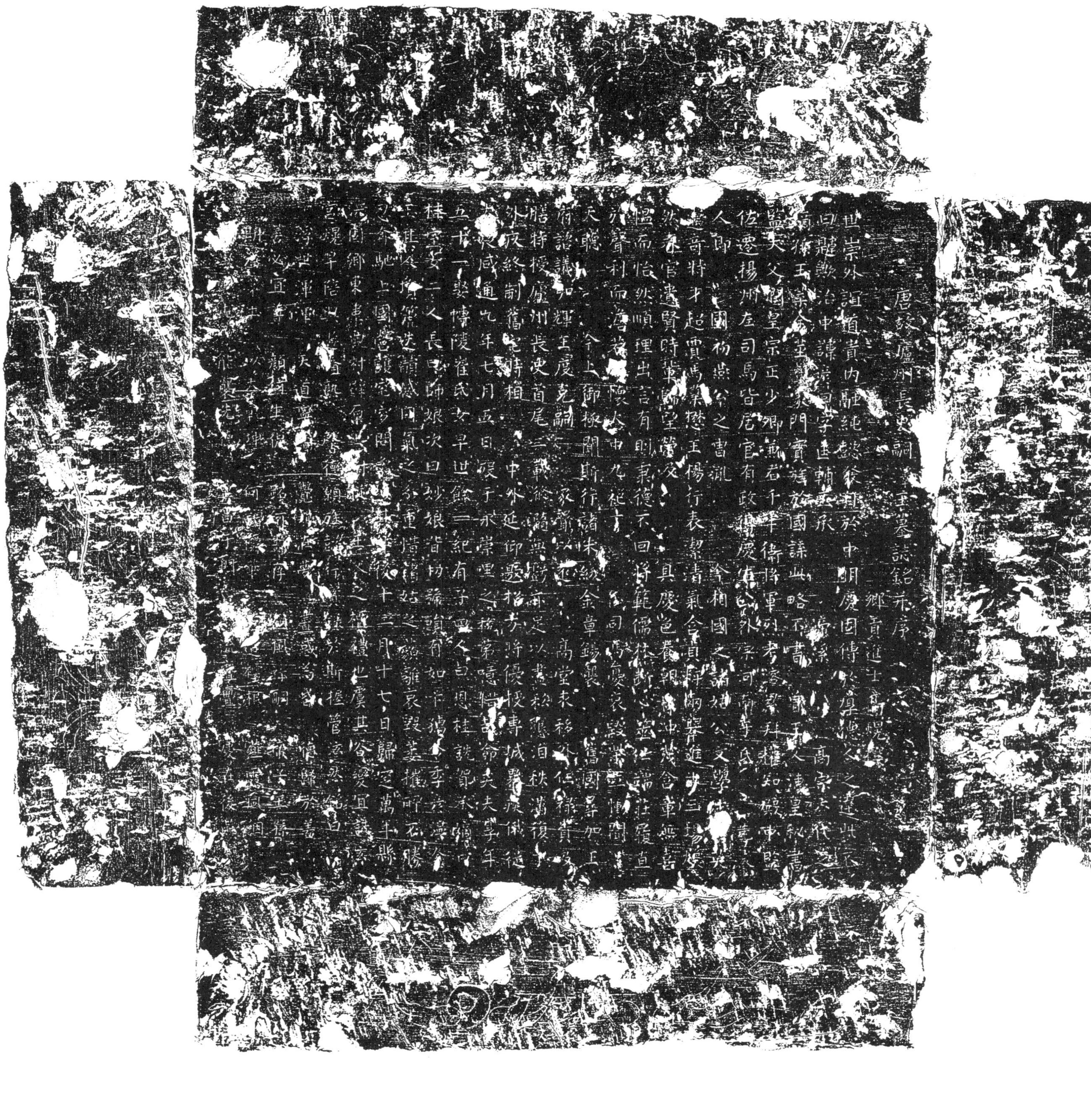

一二九　唐故廬州長史嗣澤王（李彦回）墓誌銘

咸通九年（八六八）十二月十七日

石質。蓋不詳。誌長四四點五、寬四四、厚一〇點五厘米。誌文二七行，滿行二六字。正書，無界格。四側綫刻十二生肖，獸首人身，持笏而坐。

出土時地暫不詳。

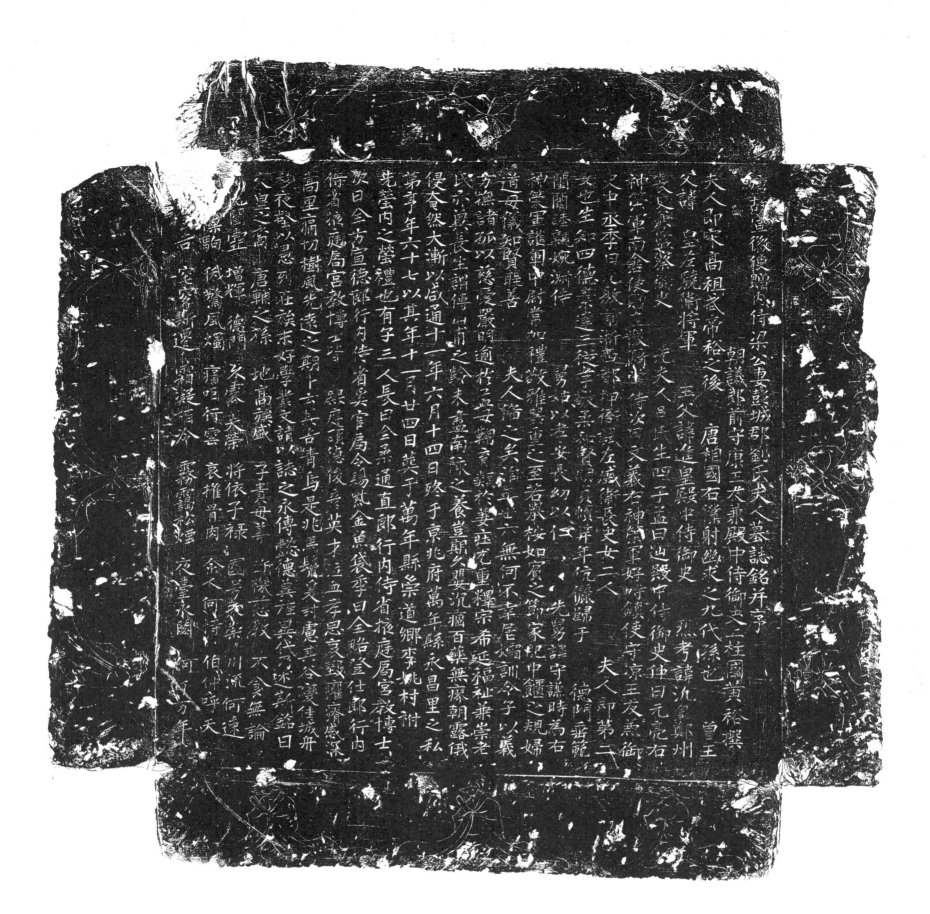

唐故宣徽使贈內侍梁公妻彭城郡劉氏夫人墓誌銘并序
朝議郎前守康王友兼殿中侍御史上柱國黃裕撰
夫人即宋高祖武帝裕之後 唐相國右僕射幽求之九代孫也 曾王
父諱 皇左驍衛將軍 王父諱進皇殿中侍御史 烈考諱沆皇鄆州
長史兼監察御史 先夫人呂氏生四子孟曰迪殿中侍御史仲曰元亮右
神策軍南衙使兼左威衛將軍侍次曰文義右神策軍押衙鎮使守涼王友兼御
史中丞季曰[illegible]敘前淄州部押衙試左威衛長史女二人 夫人即第二
女也生知四德長遵三從孝敬柔和賢淑貞順笄年伉儷歸于 德門垂範
閨閫睦親婉淑侍 舅姑以孝 安長幼以仁 先舅諱守謙時為右
神策軍護軍中尉常加禮敬雅重之至若舉案如賓之節家肥中饋之規婦
道安儀知賢睦善 夫人嫁之矣年廿六無何不幸居孀訓令子以義
方撫諸孤以慈愛嚴明通於孟母輔育類於姜莊尤重釋宗希延福祉兼崇老
氏示奠長生謂傳松柏之齡未盡南陔之養豈期今夏沉痾百藥無瘳朝露俄
侵奄然大漸以咸通十一年六月十四日終于京兆府萬年縣永昌里之私
第享年六十七以其年十一月廿四日葬于萬年縣崇道鄉李姚村祔
先塋內之塋禮也有子三人長曰全柔通直郎行內侍省掖庭局宮教博士
次曰全方宣德郎行內侍省奚官局令賜緋金魚袋季曰全皓登仕郎行內
侍省掖庭局宮教博士皆毓庭禮德後秀英才泣血孝思哀毀罹瘠感深
高里痛切樹風先遠之期卜云其吉青烏是兆馬鬣是封慮其谷變佳城冊
移夜壑以恐列在族末好學業文請以誌之永傳懿德異礎異代以述斯銘曰
父皇之裔 唐朝之孫 地高族盛 子貴母尊 祈儀克叙 不貪無論
光閨壼 增輝 德門 冬處 大榮 將依子祿 國号[illegible] 川流何速
隙駒 俄驚風燭 痛咜行雲 哀摧骨肉 命人何奇 伯仲呼天
石 窀穸新遷 霜凝宿冷 霧鎖松煙 夜臺永閟 何[illegible]万年

一三一　唐故宣徽使贈內侍梁公妻彭城郡劉氏夫人墓誌銘

咸通十一年（八七〇）十一月廿四日

石質。蓋不詳。誌長六〇、寬五九、厚九點五厘米。誌文二五行，滿行二九字。正書，無界格。四側綫刻十二生肖，獸首人身，持笏而坐。

出土時地暫不詳。

一三二　唐京兆杜公故夫人滎陽潘氏墓誌銘

咸通十二年（八七一）十月十八日

石質。盝頂蓋。蓋長四九、寬五〇、厚九點二厘米。蓋文三行，滿行三字，陰刻篆書。蓋頂四周綫刻牡丹，四隅刻X形紋飾，四刹綫刻四神。誌長五三、厚五二、厚八厘米。誌文二四行，滿行二四字。正書，無界格。四側綫刻壼門十二生肖，獸首人身，持笏而坐。

出土時地暫不詳。

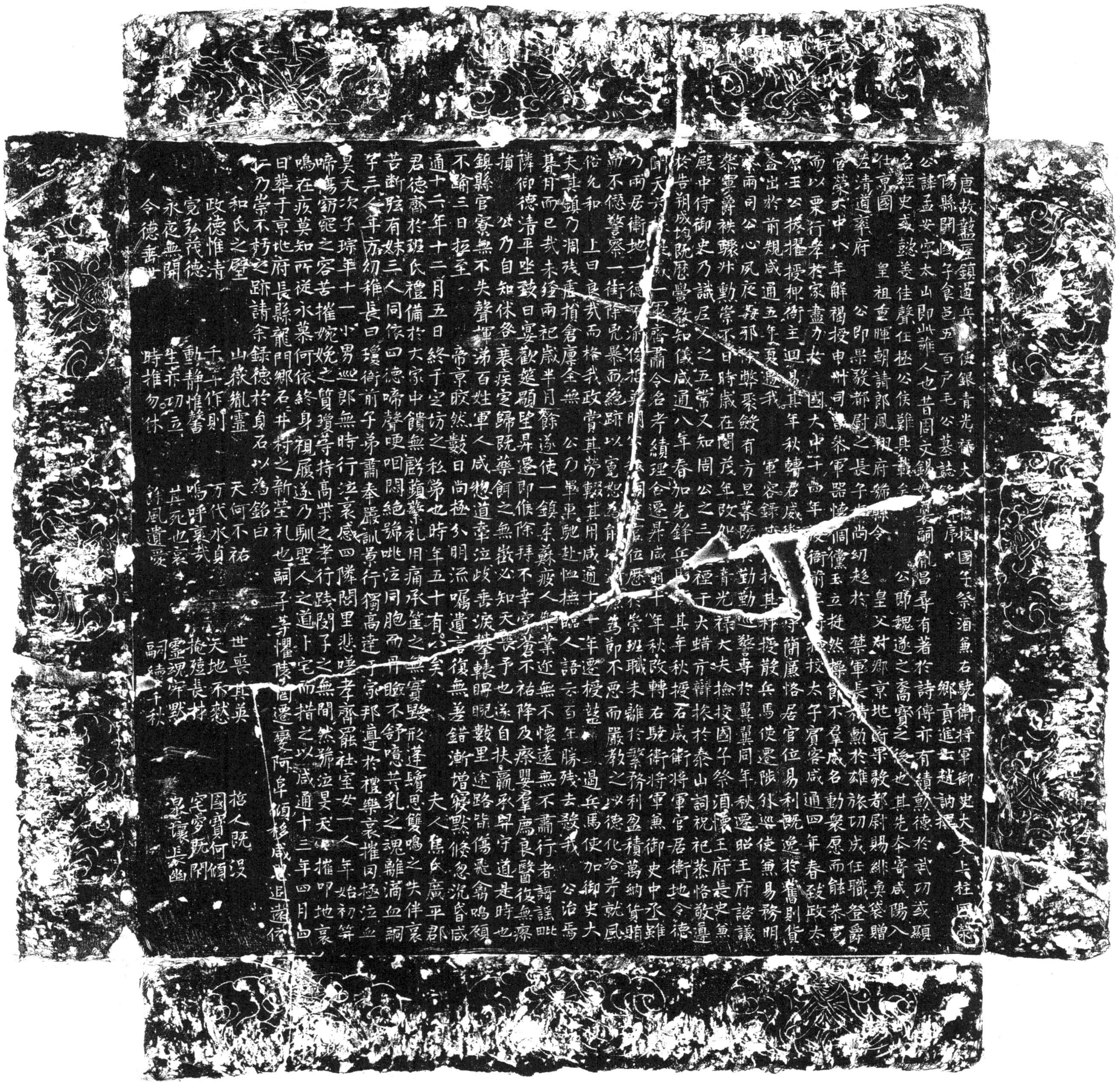

一三三　唐故盩厔鎮遏兵馬使銀青光禄大夫檢校國子祭酒兼右驍衛將軍御史大夫上柱國滎陽縣開國子食邑五百户毛公（孟安）墓誌銘

咸通十三年（八七二）四月四日

石質。蓋不詳。誌長六〇、寬六〇、厚八厘米。誌文三七行，滿行三八字。正書，無界格。四側綫刻壺門十二生肖，獸首人身，持笏而坐。

出土時地暫不詳。

故京兆府醴泉縣丞李府君墓銘并序
前知度支擢嘉禾巡院將仕郎前試太常寺協律郎裴　灌　譔
府君姓李氏諱　字符聖　九廟近屬即澤王之嗣乃　高宗七
代孫其本枝派別備載國史此不復云曾祖德官至秘書監贈揚
州大都督祖淵博通群史知百氏源流官至少宗正贈絳州刺史
皇考　德茂名清官列九寺多權謀善變通兩為出壇使盡得黠
虜情實聞於朝庭自殿中監領衛尉卿咸稱嗣王　武皇帝之葺
仙臺也急徵五百促夫食於寺遠不能辦得罪出為明州司馬復
移揚州司馬卒官太夫人河南于氏即贊善大夫謠之女生三男
府君即其次也幼而好學能為七言五字詩雅善音律雖金石絲
竹咸盡其妙舉進士率勤名場幾廿載志業不就一旦乃愴然歎
曰大丈夫榮辱窮達命也誰能孜孜一名使嘯肉終日栖苦哉當
謀代耕之祿遂以寵衛赴集咸通十五年夏四月吏部指授京兆
府醴泉縣丞未及　謝遘疾其夏六月廿五日終于上都延福里
饗年五十二以府君之得行文學不振於一官以府君之禮義仁
信不濟於中壽誰能知之噫孔丘聖人也不能致其身於王位孟
軻賢人也窮厄於四海蓋名位之不繫賢愚壽夭不在善惡命右
而然哉不獨李生明矣府君娶河東裴氏即某官某之女先府君[illegible]生
一女年尚幼府君之未娶前有一男曰某早歲在淮海主別業今之不及
長也夫人殁後納良家子張懿川生一女曰契兒始三歲一男曰禿兒始
再歲家窮喪葬唯懿川与僕者支持主之衣衾棺殯祭葬墳墓而無闕也
其年[illegible]月十五日葬府君於上都城南某鄉某村先夫人之墓禮也
[illegible]庭其疾也無藥石之救其終也無粟帛之贈蓋力之窮也悲夫
石人[illegible]藏余亦有心時之未偶也徒虛語耳其孤来請銘亦幸託
識而刊諸石[illegible]為銘[illegible]良玉易碎利劍易折命也如斯惜哉貞節壽
以来天[illegible]地闔幽壤一閉　音徽永[illegible]白楊悲風青山明月人生到此
哲

一三四　唐故京兆府醴泉縣丞李府君（符聖）墓銘

咸通十五年（八七四）□月十五日

石質。蓋不詳。誌長四四、寬四七、厚八點五厘米。誌文二七行，滿行二五字。正書，無界格。誌文刻寫缺筆掉劃。四側綫刻如意雲紋。

出土時地暫不詳。

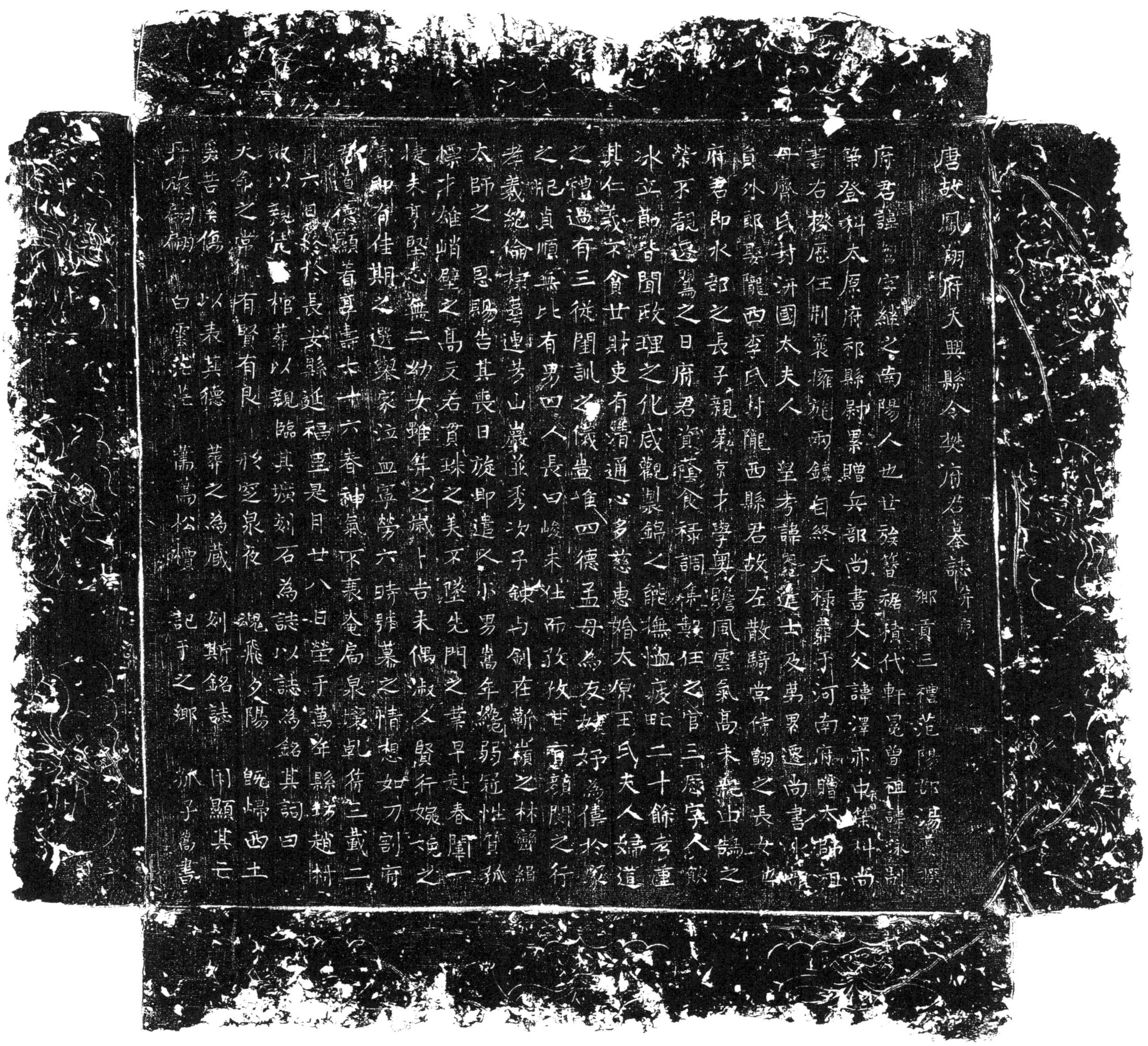

一三五　唐故鳳翔府天興縣令樊府君（嗣昌）墓誌

乾符三載（八七六）二月廿八日

石質。盝頂蓋。蓋長四四、寬四六、厚九點五厘米。蓋文三行，滿行三字，陰刻正書。蓋頂四周減地綫刻牡丹，四隅刻X形紋飾；四刹減地綫刻四神。誌長四八點五、寬四七、厚六點五厘米。誌文二三行，滿行二六字。正書，無界格。四側綫刻壺門十二生肖，獸首人身，持笏而坐。

出土時地暫不詳。

一三六　唐故朝散大夫行内侍省宮闈局令員外置同正員上柱國賜紫金魚袋潁川陳公（再豐）墓誌銘

乾符六年（八七九）十一月五日

石質。盝頂蓋，右下角殘。蓋長六〇、寬六〇、厚一一厘米。蓋文三行，滿行三字，陰刻篆書。蓋頂四周減地綫刻牡丹，四隅減地綫刻祥雲，四刹減地綫刻四神，襯以如意雲紋。誌長六〇點五、寬六〇點五、厚九點五厘米。誌文三〇行，滿行三〇字。正書，無界格。四側綫刻壺門十二生肖，獸首人身，持笏而坐。

出土時地暫不詳。

一三七　唐故朝散大夫行翼州司馬尹君墓誌蓋

唐（九〇七年之前）

石質。盝頂蓋。蓋長五八、寬五八、厚一〇厘米。蓋文四行，滿行四字，陰刻篆書。蓋頂四周減地綫刻忍冬；四刹減地綫刻四神，襯以遠山、樹木和流雲；四側減地綫刻忍冬。未見誌。

出土時地暫不詳。

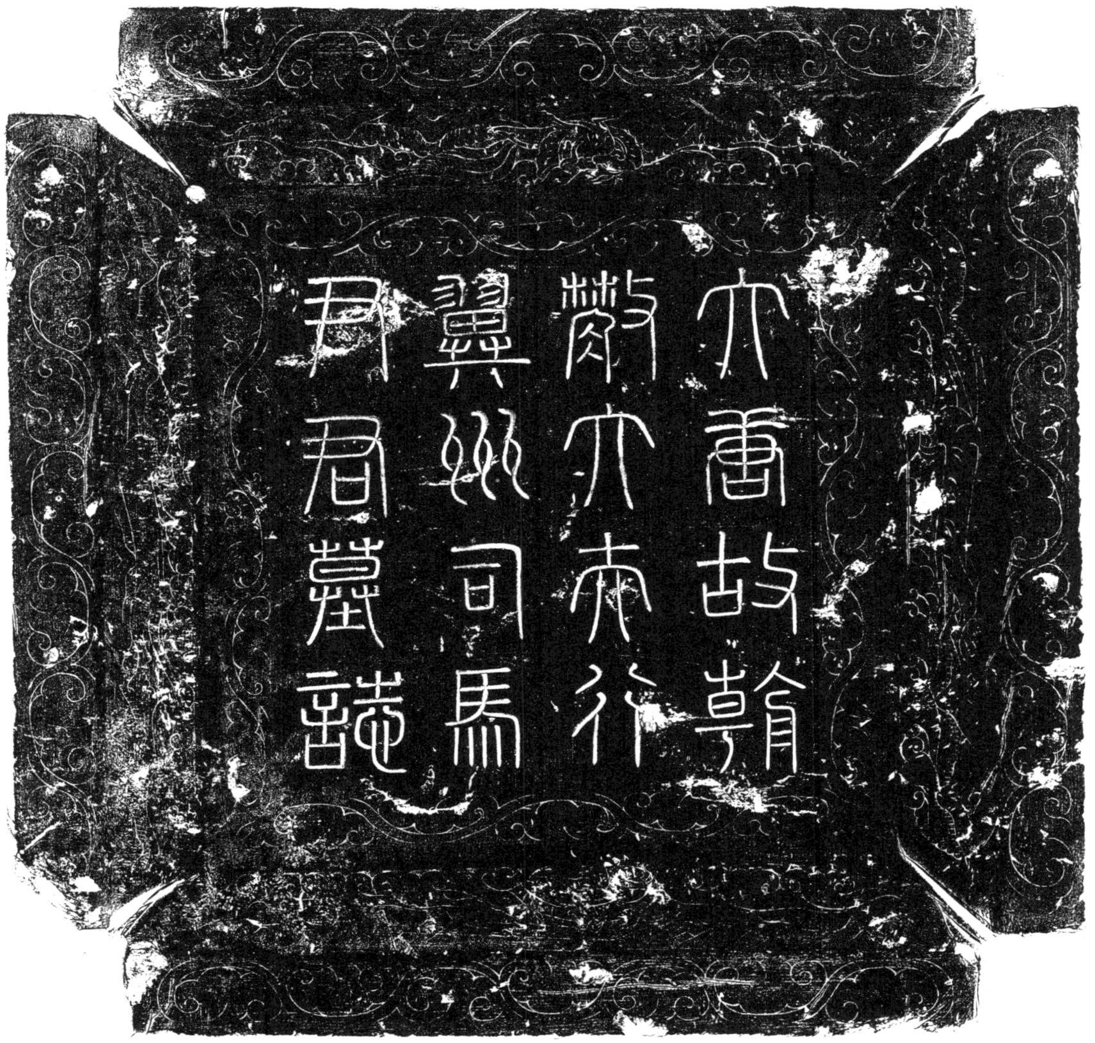

一三八　唐故開府程公墓誌蓋

唐（九〇七年之前）

石質。盝頂蓋，左下角殘。蓋長五六、寬五五點五、厚八點五厘米。蓋文三行，滿行三字，陰刻行書。蓋頂四周減地綫刻花卉，外一周勾連雲紋；四刹減地綫刻四神，襯以花卉。未見誌。

出土時地暫不詳。

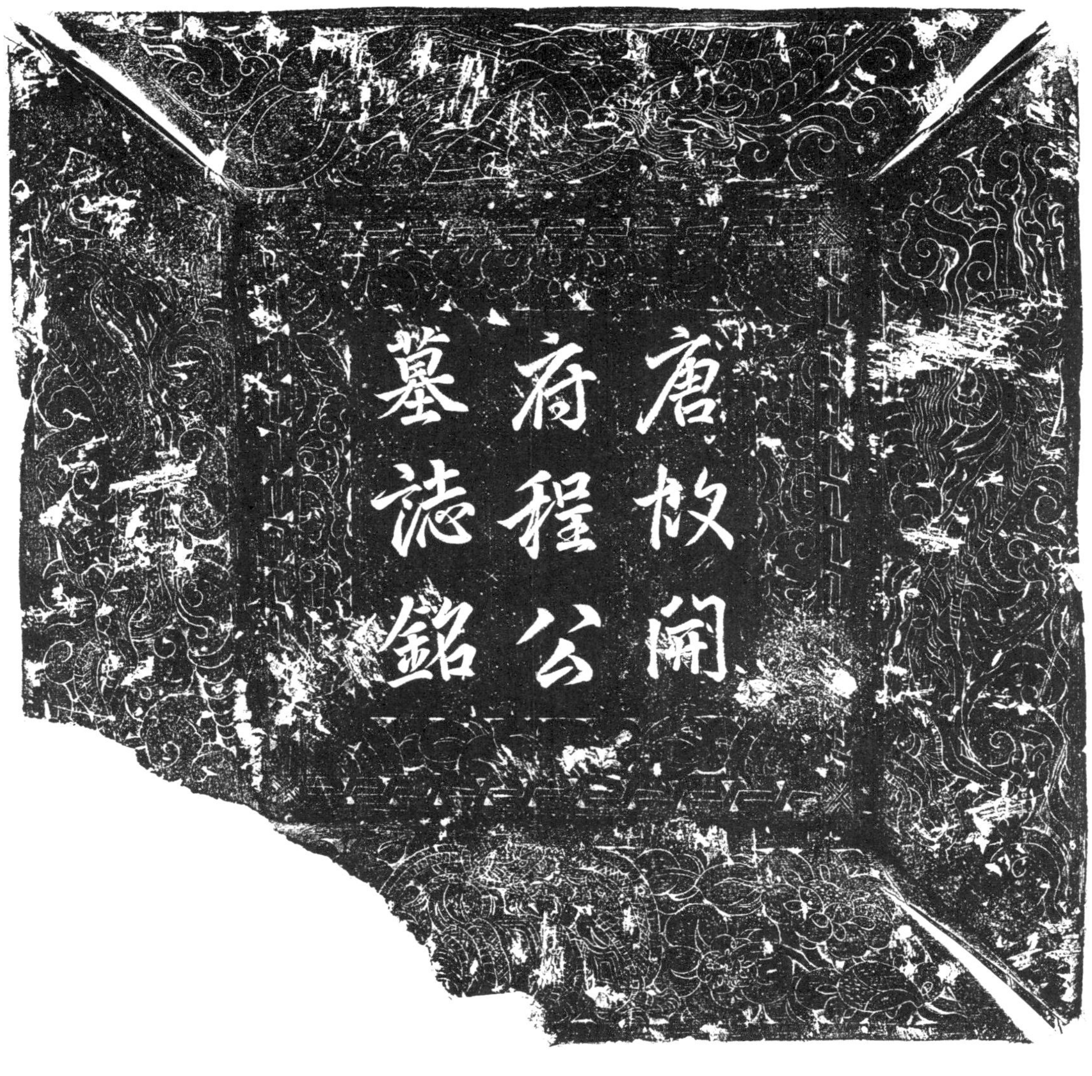

一三九　唐齊國夫人墓誌蓋

唐（九〇七年之前）

石質。盝頂蓋。蓋長四五點七、寬四九點七、厚六厘米。蓋文三行，滿行三字，陰刻正書。蓋頂四周綫刻牡丹，四刹綫刻四神，方向顛倒，襯以雲紋。未見誌。

出土時地暫不詳。

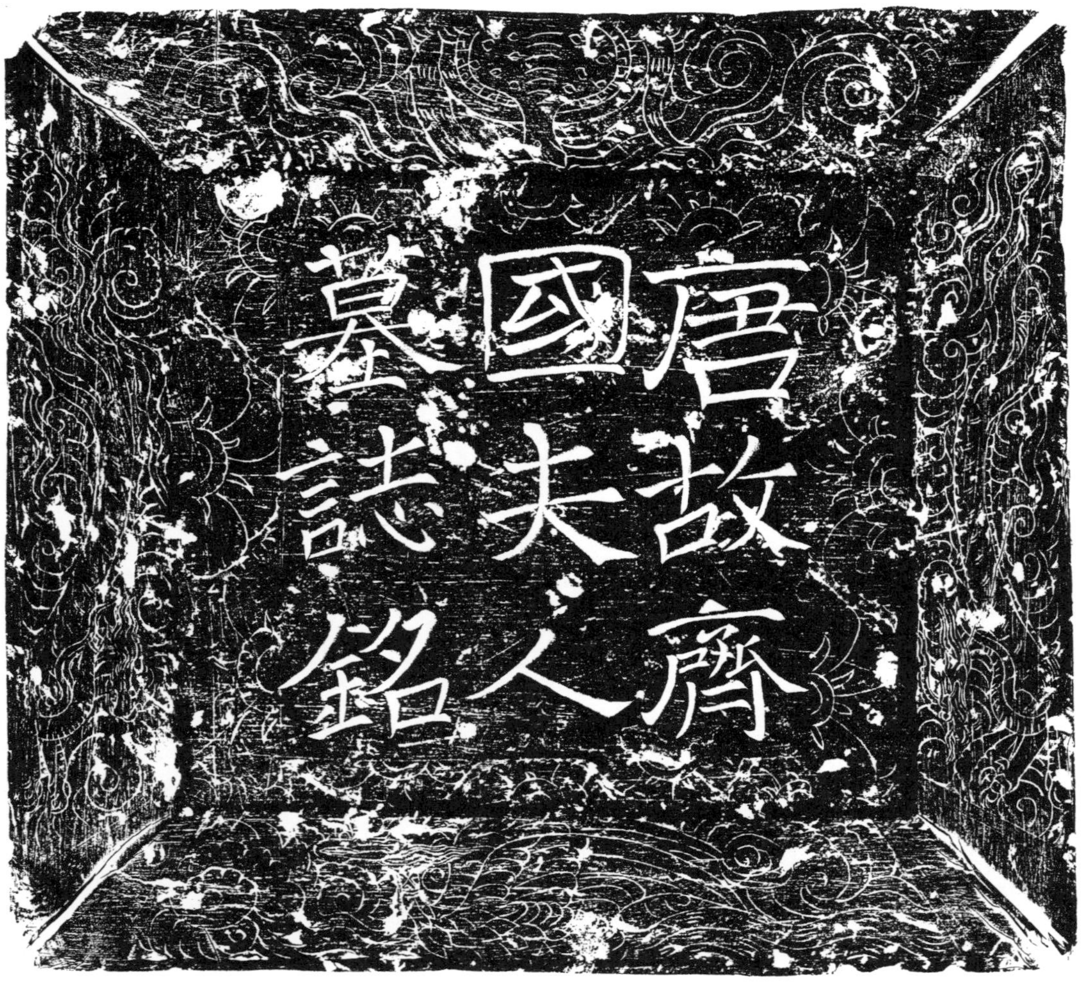

一四〇　唐故濟陽丁府君墓誌蓋

唐（九〇七年之前）

石質。盝頂蓋，左上角、右上角和右下角殘。蓋長五〇點五、寬五二、厚八厘米。蓋文三行，滿行三字，陰刻篆書。蓋頂四周減地綫刻牡丹，四刹減地綫刻四神，襯以雲紋。未見誌。

出土時地暫不詳。

一四一　唐故吴府君墓誌蓋

唐（九〇七年之前）

石質。盝頂蓋。蓋長九〇、寬八九點五、厚一七厘米。蓋文三行，滿行三字，陰刻篆書。蓋頂四周減地綫刻牡丹，四隅各刻花一朵；四刹減地綫刻四神，襯以如意雲紋。未見誌。

出土時地暫不詳。

一四二　唐（王伉妻）戴夫人墓誌蓋

唐（九〇七年之前）

石質。盝頂蓋，出土時完整，現右下角殘。蓋長六一、寬六二、厚一一厘米。蓋文三行，滿行三字，陰刻篆書。蓋頂四周綫刻牡丹，四隅刻X形紋飾；四刹減地綫刻四神。無誌。

一九八七年十月出土於西安市雁塔區長延堡鄉南窯村，西安净水廠工地二三號墓。

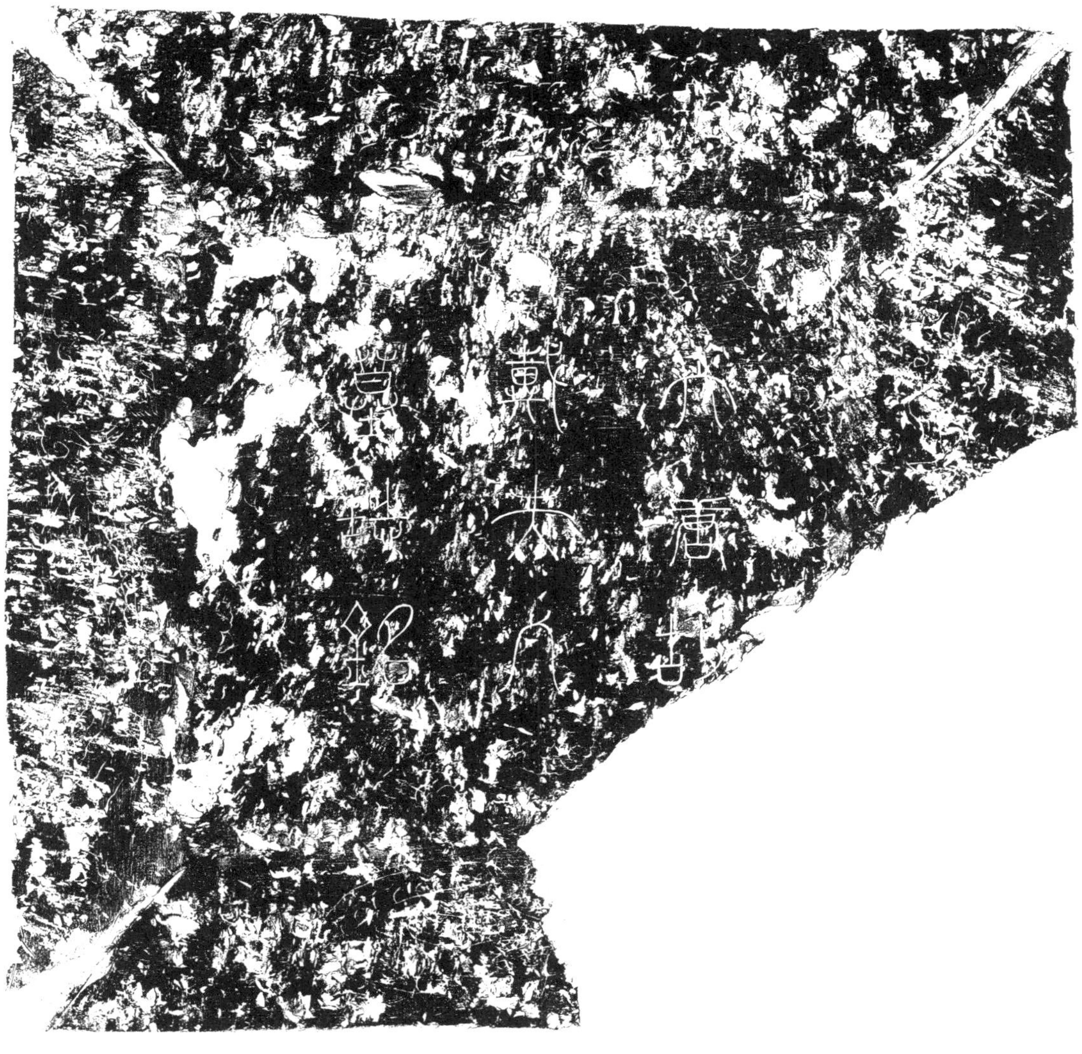

一四三　唐韋湑中央鎮墓石

唐（九〇七年之前）

石質。蓋不詳。長五三、寬五二點五、厚一二厘米。正中陰刻雲篆四行，滿行四字，四周刻正書小字一周，由右上角順時針旋讀。石面磨泐較甚，四周正文文字與東方鎮墓石正書相同。

出土時地暫不詳。

一四四　唐韋涓東方鎮墓石

唐（九〇七年之前）

石質。蓋不詳。長五三、寬五三、厚一二點二厘米。上半刻鳥蟲篆一三行，滿行六字，計六四字。下半刻鎮墓文一九行，滿行九字，正書，無界格。

出土時地暫不詳。

一四五　唐五精鎮墓石盒蓋

唐（九〇七年之前）

石質。盝頂蓋。蓋長三六、寬三六、厚四點五厘米。蓋頂正中劃細綫棋格，陰刻正書七行，滿行六字。四刹素面。未見五精鎮墓石盒。

出土時地暫不詳。

一四六　後晉（呂知遇妻）故彭城郡劉氏夫人（珪）墓誌銘

天福七年（九四二）五月一日

石質。盝頂蓋。蓋長五七點五、寬五八點九、厚八點五厘米。蓋文三行，滿行三字，陰刻篆書。蓋四刹綫刻四神，圖案方向顛倒，襯以如意雲紋，角落減地綫刻團花圖案。誌長五八點五、寬五八點五、厚九點三厘米。誌文三四行，滿行三七字。正書，無界格。四側綫刻壹門十二生肖，獸首人身，持笏站立。

一九八六年六月出土於西安市灞橋區長樂東路某工地九二號墓。

一四七　北宋故承奉郎檢校尚書工部員外郎守瀘州録事參軍兼殿中侍御史東平呂公（繼旻）墓誌銘

乾德五年（九六七）十二月六日

石質。盝頂蓋。蓋長六二、寬六二、厚一三點七厘米。蓋文三行，滿行二字，陰刻篆書。蓋頂四周減地綫刻牡丹，四隅各刻花一朵；四刹綫刻四神，襯以如意雲紋和花卉。誌長六四、寬六三點三、厚一一點五厘米。誌文三五行，滿行三七字。正書，無界格。四側綫刻壺門十二生肖，獸首人身，持笏站立。

一九八六年六月出土於西安市灞橋區長樂東路某工地一一七號墓。

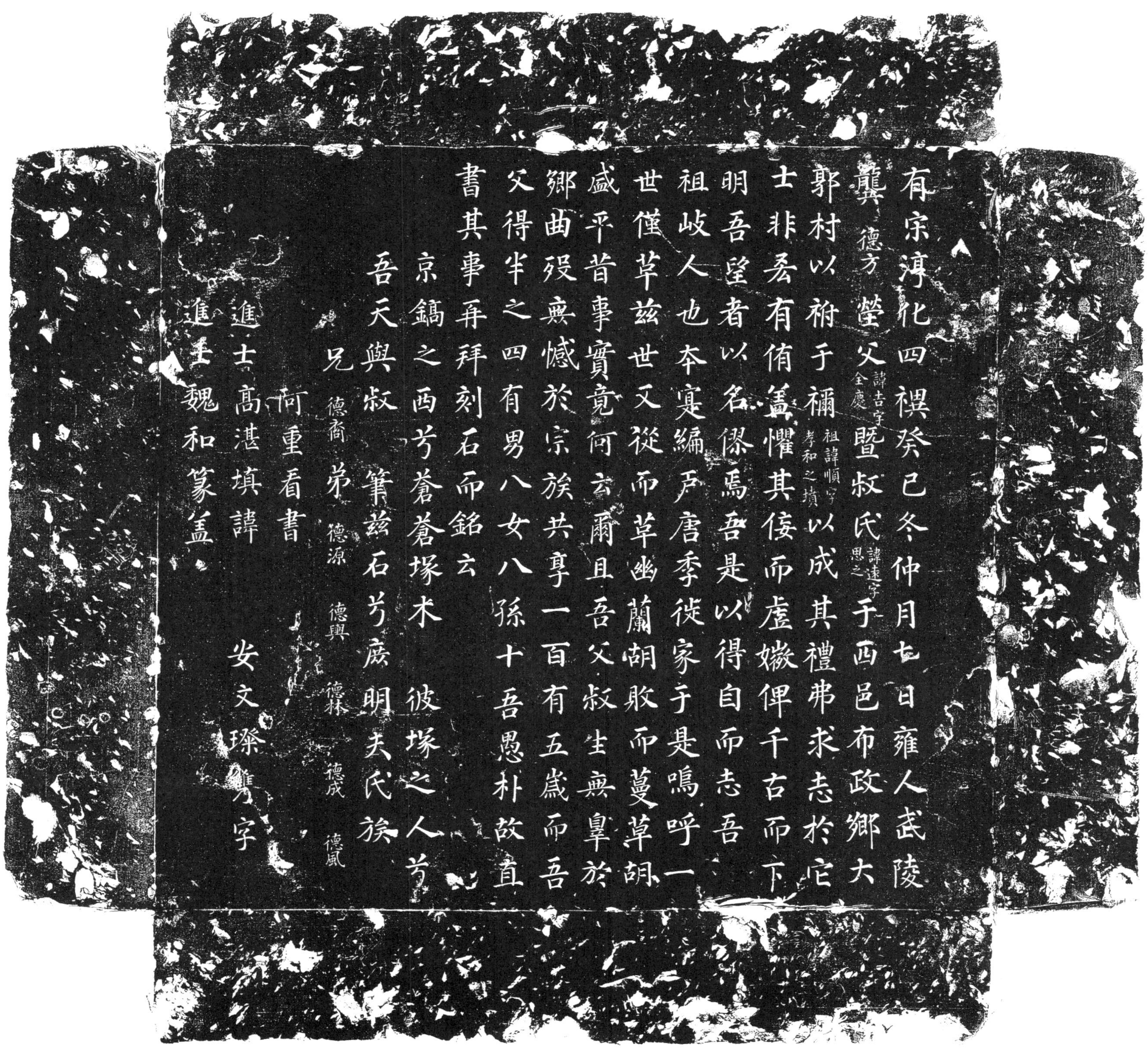
有宋淳化四禩癸巳冬仲月七日雍人武陵
龔德方塋父諱吉字全慶暨叔氏諱遠字思之于西邑布政鄉大
郭村以祔于禰祖諱順字孝和之墳以成其禮弗求志於它
士非吾有倚蓋懼其佞而虛嫩俾千古而下
明吾塋者以名傑焉吾是以得自而志吾
祖岐人也本寔編戶唐季從家于是嗚呼一
世僅草茲世又從而草幽蘭胡敗而蔓草胡
盛乎昔事實竟何云爾且吾父叔生無辜於
鄉曲殁無憾於宗族共享一百有五歲而吾
父得半之四有男八女八孫十吾愚朴故直
書其事再拜刻石而銘云
京鎬之西兮蒼蒼塚木 彼塚之人兮
吾父與叔 筆茲石兮廣明夫氏族
兄德裔 弟德源 德興 德林 德成 德風
何重看書
進士高湛填諱 安文璨鐫字
進士魏和篆蓋

大宋故
武陵龔
公之墓

一四八　北宋故武陵龔公（德方）墓誌

淳化四年（九九三）十一月七日

石質。盝頂蓋。蓋長六四點五、寬六六、厚八厘米。蓋文三行，滿行三字，陰刻篆書。蓋頂四周減地綫刻牡丹，四隅各刻牡丹一朵；四刹綫刻四神，邊刻牡丹。誌長六二、寬六六、厚一二厘米。誌文一七行，滿行一七字。正書，無界格。四側綫刻十二生肖。

出土時地暫不詳。

宋故仙居縣太君張氏墓誌銘

宋故仙居縣太君張氏夫人墓誌銘并序
伯孫澤州晉城令大忠撰序
仲孫秘書省著作佐郎大防撰銘
叔孫秦州右司理參軍大鈞篆額
季孫勅賜同出身進士大受書
家君殿中卜以嘉祐六年九月癸酉葬我
王父祠部府君
王母仙居縣太君於京兆藍田驪山之陽命其子大忠大
防曰吾哀不能文惟仙居之先烈懿行不可不著汝
其叙銘之大忠等再拜承命謹按夫人姓張氏亳州
譙人祖諱仁琢以明經進尤精律學周廣順初為大理卿
當時朝廷無紀律執政柄者以情上下四方之獄法官偈
懦迎意而傳會之獨大理與其貳劇可久持法不阿有不
可者力爭於朝必當而後止
國初為司農卿有子五人人授一經後各以其經登科務
本贊善大夫娶丞相文穆呂公之女弟以生夫人大
夫既卒文穆公收其孥以撫之時祠部府君舉進士
京師有名當世特為文穆公所知遂以夫人歸呂氏
生我伯父著作君次則家君殿中也景祐五年
十一月十五日後祠部府君三十六年以疾終享壽
六十四嘉祐元年
上恭謝
天地用殿中恩追封仙居縣太君夫人性靜而
專動必以禮治家教子皆有方法云銘曰
大農之仕逢世之季持法以平挺然不倚
多辟立辟從古所難以誠行之雖厲而安
翼翼仙居餘慶其流配賢嗣良何德之優
羅道成鐫字

一四九　北宋故（呂通妻）仙居縣太君張氏夫人墓誌銘

嘉祐六年（一〇六一）九月二十四日

石質。無蓋。誌長六五點五、寬六六點二、厚一四厘米。額題篆書一行，一二字。誌文二八行，滿行二二字。正書，無界格。誌面四周綫刻花卉紋帶。

二〇〇九年三月出土於西安市藍田縣三里鎮五里頭村，藍田北宋呂氏家族墓園八號墓。

一五〇　北宋吕氏（大防）下殤岷老墓誌

熙寧五年（一〇七二）十月

磚質。無蓋。誌長三三、寬三三、厚四點三厘米。誌題大字一行居中，誌文二行，滿行一〇字，分列左右。正書，無界格。

二〇〇九年四月出土於西安市藍田縣三里鎮五里頭村，藍田北宋吕氏家族墓園一八號墓。（附彩版）

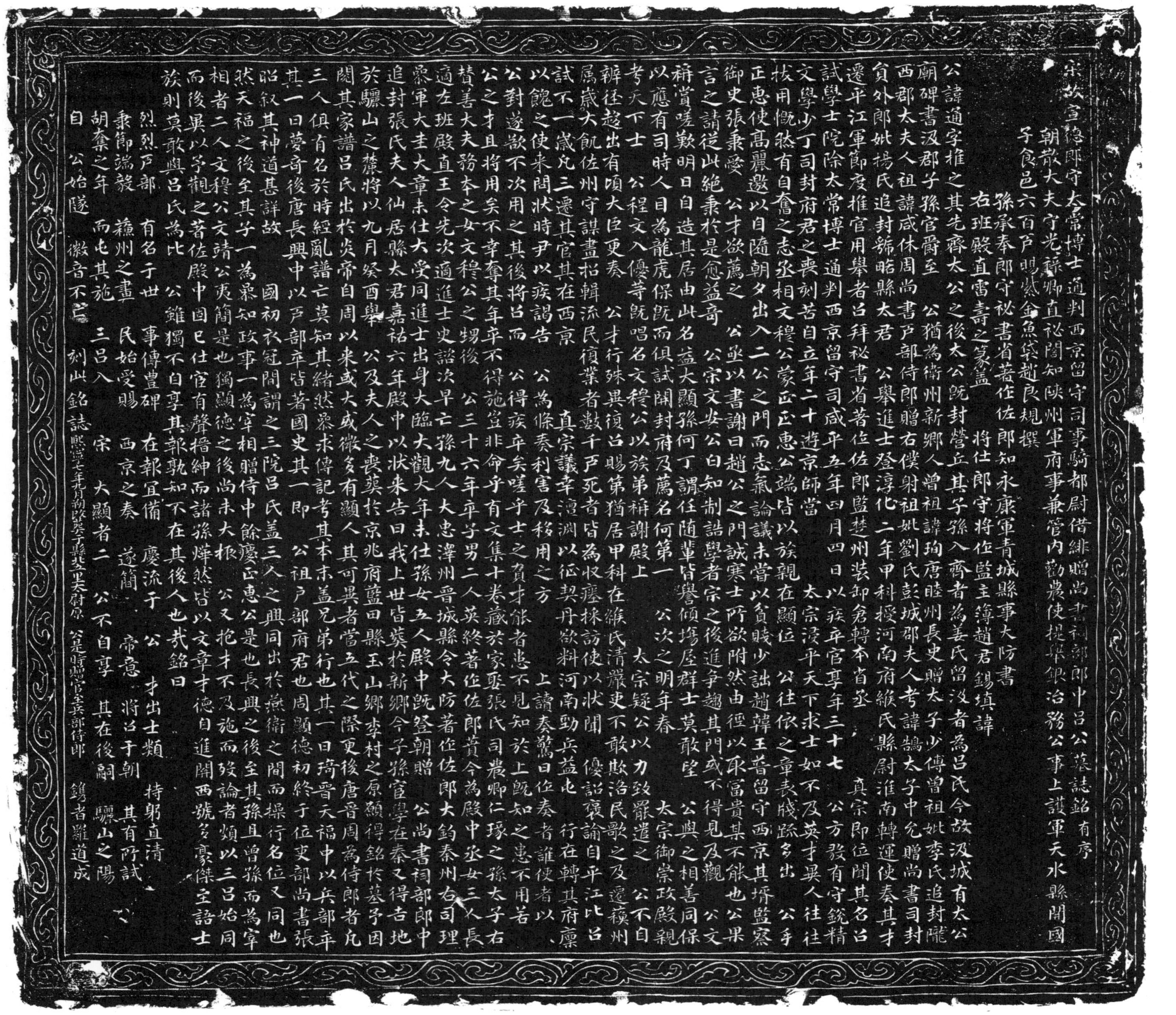

一五一　北宋故宣德郎守太常博士通判西京留守司事騎都尉借緋贈尚書祠部郎中呂公（通）墓誌銘

熙寧七年（一〇七四）九月一日

石質。盝頂蓋。蓋長六八、寬七四點五、厚一三厘米。蓋文四行，滿行三字，陰刻篆書。蓋頂四周綫刻忍冬；四刹綫刻纏枝花卉。誌長六八、寬七四、厚一四點五厘米。誌文四二行，滿行四一字。正書，無界格。誌面四周綫刻忍冬。

二〇〇九年三月出土於西安市藍田縣三里鎮五里頭村，藍田北宋呂氏家族墓園八號墓。

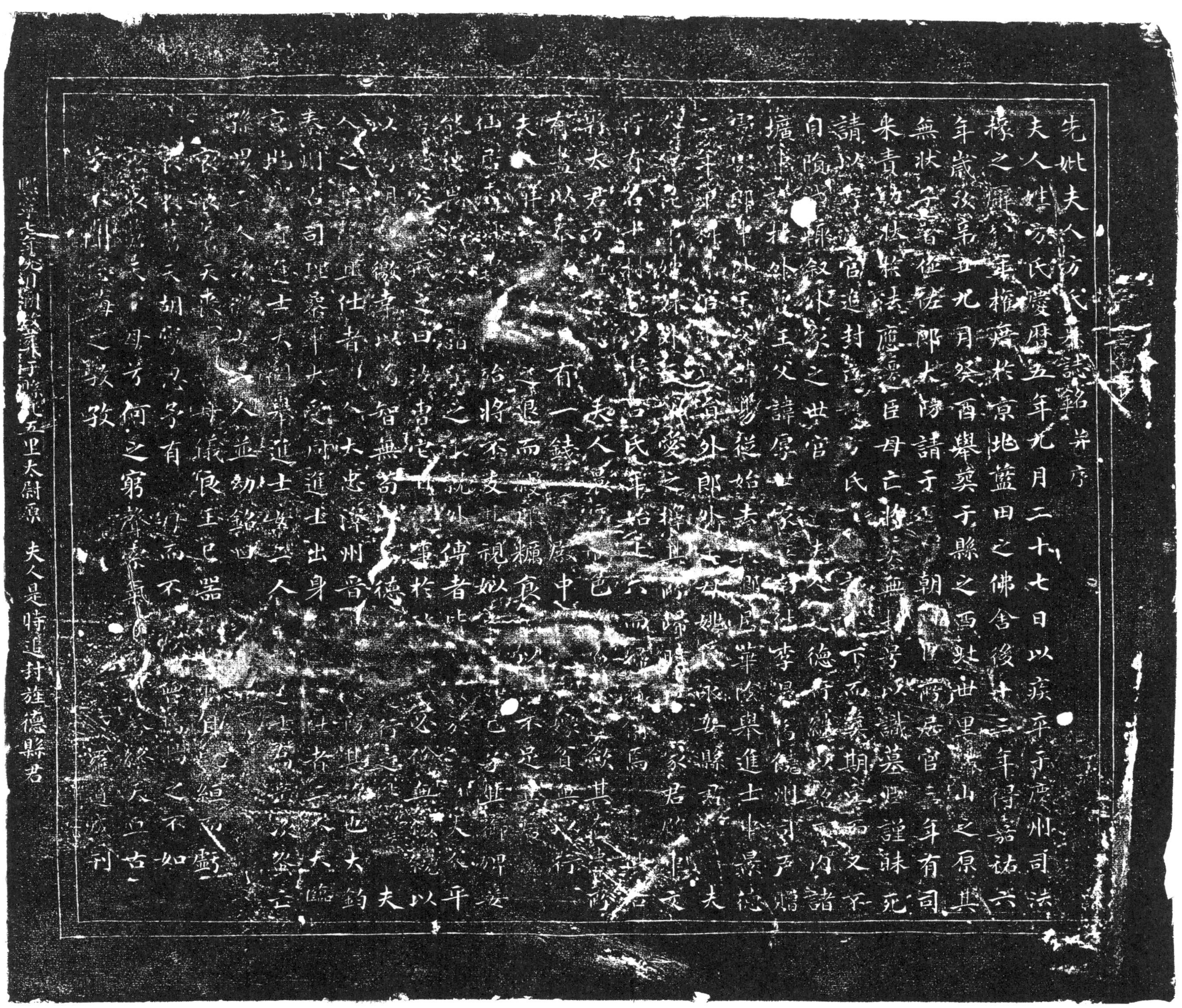

一五二　北宋呂大防先妣夫人方氏墓誌銘

熙寧七年（一〇七四）九月一日

石質。無蓋。誌長四八點五、寬五六、厚一二點五厘米。誌文二九行，滿行二三字。正書，無界格。誌面四周綫刻雙陰綫框，誌面漫漶嚴重。

二〇〇九年五月出土於西安市藍田縣三里鎮五里頭村，藍田北宋呂氏家族墓園一七號墓。

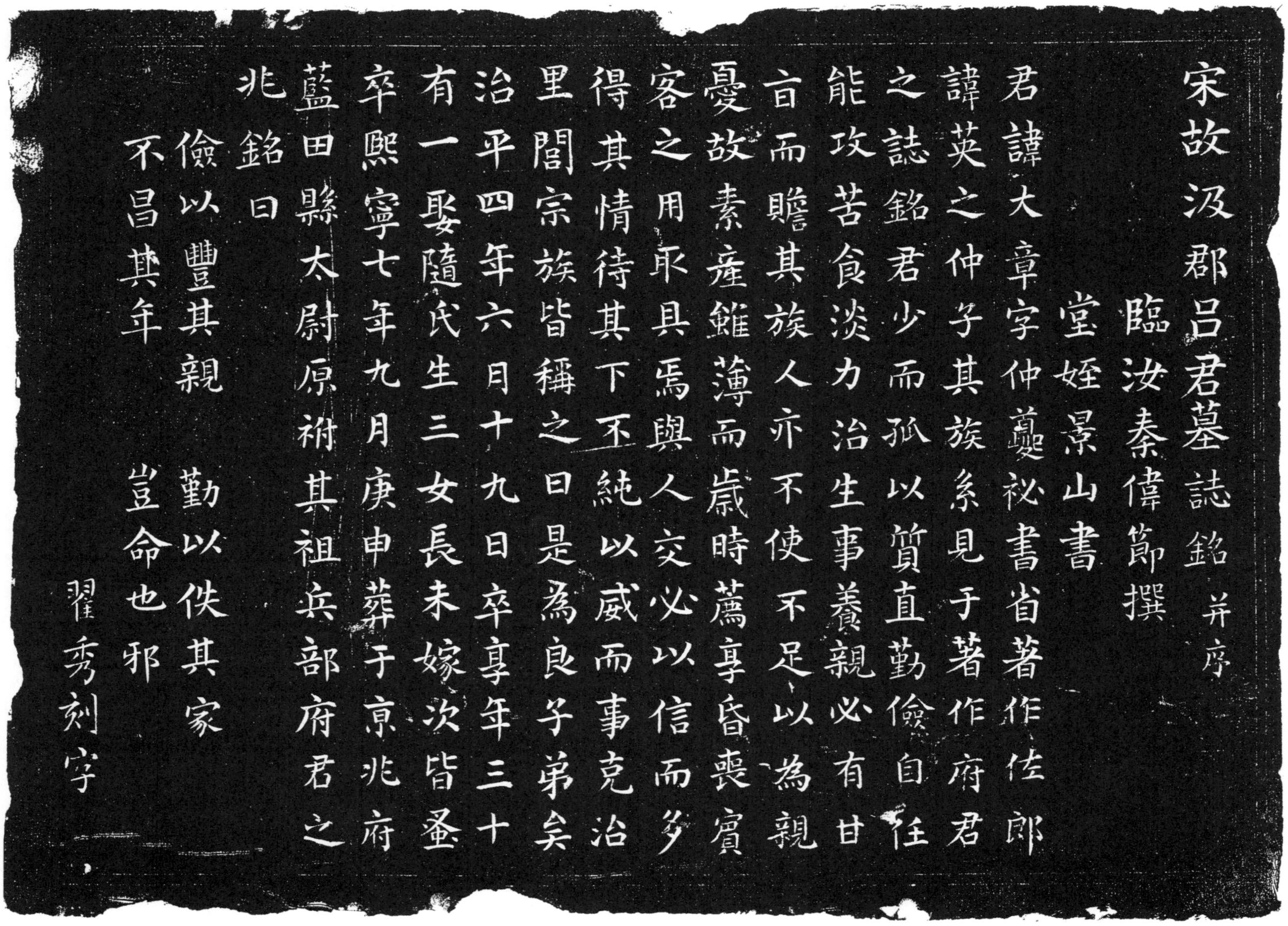
宋故汲郡呂君墓誌銘并序
臨汝秦偉節撰
堂姪景山書
君諱大章字仲夔祕書省著作佐郎
諱英之仲子其族系見于著作府君
之誌銘君少而孤以質直勤儉自任
能攻苦食淡力治生事養親必有甘
旨而贍其族人亦不使不足以為親
憂故素產雖薄而歲時薦享昏喪賓
客之用取具焉與人交必以信而多
得其情待其下不純以威而事克治
里閭宗族皆稱之曰是為良子弟矣
治平四年六月十九日卒享年三十
有一娶隨氏生三女長未嫁次皆蚤
卒熙寧七年九月庚申葬于京兆府
藍田縣太尉原祔其祖兵部府君之
兆銘曰
儉以豐其親　勤以佚其家
不昌其年　豈命也邪
翟秀刻字

一五三　北宋故汲郡呂君（大章）墓誌銘

熙寧七年（一〇七四）九月二十五日

石質。無蓋。誌長三四、寬四五點五、厚九點五厘米。誌文二〇行，滿行一四字。正書，無界格。誌面劃雙陰綫外框。

二〇〇九年四月出土於西安市藍田縣三里鎮五里頭村，藍田北宋呂氏家族墓園一六號墓。

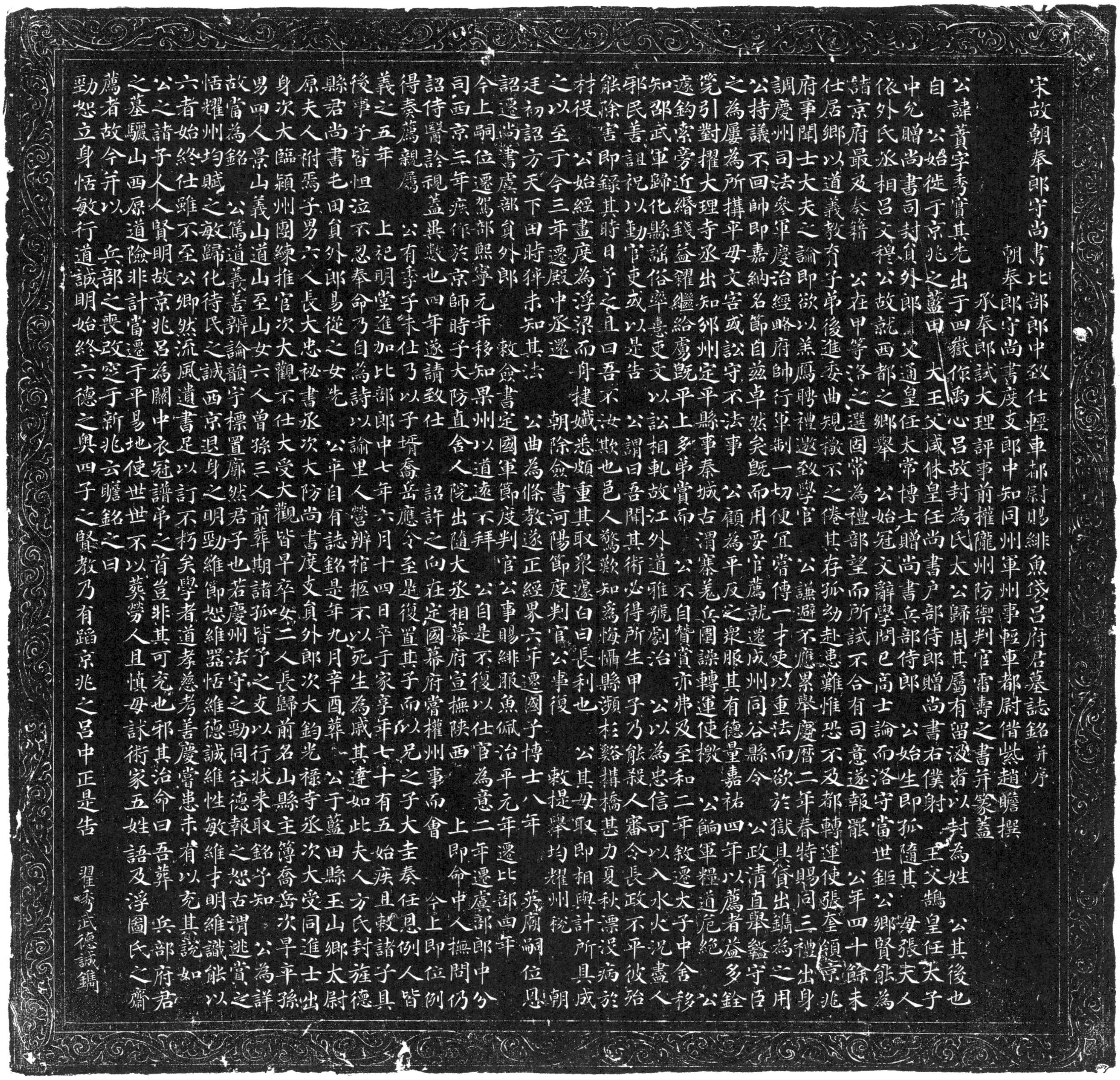
宋故朝奉郎守尚書比部郎中致仕輕車都尉賜緋魚袋呂府君墓誌銘并序

宋故尚書
比部郎中
汲郡呂府
君墓誌銘

一五四　北宋故朝奉郎守尚書比部郎中致仕輕車都尉賜緋魚袋呂府君（蕡）墓誌銘

熙寧七年（一〇七四）九月二十六日

石質。盝頂蓋。蓋長七三、寬七三、厚一四點五厘米。蓋文四行，滿行四字，陰刻篆書。蓋頂四周綫刻忍冬，四刹素面。誌長七四、寬七四、厚一九點五厘米。誌文三九行，滿行三八字。正書，無界格。誌面四周綫刻忍冬。

二〇〇九年五月出土於西安市藍田縣三里鎮五里頭村，藍田北宋呂氏家族墓園一七號墓。

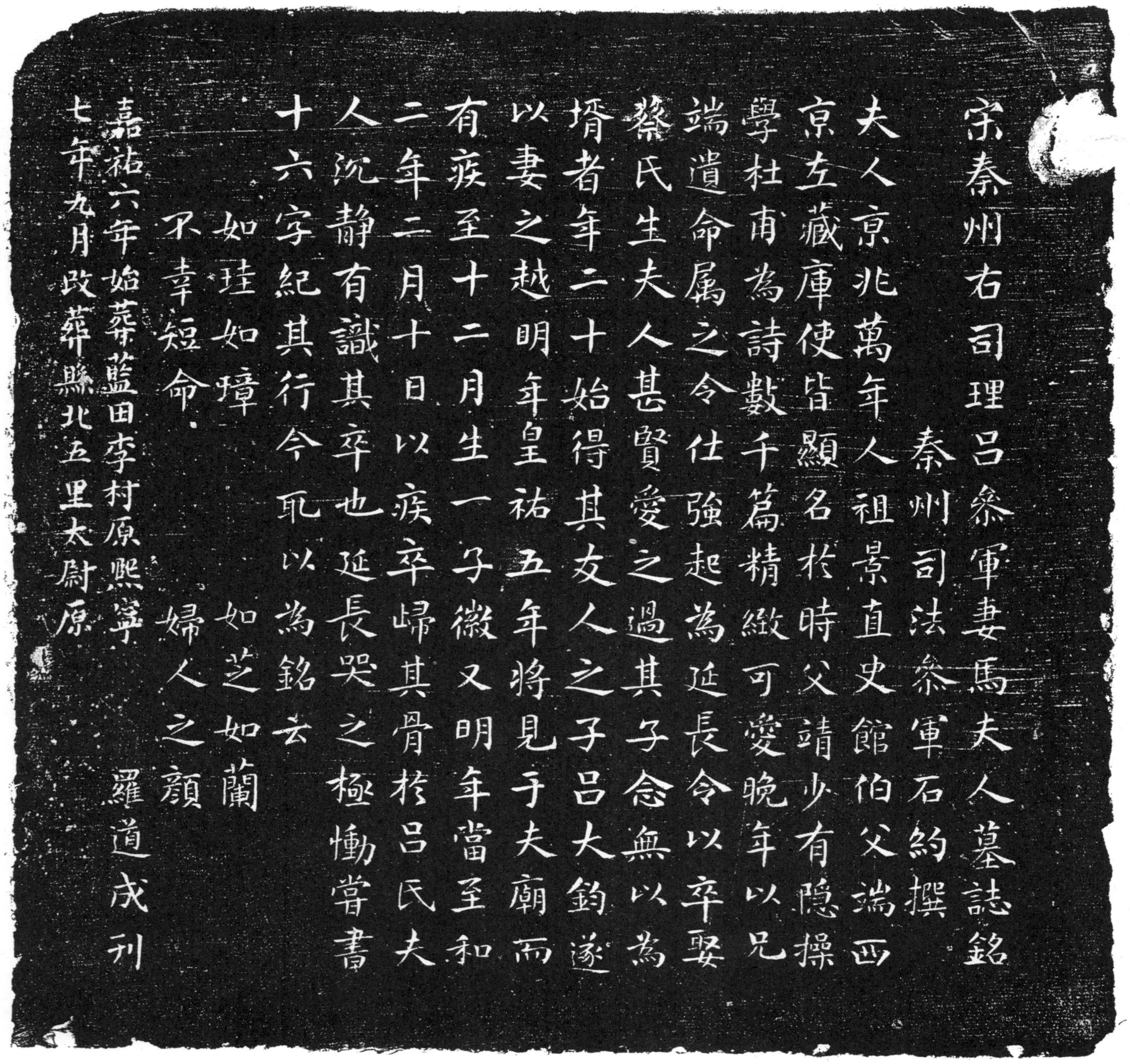
宋秦州右司理呂參軍妻馬夫人墓誌銘
秦州司法參軍石約撰
夫人京兆萬年人祖景直史館伯父端西
京左藏庫使皆顯名於時父靖少有隱操
學杜甫為詩數千篇精緻可愛晚年以兄
端遺命屬之令仕強起為延長令以卒娶
蔡氏生夫人甚賢愛之過其子念無以為
壻者年二十始得其友人之子呂大鈞遂
以妻之越明年皇祐五年將見于夫廟而
有疾至十二月生一子徽又明年當至和
二年二月十日以疾卒歸其骨於呂氏夫
人沉靜有識其卒也延長哭之極慟嘗書
十六字紀其行令耴以為銘云
如珪如璋　如芝如蘭
不幸短命　婦人之顏
嘉祐六年始葬藍田李村原熙寧　羅道成刊
七年九月改葬縣北五里太尉原

一五五　北宋秦州右司理呂參軍（大鈞）妻馬夫人墓誌銘

熙寧七年（一〇七四）九月

石質。無蓋。誌長三四、寬三五、厚一〇點五厘米。誌文一八行，滿行一六字。正書無界格。

二〇〇九年七月出土於西安市藍田縣三里鎮五里頭村，藍田北宋呂氏家族墓園二二號墓。

宋故前進士呂君墓誌銘并序
將仕郎守陝州陝縣令范育撰
梓州觀察推官承奉郎試大理評事雷壽之書
君諱大受字彥輝其先汲郡人曾祖鵠贈尚書司封員外郎
祖通終太常博士累贈尚書工部侍郎父蕡今為尚書虞部
郎中知榮州果州既仕徙居京兆藍田以純行著於鄉閭有
子六人皆賢君其弟四子也少穎晤過人弱冠有能文聲嘉
祐六年中進士第先是君兄三人相繼登科時人榮之而君
意自刻約勉眾若無能者明年君迎婦岐下時果州涖官河
陽君之三弟侍焉皆將應詔里中君一日感疾且革置死生
不少戚戚猶強起為書以不克歸侍而使二弟行為恨書未
致而君卒實嘉祐七年五月二十四日享年二十有五君性
孝友事親汲汲常患不至與人接中心溪然純易而持議確
正行不苟隨故人皆樂與之交使夫窮年懋學以見施設其
可量哉而不幸早死悲夫君善草書恥以自名故罕傳於人
妻張氏桂州荔浦縣主簿珹之女娶三日而君亡無子為後
權殯于藍田縣李村原祖塋之偏後七年熙寧二年己酉果
州語諸子曰喪至葬終也使此子未安其終可乎遂以十月
辛酉遷祔于大塋前葬命君之季弟大觀來屬銘育之先子
與果州友善故得以兄事君之三昆而友二季深惟世好之
篤且慕呂氏之多賢而獨悼君之不幸故不辭而為之銘曰
學貴有源 維質之醇 業貴要終 而數之屯
所得在己 所失在天 非君之患 伊人之歎
七年九月改葬于縣北五里太尉原
南豳翟秀刻

一五六　北宋故前進士呂君（大受）墓誌銘

熙寧七年（一〇七四）九月

石質。無蓋。誌長五五點五、寬五六、厚一五點五厘米。誌文二五行，滿行二三字。正書，無界格。誌面四周綫刻雙陰綫外框。

二〇〇九年四月出土於西安市藍田縣三里鎮五里頭村，藍田北宋呂氏家族墓園一四號墓。

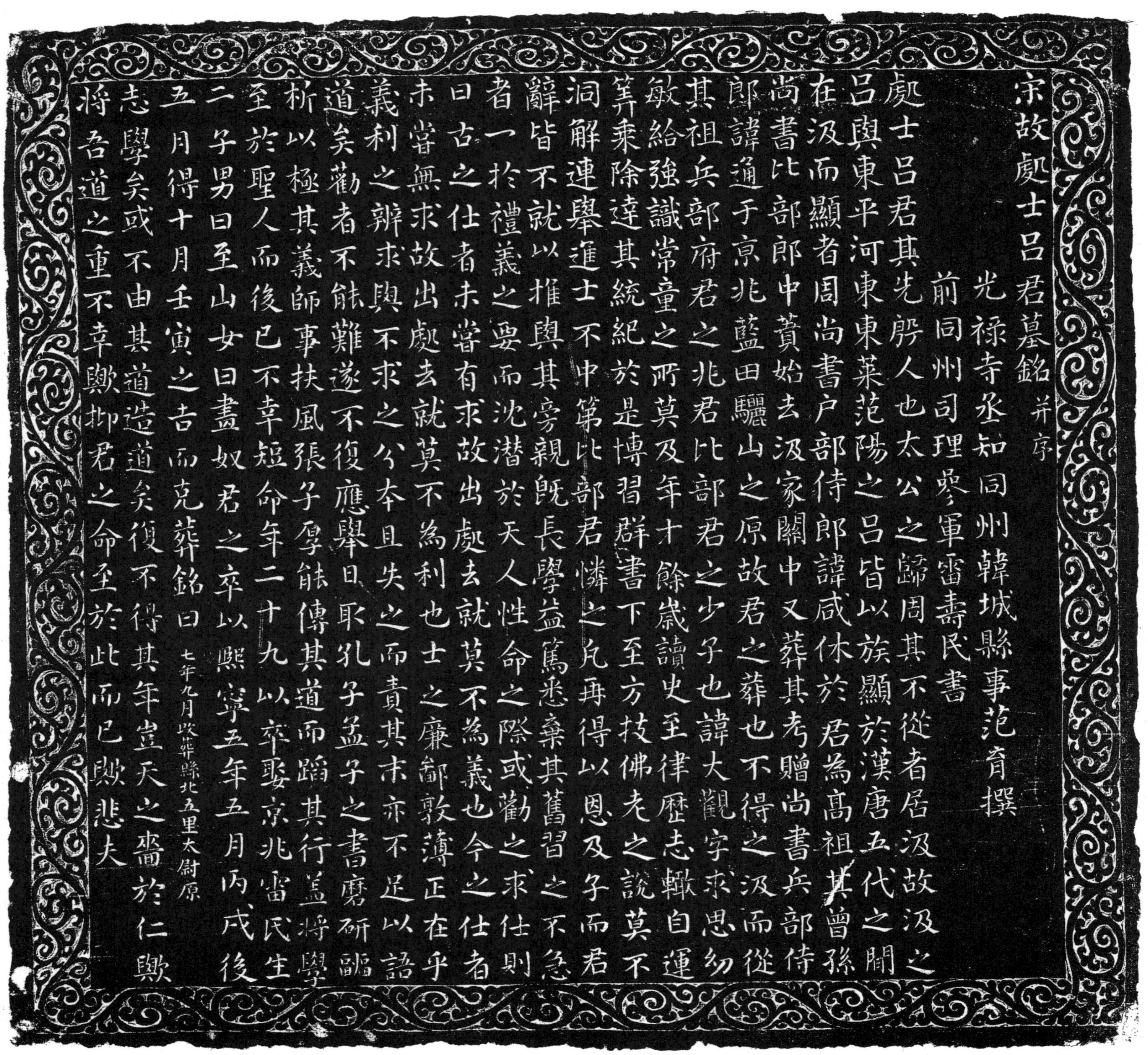

宋故處士呂君墓銘并序
光祿寺丞知同州韓城縣事范育撰
前同州司理參軍雷壽民書
處士呂君其先殷人也太公之歸周其不從者居汲故汲之
呂與東平河東東萊范陽之呂皆以族顯於漢唐五代之間
在汲而顯者周尚書户部侍郎諱咸休於君爲高祖其曾孫
尚書比部郎中蕡始去汲家關中又葬其考贈尚書兵部侍
郎諱通于京兆藍田驪山之原故君之葬也不得之汲而從
其祖兵部府君之兆君比部君之少子也諱大觀字求思幼
敏給強識常童之所莫及年十餘歲讀史至律歷志輙自運
筭乘除達其統紀於是慱習群書下至方技佛老之說莫不
洞解連舉進士不中第比部君憐之凡再得以恩及子而君
辭皆不就以推與其旁親既長學益篤悉棄其舊習之不急
者一於禮義之要而沈潛於天人性命之際或勸之求仕則
曰古之仕者未嘗有求故出處去就莫不爲義也今之仕者
未嘗無求故出處去就莫不爲利也士之廉鄙敦薄正在乎
義利之辨求與不求之分本且失之而責其末亦不足以語
道矣勸者不能難遂不復應舉日取孔子孟子之書磨研韞
析以極其義師事扶風張子厚能傳其道而蹈其行篤將學
至於聖人而後已不幸短命年二十九以卒娶京兆雷氏生
二子男曰至山女曰畫奴君之卒以熙寧五年五月丙戌後
五月得十月壬寅之吉而克葬銘曰七年九月改葬縣北五里太尉原
志學矣或不由其道造道矣復不得其年豈天之嗇於仁歟
將吾道之重不幸歟抑君之命至於此而已歟悲夫

一五七　北宋故處士呂君（大觀）墓銘

熙寧七年（一〇七四）九月

石質。無蓋。誌長五七點二、寬六一、厚一一厘米。誌文二四行，滿行二三字。正書，無界格。誌面四周減地綫刻忍冬。

二〇〇九年九月出土於西安市藍田縣三里鎮五里頭村，藍田北宋吕氏家族墓園二八號墓。

一五八　北宋吕氏（大雅）殤子興伯墓誌

熙寧七年（一〇七四）九月

磚質。無蓋。誌長三二、寬三二、厚四點五厘米。誌文四行，滿行八字不等。正書，無界格。

二〇〇九年三月出土於西安市藍田縣三里鎮五里頭村，藍田北宋吕氏家族墓園一〇號墓。（附彩版）

一五九　北宋吕氏（大雅）殤子鄭十七墓誌

熙寧七年（一〇七四）九月

磚質。無蓋。誌長三二、寬三二、厚五厘米。誌文四行，滿行九字不等。正書，無界格。

二〇〇九年三月出土於西安市藍田縣三里鎮五里頭村，藍田北宋吕氏家族墓園一一號墓。（附彩版）

宋故陳留張氏夫人墓銘并序
夫人姓張氏其先陳留人曾祖
賢不仕祖清河南潁陽令父世
基不仕夫人既笄歸嘉州洪雅
主簿呂大圭未幾舅沒夫且未
仕服勤不懈事寡姑以孝聞斂
篋所藏以資叔妹而無吝色
從其夫之官于蜀熙寧六年三
月三十日以疾卒享年四十五
明年十一月辛丑葬于京兆府
藍田縣太尉原呂氏之兆銘曰
無悔於勤無怨於貧賢哉夫人

一六〇　北宋（呂大圭妻）故陳留張氏夫人墓銘

熙寧七年（一〇七四）十一月五日

磚質。無蓋。誌長三四、寬三四點三、厚六點五厘米。誌文一二行，滿行一二字。正書，無界格。

二〇〇九年四月出土於西安市藍田縣三里鎮五里頭村，藍田北宋呂氏家族墓園一二號墓。

吕氏庶母馬氏墓誌
庶母馬氏者我先君比部府君夫人旌德縣君之媵妾也年始十歲即從夫人歸我先君後二十二年而夫人即世又三十年先君即世凡事我先君夫人五十有二年而勤謹忠慤如一日先君有子八人其長者未及昏嫁冠笄幼者未免襁褓而夫人寢疾獨知庶母之良乃深屬先君委視諸子夫人既終先君官小家貧庶母悉力撫視勞辱極至有所不足不以稟請輟簪履以資之雖曰感夫人之知亦其性然也後諸子皆出仕有婦有孫且有曾孫矣所以奉養庶母者亦有加庶母老且病而猶勤力不懈每時節盡所有以施予羣下私褚不留一錢後先君二年當熙寧八年六月二十三日以疾卒即以七月朔陪葬于先君墓側諸子孫諸婦皆哭之盡哀諸妾御亦多為之出涕庶母生一女適雅州名山縣尉喬岳又乳夫人之子光祿寺丞大鈞其葬也諸子孫婦皆送至墓所乳子大鈞又為此誌

一六一　北宋吕氏（大鈞）庶母馬氏墓誌

熙寧八年（一〇七五）七月一日

石質。無蓋。誌長三六點五、寬三五點八、厚八厘米。誌文一八行，滿行一九字。正書，無界格。

二〇〇九年四月出土於西安市藍田縣三里鎮五里頭村，藍田北宋吕氏家族墓園一五號墓。

汲郡呂氏殤子汴之墓
大忠之子生五歲夭于
大名府元豐癸亥
十月癸酉祔葬于
顯祖諫議府君之兆

一六二　北宋汲郡呂氏（大忠）殤子汴墓誌

元豐六年（一〇八三）十月一日

磚質。無蓋。誌長三二、寬三二、厚五點五厘米。誌文五行，滿行九字。正書，無界格。

二〇〇九年四月出土於西安市藍田縣三里鎮五里頭村，藍田北宋呂氏家族墓園一九號墓。（附彩版）

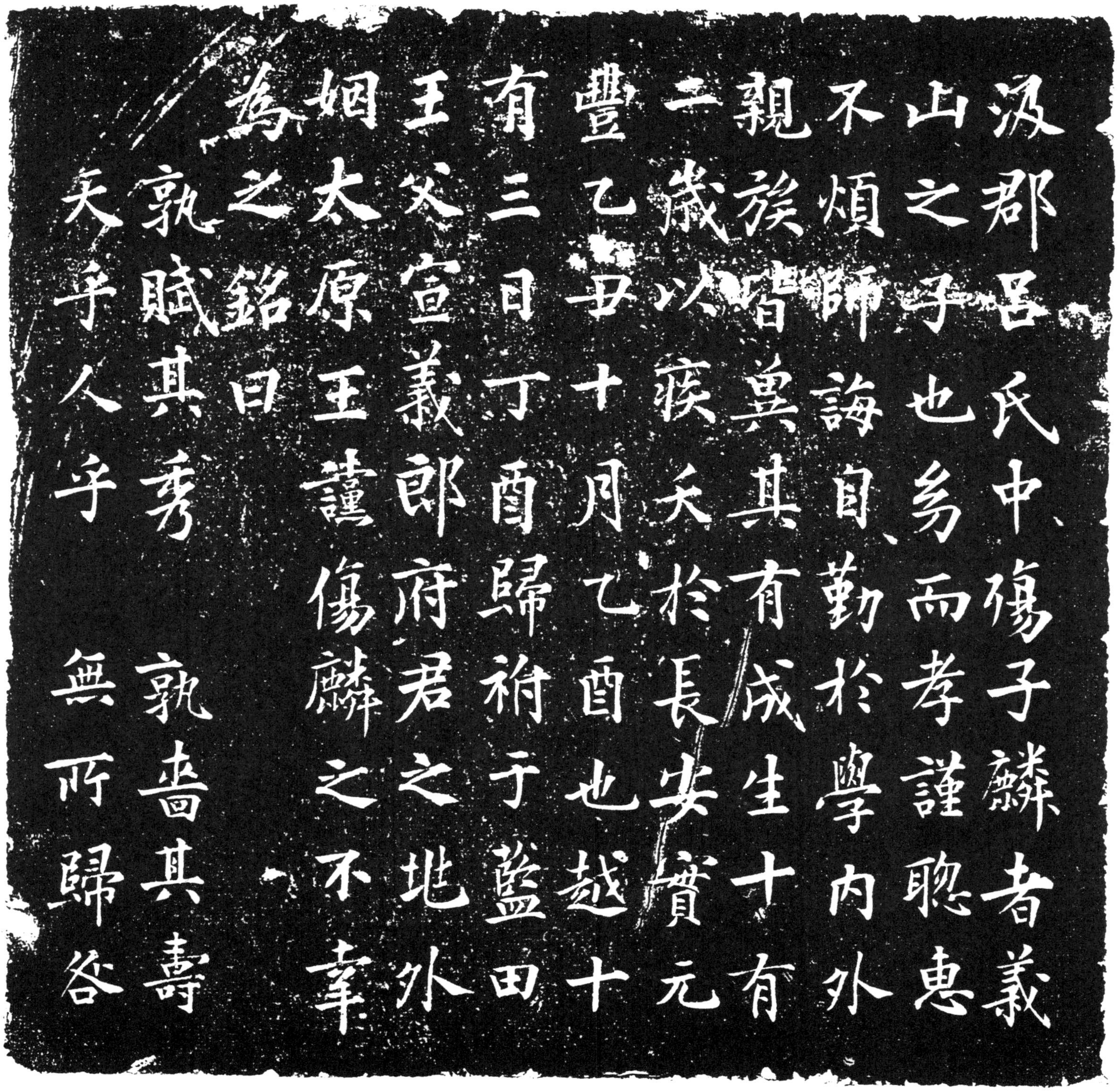
汲郡呂氏中殤子麟者義
山之子也幼而孝謹聰惠
不煩師誨自勤於學内外
親族皆異其有成生十有
二歲以疾夭於長安實元
豐乙丑十月乙酉也越十
有三日丁酉歸祔于藍田
王父宣義郎府君之兆外
姻太原王讜傷麟之不幸
為之銘曰
孰賦其秀　孰嗇其壽
夭乎人乎　無所歸咎

一六三　北宋汲郡吕氏（義山）中殤子麟墓誌

元豐八年（一〇八五）十月十三日

石質。無蓋。誌長三〇、寬三〇、厚八點五厘米。誌文一一行，滿行一〇字。正書，無界格。

二〇〇九年七月出土於西安市藍田縣三里鎮五里頭村，藍田北宋吕氏家族墓園二四號墓。

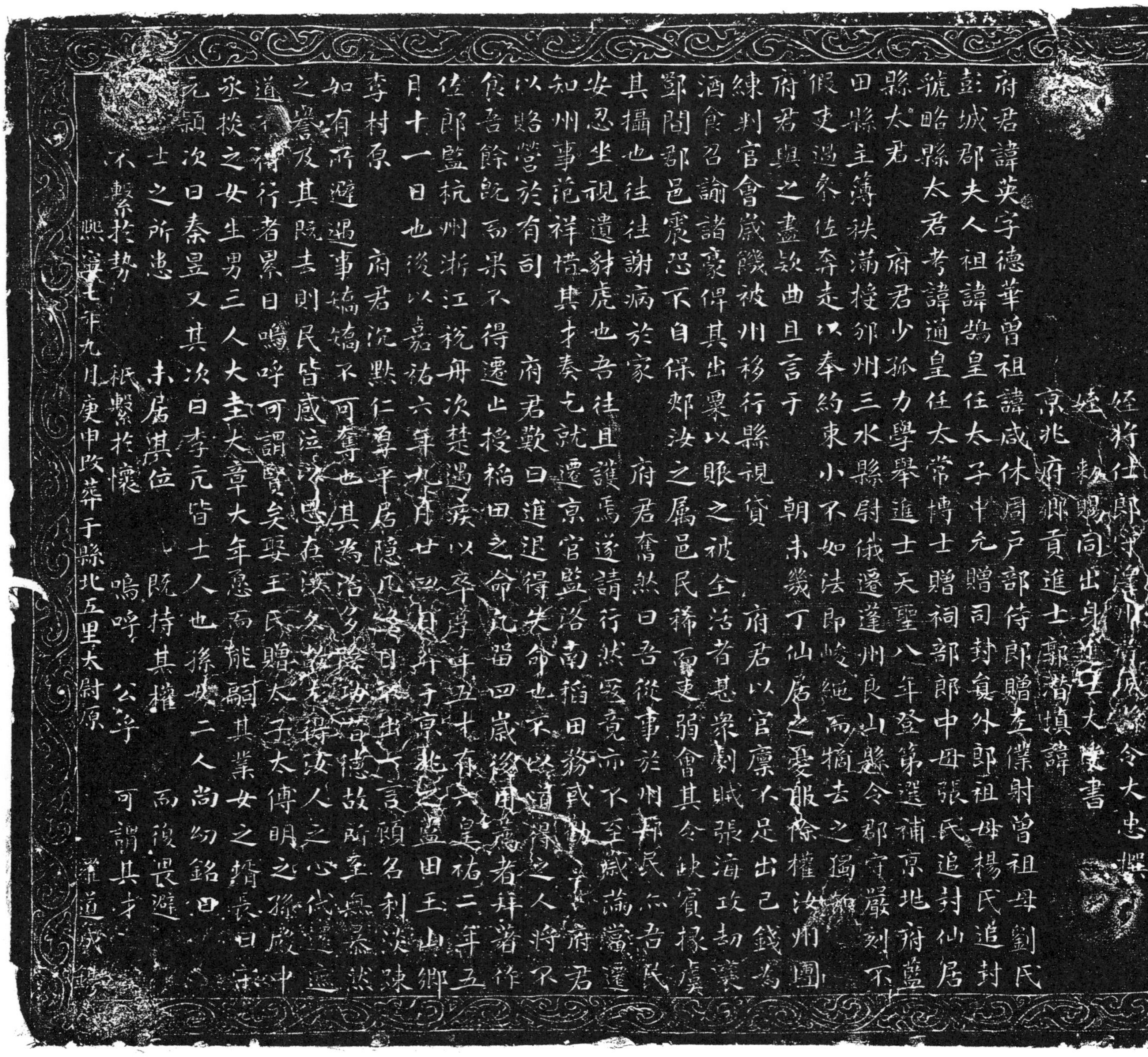

一六四　北宋故著作佐郎呂府君（英）墓誌銘

元祐八年（一〇九三）十一月五日

石質。平頂蓋。蓋長五二、寬五一點五、厚一三厘米。蓋文三行，滿行二字，陰刻篆書。蓋面左側陰刻正書小字題記二行，滿行三五字。誌長四六點五、寬五三點五、厚一一點五厘米。誌文三二行，滿行二六字。正書，無界格。誌面四周綫刻忍冬紋帶。

二〇〇九年四月出土於西安市藍田縣三里鎮五里頭村，藍田北宋呂氏家族墓園九號墓。

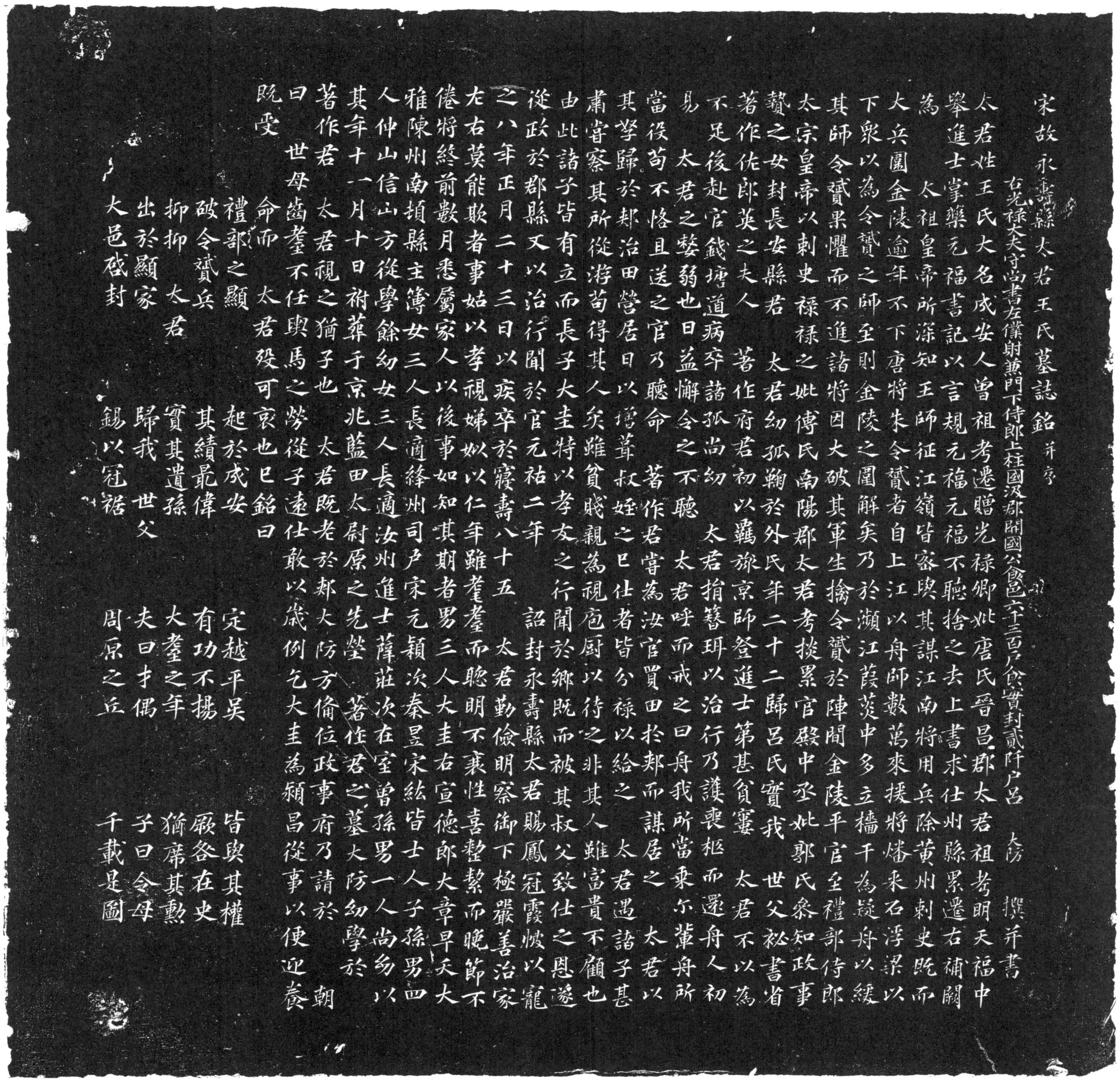
宋故永壽縣太君王氏墓誌銘并序
右光祿大夫守尚書左僕射兼門下侍郎上柱國汲郡開國公食邑六千三百戶食實封貳阡戶呂　大防　撰并書
太君姓王氏大名成安人曾祖考遷贈光祿卿妣唐氏晉昌郡太君祖考明天福中舉進士掌藥元福書記以言規元福元福不聽捨之去上書求仕州縣累遷右補闕為　太祖皇帝所深知王師征江嶺皆密與其謀江南將用兵除黃州刺史既而大兵圍金陵逾年不下唐將朱令贇者自上江以舟師數萬來援將燔采石浮梁以緩下衆以為令贇之師至則金陵之圍解矣乃於瀕江葭葦中多立檣千為疑舟以綴其師令贇果懼而不進諸將因大破其軍生擒令贇於陣閒金陵平官至禮部侍郎太宗皇帝以刺史祿祿之妣傅氏南陽郡太君考撰累官殿中丞妣鄭氏參知政事贊之女封長安縣君　太君幼孤鞠於外氏年二十二歸呂氏實我　世父祕書省著作佐郎英之夫人　著作府君初以羇旅京師登進士第甚貧窶　太君不以為不足後赴官錢塘道病卒諸孤尚幼　太君捐簪珥以治行乃護喪柩而還舟人初易　太君之婺弱也日益懈令之不聽　太君呼而戒之曰舟我所當乘尒輩舟所當役苟不恪且送之官乃聽命　著作君嘗為汝官買田於郟而謀居之　太君以其孥歸於郟治田營居日以繕葺叔姪之已仕者皆分祿以給之　太君遇諸子甚肅嘗察其所從游苟得其人矣雖貧賤親為視庖廚以待之非其人雖富貴不顧也由此諸子皆有立而長子大圭特以孝友之行聞於鄉既而被其叔父致仕之恩遂從政於郡縣又以治行聞於官元祐二年　詔封永壽縣太君賜鳳冠霞帔以寵之八年正月二十三日以疾卒於寢壽八十五　太君勤儉明察御下極嚴善治家左右莫能欺者事姑以孝視娣姒以仁年雖耄耋而聰明不衰性喜整潔而晚節不倦將終前數月悉屬家人以後事如知其期者男三人大圭右宣德郎大章早夭大雅陳州南頓縣主簿女三人長適絳州司戶宋元穎次秦昱宋紘皆士人子孫男四人仲山信山方從學餘幼女三人長適汝州進士薛莊次在室曾孫男一人尚幼以其年十一月十日祔葬于京兆藍田太尉原之先塋　著作君之墓大防幼學於著作君　太君視之猶子也　太君既老於郟大防方備位政事府乃請於　朝曰世母齒耋不任輿馬之勞從子遠仕敢以歲例乞大圭為潁昌從事以便迎養既受　命而　太君歿可哀也已銘曰

禮部之顯　起於成安　定越平吳　皆與其權
破令贇兵　其績最偉　有功不揚　厥咎在史
抑抑　太君　實其遺孫　大耋之年　猶席其勳
出於顯家　歸我　世父　夫曰才偶　子曰令母
大邑疏封　錫以冠帔　周原之丘　千載是圖

一六五　北宋故（呂英妻）永壽縣太君王氏墓誌銘

元祐八年（一〇九三）十一月十日

石質。平頂蓋。蓋長八二、寬七九、厚一八點五厘米。蓋文三行，滿行三字，陰刻篆書。誌長八三、寬八二點八、厚一六點五厘米。誌文三二行，滿行三二字。正書，無界格。誌面所泐之痕跡，爲誌、蓋之間夾墊鐵錢銹蝕所致。

二〇〇九年四月出土於西安市藍田縣三里鎮五里頭村，藍田北宋呂氏家族墓園九號墓。

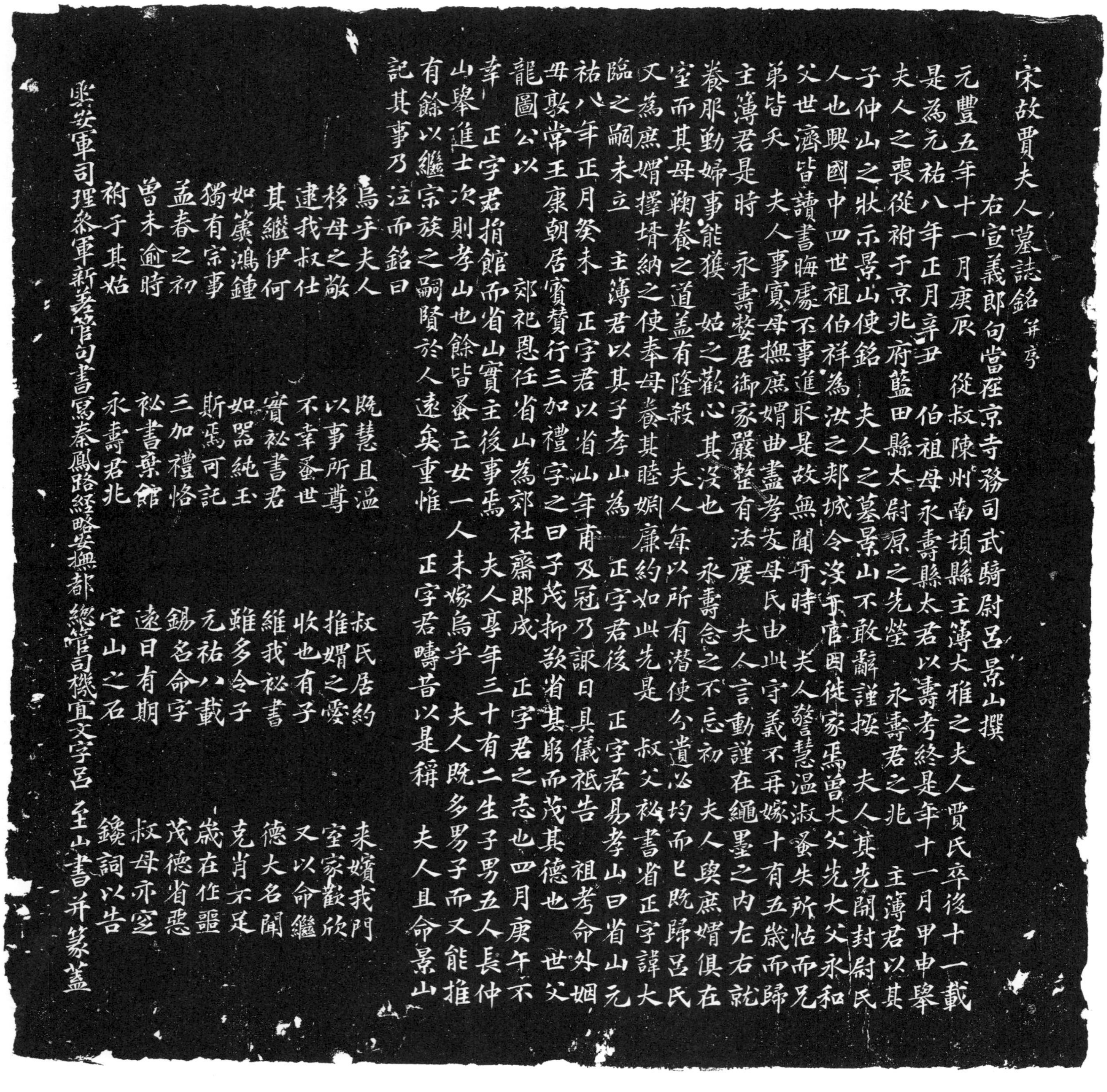

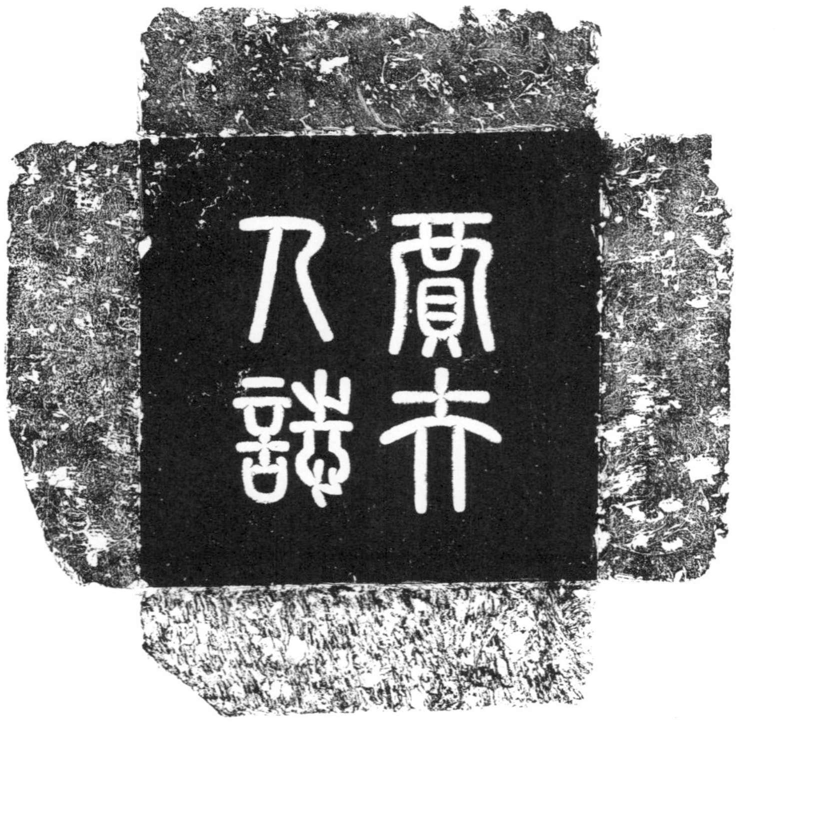

一六六　北宋（吕大雅妻）故賈夫人墓誌銘

元祐八年（一〇九三）十一月十日

石質。平頂蓋。蓋長六二、寬六一點六，厚一八厘米。蓋文二行，滿行二字，陰刻篆書。蓋之上、左、右側各綫刻壺門瑞獸，下側鑿平。誌長六〇點七、寬六〇點六、厚一八厘米。誌文三一行，滿行三一字。正書，無界格。

二〇〇八年八月出土於西安市藍田縣三里鎮五里頭村，藍田北宋吕氏家族墓園一號墓。

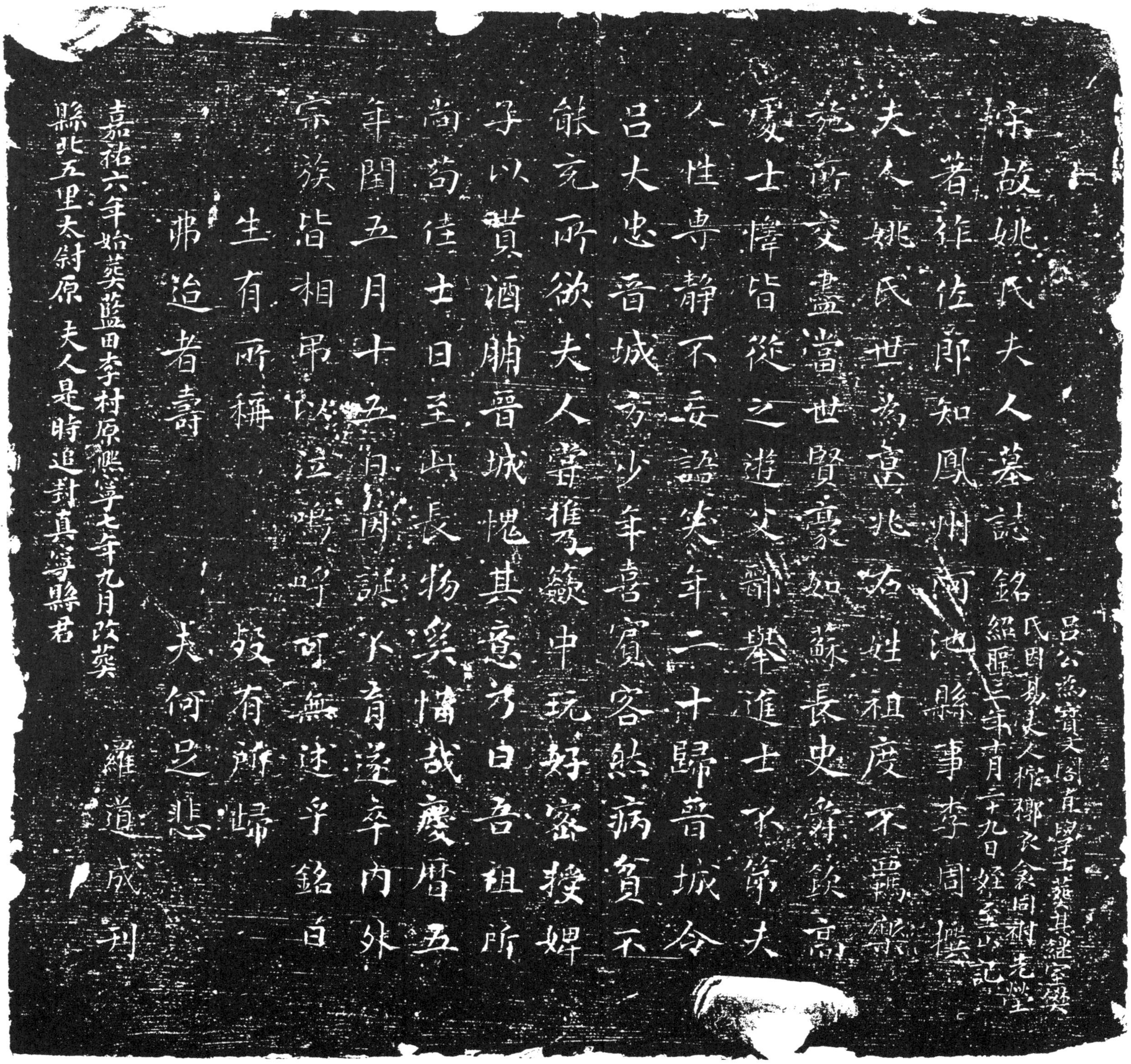
宋故姚氏夫人墓誌銘
呂公為寶文閣直學士葬其繼室樊氏因易夫人柩櫬衣衾同祔先塋
紹聖三年十月二十九日姪至山記
著作佐郎知鳳州兩當縣事李周撰
夫人姚氏世為京兆右姓祖度不羈樂
施所交盡當世賢豪如蘇長史舜欽高
處士瑋皆從之遊父鄒舉進士不第夫
人性專靜不妄語笑年二十歸晉城令
呂大忠晉城方少年喜賓客然病貧不
能充所欲夫人罄撤簪珥中玩好密授婢
子以貰酒脯晉城愧其意方白吾祖所
尚苟佳士日至此長物奚惜哉慶曆五
年閏五月十五日因誕子育遂卒內外
宗族皆相弔以泣嗚呼可無述乎銘曰
生有所稱　殁有所歸
弗逭者壽　夫何足悲
羅道成刊
嘉祐六年始葬藍田李村原熙寧七年九月改葬
縣北五里太尉原　夫人是時追封真寧縣君

一六七　北宋（呂大忠妻）故姚氏夫人墓誌銘

紹聖三年（一〇九六）十月二十九日

石質。無蓋。誌長三五、寬三六點五、厚九點五厘米。誌文一五行，滿行一五字。正書，無界格。誌文前後各有一段正書小字題記。

二〇〇九年七月出土於西安市藍田縣三里鎮五里頭村，藍田北宋呂氏家族墓園二〇號墓。

宋呂夫人仁壽縣君樊氏墓誌銘 并序
朝奉大夫權京西路計度轉運副使兼勸農使上護軍賜緋魚袋借紫閻令 譔文
朝散郎直秘閣新差知潭州軍州兼管内勸農事兼荊湖南路安撫兼兵馬鈐轄飛騎尉賜紫金魚袋張舜民 書
朝奉郎直龍圖閣權知陝州軍府兼提舉商虢州兵馬巡檢公事飛騎尉借紫游師雄 篆蓋
寶文閣直學士知秦州呂公將葬其夫人請銘于令公肯守秦
五年而徙渭令為茶馬官先公而至後公而代實知公家範與
夫人之懿故不獲辭夫人樊氏果州南充人曾祖守温贈屯田
郎中祖象贈光禄卿考鐸秘書丞秘書始居于華母袁蚤卒夫
人未笄哀毀如成人事繼母王莫或知其非嫡也秘書遴擇所
配晚乃歸公公仕州縣時賢士大夫已盈其門夫人日治肴觴
無倦色逮事舅莘國公奉養惟謹族衆食貧夫人先之以勤儉
敦睦親疏愛服焉呂氏世學禮賓祭婚喪莫不倣古平居貴賤
長幼必恭夫人身率而行之閨門肅乂如學校官府云公季弟
亡夫人鞠其二子如己生至男仕女嫁乃喜曰吾願畢矣天資
孝敬其治家雖細務必有灋自奉簡約無所嗜好獨喜觀書又
學止心養氣之術紹聖二年夏聞其娣秦國李夫人之訃夫人
與之年相若且少同苦甘悲涕不自勝因邑邑成疾以八月辛
未卒年五十九留殯于秦後一年公自渭進職再守秦以十一
月戊子葬京兆府藍田縣太尉原之先塋子三人邈山汴奴皆
夭錫山承務郎維古之盛時女子學乎姆師故婦婦母母而習
俗美至先王之澤熄列女始記于史家何其寡也如夫人端一
不貳拔乎流俗可不謂難乎銘曰
樊仲之孫呂侯之配相侯又家以及其外士則有學允迪忠孝
夫人少成不自姆敎維敬維一乃克令終勒銘幽石以詔無窮

有宋故
仁壽縣
君樊氏
墓誌銘

一六八　北宋呂夫人（大忠妻）仁壽縣君樊氏墓誌銘

紹聖三年（一〇九六）十一月二日

石質。平頂蓋。蓋長六七點八、寬六八點三、厚一二厘米。蓋文四行，滿行三字，陰刻篆書。誌長七一、寬七〇、厚一三厘米。誌文二四行，滿行二三字。正書，無界格。

二〇〇九年七月出土於西安市藍田縣三里鎮五里頭村，藍田北宋呂氏家族墓園二〇號墓。

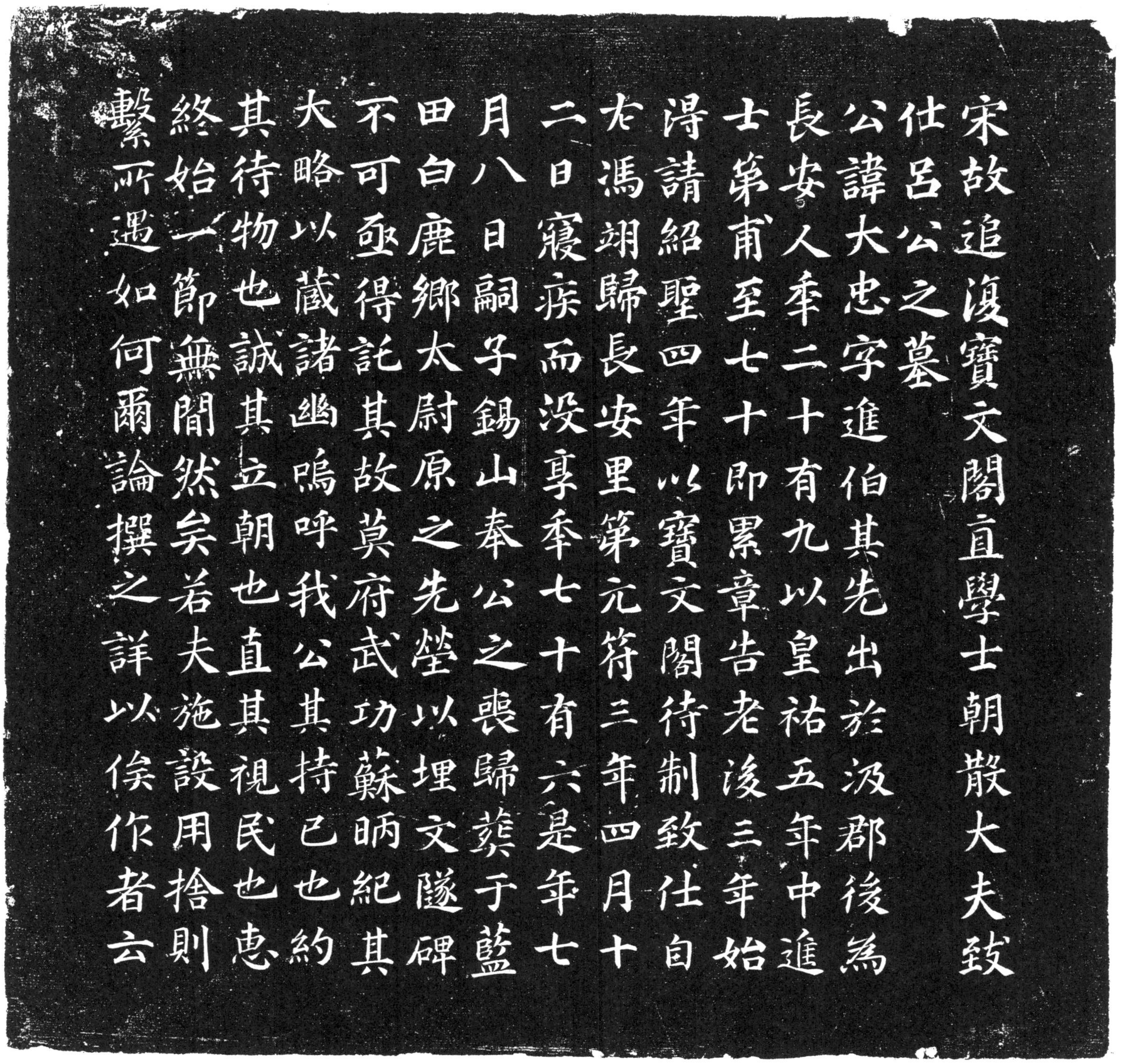
宋故追復寶文閣直學士朝散大夫致
仕呂公之墓
公諱大忠字進伯其先出於汲郡後為
長安人年二十有九以皇祐五年中進
士第甫至七十即累章告老後三年始
得請紹聖四年以寶文閣待制致仕自
左馮翊歸長安里第元符三年四月十
二日寢疾而没享年七十有六是年七
月八日嗣子錫山奉公之喪歸葬于藍
田白鹿鄉太尉原之先塋以埋文隧碑
不可亟得託其故莫府武功蘇昞紀其
大略以藏諸幽嗚呼我公其持己也約
其待物也誠其立朝也直其視民也恵
終始一節無間然矣若夫施設用捨則
繫所遇如何爾論撰之詳以俟作者云

一六九　北宋故追復寶文閣直學士朝散大夫致仕呂公（大忠）墓誌

元符三年（一一〇〇）七月八日

石質。無蓋。誌長四三點八、寬四五點四、厚一五厘米。誌文一五行，滿行一五字。正書，無界格。

二〇〇九年七月出土於西安市藍田縣三里鎮五里頭村，藍田北宋呂氏家族墓園二〇號墓。

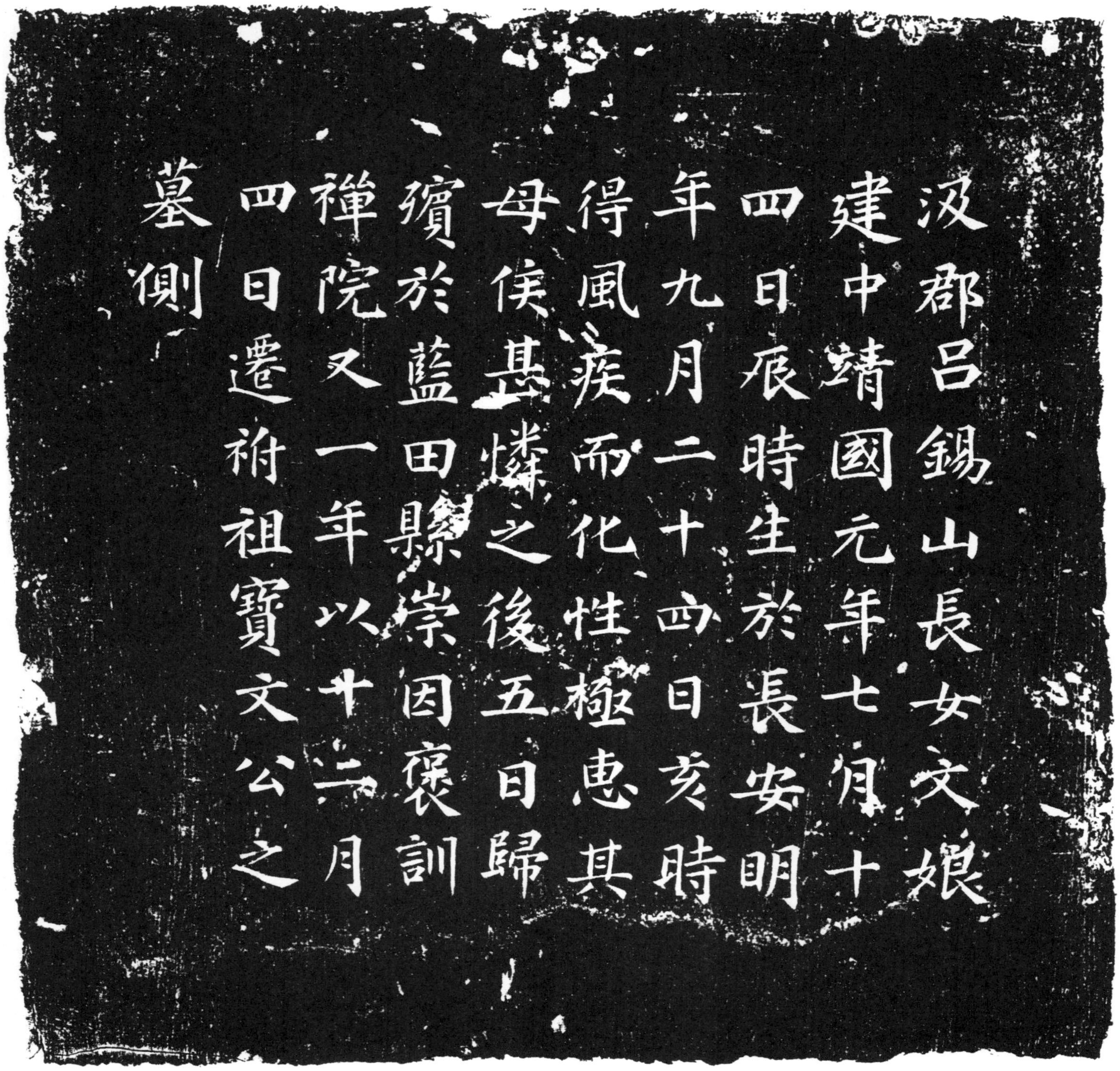
汲郡吕錫山長女文娘
建中靖國元年七月十
四日辰時生於長安明
年九月二十四日亥時
得風疾而化性極惠其
母佚甚憐之後五日歸
殯於藍田縣崇因褒訓
禪院又一年以十二月
四日遷祔祖寶文公之
墓側

一七〇　北宋汲郡吕錫山長女文娘墓誌

崇寧二年（一一〇四）十二月四日

石質。無蓋。誌長二七、寬二七、厚八點五厘米。誌文一〇行，滿行九字。正書，無界格。

二〇〇九年四月出土於西安市藍田縣三里鎮五里頭村，藍田北宋吕氏家族墓園二一號墓。

宋侯夫人墓誌銘
承奉郎呂錫山撰
通仕郎耀州雲陽縣令王康朝書
奉議郎守殿中侍御史侯蒙篆蓋
予少時聞侯公與先公厚善嘗侍側望其風貌峻整使人斂衽知畏聽其論議
至及天下事是是非非挺然不阿已而得公之為人剛毅正直以節自高不肯
俯仰徇世好信於鄉重於士大夫其後予數奉公燕閒公愛予許妻以女公諱
孝傑官止朝散郎其先高密人自公之父朝奉大夫諱中立仕關右筮宅京兆
從家焉公沒夫人尚幼母崇德縣君田氏守義平居玩書史夫人有疑輒就咨
遂能曉其大指公之元配有子四人崇德顧復均壹夫人陰有助焉年十有六
歸於予時先公致其事於家既饋委以壹政夫人處畫知大體不煩先公晚年
多疾夫人夙夜伺起居狀惟謹先公棄養夫人於祭親饎飪著豆鉶必絜以嚴
嘗曰婦人所先者祭耳又況君家以為重乎人以是多之夫人天資警悟識量
遠言動一循於禮雖婢使不見喜慍待人以誠人有善樂為之譽聞其過絕口
不道予長安大族也夫人事上以敬撫下以慈皆得其情自奉約服飾取給則
止事有忤於理者他人方色敗氣拂膺夫人初若不經意事帖然卒契於理人
莫測其所施設予歸自外夫人必問其所與知從賢者游則悅曰是所望於君
者也又以先公所以戒予者相勉使予知所守夫人力也崇寧甲申四月癸丑
以疾卒于予之正室享年二十有二內外族黨莫不欷歔出涕姊母抑夫人哭
之哀謂予曰汝居約婦能安之其賢可得乎始夫人疾其兄益日視焉夫人慮
羸然不自支重貽其憂猶持形立氣紿以少間疾稍亟或勸禳之者夫人曰生
死賦之天耳是可禳耶將死前一日顧乳母在傍如有所言久而未發乳母莫
寤夫人以兒屬曰善為我護之神識不亂如此嗚呼痛哉卜以七月甲申葬于
藍田太尉原之先塋生子二人男曰清孫始生五閱月矣女曰文娘早夭予觀
夫人之德之行雖繁予文不足以究特取其著者書之使其得長年盡見所為
其書也烏有既乎銘曰
天之報施猶形表景善必福所以勸惡必禍所以儆如夫人者德
純行懿而壽不永予非敢必於天庶幾萬一之應慮為善者怠為
惡者競鑱其石以書予哀嗚呼夫人骨可朽而名不泯
李壽昌刊

宋呂氏
婦侯夫
人墓銘

一七一　北宋（呂錫山妻）侯夫人墓誌銘

崇寧三年（一一〇四）七月十三日

石質。平頂蓋。蓋長六一、寬六〇點三、厚一五厘米。蓋文三行，滿行三字，陰刻篆書。誌長七一、寬六九點五、厚一二厘米。誌文二九行，滿行三〇字。正書，無界格。誌面所泐之痕跡，爲誌、蓋之間夾墊鐵錢銹蝕所致。

二〇〇九年九月出土於西安市藍田縣三里鎮五里頭村，藍田北宋呂氏家族墓園二五號墓。

宋汲郡吕氏第四女倩容墓誌銘并序
著雍困敦之歲十一月丁巳冬至汲郡吕氏用其先人之
禮卒族人脩薦事于三世之廟而顯妣秦國夫人之室弟
四女嫣祔焉執觶奉俎既致之以優霜之思止賓設位又
申之以舐犢之愛禮成爲之不樂者終日已而始卜得是
歲十二月丙申之吉歸葬于京兆府藍田縣太尉原之先
塋於是父宣義郎景山泣而銘之嫣字倩容皆予所命也
其行第四母李氏崇德縣君乳母耿氏元祐元年九月十
日生于丞相府年二十二歲病足弱之疾卒于長安昇平
坊之第前此一歲二月二十有三日也其爲人明慧異於
常童凡女工儒釋音樂之事無不洞曉孝友婉娩盡得家
人之懽心而汲公秦國尤鍾愛焉暨汲公之南亦從至大
庾嶺下不幸遭離大故返葬關中往復萬里艱難百爲嫣
實與焉汲公治命面予冠帔建中靖國元年始拜恩
賚惟加笄之日一嘗服之許嫁韋鄖公之曾孫壽孫者病
既革趣之成禮壻行次華陰而已逝矣屬纊前一日予誨
以死生浮幻之理合掌聽受遺言大抵懼貽父母傷悲之
情複語自寬而已嗚呼可哀也已銘曰
慧何豐 壽何嗇 從王母 即幽宅
其墓南直汲公之新兆其東則殤兄鄭奭弟小四合
往祔焉奭小四嫡子也因識于左方云大觀二年十
二月二十一日雲陽縣令太原王康朝書
姚彥刊

一七二　北宋汲郡吕氏（景山）第四女倩容墓誌銘

大觀二年（一一〇八）十二月二十一日

石質。無蓋。誌長四九點五、寬四九點八、厚一〇點五厘米。誌文二三行，滿行二三字。正書，無界格。

二〇〇八年十一月出土於西安市藍田縣三里鎮五里頭村，藍田北宋吕氏家族墓園七號墓。

　北宋承務郎致仕呂君（大雅）墓誌銘

大觀四年（一一一〇）二月二十七日

石質。平頂蓋。蓋長七一、寬七一、厚一一點五厘米。蓋文三行，滿行三字，陰刻篆書。誌長七〇、寬七一、厚一四點五厘米。誌文三二行，滿行三二字。正書，無界格。

誌蓋係用唐代墓誌蓋反轉後改刻而成，蓋底面還基本保留着唐代墓誌蓋的原狀。唐代墓誌蓋盝頂，頂面正中陽刻篆書「大唐故定州刺史上柱國張君墓誌之銘」，頂面四周在兩周聯珠紋框内減地綫刻忍冬。上刹和右刹分別減地綫刻朱雀和白虎，襯以遠山、樹木和流雲。上側和右側減地綫刻忍冬。左刹和下刹被鑿去。根據墓誌蓋紋飾風格判斷，此蓋原係唐高宗時代墓誌，應在七世紀中葉。

二〇〇八年八月出土於西安市藍田縣三里鎮五里頭村，藍田北宋呂氏家族墓園一號墓。

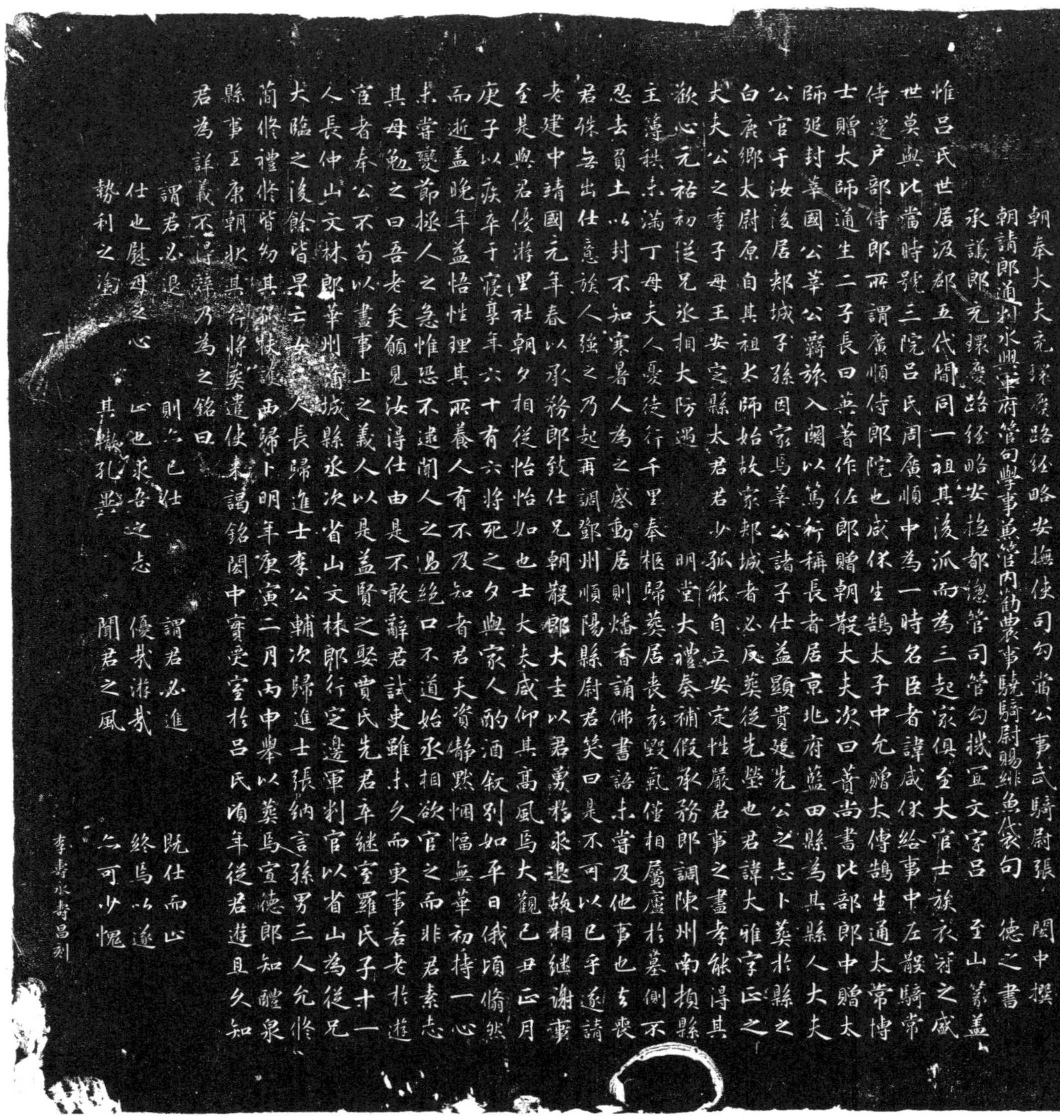

宋故齊夫人墓誌銘
承事郎前監安肅軍酒稅務呂　錫山　譔并書
建安趙安常以術遊四方士大夫頗識者衆大觀丁亥予為安肅
軍之酒官遇焉觀其定貴賤決死生若指諸掌雖其人在側言之
無隱一日予以休咎問之徐荅曰功名未可期歲在丑恐不利於
君妻予初未之信大觀己丑春三月戊午夫人果以乳死嗚呼豈
數已定而不可逃耶將會逢其適耶冬十月予受代舉夫人之喪
卜以明年春二月丙申返葬于京兆府藍田縣太尉原先塋之次
夫人齊氏始家祁州蒲陰縣後徙居常山今為真定府人父朝請
郎仲雍母永安縣君陳氏夫人幼失母能自修飭既長每春秋與
祭念母之不及見涕不能止家人見而傷之性沈靜凡出一言必
反覆思之曰得無差乎以是持其身甚謹至於女之所工不待教
而妙絕過人時朝請公為郡孜孜於政不暇顧私閨門事無巨細
多委夫人盡焉平居尋誦道家書頗得其指有糠粃世故意夫人
生于元豐之甲子至崇寧乙酉始歸于予相從三年如一日嘗勉
予以學又曰士之出處當自重無苟合以徼進予佩其言且喜夫
人之識高它日必為賢婦孰謂天奪之遽耶夫人方娠也數謂予
曰君其力嗣家聲弟以不得偕老為恨耳窮其所因復不荅古所
謂魄兆夫人其是乎生女二人皆夭銘曰
予觀夫人兮四德純備如蘭之薰兮如玉之粹宜歸大家兮
以貴以榮事不可期兮作予之配自憐羇躓兮大海一萍得
官窮塞兮誰同臭味相待如賓兮古人之流屈指何時兮匆
匆三歲不與其壽兮識者之嗟愁雲晦日兮天為雨涕寶奩
塵掩兮脂澤猶存音容易遠兮難求寤寐生死殊路兮纏痛
綿綿刻石幽宮兮予辭無愧
李壽永刊

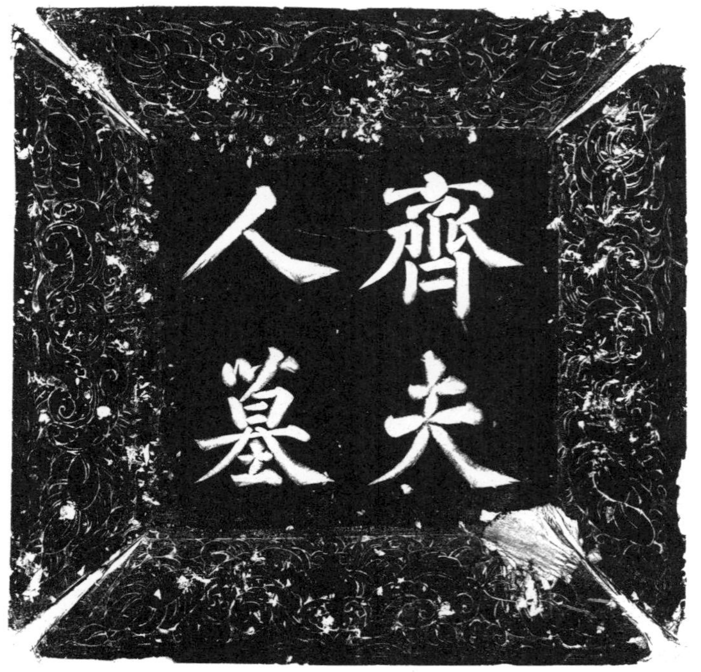
齊夫
人墓

一七四　北宋（呂錫山妻）故齊夫人墓誌銘

大觀四年（一一一〇）二月二十七日

石質。盝頂蓋。蓋長六〇、寬六〇點七、厚九厘米。蓋文二行，滿行二字，陰刻正書。蓋四刹減地綫刻花卉。誌長五四點二、寬五五、厚九厘米。誌文二五行，滿行二五字。正書，無界格。

二〇〇九年九月出土於西安市藍田縣三里鎮五里頭村，藍田北宋呂氏家族墓園二五號墓。

宋故樂壽縣太君种夫人墓誌銘
武功蘇昞譔
琅邪王𥳑書
廣平程穎篆蓋

宋樂壽
縣太君
种氏墓

一七五　北宋故（吕大鈞妻）樂壽縣太君种夫人墓誌銘

政和二年（一一一二）九月十八日

石質。平頂蓋。蓋長五四、寬五五點五、厚一二厘米。蓋文三行，滿行三字，陰刻篆書。誌長五五、寬五八點二、厚一七厘米。誌文三一行，滿行三一字。正書，無界格。誌面所泐之痕跡，爲誌、蓋之間夾墊鐵錢銹蝕所致。

二〇〇九年七月出土於西安市藍田縣三里鎮五里頭村，藍田北宋吕氏家族墓園一二號墓。

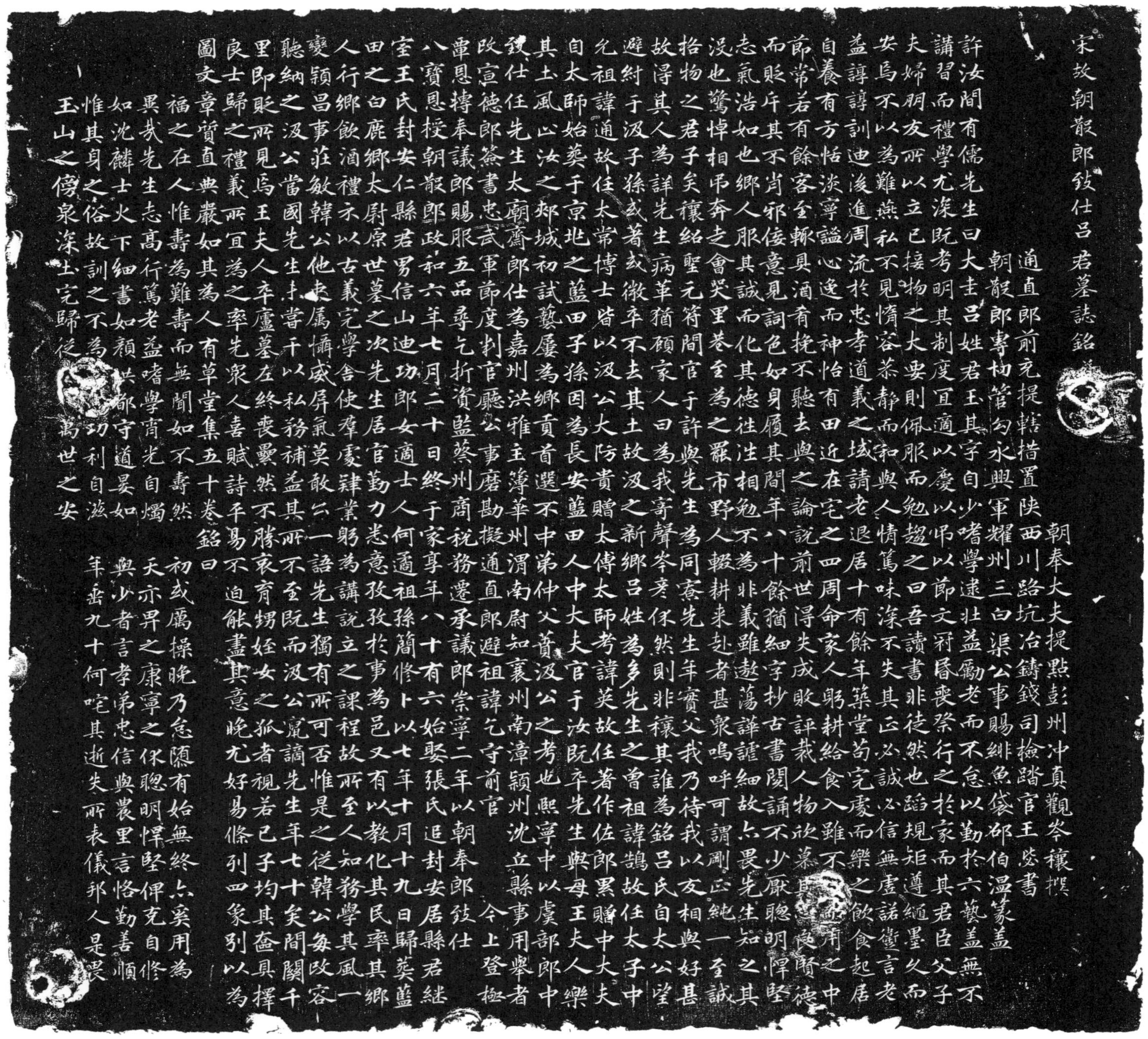

一七六　北宋故朝散郎致仕吕君（大圭）墓誌銘

政和七年（一一一七）十月十九日

石質。平頂蓋。蓋長七四、寬七三點、厚一二厘米。蓋文四行，滿行三字，陰刻篆書。誌長七二點五、寬七七點六、厚一四厘米。誌文三七行，滿行三八字。正書，無界格。誌面所泐之痕跡，爲誌、蓋之間夾墊鐵錢銹蝕所致。

二〇〇九年四月出土於西安市藍田縣三里鎮五里頭村，藍田北宋吕氏家族墓園一二號墓。

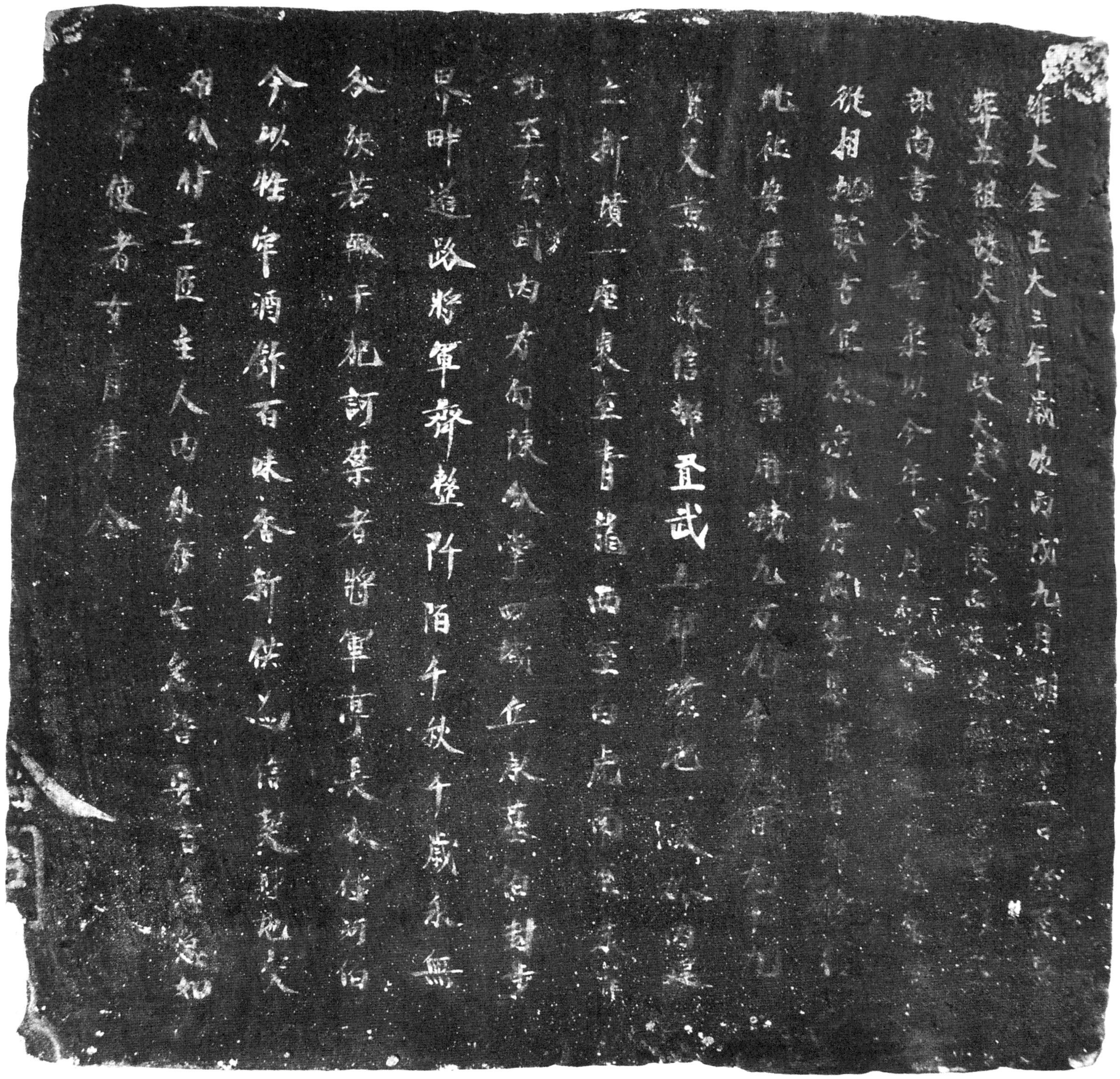

一七七　金李居柔買地券

正大三年（一二二六）九月二十二日

磚質。無蓋。誌長二九、寬二九、厚五厘米。誌文一三行，滿行二一字。朱書正書，無界格。四側素面。

二〇一四年二月出土於西安市雁塔區大雁塔街道西影路，曲江悅住宅小區工地。（附彩版）

一七八　元故從仕郎耀州同官縣尹郭君（汝弼）墓誌銘

大德三年（一二九九）七月八日

石質。蓋不詳。誌長六五、寬七二、厚一一點五厘米。誌文四〇行，滿行三二字。正書，無界格。

出土時地暫不詳。

一七九　元董正爲遠祖建塋壙誌

元（至元十六年之前）

磚質。無蓋。誌長二九點八、寬二九點三、厚四點五厘米。誌文八行，滿行九字。陰刻正書，無界格。

二〇一三年三月出土於西安市雁塔區曲江街道金浮沱村，中海城住宅小區工地一七九號墓。

一八〇　元董正爲高祖建塋壙誌

元（至元十六年之前）

磚質。無蓋。誌長二九點八、寬三〇、厚四點八厘米。誌文三行，滿行六字。陰刻正書，無界格。

二〇一三年三月出土於西安市雁塔區曲江街道金浮沱村，中海城住宅小區工地一八六號墓。

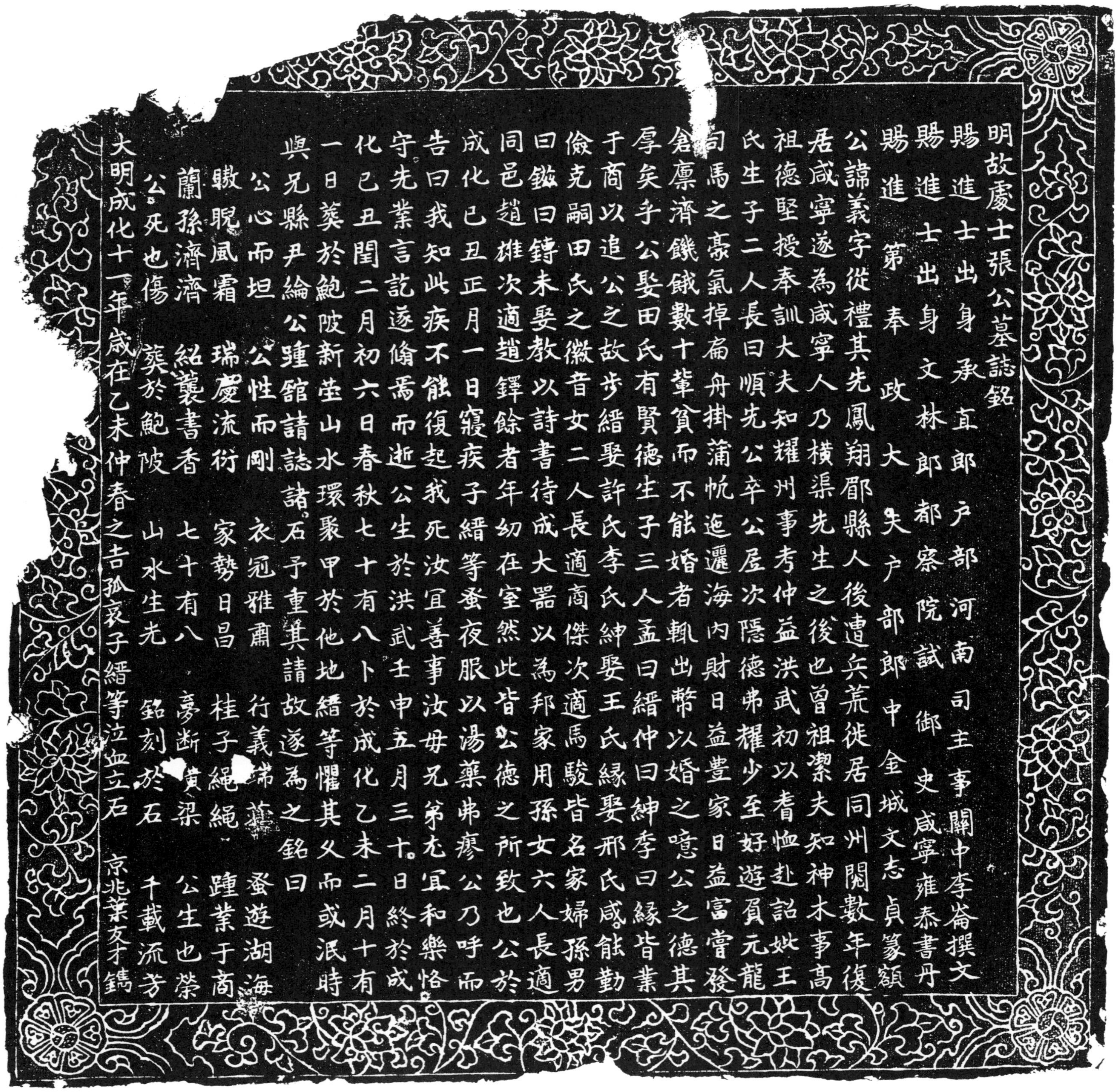
明故處士張公墓誌銘
賜進士出身承直郎户部河南司主事關中李崙撰文
賜進士出身文林郎都察院試御史咸寧雍泰書丹
賜進士第奉政大夫户部郎中金城文志貞篆額
公諱義字從禮其先鳳翔郿縣人後遭兵荒徙居同州閱數年復
居咸寧遂為咸寧人乃橫渠先生之後也曾祖潔夫知神木事高
祖德堅授奉訓大夫知耀州事考仲益洪武初以耆恤赴詔妣王
氏生子二人長曰順先公卒公居次隱德弗耀少至好遊貿元龍
司馬之豪氣掉扁舟掛蒲帆逈還海内財日益豊家日益富嘗發
倉廪濟饑餓數十輩貧而不能婚者輒出幣以婚之噫公之德其
厚矣乎公娶田氏有賢德生子三人孟曰縉仲曰紳李曰緣皆業
于商以追公之故步縉娶許氏李氏紳娶王氏緣娶邢氏咸能勤
儉克嗣田氏之徽音女二人長適商傑次適馬駿皆名家婦孫男
曰鑑曰鑄未娶教以詩書待成大器以為邦家用孫女六人長適
同邑趙雄次適趙鐸餘者年幼在室然此皆公德之所致也公於
成化己丑正月一日寢疾子縉等蚤夜服以湯藥弗瘳公乃呼而
告曰我知此疾不能復起我死汝宜善事汝母兄弟尤宜和樂恪
守先業言訖遂翛焉而逝公生於洪武壬申五月三十日終於成
化己丑閏二月初六日春秋七十有八卜於成化乙未二月十有
一日葬於鮑陂新塋山水環聚甲於他地縉等懼其久而或泯時
與兄縣尹綸公踵舘請誌諸石予重其請故遂為之銘曰
公心而坦　公性而剛　衣冠雅肅　行義端莊　蚤遊湖海
轍睨風霜　瑞慶流衍　家勢日昌　桂子繩繩　踵業于商
蘭孫濟濟　紹襲書香　七十有八　夢斷黄梁　公生也榮
公死也傷　葬於鮑陂　山水生光　銘刻於石　千載流芳
大明成化十一年歲在乙未仲春之吉孤哀子縉等泣血立石　京兆葉友才鐫

墓誌銘

一八一　明故處士張公（義）墓誌銘

成化十一年（一四七五）二月十一日

石質。平頂蓋，橫向斷裂，右下部殘佚。蓋長四五、寬四四點五、厚一〇厘米。蓋文三行，滿行三字，陰刻正書。蓋頂四周綫刻西番蓮紋帶。誌長四五、寬四五、厚九厘米。誌文二六行，滿行二五字。正書，無界格。誌面四周綫刻西番蓮紋帶。

二〇〇二年採集於西安市雁塔區曲江街道孟村，西安理工大學曲江校區工地三區。

大明太僕寺卿吉公配贈宜人蕭氏繼配封太孺人胡氏合葬墓誌銘
賜進士河南等處提刑按察司僉事前吏部驗封郎中里人王納誨著
賜進士河南等處提刑按察司僉事前吏部稽勳員外郎咸寧馬應祥書
賜進士山西等處提刑按察司僉事前兵部武選員外郎宜川劉琛篆
太僕公既卒二十有四年是為正德十一年繼配胡氏亦卒先四十有七年是為成化
六年配蕭氏卒至是十二年仲冬廿四日始啓其兆合葬焉叔子占持所為狀來請銘
按公吉姓諱慶字孟榮其先南陽人高大父諱飛卿曾大父諱仕中避元僑居長安大
父諱元善以戎繫籍遂為長安大宗生子三人曰禎曰祐曰祓祓即公父也慷慨有奇
氣化畜成豐隱然家以起娶張氏生子六人曰進曰泰曰逵曰八十曰慶曰惠慶即公
也公端凝沉默自髫年如老成人博極羣籍尤邃於易時當人北面由是易道大行焉
景泰元年中省試得第四人會試累不利先後遭父母喪禫衰忌因情酌禮纍然士
井然有式天順八年俯就銓選部試得第一人釋褐為河南府同知公自入官競惕尤
甚職專清戎事至務單厥心不敢誣一人每矢曰誣人何異誣己民有惡少曾福者當
道不能伏乃付公鞫公曰惟執法耳遂得其情彼無敢忤又有李玉者率衆倡亂殆不
可遏公撫諭諄切其衆什一曰毋恐我吉侯可恃即出降公擒其渠魁衆解散而去嵩
陽礦洞間不時竊發號咷叫嘯公扞禦無遺策迄數年地方得以少恬成化五年歲運
延綏太咀公攝其事無毫髮是爽都御史余公嘉其賢能聞於
上
上賜以白金綵絹蓋異數也成化十年以例請得贈父祓如其官母張氏為宜人配蕭氏
亦為宜人明年陞東昌府知府河南之民遮道留履奪其行令洛有名宦祀可考也公
治東昌亦如河南而東昌之地與民又非河南比
兩京巨衝支度無紀公一惟與縮雖大閹貴戚僅能如禮民用是少甦而謗乃滋至矣公
亦弗是懼二十年陞山西行太僕寺卿或疑其枉材公欣然就道至則治行益謹譽日
益隆甫三年引疾而歸矣公涖官二十餘年清慎勤苦如一日為
天子所褒嘉為鉅臣碩夫所旌揚郡乘
國史可采而人耳目尤不可揜矣於乎已乎公得年七十有四配蕭氏西安護衛子壹女
閑女紅執婦道有佐理之功而不克享得年四十有八繼配胡氏西安前衛旻之女相
夫有程帥婦多內律撫諸子不啻其己出賢可知已得年七十有三以子時貴封太孺
人公生子六人曰臣姚安倉大使曰人丁未進士中書舍人曰士取應未第而卒曰占
己酉舉人永寧知縣俱蕭出曰時壬戌進士吏科給事中曰卜讀書未娶而殤俱胡出
孫男十二人曰奎東襄城訓導曰啓東赭陽驛丞曰顯東辛酉舉人曰迎東曰呈東生
員曰在東曰仰東曰大東曰朝東曰道東曰諧東曰況東女三人舉人李繡驛丞惠鳳
通判劉繪其婿也孫女六人指揮劉鏞叅將蔣存禮指揮陳文儒士朱珮邢金邢寶其
孫婿也心焦坡長安上腴之墟實公新兆云銘曰
維雍自豫繄公是承克相厥家宜人是貞孺人嗣之靡德不勝維德是媲以考我令終
施于後人吁嗟乎睎兹是徵

一八二　明太僕寺卿吉公（慶）配贈宜人蕭氏繼配封太孺人胡氏合葬墓誌銘

成化十二年（一四七六）十一月廿四日

石質。蓋不詳。誌長六九、寬六九點五、厚一〇厘米。誌文三五行，滿行三三字。正書，無界格。

出土時地暫不詳。

大明故奉訓大夫康公夫婦合葬墓誌銘

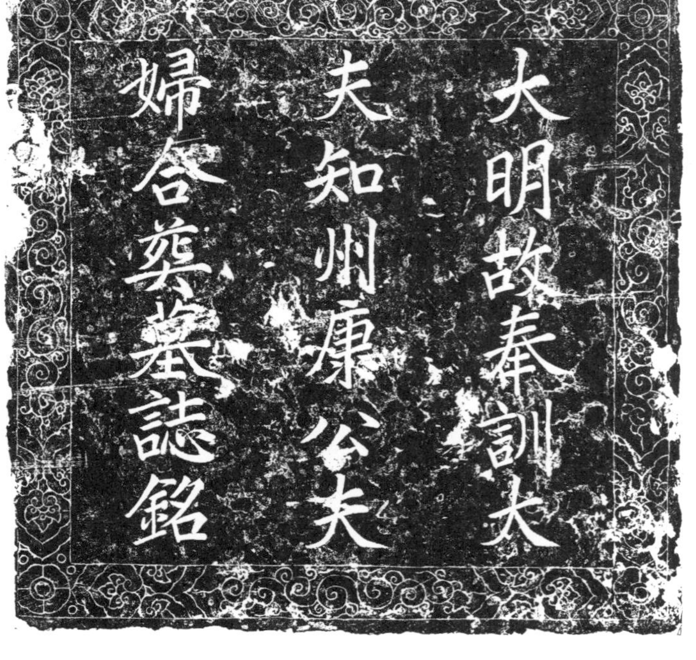
大明故奉訓大
夫知州康公夫
婦合葬墓誌銘

一八三　明故奉訓大夫康公（泰）夫婦合葬墓誌銘

成化十七年（一四八一）正月廿二日

石質。平頂蓋。蓋長五三點五、寬五四點五、厚一一點五厘米。蓋文三行，滿行五字，陰刻正書。誌長五五、寬五四、厚一〇厘米。誌文三一行，滿行三一字。正書，無界格。誌面四周綫刻卷雲紋帶。

出土時地暫不詳。

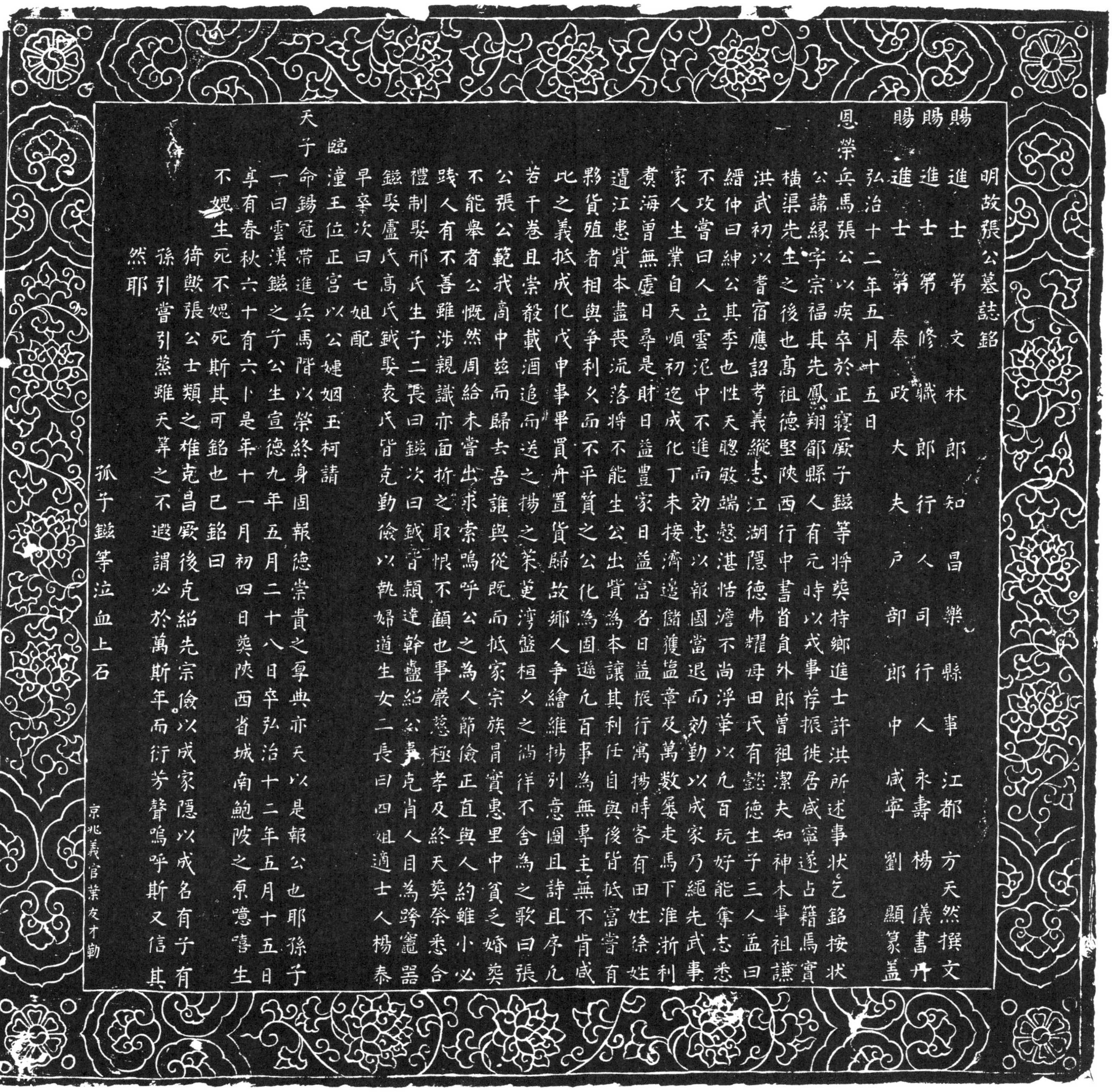

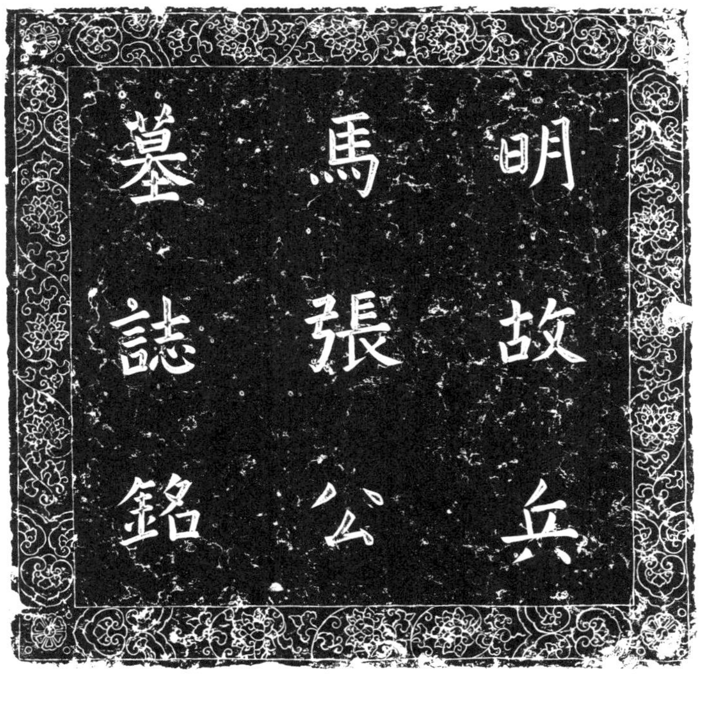

一八四　明故張公（緣）墓誌銘

弘治十二年（一四九九）十一月初四

石質。平頂蓋。蓋長五七、寬五七、厚一一點五厘米。蓋文三行，滿行三字，陰刻正書。蓋頂四周綫刻西番蓮紋帶。誌長五七、寬五七點五、厚一〇點五厘米。誌文三一行，滿行三二字。正書，無界格。誌面四周綫刻西番蓮紋帶。

二〇〇二年出土於西安市雁塔區曲江街道孟村，西安理工大學曲江校區工地三區三四號墓。

明故商隱張公墓誌銘
西安府儒學訓導蜀川俞通撰文
咸寧縣儒學訓導金臺張遷書丹
西安府儒學訓導內江張傑篆蓋
按狀公諱縉字宗賢負資豪逈氣象飄颻蚤有湖海志成化初邊
塵鼓會
朝廷濟儲例輸粟若干獲浙鹽若干自是足馬東南櫛風沐雨遨遊
許年公娶咸寧處士許公女有懿德內事姑公以事羈外不果遄
歸慮恐失嗣乃掄浙士人李繼宗長子納采定祥成配弘治改元
得疾興西歸志天不祚年疾日益篤明年十月初二日卒錢塘油
居橋沈氏邸有子一鍾李氏出也尚幼莫能扶櫬是時公弟紳在
揚亦事煑海利訃聞悲哀頓絶方蘇奔喪不計旦暮既而拾公遺
貲行李買舟携鍾奉柩渡江而西以有禁託柩城南碧峯歸主正
堂今年辛酉秋紳有欬曰梦失耦王氏葬有期命鍾置棺葬公盖
取陰陽家乗凶義鍾亦老成曉事乆抱公喪在淺土憂阻時不利
遂從期嗚呼公為人狷介峭直自奉甚儉性天至孝處兄弟友愛
尤篤與人交利不取便處客肆人咸嚴憚之生永樂十八年八月
初三日享春秋六十有九考義生三子公其長紳次緣又次俱義
官祖讓洪武初以耆宿應詔曾祖潔夫知神木事高祖德堅陝西
行中書省員外郎原鳳翔郿縣人占籍咸寧馬女一行二姐適趙
雄許氏出鍾娶楊氏生子一趙禄女一淑潔皆在幼嗚呼公妻許
享高年訓鍾成克家子且撫字孫是固人事之常亦自公種德感
致也鍾将奉柩鮑陂之原来乞銘余官在文字况夫門人演其族
孫也銘安能為情哉乃銘銘曰
維嶽降神生此張公性天耿直心地良明猶徉詩酒白蓮之
情優游湖海青草之風有子一人克纘佳聲有路三千允返
佳城佳城之側山水掩映山水無變遷此銘萬萬年
弘治十四年十一月二十八日孤子鍾泣血上石
長安鄧海刊

一八五　明故商隱張公（縉）墓誌銘

弘治十四年（一五〇一）十一月二十八日

石質。平頂蓋。蓋長六〇點五、寬六〇、厚一〇厘米。蓋文三行，滿行三字，陰刻正書。蓋頂四周刻雙綫框。誌長六〇、寬六〇、厚一一點五厘米。誌文二七行，滿行二六字。正書，無界格。誌面四周刻雙綫框。

二〇〇二年出土於西安市雁塔區曲江街道孟村，西安理工大學曲江校區工地三區二七號墓。

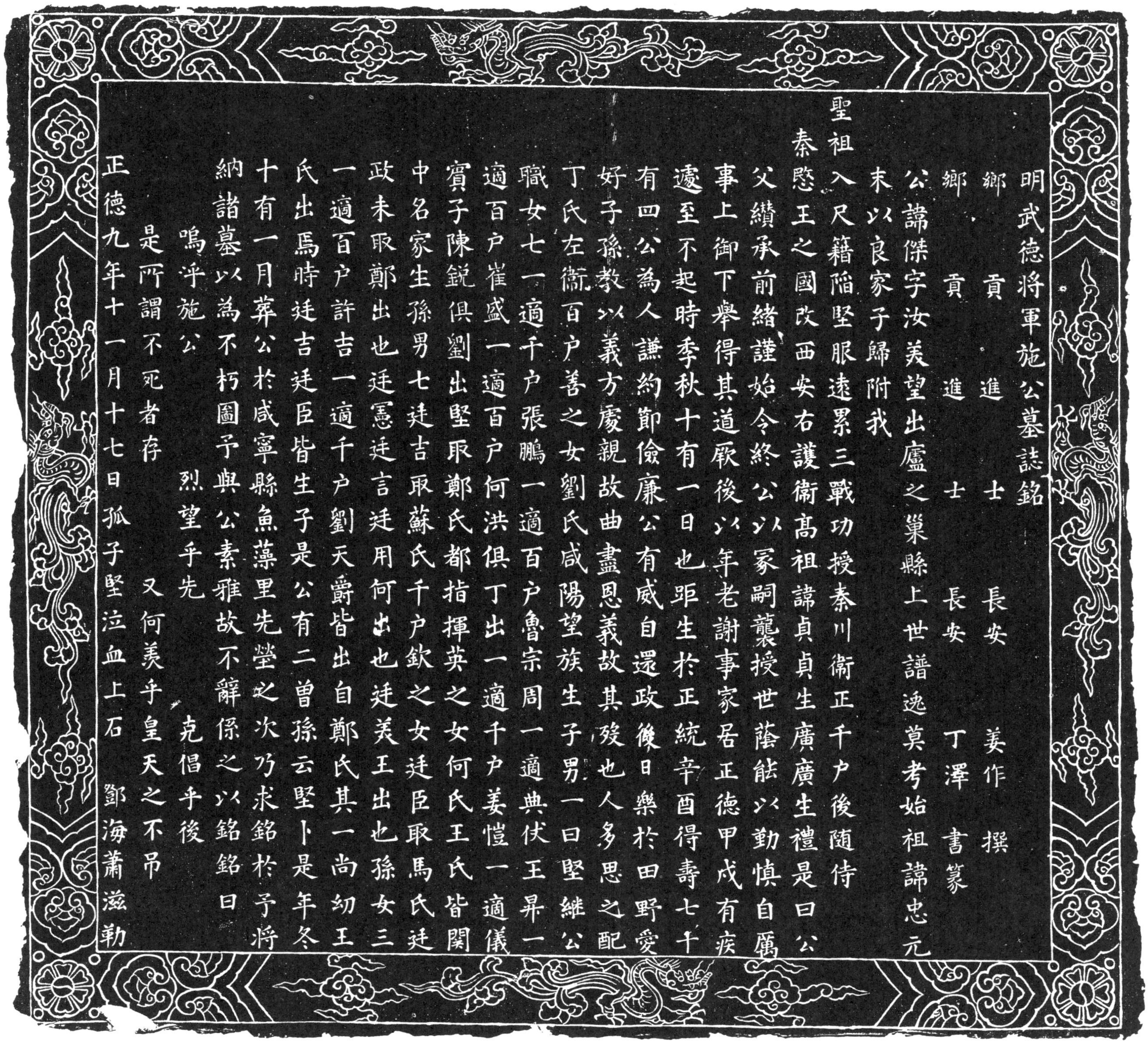
明武德將軍施公墓誌銘
鄉貢進士長安姜作撰
鄉貢進士長安丁澤書篆
公諱傑字汝美望出廬之巢縣上世譜逸莫考始祖諱忠元
末以良家子歸附我
聖祖入尺籍隘堅服遠累三戰功授秦川衛正千户後隨侍
秦愍王之國改西安右護衛高祖諱貞貞生廣廣生禮是曰公
父纘承前緒謹始令終公以冢嗣襲授世蔭鮎以勤慎自厲
事上御下舉得其道厥後以年老謝事家居正德甲戌有疾
遽至不起時季秋十有一日也距生於正統辛酉得壽七十
有四公為人謙約節儉廉公有威自還政後日樂於田野愛
好子孫教以義方慶親故曲盡恩義故其歿也人多思之配
丁氏左衛百户善之女劉氏咸陽望族生子男一曰堅繼公
職女七一適千户張鵬一適百户魯宗周一適典仗王昇一
適百户崔盛一適百户何洪俱丁出一適千户姜愷一適儀
賓子陳鋭俱劉出堅取鄭氏都指揮英之女何氏王氏皆閑
中名家生孫男七廷吉取蘇氏千户欽之女廷臣取馬氏廷
政未取鄭出也廷憲廷言廷用何出也廷美王出也孫女三
一適百户許吉一適千户劉天爵皆出自鄭氏其一尚幼王
氏出焉時廷吉廷臣皆生子是公有二曾孫云堅卜是年冬
十有一月葬公於咸寧縣魚藻里先塋之次乃求銘於予將
納諸墓以為不朽圖予與公素雅故不辭係之以銘銘曰
嗚呼施公　烈望乎先　克倡乎後
是所謂不死者存　又何羡乎皇天之不吊
正德九年十一月十七日孤子堅泣血上石　鄧海蕭滋勒

大明誥封武德將軍施公墓誌

一八六　明武德將軍施公（傑）墓誌銘

正德九年（一五一四）十一月十七日

石質。平頂蓋。蓋長五三、寬五六、厚九點五厘米。蓋文四行，滿行四字，陰刻篆書。蓋頂四周綫刻龍紋帶。誌長五三點五、寬五五點五、厚七厘米。誌文二八行，滿行二三字。正書，無界格。誌面四周綫刻龍紋帶。

出土時地暫不詳。

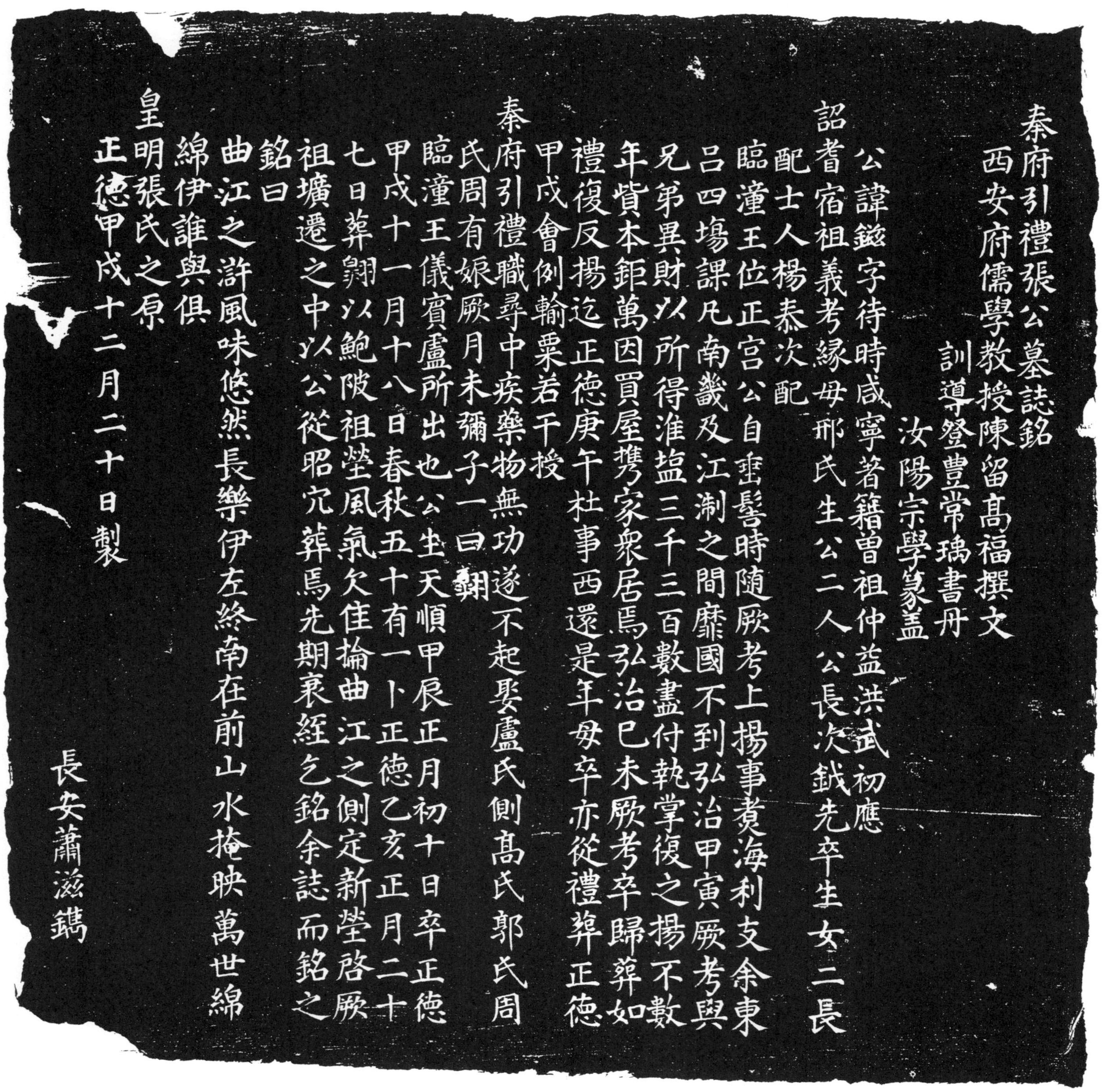
秦府引禮張公墓誌銘
西安府儒學教授陳留高福撰文
訓導登豊常璃書丹
汝陽宗學篆蓋
公諱鎡字待時咸寧著籍曾祖仲益洪武初應
詔耆宿祖義考緣母邢氏生公二人公長次鉞先卒生女二長
配士人楊泰次配
臨潼王位正宮公自垂髫時隨厥考上揚事覓海利支余東
呂四場課凡南畿及江淛之間靡國不到弘治甲寅厥考與
兄弟異財以所得淮塩三千三百數盡付執掌復之揚不數
年貲本鉅萬因買屋携家衆居焉弘治己未厥考卒歸葬如
禮復反揚迄正德庚午杜事西還是年母卒亦從禮葬正德
甲戌會例輸粟若干授
秦府引禮職尋中疾藥物無功遂不起娶盧氏側高氏郭氏周
氏周有娠厥月未彌子一曰翱
臨潼王儀賓盧所出也公生天順甲辰正月初十日卒正德
甲戌十一月十八日春秋五十有一卜正德乙亥正月二十
七日葬翱以鮑陂祖塋風氣欠佳掄曲江之側定新塋啓厥
祖壙遷之中以公從昭穴葬焉先期衰絰乞銘余誌而銘之
銘曰
曲江之滸風味悠然長樂伊左終南在前山水掩映萬世綿
綿伊誰與俱
皇明張氏之原
正德甲戌十二月二十日製
長安蕭滋鐫

明將仕郎
秦府引禮
張公之墓

一八七　明秦府引禮張公（鎡）墓誌銘

正德十年（一五一五）正月二十七日

石質。平頂蓋。蓋長四九、寬四九、厚八厘米。蓋文三行，滿行四字，陰刻篆書。誌長四八點五、寬四九點五、厚八厘米。誌文二五行，滿行二四字。正書，無界格。

二〇〇二年出土於西安市雁塔區曲江街道孟村，西安理工大學曲江校區工地三區三五號墓。

一八八　明西安府道紀司正都紀傅公隱德（希成）壽誌銘

嘉靖七年（一五二八）閏十月二十二日

石質。平頂蓋。蓋長六二、寬六二、厚一〇厘米。蓋文四行，滿行四字，陰刻篆書。蓋頂四周綫刻纏枝蔓草帶。誌長六四、寬六二、厚一二厘米。誌文二八行，滿行三〇字。正書，無界格。誌面四周綫刻纏枝蔓草帶。

出土時地暫不詳。

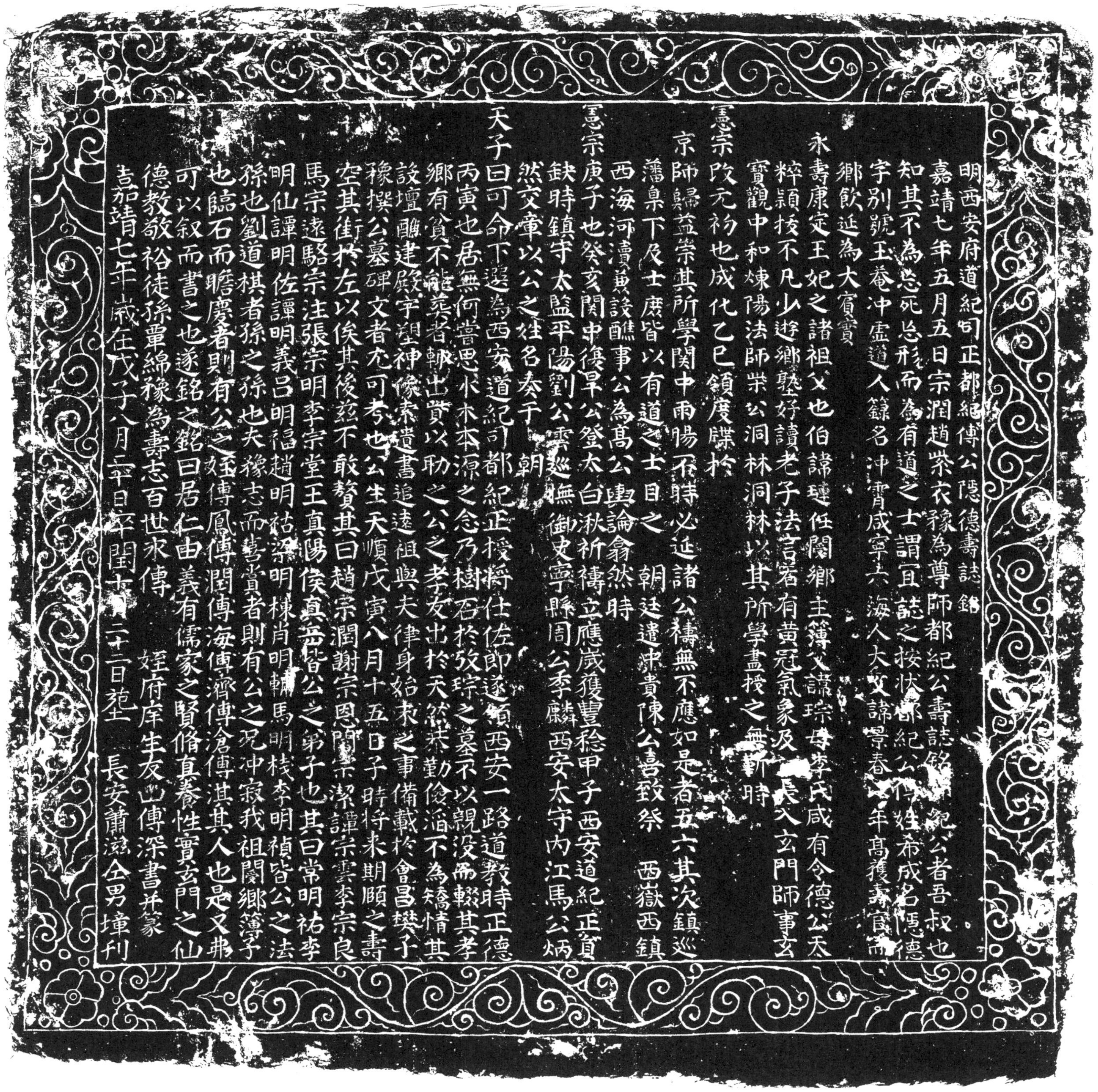

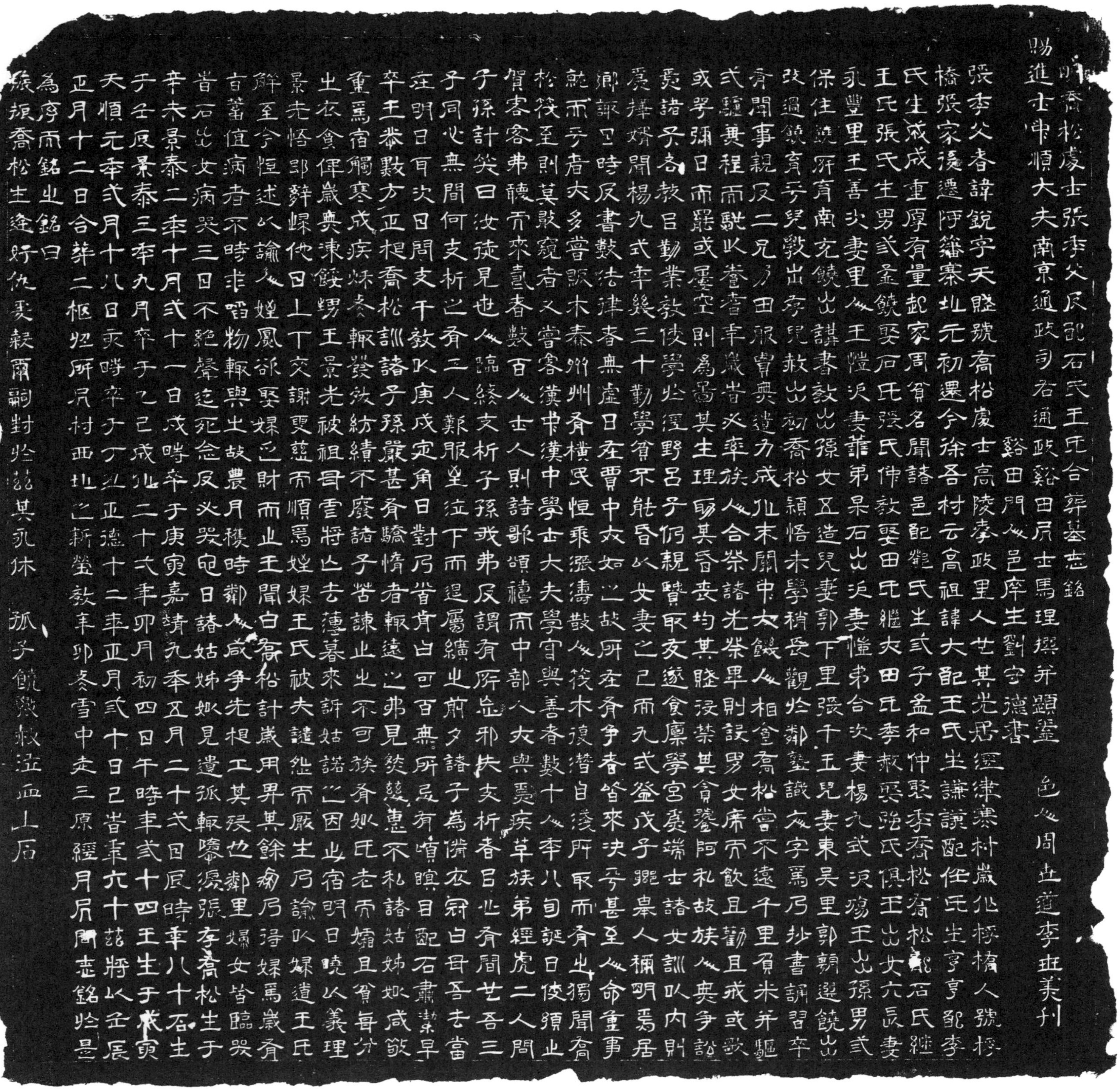

一八九　明喬松處士張季父（鋭）及配石氏王氏合葬墓誌銘

嘉靖十一年（一五三二）正月十二日

石質。平頂蓋。蓋長六四、寬六三點五、厚八點四厘米。蓋文五行，滿行二字，陰刻篆書。蓋頂四周刻單綫框。誌長六四、寬六三點五、厚八點五厘米。誌文三五行，滿行三五字。隸書，無界格。

二〇一五年三月出土於西安市高陵縣姬家鄉徐吾村，涇欣園住宅小區三期工地五三號墓。

一九〇　明秦藩宗室輔國將軍蘭齋公（朱秉柀）壙誌銘

嘉靖十四年（一五三五）七月二十六日

石質。平頂蓋。蓋長六四、寬六四、厚九厘米。蓋文四行，滿行四字，陰刻篆書。蓋頂四周減地綫刻雲龍紋帶。誌長六四點五、寬六四、厚九厘米。誌裂爲四段，中上部殘損。誌文二八行，滿行三二字。正書，無界格。誌面四周減地綫刻雲龍紋帶。

出土時地暫不詳。

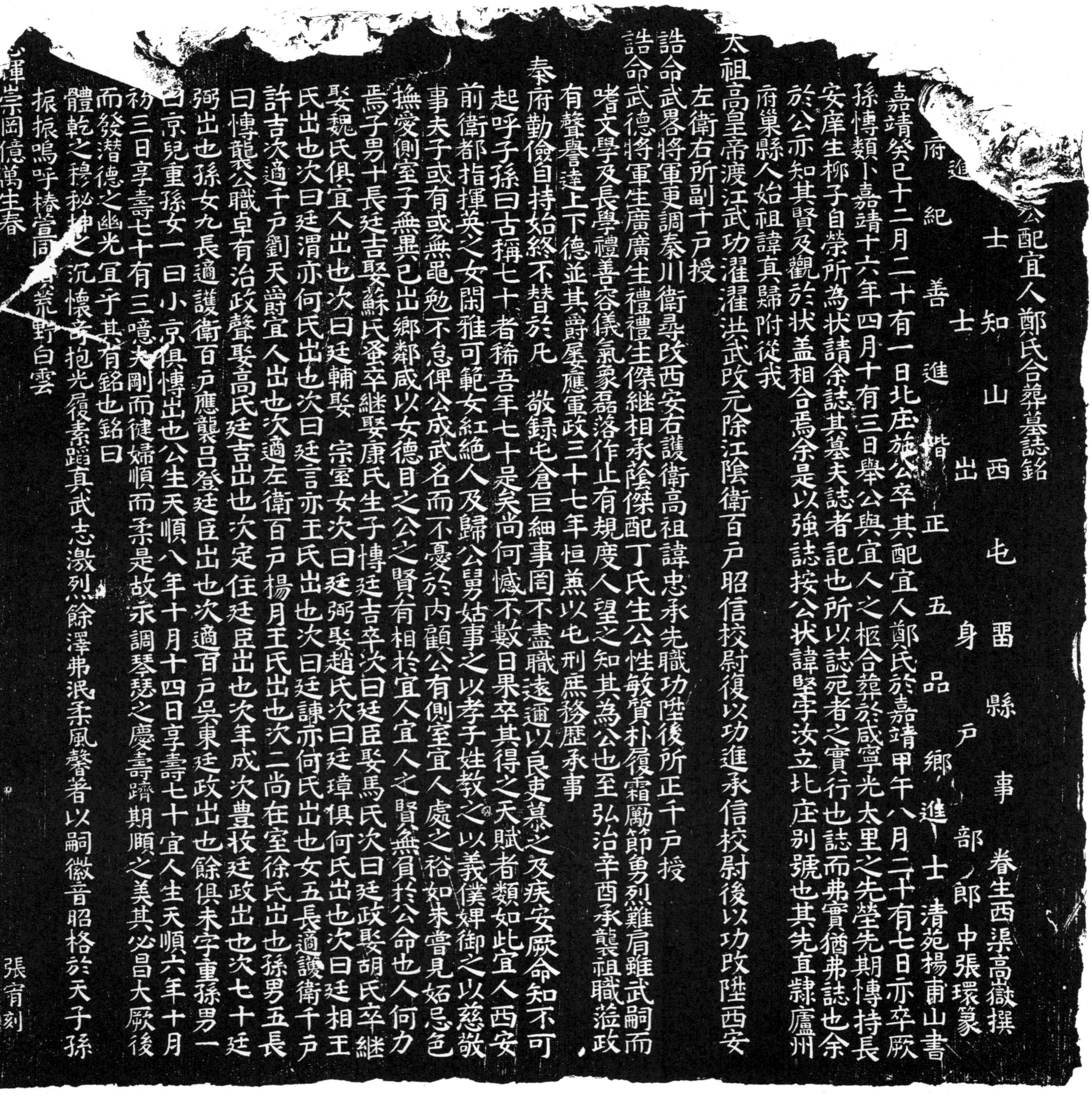
公配宜人鄭氏合葬墓誌銘
士知山西屯畱縣事眷生西渠高嶽撰
進士出身戶部郎中張環篆
府紀善進階正五品鄉進士清苑楊甫山書
嘉靖癸巳十二月二十有一日北庄施公卒其配宜人鄭氏於嘉靖甲午八月二十有七日亦卒厥
孫慱類卜嘉靖十六年四月十有三日舉公與宜人之柩合葬於咸寧光太里之先塋先期慱持長
安庠生柳子自榮所為狀請余誌其墓夫誌者記也所以誌死者之實行也誌而弗實猶弗誌也余
於公亦知其賢及觀於狀盖相合焉余是以強誌按公狀諱堅字汝立北庄别號也其先直隷廬州
府巢縣人始祖諱真歸附從我
太祖高皇帝渡江武功濯濯洪武改元除江陰衛百戶昭信校尉復以功進承信校尉後以功改陞西安
左衛右所副千戶授
誥命武畧將軍更調秦川衛尋改西安右護衛高祖諱忠承先職功陞後所正千戶授
誥命武德將軍生廣廣生禮禮生傑継相承蔭傑配丁氏生公性敏質朴履霜勵節勇烈難肩雖武嗣而
嗜文學及長學禮善容儀氣象磊落作止有規度人望之知其為公也至弘治辛酉承襲祖職蒞政
有聲譽達上下德並其爵屢應軍政三十七年恒蕉以屯刑庶務歷承事
秦府勤儉自持始終不替於凡 敬録屯倉巨細事罔不盡職遠邇以良吏慕之及疾安厥命知不可
起呼子孫曰古稱七十者稀吾年七十足矣尚何憾不數日果卒其得之天賦者類如此宜人西安
前衛都指揮英之女閑雅可範女紅絶人及歸公舅姑事之以孝子姪教之以義僕婢御之以慈敬
事夫子或有或無黽勉不怠俾公成武名而不憂於内顧公有側室宜人處之裕如未嘗見妬忌色
撫愛側室子無異己出鄉鄰咸以女德目之公之賢有相於宜人之賢無負於公命也人何力
焉子男十長廷吉娶蘇氏蚤卒継娶康氏生子慱廷吉卒次曰廷臣娶馬氏次曰廷政娶胡氏卒継
娶魏氏俱宜人出也次曰廷輔娶 宗室女次曰廷弼娶趙氏次曰廷璋俱何氏出也次曰廷相王
氏出也次曰廷渭亦何氏出也次曰廷言亦王氏出也次曰廷諫亦何氏出也女五長適護衛千戶
許吉次適千戶劉天爵宜人出也次適左衛百戶楊月王氏出也次二尚在室徐氏出也孫男五長
曰慱襲公職卓有治政聲娶高氏廷吉出也次定任廷臣出也次年成次豊妝廷政出也次七十廷
弼出也孫女九長適護衛百戶應襲呂登廷臣出也次適百戶吳東廷政出也餘俱未字重孫男一
曰京兒重孫女一曰小京俱慱出也公生天順八年十月十四日享壽七十宜人生天順六年十月
初三日享壽七十有三噫夫剛而健婦順而柔是故永調琴瑟之慶壽躋期頤之美其必昌大厥後
而發潛德之幽光宜乎其有銘也銘曰
體乾之穆秘坤之沉懷音抱光履素蹈真武志激烈餘澤弗泯柔風馨著以嗣徽音昭格於天子孫
振振嗚呼椿萱同荒野白雲
惲崇岡億萬生春
張宥刻

明武德將
軍施公配
宜人鄭氏
合葬之墓

一九一　明武德將軍施公（堅）配宜人鄭氏合葬墓誌銘

嘉靖十六年（一五三七）四月十三日

石質。平頂蓋。蓋長六二、寬六二、厚九點三厘米。蓋文四行，滿行四字，陰刻篆書。誌長六二、寬六三、厚八點三厘米。誌上端稍殘。誌文三三行，滿行三八字。正書，無界格。

出土時地暫不詳。

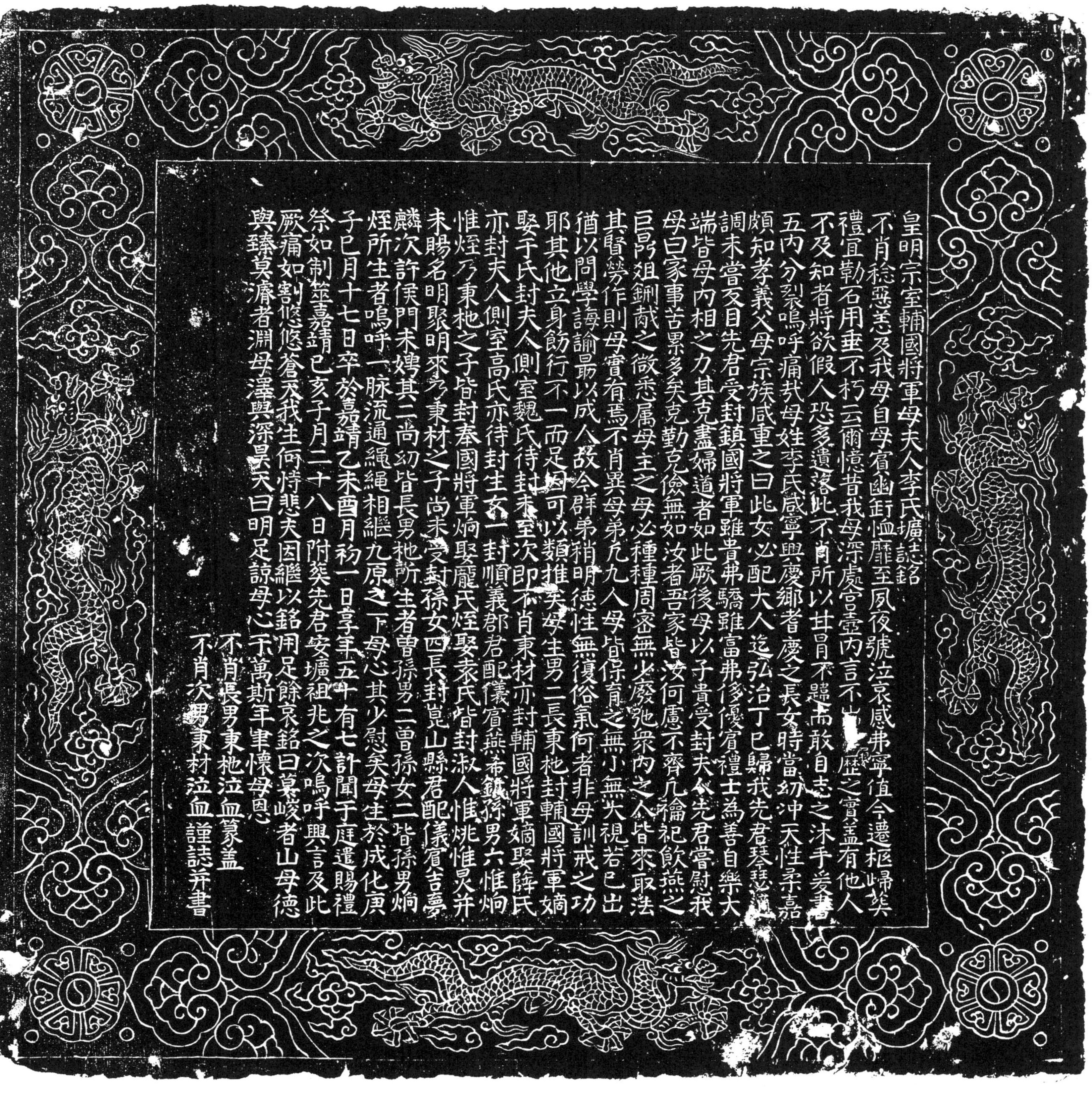

皇明宗室
輔國將軍
母夫人李
氏壙誌銘

一九二　明宗室輔國將軍（朱秉材）母夫人李氏壙誌銘

嘉靖十八年（一五三九）十一月二十八日

石質。平頂蓋。蓋長六一、寬六一點五、厚九點五厘米。蓋文四行，滿行四字，陰刻篆書。蓋頂四周綫刻雲龍紋帶。誌長六二點五、寬六二點五、厚一〇厘米。誌文二三行，滿行三〇字。正書，無界格。誌面四周綫刻雲龍紋帶。

出土時地暫不詳。

一九三　明樂人韓君（希）墓誌銘

嘉靖二十四年（一五四五）四月十七日

石質。蓋不詳。誌長四八點五、寬八〇、厚八厘米。誌文三三行，滿行二五字。正書，無界格。

出土時地暫不詳。

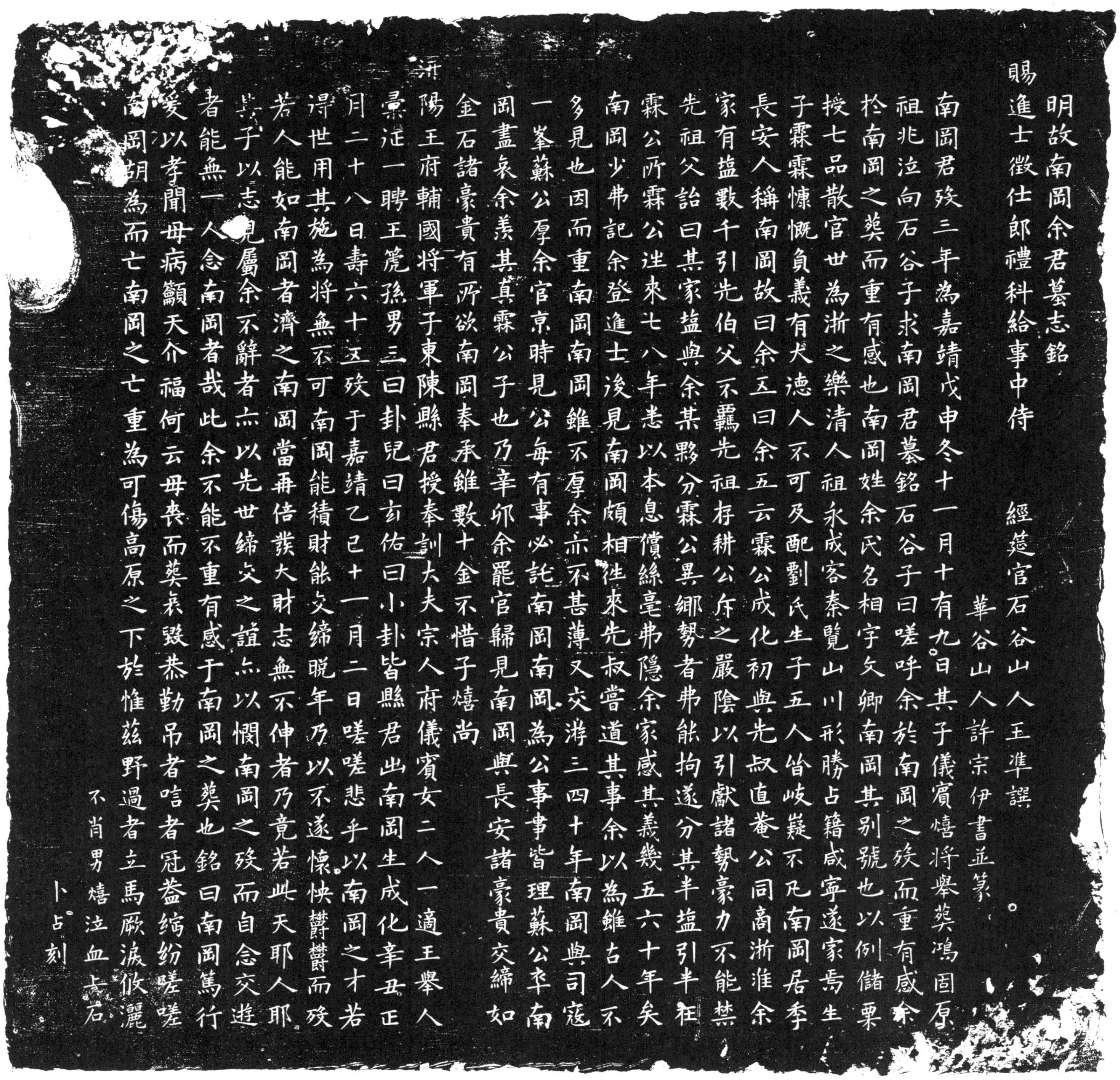
明故南岡余君墓志銘
賜進士徵仕郎禮科給事中侍經筵官石谷山人王準譔
華谷山人許宗伊書並篆。
南岡君歿三年為嘉靖戊申冬十一月十有九日其子儀賓憘將舉葬鴻固原
祖兆泣向石谷子求南岡君墓銘石谷子曰嗟呼余於南岡之歿而重有感余
於南岡之葬而重有感也南岡姓余氏名相字文卿南岡其別號也以例儲粟
授七品散官世為淅之樂清人祖永成客秦覽山川形勝占籍咸寧遂家焉生
子霖霖慷慨負義有犬德人不可及配劉氏生子五人皆岐嶷不凡南岡居季
長安人稱南岡故曰余五曰余五云霖公成化初與先叔直菴公同商淅淮余
家有鹽數千引先伯父不覊先祖存耕公斥之嚴陰以引獻諸勢豪力不能禁
先祖父詒曰其家鹽與余其夥分霖公異鄉勢者弗能拘遂分其半鹽引半在
霖公所霖公往來七八年悉以本息償絲毫弗隱余家感其義幾五六十年矣
南岡少弗記余登進士後見南岡頗相往來先叔嘗道其事余以為雖古人不
多見也因而重南岡南岡雖不厚余亦不甚薄又交游三四十年南岡與司寇
一峯蘇公厚余官京時見公每有事必託南岡南岡為公事事皆理蘇公卒南
岡盡哀余羨其真霖公子也乃辛卯余罷官歸見南岡與長安諸豪貴交締如
金石諸豪貴有所欲南岡奉承雖數十金不惜子憘尚
汧陽王府輔國將軍子東陳縣君授奉訓大夫宗人府儀賓女二人一適王舉人
景汪一聘王篪孫男三曰卦兒曰玄佑曰小卦皆縣君出南岡生成化辛丑正
月二十八日壽六十五歿于嘉靖乙巳十一月二日嗟嗟悲乎以南岡之才若
得世用其施為將無不可南岡能積財能交締晚年乃以不遂懷怏鬱鬱而歿
若人能如南岡者濟之南岡當再倍蓰大財志無不伸者乃竟若此天耶人耶
其子以志見屬余不辭者亦以先世締交之誼亦以憫南岡之歿而自念交遊
者能無一人念南岡者哉此余不能不重有感于南岡之葬也銘曰南岡篤行
愛以孝聞母病籲天介福何云毋喪而葬哀毀恭勤吊者咭者冠蓋繽紛嗟嗟
南岡胡為而亡南岡之亡重為可傷高原之下於惟茲野過者立馬厥淚攸灑
不肖男憘泣血上石
卜占刻

明故南
岡余君
墓志銘

一九四　明故南岡余君（相）墓誌銘

嘉靖二十七年（一五四八）十一月十九日

石質。平頂蓋。蓋長六〇、寬六〇、厚一〇厘米。蓋文三行，滿行三字，陰刻篆書。誌長六二、寬六二、厚一〇厘米。誌文二八行，滿行三一字。正書，無界格。

二〇〇二年出土於西安市雁塔區曲江街道孟村，西安理工大學曲江校區工地二區七號墓。

一九五　明秦藩臨潼王府奉國將軍（朱惟㷬）淑人梁氏合葬壙誌銘蓋

嘉靖三十一年（一五五二）十月二十六日

石質。平頂蓋，右下角殘缺。蓋長七二、寬七二、厚一二點五厘米。蓋文五行，滿行四字，陰刻篆書。蓋頂四周減地綫刻龍鳳紋帶。《新中國出土墓誌・陝西叁》描述該壙誌長、寬皆九二厘米，或誤。

出土時地暫不詳。

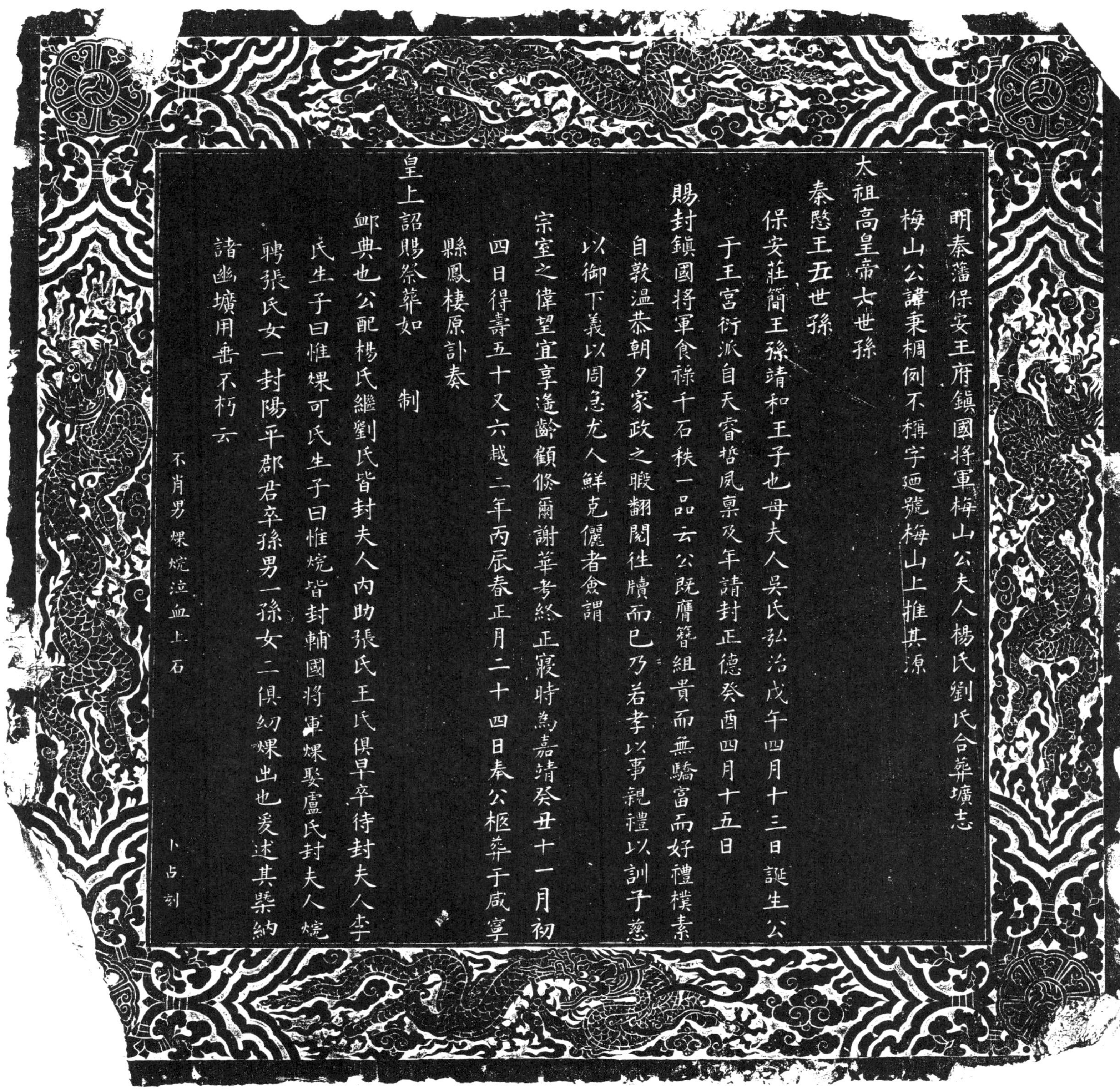

明秦藩保安王府鎮國将軍梅山公夫人楊氏劉氏合葬壙志
梅山公諱秉棡例不稱字廼號梅山上推其源
太祖高皇帝七世孫
秦愍王五世孫
保安莊簡王孫靖和王子也母夫人吴氏弘治戊午四月十三日誕生公
于王宫衍派自天睿哲夙稟及年請封正德癸酉四月十五日
賜封鎮國将軍食祿千石秩一品云公既膺簪組貴而無驕富而好禮樸素
自敦温恭朝夕家政之暇翻閱往牘而已乃若孝以事親禮以訓子慈
以御下義以周急尤人鮮克儷者僉謂
宗室之偉望宜享遐齡顧倐爾謝華考終正寢時為嘉靖癸丑十一月初
四日得壽五十又六越二年丙辰春正月二十四日奉公柩葬于咸寧
縣鳳棲原訃奏
皇上詔賜祭葬如　制
卹典也公配楊氏繼劉氏皆封夫人内助張氏王氏俱早卒待封夫人李
氏生子曰惟⿰火果可氏生子曰惟烷皆封輔國将軍⿰火果娶盧氏封夫人烷
聘張氏女一封陽平郡君卒孫男一孫女二俱幼⿰火果出也爰述其槩納
諸幽壙用垂不朽云
不肖男　⿰火果　烷　泣血上石　卜占刻

一九六　明秦藩保安王府鎮國將軍梅山公（朱秉棡）夫人楊氏劉氏合葬壙誌

嘉靖三十五年（一五五六）正月二十四日

石質。蓋不詳。誌長七〇、寬七〇點五、厚一〇點五厘米。誌左下角稍殘。誌文一八行，滿行三〇字。正書，無界格。誌面四周減地綫刻雲龍紋帶。

出土時地暫不詳。

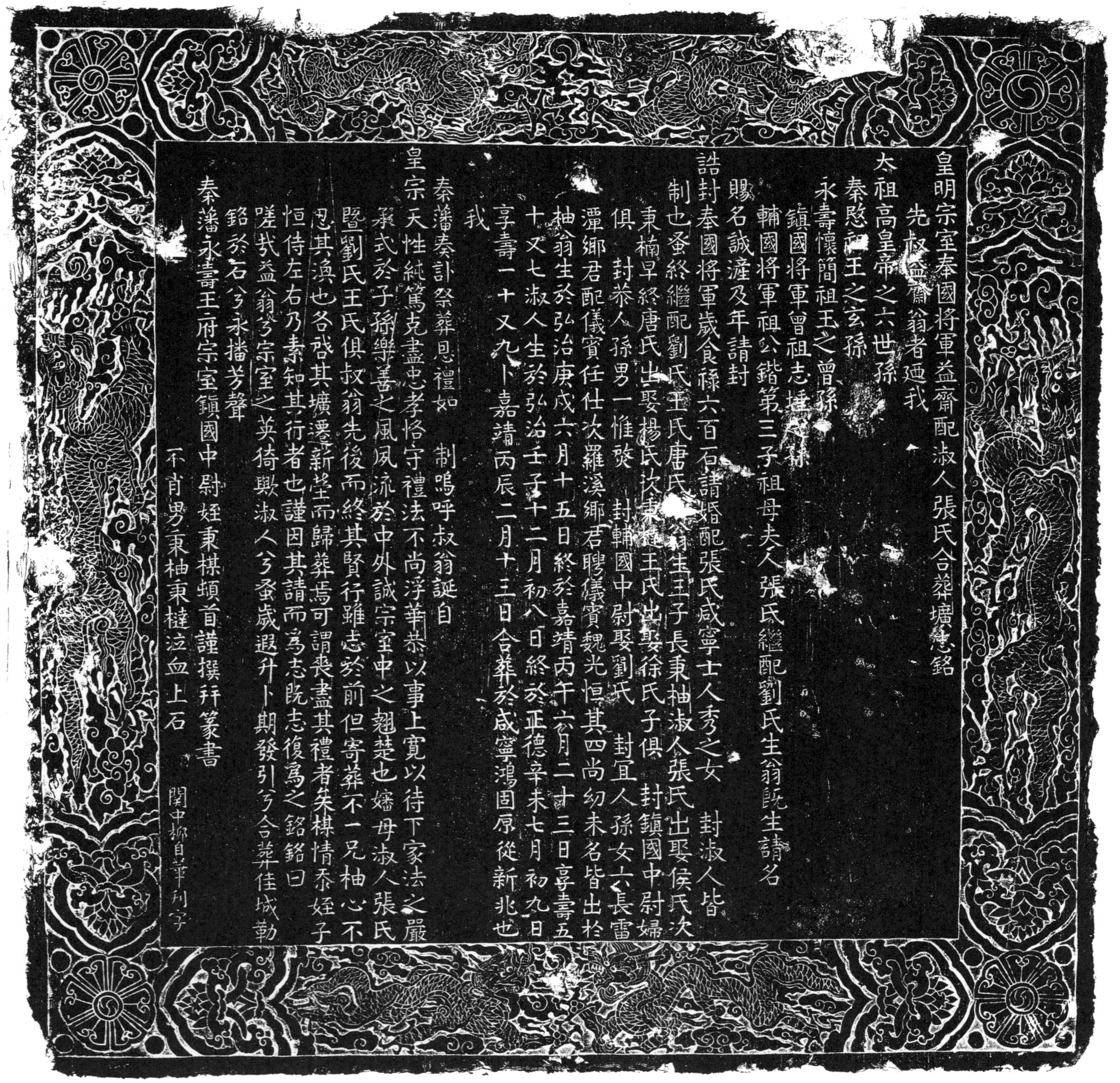
皇明宗室奉國将軍益齋配淑人張氏合葬壙誌銘
先叔益齋翁者廼我
太祖高皇帝之六世孫
秦愍王之玄孫
永壽懷簡王之曾孫
鎮國将軍曾祖志埵之孫
輔國将軍祖公鍇第三子祖母夫人張氏繼配劉氏生翁既生請名
賜名誠澭及年請封
誥封奉國将軍歲食祿六百石請婚配張氏咸寧士人秀之女　封淑人皆
制也蚤終繼配劉氏王氏唐氏翁生王子長秉柚淑人張氏出娶侯氏次
秉楠早終唐氏出娶楊氏次秉樓王氏出娶徐氏子俱　封鎮國中尉婦
俱　封恭人孫男一惟𤆹　封輔國中尉娶劉氏　封宜人孫女六長雷
潭鄉君配儀賓任仕次羅溪鄉君聘儀賓魏光恒其四尚幼未名皆出於
柚翁生於弘治庚戌六月十五日終於嘉靖丙午六月二十三日享壽五
十又七淑人生於弘治壬子十二月初八日終於正德辛未七月初九日
享壽一十又九卜嘉靖丙辰二月十三日合葬於咸寧鴻固原從新兆也
我
秦藩奏訃祭葬恩禮如　制嗚呼叔翁誕自
皇宗天性純篤克盡忠孝恪守禮法不尚浮華恭以事上寛以待下家法之嚴
承式於子孫樂善之風夙流於中外誠宗室中之翹楚也嬸母淑人張氏
暨劉氏王氏俱叔翁先後而終其賢行雖志於前但寄葬不一兄柚心不
忍其涣也各啓其壙遷新塋而歸葬焉可謂喪盡其禮者矣棋情忝姪子
恒侍左右乃素知其行者也謹因其請而爲志既志復爲之銘銘曰
嗟哉益翁兮宗室之英猗歟淑人兮蚤歲遐升卜期發引兮合葬佳城勒
銘於石兮永播芳聲
秦藩永壽王府宗室鎮國中尉姪秉棋頓首謹撰幷篆書
不肖男秉柚秉樓泣血上石
關中抑自華刊字

皇明宗室
奉國將軍
益齋配淑
人張氏合
葬壙誌銘

一九七　明宗室奉國將軍益齋（朱誠澭）配淑人張氏合葬壙誌銘

嘉靖三十五年（一五六六）二月十三日

石質。平頂蓋，橫向裂爲兩段。蓋長七二、寬七二、厚一一厘米。蓋文五行，滿行四字，陰刻篆書。蓋頂四周減地綫刻雲龍紋帶，上下爲二龍戲珠。誌長七二、寬七二點七、厚一二點四厘米。誌文二七行，滿行二八字。正書，無界格。誌面四周減地綫刻雲龍紋帶，上下爲二龍戲珠。

出土時地暫不詳。

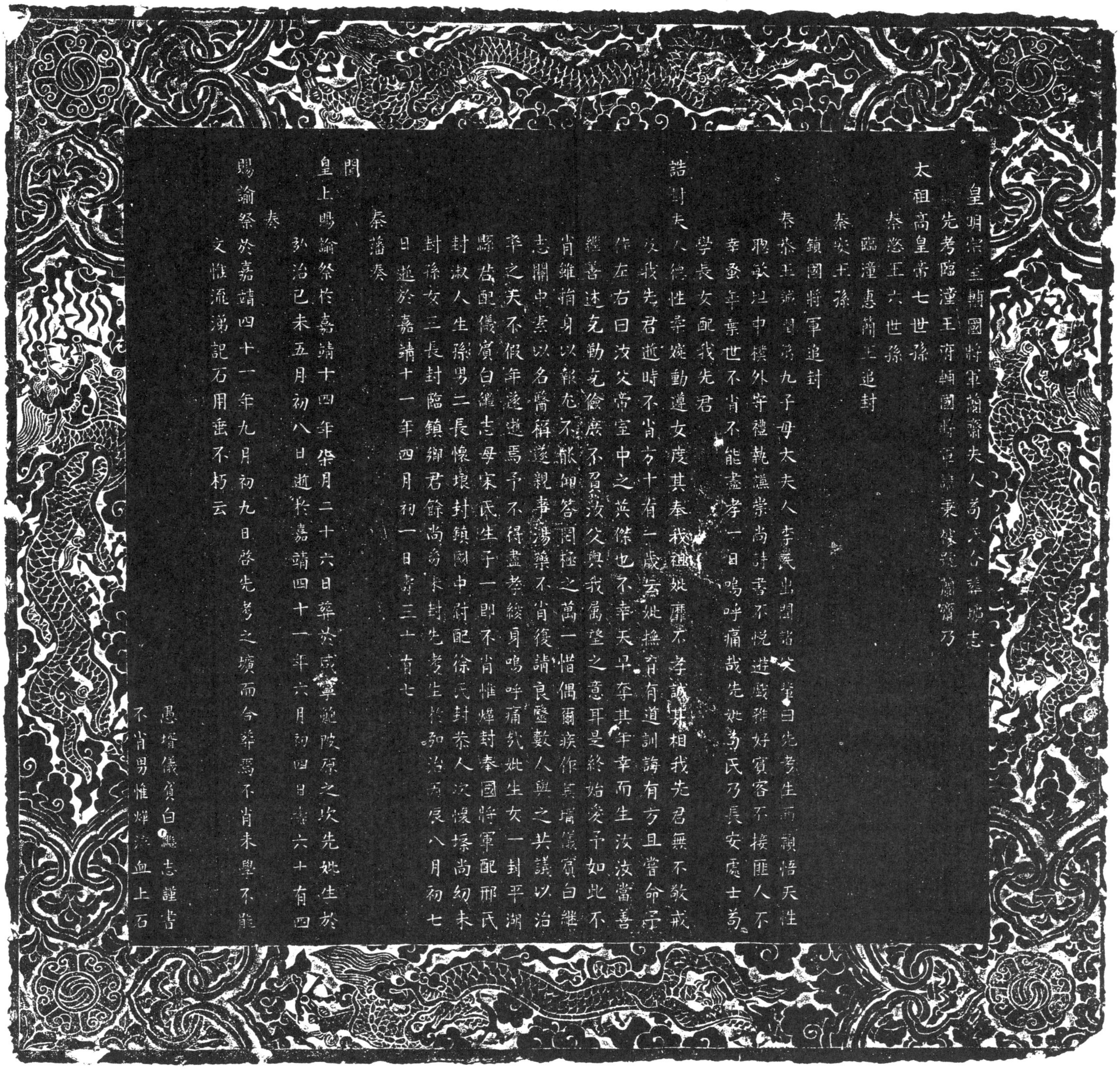
皇明宗室輔國將軍蘭齋夫人荀氏合葬壙志
先考臨潼王府輔國將軍諱秉柀號蘭齋乃
太祖高皇帝七世孫
秦愍王六世孫
臨潼惠簡王追封
秦安王孫
鎮國將軍追封
秦恭王誠冒弟九子母太夫人李氏出閨諸父輩曰先考生而穎悟天性
聰敏廹中樸外守禮執謙崇尚詩書不悅遊戲雅好賓客不接匪人不
幸蚤年棄世不肖不能盡孝一日嗚呼痛哉先妣荀氏乃長安處士荀
學長女配我先君
誥封夫人德性柔婉動遵女度其奉我祖妣靡不孝謹其相我先君無不敬戒
及我先君逝時不肖方十有一歲吾妣撫育有道訓誨有方且嘗命予
作左右曰汝父帝室中之英傑也不幸天早奪其年幸而生汝汝當善
繼善述克勤克儉庶不忝汝父與我屬望之意耳是終始愛予如此不
肖雖損身以報尤不能仰答罔極之萬一惜偶爾疾作其壻儀賓白繼
志關中素以名醫稱遂親事湯藥不肖復請良醫數人與之共議以治
卒之天不假年遂逝焉予不得盡孝終身嗚呼痛哉妣生女一封平湖
縣君配儀賓白繼志母宋氏生子一即不肖惟煇封奉國將軍配邢氏
封淑人生孫男二長懷埌封鎮國中尉配徐氏封恭人次懷𡊮尚幼未
封孫女二長封臨鎮鄉君餘尚幼未封先考生於弘治丙辰八月初七
日逝於嘉靖十一年四月初一日壽三十有七
秦藩奏
聞
皇上賜諭祭於嘉靖十四年柒月二十六日葬於咸寧鮑陂原之次先妣生於
弘治己未五月初八日逝於嘉靖四十一年六月初四日壽六十有四
奏
賜諭祭於嘉靖四十一年九月初九日啓先考之壙而合葬焉不肖未學不能
文惟流涕記石用垂不朽云
愚壻儀賓白繼志謹書
不肖男惟煇泣血上石

大明秦藩宗
室輔國將軍
蘭齋誥封夫
人荀氏合葬
壙志

一九八　明宗室輔國將軍蘭齋（朱秉柀）夫人荀氏合葬壙誌

嘉靖四十一年（一五六二）九月初九日

石質。平頂蓋。蓋長六三點五、寬六三點五、厚九點七厘米。蓋文五行，滿行六字，陰刻篆書。蓋頂四周減地綫刻雲龍紋帶。誌長六四、寬六四、厚八點五厘米。誌文二九行，滿行二七字。正書，無界格。誌面四周減地綫刻雲龍紋帶。

出土時地暫不詳。

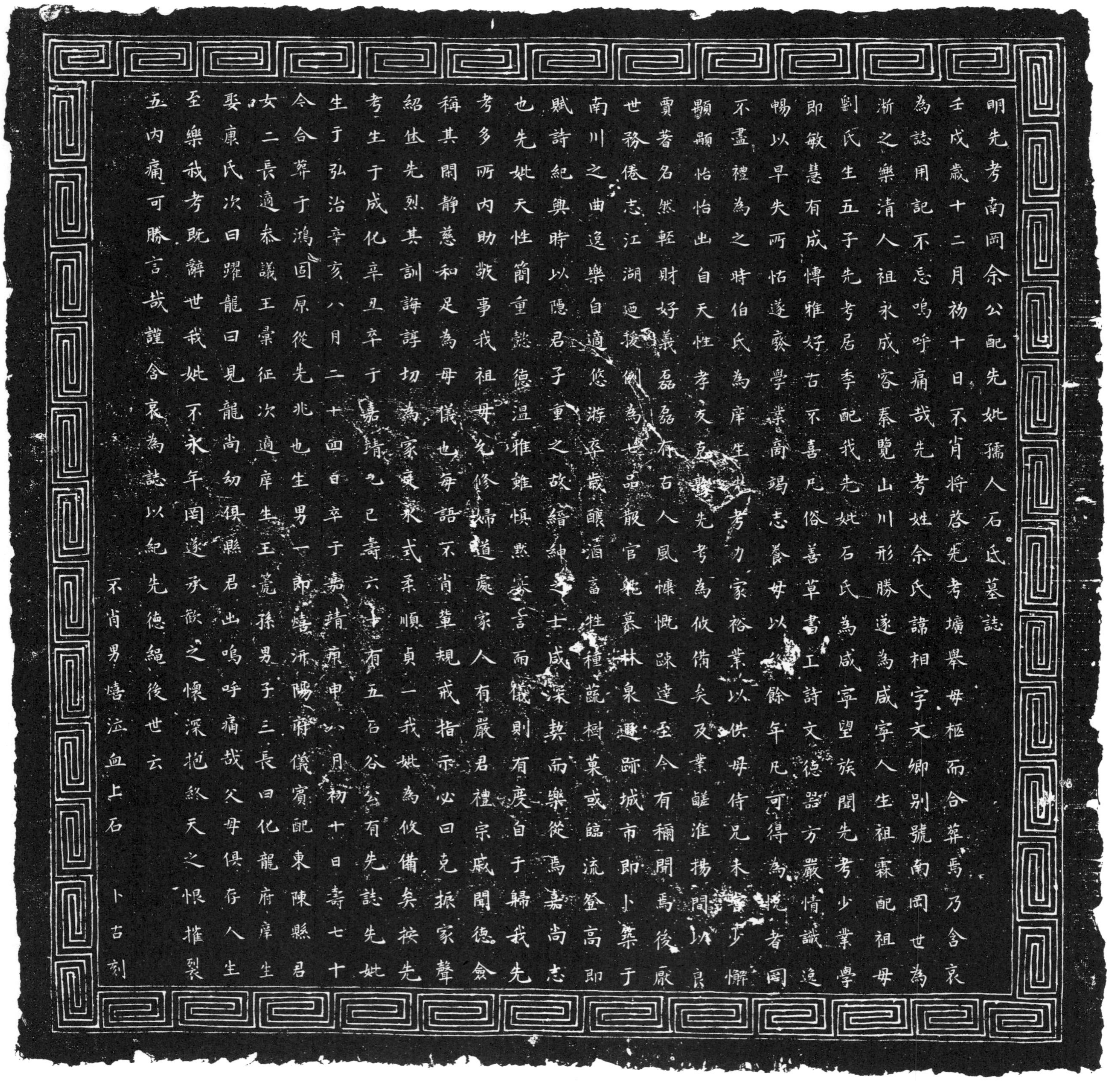

一九九　明先考南岡余公（相）配先妣孺人石氏墓誌

嘉靖四十一年（一五六二）十二月初十日

石質。平頂蓋。蓋長六七、寬六七、厚八厘米。蓋文四行，滿行四字，陰刻篆書。蓋頂四周綫刻勾連雲紋。誌長六六點五、寬六七點五、厚八厘米。誌文二五行，滿行二六字。正書，無界格。誌面四周綫刻勾連雲紋。

二〇〇二年出土於西安市雁塔區曲江街道孟村，西安理工大學曲江校區工地二區七號墓。

明處士面
山張公配
石氏高氏
合葬之墓

二〇〇　明故處士面山張公（饒）暨配石氏高氏合葬墓誌銘

隆慶元年（一五六七）三月十七日

石質。平頂蓋。蓋長六二、寬六四、厚八厘米。蓋文四行，滿行四字，陰刻飛白隸書。蓋頂四周綫刻忍冬。誌長六五、寬六五、厚一〇厘米。誌文三八行，滿行三八字。正書，有界格。

二〇一五年七月出土於西安市高陵縣姬家鄉徐吾村，涇欣園住宅小區三期工地五五號墓。

明徽州府
照磨臨涇
張公配田
氏合葬墓

二〇一　明故徽州府臨涇照磨臨涇張公（斅）暨配田氏合葬墓誌銘

隆慶元年（一五六七）三月十七日

石質。平頂蓋。蓋長六四、寬六四、厚一〇厘米。蓋文四行，滿行四字，陰刻飛白隸書。蓋頂四周綫刻忍冬。誌長六四、寬六四、厚九點五厘米。誌文三七行，滿行三七字。正書，無界格。誌面四周綫刻單綫框。

二〇一五年三月出土於西安市高陵縣姬家鄉徐吾村，涇欣園住宅小區三期工地五四號墓。

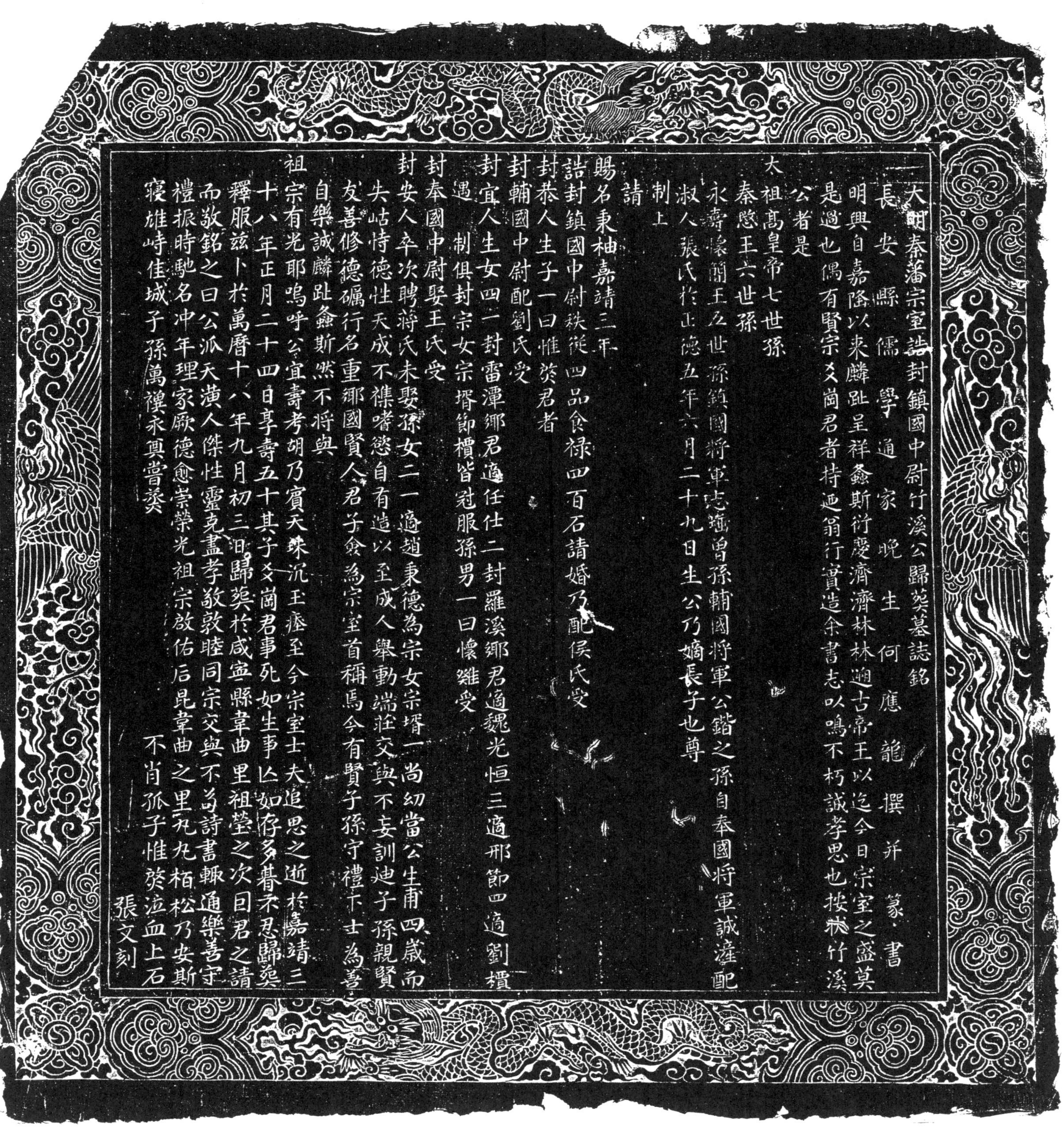

大明秦藩宗室誥封鎮國中尉竹溪公歸葬墓誌銘
長安縣儒學通家晚生何應龍撰并篆書
明興自嘉隆以來麟趾呈祥螽斯衍慶濟濟林林迴古帝王以迄今日宗室之盛莫
是過也偶有賢宗叉崗君者持廼翁行實造余書志以鳴不朽誠孝思也按狀竹溪
公者是
太祖高皇帝七世孫
秦愍王六世孫
永壽懷簡王五世孫鎮國將軍忠鑑曾孫輔國將軍公鍇之孫自奉國將軍誠濬配
淑人張氏於正德五年六月二十九日生公乃嫡長子也尊
制上
請
賜名秉柚嘉靖三年
誥封鎮國中尉秩從四品食祿四百石請婚乃配侯氏受
封恭人生子一曰惟棻君者
封輔國中尉配劉氏受
封宜人生女四一封雷潭鄉君適任仕二封羅溪鄉君適魏光恒三適邢節四適劉櫝
遇制俱封宗女宗壻節櫝皆冠服孫男一曰懷雛受
封安人卒次聘蔣氏未娶孫女二一適趙秉德為宗女宗壻一尚幼當公生甫四歲而
失怙恃德性天成不襍嗜慾自有造以至成人舉動端莊交與不妄訓廸子孫親賢
友善修德礪行名重鄉國賢人君子僉為宗室首稱焉今有賢子孫守禮下士為善
封奉國中尉娶王氏受
自樂誠麟趾螽斯然不將與
祖宗有光耶嗚呼公宜壽考胡乃賓天殊沉王痊至今宗室士大追思之逝於嘉靖三
十八年正月二十四日享壽五十其子叉崗君事死如生事亡如存多春不忍歸葬
釋服兹卜於萬曆十八年九月初三日歸葬於咸寧縣韋曲里祖塋之次曰君之請
而敘銘之曰公派天潢人傑性靈克盡孝敬敦睦同宗交與不爲詩書輒通樂善守
禮振時馳名沖年理家厥德愈崇榮光祖宗啟佑后昆韋曲之里丸丸栢松乃安斯
寢雄峙佳城子孫萬禩永奠嘗棻 不肖孤子惟棻泣血上石
張文刻

大明秦藩宗室誥封鎮國中尉竹溪公歸葬墓誌銘

二〇二　明秦藩宗室誥封鎮國中尉竹溪公（朱秉柚）歸葬墓誌銘

萬曆十八年（一五九〇）九月初三

石質。平頂蓋。蓋長五三、寬五三點五、厚九厘米。蓋文五行，滿行四字，陰刻篆書。蓋頂四周減地綫刻龍、鳳紋帶。誌長五五、寬五一、厚一二厘米。誌文二九行，滿行三二字。正書，無界格。誌面四周減地綫刻龍、鳳紋帶。

一九九九年採集於西安市雁塔區曲江街道廟坡頭村，省射擊場工地。

二〇三　明茂才雙栢張公（積）暨配任氏合葬墓誌銘

萬曆三十一年（一六〇三）十一月二十日

石質。平頂蓋。蓋長五六點五、寬五三點八、厚六厘米。蓋文四行，滿行四字，陰刻篆書。誌長五七、寬五三點五、厚八厘米。誌文二九行，滿行三三字。正書，無界格。

二〇一五年五月出土於西安市高陵縣姬家鄉徐吾村，涇欣園住宅小區三期工地五六號墓。

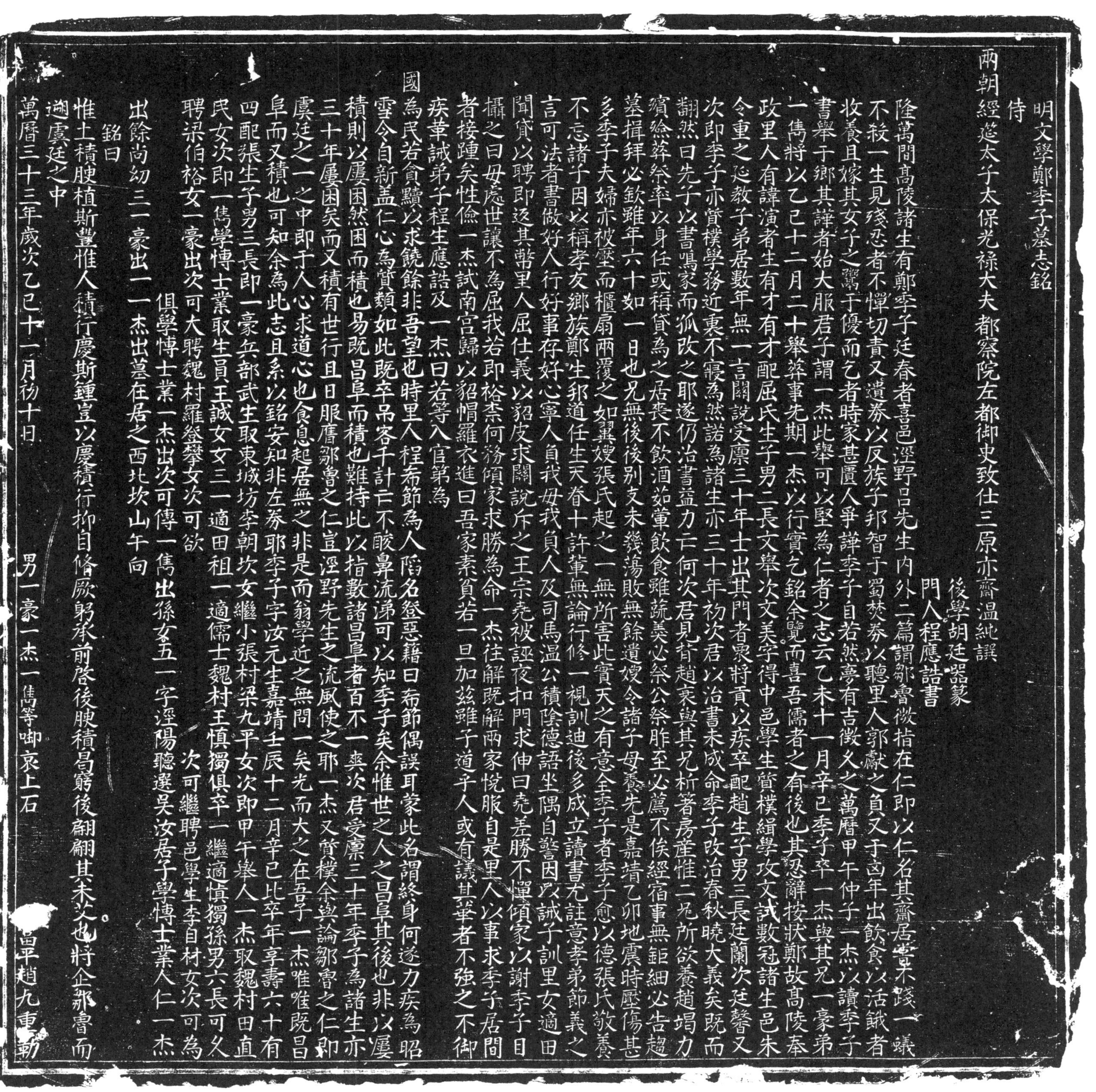

二〇四　明文學鄭季子墓誌銘

萬曆三十三年（一六〇五）十一月初十日

石質。平頂蓋，縱向裂爲兩段。蓋長八三點三、寬七八、厚一一點六厘米。蓋文三行，滿行三字，陰刻篆書。蓋頂四周減地綫刻忍冬。誌長七八、寬七八、厚一三點一厘米。誌文三八行，滿行四四字。正書，無界格。誌面刻單綫框。

出土時地暫不詳。

二〇五　明見山孫公暨妻王氏墓誌銘

萬曆三十六年（一六〇八）四月十七日

石質。蓋不詳。誌長七三、寬七二點五、厚八點五厘米。誌上方題篆書七字。左上小字補刻祔葬内容。誌文三〇行，滿行二八字。正書，無界格。誌面右側局部損泐。

出土時地暫不詳。

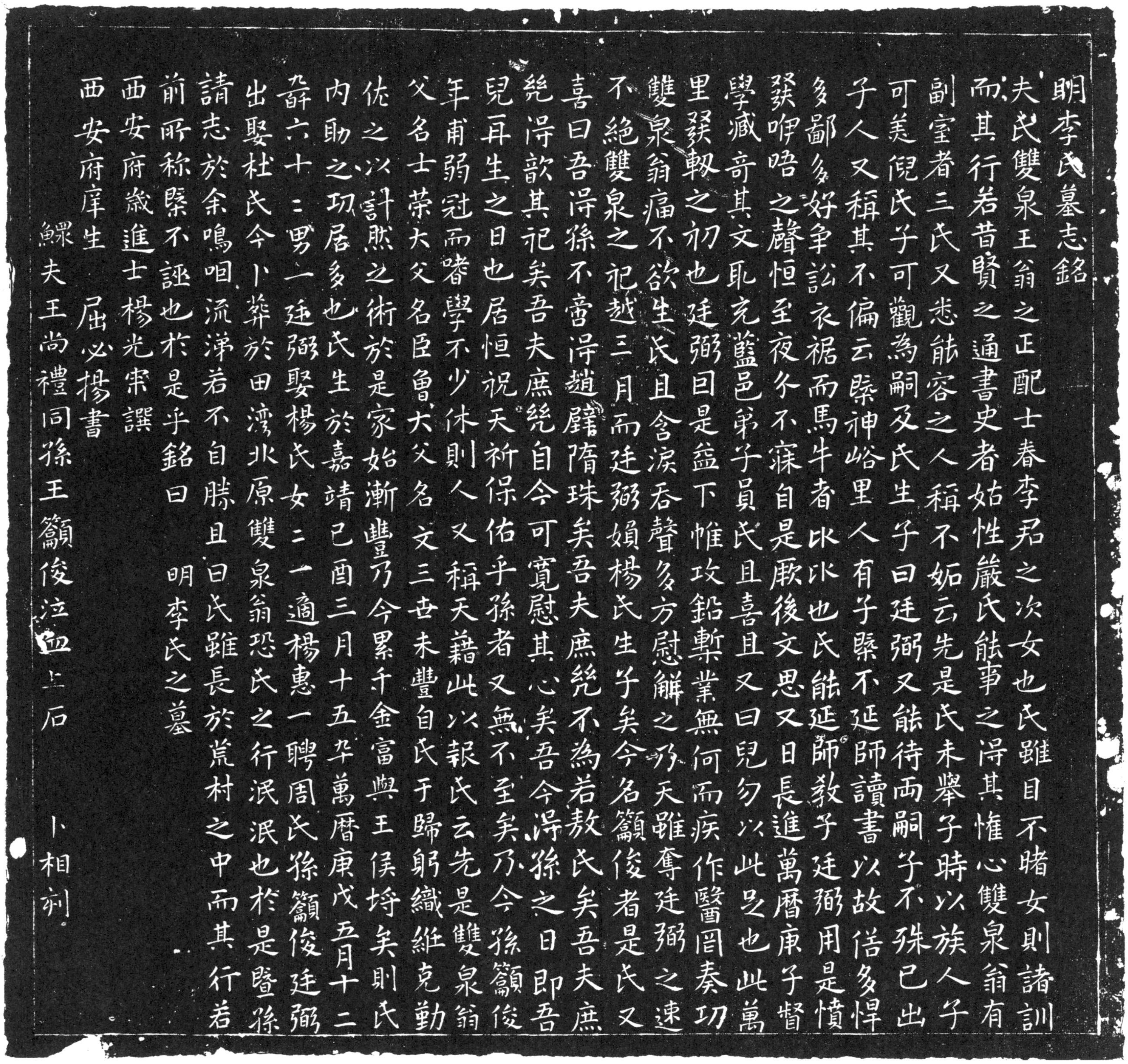
明李氏墓志銘
夫氏雙泉王翁之正配士春李君之次女也氏雖目不睹女則諸訓而其行若昔賢之通書史者姑性嚴氏能事之得其惟心雙泉翁有副室者三氏又悉能容之人稱不妬云先是氏未舉子時以族人子可羨倪氏子可觀為嗣及氏生子曰廷弼又能待兩嗣子不殊已出子人又稱其不偏云縣神峪里人有子縣不延師讀書以故俗多悍多鄙多好爭訟衣裾而馬牛者比比也氏能延師教子廷弼用是憤發咿唔之聲恒至夜分不寐自是厥後文思日長進萬曆庚子督學臧奇其文取充藍邑弟子員氏且喜且又曰兒勿以此足也此萬里發軔之初也廷弼曰是益下帷攻鉛槧業無何而疾作醫罔奏功雙泉翁痛不欲生氏且含淚呑聲多方慰解之乃天雖奪廷弼之速不絶雙泉之祀越三月而廷弼娩楊氏生子矣今名顴俊者是氏又喜曰吾得孫不啻得趙璧隋珠矣吾夫庶絶不為若敖氏矣吾夫庶絶得歆其祀矣吾夫庶絶自今可寬慰其心矣吾今得孫之日即吾兒再生之日也居恒祝天祈保佑乎孫者又無不至矣乃今孫顴俊年甫弱冠而嗜學不少休則人又稱天籍此以報氏云先是雙泉翁父名士榮大父名臣曾大父名文三世未豐自氏于歸躬織紝克勤佐之以計然之術於是家始漸豐乃今累千金富與王侯埒矣則氏內助之功居多也氏生於嘉靖己酉三月十五卒萬曆庚戌五月十二壽六十二男一廷弼娶楊氏女二一適楊惠一聘周氏孫顴俊廷弼出娶杜氏今卜葬於田灣北原雙泉翁恐氏之行泯泯也於是暨孫請志於余嗚咽流涕若不自勝且曰氏雖長於荒村之中而其行若前所稱縣不誣也於是乎銘曰 明李氏之墓
西安府藏進士楊光宗撰
西安府庠生 屈必揚書
鰥夫王尚禮同孫王顴俊泣血上石 卜相刻

二〇六 明（王尚禮妻）李氏墓誌銘

萬曆三十八年（一六一〇）五月十二日

石質。蓋不詳。誌長五五點八、寬五六點六、厚一五點九厘米。誌文二六行，滿行二六字。正書，無界格。誌面四周刻單綫框。

出土時地暫不詳。

明故封奉政大夫工部營繕司郎中伊菴王公暨配贈宜人李氏田氏合葬墓誌銘
賜進士第通議大夫資治尹戶部左侍郎兼翰林院侍讀學士
兩朝實錄副總裁
經筵
日講官闕門盛以弘頓首拜撰
賜進士第承德郎兵科給事中邑人年家眷侍生楊維新述狀
賜進士第奉政大夫山西兵備僉事邑人眷晚生劉復初書丹
賜進士第中憲大夫四川兵備副使邑人眷晚生李仙品篆額

明故誥封奉政
大夫工部營繕
清吏司郎中伊
菴王公暨配誥
贈宜人李氏田
氏合葬墓誌銘

二〇七　明故誥封奉政大夫工部營繕清吏司郎中伊菴王公（訓）暨配誥贈宜人李氏田氏合葬墓誌銘

天啟二年（一六二二）十一月初十日

石質。平頂蓋。蓋長八六、寬八五、厚一六點五厘米。蓋文六行，滿行六字，陰刻篆書。蓋頂四周刻單綫框。誌斷裂，左下部殘佚。誌長八六、寬八五、厚一三厘米。誌文三二行，殘行三四字。正書，無界格。誌面四周綫刻勾連雲紋。

二〇一五年出土於西安市高陵區涇渭街道涇渭路西，姬家安置區工地四號墓。

二〇八　明昭勇將軍崔君淑人細氏合葬墓誌蓋

明（一六四四年之前）

石質。平頂蓋。未見誌。蓋長七〇、寬七〇點五、厚一一厘米。蓋文四行，滿行四字，陰刻篆書。蓋面四周刻雙綫框。

出土時地暫不詳。

二〇九　明故處士桑田崔君合葬墓誌蓋

明（一六四四年之前）

石質。平頂蓋。未見誌。蓋長七六點五、寬七七、厚一〇厘米。蓋文四行，滿行四字，陰刻篆書。題署二行，陰刻草書。蓋面四周刻單綫框。

出土時地暫不詳。

二一〇　明處士雲峯張公配孺人樊氏劉氏史氏合葬墓誌蓋

明（一六四四年之前）

石質。平頂蓋。未見誌。蓋長六〇、寬六二點五、厚九厘米。蓋文六行，滿行六字，陰刻正書。蓋面四周綫刻忍冬。

出土時地暫不詳。

二一一　明昭信校尉西安後衛百户渭川孫公墓誌蓋

明（一六四四年之前）

石質。平頂蓋。誌佚。蓋長六八、寬六九、厚一〇點五厘米。蓋文四行，滿行四字，陰刻篆書。

二〇一〇年三月出土於西安市未央區鳳城四路尤家莊村，中登城市花園住宅小區工地一二九號墓。

二一二　清修明故通奉大夫山西左布政使冀明王公（國相）暨元配誥封夫人亢氏夫人安氏夫人韓氏李氏合葬墓誌銘

順治十八年（一六六一）十一月上澣

石質。平頂蓋。蓋長七一、寬七六、厚一二厘米。蓋文三行，滿行四字，陰刻篆書。誌長七一、寬七六、厚一六點五厘米。誌文四五行，滿行四三字。正書，無界格。

二〇一五年出土於西安市高陵區涇渭街道涇渭路西，姬家安置區工地一號墓。

二一三　清誥封驃騎將軍協鎮西寧副總兵官僉事瑞吾喻公（道貞）暨配劉夫人合葬墓誌銘

康熙二十一年（一六八二）十月二十二日

石質。平頂蓋。蓋長五四點五、寬八〇、厚一七厘米。蓋文八行，滿行五字，陰刻篆書。蓋頂四周刻單綫框。誌長五四點五、寬八〇、厚一七厘米。誌文四二行，滿行三四字。正書，無界格。誌面四周刻單綫框。

出土時地暫不詳。

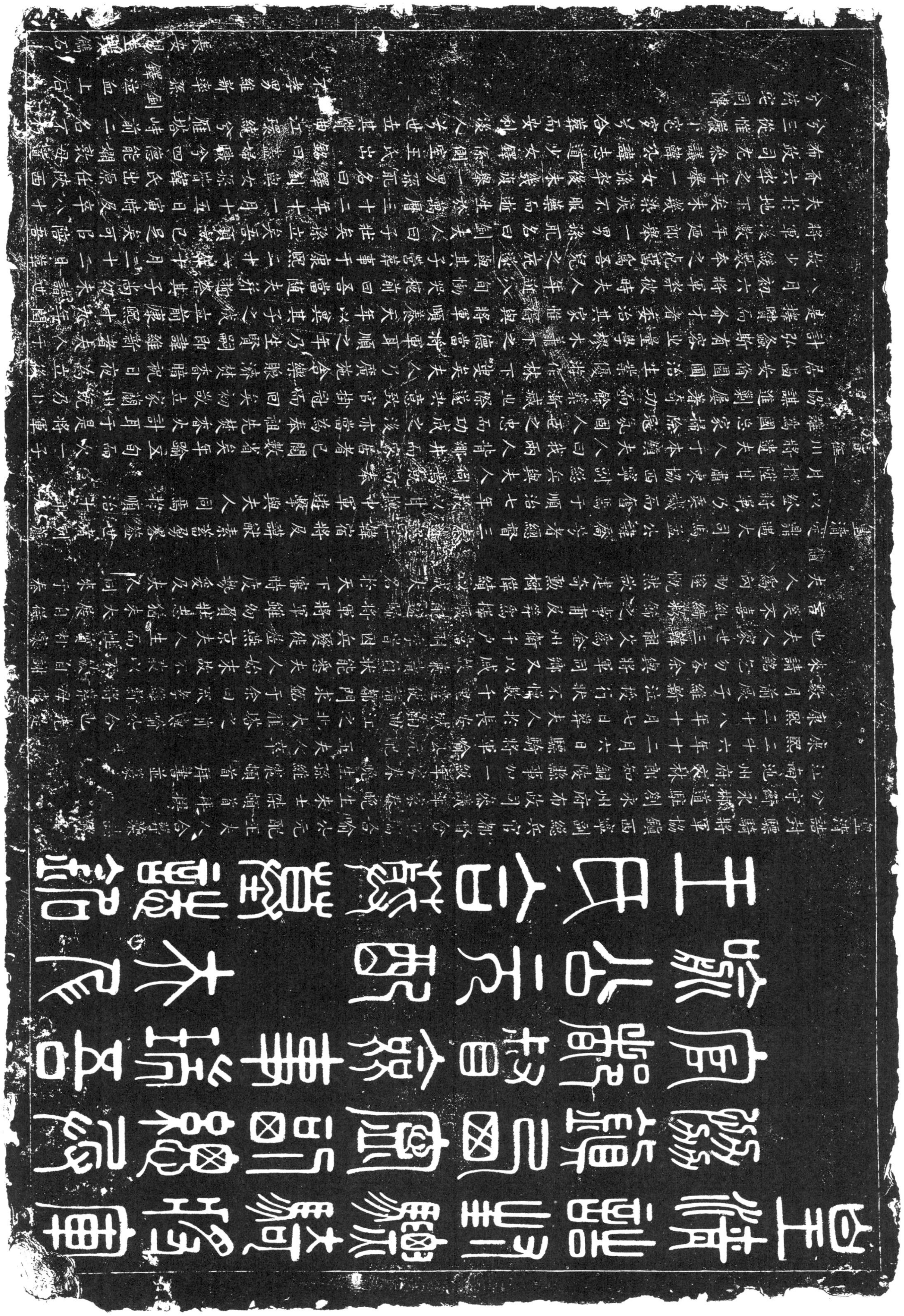

二一四　清誥封驃騎將軍協鎮西寧副總兵官都督僉事瑞吾喻公（道貞）元配王夫人合葬墓誌銘

康熙二十八年（一六八九）十月七日

石質。蓋不詳。誌長六一點五、寬九五、厚一四厘米。誌文正文之前陰刻篆書五行，滿行八字。誌文三〇行，行三二字。正書，無界格。誌面四周刻單線框。

出土時地暫不詳。

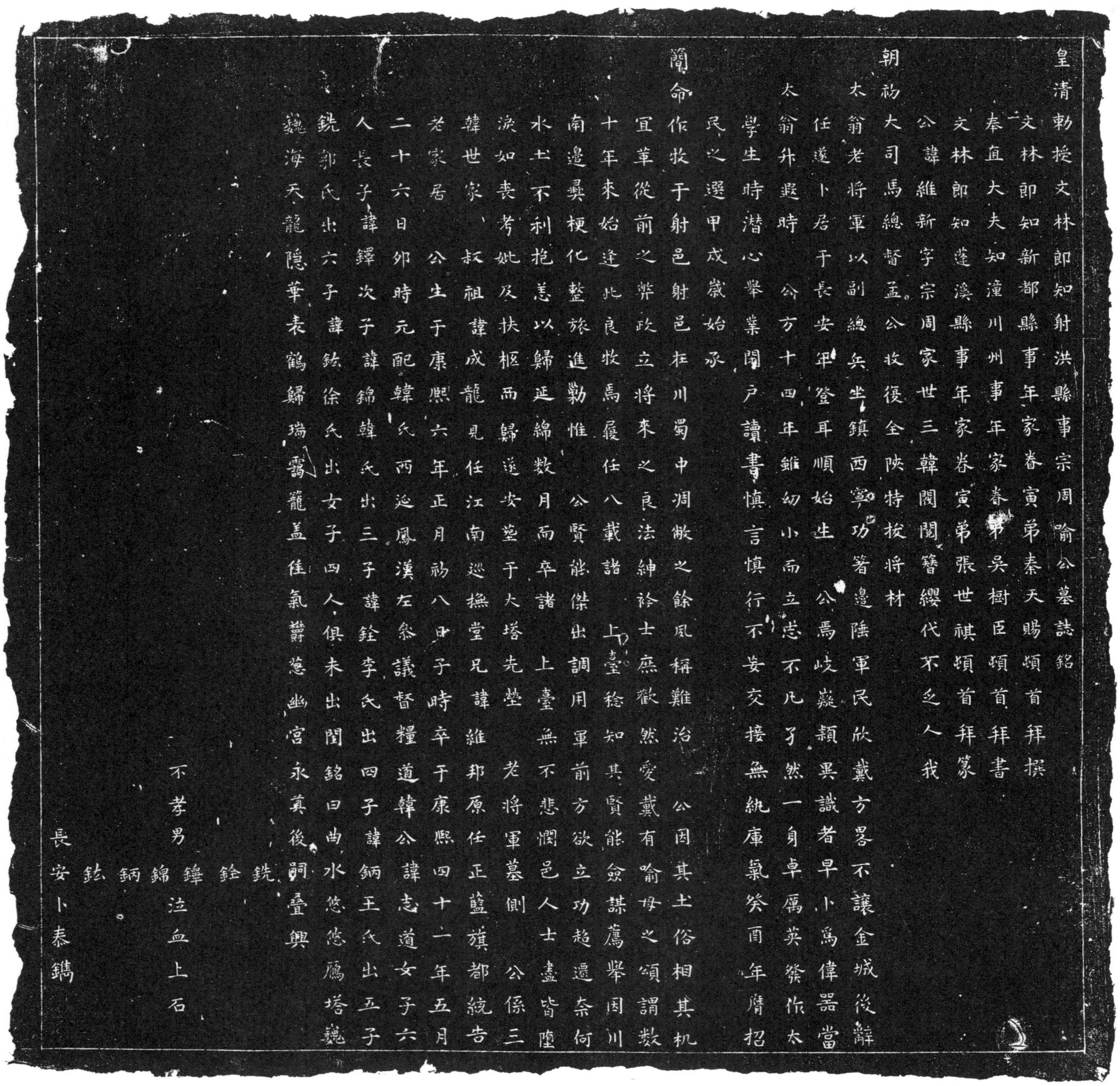

二一五　清敕授文林郎知射洪縣事宗周喻公（維新）墓誌銘

康熙四十一年（一七〇二）五月二十六日

石質。平頂蓋。蓋長六二點五、寬六二、厚八點五厘米。蓋文六行，滿行六字，陰刻篆書。蓋頂四周刻單綫框。誌長六二、寬六二、厚九厘米。誌文二五行，滿行二八字。正書，無界格。誌面四周刻單綫框。

出土時地暫不詳。

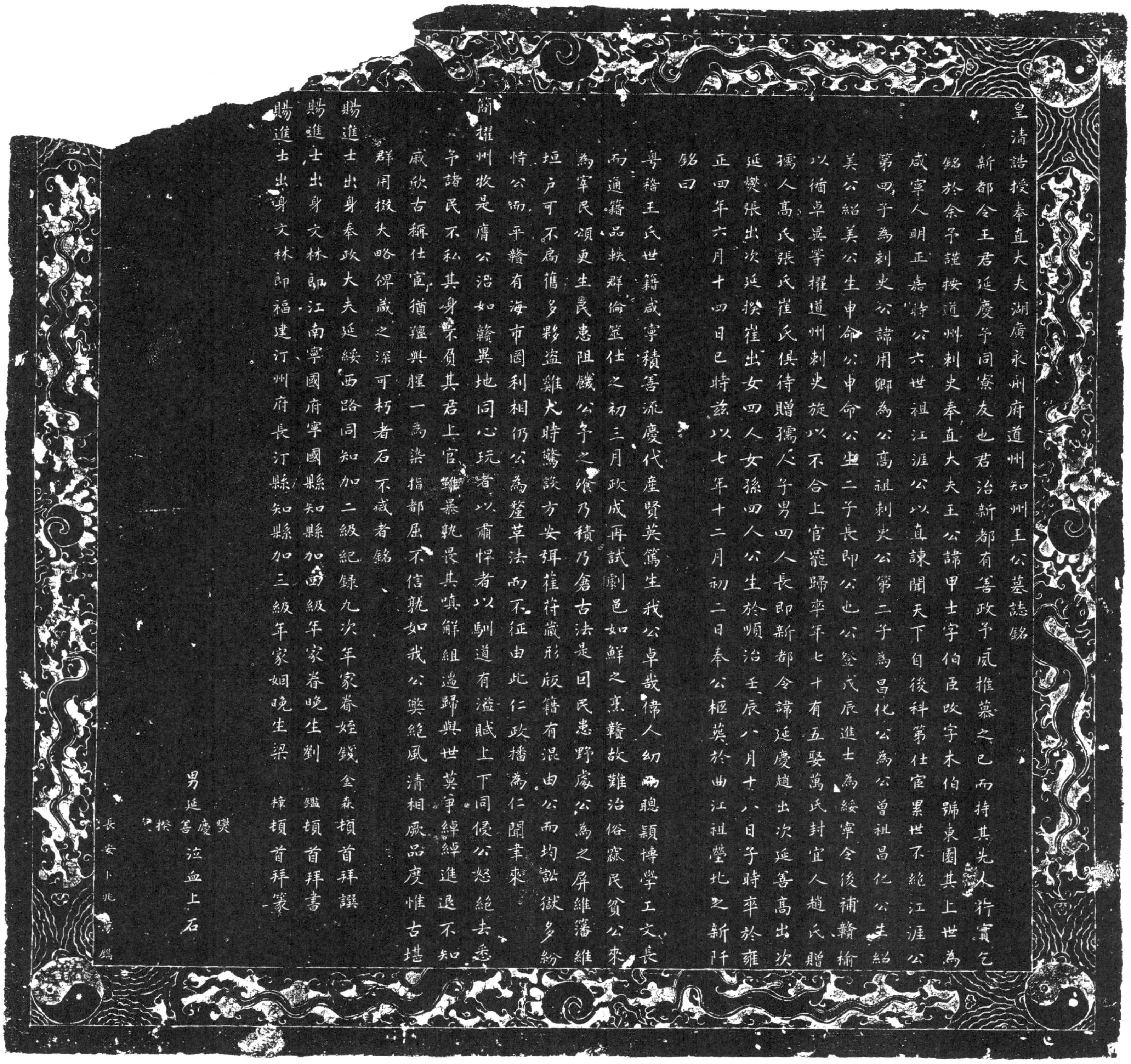

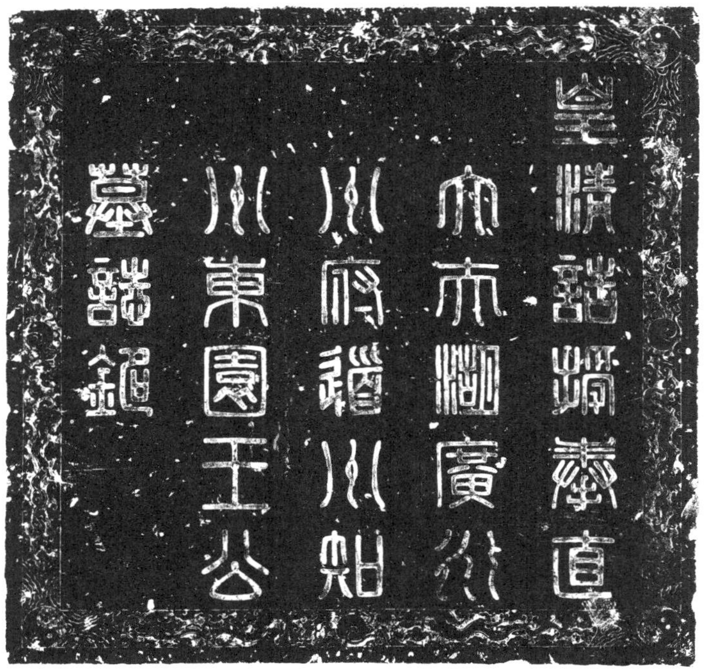

二一六　清誥授奉直大夫湖廣永州府道州知州王公（甲士）墓誌銘

雍正四年（一七二六）十二月初二

石質。平頂蓋。蓋長八七、寬八七、厚一〇厘米。蓋文五行，滿行六字，陰刻篆書。蓋頂四周減地綫刻雙龍戲珠，四隅各刻一陰陽太極。誌左上角殘，長八七、寬八七、厚一〇厘米。誌文二五行。滿行二七字。正書，無界格。誌面四周減地綫刻雙龍戲珠，四隅各刻一陰陽太極。

二〇〇四年出土於西安市雁塔區曲江街道廟坡頭村，西安市廣電中心工地。

墓誌銘

皇清誥封
驃騎將軍
奉政大夫
丹卿李公
之墓

二一七　清誥封驃騎將軍奉政大夫丹卿李公（桂）墓誌銘

雍正七年（一七二九）十一月

石質。平頂蓋。蓋長七五、寬七五、厚七厘米。蓋文四行，滿行五字，陰刻篆書。蓋面四周綫刻龍戲珠紋帶。誌長七七點五、寬七六、厚七點五厘米。誌文三四行，滿行四五字。正書，無界格。誌面四周綫刻忍冬。

出土時地暫不詳。

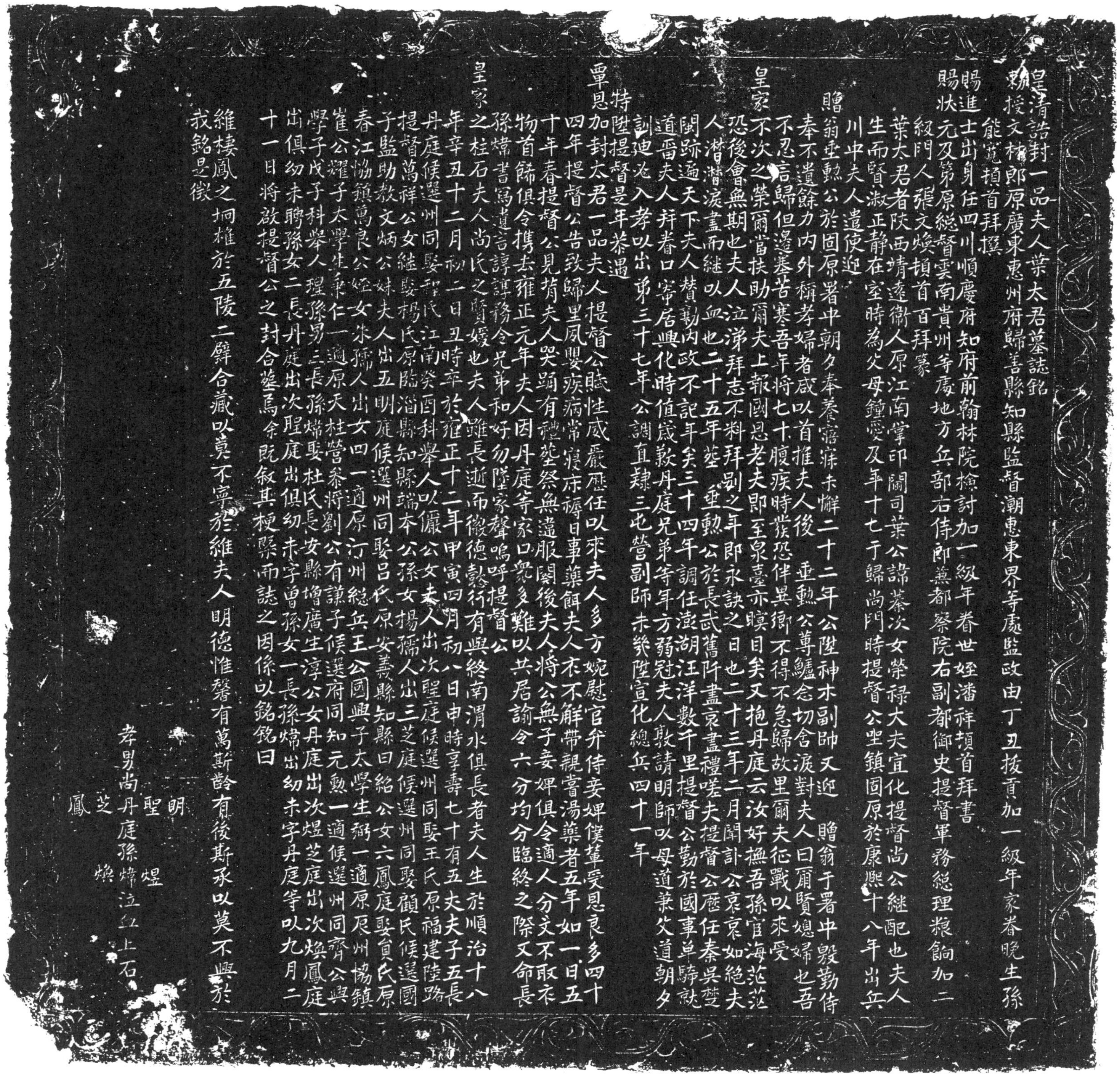

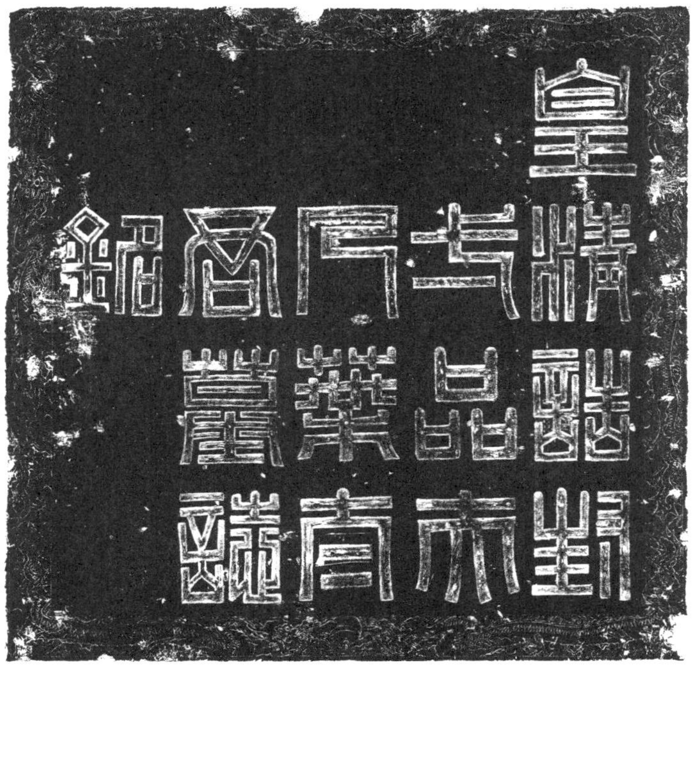

二一八　清誥封一品夫人（尚某妻）葉太君墓誌銘

雍正十二年（一七三四）九月二十一日

石質。平頂蓋。蓋長六一點五、寬六三、厚八厘米。蓋文五行，滿行四字，陰刻篆書。蓋頂四周減地綫刻雙龍戲珠紋帶。誌長六一點八、寬六一點八、厚九點四厘米。誌文三七行，滿行三八字。正書，無界格。誌面四周綫刻忍冬。

出土時地暫不詳。

二一九　清誥封宜人王母（王甲士妻）萬太君合葬墓誌銘

乾隆元年（一七三六）十月初十

石質。平頂蓋。蓋長七〇、寬七〇、厚八厘米。蓋文四行，滿行五字，陰刻篆書。蓋頂四周減地綫刻忍冬。誌長六九、寬六九、厚八點五厘米。誌面四周減地綫刻忍冬。誌文三〇行，滿行四一字。正書，無界格。

二〇〇四年出土於西安市雁塔區曲江街道廟坡頭村，西安市廣電中心工地。

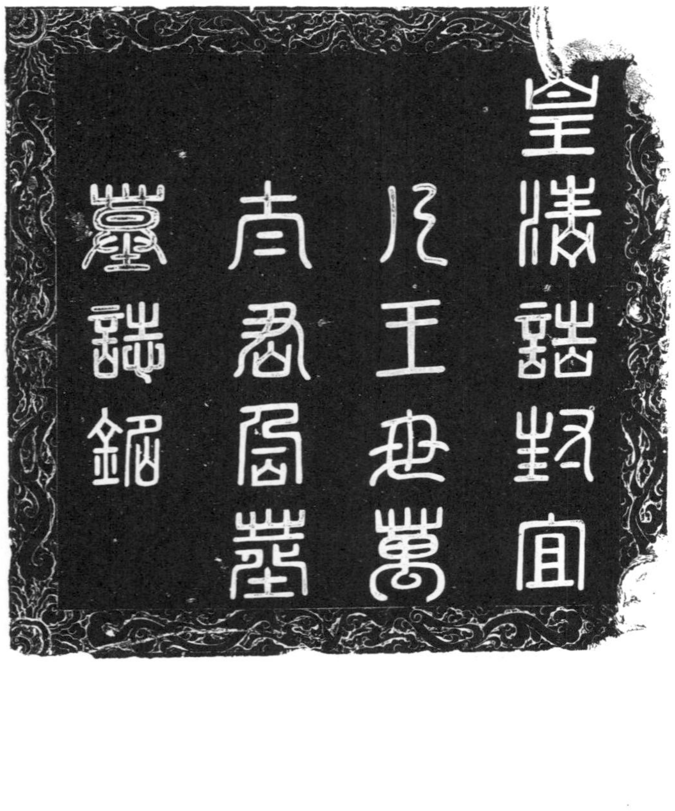
皇清誥封宜
人王母萬
太君合葬
墓誌銘

皇清誥授武翼大夫
山東登州
鎮標右營遊
府宜菴劉公
誥封淑人曹太君
合葬墓誌銘

二二〇　清誥授武翼大夫山東登州鎮標右營遊府宜菴劉公（尚義）墓誌銘

乾隆二十五年（一七六〇）十二月二十五日

石質。平頂蓋。蓋長五六、寬五六、厚八厘米。蓋文六行，滿行七字，陰刻篆書。誌長五七、寬五六、厚八厘米。誌文三八行，滿行三六字。正書，無界格。誌面四周刻單綫框。

出土時地暫不詳。

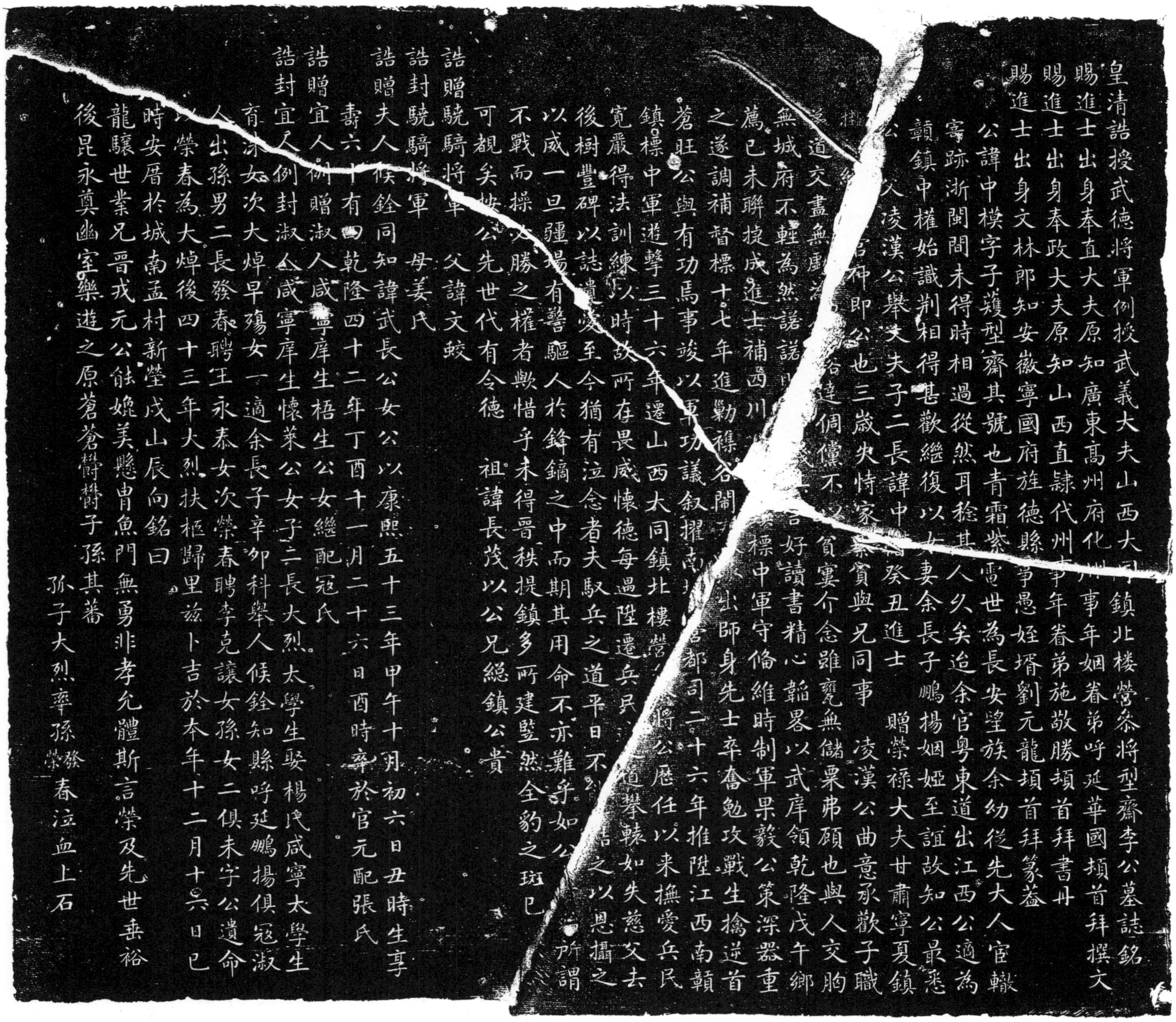
皇清誥授武德將軍例授武義大夫山西大同鎮北楼營叅將型齋李公墓誌銘
賜進士出身奉直大夫原知廣東高州府化州事年姻眷弟呼延華國頓首拜撰文
賜進士出身奉政大夫原知山西直隸代州事年眷弟施敬勝頓首拜書丹
賜進士出身文林郎知安徽寧國府旌德縣事愚姪壻劉元龍頓首拜篆蓋
公諱中模字子獲型齋其號也青霜紫電世為長安望族余幼從先大人宦轍
寄跡浙閩間未得時相過從然耳稔其人久矣迨余官粵東道出江西公適為
贛鎮中權始識荆相得甚歡繼復以女妻余長子鵬揚姻婭至誼故知公最悉
公父凌漢公舉丈夫子二長諱中□癸丑進士　贈榮祿大夫甘肅寧夏鎮
□名神即公也三歲失恃家綦貧與兄同事　凌漢公曲意承歡子職
□道交盡無勵豁達倜儻不以貧窶介念雖甕無儲粟弗顧也與人交胸
無城府不輕為然諾諾日□□□好讀書精心韜畧以武庠領乾隆戊午鄉
薦己未聯捷成進士補西川□□□標中軍守備維時制軍果毅公策深器重
之遂調補督標十七年進勦襍谷□□出師身先士卒奮勉攻戰生擒逆首
蒼旺公與有功焉事竣以軍功議叙擢南□□都司二十六年推陞江西南贛
鎮標中軍遊擊三十六年還山西大同鎮北樓營□將公歷任以来撫愛兵民
寬嚴得法訓練以時故所在畏威懷德每遇陞遷兵民□□道攀轅如失慈父去
後樹豐碑以誌遺愛至今猶有泣念者夫馭兵之道平日不□□之以恩攝之
以威一旦疆場有警驅人於鋒鏑之中而期其用命不亦難乎如公□所謂
不戰而操□勝之權者歟惜乎未得晉秩提鎮多所建豎然全豹之斑已
可覩矣按公先世代有令德　祖諱長茂以公兄總鎮公貴
誥贈驍騎將軍　父諱文蛟
誥封驍騎將軍　母姜氏
誥贈夫人　侯銓同知諱武長公女公以康熙五十三年甲午十月初六日丑時生享
壽六十有四乾隆四十二年丁酉十一月二十六日酉時卒於官元配張氏
誥贈宜人例贈淑人咸寧庠生梧生公女繼配冠氏
誥封宜人例封淑人咸寧庠生懷萊公女子二長大烈太學生娶楊氏咸寧太學生
育沐女次大焯早殤女一適余長子辛卯科舉人候銓知縣呼延鵬揚俱冠淑
人出孫男二長發春聘王永泰女次榮春聘李克讓女孫女二俱未字公遺命
以榮春為大焯後四十三年大烈扶柩歸里茲卜吉於本年十二月十六日巳
時安厝於城南孟村新塋戌山辰向銘曰
龍驤世業兄晉戎元公能媲美懸胄魚門無勇非孝允體斯言榮及先世垂裕
後昆永奠幽室樂遊之原蒼蒼鬱鬱子孫其蕃
孤子大烈率孫發榮春泣血上石

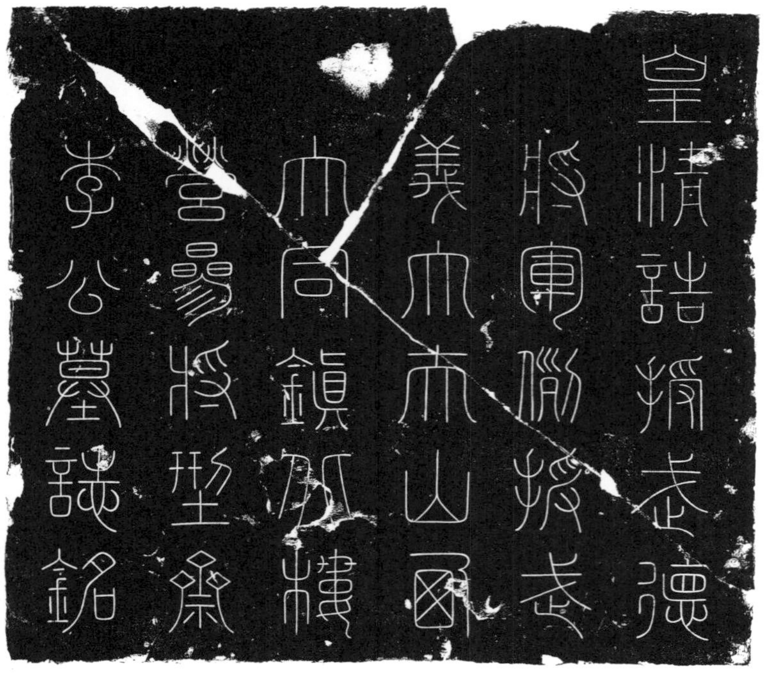
皇清誥授武德
將軍例授武
義大夫山西
大同鎮北樓
營參將型齋
李公墓誌銘

二三一　清誥授武德將軍例授武義大夫山西大同鎮北楼營參將型齋李公（中模）墓誌銘

乾隆四十三年（一七七八）十二月二十六日

石質。平頂蓋，裂爲三段。蓋長五四、寬六〇、厚六點五厘米。蓋文六行，滿行六字，陰刻篆書。誌裂爲四段，長五四、寬六〇、厚五點五厘米。誌文三二行，滿行三〇字。正書，無界格。

二〇〇二年出土於西安市雁塔區曲江街道孟村，西安理工大學曲江校區工地三區一〇號墓。

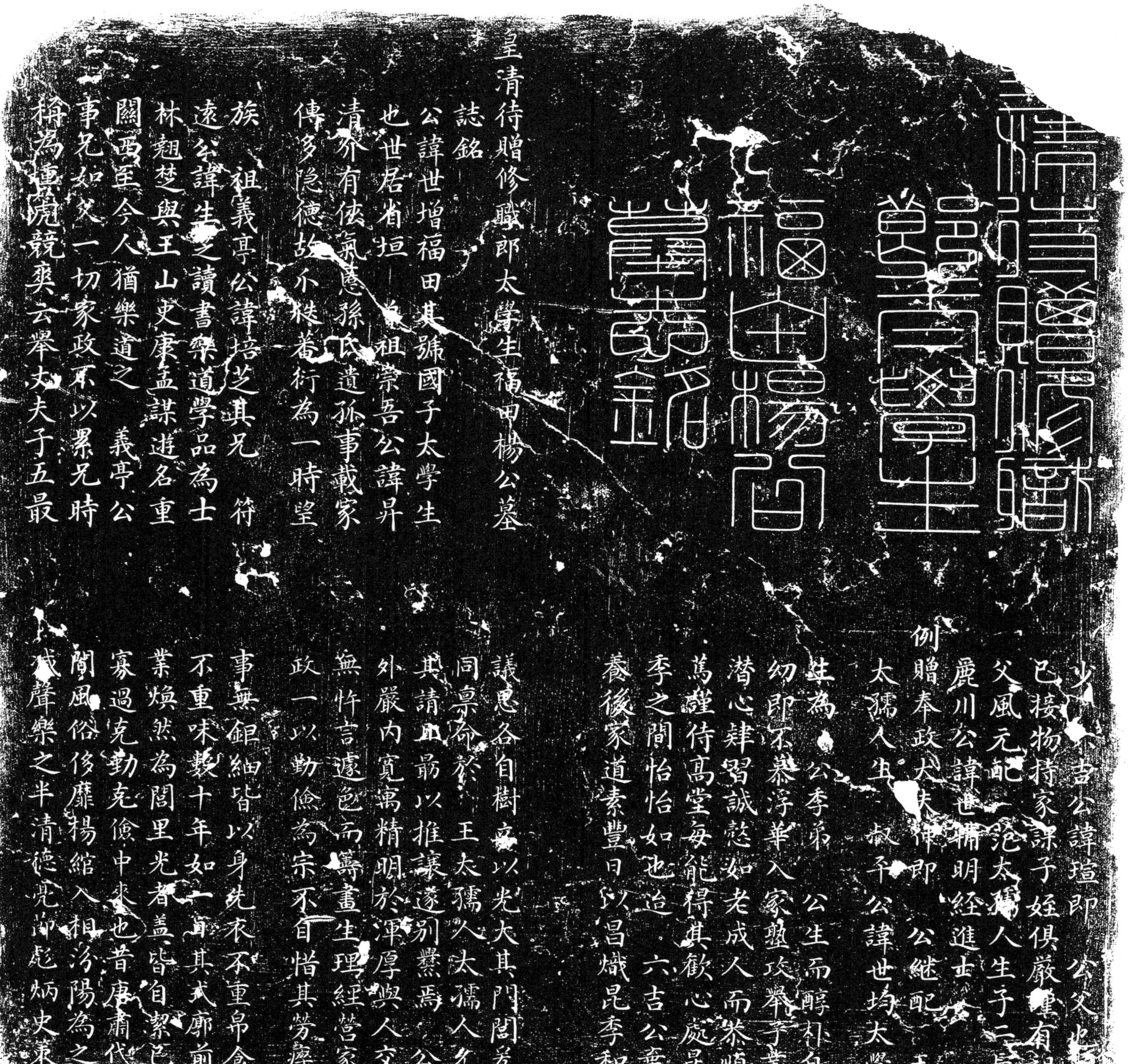

（第一石）

二二二　清待贈修職郎太學生福田楊公（世增）墓誌銘

嘉慶十八年（一八一三）花月（二月）穀旦

石質。二石。第一石長六一、寬六一、厚八點五厘米。石面下陷爲凹槽。面分八欄，前二欄刻篆書首題四行，滿行六字。餘六欄刻誌文，每欄六行，滿行一四字，正書。第二石長六一、寬六一、厚九厘米。石面分八欄，每欄六行，滿行一五字，正書。

二〇〇四年十一月採集於西安市雁塔區曲江街道東曲江池村，翠竹園住宅小區二期工地。

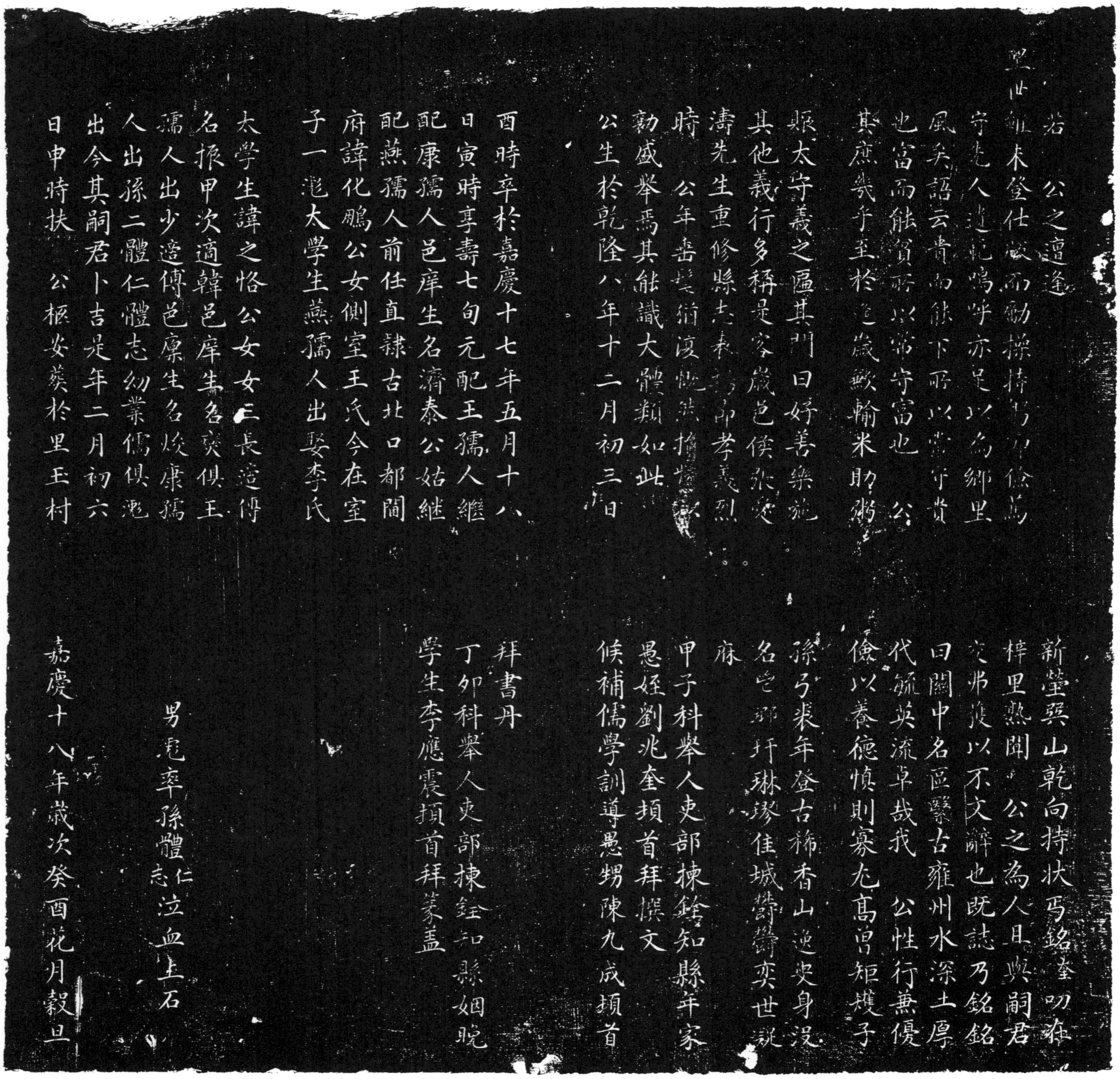

若 公之遭逢
聖世雖未登仕版而勵操持躬力儉爲
守先人遺範嗚呼亦足以爲鄉里
風矣語云貴而能下所以常守貴
也富而能貧所以常守富也 公
其庶幾乎至於逢歲歉輸米助粥
賑太守義之匾其門曰好善樂施
其他義行多稱是客歲邑侯孫公
濤先生重修縣志表揚節孝義烈
時 公年耆矣猶復慨然捐貲以
勷盛舉焉其能識大體類如此
公生於乾隆八年十二月初三日
酉時卒於嘉慶十七年五月十八
日寅時享壽七旬元配王孺人繼
配康孺人邑庠生名濟泰公姑繼
配燕孺人前任直隸古北口都閫
府諱化鵬公女側室王氏今在室
子一滟太學生燕孺人出娶李氏
太學生諱之恪公女女三長適傅
名振甲次適韓邑庠生名奕俱王
孺人出少適傅邑廩生名焌康孺
人出孫二體仁體志幼業儒俱滟
出今其嗣君卜吉是年二月初六
日申時扶 公柩安葬於里王村
新塋巽山乾向持狀丐銘垂叨姻
梓里熟聞 公之爲人且與嗣君
交弗獲以不文辭也既誌乃銘銘
曰關中名區豐古雍州水深土厚
代毓英流卓哉我 公性行兼優
儉以養德慎則寡尤高曾矩矱子
孫弓裘年登古稀香山逸叟身沒
名彰鄉圩琳璆佳城欝欝奕世誕
麻
甲子科舉人吏部揀銓知縣年家
愚姪劉兆奎頓首拜撰文
候補儒學訓導愚甥陳九成頓首
拜書丹
丁卯科舉人吏部揀銓知縣姻晚
學生李應震頓首拜篆蓋
男滟率孫體仁體志泣血上石
嘉慶十八年歲次癸酉花月穀旦

（第二石）

二一三　清待贈郡庠生楨亭屈君（廷輔）暨德配李孺人李孺人梁孺人合葬墓誌銘

道光十七年（一八三七）十一月

石質。蓋不詳。誌長七〇，寬七〇、厚一五厘米。誌面分四欄，每欄内劃烏絲界欄，刻誌文一二行，滿行一四字。正書。誌面損泐，字跡漫漶。

出土時地暫不詳。

二三四　清誥授朝議大夫晉封通議大夫欽加三品銜候選知府前鄜州學正己巳補行壬戌甲子科舉人理齋張公（煒）墓誌銘

光緒二十六年（一九〇〇）十一月初四

石質。由一簽、一蓋、四誌共六石組成。簽長四二點五，寬六、厚七厘米。除正面磨光以外，其餘面粗糙。簽文二行，陰刻隸書。外刻一周單綫框。蓋裂爲兩段，右下角損泐，長三二點三，寬六四點二、厚七點六厘米。蓋文一二行，滿行四字，陰刻篆書。誌第一石長三三，寬六四、厚六厘米。誌第二石裂爲三段，長三二點八，寬六三點五、厚六點九厘米。誌第三石裂爲兩段，長三一點五，寬六三點五、厚六厘米。誌第四石裂爲三段，長三一點八，寬六三點一、厚六點三厘米，損泐較嚴重。每誌刻誌文二四行，滿行一六字。正書，無界格。

出土時地暫不詳。

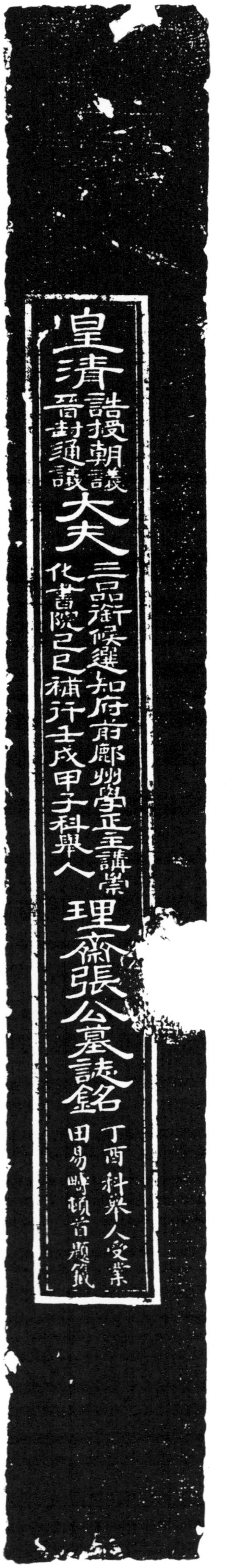

（簽）

皇清誥授
朝議大夫
晉封通
議大夫三
品銜候選
知府前鄜
州學正己
巳補行壬
戌甲子科
舉人理齋
張公墓誌
銘

（蓋）

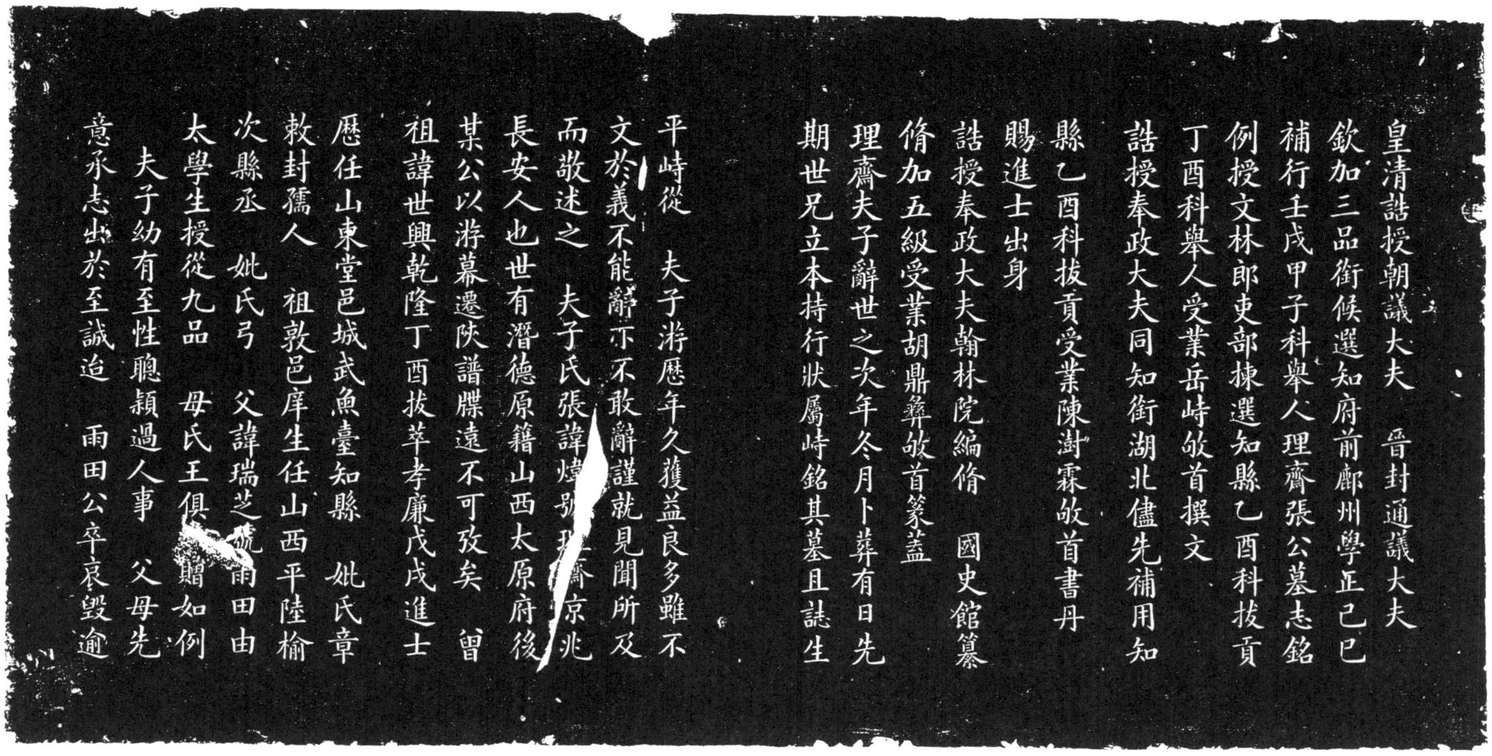

皇清誥授朝議大夫　晉封通議大夫
欽加三品銜候選知府前鄜州學正己巳
補行壬戌甲子科舉人理齋張公墓志銘
例授文林郎吏部揀選知縣乙酉科拔貢
丁酉科舉人受業岳峙敬首撰文
誥授奉政大夫同知銜湖北儘先補用知
縣乙酉科拔貢受業陳澍霖敬首書丹
賜進士出身
誥授奉政大夫翰林院編脩　國史館纂
脩加五級受業胡鼎彝敬首篆蓋
理齋夫子辭世之次年冬月卜葬有日先
期世兄立本持行狀屬峙銘其墓且誌生
平峙從　夫子游歷年久獲益良多雖不
文於義不能辭不敢辭謹就見聞所及
而敬述之　夫子氏張諱燡號理齋京兆
長安人也世有潛德原籍山西太原府後
某公以游幕遷陝譜牒遠不可攷矣　曾
祖諱世興乾隆丁酉拔萃孝廉戊戌進士
歷任山東堂邑城武魚臺知縣　妣氏章
敕封孺人　祖敦邑庠生任山西平陸榆
次縣丞　妣氏弓　父諱瑞芝號雨田由
太學生授從九品　母氏王俱　贈如例
　夫子幼有至性聰穎過人事　父母先
意承志出於至誠迨　雨田公卒哀毀逾

（第一石）

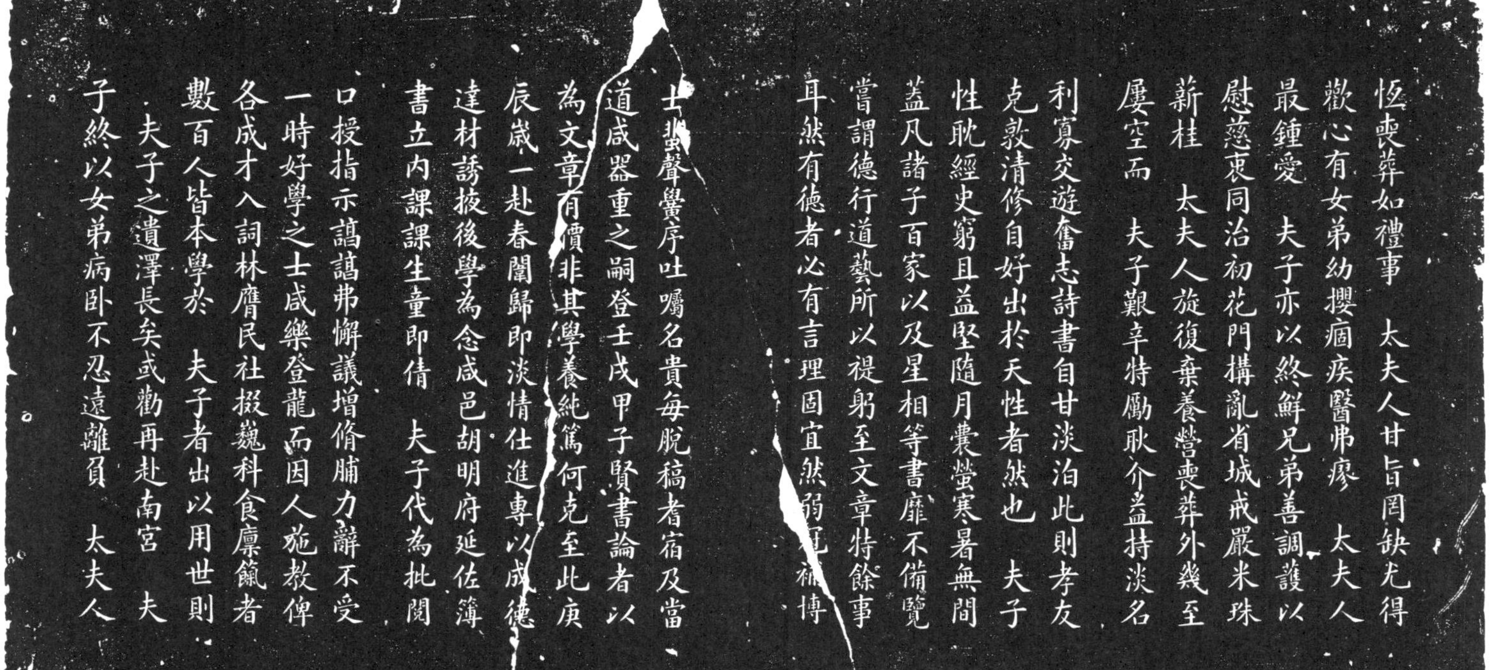

恆喪葬如禮事　太夫人甘旨罔缺尤得
歡心有女弟幼攖痼疾醫弗瘳　太夫人
最鍾愛　夫子亦以終鮮兄弟善調護以
慰慈衷同治初花門構亂省城戒嚴米珠
薪桂　太夫人旋復棄養營喪葬外幾至
屢空而　夫子艱辛特勵耿介益持淡名
利寡交遊奮志詩書自甘淡泊此則孝友
克敦清修自好出於天性者然也　夫子
性耽經史窮且益堅隨月囊螢寒暑無間
蓋凡諸子百家以及星相等書靡不備覽
嘗謂德行道藝所以禔躬至文章特餘事
耳然有德者必有言理固宜然弱冠補博
士弟聲黌序吐嚼名貴每脫稿耆宿及當
道咸器重之嗣登壬戌甲子賢書論者以
為文章有價非其學養純篤何克至此庚
辰歲一赴春闈歸即淡情仕進專以成德
達材誘掖後學為念咸邑胡明府延佐簿
書立內課課生童即倩　夫子代為批閱
口授指示譪譪弗懈議增脩脯力辭不受
一時好學之士咸樂登龍而因人施教俾
各成才入詞林膺民社掇巍科食廩餼者
數百人皆本學於　夫子者出以用世則
　夫子之遺澤長矣或勸再赴南宮　夫
子終以女弟病卧不忍遠離負　太夫人

（第二石）

遺囑遂不復出頷其居曰宜雨宜晴山館
蓋取素位而行宜無不宜之義終日危坐
不履市廛不入衙署惟以課徒教子流覽
經史為樂家貧受業者不受脩脯丙申丁
酉歲主講崇化書院教授生徒專主躬行
與講帖括亦以身心體驗為趨並請於堂
課定額外多加十名及解館諸生戀戀不
捨遂有教敷桑梓之頌　夫子既答以詩
復撰楹聯以示鼓勵並集批改課藝雜著
待梓亦可謂教思無窮者矣　夫子著作
等身不欲問世前糧道劉冰如觀察[illegible]人
闈中課藝同門以未窺全豹為憾亟請於
夫子因有宜雨宜晴山館文存詩存之
刻及詩存雜著續刻閱者爭先快覩謂言
為心聲即言可以見德而序中若宮農山
太尊毛子林明府皆有經師人師之推峙
序雜著亦謂　夫子立言立德立功可並
垂不朽也　夫子由孝廉奉　旨選授郿
州學正未之任為請封顯揚計援海防例
加今銜元配氏李性情淑懿動合閫範繼
配氏樊嫻內則習姆教佐家政井井有條
撫前室子逾於己出俱已先　夫子卒子
二長鳳翥邑庠生李出亦先　夫子卒次
立本樊出亦能精心繼述喜自樹立　夫

（第三石）

子生於道光十四年八[illegible]六日辰刻歿
於光緒二十五年十月十[illegible]日戌時享壽
六十有六今於次年冬月初四日巳時扶
柩詣永甯門外何家村東阡　祖塋巽首
乾趾啟繼配樊淑人之壙而合葬焉峙恭
列門牆既抱心喪之痛又重違世兄立本
意爰為謹述生平而敬為之銘其詞曰
終南之精豐鎬之英篤生　夫子毓秀鍾
靈潔清賦性耿介操持淡情仕進經史自
怡德行淑身留芳永久砥礪敬修家庭孝
友道集厥躬先知先覺善誘循循牖啟後
學文章著述與古為鄰言中有物推陳出
[illegible]如何昊天哲人永逝式我[illegible]型遺[illegible]
[illegible][illegible][illegible][illegible]龍首佳氣葱[illegible]
後蒼松翠柏鬱鬱芊芊勒諸貞珉億萬斯
年

男立本泣血上石

（第四石）

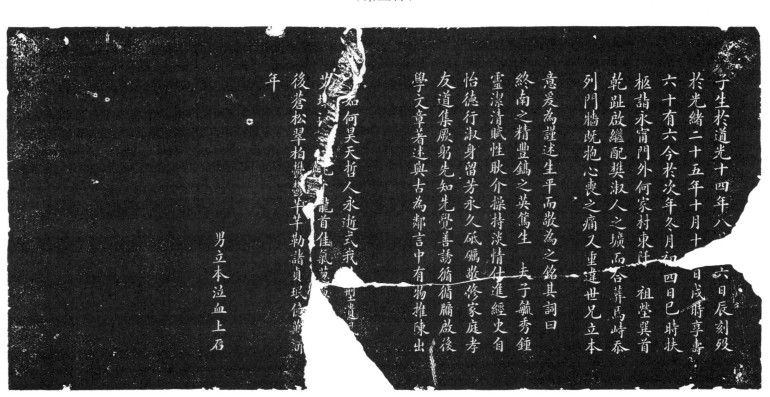

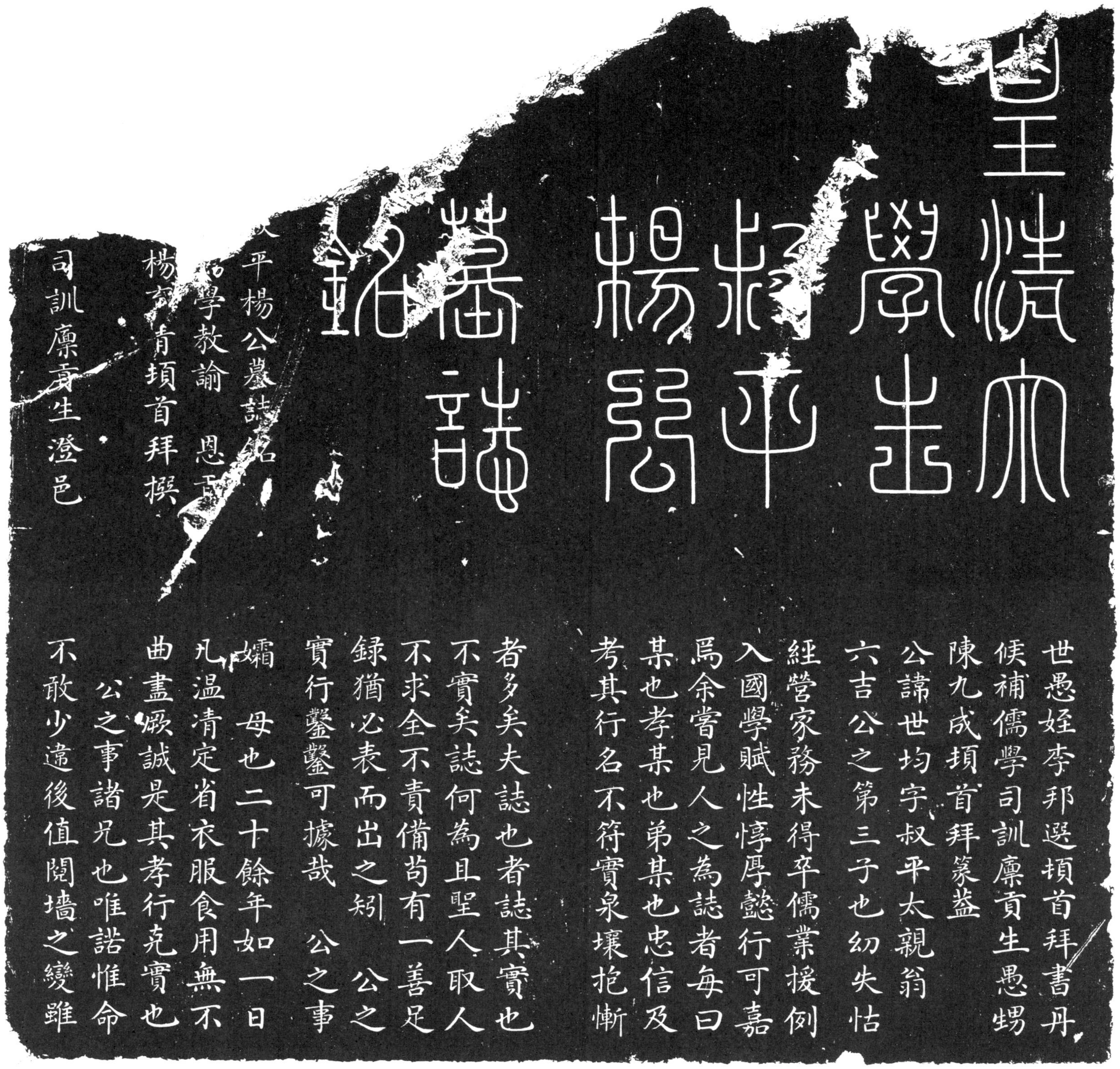
皇清太
學生
叔平
楊公
墓誌
銘

平楊公墓誌銘
學教諭　恩貢
楊　青頓首拜撰
司訓廪貢生澄邑

世愚姪李邦選頓首拜書丹
候補儒學司訓廪貢生愚甥
陳九成頓首拜篆蓋
公諱世均字叔平太親翁
六吉公之第三子也幼失怙
經營家務未得卒儒業援例
入國學賦性惇厚懿行可嘉
焉余嘗見人之為誌者每曰
某也孝某也弟某也忠信及
考其行名不符實泉壤抱慚
者多矣夫誌也者誌其實也
不實奚誌何為且聖人取人
不求全不責備苟有一善足
録猶必表而出之矧　公之
實行鑿鑿可據哉　公之事
孀　母也二十餘年如一日
凡温清定省衣服食用無不
曲盡厥誠是其孝行克實也
公之事諸兄也唯諾惟命
不敢少違後值閲墻之變雖

二二五　清太學生叔平楊公（世均）墓誌銘

清（一九一一年之前）

石質。未見第二石。誌長五八點五、寬五八點五、厚八點五厘米。誌面上部四分之三刻篆書首題六行，滿行三字。誌文二五行，滿行一一字。正書，無界格。

二〇〇四年十一月出土於西安市雁塔區曲江街道東曲江池村，翠竹園住宅小區二期工地四七號墓。

皇清恩賜黃衣榮膺八品宜安潘公墓誌銘
皇清恩賜黃衣榮膺八品宜安潘
公墓誌銘
乙酉科舉人揀選知縣即用
教諭前借補興安府紫陽縣
訓導現任漢中
府寧羌州學正范
年家眷晚生
士增頓首拜撰
乙酉科舉人吏部揀選知縣
年家晚生周聲
頓首拜書並篆
公姓潘氏諱成義字宜安祖居
山西臨晉曾祖諱邦縣
祖諱忠父諱起鳳世以善
著於其鄉母姚太君生丈
夫子三公其仲也伯兄
成章公其弟成德公早逝
公雖家貧上事父母必極孝
養病則躬親湯藥衣不解帶
者月餘及歿哀慟毀形幾於
滅性葬務竭力以送豐厚一
身獨承不復累兄故鄉人皆
以孝弟稱善嗣值歲荒日用
益窘公以產業盡付兄姪

二二六　清恩賜黃衣榮膺八品宜安潘公（成義）墓誌銘

清（一九一一年之前）

石質。蓋不詳，第二石佚。

誌長五七、寬五八、厚七點五厘米。

誌面分上下兩欄，上欄刻篆書首題六行，滿行四字。誌文二四行，滿行一三字。正書，無界格。

出土時地暫不詳。

二二七　清例贈登仕郎鄉飲介賓太學生潤翁趙公暨元配王孺人繼配王孺人合葬墓誌蓋

清（一九一一年之前）

石質。平頂蓋，左側邊殘，未見誌。蓋長三一、寬五七、厚八點五厘米。蓋頂四周減地綫刻牡丹。蓋文八行，滿行五字，陰刻篆書。未見誌。

出土時地暫不詳。

二二八　清待贈咸寧縣太學生簡知鼂〔晁〕府君塘記

清（一九一一年之前）

石質。平頂蓋，誌佚。蓋長五一、寬四六點五、厚九點五厘米。蓋頂四周綫刻勾連雲紋。蓋文五行，滿行五字，陰刻篆書。無誌。

二〇〇九年採集於西安市長安區韋曲街道韓家灣村，黃河上游水電開發有限責任公司工地。

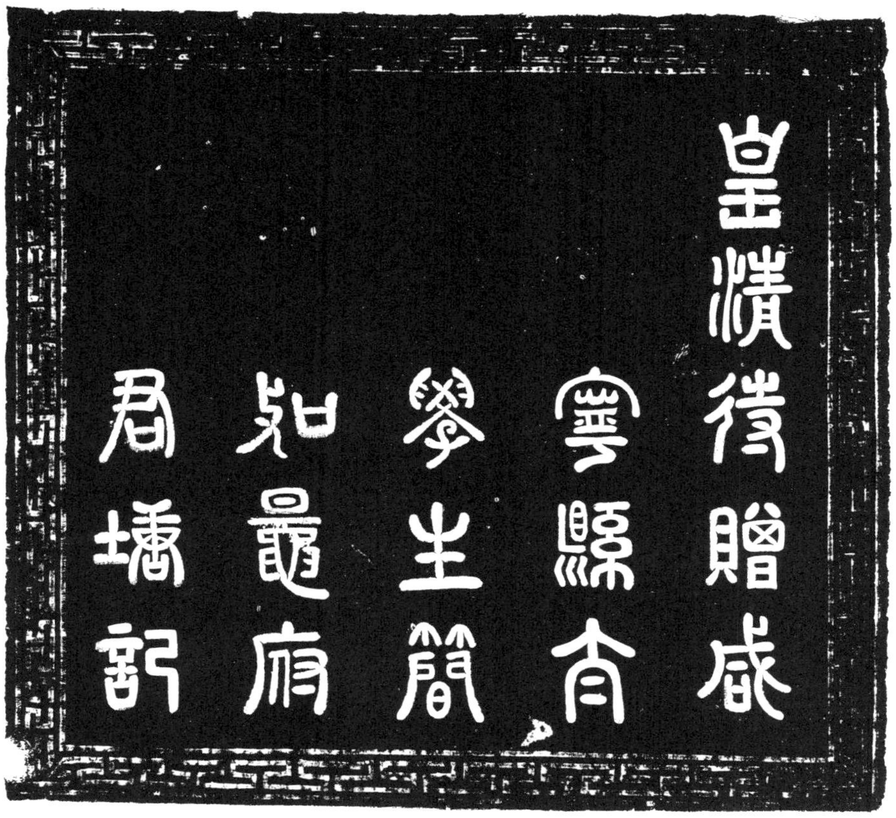

録 文

一　前秦張惡婢妻呂迪南墓誌

〔誌文〕

甘露五年十一月十七日〔一〕，/上黨萇子張惡婢/妻呂，年十九，字迪南。

〔簡注〕

〔一〕甘露五年年號史上凡兩見，分別爲三國曹魏高貴鄉公和十六國前秦大天王苻堅所立。曹魏甘露五年（二六〇）六月陳留王奐即位後即改元爲景元，理論上不存在甘露五年十一月的記法。苻堅於永興三年六月改年號爲甘露，使用至六年（三六四）。萇子即上黨郡長子縣，十六國、北魏墓誌中「長」一般寫作「萇」，且三國曹魏並無墓誌，因此可知該誌爲前秦墓誌。

二　西魏茹茹驃騎大將軍俟利莫何度支尚書金城王乞伏孝達妻暉華公主吐谷渾氏（庫羅伏）墓誌銘

〔誌文〕

茹茹驃騎大將軍俟利莫何度支尚書金城王乞伏/孝達妻暉華公主吐谷渾氏墓誌銘　/

公主諱庫羅伏，字尉芮文，吐谷渾主明元之第四女/也。迺祖迺考，世君西域。既鵲起而鬬土，亦虎視以稱/雄。斯乃備之於簡素，可得而略矣。主茹茹可敦之妹，/即　悼皇后之姨也。公主之稱，始自本國。金城初仕/於吐谷渾，爲車騎大將軍、中書監。渾主重其器望，遂/以妻之。若夫窈窕之譽，藉甚於椒芳；煩辱〔縟〕之功，有聞/於權木。四教既閑，百兩云萃。婦德內融，母儀外肅。又/從夫至於茹茹，親戚礼遇，莫之与先。　悼皇后來歸/也，金城以姨婿之重，作上賓於魏。時主及二子亦從/此行，婉若春風，皦如秋月，光儀容止，式諧典度。方調/琴瑟，永訓閨庭，而偕老之願未申，朝露之危奄及。春/秋卅有九，以大統七年正月甲午卒於萇〔長〕安。　皇帝/悼之，葬以公主之礼。生遠其鄉，死異其地。德音雖在，/形顔已歇。嗟行之人，惜而涙下。粤二月己酉窆於山/北縣小陵原。乃作銘曰：　/

昭昭列星，乃降斯靈。誕茲閑淑，既素且貞。來儀君子，/作賓上京。規矩其度，蘭菊其馨。方申介祉，式範宮庭。/豈期舟壑，奄望佳城。銀海雖湛，玉桂不榮。傷哉玄夜，/已矣泉扃。　/

三　西魏故征東將軍淅州長史行長利郡事清河縣開國男張君（惇）墓誌

〔誌文〕

魏故征東將軍淅州長史行長利郡事清河縣開國男張君墓誌　/

曾祖諱　玫，前將軍、仇池鎮將。　/

祖諱　小奴，安西將軍、武陰郡太守。　/

父諱　季祐，平遠將軍、咸陽郡太守。　/

君諱惇，字子明，南陽人也。其先出自　帝軒轅之後裔，白/水侯之曾孫。君丞〔承〕徽蔭重，藉慶名家，少秉忠量，志康夷難，/願言自勵，思效國恩。遇孝昌在運，天步多阻，妖徒攘袂，兇/愚解印，命從戎役，舒力丹誠，蒙叙威烈將軍，勳官別將。後/除南豳州中兵參軍，荷戈忠毅，贊物肅清。又除威遠將軍、/羽林監。且以文堪從衆，武能威敵，奉除都督、行雲陽郡事。/尋加前將軍、太中大夫。至永熙之季，至〔王〕室陵遲，　鑾蹕西/幸，應命星侯，捴軍部率，奉迎車　駕。要關奉見，賜㢒〔席〕移影。/蒙除持節，封清河縣開國男，將軍、本官如故。鎮禦潼關，守/安境上，爵頒冠冕，惟忠与義。大統二年，除撫軍將軍、銀青/光禄大夫。十三年，除洛州司馬、別駕，尋除長利太守，後除/淅州長史、別駕。在官貞謹，勤敷道澤。復除征東將軍，仍別/駕。前後歷職，咸以著稱。時年五十有六，二年歲次癸〔乙〕亥二[一]月/壬子朔廿一日壬申[二]，薨於所居長安縣鴻固鄉永貴里。其/年四月廿八日葬於石安原。天長地久，陵谷或遷，銘言終/古，乃立誌焉。　/

夫人北地梁。　/

世子士通，太　學生；　次子士達；　次子志遠；　次子善集。　/

〔簡注〕

〔一〕「亥」、「二」兩字擠刻。

〔二〕誌文記載誌主「二年歲次癸亥二月壬子朔廿一日壬申薨」，此處紀年干支有誤。按此處紀年之「二年」之前並未冠以年號，誌文上一處紀年爲大統十三年（五四七）。西魏末至北周初的四位皇帝均未立年號，其中魏廢帝、魏恭帝和周明帝皆有二年。考長曆，魏恭帝二年二月朔壬子，與張惇卒月干支相合，但魏恭帝二年（五五五）爲乙亥年，而不是誌文所記「歲次癸亥」。

四　西魏特進公都尚書金城乞伏永壽妻臨洮郡君姚護親墓銘

〔蓋文〕

乞伏氏臨洮□□君□/姚護親　/

〔誌文〕

特進公都尚書金城乞伏/永壽妻臨洮郡君姚護親/墓銘 /

三年潤〔閏〕月三日〔一〕 /

〔簡注〕

〔一〕考長曆，西魏恭帝三年閏八月。

五　北周故使持節車騎大將軍儀同三司燕恒朔三州諸軍事恒州刺史去斤鍾馗妻金大明郡君莫多婁太夫人墓誌

〔誌文〕

魏故使持節車騎大將軍儀同三司燕恒朔/三州諸軍事恒州刺史去斤鍾馗妻金大明/郡君莫多婁太夫人墓誌 /

夫人諱　，河南洛陽人也。軒轅之後，与國家/同原。瑯琊鎮將恩之女。夫人誕自慶靈，叔德/淵茂。及笄來適去斤氏，備諸六行，儀形九族。/及恒州史君薨背，訓養幼子，遆〔遞〕乎成立，不墜/家業。以魏之大統中，詔嘉除金明郡君。厥子/仲和，位至使持節、車騎大將軍、儀同三司、大/都督、瓜州諸軍事、瓜州刺史、饒陽縣開國公，/皆夫人積善之力，撫導所至。榮禄供奉，盡歡/膝下。不幸以大周武成元年閏六月六日終/於長安第，春秋八十六。越以十一月甲寅朔/八日辛酉，葬於渭之北中鄉原。先君先葬洛/陽，属世道分隔，未及還袝。若魂兮有依，當不/□還。日居月諸，陵谷相易，有握彤管，寄兹玄/石。 /

六　北周故使持節車騎大將軍儀同三司大都督瓜洮隴恒朔五州諸軍事五州刺史饒陽公（去斤誕）墓誌之銘

〔誌文〕

周故使持節車騎大將軍儀同三司大都/督瓜洮隴恒朔五州諸軍事五州刺史饒/陽公墓誌之銘 /

公諱誕，字仲和，代郡武周人。本姓許，大嶽/之苗裔。因封饒陽，還乎北土，居樹真鄉烏/速孤里。周承魏禪，録九十九姓，即以公爲/姓首，賜去斤氏。逮乎顯考，世聯官爵。父馗，/仕魏爲武階郡守，贈儀同三司、恒州刺史。/公少播令問，早處朝端，遂登三事，頻捻方/牧。踐禁闈則爲黄門武衛，出撫民則歷任/五州。然清貞儉素，恭肅孝慈，雖古之名節，/無以加也。春秋七十，保定三年薨乎家。/天子愍悼，朋僚痛傷。以四年正月　朔/十四日　葬于長安之北原。恐陵谷交/易，鐫石爲記。 /

七　北周使持節驃騎大將軍開府儀同三司大都督武候新昌公宇文氏夫人拓拔氏墓銘

〔誌文〕

周使持節驃騎大將軍開府儀/同三司大都督武候新昌公宇/文氏夫人拓拔氏墓銘　/

天和六年歲次辛卯十一月/乙巳朔廿八日壬申　/

世子乾緒　/

長女　伊那婁氏　/

次女比丘尼貞暉　/

次女光暉　/

次女領男　/

八　北周高祖武皇帝孝陵誌

〔誌文〕

大周高/祖武皇/帝孝陵〔一〕

〔簡注〕

〔一〕誌文未記下葬時間。《周書》卷六《武帝紀》載周武帝宇文邕「（宣政元年六月）己未，葬於孝陵。」以此暫系此誌於宣政元年（五七八）六月二十三日。

九　北周交州刺史焦史君（虎）之墓誌

〔蓋文〕

大周交/州刺史/焦君誌

〔誌文〕

大周交州刺史焦史君之墓誌

飛愼脩也/

君諱虎，字文達，秦州廣寧人也。其先出自/顓頊之苗裔，世代名高，蟬聯懆〔操〕遠，備乎典/藉，故可祥〔詳〕焉。父麟，志行高懆〔操〕，風猷自遠，鄉/閭推挹爲雍州都。君稟靈川岳，氣道沖和。/少馳名譽，解褐登朝，爲夷都縣令。下車始/尒，民詠來蘇。保定二年，授勸川郡守。褰帷/揚化，家盈杼軸，移風易俗，兼行禮讓。建德/五年，詔授交州刺史。未延遐壽，奄随熒/露。大象二年七月十二日薨於家，春秋九/十。朝野悼傷，鄉閭愍惜。粤以其年歲次庚/子十月癸丑朔廿一日癸酉還葬于高良/原。悲萬古之荒郊，嘆芳猷之永逝。刻玄石/於幽泉，傳斯名於逸世。乃作銘曰：

墳營〔塋〕/寂寂，墓道填填。荒郊冥寞，隴氣晗煙。日烏/空曉，月兔虚懸。一随幽壤，有代無年。/

一〇　隋任屯郎妻張氏銘記

〔誌文〕

維開皇十六年十二月廿/五日，大興縣信義鄉住在/静安坊民任三郎妻張銘/記。/

一一　隋修北周右正宫治尚宫平昌長樂郡國夫人魯氏（鍾馗）墓誌銘

〔蓋文〕

大隋長/樂夫人/魯墓誌

〔誌文〕

周右正宫治尚宫平昌長樂郡國夫人魯氏墓誌銘　/

夫人性〔姓〕魯，諱鍾馗，本齊人，從居雍川扶風縣，仍爲扶風人也。□/仲連廿三世孫，皆漢臣吴將，嬋聯不絶。曾祖祥，雍州刺史、司徒/公；祖慶，雍州刺史，並位居台鉉，任職蕃帷，倜儻瓌奇，英資〔姿〕挺秀。/父瓊，高尚不仕，栖遲巖壑，放曠烟霞，遠賁丘園，辭榮隱處，人倫/世表，高步一時，雅亮淵猷，追懷曩昔。並出誠入孝，允文允武。夫/人生仁義之門，秉端莊之操，爰及禮年，作配君子。芝蘭之性逾/芳，琴瑟之和弥篤。都督外宣戎政，三略六奇之謀；夫人内爕閫/闈，四德二儀之美。組織紘綖，恭承俎豆。周天和元年入宫，即治/正宫事。夫人行履端直，肅愼有儀，奉節宫闈，勤誠克著。建德四/年，治上宫事。宣正〔政〕元年，治正宫事。大象二年，又封長樂郡國夫/人。

大隋開皇元年，夫人出事周皇太后，俯仰/有儀，風姿可範，陪侍九重，曾無譴咎，來遊甲第，未有失疑。加以/深弘九念，積脩十善，以兹妙果，遂虧遠福。以仁壽元年八月十/三日構疾，良醫妙藥，頻尒療治，遂不蒙佑。石火易飄，金丹罕驗，/以其年八月十六日薨於岐州岐山縣之第，春秋六十有八。粤/以其年歲次辛酉十一月辛巳朔二日壬午，歸葬於雍州大興/縣洪固鄉疇貴里之原。長子世昉，寔有家風，惟孝惟誠，且恭且/順，居喪盡禮，哀毀過人。刊兹景行，納之泉户，寄以玄石，式鐫不/朽，乃爲銘曰：/

綿綿世胄，出自海源。承基鼎族，因此高門。婉容久匹，婦志難論。恭勤不爽，節儉斯存。水逐川流，人隨世閲。夜臺難曉，泉扉永閉。/壟暗雲浮，松哀風結。唯餘彤管，名芳無絶。/

一二　隋尚書起部郎元君妻崔氏墓誌〔一〕

〔誌文〕

大隋尚書起部郎元/君妻崔　/

大業五年六月十五/日薨於第，以十一月/廿一日殯於涇陽縣/奉賢鄉。　/

〔簡注〕

〔一〕此誌與《唐隋起部侍郎元君墓誌》爲一合，同出。

一三　隋修西魏故金紫光禄大夫清河縣男張府君（子明）墓誌

〔蓋文〕

周金紫/光禄張/君墓誌

〔誌文〕

周故金紫光禄大夫清河縣男張府君墓誌　/

君諱子明，清河武城人也。五世相韓，誠義高於戰國；七葉侍漢，冠冕盛/於西都。代有清賢，家多雅素，風流相踵，無之當時。祖昇，隴西鎮將，氣重/山西，族昌關右；父密，鳳州刺史，六條内奏，課最連城。千里外臨，潤兼鄰/國，並高景譽，俱致民謡。身存宣室之啚〔圖〕，名著功臣之表。承家胙土，可得/言焉。君出自華宗，早知禮讓，少遊先達，夙稟風規。虚堂獨坐，莊慤儼於/若思；勝席披衿，格韻詳於吐嘿。事親之義，兼敬養於無方；立身之道，擅/容辞於可貴。故以器動群公，英聲藉甚。于時魏德已衰，綴旒將墮，運鍾/昏亂，乃識忠貞。魏皇播越，西幸舊秦，朝廷彫亡，實資多士。君以翹楚見/知，首膺旌召。累遷使持節、大都督、商洛二州别駕。周太祖肇基霸業，始/啟山南，嶢柳爲衿帶之衝，商洛乃方城之固。惟此二邦，莫非賢戚，妙選/高才，寄深良佐。暫以豹蔚之姿，屈居驥足之職。君盡勤綜務，知無不爲，/多引英豪，布諸心膂，拂席延賓，題輿佇俊。於是異人驤首，幽谷無伐木/之哥〔歌〕；束帛相望，山林罕滯淹之士。豈直海沂有乂，弘農坐嘯而已哉。入/爲金紫光禄大夫，以參禪代之功，封清河縣開國男。懷黄就列，高步承/明之廬；錫土開基，同奉山河之誓。雖復優遊散職，外絶勤勞，然而連爵/通侯，内豐金帛。君深知止足，常慕東都之歸；每戒焚身，方思北門之窶。/請告謝於朝宗，滿贏散於姻族。築館山莊，追遊鄭敬，沉浮閭里，遠訪爰/絲。既而瓊瑰下泣，聲子逝其遐年；松桂無徵，留侯恨其過隟。大統八年/十月廿一日終於里舍，春秋五十五。太君追悼，恩賵有加。　詔贈淅州/刺史。曰以大業九年十一月辛丑朔二日壬寅，遷窆於涇陽縣洪川鄉/洪原里石安原。惟君器用多能，沖衿難尚，一朝風露，千載玄泉。嗚呼哀/哉，乃爲銘曰：　/

九河漸潤，六輔衣冠。家傳孝節，世有芝蘭。降挺邦彦，獨步三端。方材杞/梓，譬玉瑶玕。魏道屯陂，爰初筮仕。既属雄飛，將從鵲起。效官近署，展驥/千里。聲高右職，功書左史。逝川無反，風燭難留。一辭人世，万古山丘。車/迴舊壟，馬税新楸。桑田儻變，永志清猷。　/

一四　隋修魏左銀青光禄大夫奉車都尉朱衣直閤贈丹州刺史安定侯王府君（慶）墓誌

〔蓋文〕

銀青光/禄大夫/王公誌

〔誌文〕

魏左銀青光禄大夫奉車都尉朱衣直閤贈丹州刺/史安定侯王府君墓誌　/

公諱慶，字慶和，并州太原人也。元承帝嚳，後胤周姬，/冠冕縉紳，代稱名美。祖泰，太常卿，嘉猷懋德，燻灼衣/冠，墻仞高凝，亭跱當世；父藹，涼州刺史，馳名藉甚，流/譽垂芳，龜玉交輝，華蟲耀彩。公稟淳粹之精靈，資沖/和之景氣，幼標岐嶷，早擅聰穎。釋褐雍州主簿。公族/貴聲高，當斯選任。年卅四，轉任奉朝請，尋加大都督，/俄遷左銀青光禄大夫、奉車都尉。其年，任朱衣直閤。/方膺錫於眉壽，以保遐年，豈悟靈草難逄〔逢〕，追深反魂/之切；仙桃詎執，空歎桑田之移。春秋五十有七，薨于京兆郡，　/詔贈丹州刺史、安定侯，禮也。夫人梁氏，天水人也。父/真，弘農郡太守。昔韓子雙環，暫分乖於鄭國；豊〔豐〕城兩/劍，終會遇於延津。以大業十年歲次甲戌四月戊辰/朔廿九日合葬於京兆新豐縣義成鄉麗山之西原。/嗚呼哀哉！乃爲銘曰：　/

祖考隆赫，冠冕蟬聯。景行爰備，徒書缺然。風雲慘色，/松路凝煙。勒之鍾石，傳芳万年。　/

一五　唐故秘書省司辰師趙府君（意）之墓誌

〔誌文〕

大唐故秘書省司辰師趙府君之墓誌　/

君諱意，字如意，襄州襄陽人也。大矣安居，宦遊京/輦。君家連貴胄，奕葉衣冠，世軌風模，恒居晝節。去/隋大業十一年　詔授秘書省守司辰師。至如躬/初下政，九族之道邕熙；一任京官，五□之儀清肅。/又至大唐武德二年五月詔授秘書省太史兼司/辰師。君推心奉國，夙夜虔恭，屈體思仁，心希静乱，/於是堂堂之誦響徹於天庭，濟濟之風令聞於朝/野。君春秋六十有一，以武德九年歲次景戌朔四/月一日己未崩於雍州萬年縣崇義坊。朝伍悽然，/赴聞皇闕之内。即以其年斯月九日葬於京城東/南侯宋村東北。考龜命筮，以安居所。遂即穿兹玄/宇，構立墳堂，度日取時，遷靈永處。鐫金留記，刊石/爲銘，宇宙同終，存之不朽。其銘曰：/
於惟若人，實光重世。耕道獵德，依仁遊藝。偃息四/端，周旋五際。玉華既剖，金膏可礪。永辭華屋，即安/荒兆。原野終空，車徒蹔擾。隴被晨霜，松吟宿鳥。朱/燈已滅，幽關難曉。/

一六　唐隋起部侍郎元君墓誌〔一〕

〔誌文〕

大唐随〔隋〕起部侍郎/元君并妻崔，以貞/觀五年歲次辛卯/十月丁亥朔廿三日/己酉葬於此□。□/魂蒿里，永入黄泉。/嗚呼哀哉！□□□。/

〔簡注〕

〔一〕此誌與《隋尚書起部郎元君妻崔氏墓誌》爲一合，同出。

一七　唐故左屯衛郎將李公（範）墓誌銘

〔誌文〕

大唐故左屯衛郎將李公墓誌銘　并序　/

昔荀令之子，終荷構基之業；王公之孫，克負遺薪於野。乃有貽慶昭乎後嗣，盛烈光乎祖/宗，襲珪綬以增輝，纂貂蟬而不墜。式隆前緒者，其唯郎將李君乎。公諱範，字弘則，契丹烏/丸人也。其先夏后臣唐，息横流於九域；玄珪是錫，告成功於萬邦。名膺籙錯之文，遂光神/器之大。子孫磐石，葉散枝分，朔野稱雄，英奇閒出。種胤于焉繁熾，漢皇待以不臣；款關之/義無虧明君所以下降。根深系遠，苗裔阜昌，慕我朝儀，班榮列代。曾祖續，齊授八部落大/蕃長，并賜鼓纛，恩敕追入，加左屯衛大將軍、金紫光禄大夫。祖畢，属随〔隋〕運肇基，輸城内附。/革烏丸之横俗，染休明之至道，遂得厚秩尊官，仕同先職，詔授契丹大蕃長。列韋韛而布/政，帳毳幕以和戎。壃〔疆〕鄙無尉候之虞，邊儌〔徼〕息爟烽之警。加授左光禄大夫、左衛大將軍，封/長松郡公。父摩會，往以随〔隋〕曆告終，群凶鼎立，六合雲擾，百郡瓜分，皇家受命上玄，昭臨/下武，戮鯨鯢於巨海，落攙槍於昊天，率彼荒服之戎，扈我義旗之役，元勳紀於彝器，嘉績/書乎大常，寵授承家之班，允副疇庸之典。以武德元年授本部八蕃君長，仍賜鼓纛，加上/柱國、左武衛將軍，封長松公。夫以門閥菁華，代濟其美，顒昂異操，不隕家風。淩雪霜而不/渝，冠人倫以獨秀。及至青要戒節，羽騎騰驤，翠飾明月之弦，金絡珊瑚之轡。三韓讋其鋒/鋭，丸都無外叛之心。九種服其雄啚〔圖〕，不耐陳筐篚之幣。但陳寔爲元方之父，陸抗乃陸績/之男，餘慶所鍾，必誕岐嶷。公幼而明敏，弱不好弄，志節沉毅，邈焉孤峙。陶教義於髫年，習/詩書於廿歲。家承累代之貴，執謙沖而誠盈；門藉茅土之封，懷貞淳而弥固。年十四丁父/憂，寢伏苦廬，每歐王戎之血；哀號慟絶，淚盡羔柴之涕。率性逾乎子騫，因心過乎參也。國/家以勳門之後，　詔令起服。公以創鉅之痛，殷勤固請，表章酸切，義感人神。雖復外順　/皇情，而心哀内疚。授游擊將軍，仍令長上。典丘欄於軒禁，忠謹之譽克彰；貫通籍於巖廊，/敬慎之心逾厲。服闋，授左屯衛郎將。方荷司階之寄，情深警蹕之虞，既挺鵷鸞之姿，將運/鴻漸之翼，豈謂梁摧奄及，哲人其萎。以貞觀十四年十月遘疾卒於京私第，春秋廿有一。/嗚呼哀哉！惟公機神爽俊，逈〔迥〕出風塵之表；壯氣孤標，獨拔煙霞之際。達性命之脩短，悟死/生之大期，臨没忘身，顧復慈母，懷忠履孝，振古莫儔。詎知年業芳華，秀而不實，門無嗣子，/奠酹罔依。女厶乙，痛家道之湮沉，少伶俜而靡託，賦蓼莪而永慕，誦寒泉以悽斷，悲門蔭/之不傳，悼尊堂之落構。於是卜其宅兆，灞水西原，穿壙安墳，滻川東岸。弥望酆里，睇三輔/之舊圖；平郊超忽，瞰黄壤乎千里。建山門於崇隴，鐫玄石於幽扃，雖桑田之或改，庶永播/乎嘉聲。嗚呼哀哉，迺爲銘曰：/

伊公挺生，金箱玉質。少遘憫凶，茹慕成疾。泣血三年，食纔一溢。朝露溘焉，秀而不實。/

一從窀穸，歲序驟遷。藐藐孤女，長違所天。永懷罔極，改葬新塋。東鄰灞水，西帶滻川。白楊/晚吹，青松夕煙。千年古墓，一代名賢。/

蘭台楷書任齊書/

一八　唐故左武衛將軍上柱國城陽郡開國公李君（寂）墓誌之銘

〔蓋文〕

大唐故左武/衛大將軍上/柱國城陽郡/開國公李府/君墓誌之銘

〔誌文〕

大唐故左武衛將軍上柱國城陽郡開國公李君墓誌之銘/

君諱寂，字善同，隴西狄道人也。徽胄奄蔚，鴻緒光華，相秦將漢，詳諸典册。自兹已/降，世挺英髦，繼踵飛聲，略可言也。曾祖僧養，魏夏州酋長，隨〔隋〕贈大將軍、荊淮抴〔析〕三/州諸軍事、荊州刺史；祖懿，周征北將軍、金紫光禄大夫，思陽縣開國公、漢陽太守、/車騎大將軍、左光禄大夫、大都督、儀同三司、夏州刺史，賜姓宇文氏，改封闌熙郡/公，授司憲，改封城陽郡公、洛州刺史、上柱國、贈司徒，謚肅文公。父徹，周大將軍、儀/同三司、柱國、左武衛將軍，隨〔隋〕河北道行臺尚書，襲德廣郡公，贈上柱國、右武衛大/將軍、夏州刺史，並以經邦垂範，忠亮顯名，清猷樹業，騰芳竹素。雖袁宗之弈葉，楊/氏之蟬聯，訓惟清白，門承忠孝，積德流慶，何以尚也。君稟靈慶緒，挺氣華嵩，逸翮/罕儔，奇峯獨秀。義行表于齠齔，孝友章於幼年。排迅風而上征，干青霄以容與。及/解褐入仕，禮命交臻，譽重中區，聲流日下。起家除合水縣令。斯迺仲康三異之任，/君房尺木之漸。從政已後，世属横流，雅志匡時，戢翼待奮。義旗草創，潛圖贊翼，忠/規遂展，威稜遠幨〔憺〕。武德元年，授上柱國，襲封城陽郡開國公。富平傳封，家承載德，/扶陽相襲，世濟忠貞。方兹崇構，蔑以加矣。尋遷秦府左一護軍。　聖上龍盤蕃邸，/妙簡斑〔班〕僚。于時三河未澄，伊源尚擾，廓清區宇，有寄爪牙，國佇勳賢，朝望惟允。九/年，遷左内率。貞觀元年，遷左武衛將軍。侍交戟於文棍槐，陪禁旅於武帳。忠勤匪懈，/蘭錡肅然。昔寇恂之在金吾，祭肜〔彤〕之居太僕，禦侮是寄，不能重也。俄遷虞州諸軍/事、虞州刺史。河東股肱之所，虞芮襟帶之地，歷選牧守，舊難其人。君下車息訟，葬/在萬年縣銅仁鄉〔一〕，褰帷布禮，正色糾邪，治稱尤最，善政流於傍郡，美化行乎朞月。/所□發譽，所去見思。雖召父之仁風，杜母之清静，揚名遺愛，豈異此哉。方當陪侍/辰階，服冕台路，覩岱宗之遠册，覿斗中之絶儀。天道如何，與善無驗，寢疾弥留，至/于大漸。以貞觀十四年十二月廿二日薨于永安里第，春秋六十有一。詔贈左/武衛大將軍，賵物一百五十段。謚曰　公，禮也。朝廷咨嗟，行路傷感，桃李成徑，信/哉是言。君早鑒人倫，夙懷奇節，孝以承親，忠而奉上。但芳塵秀質，良史無遺，竹帛/丹青，終於歇滅。刊石重壤，庶美無窮。迺爲銘曰：/

赫弈鴻枝，蟬聯華胄。載誕英靈，重暉遠秀。尺木已升，崇基迺搆。德惟時範，儀稱領/袖。儼似秋威，曄若春茂。其一。芳林發采，英華日新。清瀾相襲，令範可遵。忠以奉國，孝/迺承親。簡静表治，正色當仁。長流難挹，遠度絶倫。其二。属世横流，戢翼宛趾。因風愸〔整〕/翮，憑雲迅起。内典禁兵，外臨千里。夙奉西園，陪遊宴喜。密勿匪懈，善終令始。其三。輔/仁莫驗，福善徒言。墜露朝泫，悲風夜喧。青松漸藹，宿草將繁。芳銷蘭畹，景闇泉門。/有美英俊，身没名存。/

〔簡注〕

〔一〕此句錯行。

一九　唐故上柱國侍御史韋君（楷）墓誌銘

〔誌文〕

唐故上柱國侍御史韋君墓誌銘　/

君諱楷，字孝式，京兆人也。蟬聯茂緒，弈葉芳華，/昭被管弦，榮鏡圖史，清暉美範，可略而言。祖匡，/魏淅州刺史、方城公，佩青千里，化洽百城；父元/禮，随〔隋〕淅州刺史、司農卿、鄖城公，鳴玉丹墀，道光/九棘。君稟靈秀氣，體質金方，高榦千尋，澄瀾萬/頃。釋褐尚書中仕，尋除河南、宜君二縣令。下車/敷化，飛雉已訓；褰帷息民，翔鸞自降。特遷侍御/史，繡衣既衽，□□祛，霜簡裁揮，豺狼下路。正當/當〔一〕篚兹三事，亮采蕙疇，天不憖遺，梁木其壞。春/秋八十一，貞觀十年八月廿三日卒於私第。以/十七年十月廿六日葬于京兆之少陵原，法也。/于嗟深谷，遽覩爲陵，彼美青編，俄聞落簡。敬刊/琬琰，式播徽猷。乃爲銘曰：　/

渟川峙岳，氣秀源靈。降神吐瑞，載誕英明。符彩/景發，波瀾洄清。濯纓入仕，聿崇其德。陵厲芳姿/，頋眄風力。垂天始舉，奄摧鵬翼。柩輅既袓，永閟/幽泉。山庭皎月，松路凝煙。生平逸氣，空流管絃。/

〔簡注〕

〔一〕此字是衍文。

〔**誌文**〕

大唐故右衛美泉府吏程公墓誌　/

公諱□字□東岳會稽人也會稽王次子□□□/馬子孫□宦因而家焉漢大將軍識□□□□/□□□蘭秋菊□日芬芳周漢齊唐□□□□/□□□□□□公家傳盛德□□□驃□□□地/□□□霍□□將軍之業始驗□□□□便堪廊廟/□□長□□即可芬芳之用公幼而岐嶷天縱多能□/□□言成珠□□之事知無不爲遂於□業之年□/□□□□□和輯一府内外晏然後囑隨季道銷彝/□□戮突厥狼戾擾攘涇陽奴賊不仁□□渭汭公暨/□歸第便即言還忽至傅后陵南乃遇□□□上公切/齒奮臂曰豺狼當道焉問狐狸壁壘□□何須遊豫/於是蒙輪赴敵手刃□夷彼眾我□卒爲賊徒所獲春/秋□十有四烏呼哀哉　夫人郭氏志同竹帛□等松筠/□□□儔恭姜□之擬以年□日□疾處膏肓□□/□□□□□□粤以大唐貞觀廿三年歲次己酉二月景子/朔九日甲申□合葬窆於雍州咸陽縣洪瀆原礼也知與不知莫/不流涕然四時遞起陵谷推移故以雕鎸記其休烈其詞曰/

□□□□□□□譬彼長河浼浼千里弈葉昭彰芬芳不/已□□運屬道消時逢日鬬帝闕息烽中原絶候□□□/□□於狂寇　終無返矣空想□□義夫永没節婦/長埋一同風壤長落東西　/

二一　唐夏州朔方縣清化鄉人武騎衛秦文義墓誌

〔**刻寫誌文**〕

秦平挺〃

夏州朔方縣清化鄉人武騎衛/秦文義，貞觀廿三年七月/十五日身故。埋在官薗小水/欲東川北北，墓頭蕀子。是爲記。　/

〔**墨書誌文**〕

夏州朔方縣清化鄉人武騎衛秦[文]/義，貞觀廿三年七月十五日身故。埋/[在]宦薗小水欲東川北，墓頭蕀。是/爲記。　/

二二　唐遊擊將軍趙爽墓誌

〔**誌文**〕

大唐隨〔隋〕尚書右/僕射淮安定公/弟〔第〕二子揚州司/馬趙元恪弟〔第〕三/子遊擊將軍爽/瘞於此。永徽四/年八月十七日。/

二三　唐故趙處士（敏）墓誌銘

〔誌文〕

大唐故趙處士墓誌銘并序　/

君諱敏，字知十，隴西天水人也。璧白分暉，成季方乎夏景；神/機洞啟，襄子傳於寶符。峻趾干天，鴻源括地，固可以道光載/籍，聲被管絃。祖士茂，随〔隋〕納言、内史令、尚書右僕射、淮安定公，/思入機初，神遊繫表，文綜經史，武兼韜略。濟鹽梅於鼎實，耀/簪華於鳳池。至若西漢羽儀，朱輪華轂，東都冠冤〔冕〕，七相五公，/比跡籌庸，寔爲連類。父元直，随〔隋〕齊王府司功參軍。俄而緣王/失德，解印言歸。市駿招賢，雖盡忠于鄴館，易精極慮，遭拒諫/於吴宮。徒上鄒枚之書，無雪孫羊之譖。君幼多岐嶷，志尚不/羣，涉四遊三，基仁席義。既而許史經過，騎異少游之馬；玄黄/成疾，□同叔子之傷。因此養性園林，銷聲丘壑。荷衣薜帶，將/曳組□齊榮；巾茗杖藜，共搢紳而同觀。豈意二豎成災，一丸/無驗，太山興哲人之歎，少微虚處士之星。永徽四年七月廿/日終於長安里之私第，春秋卌有九。大唐永徽四年歲在癸/丑十一月己酉朔十二日庚申，祔葬君於韋曲北原尊太夫/人□氏塋，禮也。仍懼陵谷遷徙，芳猷歇滅，勒兹貞琬，頌德泉/扃。銘曰：/

仰觀珠宿，俯察蟲文。簡主聽樂，造父傳勳。家承鼐鼎，代襲蘭/芬。瓜瓞綿邈，慶緒氤氲。慶緒伊何，必復其始。誕錫洪胤，是稱/君子。耕耘道德，組織文史。逸翮五章，名駒千里。顯晦殊致，動/寂異區。非徒禄仕，亦有潛夫。其業可尚，其風不渝。忘情物我，/寓跡榮枯。閲水成川，過隙徂年。去此適彼，誰後誰先。寒雲落/葉，凍土窮泉。生平何在，隴月孤懸。　/

二四　唐故朝請大夫趙君（洪茂）墓誌銘

〔誌文〕

唐故朝請大夫趙君墓誌銘并序　/

君諱洪茂，字顯，豳州三水人也。昔伯翳分官，光五龍而啟業；趙/城疏爵，乘八駿以開基。鈞天之金奏動心，家聲爲弈；常山之□/符臨代，門慶氤氲。濟美傳芳，見於斯矣。祖萬，魏涼州刺史；父定，/周襄州義清縣令。連横仕魏，功冠河山；同德歸周，名高禮樂。鳥/旟西撫，背水嶺而鳴簫；邊履南飛，拂霞樓而製錦。君則義清明/府之長子也。冬日夏日，嗣遠葉之重光；射熊射羆，纂前脩之逸/氣。家開趙璧，偏映清姿；門對常山，早知兵勢。文飛鳳豔，吐焕於/詞林；筆運鴻鷩，揮豪於墨沼。屬　/皇唐纂命，方静雲雷，而薛舉觸山，尚徵風雨。於是天兵問罪，應/金芒而出師，公則地陣從軍，摧玉弩而稱捷。論功命賞，蒙授上/騎都尉、朝請大夫。武德九年，任鹽州鹽山縣令。亨〔烹〕鮮受職，未申/濠上之心；解印閑居，終以河陽爲陋。門依柳樹，其户難窺；書撰/竹林，其名不殞。豈謂趙簡之遊魂，天上徒招不歸；趙壹之□石，/墳前奄從長往。以永徽五年八月十九日卒於京師延壽里第，/春秋八十有四。即以其年九月十二日遷窆於畢原。其子盖仁/等痛感寒泉，悲纏濡露，思存不

朽，乃勒銘云。其詞曰：/

趙城之緒，趙卿之族，門業克昌，家風允穆。弈葉龜紐，聯芳鴻陸，/天使搜靈，侯章必復。其一。使君傑出，騰星利器，紫艾垂榮，朱幡受/使。義清孤峙，淩霞逸志，亨〔烹〕雞就職，馴翬表異。其二。恒嶽誕靈，昂〔昴〕宮/垂祉，刻鶴流問，鳴鵷筮仕。撫劍忠泉，霑纓孝水，芳凝絳帳，業圖/青史。其三。水閲珠川，光晞玉露，松扃永閉，楸衣長故。穸臺風泠，佳/城日暮，唯餘歸趙之魂，空失邯鄲之路。其四。/

二五　唐萬年縣童子吕善感塔銘

〔誌文〕

大唐永徽四年歲次[癸]/丑十月己卯朔十四日/壬辰，萬年縣童子吕善/感身故，殯在便子谷，春/秋一十有六，住在弘化/坊。六年二月廿日起塔，/立銘記之也。/

二六　唐故上騎都尉王君（陵）墓誌銘

〔蓋文〕

大唐故/王君墓/誌之銘

〔誌文〕

唐故上騎都尉王君墓誌銘　并序　/

君諱陵，字文暢，太原祁人也。胄啟仙/苗，祥分惠葉，英靈繼踵，簪紱相輝。播/在甿謡，詳乎緗策。君承兹累慶，振此/休風，令譽雲高，清暉霞舉。義寧二年/京城勳，蒙授上騎都尉。方當克享遐/齡，永膺多祉，而與仁徒設，福善無徵。/龍朔三年八月二日遘疾終於私第/。粤以其年九月廿三日窆于畢原，礼/也。銘曰：/

祥開仙鶴，慶發冰鱗。鬱標昌胤，載誕通人。飛華翰苑，肆業儒津。譽光獨步，/名高絶倫。方韜虹玉，奄碎驪珍。夜臺/寧曉，蒿里非春。/

二七　唐故朝議大夫江君妻梁夫人（師娘）墓誌銘

〔誌文〕

大唐故朝議大夫江君妻梁夫人墓誌銘　/

夫人諱師娘，雍州萬年人也。代□崇高之德，□承/儒素之基，神功共華盖連陰，昌源与天潢比峻。祖/願，宗朝飛譽，父師，随〔隋〕代流芳，並逸翮孤標，天資□/

峙。夫人四德攸重，百行聿脩，□□□於閨門，仁□/旌於闕里。風神秀舉，器局淹凝，秋霜無以厲其□，/春露何以光其閏。故得飛聲三輔，馳譽八□。□欲/積慶靈長，享兹多福，熟〔孰〕謂夜川不静，曉月□暉，遂/使秋菊共霜桂摧芳，春蘭与玉露□□。以麟德二/年正月十六日卒於金城里第，春秋□十有二。烏/呼哀哉！慟切幽明，悲纒行路。即以其年二月 /朔四日 ，葬於韋曲川畢原，禮也。於是南睎太/一，峻峙崢嶸；北□渭濱，長流淼漫。□恐閲川不駐，/令德絶於□□；輪光幽沉，笳聲滅於竹帛。敬刊斯/石，其銘云尔：/

昌源逈構，峻峙休禎，門稱教禮，代襲簪纓。七行攸/重，四德波清，上天不憖，厚地光傾。其一。柳輅晨駕，松/郊夜謚〔謐〕，素盖浮陰，清笳互出。鶴關晝掩，凫燈象日，/二曜雖懸，萬春長畢。/

二八　唐修隋處士秀容郡公王府君（景興）墓誌銘

〔誌文〕

隨〔隋〕處士秀容郡公王府君墓誌銘并序/

君諱景興，字希遠，太原晉陽人。五代祖輔魏少主入關，遂居京兆，故今爲雍州/萬年縣人焉。若乃黄神感電，鶱軒野而疏源；蒼曆分岐，導伊川而命氏。白猿馳/妙，風驅百二之郊；刻鶴飛聲，雲委八厨之俊。襛華列舘，三主齊歸；彩珥分庭，五/侯同拜。崇基峻趾，可略而言。祖定，移病丘園，以文史自畢，封逍遥公。情逸坐忘，/文昌舉白衣之秀；心安自得，少微標玄隐之精。父鸞，魏驃騎大將軍、開府儀同/三司、侍中、平城縣開國公，周涼州揔管，改封玉城公。佩璽擒華，望紫樞而列貴；/分符叶信，下朱傅而飛謡。君星祉流形，岳祥分氣。霜華履操，散風格於天姿；冰/照凝心，洞機神於靈府。日規瞻體，神昭幼識之奇；月樹分香，道邁生知之俊。俗〔浴〕/仁蹈禮，有自天然；仗信遊忠，非緣外奨。研機賾隐，用窮編絶之微；致遠分華，式/盡羽陵之妙。鳴絃碎葉，哀落雁而遺聲；掞藻飛花，握靈虵而耀彩。不夷不惠，心/齊得喪之塲；非吏非隐，情愜丘園之致。一日千里，踠驥足而不馳；三府九徵，挹/羔摯而無起。餘基可守，先構難傾，雖紹扶陽之珪，還税汝南之業。襲爵秀容郡/公，屏跡東陵舊趾。繁華謝客，思月旦而懷貞；效穴推贓，仰風規而赴節。優遊方/外，縱容人境，意罊如也，物不慮心。雁禮盈門，鶴書委篋，志弘天爵，晤發犧榮。俄/而夢巳挻妖，巢鴑結禍。以大業十二年終於霸橋莊，年五十五。以乾封二年歲/次丁卯十月戊子朔廿二日己酉，遷窆於雍州萬年縣白鹿原舊塋，禮也。夫人/清河張氏，父威，随〔隋〕京兆尹、晉熙公，高蹤軌物，盛德在人，七葉五公，鬱爲不朽。高/襟始娉，驩〔歡〕承配祀之儀；乾蔭先傾，悲撫擇隣之訓。忽而輪沉夜月，鏡滅仙輝，葉/墜朝雲，岫埋神影。以大随〔隋〕大業二年遘疾終于洛州，年卌。粤以吉辰祔靈于先/寢，禮也。嗣子播州刺史、上柱國，慮銷聲於萬古，式鎸名於九泉，俾芳華之不歇，/儷日月而長懸。乃爲銘曰：/

茂葉承蘭，琁源鏡玉。軒丘感電，伊川演族。厚慶延昌，高門嗣福。立言立事，代官/代禄。王替周衰，霸興秦盛。啟關分緒，連城佐命。八俊馳謡，五侯流永。珪璋杞梓，/隣幾亞聖。亞聖伊何，承家令祀。逍遥九徵，平城四履。清規弈葉，克生君子。英靈/迴〔迴〕秀，天姿蔚起。道高虞谷，基構扶楊。志涵舒卷，□綜行藏。珪茅嗣業，羔雁分行。/苟侚東皐，寧辭北邙。好合萊妻，家仇粱耀。金鎖疏里，璧随莊釣。逸足方馳，頽輝/□照。如何不淑，奠楹斯召。日往月來，瞻烏告吉。荒原悽慘，

陰風蕭瑟。杳杳青春，/悠悠白日。四時徒謝，千齡永畢。/

二九　唐故品子孫大郎（弘進）墓誌銘

〔誌文〕

唐故品子孫大郎墓誌銘/

大郎諱弘進，字十善，京兆長安人也。若乃名高六國，孫/武以道術懷奇；德冠三邦，吴皇以英名濟代。其後□□/七貴，分派五都，奕葉重光，備傳緗史。大郎志性敦厚，□/□淹和，孝友因心，忠貞稟質。蘭芬桂馥，已□於□□；/玉潔冰清，將流於後裔。始參文學，復習戎麾，方遊/金馬之門，抽鞭玉關之地。豈謂功虧一簣，□□□□/俱沉；□□幽泉，靈魄共朝氣並散。以乾封二年十一月□/疾弥留，□日卒于□□坊之第也，春秋卅有五。即以其/年十二月丁亥朔五日辛卯，殯于高陽之原杜城之□。/其地前臨翠□，□□崇墉，東望通達，西連□/陌。□□□□，□□蒿里之□；原野茫茫，契合佳/城之地。仍□□□遠，岸谷遷訛，輒□□□，乃/爲銘曰：/

江河異氣，山岳□□。□色□度，□振金聲。□□□/質，味道含經。□敦愛敬，志洽忠貞。□□□□，□/□難停。俄辞□里，□入佳城。□□□□，□□□/□形。魂其□矣，千□□名。/

三〇　唐故沙州燉煌縣令宋君（素）墓誌銘

〔蓋文〕

宋君/誌銘

〔誌文〕

大唐故沙州燉煌縣令宋君墓誌銘/

君諱素，字　，弘農華陰人也。原夫姚風静愠，敷教重乎招才；姒日云亡，代虐/崇乎錫智。將軍翊漢，榮申夜拜之儀；大夫匡楚，響擅陽春之曲。疏源自淼，帝/業逾昌，組珮連華，珪纓襲彩。曾祖顯，周萬豊大監、青徐齊兖四州刺史、元康/公。遊霧驤首，垂雲矯翼。立人伊信，衢多警竹之童；御眾以寬，庭少鞭□之吏。/祖恭，周積弩司馬、殄難將軍。謨□沉沙，庸頒坐樹。弓開柘杪，鳴弦却月之營；/馬控桃花，籥影浮雲之陣。考真，唐右監門録事、果州西充令。韶□□□，秀馥/蘭滋。彩翟彰仁，奏鳴□於單父；紫雲通感，偃□□於□□。君□潤荊巖，分光/漢渚。吐楊文之鳳，倚戟馳英；登李門之龍，通家緝譽。□章綺合，爛成錦於□/葩；逸辯濤驚，注懸河於秋水。有彰□穎，爰始薦名。弱冠明經高第，尋授荊州/恭城主簿，又遷岳州源江縣丞。蹴駿揚鑣，紆銛展割。佐西門而闡□，□洽無/欺；循南陔以企懷，而□

恰取愛。於是辭榮去職，□□歸閑。□□□盡温清之/道，一十有五年矣。□枕惟恭，庶窮歡於五起；勵□無怠，黐阻期於七旬。君皋/貌纏哀，□心在疚。齊子羔之泣血，逾德雅之絶漿。爰以孝績著聞，特降　/綸綍，授君爲沙州燉煌令。不擇而仕，昔聞季路之言；無逮於親，今覩曾元之/歎。君富人以教，立政在恒。鄒境蝗移，□鄉鳳集。皇唐弥六合而光宅，/奄四海而爲家，大夏將成，洪材佇降，又有别　敕，令君檢校東都宫苑/事，賜物一百段，加階一級。而千門萬户，佇均西漢之□；左伊右瀍，俄閲東周/之水。以顯慶四年十二月廿九日終於洛州河南縣旌善坊之私第，春秋六/十有四。嗚呼哀哉！夫人太原王氏，蕣蕚摛英，桃□毓美，暨分偕老，終結雙魂。/粤以咸亨元年歲次庚午五月丁丑朔一日丁丑，合葬於華州華陰縣龍□/原，礼也。原隰千里，風蕭蕭而正寒；煙雲百重，日沈沈而易晚。□池黐影，儼楸/隧而迴輪；雕礎騰華，委松關而載德。其銘曰：　/

錫壤□唐，疏苗帝湯。命崇藩室，恭表循牆。本基岳峙，源派川□。國清有劭，家/慶無疆。其一。誕性妙質，含芳秀出。凌雲暢藻，染烟霏筆。月□□□，□□□□。□/騁高衢，累湮畀秩。其二。安仁輟仕，平子歸田。模河引箭，□□□□□□□□□/膳紅鮮。遽扃重壤，奄□終天。其三。痛結游梟，酸縈吊鶴。□□□□□□□□□/表操製，功參作洛。鉉玉行遷，相金坐□。其四。傾舒掩兔，落羲□□□□□□□/焉□野。暗水龍來，幽臺鳳下。譽春蘭菂，聲秋松櫝。　/

三一　唐太子故文學河間縣開國公許君（昱）墓誌銘

〔蓋文〕

大唐故/許君墓/誌之銘

〔誌文〕

大唐太子故文學河間縣開國公許君墓誌銘并序　/

君諱昱，字承明，高陽人也。曾祖亨，梁給事黄門侍郎，陳領大著作、衛尉卿。祖善心，/給事中、禮部侍郎、散騎常侍、左光禄大夫、高陽文節公，　皇朝贈冀州刺史。父敬宗，/給事中、中書侍郎、衛尉卿、禮部尚書、侍中、中書令、光禄大夫、行右相、太子少師、特/進、上柱國、高陽郡開國公。昔顔氏稱仁，悲碩儒之早喪；衛庭推敏，痛玉人之易沉。/何通賢之促齡，忽殲良於厚夜。天之報施，豈期然歟？君珠浦濬其遥源，璧巖疏其/遠搆。岳精神秀，峨峨聳積地之基；水德靈長，淼淼接浮天之派。潁川挹其初月，京/兆歎其清風。祖德家聲，人謠篆載。君即特進、高陽公之第三子也。令君之子，門光/踵德，丞相之胤，代美傳經。年十一，起家爲皇太子侍讀。來遊雞戟，江夏之雙童未/奇；待問龍樓，河南之五更知忝。西園之歡多暇，北海之對恒新。理詣真筌，轻阮掾/之三語；妙該詞律〔律〕，哂鍾郎之五字。尋除太子文學。賦參迷迭，宴接芙蓉，前星共珠/璧聯輝，後乘與應陳並命。俄属銘勳日觀，展馱天門，礼懋承家之錫，寵聞開國之/貴。有　詔封河間縣開國男。爵標五等，榮兼兩代。霍子侯之奉車，寔由親顯；吴季/子之開國，良資父授。以今方昔，我無媿焉。加以立言忠信，居心孝友，不與非類交，/不入非類室。有劍騎而誰賞，匿才華而不耀。聞人之善，若己有之。雅愛虚白，尤耽/墳素。書滛積秏，傳僻成灾。有叔度之清賞，得劉楨之沉痼。子奇相阿之日，於此易儔；仲華登輔之年，翻然永逝。粤以咸亨三年五月廿九日終於永嘉里之私第，春/秋廿有四。高陽公言朝伊水，載扈仙輿，忘私徇公，留掌珍而獨去，芳園曲沼，覺長/筵之半空。倦想趨庭，無期扇席。翹懷控鶴，瞻洛陽而路脩；屬念名烏，望長安而日/遠。山川一閒，生死長分。雖上智之忘情，終下流而結欷。悲看銀鏡，痛切金壺，詎飾/東門之矯，更甚西河之慟。楊太傅之埋玉，此恨無追；王丞相之夢錢，傷心何已。即/以其年歲次壬申六月庚申朔廿五日甲申，永窆于雍州萬年縣之白鹿原，禮也。/殿下明煦重離，恩兼四友，悼深文學，嗟同武庫。有 令賻物五十段，遣通事舍人/吊問，并令京官一人檢校喪事，哀榮之極，未之有也。第四弟通事舍人昇，哀寄陸/辤，痛分姜被。葉踈荊宇，望田氏而心摧；鳥思松塋，應桓山而響切。與余聯職，爰託/爲銘。其詞曰：/

舄弈高門，蟬聯華胄。朝盛簪冕，人推領袖。業闡翰林，道光文囿。誕兹令哲，克劭家/聲。同楊識奧，比衛神清。理笏宣礼，談經肅成。寵賁後車，恩延廣宴。沼蓮堪擿，泉茝/在薦。預北苑之追飛，奉西園之遊衍。松心未翳，蘭氣先凋。去黄扉而戀戀，即玄夜/之遥遥。痛早碎於階玉，悲不秀於山苗。上路迴轜，曲江飛旐。薤鐸吟夜，蒿埏戒曉。/隴晦愁人，郊荒思鳥。夭均體二，悲纏在三。埋珠恨切，發轝恩覃。望墳前之宿草，空/有愴於宜男。/

三二　唐故□監門直長柳君（大贇）墓誌銘

〔誌文〕

大唐故□監門直長柳君/墓誌銘 /

君諱大贇，字□□□河東/解人也。曾祖慶，魏□□左/僕射、平齊公；父肅，隨〔隋〕工部/侍郎、文安公。君 皇朝□/監門直長。以上元二年歲/次乙亥二月五日薨于私/第。即以其年二月廿二日/窆于長安縣積德鄉，禮也。/

三三　唐故城陽郡李國公（達磨）墓誌銘

〔蓋文〕

大唐故/李國公/墓誌銘

〔誌文〕

大唐故城陽郡李國公墓誌銘并序

河南處士假非有撰 /

公諱達磨，字難陁，隴西狄道人也。原夫寵跡開嘉，接鴻基於漢水；祈榮播祉，烈/盛緒於天池。遂能代襲冠纓，家轉簪紱，縉紳弈葉，蟬聯相繫，於今不絶者也。父/善同，唐武德九年十一月十一日 詔虞州刺史，寵章日盛，榮斑〔班〕月茂。於是/褰高帷而莅境，不謝賈琮；飲貪泉而臨堺，何慙吴隐。至武德九年十二月十五/日爲逋渠首惡，不陷國刑，妖寇亂常，獨違 天討，奉 敕前虞州刺史/善同見行人内，將略分明，宜補定襄道行軍副子揔管。然而少多奇術，壯懷智/勇，九流七略，不假帷謀，擁水沉沙，何煩帳策。尓乃鑿門辭第，遥赴青丘，授鉞臨/征，稜威紫塞。既而雲雷一動，妖祲之寇便銷；龜龍再飛，逆旅之徒俄殄。至貞觀/十年正月十八日　詔宣力行陣，蕩清逋寇，加左屯衛統軍大將軍，重使榮/錫益隆，寄任弥重者也。　伏惟公誕秀地靈，飛英天縱。汪汪雅度，品四瀆以/同深；懔懔機符，苞万象而俱照。釋褐左千牛備身，委質金階之警，飛纓玉扆之/榮。敏藝足比於徐、劉，才雄自同於枚、馬。公雖復司存有隔，幹局無異，意懷恤下，/志慙矜上，風塵不雜，朱藍自染，潔而不亟，猛而能泰。門多好事之轍，室少姬姜/之艷。波瀾雖夐，紛芳不絶，寔斷金之賢輔，信經邦之遺直。公早鑒事機，稱疾解/任，偃仰私庭，蕭然官禄，逸烟霞而侶興，澹泉石而交驩。恬然不撓，嘯歌一壑，迺/焉不混，諷詠三塗，足關物外，寧拘世利。豈意閲波東逝，奔曦西落。司南忽騁，齊/八士於　潢衢；平北來徵，促百齡於天路。遂以上元元年歲次甲戌十月二日〔一〕，/薨於雍州盩厔縣仙遊鄉之私第，春秋六十有九。嗚呼哀哉！然而閭巷悲悼，朝/野傷嗟，遐迩所聞，莫不流慟。粤以上元二年歲次景子正月庚子朔廿二日辛/酉，葬於萬年縣驪山鳳栖原先塋，礼也。嗣子道禮、次言等，窮號叫慕，昊天不追，/泣血飡〔餐〕荼，扣地何及。但非有庸愚固陋，幸無可笄〔筭〕，懷長者之餘顧，識國士之深/恩。豈得覩此芳徽，寢兹翰墨，輒申丹筆，庶勒玄銘。其詞曰：/

啟族忠竭，輔邦誠著。冠冕代襲，珪璋迭叙。公爵之胤，爰出其處。其一。其處何若，秀/哲挺生。金階禦警，玉扆參榮。瀝素重海，翰丹少英。松風自肅，巖電孤明。其二。早悟/機鑒，預達萌愍。不待懸車，先從招隐。万頃難澄，一丘易軫。其三。隟駟不停，川波急/逝。未窮仙術，俄傷天歲。痛矣璿琳，悲哉蘭蕙。其四。魚軒宿列，蜃駕朝裝。依遅〔遲〕葆吹，/委欝雕章。旌懸苦霧，薤噎風楊。塋扉忽掩，歸路何長。其五。蒼芒原夕，蕭條野晨。墳/荒易毁，泉冷難春。三千白日，五百江塵。播徽猷於代後，樹茂績於來人。其六。/

〔簡注〕

〔一〕「十」字爲上下字間補刻，「二」、「日」有磨平後改刻的痕迹。

三四　唐故游騎將軍徐越二王典軍王公（傑）誌銘

〔蓋文〕

唐故游騎/將軍徐越/二王典軍/王公之銘

〔誌文〕

大唐故游騎將軍徐越二王典軍王公誌銘　并序/

公諱傑，字雄昶，京兆霸城人也。原夫隆周啓祚，光懿親而列九卿；有晉開基，叶元/功而陳六佾。卜偃前識，覽盈數以知興；吕氏研幾，委佩刀而擅美。疾風標勁，匡漢/室之雄圖；背石稱奇，翼魏朝之霸業。鴻勳懋績，盛德嘉聲，青簡備詳，玄扃可略者/也。曾祖賓，衛將軍、大司農、龍州刺史、龍州諸軍事。黄中叶性，純白凝心。武冠穿楊，/按五營而效節；文華積玉，揔千里而馳芳。祖逸，衛將軍、大都督、司農大卿、富州刺/史、富州諸軍事、冠軍縣開國公。沖襟獨映，澄萬頃之波瀾；逸韻孤標，竦千尋之條/幹。股肱攸寄，參棘署以飛榮；衿帶遐荒，分竹符而演化。父正，右驍衛大都督、朝静/大夫，風規秀雅，器宇淹通。眇矚九流，徬該六籍。春臺滌想，光四始而騰英；秋露垂/文，窮八體而歸譽。羽儀上國，冠冕秦中。縱窆之艫，遽摧鱗於東海；磨天之翼，俄鎩/影於南冥。公稟質圓流，照魏車而絢彩；資靈方折，鶩秦城而來價。式陳忠彫蟲發藻，方臨/捧橘之年；經札穿犀，克表參玄之歲。仁義貞吉，孝友甄明。甫經弱冠之年，爰從勳/衛之職。丹宫夜警，罄心膂之誠；絳闕晨嚴，抗爪牙之任。毅之績，累遷昭武/之班。戊己之号，述職河西；飄飖之名，揚威塞北。俄授徐府典軍，從班例也。入奉青/宫，出陪朱邸。侍蘭言於長坂，翼飛蓋於兔園。既而身退名成，符五千之奥旨；鍾〔鐘〕鳴/漏盡，遵七十之格言。轉授游騎將軍，申其志也。李廣辭袟〔秩〕，猶擅霸陵之威；馮異離/班，仍傳大樹之号。不謂朝暉度隟，御龍竹以長辭；夜窆移舟，遡冷風而莫返。上元/二年正月十九日終於義豐里之第，春秋八十有八。昔鄭産云亡，亟緾遺愛之慘；/齊嬰既殞，遽申行哭之悲。夫人彭城劉氏，夔國公弘基之三從妹也。蘭閨令則，式/媾華宗，素里柔風，作嬪君子。窈窕貞淑，引宵婺以分形，婉嫕幽閑，望朝雲而儷影。/簫聲可重，翼儀鳳以輕飛；月桂攸珍，竊仙丹而遂往。嗣子大惲等，顧曾堂而斷骨，/感風樹以崩心，逗烈火而無違，聽奔雷而有赴。宅禎玄蔡，睠武庫以開榮；兆薦青/烏，擬滕城而啓隧。以上元三年三月四日〔一〕合葬於麗山之西原，禮也。虞哥夕愴，韻悽/鐸以增悲；楚薤晨興，叶流風而更咽。青櫝昏而宿鳥喧，白日暮而松聲切，荒徑斷/而還通，丹旐舒而復結。懼襄岸而爲谷，託貞石而揚烈。其詞曰：/

周京錫胤，晉壤開基。毛耼儷美，汜蔣均徽。白茅斯御，青社爰依。盛德不泯，芳猷在/兹。其一。秀發大名，聿承天啓。懷仁履義，敦詩悦禮。恂恂鄉黨，怡怡兄弟。狀迹青宫，馳/聲朱邸。其二。鍾〔鐘〕鳴漏盡，身退功成。從容里閈，放曠園亭。春櫻曜彩，夏笋抽榮。柳惟陰/密，梅援風輕。其三。閲川易遠，人代難留。朝暉度隟，夜窆移舟。四化行軫，三泉遽幽。曲/池空潔，明月徒秋。其四。靈輴夕引，楚薤宵揚。音徽已謝，容衛虚行。荒郊寂寂，隴樹蒼/白。楸沉昭彩，丹史圖芳。其五。/

〔簡注〕

〔一〕下葬日期擠刻。

三五　唐左衛倉曹參軍事上護軍楊從儉夫人韋氏墓誌

〔誌文〕

大唐左衛倉曹參軍事上護軍楊從儉夫人韋氏墓誌/

惟夫人苕蕙凝姿，芝蘭成性，貫女圖而暢懿，/昭媛範而騰聲。曾祖詮，青州刺史、青州諸軍/事；祖㥉，皇朝鳳州河池縣令，並風格韶峻，宇/量凝簡。夙標岐嶷，明珠耀彩於貞規；早擅縑/緗，籯金嗣美於洪業。父□□□州美原縣令、/度支員外郎。亨〔烹〕鮮發譽，超□流芳，無替前□，/式光後葉。夫人年廿一，□適楊宗。琴瑟之韻/既諧，潘楊之好斯□。□意輔仁莫驗，遽□桃/李之年；與善徒欺，永懷□□之□。春秋卅四，以/上元三年七月七日夜卒於□寧坊，殯於萬/年縣界龍首鄉城義□□□□。忘識□薨，慈/訓早違。恐陵谷遷移，式題□□。其詞曰：/

籯金遠胄，明珠遥緒。載誕英淑，□輝□舉。逾/自笄年，式嬪楊族。琴瑟既諧，閨門同穆。昊天/不吊，餘慶徒欺。遽背飛兮雙劍影，永倫恨兮/九泉悲。／

三六　唐故夔州都督劉府君（行敏）墓誌銘

〔蓋文〕

大唐故使/持節夔州/都督劉府/君墓誌銘

〔誌文〕

大唐故夔州都督劉府君墓誌銘并序　／

君諱行敏，字公達。五代祖自徐州彭城從後魏莊帝西遷京兆尹〔一〕，故今爲雍州萬年縣人焉。/粤乃堯壇就日，翻若木於遥枝；嵎岫承雲，曳冠纓於裔緒。子陽孫擅，連珠開八舍之尊；榮祖/清貞，佩玉嗣三光之美。立言立事，馳雅道而蔚龍圖；代德代官，曜文物而舒鳳篆。金柯玉葉，/可略言焉。曾祖略，周岐州刺史，封武始郡公。祖遷，隨〔隋〕河州刺史，襲爵武始公，贈右光禄大夫/。或四履開封，貞標傑節，或一圻露冕，寵效追榮。父都，随〔隋〕起家進馬，公侯可復，苗秀方資，豔彩/滅於春華，貞實爽於秋令。君岳氣標靈，星姿曜彩，風神霞舉，敏思雲飛，介立不群，貞心自/牧，一日千里，綺歲黄中。臨財無苟之談，豈聞傍習；取與以義之操，發自生知。弱冠振聲，爲秦/王府庫真親事。于時　鳳翼潛飛，　龍顔可覿，雖資階入選，而抱樂知歸。既而三讓無從，万/乘有主，　恩流衽席，賞逸戎昭。　詔授君萬泉府别將，尋遷長道府折衝。俄而戾孽成園，德/宫疏觀，文曹武弁，妙擇時英。君以舊齒前賢，入應斯授，是用除君右衛率府中郎將。君撝謙/履道，直己諭人，端笏而識劭龍樓，不言而聲華鶴禁。尋丁太夫人憂去職。環絰溢米，哀感他/行，酌飲尪羸，殆將滅性。皋魚之情悲遠樹，曾參之痛絶倚廬，望之於君，將蔑如也。既而燧火/未周，　明詔斯奪，起君爲左衛中郎將。嚴更祕署，允召忠和，闌吧司階，聿遵心膂。潘安仁之/麗藻，兼職從班；蔡伯喈之逸材，效官恭授。量能處事，望古何慚。尋遷太子左虞候率，又轉右/宗衛率。侍商山之羽翼，尅選英華；奉伊浦之仙遊，雅申髦彦。茂仲以清和理正，用光荀氏之/書；季倫以文武兼資，方劭山公之舉。當仁不讓，其在君乎。尋以公坐失職，怡情淡慮，安命居/常，閑步東陂，遊心南畝。同令伊之無愠，絶廷尉之交賓。俄而梁獄死灰，重增暉於相國；霸陵/醉尉，更仰息於將軍。起除君嬀州諸軍事、嬀州刺史。胡弓遠塞，遥聞李牧之名；岐麥興謡，近/聽張堪之頌。於是加君銀青光禄大夫、行濮州刺史。帝丘故壤，沐泗流浮磬之音；衛國餘風，/沂濮動雅琴之引。公風威千里，惠湛百城，黜暴繩愆，豈惟朱博，調甿撫俗，思我劉君。既而白/帝名都，遥鄰吴會，黄牛險塞，近控岷邛。水激星橋，尚轉五丁之石；城臨月峡，仍披八陣之砂。/襟帶分符，允歸材望，隩區攸寄，必俟勳賢。於是除君使持節、都督夔歸忠涪渝南萬等七州/諸軍事、　州刺史。折衝萬里，任光連率之華；刺舉六條，奏重褰帷之最。公下車爲政，朞月可/知，閉閤思仁，移風斯在。忽而年窮辰巳，夢泣瓊瑰，奄痛浮生，俄悲大夜。京兆萬里，見王矩之/長辭；佳城千年，識侯嬰之永去。以上元三年六月七日薨於夔州之公館，春秋七十有四。惟/君韶音自遠，令氣天和，物不競心，官非飾譽。脂粉道義，漸漬温恭。口無擇言，見成蹊於桃李；/身無擇行，方閲性於松筠。日掩徂暉，終下道窮之泣；年驚逝水，遽軫梁摧之悲。嗚呼哀哉！以/儀鳳元年歲次景子十二月甲午朔三日景申歸窆於雍州萬年縣銅人之原，禮也。嗣子弘/節等，痛風枝之不静，懼陵谷之有遷，託清規於玄石，勒芳跡於幽泉。乃爲銘曰：／

擾龍伊水，蛇分沛國。茂葉易繁，長源難極。立言立事，代官代德。八舍攸重，三光允塞。昌流何/已，克生君子。綺歲黄中，一日千里。貞神跱岳，明心止水。天爵既高，人爵斯縻。六條連率，五校/司階。出入惟允，帝曰尒諧。侍隆笙鳳，政洽沉犀。德華商嶺，業諭耶溪。陸離雄劍，逶迤露冕。任/惟通塞，道亦舒卷。駿足方馳，頓轡修阪。天乖報施，徵違輔善。昔赴朝宗，驚流鶩轂。今來帝里，/悲風掩哭。白日晨光，幽扃夜燭。四游徒運，千年何卜。/

〔簡注〕

〔一〕此「尹」字據原石初拓所補。

三七 唐左清道細引劉君（弘智）墓誌銘〔一〕

〔蓋文〕

大唐故/劉府君/墓誌銘

〔誌文〕

大唐左清道細引劉君墓誌銘并序 /

君諱弘智，徐州彭城人也。若夫瓊岫敷華，照明/心於外潤；桂林騰馥，散芳蕊於分枝。理孕自然/，道存不朽。高祖略，即夔州府君之父，君即都督/之次子。夙稟端凝，長懷韶亮。體日談空之辨，偃/邁朋曹；瞻天對李之奇，發揮夷醜。鍾家英妙，遠/媿前聲；曹室才人，坐羞全價。年廿八擢第春闈/，方馳秋實。將抽迴幹，聳盖日之宏陰；遽掩芳華/，滅承雲之秀質。以總章二年九月廿七日遘疾/卒於京第，春秋廿有九。苗而不秀，終悲顏子之/門；玉以長埋，空引謝庭之淚。以儀鳳元年歲次/景子十二月甲午朔三日景申，祔神於夔州府/君之塋右。乃爲銘曰：/

流電乘樞，惟系之符。叶緯纏井，增暉助景。鍾慶/若人，敷秀方春。處幾而亞，居德必鄰。詞珠攸質/，嬴金以新。未安荀馭，遽掩莊椿。厚地方幽，浮生/已謝。泉悽風穸，川流日駕。霧慘荒埏，月悲玄夜。/百齡易挹，千秋俄化。/

〔簡注〕

〔一〕本書所收《唐故夔州都督劉府君（行敏）墓誌銘》誌主與此誌誌主系父子，同日下葬。

三八 唐洛州密縣令馮君（孝約）墓誌銘

〔蓋文〕

大唐故/洛州密/縣令馮/君墓誌

大唐故洛州密縣令馮君墓誌銘并序 /

公諱孝約，字叔儉，其先居於信都長樂。高祖章因官徙植，遂遷于弘農，今爲弘農陝人也。畢萬受邑/於魏，實表其勳；子孫食菜於馮，始更其姓。唐爲都尉以仕漢，亭拜太守以匡韓。學綜羣書，從事蓄淩/雲之志；武閑兵法，將軍標大樹之名。或行著因循，家聲自遠；或才優市義，人望攸推。其後雲氣朝凝，/天門夜闢，橫北燕以統極，正南面以稱尊。貽厥孫謀，無忝祖德。曾祖遷，周當州陝州刺史、護府司録、/隆山郡公。祖恕，周開府儀同三司、平寇縣開國伯，隨驃騎大將軍、陝州刺史，改封平寇縣開國公。並/才高三嘏，位登四岳。徙秩遷喬，徵夢合懸刀之驗；褰襜杖節，故鄉騰衣錦之輝。畢元賓之繼父職，榮/稱魏代；邵公奭之宣王化，譽穆甘棠。以今方古，千載闇合。父寶，皇朝將作監丞，轉加朝散大夫，授藍/田縣令、九成宮捴監。器宇汪汪而不測，容止軒軒以遐舉。拂嵇鳳而孤峙，臨鸞嶠以高翔。飾衛璧以/澄明，入藍田而並耀。韓士起之通德，既昌阜于晉年；臧哀伯之餘慶，其有後于魯國。君之繼出，不亦/宜乎。公山岳奇精，風塵外物。摶摇靈鳥，從北溟來；長離異禽，自南方至。超然獨立，卓尔孤邁。挺黃中/於弱冠，禀素履於成重。令望月將，音徽淵塞。識包今古，尺莊卷而懸同；志狎丘墳，寸禹陰而勿弃。譬以豫章奇木，夙挺籠雲；故喻若豐城寶劍，由來照斗。學優從仕，利用登朝。貞觀十三年，起家太子千牛/備身。公進退無違，折旋有則。天姿朗照，裴令公之玉山；風神秀發，王太尉之瓊樹。故得端簪鶴禁，鳴/皋之譽載馳；曳紱龍樓，平輿之光遂遠。屬摇岳挺妖，戾宮爲逆，入未央而矯節，發武庫以徵兵。主辱/於前，臣黜於後。貞觀十八年，出爲光州司户，尋除簡州司户。地稱折坂，人異王陽，不憂東馬之危，直/上回鳥之崿。功曹徐稚，禮敵邦君；從事鮑恢，名流上國。尋除洛州密縣令。屈棲梧之羽，來遊枳棘；臨/武城之邑，且奏絃歌。形德兼施，寬猛合隨機之義；周旋有度，動静由折中之塗。罰惡將穢草先除，進/賢與流水同至。遊人遇錦，懼高威而不納；女子争絲，仰明察而懸辯。執規正下，十手由其自圓；提綱/於上，万目從而克舉。由是至德感天，洛陽之甘雨旋降；虔誠叩地，江淩之灾火遽銷。冀乎漸陸，行當/補衮。惜哉時不遇，既滯留於積薪；福兮禍所伏，遂奄忽於過隙。以顯慶四年月三日終於官舍，春/秋卌有七。文楚既殁，猶傳裂帛之書；玄晏遺謀，使葬不毛之地。以龍朔三年七月廿三日歸葬於鄠/縣長樂鄉之舊塋，禮也。夜臺何處，塋開百二之郊；白日全睽，年在三千之外。疇昔何曾之舊友，顧埋/玉而纏哀；平生張翰之深交，遂援琴而益恨。公幼而奔放，早標特達。方朔生于漢日，實有大臣之才；/王忱起在晉年，爰擅後來之秀。義標人俊，包温、庾之兩名；文筆清談，捴潘、樂之雙美。陶陶其趣，汪汪/其量。事必變通之謂智，行必含弘之謂寬。合其道，雖薜蘿不輕也；非其義，雖富貴不重也。由是朝野/傾心，親朋屬目。蔡侯倒屣，爲接仲宣；謝氏開筵，唯邀武子。悠悠上帝，謂平分而不平；昂昂哲人，隨逝/川而永逝。夫人姜氏，隴西天水人也。德侔天地，鞭草木以稱皇；兆列熊羆，捨磻磎〔溪〕而入佐。詩以孝著，/飛泉降玄象之徵；肱以友稱，夜被符在原之詠。祖謩，皇朝秦州都督、長道公；父皇朝左衛大將軍、郕/國公。夫人含章内映，澄明外潔。有若桂魄流輝，歷霜天而轉鏡；桃蹊散綺，照春苑以摇葩。婺宿遐臨，/爍殊光而竊比；美虹斜照，恧奇狀以潛收。十五而笄，廿而嫁，移天作偶，遂稱來婦。初雞告旦，肅紛帨/以承顏；沉鳥入夕，捧飴蜜而先意。年方妖麗，即遇孀居。離鵠悲鳴，山雞獨舞。養篁筠於器宇，不易四/時；泛柏舟於心源，寧論再適。幽憂致疾，沉痼經年。殷浩奇方，不能駐九天之魄；負局仙藥，不能營再/造之魂。以永隆元年九月八日終於私第，春秋五十四。以二年二月廿日同合葬於舊墳焉。式遵同/穴，即請西階之葬；永瞻遺範，徒留東海之規。銘曰： /

咨茂族之雄傑，偉夫君之英胄。簪黼乘乎地緒，敏暢捴乎天授。擁森森之矛戟，擅堂堂之領袖。爰從/班於儲禁，俄出贊於蕃條。勵冰霜而撫毗俗，勖謙順而狎朋僚。以太丘之道廣，從中牟之政術。方高/步而登榮，奄潛形而永畢。數万里之京兆，三千年之白日。魂兮魂兮不可招，于嗟于嗟居此室。 /

三九　唐故韋君（月尚）墓誌

〔誌文〕

大唐故韋君墓誌銘　/

君諱中□，字月尚，京兆雍州明堂縣洪固鄉胄貴里/人也。原夫玄鳥降商之代，綿緒攸分；斷蛇興沛之朝，/昌源遂廣。煥松槊而斯具，紀蒿泉而宜略。曾祖津，隨〔隋〕/內史侍郎；祖全璧，潞易二州司馬，並道潤珪璋，材隆/杞梓，或彯纓八舍，或展驥二州。父志仁，　皇朝兵部/郎中，體□淹和，機神敏洽，官移畫省，彩翟來迎，位列/昌臺，錦衾□賜。君芝田擢秀，桂圃抽榮。丹穴呈姿，靈/鳳生而五色；春皋振響，鳴鶴聞於九天。王戎對李之/奇，方之有愧；陸績懷橘之惠，喻此猶慚。學不再疑，豈/唯任嘏，辯開荷戟，匪獨楊烏。方期繼美□□，指鵷池/而高步；不謂聯衡顏子，擁蟻幕以長辭。以永淳二年/八月廿五日終于兄任所陝州硤石縣之官舍，春秋/一十有四。嗟乎！繁花始盛，俄滅彩於中春；茂業方滋，/遽凋陰於早夏。以垂拱元年二月十四日歸殯于明/堂縣洪固鄉畢原，禮也。恐陵谷之將變，勒琬琰以傳/芳。銘曰：　/

封商篡慶，緜緒克昌。起沛承曆，茂族逾芳。青史丹篆，/玉質金箱。惟祖粵孝，身没名揚。其一。襲慶誕靈，過庭禀/訓。璧玉輕尺，光陰惜寸。鴻漸未翔，鵟灰難遁。一闕泉/壤，空留令問。　/

四〇　唐竇氏墓誌

〔誌文〕

□□□□□□□

□□□□□□皇將作□、/上柱國、陳國公抗之孫，刑部/尚書、附馬都尉、上柱國、莘/國公□誕之第十二女□。/垂拱元年六月廿六日暴□/□□□□□第，春秋卌七。/其年七月□□□日□□京/□□□□□□君之舊塋。/

四一　唐故益州大都督府成都縣令韋府（絺）墓誌蓋〔一〕

〔蓋文〕

唐故益州/大都督府/成都縣令/韋府墓誌

〔簡注〕

〔一〕此誌曾刊佈於《隋唐五代墓誌彙編・陝西卷》第三册（一〇六頁）。

四二　武周焦新婦墓誌

〔誌文〕

大周天授二年歲次辛卯六月庚/子朔三日壬寅，焦新婦去五月廿/五日忽然奄辞明世，殞逝幽墳。龜/兆相崔，尅今月三日殯於高之原/姜村南佐。故立銘記。/

四三　武周故魏州昌樂縣令韋君（傑）墓誌銘

〔誌文〕

大周故魏州昌樂縣令韋君墓誌銘并序/

君諱傑，字弘挻，京兆杜陵人也。夫大者，其惟天、地、王乎？有於其所列躔次、建邦國，都卿/相者，豈非玄道幽讚，本枝碩茂之所致也。□夫豕韋之次，豕韋之國，丞相之官是也。曾/祖匡，宇文朝宗正卿、華州刺史；祖元禮，随〔隋〕司農卿、淅州刺史。玉山出玉，相門有相，並威/而不猛，高而不危，衣冠之所心伏也。考恪，唐豫章王文學、侍御史、綿州治中、洺州別駕，/海流于學，霜發于言，康三巴，相六條，善政歸之矣。惟君心詣大道，識洞幽微，得志非軒/冕，善閉無關鍵。于時，唐齊王爲齊州都督，居蕃屏、帝子、帝孫之重，撫河海、穆陵、無棣之/境，强足以拒諫，智足以飾非。文皇帝深憂之，乃明揚正人，佇其訓誘。至若清剛/浩氣，匪君不懷；蘿裳薜帶，匪君不服；嘉招之首，匪君不膺。故貞觀十一年三月壬子下/制，以君爲齊王侍讀，兼令規輔之。君累表辤疾，而寵命逾隆。帝紱紛綸，/天威咫尺，乃飭躬從事，盖取諸隨。昔綺里季處漢庭，郭有道遊京洛，豈爽其潔也。王每/與君縱容咲語，君亟陳忠孝之方，而王且目數歸雁矣。即圓鑿方枘，其鉏鋙不入也。故/知梟之聲也惡，誰能化之；蜂之蠆也毒，誰能變之。王交結無良，出入無度，弃東平之樂，/懷吴濞之心，擾亂天常，揺動海内。君性則幽獨，而藝實多能，闇合姜牙之韜，懸契孫吴/之法，權謀電斷，深識霜明。乃與王府兵曹參軍事杜行敏設奇制變，生行死地，霜刃未/染，而凶渠喪元；虹旗不陣，而孽黨已鹹，不假天兵矣。文皇帝喜形于色，尤嘉異/之，乃授君上輕車都尉、朝議郎、行魏州昌樂縣令。君畏榮守賤，去危乘安，思泰往而否/來，念功成而身退，遂謝病也。遭家艱，竟不之任。雖子臧逃禄，何以加於此乎？爰自隔閡/名利，保乂魂神，自少至長也。由是遁迹彰矣，高致備矣。其致何也？安一丘膺少微者，謁/万乘動客星者，南首得順風之禮者，洗耳獲上流之誚者，其斯之徒歟。君子曰都，宜當/離憂患，騎日月。何知旻天不惠，神道須材，以文明元年八月九日遘疾終於私第，春秋/七十有七。嗚呼哀哉！夫人太原王氏，淄州使君德表之次女。古者有敬姜、恭姬之節，萊/婦，鴻妻之高，班婕妤之藝，曹大家之禮，夫人偕出其右。至於柔惠慈和之量，又烏足道/哉。以天授三年壹月六日遘疾終于隆州官次，享年六十有八。粤以長壽三年五月十/九日合葬於韋曲北原舊塋。夫子曰：生事之以禮，死葬之以禮，即其事也。嗣子旭，前任/房州司户參軍事；次子晃，前任隆州參軍事；少子昪，拜洛葦脚，咸志於道，據於德，依於/仁，遊於藝，加以孝心感天地，至性通神明，豈止温席扇枕而已哉。恐久久寒暑相推，而/陵谷失所，爰鏤方石，式傳馨聲。其銘曰：/

於休顯族，發自大彭。基構弈弈，子孫英英。惟君克荷，揚名則令。昔有劬勞，歷國應聘。今/則逸豫，守道養性。守道伊何，四達尺捶。養性伊何，水玉石髓。惟花惟實，去彼取此。善卷/翳缺，王倪披衣。君豈一之，大鵬于飛。出處瞻望，家國光暉。天之與善，曷云其失。如何爽/此，奄啓縢室。合葬順禮，宅兆從吉。見者失聲，聞者涕出。飛鳥銜塊，史臣染筆。惟君之度，/無固無必。德音孔昭，不可談悉。式銘幽壤，其聲洋溢。/

四四　武周天水趙君劉夫人（英）墓誌銘

〔誌文〕

大周天水趙君劉夫人墓誌銘并序　/

夫人名英，字慧風，弘農郡人也。後漢荊州刺史寬之十代孫。/曾祖德，随〔隋〕沙州刺史；祖壽，唐□州司馬，□□□□□□自/遠，題輿展驥，雅望攸高。父□□□□□□□□□□□□□/乾陵丞□□□□肅權豪於□□；虔□□□□，騰美譽於/文園。夫人毓慶高門，□芳茂族□□□□□□□□□□/質娥暉，共妖桃而比麗。加以遊心□□□□□□□□□鳳/之綾文；結縷縈絲，□交龍之錦字。既而移天□族，作嬪□□，六行/光備，四德無虧。□□□□於規模婉順不勞□□誠本□□□□/吉偶□瑟之美□。豈啚積善無徵，哀井桐之先悴。嗟乎□□/之散，□□難憑，畫龍之符，除邪莫驗。春秋廿有二，天册萬/歲元年十月□日寢疾而終。□以其月廿八日葬於雍州乾封□高陽/鄉原。禮也。□□以□□□重，齊體情深。顧闈席而傷□，非唯奉/倩；想儀形而歎悼，豈獨安仁。嗚呼哀哉！乃爲銘曰：/

豢龍遐胄，斷蛇餘慶。祖宗赫奕，簪裾鼎盛。火滅奇功，蒲鞭推/政。邦國歌善，文園□□。其一。載誕淑姿，方開令儀。凝脂點漆，□□/斑詩。四德□□，六行□□。如何積善，□此□悲。其二。匣怨□□，□/□別鶴。白馬俱□，孤魂□□。原野兮蕭條，泉塗兮□□。□/千秋兮□□□□□□□□。其三。/

四五　武周故處士京兆韋府君（挹）墓誌銘

〔蓋文〕

大周故/韋府君/墓誌銘

〔誌文〕

大周故處士京兆韋府君墓誌銘并序　/

公諱挹，字克讓，京兆杜陵人也。曾祖表，唐/游騎將軍、曹王府典軍；祖儼，唐海銀博許/邢雅六州刺史、博城縣開國男；父，大周梓/州司法參軍事。公即司法之元子也。靈資/河岳，量納山海。嚴松幼而千丈，威鳳生而/五色。奇毛異骨，則通理黄中；朗韻清襟，則/瑶林瓊樹。公侯必復，期覆簣以成山；芝术/無徵，遽驚波而閲水。嗚呼哀哉，以萬歲通/天二年一月廿二日遘疾終于第，春秋一/十有九。即以二月五日永窆于畢原，禮也。/松風易響，薤露難留，勤兹片石，永播千秋。/銘曰：/

高陽演派，大彭列國。有美慶門，篤生令德。/孝友爲性，仁恕成則。蘭植而芳，松生乃直。/顔回短命，管輅長往。望斷平昔，途分泉壤。/魂兮有靈，靈兮無像。庶存生氣，千齡是仰。/

四六　武周秦府倉曹金城邊公亡妻王夫人（令順）墓誌銘

〔誌文〕

大周秦府倉曹金城邊公亡妻王夫人墓誌銘并序/

夫人諱令順，字麗淑，京兆人也。昔周儲厭俗，秦將知/兵，漢吉、駿之德美，晉渾、湛之才度，著姓之來，有足云/著。曾祖政，唐駕部郎中；祖儼，雍州長史；父綜，校書郎，/並行義光時，風烈垂世，善爲國紀，鑒乃人倫。夫人蔡/氏之文姬，謝家之道韞，淑明其性，柔婉成德。學則父/業可窮，文亦兄才是亞。行止有度，不資保姆之嚴；夙/夜惟勤，仍習家人之事。抑繪飾於鉛黛，穆幽閑於壼/闈，有聲邦族，見稱秀令。移天有典，歸於邊君，鏘鏘和/鳳之音，嗈嗈鳴雁之旦。聿虔婦道，實内夫家，祭緝於/蘋蘩，奠周於棗栗。饁野如賓之敬，冀室可儔；穿墉鑿/客之明，山妻爲喻。推誠分於姻婭，化嫉捍於鄰落，持/内之美，盖以穆如。應宜其家，且云偕老，而閲人爲世，/逝者如川。虧夜月於方滿，隕春英於已秀。粤以聖曆/三年十月五日卒於秦州任所，春秋卅有八。以長安/二年歲在壬寅五月丁卯朔廿日景申，葬於雍州萬/年縣義豐鄉之銅人原，禮也。里第寂寥，泉臺深閟，寄/兹篆勒，旌夫淑懿。其詞曰：/

家隆盛兮有來，女淑明兮且才。何人閲兮爲世，溘春/榮兮可哀。/

四七　武周司農寺丞鄭福善第四女墓誌

〔誌文〕

司農寺丞鄭福善第四女，/年十二。以大周長安二年十一月/一日遘疾，終於京師懷賢里/之官邸。即以其月七日權窆/於長安縣高陽原宋滿村。/嗚呼哀哉。祖德家風，備/諸物聽。恐陵谷遷改，故略/誌之。/

四八　唐故朝請大夫彭州唐昌縣令柱國公士武君（太）墓誌

〔蓋文〕

大唐故/武君墓/誌之銘

〔誌文〕

唐故朝請大夫彭州唐昌縣令柱國公士武君墓誌

太中大夫前銀州刺史修文館學士□□□常山郡開國公吴延陵撰　/

君諱太，字良，太原人也。其先出自沛國竹邑，後徙居太原晉陽。梁鄒開其茂緒，/景亳肇其華基。昔伯南底積，寔魏日之名卿；公夏肆勤，爲晉朝之冠族。君曾祖/邕，随任上開府、齊郡太守、竹邑縣開國男。祖舉，皇太原元從，起自丞相府功曹/參軍事，加朝散大夫、郿縣令、涇州長史、右衛郎將、安東都護、晉陽郡開國公。父/模，皇宣威將軍、左武衛中郎將、上柱國、太原郡開國公、建安道太總管。並識度/深遠，器局高明，稟慶英靈，資和毓量。歧嶷之操發自髫年，賈勇之風彰於冠歲。/或寄隆推轂，或任重爪牙，並才藝先達，位鮮當日。君摛靈兵〔岳〕瀆，吐耀星辰。地望/琳琅，即銀黄而兼紫綬；英才拔俗，峙孔仞而擢嵇松。有叔度之洪才，負泉〔淵〕明之/雅量。觀鸚韞思，文末慙於正平；聚螢成學，識自超於車胤。重以心神曠朗，器宇/淹通，川兵〔岳〕凜其神才，詩禮修於闆閾。遂上元二年充　孝敬皇帝挽郎。名行/早彰，才德久著，朝趍〔趨〕鳳輦，夕侍龍車。爰以良家之資，允洽材官之選。至垂拱元/年四月十二日，授晉州參軍。孝唯天稟，言必合章，廉慎居懷，恭謙表志。至載□/元年五月十八日，授通直郎、行左玉鈐衛兵曹。體質端秀，器識高深，温雅□□/剛柔挺質，恩流於下庶，義洽於友朋。至如意元年，差攝羽林録事。立身謹愨，操/履端凝，吏畏其威，人思其德。其年五月十二日，加朝請〔一〕議郎、殿中省尚衣局直，/并公士爵一級。當官清肅，處事嚴明，恩以恤孤，威而馭黠。屏權豪之路，杜請謁/之門。至天冊萬歲元年九月，簡充拜南郊輂脚，事畢加勳至上護軍。至萬歲通/天元年，重充封神岳輂脚，授朝散大夫、彭州唐昌縣令。萬歲登封元年三月至/職。牽絲三蜀，流惠化於一同；製錦二江，扇仁風於百里。韋絃折衷，寬猛相資。霞/汎雙流，動文江之春色；花明一縣，開蜀塞之年光。玉宇繁華，吏人於焉愛敬；彭/門隩壤，府庭所以肅清。街衢歌善政之謡，行路頌來暮之響。至聖曆元年四月，/加朝請大夫，勳至柱國。大足元年秩滿，旋車届路，歸望鄉關，卧轍涕流，攀轅灑/泣。束馬之途將遠，沉犀之浦漸遥。吏人興三異之談，朝野闡四知之美。已長安/四年五月五日終於洛邑，君春秋五十有二。乃假葬於洛城之南。奥〔粤〕以神龍二/年歲次景午十一月二日，將反葬於高陵縣高陸原之禮也。將恐海變陵移，洲/遷谷徙，刻石泉扃之下，用彰懿范〔範〕之詞。其銘曰：/

早閑於藝，少悮〔悟〕於機。名聞朝野，位處牽絲。情存雨〔兩〕寶，心慎四知。蝗皆出境，珠悉/奔歸。人歌來暮，路不拾遺。悲焉盛德，永奄泉扉。黄泉寂寂，白日沉沉。雲生隴暗，/霧起塋深。柏蕭條而蓊鬱，松偃盖而聳森。望孤雲而託志，瞻晚日以賞心。痛哉/兮永謝，俄成兮古今。/

〔簡注〕

〔一〕「請」字衍。上文已言本階「通直郎」，則加官必爲「朝議郎」。

四九　唐韋洵暨妃蕭氏敕旨刻石

〔誌文〕

門下：配乾正位，義惟一體，崇号睦因，諒無二則。順天皇后/弟贈吏部尚書洵、第二弟贈太常卿浩、第三弟贈/衛尉卿洞，第四弟贈太僕卿泚等，寶萼聯芳，金螭分

/秀。傳明育粹，鍾善慶於門風；悦禮敦詩，懿文德於師訓。琳/瑯溢目，道屈於人紀；褕翟登期，迹淪於天秩。河洲惇叙，獨/隔建成之封；畲山列籍，不預紅陽之拜。永言神理，追/悼良深。雖配玉腰金，頋昭明其靡逮；而分珪錫壤，/念魂魄而猶光。用申巛〔坤〕載之恩，以寵天倫之叙。式崇/利建，允叶慎終。洵可贈封汝南郡王，浩可贈封武陵/郡王，洞可贈封淮陽郡王，泚可贈封上蔡郡王，餘/並如故。主者施行。 /

神龍二年四月五日。 /

故汝南郡王洵 /

右可贈使持節、都督益州諸軍事、益州大都督。 /

門下：禮被飾終，理存追遠。求諸故實，義在衺〔褒〕崇。故汝/南郡王洵等，並代襲相門，家承戚里，瑚璉標器，珪璋/藴德，風儀秀整，月寓虚明。方展慶於濯龍，遽促齡於隟駟，緬尋既往，撫悼增深。今卜宅有期，將歸厚穸，宜/再施於寵贈，庶兼叙於哀榮。可依前件，仍各贈東園/秘器，葬日各給班劍卌人、羽葆鼓吹及儀仗，送至墓/所往還。主者施行。 /

景龍二年十月三日。 /

銀青光禄大夫、行中書侍郎、同中書門下三/品、監修國/史、上柱國酇國公簫〔蕭〕至忠亡第三女 /

右可故汝南郡王洵妃。 /

門下：銀青光禄大夫、行中書侍郎、同中書門下三/品、監修國史、上柱國簫〔蕭〕至忠第三亡女等，公門士胄/，誕生賢淑。蕙性茗姿，恭循禮度。或幼而韶令，或長而/才敏。左家嬌女，寧均藻思；蔡室文姬，本懃音律。移/天有典，將諧二八之年；見日無期，奄隔三千之歲。故/汝南郡王洵等，懿親崇重，久客旋肆，言擇高援，/方榮下穸，宜正位於室家，俾增暉於泉壤。可依前/件，主者施行。 /

景龍二年八月十九日。 /

敕旨：皇后四弟、兩妹，並用今年捌月壹日斬/草，拾壹月拾肆日葬。宜令所司准式，并差監護/使一。事已，上優厚，官供其葬地，令陰陽/人共韋温/計會卜擇。 /

景龍二年七月十一日。 /

〔誌文〕

門下：配乹正位，義惟一體。崇号睦因，諒無二則，/順天皇后弟贈吏部尚書洵、第二弟贈太常卿/浩，第三弟贈衛尉卿洞，第四弟贈太僕卿泚等，/竇萼聯芳，金螭分秀。傳明育粹，鍾善慶於門/風；悅禮敦詩，懿文德於師訓。琳瑯溢目，道屈於人/紀；褕翟登期，迹淪於天秩。河洲惇叙，獨隔建成之/封；紟山列籍，不預紅陽之拜。永言神理，追悼良/深。雖配玉腰金，頋昭明其靡逮；而分珪錫壤，念/魂魄而猶光。用申巛〔坤〕載之恩，以寵天倫之叙。式崇利/建，允叶慎終。洵可贈封汝南郡王，浩可贈封武陵/郡王，洞可贈封淮陽郡王，泚可贈封上蔡郡王，/餘並如故。主者施行。/

神龍二年四月五日。/

故上蔡郡王泚 /

右可贈使持節、都督荊州諸軍事、荊州大都督。/

門下：禮被飾終，理存追遠。求諸故實，義在裦〔褒〕崇。[故]/汝南郡王洵等，并代襲相門，家承戚里，瑚璉標器，珪/璋蘊德，風儀秀整。月寓虛明，方展慶於濯龍，遽/[促][齡][於][隟][駟]，緬尋既往，撫悼增深。[今][卜][宅][有]期，將/歸厚穸，宜再加於寵贈，庶兼叙於哀榮。可依前件，/仍各贈東園秘器，葬日各給班劍卌人，羽葆鼓吹及/儀仗送至墓所往還。主者施行。/

景龍二年十月三日。/

尚舍奉御滎陽鄭萬鈞二亡妹 /

右可故上蔡郡王泚妃。/

門下：銀青光禄大夫、行中書侍郎、同中書門下/三品、監修國史、上柱國簫至忠第三亡女等，公門/士冑，誕生賢淑，蕙性茗姿，恭循禮度。或幼而韶令，/或長而才敏。左家嬌女，寧均藻思；蔡室文姬，本/慙音律。移天有[典]，將諧二八之年；見日無期，奄隔/三千之歲。故汝南郡王洵等，懿親崇重，[久]客旋/肆，言擇高援，方榮下穸，宜正位於室家，俾增/暉於泉壤。可依前件，主者施行。/

景龍二年八月十九日。/

敕旨：皇后四弟、兩妹，并用今年捌月壹日斬/草，拾壹月拾肆日葬，宜令所司准式，并差/監護使一。事已，上優厚，官供其葬地，令陰陽/人共韋温計會卜擇。/

景龍二年七月十一日。/

五一　唐韋洞中央鎮墓石〔一〕

〔誌文〕

黄中總/炁，統攝/無窮。鎮/星吐輝，/流鍊神/宫。/

中央黄天承原始符/命，告下中央九壘、土/府洞極、神鄉四統諸/靈官：今有太上清信/弟子□淮陽郡王、贈/使持節、都督并州諸/軍事、并州大都督韋/洞，滅度五仙，託尸玄/陰，今於萬年縣界韋/曲安宫立室，庇形后/土，明承正法，安慰撫/邮〔恤〕。黄方哺飴，流注濃/泉。練餚形骸，骨芳炁〔氣〕香，與神同元億劫。中/岳嵩山，明開長夜，九/幽之府，出韋洞魂神，/沐浴冠帶，遷上南宫。/供給衣食，長在光明。/魔無干犯，一切神靈/侍衛安鎮，如元始明/真舊典青文。/

〔簡注〕

〔一〕據《唐韋洞墓誌》可知韋洞下葬日期爲景龍二年（七〇八）十一月一日，此鎮墓石或即其時所刻，故暫記此鎮墓石時間爲同日。見《文物》一九五九年第八期，陝西省文物管理委員會：《長安縣南里王村韋洞墓發掘記》。

五二　唐故左武衛郎將京兆蘇公（通）墓誌銘蓋〔一〕

〔蓋文〕

大唐故/蘇府君/墓誌銘

〔簡注〕

〔一〕墓誌及録文見《考古與文物》一九九〇年第四期，許自然、張蘊：《西安市周圍出土的三合唐墓誌》。

五三　唐直秘書省韋某妻賈氏玄堂誌

〔誌文〕

直秘書省□□□□□□玄堂誌　/

夫人姓賈氏，武威姑臧人。懷州刺史、贈/秘書監、潁川公之孫，秘書少監、壽安□/膺福之長女也。生而韶秀，幼而淳潔。□/規外暢，柔範内凝。婉娩盡懿淑之容，□/閑叶圖史之訓。年十有七，出適韋氏。禮/已成於他族，猶待年於本宗。晨昏展就/養之方，琴瑟叶移天之契。歡流三族，慶結二宗。何高降此鞠凶，遘兹灾厲。以景/龍四年二月廿二日，寢疾終於萬年安/興里第，春秋□九。粤以其月廿八日，遷/殯于長樂□之北原，禮也。歸于其居，方/合周人之□；飾棺以輤，權依杜氏之階。/嗚呼哀哉！余識慙季子，達愧東門，未得忘情之幾，徒切傷心之痛。故勒斯誌，爰/寄哀辭。/

五四　唐故昭容上官氏墓誌銘

〔蓋文〕

大唐故/昭容上/官氏銘

〔誌文〕

大唐故婕妤上官氏墓誌銘　并序　/

夫道之妙者，乾坤得之而爲形質；氣之精者，造化取之而爲識用。挻埴陶鑄，合散消息，/不可備之於人。備之於人矣，則光前絶後，千載其一。婕妤姓上官，隴西上邽人也。其先/高陽氏之後。子爲楚上官大夫，因生得姓之相繼；女爲漢昭帝皇后，富貴勳庸之不絶。/曾祖弘，隨〔隋〕藤〔滕〕王府記室參軍、襄州總管府属、華州長史、會稽郡贊持、尚書比部郎中，與/穀城公吐萬緒平江南，授通議大夫。學備五車，文窮三變。曳裾入侍，載清長阪之衣冠；/杖劍出征，一掃平江之氛祲。祖儀，皇朝晉府參軍、東閤祭酒、弘文館學士、給事中、太/子洗馬、中書舍人、秘書少監、銀青光禄大夫、行中書侍郎、同中書門下三品，贈中書令、/秦州都督、上柱國、楚國公、食邑三千户，波濤海運，崖岸山高，爲木則揉作良弓，爲鐵則/礪成利劍。采摭殫於糟粕，一令典籍困窮；錯綜極於煙霞，載使文章全盛。至於跨躡簪/笏，謀猷廟堂，以石投水而高視，以梅和羹而獨步，宫寮府佐，問望相趨，麟閣龍樓，輝光/遞襲，富不期侈，貴不易交。生有令名，　天書滿於華屋；没有遺愛，　璽誥及於窮/泉。父庭芝，左千牛、周王府屬，人物本源，士流冠冕。　宸極以侍奉爲重，道在腹心；　王/庭以吐納爲先，事資喉舌。落落萬尋之樹，方振國風；昂昂千里之駒，始光人望。屬楚國/公數奇運否，解印褰裳，近辭　金闕之前，遠竄石門之外，並從流迸，同以憂卒。贈黄/門侍郎、天水郡開國公、食邑三千户。訪以荒陬，無復藤城之槨；藏之祕〔秘〕府，空餘竹簡之/書。婕妤懿淑天資，賢明神助。詩書爲苑囿，捃拾得其菁華；翰墨爲機杼，組織成其錦繡。/年十三爲才人，該通備於龍蛇，應卒逾於星火。　先皇撥亂返正，除舊布新，救人疾/苦，紹天明命。神龍元年，册爲昭容。以韋氏侮弄國權，摇動　皇極。賊臣遞構，欲立愛/女爲儲；愛女潛謀，欲以賊臣爲黨。昭容泣血極諫，扣心竭誠，乞降　綸言，將除蔓草。/先帝自存寬厚，爲掩瑕疵，昭容覺事不行，計無所出。上之，請擿伏而理，言且莫從；中之，/請辭位而退，制未之許；次之，請落髮而出，卒爲挫衄；下之，請飲鴆而死，幾至顛墜。/先帝惜其才用，慜以堅貞，廣求入腠之醫，纔救懸絲之命，屢移朏魄，始就痊平。表請退/爲婕妤，再三方許。暨　宫車晏駕，土宇銜哀。政出後宫，思屠害黎庶；事連外戚，欲傾/覆　宗社。皇太子沖規參聖，上智伐謀，既先天不違，亦後天斯應，拯　皇基/於傾覆，安　帝道於艱虞。昭容居危以安，處險而泰。且陪　清禁，委運於乾坤之/間；遽冒銛鋒，亡身於倉卒之際。時春秋四十七。　皇鑒昭臨，　聖慈軫悼，爰迂　/制命，禮葬贈官。太平公主哀傷，賻贈絹五百匹，遣使吊祭，詞旨綢繆。以大唐景雲元年/八月二十四日，窆於雍州咸陽縣茂道鄉洪瀆原，禮也。龜龍八卦，與紅顏而並銷；金石/五聲，隨白骨而俱葬。其詞曰：/

巨閥鴻勳，長源遠系，冠冕交襲，公侯相繼。爰誕賢明，是光鋒鋭，宮闈以得，若合符契。其一。/瀟湘水斷，宛委山傾，珠沉圓折，玉碎連城。甫瞻松檟，静聽墳塋，千年萬歲，椒花頌聲。其二。/

五五　唐前邛州安仁縣丞羅君故夫人李氏（大娘）墓誌銘

〔誌文〕

唐前邛州安仁縣丞羅君故夫人李氏墓誌銘并序　/

夫人諱大娘，隴西成紀人也。皇渤海郡王曾孫，渠州刺/史之孫，洺州司馬守一之長女也。尔其瑶源寶派，系接天/潢，瓊萼瓊跗，宗連帝籙，鴻徽景命，事爍終古。夫/人特稟坤儀，神資柔婉，四德光備，六行克脩。禮縟閨門，/道炳帷闥，兆鳴從鳳，歲首昇笄。擇彼□高，適我羅氏，□□/琴瑟，劍匣雙鳴。怨似參商，梧桐半死。以延和元年六月□□/遘疾，終居德里私第，春秋三十有二。嗚呼哀哉！□以其月/十六日窆於長安城南鳳栖原，禮也。穠華寂寂，□□孤鴛；/精魄沉沉，庭愁獨鶴。撫遺藐以酸裂，對靈櫬而□□。/昊天如何，不弔胡甚。刻石疏範，式誌遺芬。詞曰：　/

天運茫茫兮，憂喜聚門，小年苒苒兮，脩短何論。綺/羅珠翠兮□不見，黄腸玉匣兮泉路昏。自古/兮有死，飲恨兮何言。　/

五六　唐故中大夫衛州司馬韋府君（縱）誌銘

〔蓋文〕

大唐故/韋府君/墓誌銘

〔蓋原文〕

（上缺）/……祖思廉，唐散騎常侍□□□□□□□□□□□…/…魏州長史；父𤪇，見任銀青光禄大夫守冬官尚書、上…/…子。君貞以立身，孝以居□，代習□□之□，家□積善……/……於髫年，□名傳於綺歲。金聲玉振已□□□□門鳳…/…芬於王氏。年甫十七□□□□聲□尚含□□裏行…/…連六尚人物仰□朋友□標□□□與信□□助風…/…運言詞將雅範齊行禮以睦　□□而事長虚舟…/…欺湊達預弟兄滄水器宇恒規□□□□徽猷欽□…/…百行之仁智。方冀昇班衙棟，式展高材，□□□德松…/…粤以聖曆二年因分□在□□乾陵□□，遘疾弥留…/…遇食瓊之術，遽貽埋玉之悲。□其年閏七月廿三日…/…舍，春秋廿有四。聞諸内□小□□幼同措□悲□□…/…遠近，惟惻惟悼。是時未爲永窆，且□權殯。今以長安□…/…寅九月乙丑朔九日癸酉改遷於城南萬年縣界□□…/…舊塋東□，禮也。妻裴，即登州刺史□□之第五女也。□…/…脩義□終□意諧琴瑟悲□□□□□□晨□□□…/…迴而何及，愴幽冥之永隔□□□□川託万世之□…/…之分疑豈短文之可述。徒□歎以連洏，庶隆名之□…/…在兹。銘曰：/

……寳，肅穆人英。開宗潙納，稟質貞明。束髮從宦，綺歲□…/……王筆縱横。其一。情深愛敬，志洽松筠。□而事長，孝以承……/〔一〕

〔誌文〕

大唐故中大夫衛州司馬韋府君誌銘并序 /

君諱縱，字　，京兆人也。維殷克亨天命，越有豕韋氏，登/翼商室，實稱伯焉。錫羡蕃庶，施及我司農卿瓚。瓚生考功/郎中謙，謙生庫部員外郎知人，知人生君。君生而純仁，天/與孝友，敦以睦愛，文以禮樂，奉我先人之遺風，罔敢失墜。/世載厥用，成于乃家，則能早歲昇名，累參軍事。郡曹執法，/法用佣平，終十宰人，人以輯穆。聿登司鑰，震闈知禁，荐居/別乘，甿歌不空。其始終歷官，所獲廪俸，爲費之度，必致要/於厥昆室。無私財，衣不常主，其事事有如彼者，其綽綽有/如此者。允所謂樂只君子，凡今莫如。開元三年，有　/制自申州別駕除衛州司馬，未從事于斯，以其年六月廿/日終于申之公館，春秋五十有九。夫人河東薛氏，故揚州/長史賓積之孫，岐州司士緘之女，以二年十二月先君卒。/有子冀城尉通理等五人。初，夫人寢疾之際，咸遊于有方，/啓足之辰，惟一女子而已。君神由情傷，悲因觸召，謂之/妻矣，吾何齊矣，謂之母矣，子何怙矣。亡者幽怨，存者茹毒。/提孤女於座隅，吊將男於凶次。憂憤交集，復此同歸。飛旐/翩翩，來自千里，長夜漫漫，偕爲一時。即以其年八月廿三/日，同安神於長安萬年縣滻州鄉白鹿原，禮也。遺懿可摭，/刻爲銘云：/

善可爲兮德可輔，天不仁兮仁莫祐。雙龍精魄不相忘，魂/兮歸來歸故鄉。/

〔簡注〕

〔一〕此蓋系用另一唐代墓誌改刻而成。從誌文可知，原誌主是唐宰相姚璹之子，卒於武周聖曆二年（六九八）七月廿三日，葬於長安二年（七〇二）九月九日，葬地是長安城南萬年縣界姚氏舊塋。姚璹於久視元年（七〇〇）任冬官尚書，長安二年致仕，誌文所記與史合。

五七　唐燕國夫人竇氏（淑）墓誌銘

〔蓋文〕

大唐燕/國夫人/竇氏墓/誌之銘

右贊善大夫麗正殿學士臣張悱奉　　敕書 /

〔誌文〕

□□□□國夫人墓誌銘并序 /

中散大夫檢校秘書少監臣王珣奉　敕撰

太常卿楚國公臣姜皎奉　敕書/

坤亨以含弘□物，上合貞明；后德以風化天下，内滋賢淑。故雷澤貽祥，孕聖符於大寶；覩津錫胤，/恢武略於元□。其有維踐六行，本□百福，光昭戚里之華，粉繢
公宮之□者，抑惟燕國夫人見之/矣。夫人諱淑，字順則，扶風平陵人。 /今天子第二姨， /昭成皇太后之元姊也。胄賓虞復禹之族，苞龍合鳳翔之貴。崇圖躡于□
代，盛業光於千祀。鍾鼎/聯榮，軒裳繼伐〔代〕。曾祖抗， 皇朝將作大匠、左右武候大將軍、上柱國、陳國公，贈司空。主章有/序，執禁惟穆，胙茅開國，台衮同符。祖
誕， 皇朝宗正卿、禮部尚書、上柱國、莘國公。經綸宗伯/之政，綜覈春卿之禮。銘勳弈葉，錫履重光。父孝諶，太常少□，贈太尉、豳國公。爍元精之懿龢，承積，慶之
丕構。降星芒於上德，生真氣於中堅。天監在渭，允集□邦之子；帝命于豊〔豐〕，宏開小沛之運。乾/坤氣象，綜合一門，日月光華，分臨二族。夫人珠泉吐耀，玉府增
輝，炳焕千里，瑲鳴六瑞。佩箴管而/爲傅，偱纓褵〔褵〕以秉禮。中氣不形于色，行璜必應其儀。組紃在御，工著緝手；圖史居前，道無全目。年/十有七，歸於張氏府
君諱守讓，車騎將軍植之孫，随州刺史崇之子，公門貴胄，人儁國華，漸言行/之腴腆，探禮樂之楨榦。宜夫右族，應我嬪風，鳴鳳于飛，河魴叶德。自夫人蠲潔主饋，弘宣
柔範，率/由節儉，躬服澣濯，芝蘭於焉並秀，蘋藻所以載芳，蔚彼内則，光乎壼政。周朝天授中，丁豳國公及/太夫人之喪，饘勺不入，柴瘠過毀，孺泣慟於隣里，崩哀駢於
歲月。雖禮爲可傳，而情實加等。制事/觀直，誰其繼過。尋而張府君卒于閬州司法，思漢廣之行典禮，埒陶門之養孤幼。徙居以成其訓，/斷織以紏〔糾〕其非。緜蔓
歲祀，辛勤獎導，琳瑯滿座，珠玉盈庭。而盛德長發， 寶符潛會。属 /龍德飛天，鳳晨伺歷。通三才而齊七政，敦九族以叶万邦。稽鷩親賢，優崇戚属，功比山河之賞，
恩/加湯沐之賜。先天二年九月十四日， 制封燕國夫人，俸料准職事三品。先是，張府君有 /制追贈貝州司馬，篝箱翟服之華，門術魚軒之迹。每詘貴而誡滿，必降
尊以秉謙。推厚居薄，讓徧/於儕比；分飤解衣，榮賙於卑寠。可謂濯龍之師氏，寡鶴之女宗者焉。宜其享萬鍾之養，均七子之/德。膺獻壽於長筵，甘履時之上薦。不
虞醴祈爽應，純嘏虧和，衛室之心未孚，曾堂之歎行及。粤開/元九年七月十九日甲子遘疾薨於頒政之里第，享年六十有一。 /皇上震悼，輟朝三日。 敕文武五品
已上官詣宅臨吊。所緣葬事，並從優厚。分命京兆尹孟/温莅監護，長安縣令李承家副，秘書少監王珣撰誌文，前太常卿楚國公姜皎書。盖 /聖人之所以裂土封建，班
榮夫子，隸及之令典也。慟貫朝倫， 恩加恒數。飾終之渥澤也，存/殁之義，哀榮備焉。即以其年八月廿七日壬寅，合葬於咸陽洪瀆原，禮也。子朝散大夫守太子僕/
去疑等，佩服慈訓，琢磨令德，蓼莪號天，欒棘永慕。凭邦家之藉姻蔭，跪圖像而懷旌述。 /絲綸甫臨，琬琰有素。詞臣受 命，敢識貞石。銘曰：/
塗山佐夏，莘野成商。内正嬪則，外釐興王。周爰厥緒，允迪其昌。倬彼華胄，卿門孔暘。三賢推長，兩/漢銘裳。宗伯開國，胙茅荐芳。豳公命代，鈕印重章。誕降
英淑，範圍貞良。思賢之正，作儷于張。事上/無玷，從夫有方。風詞擬雪，月詠如霜。惠問斯厚，禯〔襛〕華遽傷。龍鐔已訣，鶴操逾彰。皎皎家政，幽幽國/香。紫
雲膺籙，玄鳥呈祥。 恩開土宇，贈浹泉房。首飾有粲，行璜既瑲。二南未遠，萬石/何央。奔月斯逝，祈星不禳。命兮有極，今也云亡。繄我孺慕，幾乎絶漿。哀容變
旅，縟禮超常。野列玄/甲，埏交黄腸。佳城有見，淑德無疆。刊此金石，媲于靈長。
其月廿四日發引。其日追/監護使京兆尹臣孟温， 副使長安縣令臣李承家， 贈涇州刺史。 /

五八　唐故監察御史隆康縣男韋府君（知遠）夫人故安定豐縣君竇氏墓誌銘〔一〕

〔蓋文〕

大唐故/竇夫人/墓誌銘

〔誌文〕

故監察御史隆〔二〕康縣男韋府君夫人故安/豐縣君竇氏墓誌銘并序　/

夫人諱　，字　，扶風平陵人也，民〔三〕部尚書/機曾孫，司勳郎中孝鼎孫，岐州扶風縣令/晦第六女也。誕兹華胄，光有明德，才冠族/姻，譽流閨闈。既叶宜家之美，且開徙宅之/訓。方保戩穀，克昌年考，奄弃高堂，遽歸厚/夜。以開元十九年六月廿七日寢疾終于/東都淳化里第，春秋七十有三。粤以其年/十一月廿七日旋殯于京兆府長安縣高/陽原，礼也。嗣子昇卿等崩心靡恃，泣血何/從，見託斯文，以圖不朽。銘曰：　/

荒郊暮兮雲景昏，哀挽遲遲兮出國門。于/嗟　夫人，託兹高原。雖深谷之有變，庶貞/石之長存。　/

〔簡注〕

〔一〕考誌主丈夫「故監察御史隆康縣男韋府君」，應爲韋知遠。《新唐書·宰相世系表》韋氏鄖公房載：韋孝寬子韋壽，韋壽子保巒，保巒子缺，保巒孫知遠，任監察御史。據同地出土的《唐韋裴娘墓誌》，記保巒爵隆康縣公，子慧，慧子知遠，裴娘即知遠孫。

〔二〕「隆」字缺末筆避諱。

〔三〕「民」字缺末筆避諱。

五九　唐故都尉上柱國内教供奉趙府君（弘眘）銘

〔蓋文〕

大唐故/趙府君/墓誌銘〔一〕

〔誌文〕

□□故都尉上柱國内教供奉趙府君銘并序/

府君諱弘眘，字承令，天水人也。粤若枝分族早/喜訓儀，晚奇文藻，芳音一振。爲習藝館内/教供奉，侍衛　玉階　丹墀。克己脩身，慎行/積善。欣期歲月不留，早沉泉户。以開元十九/年十二月廿三日終于私室。夫人清河張氏，/歎日月以歸流，嗟浮雲之何往。開元十九年/六月廿六日卒于館舍。又以開元廿一年二/月己巳朔，同空〔窆〕于京城西北青原，禮也。嗣子/火頭，弱歲初臨，哀號永慕，痛感天地，傷悲四/鄰。行路奄泣，舂者不相。雕鐫刻記，乃爲銘曰：/

茂葉岱岳，蘭英逝東。黄泉幽壤，/赤紱明鍾。食唯珍膳，飲醴芳濃。/零飄墜葉，痛切心胸。悲浮空往，璀璨霜風。/

曾祖杷樓，随〔隋〕任豫州長史。/

祖通，邠州舜城府兵曹。/

父黑，不仕。/

〔簡注〕

〔一〕《隋唐五代墓誌彙編·陝西卷》第三册（一六頁）收録此誌蓋，編爲唐趙意墓誌蓋。但從規格和紋飾上對比，此蓋與趙弘眘墓誌更爲契合。

六〇 唐濟州長史京兆韋君（虔晃）故夫人李氏墓誌銘〔一〕

〔蓋文〕

大唐故/李夫人/墓誌銘

〔誌文〕

唐濟州長史京兆韋君故夫人李氏墓誌銘并序 /

夫人諱某字某，隴西成紀人也。曾祖襲志，皇右光禄大夫、/衛尉卿、始安公，贈兵部尚書；烈祖玄藴，趙王府司馬；皇考/處一，杭州刺史。夫人承累葉耿光，玉問昭裕，詩禮在己，鼓/鍾〔鐘〕于庭。翌歲始笄，則好仇於我，三星及霤，遂女子有行。一/移所天，五十餘載，曲盡事親之孝，舅姑以歡；不改兄姊之/敬，娣姒咸悦。肆力以主饋，潔誠以媚神，匪聽踰閾之言，有/虔正内之則。自韋公罷職，春秋已高，夫人敬甚嚴君，養同/嬰孺。膳必嘗而後獻，衣必時而乃服。公所好不益，則諫諭/以止之；公所惡有補，則勉强以進之。雖冀缺如賓，梁鴻真/婦，蔑以加矣。夫人誕育九子，男有六焉。長曰清義府左果/毅，次曰閬州新井贊，次曰邠州三水宰，次曰恒州稾城令，/次曰同州郃陽尉，小曰薛王府典籤，咸一日千里，位未充/量也。及謀孫蓄衍，爛其盈門，每席長筵開廣讌，稱觴獻壽，/凡百餘人，實我公之積德慶鍾，亦夫人之允釐聖善。宜荷/代禄，作邦母儀，何萬石之未臻，哀百身之靡贖。以開元廿/三年歲次乙亥正月廿八日遇疾，終於萬年永崇里之私/第，甲子六十有五。越五月丙辰朔十七日壬申，葬於畢原/先塋，禮也。嗣子等號訴無地，託昭遺烈。銘曰：/

猗那仙宗兮，母儀冠首。子孫其昌兮，可大可久。魂歸嶽兮/魄歸升，德如何其兮殁不朽。松林柏田兮昭氒〔厥〕後。/

開元廿三年五月十七日外孫弘農楊書 /

〔簡注〕

〔一〕此誌僅見蓋原石，未見誌石。陝西省考古研究院資料室藏有誌拓。

六一　唐故蒲州河東縣令楊公夫人安定皇甫氏（淑）墓誌

〔蓋文〕

大唐故/趙氏墓/誌之銘

〔誌文〕

大唐故蒲州河東縣令楊公夫人安定皇甫氏墓誌并序/

夫人諱淑，字慎，安定人也。昔三皇氏作始爲　模，亦既謝/代，有以得姓。徽猷輔國；，賴卿士於衰周；，明道盖時，著嘉名/於盛晉。乘軒服冕，代有其人。曾祖珍義，　皇朝開府儀/同三司、太子賓客；，　祖文房，洺州刺史；，　父鄰幾，豫州刺/史。或龍樓論道，翼三善於中朝；，熊軾移風，弘六條於外府。/是以體柔成性，履順居中。惠問自天，不假公宫之教；，令儀/軌俗，别成彤管之篇。至於蒸嘗用諧，宗族式叙，輕鼎貴而/親纂組，鄙藻飾而習蘋蘩。迨歸於君，窮婦道矣。如賓冀野，/崇素萊家，閨門聿脩，娣姒有則。府君早代而殞，墜蘿節於/喬松；，夫人貞淑孀居，指栢舟而自誓。七子均養，仁盡鳲鳩，/三徙求憐〔隣〕，德高孟氏。非〔悲〕夫！率志恭懿，聖哲能賢，胡天不忱/，喪我人範。春秋五十有四，開元廿二年五月八日遘疾終/於新豐之别業，嗟夫！蔚彼婦儀，泉哉母道，尺波既逝，長夜/無晨。嗣子暄等，欒皃居哀，棘心在疚。卜不習吉，未成歸祔/之儀；，遷厝同塋，且叶随陽之道。以開元廿三年十一月壬/子朔十日辛酉權殯於府君之舊塋，禮也。庶令德不朽，刻/諸石云：/

我懿則兮禮有光，訓閨門兮規萬方。玄夜掩兮無復腸〔暘〕，敏/胤子兮泣聲喤。自古人兮矉天道，胡殲良兮縈蔓草。/

六二　唐故濟州長史韋公（虔晃）墓誌銘[一]

〔蓋文〕

大唐故韋府君墓誌銘

〔誌文〕

唐故濟州長史韋公墓誌銘并序　/

公諱虔晃，字虔晃，京兆萬年人也。自翊商命氏，輔漢稱家，四牡龍旂，世爲卿族。/曾祖元禮，随〔隋〕淅州刺史、鄅城公；，祖恪，皇侍御史、洺州别駕；，父弘挺，昌樂令。文武/嗣徽，忠賢載美，勳庸茂於當世，福履垂於後葉。公稟授夷簡，踐履中和，行周而/密，言博而要。猶琴瑟之在御，叩朱弦之正聲；，若卜筮之是孚，應黄裳之元吉。弱/冠孝敬挽郎，初爲雅閬二州參軍，各以憂去職。服闋，授滑州録事參軍，坐公事/免。俄拜太平公主府倉曹，府廢，改歧王府録事參軍。保累出棣州司馬，遷薛王/掾，歷延州司馬、濟州長史，復以事罷。公之爲政也，通而不雜，直而不橈，信必由/衷，仁非外飾，不枉道以附下，不違心以諂上。由是宦途邅迴，屢踐屯否，前後凡/九莅職，再免一，左遷二，以家事去其平除者四而已。君子是以知性命之難以/言也。初，長安、神龍之際，公之元昆仕爲雍令，公又歷遊梁沁，留在長安，禄廩有/資，枌榆可樂。於是築宅仁里，開門達巷，緑篠蒔於簷間，清流周於舍下，肥羫旨/酒，招延賓族，不以貴賤爲厚薄，不以親踈爲輕重。無家者館之，無糧者饋之，如/是積年，曾無厭怠。及乎挂冠植杖，華髪在堂，内外繁祉，子孫盈百。每以四時伏/臘，三元分至，迦長花而獻壽，羅廣庭而上祝，班白在列，童稚相推，或冠或丱，或/携或抱，未嘗不解威嚴，賜恩泰，示以禮讓，訓其恭儉。將使萬石之謹，八龍之茂，/日就月將，在吾門矣。議者曰：五常之首，仁也，五福之貴，壽也。非仁無以享其壽，/非壽曷能廣其仁，倬哉我公，誠有之矣。公又纂輯本系，撰《韋氏官婚譜》十三卷、/《宗派圖》一卷，斯亦敦叙之深旨，貽厥之素業也。開元廿三年孟春之月，夫人李/氏偕老即世，公歎有生之必還，雖後彫而何幾，啓手無恨，瞑目同歸。即以其年/十月廿二日遘疾，終於京城永崇里第，春秋八十有二。粤以開〔二〕廿四年正月二/日歸厝先塋，合於夫人之舊隧，禮也。長子清義府果毅譔、次新井丞帝臣、次三/水令康、次槀城令堯臣、次郃陽尉舜臣、次薛王府典籖禹，踰禮致毁，崩心僅存，/刊石玄堂，永昭懿德。其銘曰：

赫矣我祖，國自扶陽，聞詩聞禮，爲龍爲/光。我公纂修，構此層堂，行成規矩，言應宫〔三〕。進仕郡邑，式歌惟康，退守閭里，捨之/則藏。珠玉盈庭，羔羊成行，教之誨之，如珪如璋。壽以佑仁，則惟其常，位不稱德，/于何不臧。同□新阡，歸全舊鄉，紀于斯文，庶垂烈芳。/

侄孫職方郎中述文/

〔簡注〕

〔一〕上半部殘佚，陝西省考古研究院資料室藏有完整誌拓。

〔二〕此處奪一「元」字。

〔三〕此處奪一「商」字。

六三　唐故京兆府長安縣尉韋府君（最）墓誌銘蓋〔一〕

〔蓋文〕

大唐故/韋府君/墓誌銘

〔簡注〕

〔一〕此誌曾刊佈於《隋唐五代墓誌彙編·陝西卷》第三册（一六三頁）。

六四　唐故處士京兆韋公（涓）誌銘

〔誌文〕

唐故處士京兆韋公誌銘并序/

君諱涓，字涓，京兆杜陵人也。維開元十四年九/月十九日終於河南府宣教里，春秋廿八。以廿/六年歲次戊寅正月庚午朔廿八日丁酉，藁葬/于洪固鄉畢原也。曾祖德正，随〔隋〕門下給事郎、殿/内監；祖懷質，皇光禄卿、秦原邠三州刺史；父希/緘，皇揚州江都縣令。君即今之弟〔第〕三子也。此謂/之世禄而不朽者。君雅仗忠信，深植孝慈。髫年/外艱，弱歲内疚，柴毁盡禮，宗門所欽。父事諸兄，/母事伯姊，怡聲下色，恭命順辭。伏勤儒流，洞極/精奧。由是明經上第，授朝散郎。九層始階，一簣/將覆。謂可久而可大，曷未婚而未禄。菀其冥冥，/罔及遺育，此亦存殁之至痛也。兄子從古等，鞠/凶荐臻，先遠是卜，皆奉慈蔭，克廣孝思。爰啓佳/城，葬舊國，礼也。銘曰：　/

煙雲蒼蒼秦山下，丘墓纍纍盡唐杜。近望親兮/遥望祖，千秋万歲兮松深而月苦。　/

六五　唐故長安尉京兆韋府君（最）妻河東裴氏墓誌銘蓋〔一〕

〔蓋文〕

唐故韋/府君妻/裴氏銘

〔簡注〕

〔一〕此誌曾刊佈於《隋唐五代墓誌彙編·陝西卷》第三册（一六六頁）。

六六　唐藍田縣尉張君故夫人韋氏墓誌

〔誌文〕

唐藍田縣尉張君故夫人韋氏墓誌并銘　/

哭於寢，祔於姑曰嫡，嫡之存殁以正，德禮不易，則/我京兆韋氏之謂乎？夫人逍遥公之裔孫，故黄梅/縣令令望之孫，今汜水縣令叔卿之女。年十有八，/禮歸於我，受以女箴，恭行婦順。褻言不出，所以別/内外；中饋不倦，所以奉蒸嘗。睦九族之親，成一家/之節。初，臨汾之郡使銜命，夫人以親在來寧，言告/言歸，維夢維虺，于行載育之慶，奄遘在肓之疾。豎/不容診，藥不暇持，數刻之間，倉卒長往。粤開元廿/六祀四月廿七日終於晉西之客舍，春秋廿有五。/貞歲未吉，權殯在焉。有女二人，始誰而哺，撫存悼/殁，傷如之何。及廿七年春，公拜藍田縣尉，以其年/八月廿四日，歸葬於萬年縣洪固鄉之原母氏鄭/夫人之塋，外親也。嗚呼！行高年促，未稱賢母，節姑/摧其並榮，夭其齊壽，鬼責何罪而至是夫？銘曰：　/

盛扶陽兮，稱袂良兮，作配君子，宜彼張兮。誕弥月/兮，悲倏忽兮，雄雌兩劍，一長没兮。　/

京兆府櫟陽縣尉東海于履順文　/

鐫工　將作監直司謝運　/

六七　唐羅某夫人墓誌銘

〔誌文〕

□□□□□□□□□□□□□銘　/

□□□□□□□□□尚書贈□王曾祖懷恩，唐□□/尚書□□□□□□□□左千牛、游擊將軍、檀州刺史□/唐□□□□□□□轉華州下邽縣丞，□□久傳，衣冠代□，/是稱盛族，□□□□。夫人則下邽公之第二女也。柔以爲性，□/以成節，受母師之典□，習閨閫之令儀。窈窕其容，綢直其□，/下邽公常器。年十有五，歸于羅氏府君也。作嬪君子，主饋□/人。四德合儀，百行不忒。敃以奉上，順以接下。寒松□□方可比□/貞，□□□和方可比其德。嗚呼哀哉！　皇天不憖，以□元□/□□□遘疾，以其年三月十二日終于鼎州雲陽縣之私第。以/其年三月廿六日權殯于雲陽之原。奈何桃花墜於深水，/空留其芳；松柏摧于高崗，唯傳其節。嗣無一子，唯有二女。孟適/博陵崔愔，季適隴西李震。咸在襁褓，是遭荼毒，不承母氏之訓，/□□□之儀。且哀不夭之苦，復思罔極之恩。欒□棘心，□□□/□。□開元廿七年歲次己卯十月庚申朔廿六日乙酉遷葬□□□□□/原，禮也。嗚呼哀哉！乃爲銘曰：　/

芬芳桃樹兮風落其榮；□□□令□兮，天（下缺）。

六八　唐故太子少師贈揚州大都督昌黎韓府君（休）墓誌銘〔一〕

〔蓋文〕

大唐故/韓府君/墓誌銘

〔誌文〕

大唐故太子少師贈揚州大都督昌黎韓府君墓誌銘并序

中散大夫守尚書左丞上柱國安定席豫撰　/

公諱休，字良士，其先潁川人也。七代祖魏從事中郎偃，徙居昌黎郡。夫魯經説孝，立身之本；漢令稱忠，立名之冠。嘗/歷選於千載，難求備於一人。則有同曾、閔之事親，兼稷、契之匡主，當朝具美，其在我國相韓公焉。自周室分枝，韓原/食菜，晉稱霸國，厥在六卿，漢舉義兵，信爲三傑，英靈間出，世濟不隕。以至于我曾祖隨〔隋〕鄧州長史、襲黄臺公尚賢，祖/皇朝閬州長史、巫州刺史符，父　皇朝洛州司士、贈吏部郎中大智，並秀發地靈，才優天爵。或佐州典郡，謡頌/起於生前；或翼子謀孫，哀榮加於没後。公即郎中府君之次子也。稟秀異之姿，得清真之性，弱不好弄，幼而生知。十/二能屬文，十八通群籍。鉤深索隐，體物緣情。漢殿論經，則戴憑重席；孔門用賦，則賈誼昇堂。加以儼其衣冠，森然矛/戟，道苟不合，邈若山河，義有所存，無改霜雪。弱冠應文筆絶倫舉，擢第一，注冀州下博縣尉。公才雖拔萃，仕不擇官。/及過門下，屬黃門李嶠以筆札見知，公輔相許，由是批屈，改授蒲州虞鄉縣尉。學以從政，績著理人。梅福仙才，初從/下位，橋玄公望，終陟上台。秩滿一選，授陝州桃林縣丞。時吏部侍郎鄭愔以學府詞宗，收筆精墨妙。蜀都才子，素重/馬卿之文；晉室名臣，還入山濤之啟。是舉也，君子韙之。中興初，又應十道宣勞使賢良舉。　今上時在儲宮，親/問國政，公對策高第，擢授左補闕，尋判主爵員外郎。衮職有闕，緊公能補。郎官之選，爲國所難，時望見昇，僉曰惟允。/未幾，轉起居郎，遷給事中。南史直詞，潤色王業，東臺駮〔駁〕議，振起朝綱。雖倚相之讀九丘，陳劭之通六籍，無以過也。無/何，拜中書舍人，轉禮部侍郎，仍兼知　制誥。初徵徐邈以訓五經，乃命伯夷以掌三禮，王言有序，祀典增修。時/天子以九牧之雄，簡百寮之秀，乃授公虢州刺史。地惟虢略，國有唐風，下車政成，閇〔閉〕閤人理。佇聞徵拜，忽遘閔凶，丁/太夫人憂罷職。蔡邕侍疾，不解帶者三年；曾參執喪，其絶漿者七日。禮不滅性，代實須才。有　制起復，除左庶/子，兼知　制誥。充窮壠隧，匍匐　闕庭，固陳誠請，許終喪制。服闋赴職，尋轉工部侍郎，依舊知　制/誥。公綸翰一掌，前後十年。武德初，中書侍郎顏師古掌經九年。貞觀中，中書令岑文本經十八年。歲序深者，及公而/三矣。自非兼苞文史，博達古今，孰能與於此？又轉兵部侍郎，改尚書右丞。擢在夏官，六師是統，乃居右轄，三臺以清。/績深官曹，望在舟檝，乃擢拜黃門侍郎、同中書門下平章事。公冊拜之日，自京邑洎于海隅，蒼生莫不踴躍喧呼，喜/大賢入相，則知才之濟於代弘矣，德之感於人深矣。於是乎緝熙王道，丹青神化，下順万物，外安四夷，嘉謀嘉猷，乃/告尔后，同心同德，是謂乱臣。進忠良，黜邪倿〔佞〕，簪紱震竦，朝廷肅清。而高行不雜，直躬多忤。未幾，轉工部尚書，遷太子/少師。名刊八座，宦成兩宮。運屬唐虞，方侍登封之禮；年逢辰巳，俄興下代之悲。以開元廿八年五月十日遘疾，薨于/安興里之私第，春秋六十有八。有　制曰：存爲名臣，殁有褒贈，旌德悼往，義兼於斯。故銀青光禄大夫、守太/子少師、上柱國、宜陽縣開國子韓休，時之良材，特稟和氣，體正居厚，外柔內剛。文學富贍而見稱，識度沉詳而見用。/往當大任，嘗效訏謨，爰輔元良，率由直道。孰云與善，而不永年，奄此淪喪，情深憫惜。瞻言懿範，宜被寵章。俾承加等/之榮，以叶飾終之典。可贈揚州大都督，賜米粟一百五十石、絹一百五十疋。葬日量借手力幔幕。以其年八月十八/日遷窆于少陵原，禮也。惟公峻標拔俗，弘量過人，學擅大巫，詞稱雄伯，飭躬由禮，從政有經。其在補闕也，每有舉人，/嘗預考策。屬太平公主以婦人干政，竇懷貞以宰相持權，相與爲人，固執不第，將謀危害，遽自誅夷。此公之正直，神/道所祐矣。其莅虢州也，帶河拒陝，百姓居山，西幸東巡，兩都納秸，險陸相半，轉輸爲勞，因抗表極言，至誠動　/聽，特免茲役〔役〕，以安厥人。此公之惻隱，毗心所賴矣。其理兵部也，有戴鶡之勇，麗龜之能，精簡得材，請託無路。君子曰：/若使韓公掌吏部選，必能變風俗，清流品，權貴失圖，寒素得志。此公之簡要，衆望所歸矣。其居宰衡也，言必獻替，事/多弘益，在公盡節，爲　上所知。每顧謂公曰：卿是朕社稷臣，可比風力。此公之忠貞，　聖懷所重矣。歷官/著稱，當代推賢。而子產云亡，空存遺愛，臧孫不朽，所謂立言。迹雖没於丘山，名方傳於竹帛。公所著文集凡廿卷。有/子九人：長子浩，京兆府富平縣尉；次子洽，蒲州永樂縣主簿；次子洪，河南府洛陽縣尉；次子澣，右金吾衛騎曹參軍；/次子汯，左金吾衛兵曹參軍；次子洞，京兆府參軍，早亡；次子滉，右威衛騎曹參軍；次子渾，左監門録事參軍；次子洄，/未仕。並業紹扸〔析〕薪，禮遵卜宅。長安東道，少陵南陌，始植松楸，思鐫金石。豫對掌綸紱，亟歷居諸，義感知己，文慙課虛。/四海交遊，空挂延州之劍；千年陵谷，誰刊汲冢之書。銘曰：　/

星象磊硌，山河氤氳。感降才子，弼諧　聖君。唯公挺生，當代傑出。兼乃忠孝，半於文質。從學稱敏，屬詞尤工。宦/歷中外，名成始終。厚禄尊官，清心直行。玉堅有體，松寒其性。爰自郡邑，至于公卿。所樂名教，不渝忠貞。方侍登封，俄/嗟閱世。少陵原野，太常容衛。笳斷山月，旆飛郊雲。哀哀孝子，負土成墳。/

〔簡注〕

〔一〕此誌與《唐故相韓公（休）夫人河東郡夫人柳氏墓誌文》同出。

六九　唐故相韓公（休）夫人河東郡夫人柳氏墓誌文〔一〕

〔蓋文〕

唐故相韓/公夫人河/東郡夫人/柳氏墓誌

〔誌文〕

唐故相韓公夫人河東郡夫人柳氏墓誌文　/

國子祭酒趙冬曦撰　/

皇唐天寶七載五月十三日壬午，故相文忠公韓公夫人柳氏終于安/興里第，春秋六十有二矣。粤以十一月四日庚午合祔于少陵原之墳，/依周制也。夫人□□義，随〔隋〕熊州司馬斌之曾孫，鄜州别駕客尼之孫，戎/州南溪縣令明偉之女。慶承積善，著爲華族。因生賜姓之系，封魯居解/之本，士林所知，故可略也。夫人性與道合，自然明晤，事非師訓，動循儀/矩。惠心内敏，禮容外穆。既笄而歸于韓氏，事姑以孝，接娣以睦，娓〔媲〕君子/以從一，誨諸孤以在三，可謂仁之方也已矣。韓公諱休，字良士，昌黎人，/世茂衣冠，家標文史。始以秀才入仕，累踐中外。自尚書右丞拜黄門侍/郎、同中書門下三品，改工部尚書、太子少師。臨長百寮，弥綸庶績，以貞/諒爲珮而不假韋弦，以清白爲寶而不藏金璧。榮貴數十載，室無私積，/可不謂忠乎？夫人將順其美，幽贊其事。豐賞厚禄，必散於姻戚；重錦縟/繡，罔施於牀笫。有鏘鏘之和，無嗃嗃之厲。公之季曰倩，今爲光禄少卿，/業富詞學，志輕軒冕，將拍洪崖之肩，且蹈留侯之跡。公之七子，曰浩，高/陵尉；曰洽，監察御史；曰洪，龍門縣令；曰汯，右補闕；曰滉，同官主簿；曰渾，/雲陽主簿；曰洄，經明高第。金相並振，玉樹羅生。棣華韡韡，布列於畿甸；/螽羽詵詵，差池於省閣。懿夫！有哲夫焉，有令妻焉，有賢季焉，有良胤焉。/盛哉一門，備兹四美。夫人晚年好道，深味禪悦，劃塵勞而万象皆空，解/慧縛而十身同現。迨遊魂將變，神氣自若，猶陳命源，載申炯誡，其達者/歟。朝發高堂，暮歸同穴，壟霧長苦，松聲半咽，寂歷荒埏，汪洋遺烈。其銘/曰：/

翼翼河東，純懿儉慈。始稱女士，終成母儀。穆穆文忠，敏德清規。/明王之佐，儲后之師。相攸孔樂，作合惟時。室無反目，饋有齊眉。/采藻循度，夭桃是宜。虔脩白業，静習玄爲。鉛華莫御，藻繢無施。/猨心已寂，駟隟俄馳。穀也難也，聞禮聞詩。終身之慼，寄我哀詞。/

〔簡注〕

〔一〕此誌與《唐故太子少師贈揚州大都督昌黎韓府君（休）墓誌銘》同出。

七〇　唐故内命婦贈五品王氏墓誌

〔誌文〕

大唐故内命婦贈五品王氏墓誌并序/

昔者鳳鳴岐山，大邦爰啓；鶴飛維嶺，/華族由稱。代爲太原人也。祖父四海/所知，過此無復諱。命婦挺□輝於月/路，引婺彩於星□，騰照天光，位陪宿。/不以美目自衒。每以端口應人，用是/寵盛生前，榮留没後。春秋卅有七，以/天寶九載八月十七日卒於十六王蕃邸之別舘，命也。由本階六品追贈/五品，惠也。即以其月廿八日遷窆於/長安城東神禾鄉之原，禮也。恐後陵/谷遷貿，銘以誌之。其詞曰：/

有美邦媛，是出良家。金□□銑，玉質/無瑕。遭罹不慭，霜冽韶華。□言觀窆，/揮涕于嗟。/

七一　唐故馮翊郡司户參軍韋公（涵）墓誌銘

〔誌文〕

唐故馮翊郡司户參軍韋公墓誌銘并序　/

太子舍人孫遘文并書　/

公諱涵，字　，京兆杜陵人也。披傳按諜，本支弘遠。或以勳烈繼序，/會同商周；或以文儒隸業，傳翼楚漢。厥後蕃滋碩大，遂爲關右冠/族。曾祖諱兢，　皇朝庫部員外郎；祖諱巨山，　皇朝曹/州刺史；父諱元晨，　皇朝殿中侍御史。三署詣選，一臺推妙。/建旟行化，類時雨之沾濡；執簡繩違，效秋陰之肅煞。以永終譽，于/今稱之。公纘戎茂業，厲庶馴行，温純愷悌，沉静安舒。進學獵其精/微，属文工於興諭。含光不曜，知我者希。始以門蔭出身，釋褐寧州/參軍，轉恒州司户參軍，左領軍衛騎曹參軍，河南府永寧縣丞，馮/翊郡司户參軍。形力致用，器能有迹，抱公潔己，慮始思終。栖遲散/吏，不患無所，勞瘁劇職，寧嗟獨賢。環列佐戎則騶御知訓，邦畿贊/政則人俗允懷。宜其百禄溥將，三壽胥試，彼蒼夭命，誰曰棐忱。天/寶十三載仲夏五月炎精，如熏厲氣，瘨我弥旬，救藥靡所夷瘳，享/年五十三。以其月甲寅日即世於馮翊郡之官舍。鶱飛折翼，垂雲之勢忽終；驅鶩摧輪，先景之蹤遽絶。以其載十一月庚申日〔一〕葬於/咸寧縣洪固鄉之畢原，次先塋之後。卜筮偕止，考降無悔。嗣子頌/等，或已弁髦，或猶稚齒，過人之戚，行道所傷。遘忝姻黨，無忘惠好，/深悲原氏之阡，永記滕公之室，追惟實效，豈有愧辭。銘曰：/

令德惟祖，炳靈自古。賜命商周，號儒鄒魯。既荷餘烈，兼資純潔。宜/尔降康，錫之無疆。年未耆指，位纔掾史。天乎不弔，遽夭良士。練時/日兮卜山川，去高堂兮歸下泉。平生萬事於此畢，唯有松楸生暮/煙。/

〔簡注〕

〔一〕天寶十三載十一月朔壬辰，庚申日爲二十九日。

〔蓋文〕

大唐故/康府君/墓誌銘

〔誌文〕

大唐故左羽林軍大將軍康府君墓誌銘并序 /

公諱琮，　敕改太和，字金磚，汲郡人也。其先承顓頊之苗胄，周文王之/胤緒，康叔之後，象賢崇德，蘭芬桂芳。原乎炎漢大魏，洎乎北齊西晉，疇庸率/職，國史家諜詳焉。屬随〔隋〕季亂離，官僚紊敘，　高祖懷，　祖鋒，武威郡磻和府/果毅，以才調班，以文從政，莅蜀郡城都縣尉，躡南昌之令譽，佇東閤之嘉徵，/景福不昌，遽從物化。　考慶，負淮陰侯之智策，蓄傅介子之奇謀。威武馳聲，/佩豭申勇，擢授武威郡磻和府折衝。公以弈代鷹揚，將門驍果，解褐補洮州/赤嶺戍主，轉扶州重博鎮將，員外置同正員，從班例也。戎幕無點，防禦有功，/超昇右威衛鄯州柔遠府左果毅、上柱國，賜緋魚袋，内供奉射生。力用可甄，/階級方進。拜游擊將軍、右領軍衛扶風郡通濟府左果毅，轉安定郡蒲川府/折衝，授定遠將軍、純德府折衝，賜紫金魚袋。又轉明威將軍、左衛扶風岐山/折衝。又授忠武將軍、右衛京兆仲山府折〔一〕。又進大明府折衝，並淮前供奉。警/衛忠謹，爪牙勤恪。又授左武衛中郎將。又轉左司禦率府副率，充大斗軍使。/勳效過人，部伍超眾。拔授忠武將軍、大斗軍使、河西節度副使、右清道率府/率。又雲麾將軍，充河源軍使。天寶二載，授右驍衛大將軍，關西都知兵馬使、/都虞候、河源軍使、節度副使。五載，授左羽林軍大將軍，留宿衛。竭誠奉國，殊/賞見優。特封姑臧縣開國伯，食邑七百户。　皇上以六葉開元，五聖垂/裕，相兼伊、吕，將列韓、彭，輪桷不遺，夷夏同用。公宿衛卅載，歷職十五遷，鐵石/居心，松竹標性，頒賜稠疊，朱紫繁榮，莅職清平，福祚堅貞。家室以之昌寧，宗/族以之元亨，得不謂從微至著，善始令終乎？噫！否泰無恒，倚伏奚准。以天寶/十二載十二月四日遘疾終於昭應縣行從私第，享載□十。　敕別贈/絹壹佰疋、粟壹佰石。即以十四載乙未二月十二日壬寅葬於京兆咸寧縣/崇道鄉之原，禮也。白馬馳送，朱旒曉引。九原之路，堙景增悲；三春之衢，雨淚多/感。夫人太原閻氏，輔佐君子，欝有聲芳。嗣子承奎，歷任有功，授咸寧郡長松/府折衝，賜紫金魚袋、上柱國，次子承宥，武部常選；少子承業，武部常選。並絶/子思之漿，同泣高柴之血。相与策苴杖，餝桐棺。訪儒術以昭誌，卜宅兆以辛/酸。車馬餞別以雲欝，縞素悲泣以林樌，鐫翠琰以表德，續鴻烈以紀官，俾賢/門之英胄，紹元勳兮不刊。其銘曰：

海變山移兮四序催，地久天/長兮万象迴。惟達人兮符命合，奉　明君兮封禄開。魂靈歸兮掩東岱，/胤息銜恨兮泣南陔。子孫子孫〔子子孫孫〕兮襲寵禄，枝枝葉葉兮□氛埃。 /

〔簡注〕

〔一〕此處奪「衝」字。

七三　唐雲麾將軍左羽林軍大將軍故夫人韓氏墓誌銘

〔蓋文〕

大唐故/博平郡/君墓誌

〔誌文〕

大唐雲麾將軍左羽林軍大將軍故夫人韓氏墓誌銘并序/

夫人博平郡君即韓逍遥之第四女。星津毓彩，月甸凝姿，竹/柏棲貞，松霜皎性。椒花表頌，芬芳垂淑氣之規；桂閫宏儀，遠/近仰貞明之操。用能幼彰婦行，長顯母儀。四德三從，挺閨風/於女史；長筵廣被，祖門誡於家書。春去秋來，遽凋傷於桃李；/盛移衰及，催落辔於桑榆。春秋二百卌甲子，　皇天不憖，遘/疾弥留，藥物不斟，奄先朝露，天寶十四載八月廿七日歿于/長興里之私第。金夫切切，望繐帳以摧心；棘人欒欒，仰高堂/而瀝血。悲夫！玉臺鸞鏡，見孤舞而孤鳴；寶匣龍鐔，方一沉而/一在。胤子璋等，悲纏孺慕，痛貫襟靈。白鶴開墳，青烏問兆。佳/城鬱鬱，蹋蹐滕公之馬；松盖蕭蕭，惻愴將軍之樹。即以其載/建子月五日權殯於咸寧縣欒□陵原之禮也。玄灞倏途，指/新豐之樹；青門廣陌，聞長樂之鍾〔鐘〕。面終南太一之高峰，仰/北極七重之層闕，信神都之勝境，寰宇之名墟。海變桑田，昔/覽麻姑之傳；陵移深谷，誠嗟越女之碑。紀兹美於生前，藉書/銘於地下。詞曰：/

關西飛將，義勇無匹。灼灼彼姝，宜其家室。禮叶秦晉，克諧琴/瑟。冀其偕老，終天永畢。何圖彼蒼，旋鍾厥疾。泣玉興灾，刈蘭/而卒。精魄斯墜，心魂遽失。嗚呼若人，長無見日。/

宣義郎行長府丞史惟良撰文并書/

七四　唐故武都侯右龍武軍大將軍章府君（令信）墓誌銘蓋〔一〕

〔蓋文〕

大唐故/章府君/墓誌銘

〔簡注〕

〔一〕此誌曾發表於《考古與文物》一九八一年第二期。

七五　唐故銀青光禄大夫行華州別駕上柱國贈絳州刺史馬府君（彰）墓誌銘

〔蓋文〕

大唐故/馬府君/墓誌銘

〔誌文〕

大唐故銀青光禄大夫行華州別駕上柱國贈絳州刺史馬府君墓誌銘并序/

宣義郎前河中府臨晉縣尉陳復撰　/

公諱彰，字君明，扶風茂陵人也。其先顓頊之裔，趙奢有功於趙，封馬服君，子/孫因而氏焉。漢伏波將軍援，載在圖史。援廿代孫，　皇沂州臨沂縣令諱/昭；臨沂生　皇□州刺史、左武衛大將軍、贈光禄卿諱正會；光禄生　/皇湖城濟源二縣令、洺州司馬、邢州長史、贈邢州刺史諱驥，皆歷政清白，多/蓄能事，人到于今稱之。公即邢州之長子也。少習《詩》、《禮》，兼通《易》、《傳》，性叶純孝，/志禀冲和，風神外朗，瓌姿内潤。苞炙輠之智，蘊秤象之權，深謀妙略，在乎指/掌。天寶中，　國家用武于西域，摧鋒破敵，多拔擢焉。公因歎曰：揚名顯親，亦/足稱也。大丈夫當立功立事以紆青紫，安能區區於筆硯，空紀姓名者乎？乃/西至隴右，謁節使哥舒翰，畫山川之勢，陳攻守之宜。一見而受賞，再見而授/職，遂奏晉州岳陽府別將，改虢州全節府果毅，又除慶州永清府折衝，不逾/數年，而歷三任。無何，南鑾俶擾，　天子憂之，命節度留後、尚書郎崔/圓親揔虎□，討兹狼戾，聞公聲稱，召而行焉。屢獻良籌，多所剋捷。拜左武衛/中郎□，加游擊將軍。屬　玄宗行幸蜀川，事資倚辦，以公才兼文武，奏/□眉雅二州長史、茂州刺史。凡所履歷，以政術清白聞。遷左武衛大將軍，試/少府少監，兼綿州別駕，加銀青光禄大夫。未幾而令弟工部尚書、涇原節□/使璘伏奏　玉階，懇誠内舉。　上嘉其意，又拜華州別駕，從其近宜□/□□之不倦矣。數月，　太夫人寢疾，綿歷秋夏，公視膳嘗藥，晝夜/左右，不脱冠，不解衣，亦經秋夏。洎丁憂居喪，號踴過禮，絶漿泣血，以至毁損，/欒欒棘心，因而成疾。以大曆五年秋九月十五日終于上都安邑里之私第，/春秋五十。嗚呼！身不勝喪，雖虧先聖之旨；名或無隕，且符孝子之心。從□從/□，孰非孰是。明年二月，有　詔追贈絳州刺史，豈不以公之德行藴乎世/□□□動庸居于閫外，褒崇　寵命，不其盛歟。其月十四日祔葬于銅人/原先塋以東，禮也。公雅尚清素，家無長物，所居第宅不足以禦風霜，所乘欵/段不足以代勞頓。雖身綰題輿之任，弟當秉鉞之權，怡怡然与白屋之士不/殊也，識者美之。有子太子宮門丞昇等七人，或纔踰弱冠，或未離繦褓，晝夜/號哭，鄰里哀傷。恐陵谷而俄易，顧金石而是紀。復，内弟也，雪涕□之銘曰：/

龜□□兮龍抱崗，灞水東兮驪岫傍。　先塋左兮啟玄堂，春風秋月兮松栢蒼蒼。/

七六　唐大理評事兼京兆府櫟陽縣主簿源府君（邈）墓誌銘

〔蓋文〕

故櫟陽/主簿源/府君誌

〔誌文〕

大唐大曆十二年孟夏戊申日，大理評事兼京兆府/櫟陽縣主簿源府君不祿。嗚虖哀哉！君生於洛陽，得/河山氣，育俊乂志。君遠祖隴西王賀，雄啚〔圖〕冠世，与魏/帝室同源，因以命姓焉。洎乎大王父匡友、王父晉賓、/烈考相州臨河令府君，世載休問，家傳儒孝之風；族/脩婚媾，間出忠貞之傑。則　玄宗朝侍中諱乾/曜，君之伯祖也。而君邁聲彙類，鍾美於是。會与君有/外族之親，不二心之契。讌語交態，接武比翼，將逾歲紀，/罕虛時月。君之情性可得而言之。君諱邈，字敬遠，通/踈好善，弘泰閑邪。忠孝之事，受屈蹇而晏如也；親友/之義，罄財産而窒如也。秉是四德，入仕再紀，歷位中/外，備嘗艱虞，皆以嘉聞，載之風教。弗祿會也，年齒命/也。尼父秀不實之歎，歎才也，非歎命也。嗚呼！世之公/器，會之位，身之積善，命不屆壽，哀哉！時年卌有四，以/仲夏月甲寅日〔一〕權葬于萬年縣曲池里，禮也。君妻余/出，傷動行路。君之季弟二人曰遇、曰建，皆有純行至/性，情理痛殷，思傳不朽，以文見託，實有愧于遺懿也。/其銘曰：

弈世載德，生我公器。學以入官，義以建利。秉心/虛朗，夷險不二。天造無終，忽尔殞墜。逝者如斯兮靡/論，何處獨止兮遊魂。身与名兮□古，義与石兮長存。/

〔簡注〕

〔一〕大曆十二年五月朔辛亥，甲寅日爲四日。

七七　唐故朝議郎絳州龍門縣令扶風馬府君（向）墓誌銘

〔蓋文〕

大唐故/馬府君/墓誌銘

〔誌文〕

唐故朝議郎絳州龍門縣令扶風馬府君墓銘并序/

西平麴信陵撰/

公諱向，字遺直。其先扶風之著族也。弈世近臣，因家長/安，今爲京兆人焉。　曾祖昭，皇雍州新豐令。祖正會，松/嶲安鄯等八州刺史、兼隴右大捴管。父驥，皇信都郡太/守，贈絳州刺史。皆以德周身，以忠奉上，立言立事，軌範/當世。故其有後也，不亦宜乎。公則絳州之第五子也。承/累祖之遐慶，蘊生知之夙惠。弱不好弄，性至於學。年十/五，以大夫餘子弘文擢第。調補太常寺奉礼郎。袟〔秩〕滿，授/寧州真寧丞，轉寧州司倉，改同州司士，尋拜鄭州滎陽/令，轉絳州龍門令。凡所莅職也，不以位卑而撓其節，不/以權勢而易其操。故下車赫赫，奸邪疊跡。袟〔秩〕滿言歸，老/幼懷思。由是天下聳然，望處台鉉。嗚呼！降年不永，以大/曆十四年十二月六日遘疾而卒。四海士友，罔不悼惜。/則知官不必貴，令名爲難也，明哉。越建中二年正月十/三日遷葬于銅人原之故塋，礼也。有子曰寘，次曰宥，皆/保家之主也。慮年代浸遠，岸谷遷移，思昭令德，誌于幽/礎。詞曰：/

蒼蒼古原，青青松柏。芻靈塗車，送兹窀穸。所貴者形，此/焉是宅。所神者靈，此焉是託。前望終南，崇基盤薄。傍臨/玄灞，長源不涸。千秋万歲，令問昭灼。/

七八　唐故朝議郎行同州司户參軍韋府君（涵）夫人樂安孫氏合祔墓誌銘

〔蓋文〕

大唐故/府君夫/人孫氏/墓誌銘

〔誌文〕

唐故朝議郎行同州司户參軍韋府君夫人樂安孫氏合祔/墓誌銘并序/

伏惟　府君諱涵，其先京兆杜陵人也。祖巨山，贈曹州刺史；父/元晨，殿中侍御史，皆以懿文、德宗、儒行爲立身之本。　府君爲子止/於孝，爲父止於慈，爲臣止於忠。行義質於鬼神，音容中於律度。宜/其享上壽、服大官，而宦止於州司徒，數須於知天命者。亦猶顔回/生促，好學擅於孔門；展禽位卑，不仁歸於臧氏。以天寶十三年五/月十九日寢疾終於同州官舍，享年五十有三。以其年十一月廿/三日安厝於長安城南畢原洪固鄉胄貴里，以附　先塋，禮也。長/男偡，終商州長史；次男頙，終鄭州司户；次男頲，廬江縣令；次男顥，/殿中侍御史；次男靖，西昌縣令。女子子比丘尼頓寂，未笄纏痾，禪/攝而滅。顥失　怙之年十有三歲，才非幼達，識異生知，　養莫報/於　劬勞，恩尚煩於顧復。及齒逾强仕，　訓之趍〔趨〕庭，令名不揚。哀/心罔極，雖執簡登　朝，列官近地，皆以虚蒙奬，過實受遷。　感餘/慶之所鍾，奉　遺體之增懼。　先夫人樂安孫氏，父嘉之，贈秘書監；親兄/逖，刑部侍郎、贈尚書左僕射。高蹈女師之訓，克配　府君之德。五/行精秀，六親孝慈，四德功言，百家子史。雖得自規模，而通於意外。/於其子也，既生既育，愛之誨之。服　夫人之至教，免人閒之大過。/属兵氛未弭，　版輿隨安。以大曆八年三月廿四日禍鍾陳留，/權厝所寓，享年七十。以貞元六年十月廿九日歸祔於長安城南/畢原　府君舊塋，禮也。銘曰：/

誰謂天比父，高遠莫余顧。誰謂地比母，手足莫余覆。父兮母兮不/可視，恩兮德兮過天地。□境欲尋兮何是路，哀不極兮冤無訴。仰/號沉景兮無由迴，長留棘心兮待泉户。/

次男守殿中侍御史顥述/

七九　唐守辰州刺史韋公（士伋）故夫人博陵崔氏墓誌文

〔誌文〕

大唐守辰州刺史韋公　故夫人博陵崔氏墓誌文/并序　/

夫使持節都督辰州諸軍事守辰州刺史韋士伋撰/

夫人博陵崔氏。父藏潤，　皇凉州姑臧縣令。先妣京/兆韋氏，伋之從姑。　夫人宰君之次女。　夫人再從/叔充緒，伋之堂姑夫，堂叔藏穎，伋之親老舅。中外重/姻，柔儉是則。享年不永，天降于喪。以永泰二年十一/月十四日終于澧州之旅次。以貞元七年七月三日/遷舉歸於韋曲舊里。嗣子前左金吾衛騎曹參軍鋏，/泣血柴立，　扶護歸　塋。以其年九月十五日安厝/萬年縣洪固鄉畢原，禮也。孝子葬雖不足，哀亦有餘。/夫人克儉貞身，藩衍後裔，既有子婦，亦有子夫，男孫/女孫生得八子。　夫人作衛佐之　人母，爲諸侯之/人妻，處　太夫人之尊，列命婦之貴。哀榮幽壤，綍降/良晨，白楊高墳，松茂柏悅。伋以奉　詔出牧，不/遂撫棺。想　淑質而揮涕無從，望丹旐而鼓盆何忍。/乃爲銘曰：　/

飄飄零零兮崇山之陽，　今歲今夕兮宅兆我壃。/窀穸附葬兮　丞相相望。　子孫戩穀兮百禄無疆。/

八〇　唐楚州寶應縣丞李公夫人張氏墓誌銘

〔蓋文〕

大唐故/夫人張〔一〕/氏墓誌

〔誌文〕

唐楚州寶應縣丞李公夫人張氏墓誌銘并序　/

夫人姓張氏，清河人也。其門地精華，衣冠聯蟬，/弈葉蕃昌，服冕乘軒，列青史者，其可數也。/曾祖禮，　皇襄州宜城縣令；　祖景璋，　皇/左羽林軍長史、兼司農寺丞；　父晉明，左衛兵/曹參軍。夫人即兵曹之第十九女也。賢和聰惠，訥/言敏行，志操高遠，美聲洽聞。年十九歸于李氏。其/爲婦也，身有敏行，口無戲言，六姻內和，四鄰外睦。/享年廿有一，貞元九年龍集癸酉遇疾，三月終/于務本坊之私弟〔第〕。其年六月戊申朔十四日辛/酉葬于萬年縣崇道鄉，殯也。初，　/國家新鹽州，李公綰饋餉之役，公在役而/夫人亡。雖脩短之期定於冥數，終死生之/恨蘊于人心。銘曰：　/

古原之上兮草木茫茫，　幽泉無曉兮地久天長。/已乎已乎，今与昔兮空傷。　/

〔簡注〕

〔一〕「張」字原刻爲「董」字。

八一　唐大理評事韋縱先妣李夫人墓誌銘

〔蓋文〕

李夫/人墓/誌銘

〔誌文〕

有唐大理評事韋縱先妣李夫人墓誌銘并序　/

鄉貢進士韋行矩撰　/

夫人隴西成紀人也。年十三，主朗州刺史、贈左常侍府君之室，/生子五人，三男二女。長男範，明經出身，授潤州句容尉；小男未/成童而不育；次男縱，充度支巡官，授大理評事，專知安邑池院。/長女適監察御史高昉，早亡；次女適鄭縣尉嚴謩。始，常侍色養/高堂，夫人承歡順旨，服役之職，率身先之，凡廿年，勞亦至矣。故/奉尊接卑，聞于中外。及常侍薨於武陵，夫人護几筵，挈孤幼，綿/歷阻險，歸葬京國。遂於塋東李村卜居盖十餘年。率誘家僮，諭/以常道。闢荒墾堉，以供歲時，聚槁掇枯，以給薪爨。疲僮倦隸，不/駈自役，畏威慕恩，欣欣如也。洎貞元初，歲歉人饑，死者十七八，/夫人育孤字幼，咸遂無恙，其於明略嘉謀，皆此類也。夫人久患/濕痹，行李藉人。乃力疾赴次男之職，途經華州，因加痢疾，以貞/元九年十二月七日歿于開元佛寺，享年六十二。孤男縱煢然/泣血，護喪歸葬。以貞元十年二月十七日穸于常侍府君塋內/域之西北，從素志也。噫，夫人行高節固而壽不登中，見通識遠/而福不具五，嗚呼哀哉。行矩則評事之從祖弟也，義感平昔，紀/其大端，至於善事，多有遺闕。銘云：/

常侍德盛，所宜有隣。夫人道謙，如懼來嬪。佐餕祇事，綢繆二紀。/勞必身先，怠非余始。忠由貞贊，孝以義敦。六姻五服，誰不感恩。/既孀屏居，群稚未立。奠掃墳壤，以時而泣。洎逢饑歉，人則流亡。率僕兼稼，食貧自强。時晚纏痾，從子赴職。方展榮慶，遽聞悽惻。/藍輿倏往，丹旐俄歸。晝日無景，陰云不飛。遺孤茹哀，見託銘石。/粗陳懿範，永表幽穸。嗚呼哀哉。/

八二　唐故通議大夫檢校尚書祠部員外郎兼太常博士上柱國扶風縣開國男京兆韋公（都賓）墓誌銘[1]

〔誌文〕

唐故通議大夫檢校尚書祠部員外郎兼太常博士上柱國扶風縣開國男京兆韋公墓/誌銘并序/

女婿前京兆府進士許志倫撰　/

公諱都賓，字洛客。其先黃帝孫元哲，匡復夏室而立少康。少康以大功別封豕韋，至殷稱伯，/霸有九州。至漢丞相扶陽侯始居京兆，今爲京兆人也。扶陽侯孫恪七辟五徵，拜漁陽太守，/明靈錫羨，才傑代興。　公其嗣之，似續攸宜。曾王父餘慶，右驍衛兵曹，追贈坊州刺史；王父景/駿，朝散大夫、房州刺史；烈考述，銀青光禄大夫、尚書工部侍郎、禮儀使、集賢院學士、知史官/事，封方城郡公，贈左散騎常侍，盛德大業，詳于太史。　公即工部之次子也。濯鱗洪波，撫翼/丹穴，懿文德以居業，執貞固以幹事。聽其言方以直，觀其行温而敏，敦信以接友，恭愛以睦/親。會理皆造於精微，立誠必歸於忠敬。天寶九載，以　門蔭補崇文館學生，舉孝廉擢茅〔第〕，選/授左清道率府兵曹參軍，改左金吾衛胄曹參軍。大曆中，　朝臣李昌峘持節辰、錦等州/觀察使，以公道義才行參佐方隅，拜監察御史，轉殿中御史、侍御史，逸足將遠，神鋒自高。及/換職，又試秘書省著作郎兼河南府長水縣令，輔以理道，□揚素風，旋授檢校尚書祠部員外/郎兼太常博士、禮儀使判官，主盟搢紳，儀範紱冕，自上下下，休有烈光。夫其三墳五典之學，/威儀禮度之則，莫不探道覩粤〔奥〕，粲然可觀。有不師先儒，獨得胸臆者，往往而致，衆君子以損/益之道，必俟於　公，豈非才智夙盛，首出群萃。載崇列爵□□，允膺進等之命，特加通議大夫，/又封扶風縣開國男，食邑二百户。東序琬琰，武庫矛戟，方俟克揚前烈，以躋大位，遇建中末/巨猾問璺，天方荐瘥，陳猗懷貳，盧綰又去，　大駕西行，遂陷于虜庭。及朱泚將毁除/九廟，莫敢議者，　公慎由忠激，詞亦端辯，諍論哀懇，　君臣理明，節士可死，義夫難奪，名/節希代，感于　神祇，奸僞沮色，賊心乃止，其忠義有如此者。暨　皇與〔輿〕返正，　朝議酬獎，/公薄於榮耀，謝病告歸。今　户部侍郎裴公延齡、給事中徐公岱、杜公確、考功郎中陳公京，/皆同時博士補闕，相與推重，更爲引進，竟能體黄老之清净，符大易之養蒙。十年江干，不問/名利，横海摧鱗，摶風鎩翮。以貞元十年九月九日遘疾，終于郢州長壽縣之别業，春秋六十。/夫人隴西李氏，盛德百代，施于后昆，則辰、錦觀察中司之長女。既笄而歸于我，輔佐閨閫，惠/心温敏，雅性高明，菲飲食而致美於鬼神，誠險詖而施敬於姻族，故家道正而禮教成矣。/公早登憲府，皆命大夫，夫人從封隴西縣君，光昭世族。既而府君下世，哀毁過禮，士大夫聞/之莫不嘉歎，所謂奉　中司之嚴訓，承　工部之明教，淑問休暢，克諧婦道。嗣子道冲，操履貞/潔，介然不群，幼而學文，克紹　王父。俗以氣力相尚，所守惟謙和；時以豪贍爲雄，所務皆勤/儉。詢于舊德，傳之家風。　烈考捐館，茹荼泣血，逾時而後能杖，積哀成疹，鄉黨稱孝。以貞元/十一年十二月廿二日歸于京兆畢原，祔　先塋，禮也。　員外，志倫　外舅也，嘗及升堂之/列，備詳盛業之事，紀于貞石，庶亦存乎遷變云。銘曰：/

英英府君，克嗣前烈，聲華藉甚，才行卓絶。其一。世有令聞，郁若蘭董〔薰〕，位不充德，命也曷云。其二。/巨鯨出浪，白日晝昏，臨危見節，孰得其門。其三。宣孟之忠，史魚之直，昔猶今也，他人是則。其四。/畫省仙吏，蓮花府寮，錦帳鐵冠，曾是逍遥。其五。高標獨步，逸足千里，郗超壽促，悲慟前史。其六。灞水西流，終嶺南馳，貞石可鑠，德音不虧。其七。/

〔簡注〕

〔一〕此誌與《唐故通議大夫尚書祠部員外郎兼太常博士上柱國扶風縣開國男京兆韋公（都賓）夫人隴西郡君李氏墓誌銘》同出。

八三　唐故元從朝請大夫試將作少監兼資州別駕上柱國宣城縣開國男左府君（横）墓誌銘

〔蓋文〕

大唐故/左府君/墓誌銘

〔誌文〕

唐故元從朝請大夫試將作少監兼資州別駕上柱國宣城/縣開國男左府君墓誌銘并序 /

鄉貢進士趙淳撰 /

府君諱横，字横，其先丹陽人，太冲之雲孫也。自周漢已來，三公/五侯，代代承襲，史不絶録，人到于稱。曾祖倫， 皇任睦州/司馬；祖琰， 皇任汾州孝義縣令；考鑒， 皇任饒州/長史。府君即孝義之長子也，立身温雅，稟性純和。解褐任左衛/兵曹參軍，次任陝州夏縣尉，次任虔王府户曹參軍，次授絳州/司士、歸州司馬，又累遷澧州別駕、潭州別駕、資州別駕，位居半/刺，名播 兩朝。雖屈才於三州，且稱善於百姓。言無口過，/貌有容儀，西蜀播題輿之風， 北闕流政聲之頌。一自離任，届/于上都，守静而安貧，卜鄰而誡子。無何寢疾，大運將至，嗚呼。府/君積善，天不慭遺，以去貞元十二年十二月十八日終於萬年/縣興道里之私第，春秋有六十矣。歲德大通，卜龜叶兆，貞元十/三年二月廿六日殯於萬年縣畢原，從周禮也。墳對終南，地連/韋曲，長川曲抱，得其勢地。清河縣君夫人本期偕老，孤鸞失伴，/明鏡塵生，思衾枕而無因，痛風樹而不息。嗣子寛及孝女等欒/棘爲心，泣血過禮。恐陵谷遷變，刻石爲銘，託余爲詞而撰其誌。/銘曰： /

丹陽府君， 太冲雲孫， 學贍三史， 官榮一門。 罷袂〔秩〕蜀川，/言歸北闕。 士庶拜送， 攀轅卧轍。 策馬劍閣， 灌園帝鄉。/天不慭遺， 殲我賢良。 縣君夫人， 孝女嗣子。 攀號泣血，/哀慟不已。 嗟君壯志， 去世何先。 畢原墳壟， 松柏連連。/

八四　唐故燉煌郡索府君（義忠）夫人清河郡張氏墓誌銘

〔誌文〕

唐故燉煌郡索府君夫人清河郡張氏/墓誌銘并序

男前右驍衛左司戈仙書/

朝議郎前行朗州司田參軍馮現撰/

公諱義忠，京兆人也。行年六十三，終于/私第。夫人清河張氏。有子四人：長曰前/永州湘源縣丞文璨，次曰前右驍衛左/司戈仙，次曰前歙州婺源縣尉文琇，次/曰文瓊。夫人四德内崇，六親外睦。壽年/七十，終于長安。欲議同宫，通年未遇，今/從權殯，將叶□經。以貞元十四年歲次/戊寅十一日〔月〕景午朔九日甲寅，安厝於/萬年縣界。嗚呼哀哉！乃爲銘曰： /

氣本淳和，靈歸閒政。净以安仁，柔以立/性。孤墳峞起，藁栢含煙。英魂寂寞，千春/万年。 /

八五　唐故大理寺丞韋府君夫人徐氏墓誌銘[一]

〔蓋文〕

大唐故/徐夫人/墓誌銘

〔誌文〕

唐故大理寺丞韋府君夫人徐氏墓誌銘并序　/

將仕郎京兆府高陵縣令趙傪撰　/

夫人姓徐氏，東海人也。曾祖諱有功，　天后朝嘗/爲大理少卿。其時　女主臨朝，刑獄頗纇。公以貞/明議□，守直不回，全活寃濫盖千有餘室。時議以爲/于定國、張釋之不若也，所以名重當時，慶流後葉。有/功生惀，官至陝州別駕；惀生彀，官至光禄少卿、涇州/刺史。夫人即涇州第二女也。幼而聰悟，動合禮則，長/而柔懿，睦于宗姻。以永泰中歸于大理府君。德義好/合，如彼瑟琴，禮敬始終，實同賓友。府君以大曆十二/年三月六日終于陝州之使幕，後十載，夫人以貞元/二年十一月六日終于揚州高郵縣之精舍，享年五/十五。洎貞元廿年甲申十一月一日啟自洛師，遷厝/于京兆府萬年縣　原，祔大理府君之/塋，禮也。嗚呼！夫人無子，有女二人，幼奉　慈訓，守禮/而仁。長女適京兆府高陵縣令天水趙傪，次適尚書/都官郎中兼侍御史東海徐珽。以　親實外姻，義兼/子婿，懿德　清閟，得以詳之。粗揚梗概，式銘泉户。其詞曰：/

族既茂兮行克修，　配君子兮成好逑　勒貞石兮宣/令猷，　閉佳城兮千萬秋。　/

〔簡注〕

〔一〕此誌完整拓本曾發表於《故宫學術季刊》第一一卷，第四期（一九九四年）。

八六　唐故朝議郎前祕書少監京兆韋公（士文）墓誌文

〔誌文〕

大唐故朝議郎前祕書少監京兆韋公墓誌文并序　/

士伋自撰　/

維大唐貞元廿一年五月廿三日。公諱士文，字文宗。公才絢之孫，孫[一]嬰/之子，京兆尹裴確之出。五服之内，丞相者至三，兄弟之中，莅/官者滿籍。公歷臺省，典都督，衣紫綬，貳陝郊，終祕書少監。/公平生求　蒸嘗則搢紳代耕於達道則不忘隱逸。/修己也，尚其勤恪；送終也，誡過單車。欲叙厥功，恐讓者之誚/我；欲論政術，慮謙者之責躬。立姓，家無長財，不貴異物。無/故則埴禮，居常則蹈儒。修襲專經之本，操綴代意之述。撰/集僅四帙，綴文數萬言。以其年五月廿三辰，奄爲惡日，啓手足於/長興里私弟〔第〕，春秋享壽有七〔二〕十。祔　先丞相鄖公之兆坤地，吴葬/畢原，禮也。祔葬不擇，義在兹乎？嗣子前滎陽縣令鋏，殞裂憑棺，/攀轜絶地，父子常禮，永隔常情。以其年七月六日縣音玄封音窆。於戲！生死好惡，天地大經。道家曰歸，何嗟及也！銘曰：　/

泉臺墓門，　馬鬣虞魂。　何悲何恨，　別卑覰　尊。故嬪崔氏，　/早先我折。　墻翣合葬，　胄貴同穴。　延陵云亡，　德聲不滅。　/孔聖銘誌，　伊何敢竊。千秋萬歲，　青松朗月。　嗟嗟天喪，　/繩繩罔絶。

貞元十六年十月七日黔府觀察改名士文。　/

〔簡注〕

〔一〕誌文中卒年、享年、葬年、嗣子官職等顯系補刻。此「孫」字系衍文。

〔二〕原刻「有」字，改刻爲「七」。

八七　唐朝議郎行陝州大都督府户曹參軍上柱國馮唐渭妻故扶風馬氏銘

〔誌文〕

唐朝議郎行陝州大都督府户曹參軍上柱國馮唐渭妻故扶風馬氏/銘并序

哀子前鄉貢明經敦穆奉　命撰并書　/

禮曰：賤不誄貴，幼不誄長。其來久矣。如或君召臣謚，子承　父命，敢不/敬歟？　先妣即扶風人也，曾祖郁，朝議大夫、勝州別駕；祖從真，朝議郎、/太子通事舍人；父元胤，游擊將軍、右驍衛中郎將，皆承　寵命，厥有令/名。其諸胄嗣，存乎典要，咸蘊其才而無遠大之位，懷其寶而乏　遭遇/之時，斯亦可謂惜乎祖禰之志也。　先妣質稟柔和，性惟端雅，茂蘋蘩/於沼沚，習婦德於公宮。始年十八，禮事舅姑，慈惠可以理家人，寬恕足/以主中饋。至乃潔蠲祠祀，孝也；纂組玄黄，工也；佩帨茝蘭，儀也；娣姒謙/和，順也。夫如是，四德昭矣，九族睦焉。□以弘嫺〔嫻〕瑟之志，外以光親戚之/儀，則閨門穆穆，婦道雍雍。詩稱淑慎，禮重敬姜，將以比之，殆無過也。崇/壼則之規矩，弘母儀之令範。每訓子以義方，教女以婉娩。理家示孝，睦/親惟和，可謂刑于家國，光乎鄉黨也。孰謂善慶無徵，福爲禍伏。享年五/十有八，以元和元年閏六月十五日遘疾終於長安務本里之私第也。/嗚呼哀哉！天不憖遺，降此殃釁，哀纏肺腑，麋潰心神。何天地之不仁，忍/骨肉之泮解。有子四人，長曰元倧，以經明進身，任宗正寺　惠文太子/陵署令；次曰少連，齋郎入仕，任饒州餘平縣尉；次曰敦穆，明經擢第；次/曰季連，　郊社掌座。皆奉趍〔趨〕庭之訓，式展孝思；仰遵尼父之言，未嘗/見齒。哀哀號慕，如矢貫心，戚戚肝腸，茹荼爲薺。竊聞毁不滅性，抑制禮/情，卜其宅兆，備物具容。占以龜筮而安措之。以元和元年十一月十三/日窆于長安萬年縣白鹿原，禮也。大叫彼蒼　，親之何咎也，而降/此禍焉。號天叩地，痛風樹之不寧；蓬首棘心，恨劬勞之罔報。嗚呼天乎！/祖母在堂，不終侍養，往而不返，痛莫及追。悲逝水而長去，泣虞泉之永/閟。慮年將變，陵谷推遷，祗奉　上命，哀惻無窮。銘曰：　/

夭夭桃李，宜其室家。令淑有譽，婦德無譁。上蒼降禍，/殲我穠華。唯生及死，匪卑与高。哀哀母兮，生我劬勞。/此去如何，心焉忉忉。/

八八　唐故台州長史弘農楊君（守義）墓誌銘〔一〕

〔誌文〕

大唐故台州長史弘農楊君墓誌銘　/

（上缺）人。公諱守義　/（下缺）元和/二年丁亥歲二月朔廿六日甲申，孝孫穌/啟護歸咸陽原合祔舊塋，禮也。　/

〔簡注〕

〔一〕此誌與《唐慶王府掾弘農楊公（守慎）故夫人吳郡張氏墓誌銘》同出，見《新中國出土墓誌·陝西〔肆〕》。

八九　唐將仕郎前守饒州餘干縣尉馮少連妻故扶風馬氏夫人墓誌銘

〔誌文〕

唐將仕郎前守饒州餘干縣尉馮少連妻故扶風馬氏夫/人墓誌銘并序　/

前鄉貢明經馮敦穆譔　/

噫！大凡生於天地之間，皆曰死生有命，其或秀而不實者，惜/乎！　夫人姓馬氏，其先扶風人也。曾祖瓊，任銀青光禄大夫、/慶州刺史，贈大理卿；祖錫，任銀青光禄大夫、少府監；父士長，/任宣義郎、行京兆府奉先縣尉。皆承　寵命，遺芳藹然。　/夫人即奉先之長女也，稟性柔和，天資貞懿。惠穆承於禮訓，/淑慎美於姜詩。德茂蘋蘩，教成沼沚，故可以奉君子之仇，主/中饋之政。始年十七，適　我長樂馮公。禮事　舅姑，謙和/娣姒，令範表於門風，德容光於里族。至乃纂組之工，盡善盡/美，饋奠之禮，有典有則。禮曰：內舉不避親。今則可得言之，　/夫人即族姻也。所宜偕老，以贊室家之美，樂只君子，永諧琴/瑟之歡。烏虖！天不仁歟，殲我孌兮。玉容方茂於春蘭，鈆〔鉛〕華忽/先於朝露。享年廿二，以元和四年三月卅日遇疾終于長安/務本里之私第。　公由是想雜佩之遺音，悼幽明之永隔。哀/則哀矣，以悲以傷。有子二人，免於懷抱。長曰陜郎，次曰小陜，/既嬰且稚，物莫之知。　公遂命蓍龜，卜宅兆，青龍叶吉，丹旐/言歸。以其年五月廿一日窆於萬年縣崇道鄉白鹿之原，禮/也。烏虖哀哉！松楸遽列，欒棘永懷。況忝㛐〔嫂〕叔之姻，獲奉天倫/之命，刻石爲紀，得無述虖。銘曰：

猗歟夫人，煥乎淑慎。作嬪/君子，睦親以順。閨門忽辞〔辭〕，容顏遽殯。勒石下泉，慶流後胤。　/

外生〔甥〕宣德郎試右監門衛率府兵曹參軍裴元素書/

九〇 唐（韋汶）故夫人彭城劉氏墓誌銘

〔蓋文〕

唐故夫/人劉氏/墓誌銘

〔誌文〕

唐故夫人彭城劉氏墓誌銘并序 /

京兆府高陵縣尉韋汶撰 /〔一〕

夫人大漢高祖之苗裔，纘承五百餘載，大哉帝王之業，/備列漢紀，事不煩述，文上其要。曾祖玄一，朝議郎、守左/内率府率；祖賢，道舉登科，雲林畢志；父浦，平盧軍節度/營田判官、濮州長史。皆深奥玄理，桂〔挂〕冠歸閑，當世稱道/德之高，而不以軒冕爲盛。 夫人長史第二女也。以 /夫人賢淑和茂，儀範可則，求成我家，作配于室，善理琴/瑟，和鳴好音。有男二人、女一人，雖幼稚皆成而訓之所及。/嗚呼，于何不臧，神與斯疾，秦醫遍診，百藥備嘗，沉痼弥/留，終然靡効。 夫人享年四十一，以元和七年四月六/日終於京兆府高陵縣官舍。嗚呼，悼淑人之已矣，想輝/容之如在，俄及遠期，我卜我筮，叶從皆吉，神道永安。遂/以其年七月十七日葬于京兆府萬年縣崇道鄉白鹿/原，禮也。嗚呼！我室我家，悽然如客。尚依依有託，以魂靈/之猶在，今旌旐啓路，歸夜泉之永辭。傷玉德空存，而蘭/姿忽德。心骨驚折，仰慕压公之情；撫存悼亡，難捨託身/之意。雖日月云逝，而我心不移。遺恨序申，再述銘曰：/

淑德芳兮遠弥馨，桃李茂兮先秋零。劍沉没兮化無形，/室寂寞兮闃無聲。哀稚子兮神無精，强皷盆兮曲無成。/歸真宅兮無身，展萬恨兮斯銘。/

〔簡注〕

〔一〕從序文語氣上看，撰文者韋汶即誌主丈夫。

九一 唐故驃騎大將軍行右衛上將軍致仕兼御史大夫上柱國瑯琊郡王食實封二百户贈陝州大都督王公（伉）墓誌銘〔一〕

〔蓋文〕

大唐故/王府君/墓誌銘

〔誌文〕

大唐故驃騎大將軍行右衛上將軍致仕兼御史大夫上柱國瑯琊郡王[食][實][封][二][百]户贈陝州大都/督王公墓誌銘并序 /

右補闕内供奉翰林學士劉從周撰 /

公諱伉，太原晉陽人也。在昔周靈王太子得瑶臺洞仙之術，降游洛濱，綿綿瓜瓞，因王爲氏。厥後世濟忠/貞，服勞王室，布於史册，可復而詳。曾王父弘慶， 皇左領軍衛翊府郎將、上柱國；王父繕，　皇銀青/光禄大夫、蘭州刺史；皇考岳，　皇開府儀同三司、檢校太子賓客、贈右散騎常侍，以公元功，累贈刑部/尚書。公即尚書之長子。生而有大志，倜儻不羣，卓然高邁。每畜〔蓄〕奇意，將静國氛。至於豹韜金匱，黄石陰符，/皆撮其機要，形于胸中。屬趙魏繹騷，元戎背誕，　天子將問三苗之罪，遂成有扈之征。風卷井陘，雷行/河朔。公時乃奮義揚戈，誓於必死，殺敵致果，賈勇有餘。校帥傾心，兇魁懾惕。繇是知名，中權委任。旋值逆/豎朱泚假翮凶奸，變生肘腋。羽衛未能設，緹騎不暇陳，梟音驟呼，蝟起丹闕。　/德宗皇帝思避狄之仁，乃睠巴梁，金車南幸。　皇都沉爲虜庭，赤縣多罹腥穢。公伯舅太尉、西平王領/師鉅鹿，公佐戎麾，聞難星奔，龔行天討。賊帥駈〔驅〕彼妖徒，鴟張上苑，肆其蠆尾，毒我王師，煞氣相稽，雄雌不/決。公視狼心轉熾，猘牙益豪，流矢通中，豈敢言病，乃便衣跳於熊羆之前，直入犲虎之口，將擒元惡，爲我/軍威。果与僞帥段誠諫相遇。公乃振臂大呼，搏之衿甲，狂狡之旅，蹂躪大崩。當此之時，丘陵爲之蕩摇，川/潦爲之呀呷。太尉公乘其瓦解之形，盡覆鯨鯢之窟。羽書飛奏，義動　/宸聰，乃即軍中授公驃騎大將軍、御史中丞、瑯琊郡王印綬，仍食實封一百户。旋加御史大夫，通前食封/二百户，軍職如故。　翠華來歸，議功惟重，更念前勞，且有後命。拜公右衛大將軍，歷右領軍衛上將軍/兼領封賜，一如舊典。爲王爪牙，肅我禁旅，匪伊忠恪，豈易其人。運偶休明，消鋒左武。李廣不逢於漢高，顔/駟用乖於文帝。況之今代，詎可比旃。則公之英略嘉謀，莫能效實者矣。無何疾作風痺，心迷志昏，舉章綬/而念　君恩，撫長劍而謝　明主。表書上請，優　詔報之。授公右衛上將軍致仕，長告家居，半俸/終養。尚懷重任，無踰老臣，時不我与，天孤人望。以元和八年六月十二日薨于京師永崇里之私第，享年七十〔二〕。/皇上聽鼓鼙之聲，思將帥之績，廢朝一日，贈陝州大都督。嗚呼哀哉！　湛恩既耀於生前，流渥更追於/没後。可謂禮備哀榮，義存終始者矣。惟公落落宏度，孤標峻潔。睦親必誠，不以勳伐驕人；朋友能久，不以/位高慢物。長波峭峯，見公器宇。公季弟檢校户部尚書、行左衛大將軍佖，克忠王家，藏在盟府。痛天倫之/莫追，哀陟崗之絶望。撫視諸子，恩礼有加。夫人譙郡夫人戴氏，先公八年而終，葬于萬年縣義善鄉之畢/原。世胄壺風，列于前誌。以其年十月卅日，奉公輤柩，祔于譙郡夫人之宅窆，盖從周也。有子九人。長曰正/詡，以經明行脩，鄉貢高弟〔第〕。与朋友必信，處伯仲必仁。泣血銜恤，以庀喪事。跡公門閭，知公有後。次正諒，/崇陵挽郎；次正誠；次正詢，崇文館明經；次正讓、正諗、正詞、正誥、正謂，並服礼聞詩，早奉過庭之訓，收子食/子，舉集其門，以爲勒彝器、鐫金石，非夫衛社稷、扞大患，則不可啚〔圖〕。乃琢幽礎，庶傳終古。銘曰：/

惟嵩降靈，　寔生國楨。　有若瑯琊，　扙義扶傾。　在昔建中，　長虵肆毒。　戟羅紫微，/矢及黄屋。　繄公元舅，　投袂來馳。　整我貔武，　取彼狐狸。　内舉得傑，　謀及戎機。/白刃可蹈，　丹誠愈激。　但馳介馬，　空提三尺。　張膽雲開，　瞋目電艴。　攘臂而騰，/果擒奸逆。　曀霧卷陰，　江山動色。　渠魁殲滅，　帝念疇庸。　嘆息忠壯，　俾官上公。/鈎陳警衛，　拱静宸宫。　嘉我已老，　懸車道隆。　天不慭遺，　遽沉昭代。　詠德知歸，/思賢如在。　分陝恩崇，　廢朝澤濊。　宋桓石椁，　君子既醜。　懿公元勳，　謂之不朽。/龍光及前，　燕翼宜後。　高岸爲谷，　漲溟成藪。　爰識堅貞，　藏之萬有。　/

〔簡注〕

〔一〕此誌與《唐（王伉妻）戴夫人墓誌蓋》同出。

〔二〕「七十」二字擠刻。

九二　唐故隴西郡李府君（潮）墓誌銘

〔蓋文〕

唐故李/府君墓/誌之銘

〔誌文〕

唐故隴西郡李府君墓誌銘并序〔一〕

長安沙門法穎文　/

府君李氏，隴西之枝，諱潮，字潮。祖忠、考嵩，並棄宦于世，/習古人之風，壽考林泉，稱達者也。府君踵之，事逾於前/矣。性和而平，心厚而質，處事不撓，居閑自怡，立身忠孝，/理家恩惠，朋執謙信，庭訓義方，鄉黨稱賢，宗族歸美，承/祀奠祭，兢兢勤勤，無失於時，有方於古人矣。至於徽猷事行，/節義風規，略而不書，蓋取其簡易。元和八年癸巳歲，積/禍成瘵，藥無能施，夏六月三日，歿于長安縣懷德里之/第，享年五十有七矣。於戲，有松桂之心，無龜鶴之壽，天/不可問，于嗟命夫。即以九年正月十三日，葬于長安縣/高陽原胡趙村先塋之側。前夫人車氏，貞元中先逝，蒙/府君之送終。今夫人吕氏，扶疾護喪，承府君之遺緒，哀/毁過禮，斯情亘源。嗣子賢，哭無時，食忘味，杖而方起，次/子興亦然。有二女，長適周，次適安，哀思可紀。法穎述德/刊珉，章府君之万一。銘曰：

恭惟府君，隴西之李，/弈葉流芳，簪裾降祉。德爲時英，行推仁軌，望望如山，汪汪若/水。一。恭惟府君，德茂蘭熏，如金如玉，若桂若筠。無□無仕，/□□有文，一身遺美，千載芳芬。二。於戲府君，与善何言，生/□□□，□□無門。身随逝水，名字空存，孤孀慟哭，血淚/□□。□□□□，□逐旌幡，祖考之側，高陽之原。清風白/□，□□□□，□□□□，□□□□，松柏子孫。四。　/

〔簡注〕

〔一〕此誌左行書寫。

九三　唐故將仕郎前守汾州靈石縣尉郭府君（謙）及夫人隴西郡李氏合祔墓誌銘

〔蓋文〕

大唐故/郭府君/墓誌銘

〔誌文〕

唐故將仕郎前守汾州靈石縣尉郭府君及夫人隴西郡李/氏合祔墓誌銘并序

登仕郎試太子通事舍人顧璠撰 /

嗚呼百齡，歸疾過隟，追慕不及，情如之何。哀纏孝心，若事生矣。/府君諱謙，字　，太原郡人也。曾祖　，祖　，父難及，咸以精明鑒/懸，用晦於物，學得潤己，慈和及人，寬生自怡，靡徇榮禄。知命者/性，通方者神，低昂任時，即古人之所難并也。府君即先之長子/矣。貴我以道，富之以德。外和内順，朋友孜孜。孤高潔身，施于中/政。邦家必達，聲聞載華。將期壽昌，以永昭代，何圖上靈不祐，凶/遘彼蒼，微痾暫嬰，倏尔鍾舋，於戲！以貞元三年七月十八日終/于西京之私第，春秋六十有二。以其年　月　日權殯于春明/門東郊之墅。夫人李氏，即故將仕郎試晉州趙城縣尉庭訓公/之令女也。淑德有聞，常佐明祀。弘美風教，生而知之。馨香六親/，以道軌俗。歸壽不永，芳春早亡。以興元元年五月八日寢疾，先/君而逝，享年五十有四。以其年不利安窆，權殯於河中府城東/之隅。今元和九年孟秋之月，令節在金，以其月十有六日東遷/於京師，合祔于萬年縣洪固鄉北韋村胄貴里鳳栖原創塋，礼/也。公有子二人，長曰倚，不全孝養，以貞元三年四月十三日先公而/殁。其次即將仕郎試左金吾衛胄曹參軍賜飛騎尉丕，孝於/家，忠於國，慈愛及下，周旋友朋，詩書以言，制作合礼，在職惟儉，/於公罔私，清貞去貪，廉慎潔己。哀毁過礼，縗麻若初，號天泣茹，匍/匐又起。恐時訛世古，陵谷遷移，刊石爲銘，記之於壙。其詞曰：/

令德惟賢，　鄉閭之首。　三端既備，　七德咸有。　哀哉淑女，　逝早先君。/閨帷已亡，　貞操猶聞。　歲德相應，　良辰合祔。　魂靈感慶，　愛子增慕。/玄宫載飭，　宅兆畢具。　斷續啼猿，　萋青墳樹。/

九四　唐故通議大夫尚書祠部員外郎兼太常博士上柱國扶風縣開國男京兆韋公（都賓）夫人隴西郡君李氏墓誌銘〔一〕

〔蓋文〕

隴西郡/君李氏/墓誌銘

〔誌文〕

唐故通議大夫尚書祠部員外郎兼太常博士上柱國扶風縣開國男京兆韋公/夫人隴西郡君李氏墓誌銘并叙 /

朝議郎守尚書司封郎中知　制誥翰林學士武騎尉賜緋魚袋吴興錢徽撰/

《詩三百》以關雎之什爲國風之首，明家邦之理繫於内助，而丘明之史叙敬姜之賢，/劉向之傳列孟母之德，既明且淑，代有其人。　夫人故隴西郡君李氏，　/有唐淮安王神通之後，贈青州刺史熅之孫，故辰錦都團練觀察處置等使、贈左散/騎常侍昌岠之女，清河齊氏其出也。　故尚書祠部員外郎兼太常博士扶風/縣男京兆韋公諱都賓之妻，前鳳翔節度推官、殿中侍御史、内供奉道冲之母也。幼/事父母有子道焉，嫁從夫極婦道焉，既從子盡母道焉。夫以貴富薰灼，愛慈寵育而/弗矜弗怠者鮮矣。　夫人生知禮道，天授才明，有遜接之仁，有温恭之德，故能/及此。始七歲，能諷毛公詩、戴氏禮，每至二南内，則必綢繆三復。容止可度，語言有章，/姻族識者，咸加敬異。十年而　清河郡君嬰沉痼之疾，　夫人垂涕洟，不咽哺，飼/伏於膝下，動逾旬朔。惚恍之頃，若神物有言，加郡君二三之筭者，由是驚寤，厥日有/瘳。其後六年弃養，人皆以　夫人有孝感之助也。既辰州府君悼，中饋無主，謂/夫人長女也，試宰其家。辯長幼之儀，視寒煖之節，時其衣食，均其薄厚，上下和睦，　/嚴君賴之。

時　扶風府君方介辰陽，令問充溢，於是　先府君將以禮意／申之婚姻。頃之，　先府君以疾　上請，有謫吏陳謂昧然欸謁。　夫人覘其舉趾辭説，多許而游，遽告　先君，懼其難作，趣旆啓路，先期以行。翌／日辰溪果有乱患，其精智敏識有如此者。居無何，　先府君薨，其嗣方亂，藏葬／之禮，事生之具，奉往撫存，靡不至焉。既稅哀，乃復我扶風府君之室。韋，著族／大家也。　夫人高朗惠慈，謙柔蠱裕，事上以敬，厚下以仁，俾閨門三族，愉愉衎／衎，無入而不自得焉。貞元歲，　扶風府君違禄秩，率家人耕桑漢上。　夫人躬率／組紃，奉其供給，觴酒豆肉，歲時不乏。屢合親黨，留連宴歡，賻凶遺吉，事罔違者。暨　／扶風即代，庀家及禮，歸于畢原，俾其子道冲無養生送終之恨，皆　夫人之爲也。／道冲克荷教訓，卒成其名，累辟從事。方茲顯養，何天降大戾，使不極孝子之心乎。元／和九年八月八日寢疾，亟其夕以稅衣復于鳳翔府之官舍，享年六十有五。道冲煢／煢泣血，哀護　裳帷，以其年十一月廿九日歸祔于　扶風府君先塋，禮同穴也。／夫人一男二女，長適趙郡李彬，先　夫人而終；次鳌高陽許志倫，早孀無嗣，歸／養盡孝，有古之哲婦風彩焉。道冲以予舊知，見託銘志，恭書　懿實，敢以文爲。銘曰：／

穠李枝茂，　仙潢派連，　爲婦表德，　爲母推賢，　懿茲淑問，　胡不永年。／莫莫寒原，　悠悠白日，　下有佳城，　韋公之室。　一祔玄扃，　千秋事畢。／

再從侄攝右街使判官致遐書　／

〔簡注〕

〔一〕此誌與《唐故通議大夫檢校尚書祠部員外郎兼太常博士上柱國扶風縣開國男京兆韋公（都賓）墓誌銘》同出。

九五　唐故右神策軍正將奉天定難功臣銀青光禄大夫檢校太子詹事上柱國清河郡張府（明俊）君墓誌銘

〔蓋文〕

大唐故／張府君／墓誌銘

〔誌文〕

唐故右神策軍正將奉天定難功臣銀青光禄大夫檢／校太子詹事上柱國清河郡張府君墓誌銘并序　／

鄉貢進士張洎撰　／

公諱明俊，其先清河人也。系族恭懿，家諜詳焉，略而不書，貴／貴之義也。　曾祖諱簡，高道不仕，　祖諱準，　父諱從一，皆／碩德貞諒，包人〔仁〕好義，賤視榮寵，性合希微。則府君武氣神／資，英風天殖，懷濟危之惠，有必克之心。知五貴而不虧，於九／思而每慮。雅好禪寂，夙奉真宗，深入妙門，默傳法印。動必合／禮，義不苟容，素抱忠良，夙懷雄勇。將爲雲松永翠，積善保存，／豈期靈裁随衆木而摧，哲人逐波汎而逝。嗚呼痛哉！以元和／十一年七月十四日遘疾，終于長安醴泉里之私第，享齡七／十有一。金骨歸地，留〔流〕星隕天，悲風慘空，啼鳥喧噪。遂龜筮叶／吉，擇以明年二月十九日葬于城西龍首原，祔先塋之禮也。／令弟諱壽，痛心疾首，迸淚如雨，人〔仁〕孝自天，哀苦逾制。有子四／人：長曰懷安，次曰懷德，季曰懷恩，幼曰懷英，茹荼號慟，泣血／訴天。見者哀之感傷，聞者謂之殞淚。夫人左氏，姓〔性〕禀柔和，天／生令質，撫育孤下，動合母儀。姪懷義，右神策軍正將、銀青光／禄大夫、檢校太子詹事、上柱國，中〔忠〕孝兩全，執心無二，同理喪／事，稱家有無。恐年代推變，陵谷遷移，故刊琬琰，以誌玄門。/其銘曰：

猗歟府君，孝友資身。壞〔瓌〕奇秀朗，美質清真。雄勇堂堂，神精/氣爽。名播四方，周行人樣。家承積善，壽冀延長。天乎不惠，喪/我賢良。松風切切，月色蒼蒼。遐迩有逝，德音不忘。/

九六　唐前監察韋公故高氏墓誌銘

〔蓋文〕

大唐故/高氏墓/誌銘序

〔誌文〕

大唐前監察韋公故高氏墓誌銘并序/

前監察御史裏行韋廙撰/

有唐元和十二年二月廿九日，高氏歿於長安親仁里之私第，/生廿七年矣，實可痛哉！其先代曉音律，世服朱紫。有親姊三人，/皆藝皃〔貌〕絶代。長姊歌啟齒而梁塵暗落，次姊指拂絃而秦聲動/天，並爲　君命所求，歿身怨非吾偶。第三姊復因公主抑奏，今/寵貴無比。　上欲製置新曲，必先錯綜於其箏。唯此姊与兄三/人同出於李氏，其母嘗歎三女拘限宮禁，每仲夏之朔方遂一/面。況小女孤幼，倍所鍾愛，變易姓氏，養於他族。而天假艶麗之/質，生知絲竹之音，凡樂有經耳之聲，我箏必隨而盡得。密親聽/其清響妙絶，知酷似同母之姊矣。女工妓巧，樣出於心，新眉愁/嚬，鬟藂於頂。年十六從于韋，雖非正禮，嘗主中饋，無威以制，律/己服之。頃韋於荊楚滯留，黔南從事，中閒蹔會，復又南行，相繼/五年，託以家事。韋之兒女互染重疾，躬親藥物，口嘗手授，適其/寒燠，皆遂痊平。□年冬中，韋方旋反，如〔而〕新知之樂，每聯步以遊。/纔經周歲有餘，未報辛勤之節，正月中而遘疾，二月終而奄謝。/母及第二兄同執藥餌，名醫術士，無所施力。有行一紀，而無其/子，遠長往矣，可不哀哉！以其年三月廿五日窆于長安縣義陽/鄉任賈村韋莊之西北。恐陵谷之變，故勒石以紀。銘曰：/

柔而幹，麗而聰，秋之翠，春之紅。三星耀兮人去室，九原歸兮花/辭風。廿七兮壽太促，十二年兮歡遽終。神福善兮言何謬，奠無/主兮事如空。帝城南兮，故園之西北；臨穴一慟兮，路人爲/悲塞。/

九七　唐故宗正寺德明興聖廟令馮府君（元悰）銘

〔蓋文〕

大唐故/馮府君/墓誌銘

〔誌文〕

唐故宗正寺　德明興聖廟令馮府君銘并序　/

弟將仕郎前守饒州餘干縣尉少連述　/

唐故宗正寺　德明興聖廟令　/府君望長樂也，諱元倞，字宗本。曾祖昶，　皇任右衛左司戈；祖珍，/皇任朗州司户參軍。父唐渭，　皇任陝州大都督府户/曹參軍。　/府君即長子也。稟性閑雅，德美在躬，少習詩禮，懃於稽學。以弱冠爲/儒，鄉薦赴舉，明經擢第，選授文林郎、宗正寺　惠文太子陵令，次任/德明興聖廟令。冀其襲慶永遠，將保棣萼長年，何圖嬰縈疾苦，變成/羸弱之疾，醫藥無減，歸于泉壤。上天不吊，痛切哀懷。以元和十二年/十月十七日終于萬年縣務本里之私第。以其年十二月五日歸葬/於萬年縣崇道鄉李姚村，祔　/先塋之後，於于氏娌〔嫂〕之同塋，禮也。于氏娌序述自有幽石録記，不復重載。/府君又娶河南獨孤氏。曾祖挺，皇任洋州刺史；祖演，　/皇任侍御史；父崟，前任右神武軍倉曹參軍之女也。外祖妣　/皇堂老姑，故河閒縣主，枝連　戚里，族莫盛焉。嗚呼！　/府君神質迥然，風標肅爽，内和外順，施惠及人。孝以奉　上，慈以/恤下，恭以合禮，儉以得中。何昊天之不祐，殲我賢良。以其月十七日/終，春秋卌有五。嗚呼！孤室慟泣，哀毀過傷。兒女摧割肝心，聲連穹蒼。/少連同氣酸楚，序述哀摧。有子一人，年尚幼稚，未立名稱，字曰絪郎，/保家克孝，實莫大焉。卜宅　安厝白鹿之原。慮年代推移，溪谷成田，/琢石立銘，以彰後賢。銘曰：　/

惜矣賢哲，　仁德歸厚。　上天不祐，　奄兹凶遘。　/霜風蕭索，　薤歌悲切。　松檟蒼翠，　堅貞比節。　/墜玉沉泉，　幽門永訣。　孀妻慟泣，　嗣子號噎。　/墳土已成，　魂歸此穴。　慶流後胤，　福備不絶。　/

外舅朝請郎前行右神武軍倉曹參軍獨孤崟山輝書/

文林郎試左内率府兵曹參軍宋悦刻字　/

〔簡注〕

德明興聖廟，《長安志》卷十修德坊條：德明興聖廟。《禮閣新儀》曰天寶二載建在安化門内道西。貞元十九年祔獻祖、懿祖神主於廟。

九八　唐故江陵府功曹汝南周君（諲）墓誌銘

〔誌文〕

唐故江陵府功曹汝南周君墓誌銘并序　/

文林郎前試太常寺協律郎李紹宗撰　/

君周姓，諲諱，敬字。卜世其下，汝墳侯/秀之裔。曾大父元則，不仕；大父君思，/試德州長史；王考公琰，試壽州别駕。/君嘗應進士貢，志不之就。爲成德軍/節度王士真知，薦授趙州昭慶尉。次/掾宣鄭，皆司士事。又以選轉暨于江/陵。君之藝曰文，而文有其實；君之德/曰謙，而謙有其光。噫！天不與齡，命也窒否，/竟鬱鬱卑秩而無所遂。元和十/二年，年六十六，以疾十二月十六日/卒于安定里私第。其明年正月遂葬/于國南門之畢原。君夫人渤海高氏，/即紹宗之姑子。子二，曰傛、曰俛。卜兆/既定，謀宜有銘。親之知者，其紹宗歟？矧嘗辱厚，得不誌之。詞曰：/

卜年之下，汝墳其裔。累侯累公，光翼/前世。以及于君，行美于人。噫！鬱鬱没/世而不一伸，竟何尤哉！竟何尤哉！天/不言而壽不與仁。/

九九　唐故江陵府司録參軍韋府君（鋏）墓誌銘

〔誌文〕

唐故江陵府司録參軍韋府君墓誌銘并序 /

朝議郎前行華州華陰縣令柳澗撰 /

蟬聯簪組，煒〔輝〕爀史諜，繩繩今古，間或毗于王，或帥于藩，其不絶於/世者，時推韋氏之鼎族焉。公諱鋏，字利用，其京兆人也。随〔隋〕尚書/令、鄖國公之六世孫，曾祖皇昭陵令、贈太府少卿諱才絢，大父皇/華州鄭縣令諱嬰，烈考皇黔府觀察使、秘書少監諱士文。於戲，華/冑慶盛，欽若德門。公奉詩書之教，秉珪璋之姿，學以潤身，介而/立節。始以門蔭千牛備身， 勅拜金吾衛冑曹參軍。罷，調補鄭州/滎陽縣令，尋换潤州上元縣令。少而筮仕，有長民〔一〕之才，以滎陽之/政教、上元之惠化，勤儉肥俗，終始一貫，而動能順時，不由苟進。俄/授江陵府司録參軍。外臺紀綱，會府郵劇。公析煩綰條，操刀必/割，批窾砉節，投刃皆虛。後袟〔秩〕滿休閑，静居安道，良志未遇，沉痾内/攻。以元和十四年七月十四日終于鄧州穰城里之私第，享年六/十。前娶隴西李氏，衡州參軍倜之女也；後娶河東裴氏，大理評事/翦之女也。茂族令儀，渕〔淵〕懿内範，不幸偕先 公之厭家，嗚呼哀哉。/有子四人，女子子二人。長曰太，前虢州參軍；次曰郁、曰翃，偕孝友/天至，畢大家門，號奉裳帷，毁深創鉅。幼子及二女子孩抱呱呱，哀/感天性，棘心柴皃〔貌〕，同奉以時。卜用元和十五年閏正月廿九日，歸/窆于萬年縣洪固鄉畢原先塋，禮也。以 公之宗祖，功特於時，道/敷于俗。降及 公之惠化黎甿，愍〔二〕仁鰥寡之德，宜碩其位，眉其壽。/嗚呼！報施之道，乖盭難質，奄忽長逝，天神何知。澗即 公之表□，/重以姻好，備詳世德，誌之玄礎。銘曰：/

大夜昏昏，　泉臺冥冥。　形骨下歸，　精魄上征。　變化□□ /　子孫明靈。　以似以續，　世載其貞。　刊石以紀，　万□□□ /

〔簡注〕

〔一〕民字缺末筆避諱。

〔二〕愍字缺筆避諱。

一〇〇 唐韋氏殤子（訪）墓誌銘

〔誌文〕

韋氏殤子墓誌銘并序 /

殤子名訪， 皇馮翊縣令諱□□□□□/□氏之出，生十二年矣。以元和□□□□□/□夭於懷遠里外家之私弟〔第〕生□□□□/□□ 尊親傍及昆第〔弟〕愛敬之專至□/重之等倫得之天機。其行也不失其序。/六歲學讀書，習《孝經》《論語》《尚書》《禮記》。動/則脩業，息焉端居，不爲童稚之戲。嗚呼！/性則如是矣。俾天假之壽，鼓而動之，何遠/不屆哉！若是而夭，何痛及矣！棺衣既具，以/二月 日葬于萬年縣洪固鄉之原。族/兄温乃刻石誌其墓曰： /

生之聰異，降此温和。宜俾盛大，兹焉夭/瘥。天乎不言，曾是謂何。嗚呼哀哉！ /

一〇一 唐江陵府功曹參軍周府君諲夫人（高氏）墓誌銘

〔誌文〕

故江陵府功曹周府君諲夫人墓誌銘并序 /

鄉貢進士李潯 撰/

唐寶曆元年三月三日，有周氏夫人享/年四十八，病終長安休祥里私第。以是/月十日合葬于畢原 周府君之舊/塋。隴西子李潯以内姊親，復嘗受厚於/周門，敬祇靈心，敢誌之曰： 夫人高姓。/皇祖惠，坊州別駕； 皇考隣，武功縣/尉。姿茂神柔，幼而端戒。笄歸于周，生知/婦道，善撫事夫族，尊卑戚至，孀而履，必/有規，古所謂得禮於閨門者矣。有男二/，曰僅、曰傛。僅尉隨滿，寄未告；傛則在疚。/有女一，適吕氏，子崇、襲。吕勤于妻道，咸/佐喪事。潯也揣名未成，貧無以爲奠。代/奠以文，式酬曩惠。銘云： /

泉杳杳兮魂茫茫，慟兹往兮往何長。古/与今兮歸盡之鄉，蘭早零兮徒昵愛之/悲傷。 /

一〇二 唐朝議郎行鴻臚寺主簿吴興沈中庸故夫人梁郡喬氏（素）墓誌銘

〔蓋文〕

大唐故/喬夫人/墓誌銘

〔誌文〕

大唐朝議郎行鴻臚寺主簿吳興沈中庸故夫人梁郡喬氏/墓誌銘并序

中庸字知止自述兼書/

夫人梁郡人，姓喬，諱素。第十八，即 使君之長女也。 皇/考弁，登進士科，久佐戎府，歷官至巴州刺史。文學進身，志氣/超遠，虛懷信厚，識略精詳，領郡美哉，其所理也。 親范陽縣/君盧氏，大族之家，從夫而貴。兄孟雍，前 景陵挽郎。次妹諱/柔之，出適高氏，有文華，能刀札，令淑賢和，四德昭著。嗚呼哀哉，俄/尒之間不隔兩旬，殞後因疾，先逝於姊。幼妹出適成家。夫人稟/靈於積秀之源，成性於流光之教。年初四歲，好諷詩書。及成人，/九流百家靡不貫穿。善屬文，能筆札，皆爲妙絶，其芬芳之□華，窈窕之淑茂，刀尺之工妙，蘋藻之敬恭，由於性能，皆究其/極。年初十五，遂擇二性〔姓〕，託于吳興沈氏長男曰中庸，不揆匪薄之/才，遂諧琴瑟，得爲配焉。本期南山等壽，東岳長生，誰謂因/孕育未分之間，何期上天降灾，奄同逝水。嗚呼哀哉！倏忽之間，/永訣斯慟。以寶曆二年四月卅日終於平康里之私第，享年廿二。以其年五月廿三日卜葬于京兆府萬年縣洪固鄉李永村鳳栖原/先塋西面，買李興□地建塋，禮也。有一子二女，皆童兆之年。哀哀孝思，偏露不堪其苦。夫妻之義八載，豈意齊眉先缺。今窀/穸有期，祖奠將設，嗚呼哀哉！賢而不壽，流涕自叙其事，以紀貞石。銘曰：/

夫人喬氏十八娘子兮，德義早傳。外和内敏兮，操行弥堅。念兒女慈兮，踰/於孟母。爲人之婦兮，宛若事天。令儒之女，自天而賢。幽泉一閇，永隔千/年。有仁有義，悲哉永傳。/

一〇三　唐故陳公（嗣通）夫人王氏墓誌銘

〔蓋文〕

唐故陳/公夫人/□□□

〔誌文〕

大唐故陳公夫人墓誌銘并序 /

徵仕郎行太常寺太卜署正喬玄貞撰/

夫人王氏，其先太原人也。出適陳氏， 公諱嗣通，/字嗣通，其先潁川人也。 公因國之難，遂別業河/朔於鎮州真定縣。 夫人令儀内則，天資是然。曹/氏之禮，幼而克專。如何天降其禍，灾臻淑人，以寶曆/二年五月廿八日寢疾，終于京兆府萬年縣宣陽里/之私弟〔第〕。 夫人享年七十七，有兒女六人。長曰榮，/前試右衛平州盧龍府別將、員外置同正員，兼鎮州/節度副將，後遷鳳翔，不易前職。幼而好學，有孝有忠。/次曰華，季曰□，幼曰建。女二人。長生而好善，幼歸道/門；次笄年有節，廿適自王氏。有孫二人，一女一男，即/榮之子也。幼而偏罰，祖婆恩育，遂排己子之位，服重/哭泣，痛加常倫。 公先没，權葬於鎮州真定縣寿/陽之原也。爲年月未便，道路艱阻，遷袝未遂，實哀人/子之心焉。以其年景午七月一日景寅，卜兆於京兆/府萬年縣洪古鄉王岳村東北一里之原，禮也。恐陵/谷有變，刊銘斯石。其詞曰：

天何不明，　神何無靈。/殃殃淑德，　俄歸泉冥。　悠悠丹旐，　出引都城。/玄堂永閇，　松悲風聲。

將仕郎試濠州司馬李建□/

一〇四　唐故德明廟令長樂馮府君（元倞）夫人河南獨孤氏（婉）墓誌銘

〔蓋文〕

唐故獨/孤氏夫/人墓誌

〔誌文〕

唐故　德明廟令長樂馮府君夫人河南獨孤氏墓誌銘并序/

前鄉貢進士盧匡撰　/

再從姪前試右衛兵曹參軍叶書　/

夫人諱婉，字柔謙，其先本劉氏，前漢中山静王勝之後。遠祖有以軍功顯者，/故得統帥漢兵北逐匈奴。嘗以失利陷没，後復得与諸姓相保，因頓壘于獨/孤山，始姓獨孤焉。忠勇既雪於漢時，餘慶遂傳於後代，家聲之美，於斯爲盛。/八代　祖信，爲魏右僕射，作周大司馬、雍州牧、尚書令，名冠兩朝，光揚/二代。故　我唐追其芳烈，以崇褒表，追贈梁王，乃封趙，謚景，時稱爲趙/景公。公有女九人，三女以天人之姿皆爲國母，六女以人倫絶色亦配貴臣。/夫人以延襲餘美，懿麗光茂。自後有女之家，不得獨孤氏比者，皆以爲羞焉。/七代祖藏，皇任金州刺史。金州生　六代祖脩本，皇任春官尚書。春官/生　五代祖機，皇任岐州刺史。岐州生　高祖訥，皇任桂府觀察。/桂府生　曾祖挺，皇任洋州刺史。洋州生　大父演，皇任東臺侍/御史。東臺生　父崟，前任襄州穀城縣令。穀城承閥閱之盛，軒冕之榮，/以謹厚自持，潔廉自守，恭儉約己，孝愛導人。是以夫人奉承嚴訓，淑慎柔佳。/閨壼之則内光，嫓婉之容外美。既笄，歸于長樂馮府君諱元倞。府君亦兩漢/之盛族，野王大樹將軍之緒胤也，官爲　德明廟令。　夫人辝〔辭〕家而　/婦德克修，移天而子道無替。不幸馮君早逝，　夫人以孀孑歸宗。雖懷半死/之哀，不易問安之道，奉養之孝，無所闕然。春蘭之麗，已毁於芳時；舜華之姿，/遂改於蓬首。祐善有道，猶謂保年，風燭遽同，奄忽殂落。寶曆元年十月十二/日遘疾，終于萬年縣安邑里第。以寶曆二年十月二十七日祔于京兆府萬/年縣崇道鄉李姚村馮氏之塋，禮也。　夫人有子二人：男曰因因，女曰團團，/男兒十六，女年六歲。呱呱在疚，有若成人。皆穀城親自撫育，率同己子。穀城/以痛念之苦，恐　夫人懿德美行殁而無稱，故必求有文之士以爲潤飾。余/雖淺於文者，但以穀城惠然見託，又以穀城樂賢重義，有特達心，余是以不/敢阻其厚意，爲之銘云：

族茂軒裳，枝分　帝胄，英英景公，慶延/于後。美鍾穀城，　夫人乃生，天姿妍惠，外秀中明。淑德含道，儀令克成，歸于/馮君，蹈敬體仁。馮禄何薄，一命殞身，殃不及善，曷喪　夫人。嗚呼！秀而無實，/穠華飄忽。窀穸是期，卜宅惟吉。勒石泉壤，垂芳不没，于嗟　夫人，同穴此室。/

一〇五　唐故朝請大夫翼王府長史充左街副使雁門田府君（鉷）墓誌銘

〔蓋文〕

大唐故/田府君/墓誌銘

〔誌文〕

唐故朝請大夫翼王府長史充左街副使雁門田府君墓誌銘并序 /

振武節度參謀朝議郎試大理評事上柱國皇甫權譔 /

田氏之先，其來尚矣。封薛而權傾天下，王齊□恩洽島中，青史則丞相/顯榮，鴻儒則王孫獨步。晉魏已降，圖牒昭彰，代有忠賢，翊贊昌運，長派/遠裔，薰灼至今。公諱鉷，字公異，其先并州雁門人也。 曾祖哲，皇朝議/郎，守□□別駕，名振燕趙，福□□□。 祖豐，皇朝請大夫，試太子家令，/紹題輿之風烈，正青宮之羽儀，与□翱翔，動爲程式。 王父廣，皇朝散/大夫，守殿中省尚衣奉御，清廉視事，忠孝傳家，雍容 朝行，休問昭著。/慶鍾後裔，德必有隣。公即奉御府君第二子也，藴積和粹，風神竦然。幼/而强學，長而剋己。節操稱於宗族，行義播於交遊。高標不群，弱齡特立，/俯拾青紫，咫尺煙霄。初以門蔭授宣州旌德縣尉。誠信率下，勤恪奉公，/連城佐寮，慕爲準則。尋轉閬州司倉參軍。輝光六聯，流羨万庾，攻異端/以直道，折疑獄以片言，金紫指期，爪牙是務。俄遷左衛親府右郎將。鷹/揚雲路，驥騁 天衢。又改左金吾衛翊府中郎將。既而才業兼茂，功績/彰明，名達 天聰，聲傳 台席。除翼王府長史，充左街副使。官榮/藩邸，職貳徼巡，藴上將之雄謀，懷清邊之遠略。騰趠日域，高揖輩流，鍾/鼎勳勞，卷舒在我。嗚呼！長途未半，大運俄殲，禍福之端，茫昧何究。以大/和元年七月三日終于長安永興里之私第，享年卌有八。公連枝表慶，/棣萼重芳，雍雍四賢，榮耀當代。嗣子載，遵奉遺訓，居喪有聞，成人之風，/著於親愛，冠年筮仕，三寺推先。奉叔唐州司馬鑄之命，用龜筮之吉，以/大和二年二月十日葬於京兆府萬年縣洪固鄉之畢原。司馬以權秉/筆之士，請爲紀述。其銘曰：/

赫赫田氏，代爲賢豪，并汾之右，節義相高。其一。穆穆府君，幼而歧嶷，瓊英/讓潔，朱絲謝直。其二。清時策名，克紹家聲，鷹鸇有用，騏驥無程。其三。曄曄四/彥，榮冠姻族，雁序翔鳴，鴒原雍穆。其四。神既冥昧，天何言哉，寂寞靈室，蒼/涼夜臺。其五。埋玉他山，藏舟巨壑，畢原松檟，精魂永託。其六。/

徵事郎守果州南充縣令丘景玄書 /

一〇六　唐故駱府君（明珣）墓誌銘

〔蓋文〕

大唐故/駱府君/墓誌銘

〔誌文〕

大唐故駱府君墓誌銘并序　/

將仕郎試左衛兵曹參軍郭瓊撰　/

有唐故興元元從、中散大夫、守内侍省内給事、員外置同正員、上柱國、賜緋魚/袋駱公諱明珣，其本會稽人也。保姓受氏，斯爲濬源，茂閥華宗，克昌來裔。祖、曾/官秩，具在家諜，以其文繁，略而不載。父奉仙，特進、右驍衛大將軍、知内侍省事、/上柱國、江國公、食邑三千户，誠竭邦家，捍禦多寇，勳書策府，盛績咸聞。公即江/國之嗣子也。積善依仁，懷忠踐義，爰從弱冠，入侍　彤闈。興元中，逆率乱常，/上西避敵，鑾輿順動，巡狩巴梁。公扈蹕載馳，心懸捧　日。洎　王綱反正，/恩獎稠疊，游泳　皇澤，休聲蔚尒。貞元二十年，錫其朱綬，任華清宮使。經/三歲，課效彰聞，　憲宗以統領禁戎，畿甸稱最，精選名望，公其當焉，改東渭/橋監軍。撫士有卧轍之愛，訓戎無覆餗之憂，殷若長城，森如矛戟。星移二十，　/朝易六君，僉謂忠賢，仗以心膂，盡力　王室，瘁而患生。未及辭榮，遘疾官/次，尋醫　闕下，養志家庭。藥石無功，短景難駐。以大和元年十二月十九日/告終于廣化里之私第，享齡七十有七。於戲！運之數絶，時何能留；燭之焰銷，膏/豈云補。即以大和二年十一月二十日，卜葬於京兆府萬年縣長樂鄉張壽里，/安其神，禮也。公之大塋次東十里，以其松檟四傍，土隘形陋，年辰不利，龜筮不/襲，改擇新塋，以從叶吉。公之夫人南安焦氏，蘊嘉柔之姿，執貞順之操。霜凋蘭/葉，風翦桂枝，早公六歲而亡，比權窆焉，今則祔矣。繼夫人弘農楊氏，令淑傳芳，/端莊播美，守君子温雅之節，成宗黨雍和之道。日月雖至，仁且無虧，晝哭于庭，/棘心蓬首。長子曰朝寬，内侍省奚官局令、賜緋魚袋、充飛龍副使，質厚深沉，襟/懷坦蕩，事親孝著，交友信行；次子曰朝幹，立身嚴慤，秉志居忠，職在　/丹墀，名參黄綬，並皆泣護帷裳，動循典禮，紹修前業，不墜遺風。今以玄車既駕，青烏告期，言從窀穸，慮變陵谷，遂命紀其年代，書其馨香。顧昧涉文，實慙虚曠，/空傳梗槩，盛美難疇。銘曰：　/

唐之棟樑兮，匡護中夏；撫鎮渭濱兮，威清原野。功高　扈蹕兮，萬古傳□/；德布戎旅兮，三軍慕化。天不福善兮，殲其良人；地受靈貺兮，奄兹大夜。松門□密兮，秦晉同歸；風月凄清兮，鴛鸞並駕。悲夫悲夫！世皆有謝。　/

一〇七　唐故宗正寺德明興聖廟令長樂馮府君（元悰）改葬誌

〔蓋文〕

大唐故/馮府君/墓誌銘

〔誌文〕

大唐故宗正寺　德明興聖廟令長樂馮府君/改葬誌　/

宗正寺　德明興聖廟令府君，以元和十二年十二/月　五　日葬於其　/先人陝府户曹府君塋西北百步。後九年，其　夫人河/南獨孤氏卒，葬於其地，同兆異穴，盖權也。　府君無/子，以是　夫人獨孤氏逮今不克合祔于　府君塋。/其季弟敦穆，叵爲令善，傷其兄之無後，又以其娌〔嫂〕不/合祔於　府君塋爲恨。即求爲官。既而調授鄧州司/功掾，得俸錢二十萬，即馳馬來京師，召宗族鄉里老/人告曰：　吾兄早死，又無兒可以主祭。今日之事正/當屬於吾。今儀物已具，果遂吾志，將以合葬　/吾兄㛹於故地，庶成無恨矣。然祝告不良，如何？即當/遷，宜無害焉。乃以大和九年十一月十九日徙柩于/故兆西南百步，以　夫人獨孤氏祔焉。　府君家世/具如故誌，此文記遷，可略也。大和九年十一月十九/日，從姪進士顓記。　/

姪男韞書　/

潘儼刻字　/

一〇八　唐守太府寺丞分司東都韋師素故夫人博陵崔氏墓誌銘

〔蓋文〕

故夫人/博陵崔/氏墓誌

〔誌文〕

唐守太府寺丞分司東都韋師素　/故夫人博陵崔氏墓誌銘　/

將仕郎前試左武衛兵曹參軍韋同撰　/

夫人崔氏，博陵第五房。曾祖仙童，皇京兆府士曹、太子司議郎；/祖幼簡，　皇進士及第、殿中侍御史、賜緋魚袋；/父珣，　皇河南府永/寧縣丞。鼎族之大，世業公侯，軒冕聯綿，千歲不絶，當朝而重，赫赫/弈弈焉。夫人即丞公之長女也。夫人四德既備，孝敬美全，肅庸鏘/鏘，咸和睦睦，年及初笄，歸于　我宗門之族，配匹君子，琴瑟既諧，/和鳴有序，理家整齊，孰敢不正。及乎夫丞　舅命，授官從職，支離/一方，不得盡其色養。常悒結心腑，去歲喜　舅改官東府，尹葦王/畿，此時得行乎婦道，問安寢膳，晨昏之儀，益乎庄敬。尚未歲周，崔氏俄有崩祸。夫人凶絻未訃，家信不通，孝本因心，憂灼纏綿，寤寐/之間，神理彰異，奄忽淪亡。嗟乎蕣英，朝啓輝艷，始乎陽春，風燭不/留，黐悲代謝。開成四年己未歲正月廿一日，没于尊賢里之私第，/享年廿九。有子三人，有女三人，嗣子一人，嗣女三人。嗣女適江陵/府參軍李中立。子女皆幼稚，不勝其喪服，呱呱哀哀，襁褓號啼，孰/不悽惻，聞者亦悲。其年二月癸丑朔八日歸祔于上京萬年畢原　/先塋之禮也。悲夫，異室之義，期乎偕老。痛一劍之先沉，惜鋒芒之/巨缺，良人之自護。望日西轅，旅櫬飄飄，歸魂千里，庭宇狼藉。閨門/静寮，明鏡塵埃，繐幃風掃，玄門一閇，終天不開，紀石蒼苔，屢乎海/變。其銘曰：　/

夭夭桃蕣，　灼灼青春。　貞松難比，　孟母爲隣。　婦德四備，/迎歸百兩。　畢以和睦，　孝忠事上。　和鳴鏘鏘，　恭謙敬讓。/奄忽淪没，　音容不忘。　幽途永隔，　冥寞茫茫。　幼稚嗚咽，/歸魂舊鄉。　月弔夜臺，　松柏蒼蒼。　貞石永鎮，　終閇玄堂。　/

一〇九　唐故銀青光禄大夫行内侍省内侍員外置同正員上柱國武威縣開國子食邑五百户賜紫金魚袋段公（嘉貞）墓誌銘

〔蓋文〕

大唐故/内侍段/公墓誌

〔誌文〕

故銀青光禄大夫行内侍省内侍員外置同正員上柱國武威縣開國子食邑五百户賜紫金魚袋段公墓誌銘并序　/

奉義郎前晉州霍邑縣令王肇撰

將仕郎試鄭州新鄭縣尉王克禮書　/

段氏之先曰干木，文行恢博，道德昭著，言可以成典憲，計可以濟群生，鸞鳳宜翔于青雲，/松篁不雜於眾木，名日日而茂，聲日日而芳。驪珠鏌干，其價益重，因隐于魏。是以文侯軾/廬而師焉，向使眇小丈夫，安得數千乘之主親造其門，執弟子之禮。干木即段之遠祖也。/公諱嘉貞，字從方。父明秀，倜儻奇才，當乾元、大曆之際，封豕噴毒，長虵吐威，煙塵蔽天，戈/甲滿地，數以秘計潛滋　代宗，所以破滅兇渠，實賴謀畫。積功累德，至于常侍，貂/蟬弈葉，貴盛當時。　/公即其長子也。門蔭入仕，便主重權。清規立身，正直守節。　/天子褒異，緑裳朱黻，相次而榮。歷鷹坊而經于鷄局，惣〔總〕　西内而使于　華清。靡不竭/盡丹心，罄厥素抱，儼肅行義，不顧脂膏，數曹寮屬，詎敢惕息。　敬宗知其才略，遷于/天德，惠霑部伍，威壓戎夷，塞門之人，靡不愛悦。歲滿赴　闕，自内坊復護戎于福建。郡縣/禀命，遠近趍〔趨〕風，閭閻賴其仁和，軍旅樂其介潔。廉使敬憚，不敢爲非者，乃畏　公之清/静不擾故也。　君子識止足之分。開成間懇請致仕，然徇其志，琴酒自娱，詩書自樂。在位/官重者，每有疑事，皆諮詢焉。擇善地而先修其馬獵〔鬣〕，植松檟已拱於龍崗。以七月十八日/遘疾薨于大寧里之私第。　夫人吴氏，尋乃即世。軒冕華族，有令弟兄，名籍馨香，縻于/要位。嗣子歸文，瓊林副使、正議大夫、上柱國、武威縣開國男、賜緋魚袋，封邑承家，弓裘益/振，功名恒〔烜〕赫，眾所具瞻。一昨監水運之日，適當玁虜犯塞，盜發并州。布置軍儲，無毫髮之/闕。凡所謀畫，皆正議之心。其功不爲細矣，因拜瓊林。且此二司皆鞅掌膏腴之地，而能目/不覩非道之金玉，門不容非道之珠玕，卓然自高，身不污染。雖古之垂名峻節之士，亦不/及矣。抱鵷鸞之雅態，得　威鳳之奇毛，碧霄前程，騫翥非晚。自鍾　禍釁，泣血號天，高柴/之孝思，曾參之敬養，無以方比。竭罄家産，營辦窀穸。紀　德叙　勳，百無一闕，識者歎賞：段/氏有孝行賢良之胤矣。次子歸德，武藝絶倫，忠謹克著，官至翊衛中郎將。幼子歸信，累拜常/侍，道合千年之　聖，名膺五百之賢。風雲姿容，鵰鶚氣概。不幸短命，物故下泉，存讓/行遵，行達行己。措理端肅，褎然不雜，琴格清傳於叔夜，筆蹤健得於羲之。可謂雅雅兟兟/矣。皆禀順　父伯之訓，共崇　先遠之期。以十月十一日葬於萬年縣崇道里之東崗，禮也〔一〕。/大夫知肇，文華進身，託纂盛美，銘曰：　/

武威之國，　世産令德。　爰及於　公，聲價揚弈。　有節有義，　有典有則。　弱冠之年，/便居右職。　青雲立而竭情，　丹禁趍〔趨〕而盡力。　六朝供奉，六聖偏識。　以道直而賜金，/以言忠而寵帛。　恩光稠疊，　爲其心赤。　御宴有時，　獨預其席。　班位益榮，　謙敬益生。/超然富貴，　藹然芳名。　外則玉立，内乃冰清。　坦蕩無欲，　雅澹無營。　達士知退，/誡其滿盈。　累表陳乞，　願歸私室。　帝許其誠，　仍將華秩。　樂道全真，　保怡其身。/五柳莫比，　二踈與隣。　静尋跡履，　諒古之人。　寧期蹔嬰小疾，　奄忽大夜。　舟檝湮沉，/松椿摧謝。　淑哲云亡，　朝端共訝。　嗣子攀擗，　親戚涕洟。　良辰是卜，　宅兆俄

期。/轜車適路，　曉輓摇悲。　白鹿之原，　碧山之前。　万古千秋，　墳兮慘然。　嗚呼哀哉！/

〔簡注〕

〔一〕誌文未署下葬年代，據前文「開成間懇請致仕」，權系年於開成某年。

一一〇　唐故京兆府兵曹參軍韋公（文度）墓誌銘

〔誌文〕

唐故京兆府兵曹參軍韋公墓誌銘并序　/

京兆王戡撰　/

公諱文度，字詞彬。其來出豕韋，商周秦漢魏迄隋唐，代皆朱軒赤/紱之貴。唯公父卒上元尉，公少孤，雖幼而□無兄弟，孝以侍親，/下氣怡色，動無違敬。以先　祖蔭補海陵尉，以慮扶持之勞，/不赴所任。明年，夫人薨，公毁瘠殆不可支。既終喪日，我繼世滅，/身反不孝，遂復人事。再選授國子四門助教，轉閿鄉丞。公幹事/辨物，有治人之術。時有舍人賈公，以净眼視公，謂曰瑚璉之器、/剸犀之刃焉。大和二年，授京兆興平丞。八年，轉詹府司直。九年，/賈公相國，命爲殿中内供奉，委户部江西院。以清直奉職，出入/貨財，錙銖無差。時連帥羅公重之，特鷹〔薦〕於　朝。明年，爲京兆/府兵曹。其歲冬，鷹〔薦〕前秘省正字李濟貢三史科，停任。又明年，再/掾神州不詭於猾俗者，又遭不肖人譖於　朝，奏罷所任。遂/復茂陵之業。公春秋五十有六，娶戡長姊，盡如賓之敬。生子四/人：嗣子，前湖州長城主簿；次子，窮一經，究輔嗣之易；次子，舉進/士。二女小。公□疾啓手啓足，命子曰：古人有言，用死爲歸。吾得/善終，曷感其□尓。家貧，宅穸之事從儉，殮以時衾，祔以周身之/棺，無違命。會昌四年閏七月廿一日，薨于北牖。以會昌六年丙/寅歲二月十九日，葬于萬年縣洪固鄉韋曲胄貴里先　夫人/塋之西。諸□□□請銘於余，余遂述焉。銘曰：　/

公禀氣而，　英哲文明。　厥德具完，厥事咸貞。　/其賢若斯，　其壽宜久。　昊天既昭，　胡寧不祐。　/

一一一　唐故朝議郎行潭州都督府法曹參軍充度支勾官上柱國清河張府君（惟鋒）墓誌銘

〔蓋文〕

大唐故/清河張/君墓誌

〔誌文〕

唐故朝議郎行潭州都督府法曹參軍充度支勾官上柱國清河/張府君墓誌銘并序

登仕郎前行唐州桐柏縣尉王儒撰/

府君諱惟鋒，字惟鋒，姓本清河，派分商州商洛縣。今因官爲京兆/萬年人也。　曾祖諱通進，　皇任均州司馬；　祖諱元縱，　皇任/澧州司户參軍；　父諱海清，皇任朗州武陵縣尉。府君即武陵/之第二子也，幼而聰敏，識度弘深，長有全才，機略天授。開成四年，/以府君材可幹務，理識詳明，授光州固始縣尉、上柱國、充度支勾/官。府君聰惠生知，貞廉立事，位高心下，德厚逾謙。至會昌元年，遷/潭州都督府法曹參軍〔一〕，依前充度支勾官。府君處職清儉，公勤强明，/志性冰壺，達於執政。悲夫！以會昌六年四月廿四日遘疾，終〔二〕於萬年/縣永興里之私第，享齡四十有四。嗚呼！天与其職，不融其壽。中外/歎傷，無不掩涕。即以其年九月四日窆于京兆府藍田縣驪山鄉，/祔　先塋側，禮也。府君兄惟釬，承務郎、守翼王府功曹參軍，不幸/先府君而逝。前夫人邵氏，琴瑟早離，霜露先歿。後夫人薛氏，玉瑩/貞風，蘭芳懿行，柔明婉淑，儀範無差。悲結繐帷，哀煢永慕。嗣子五/人。女二人，長適文林郎、守夏州兵曹參軍王倫，幼女未適。長子曰/璩，將仕郎、澤州沁水縣主簿，次曰琯、曰瑜、曰球，幼曰會郎，咸以才/明之質，出於孝敬之門。洎遭荼毒，喪過乎哀。乃述斯文，誌之不朽。其/銘曰：/

猗歟府君，　爲世所希。　處職清儉，　爲官可師。　大夢忽至，　/幽魂奄歸。　逝川東注，　寒日西馳。　轜車一去，　旌旐前飛。　/薤歌聲發，　路人傷悲。宅兆勝地，　龜謀告期。　永誌貞石，　/終古揚徽。　/

會昌六年八月十一日李逌書　/

〔簡注〕

〔一〕「軍」字爲補刻小字。

〔二〕「終」字爲補刻小字。

一一二　唐故左神策軍華原鎮遏都知兵馬使銀青光禄大夫檢校太子詹事兼嘉王府長史侍御史上柱國梁氏（守志）夫人天水郡君趙氏墓銘

〔蓋文〕

大唐天水/郡君趙氏/夫人墓銘

〔誌文〕

唐故左神策軍華原鎮遏都知兵馬使銀青光禄大夫檢校太子詹事兼嘉王府長史侍/御史上柱國梁氏夫人天水郡君墓銘并序　/

鄉貢進士安嚴撰

太原王從章書　/

夫人姓趙，諱某，京兆府櫟陽縣人也。　曾祖琛，皇任鄂州江夏縣令。/祖章，皇任京兆府龍首府折衝，駈鶏之美，百里稱仁，繕甲之能，五營/奉德。　父昇，高尚不仕，蘊許由之氣，負嚴陵之姿，樂道丘園，實爲嘉/遁者也。　夫人即高尚第三女也。笄年歸于　梁氏。梁氏諱守志，終/華原鎮遏都知兵馬使，量包山海，氣逸煙雲，撫育疲羸，葺和師旅。在/任政聲，上於人也。　夫人致恭勤而承　伯，盡敬愛以安　姑。性寬恕，/尚素雅，文而不奢，約而不陋，故邑號光啓，象服是宜。　夫人樂得好/俅，關雎義也；鞠子爲器，尸鳩仁也；采蘋采藻，修法度也。婦禮既明，内/則用貞，母儀乃形，家道以寧。於是春秋既高，雅好真諦。視身知苦，行/深白馬之經；覺心等空，坐證青蓮之業。捐斥文繡，杜服華繒，式是六/姻，惣斯群懿。故以垂俗〔裕〕後史，嗣徽　先姑。《詩》所謂邦之媛也，　夫人/有焉。崇茲勝福，冀保遐齡，天乎何辜，倏遘沉痼，藥禱無降，厥疾不瘳。/於大中三年十二月二十六日終於右神策軍衙一營里，享年六十/有一。有子一人宗師，見任右神策軍正將、兼押衙知將、正議大夫、前/行茂王府諮議參軍，神情獨秀，奇質孤標，職曰武寮，居帷　禦衛。明/先人之平烈，貽後嗣之積善也。以四年七月七日葬於京兆府萬年/縣崇道鄉李姚村，祔於先塋，禮也。六姻哀傷，一子銜恤，冥銘幽/竁，用存終古。詞曰：/

猗嗟唱兮，　月出之光。　如葉莫莫，　如華皇皇。　宜啓天水，/作合賢良。　尊之象服，　錦不裂裳。　以慈形訓，　曰仁之綱。/以命易難，　曰義之方。　婦有柔德，　亦惟其常。　女之士行，/于何是臧。　彼天蒼蒼，　胡降百殃。　捨我愛子，　捐其高堂。/丘隴茫茫，　飈吹白楊。　象物皆盡，　德音不忘。/

一一三　唐故柳氏室女十八娘子（蒨）墓誌銘

〔蓋文〕

唐故柳/氏室女/墓誌銘

〔誌文〕

唐故柳氏室女十八娘子墓誌銘　/

弟將仕郎守左金吾兵曹遵　撰　/

柳氏　德門，軒裳胤胄，弘演儒教，聿修問望，自數百載，皆擅/聲光。後有女子蒨，字深之，亦克行令範，常茂婉淑。女功刺繡，/能自臻至。此外，　太夫人教導婦德女儀，必期適他門無/愧於人。備資從服用繒綵輩，皆藏於笥，以爲良配。自累歲諸/親，孜孜求訪，未常尅遂。　太夫人之意慊慊然。奈何一/旦自春被疾，良藥必服而不能減。　太夫人憂軫疚懷，/乃問陰陽書，宜就之生氣。俄而税居延福第，視飲食之漸少，/見　顔色之衰沮，神与意背，不數日溘然而盡。嗚呼！當時良/媲之資，今同瘞黄壤。況与　女弟相去七旬而往，　太夫人/之抱冤憤痛〔二〕未能蹔解。由謂〔未〕歸他氏，榮養　慈旨，奈何！以大中/五年七月五日歿于延福里。以其年此月廿四日　歸葬於/萬年縣洪固鄉胄貴里李永村，祔于　/先塋，禮也。曾祖芳，皇任右司郎中，贈尚書左僕射。祖登，皇任/左散騎常侍，贈太子少保。父璟，皇任禮部侍郎，贈尚書吏部/侍郎。痛哉！年廿，一世而永弃時光。今將葬有日，　太夫人命/小弟遵直紀其事，遂銜恨而書。其銘曰：　/

嗚嗚人世兮，事無克全。　壽如朝露兮，促迫何先。　金烏未/午兮，遽掩西山。　永弃　孝養兮，大寐窮泉。　容顔既逝兮，/懿範空傳。　平素恩愛兮，今辰已焉。　秉筆直書兮，抆涕潺/湲。　紀於貞石兮，何千万年。　/

外兄鄉貢進士薛湘書 /

〔簡注〕

〔一〕「痛」字爲補刻。

一一四　唐故右龍武軍兵曹參軍辛府君（鋭）清河崔氏墓誌銘

〔蓋文〕

唐故清/河崔夫/人墓銘

〔誌文〕

唐故右龍武軍兵曹參軍辛府君清河崔氏墓誌銘并序 /

鹽鐵轉運推官登仕郎殿中侍御史内供奉侯恩撰 /

夫人姓崔氏，清河人。昔後魏定氏族，參用婚姻，軒冕相前後至于/今。　夫人之家，重於天下。　曾祖諱冲，皇朝刑部郎中、萬年縣令。/大父諱迪，皇同州馮翊縣尉。　父諱公佐，皇殿中侍御史、靈武節/度參謀。　參謀娶太原節度、同中書門下平章事辛公諱雲京女，/而生　夫人。幼也明慧婉瘱，長也孝仁恭儉，戴禮具女師之教，於/夫人備，姻族推其賢也。笄四歲，配于　故右龍武兵曹隴西辛府/君諱鋭。　兵曹，西漢左將軍廿八代孫。　大父諱京杲，事　/玄宗、肅宗、代宗，以功至檢校工部尚書、湖南觀察使，即　夫人外/祖父之介弟也。　父諱晟，石蔚二州刺史、兼御史中丞。　兵曹時/雖位卑，觀行考績，藹有稱望。　夫人既歸，孝以奉其上，仁以慰其/下。詩人詠宜家之美，於　夫人信，姻族又推賢也。不幸　兵曹早/世。　夫人三子，幼者甫六岁，養　舅姑益孝謹，踰一紀而　□□/殁。又且三紀。以大中七年二月三日甲子卒于長安崇賢□□□，/春秋七十一。子長曰玫，大和中舉進士，工七字句謌〔歌〕詩，□□□□/急，尤奉交友，其不中正鵠，諸公以爲命。先　夫人卒。次□□□□/而卒。季曰公儀，行己信厚，良於官業。當代　名卿，多□□□□□/夫人疾，解下邽令，投醫于長安。既丁　艱毒，哀毁逾制。□□□□/弟璥將其意告于素與遊者侯恩，曰孤人未盡禮。及　□□□□□/歲非利，將以四月□吉辛酉〔一〕，　權厝于　大塋之北一□□□□□/洪固鄉鳳栖原。須子爲銘。恩兢懼承命，既序而書銘曰： /

兵曹之家，勳庸煌煌。　夫人之家，族望章章。　夫人婦□，□□/是常。　夫人母道，亦教義方。二子雖仁，壽則不昌。一子將顯，奚去/高堂。卜宅維何，　大塋相望。　祔遵魯禮，俟歲之良。 /

姪朝請郎□宿州録事參軍璥書 /

〔簡注〕

〔一〕大中七年四月朔辛酉。

一一五　唐閻氏（建方）亡小室太原王氏墓誌銘

〔誌文〕

唐閻氏亡小室太原王氏墓誌銘并序　/

唐大中八年五月廿四日，京兆府雲陽縣尉閻/建方小室瑯琊王氏卒於官舍。蓋生于丁酉，窮/于甲戌。公　先金州長史洞玄之別出，年十/四以色入于我家。迨廿四五歲，箕箒相事，嘻喜/相向，衣食相居，琴瑟相樂。深得中庸之道，無愧/小星之詩。初，余官微禄薄，單孑門户，得公之居，/奉上撫下，内謙外和，曾無慍色。何天與之令而/不與之永耶。因是遘疾弥甚，精識不衰，倏忽之/間，遽分今古。有男三人，長曰孟子、次曰李白、又/曰阿中，自幼及長皆由天生；女二人，曰蘇、曰英，/聰孝明慧，悉從公得。嗚呼，/追想曩昔，撫視孩提，哀絶一來，中腸幾結。何恩/義歸于幽顯，懿美留於人間。以其年十一月十/五日將葬于長安縣界義陽鄉宋滿村，距　/先塋之側。謹勒銘以書。　/

魂升天兮形歸地，古今之理兮不二。桃紅李白/兮容華舊翠，　帝里之西兮玉顏永閟。　/

一一六　唐故銀青光禄大夫檢校太子賓客守左神策軍大將軍兼侍御史上柱國潁川郡開國男食邑三百户康府君（英賢）墓誌銘

〔蓋文〕

大唐故/康府君/墓誌銘

〔誌文〕

唐故銀青光禄大夫檢校太子賓客守左神策軍大將軍兼侍御史上柱國潁/川郡開國男食邑三百户康府君墓誌銘并序

贈右散騎常侍　/

將軍諱英賢，字　，其先東平郡人也。爰自顓頊，歷于唐虞，得封其姓。遠祖周/之衛侯叔之苗裔，史籍備載，編其氏譜矣，此略而言也。曾祖佑，　河朔豪族，/代習武經，熠燿當時，朋儕罕比。祖忠，　雄才盛德，名冠古今，立行可模，置言/成範。　先考才桀挺生，機謀濟世，爲諸侯之領袖，得邦國之所稱。先業益茂，　/將軍繼焉。　將軍即先府君之次子也。負凌雲之志，年纔弱冠，詣于京師，入仕/内園，精于長策。　穆宗皇帝駕幸苑囿，甄　將軍有制勝之術，風骨異倫，遂賜/左廣，日顯其名。始受正將，次任朝散大夫、校尉散階，經馬仗使、獎王府司馬，四/遷至都押衙階，轉銀青光禄大夫、鄆王府長史，進封潁川郡開國男，食邑三百/户、上柱國，前後累更繁務，課効尤多，獎善之詞，簡牒非一。　大中五年，授馬軍將/軍，充都虞侯兼總教練。四年，在任三考上昇，察獄無怨，理民有術。　護軍中尉/甄其政事，録以奏　聞。九年正月廿九日拜大將軍。　/

將軍儀形瓌偉，才略縱横。鄙瑣瑣之能，重落落之節。五德成範，孝行益彰，六藝/自持，馭射尤妙。言詞端諒，器宇深沉。令肅師徒，義激儕友。素精三略，尤練六韜。/蘊茲長材，未處茅土，天不福善，氣序未移，遽嬰疾疹，俄變膏肓，雖有良醫，難踰/大運。以大中九年閏四月七日乙酉薨于左禁營之私第，享齡春秋五十有四。/親知憤惋，義友增悲，棟梁之臣，奄歸長夜。 皇情震悼，輟朝一日，吊祭賵賻，有/加常等。蓍龜叶吉，窀穸斯臻，其年七月八日乙酉葬于萬年縣長樂鄉崗原之/側，禮也。有夫人潁川陳氏，始笄年以貞柔德歸于 將軍，垂三十年矣。/雅琴賓瑟，諧和宮商，盡敬如賓，無虧婦道。自丁艱疚，痛貫于心，泣血成疾，古之/列婦未足尚也。有女四人，三人已適他族，各有所歸，一人年未及笄，養于膝下。/夫人撫櫬哀痛，捫心掩目，毀瘠支羸。嘆 昊天而永往，恩不再來；覩幼女之號/呼，悲摧大慟。稱家備葬，懼其陵谷變遷，何以可久。曰貞石何以不滅，曰頌聲擬/德載文，紀于泉户。銘曰： /

惟獄〔嶽〕降德， 益哲貽真。 邦國之慶， 代生奇人。 雄雄 將軍， 才略/出羣。 心如江海， 志稟風雲。 渥澤歲久， 勳庸日聞。 蘊藉宏才， /德擬上台。 生人之惠， 時命不來。 大道何言， 坱軋朝昏。 始終不已，/生死寧論。 淅川洋洋， 隟駟奔常。 往古哲人， 窆此聯崗。 刊石刻銘，/地久天長。

有胤子曰仏、保奴，年廿歲，因疾相次而逝，附塋之後。 /

一一七　唐故朝議郎守太子中舍人分司東都韋府君（師素）墓誌銘

〔蓋文〕

大唐故/韋府君/墓誌銘

〔誌文〕

唐故朝請郎守太子中舍人分司東都韋府君墓誌銘 /

東都畿汝州都防禦巡官試祕書省校書郎獨孤□撰 /

將仕郎試祕書省校書郎劉駕書并篆 /

韋氏之先，以氏爲姓。自商已降，代爲顯族。晉卿之述、楚傳之詩詳矣。以至于 /府君之 七代祖孝寬，仕周有大功，封鄖國公。其後以國爲房，鄖公爲房/之冣。六代祖壽，京兆尹。 五代祖義節，歷工部、刑部、禮部侍郎。 /高祖慎惑，右金衛大將軍，皆以才德顯。 曾祖諱遠奢，寧州參軍。 /王父諱著，京兆府盩屋〔厔〕縣丞，皆位不稱德，故復鍾大于 皇考少保公。 /少保諱長， 文宗朝居九列，以政事聞，累遷京兆尹。豪族軍隸屏□如/弱民〔一〕，府縣無礙正，苦上深知之。會江陵闕，即以廉車授之。嚴而無遷，慈而無/阿。□戾于不私，而中如字〔二〕，荊人便之。數年，三川守闕，難其人， 上曰：東西京一也，/選尹豈有別哉？前爲京兆之能者，可復使□。 宰臣得旨，即除河南尹，雍洛/治殊。居二年，盡殊之□，拜平盧軍節度使。二年，累表請□，除檢校兵部尚書、/太子賓客，分司東都，薨贈太子少保。

府君諱師素〔三〕，字□， 少保第/一子也。少以仁敏爲内人之知，舉明經，釋褐授鄭州中牟縣尉，轉太常寺協律/郎，充渭橋給納巡官。 罷，復選授京兆府醴泉縣尉，吏民畏而□之。王侍中智/興帥汴，聞其名，辟爲觀察支使，拜監察御史裏行，又選授洛陽縣丞。以 /少保在河南，改授太府寺丞、河南掾，除東縣令。不務治聲，出於他□，而潛察下/之不便平聲者亟更之。始無朗教，卒而盡得其便，由是大治。百姓相率詣府乞留，/河南尹奇之，以 聞，會已有代，拜太子中舍人，分司東都。官清無入局，未嘗/雜出与鄙者游。常以貞静自處，洛人稱不及。大中十年二月八日遘疾終于尊/賢里第，年若干。凡再娶， 夫人皆博陵崔氏，以鼎族名緒，配我令門，以淑行/柔儀，合我清範。有子五人：長曰貞，兗州中都縣主薄；次曰回，鄭州參軍；次言；次/啚〔圖〕，舉進士；小曰收，曹州文學，皆勇於善而急於學，千里可知於一步也。女六：/長適前同州白水縣令令狐納；次適河南府倉曹參軍李台符；次適前鄭州管/城縣主簿常蘊；三人尚幼。前 夫人先 君而終，葬于京兆府萬年縣。/今七月祔 君于夫人之塋。貞等將護喪自洛赴京，請余爲誌，誌且銘曰：/

後亡之慶，必復之榮。傳承既肖，緶蔓誰京。佐邑有績，參幕以名。昔惠赤子，今也/流聲。昇 朝分務，豈用金籯。以受以遺，時惟我經。後風可扇，永揚素清。/

〔簡注〕

〔一〕「民」字缺末筆避諱，下同。

〔二〕此二字爲小字擠刻。

〔三〕諱填小字。

一一八 唐故綿州神泉縣令馮府君（敦睦）及夫人天水姜氏合葬墓誌銘

〔蓋文〕

馮府君/及夫人/姜氏合/祔墓誌

〔誌文〕

唐故綿州神泉縣令馮府君及夫人天水姜氏合葬墓誌銘并序/

鄉貢進士孟曄撰 /

府君諱敦穆，字厚敬，長樂人也。晉大夫畢萬支子食寀馮城，遂以地更/姓。後裔蕃熾，皆負宏遠智略，二漢迭爲侯將。至跋，獲事後燕主慕容熙/爲上將，一旦喟然太息曰：惡能以己屬人，迺决策刃熙，據南面稱孤，自/号北燕皇帝。 府君即跋十三代孫也， 國朝處士昶之曾孫，城門郎/珍之孫，陝府户曹唐渭之弟〔第〕三子。天錫奇性，倜儻瑰偉。童孺時輙不好/戲，唯酷〔苦〕志跂蹤於周、孔之塗。未弱冠，鄉舉孝廉。年廿四登上第，解褐歙/州休寧尉，再調鄧州功曹掾。開成初，知從兄宿仗鉞鎮東蜀，來修舊好。/未幾，奏神泉令。在任三稔，嘗以瑩澈心鏡，照臨蒸庶，故得訛革正舉，時/驩俗阜。秩滿，五年秋染疾，至十二月四日至于大漸，春秋六十。 府君/昔知姜氏之女賢淑，聘爲夫人。夫人愈沿襲德行而光贊之，不自顓焉，/嚴禋祀焉，大變宗族而肥茂焉。豈意天道昧黑，不能厚富其齡，次 /府君四載而卒，享年五十有七〔一〕，時會昌四年閏七月十三日也。與　府君/偕，權厝縣南隟地。有子三人：長曰詞，挽郎出身，調選鳳翔府參軍；次曰/灌，郊社齋郎出身；季曰鄯，少抱奇節，尤好屬文，爲益郡牧深加器重，或/擢爲蒲江尉，或糾彈越嶲郡。一女，歸于李氏。皆出於夫人姜氏。嗚戲！　/府君處天地間，雖五甲子，蚤夜矻矻，私耨情田，不使邪佞潛植其畔，故/其躬無一日傀焉。臨終夕啟纊，悉召其子立諸床下，曰：劭樹家聲，無使/歇絶，亦無以我永寘蜀土。言竟奄然而逝。諸子瀝血班衣，恭佩遺旨。所/以詞泣官未久，劇抱毒薑於胷中，不竢〔俟〕秩滿，亟赴愬於　廉使，乞假入蜀，故得與灌、鄯壹志，殫力扶護，却旋京兆。以大中十年十二月廿八日/葬萬年縣白鹿原崇道鄉李姚村，迩先塋西百步餘，長兄塋東，與夫人/同祔焉，從周禮也。蕞尓者與馮氏昆季善，故具詳先後事跡，書石識之。/銘曰：

生何足慕，死何足惡。生無所知，眾必飫之〔二〕。死有奇德，眾必嚮之。　/府君材拔，超邁等倫。名望永久，如松如筠。縱歸玄夜，曷假酸辛。隟駟奔/逐，疾箭相催。人之不死，竟何爲哉。

姪女聟〔婿〕李偕書　/

〔簡注〕

〔一〕「七」字補刻。

〔二〕「之」字補刻。

一一九　唐故朝議大夫檢校國子祭酒侍御史兼福王府傅瓊渠二州刺史賜紫金魚袋雁門郡田府君（章）墓誌銘

〔蓋文〕

大唐故/田府君/墓誌銘

〔誌文〕

大唐故朝議大夫檢校國子祭酒侍御史兼福王府傅瓊渠二州刺史賜紫金/魚袋雁門郡田府君墓誌銘并敘　/

范陽盧縱之撰　/

公諱章，字漢風，雁門郡人也。其先遠世西漢征南將軍宏之裔也，自後支派相/承，源流茂盛，冠冕蓋世，名載史册，莫能詳述，此略而不書，從簡易也。　/曾祖哲，高道不仕；　祖豐，皇太子家令；　父廣，皇尚衣奉御，贈鄧州刺史、/累秘書監，並藝學資身，貞固幹事，久更吏職，雅有公方。　公年始弱冠，幼而/知禮，夙承庥廕，早年入仕。解褐授宣州寧國縣尉，充教坊使判官。　公處理有/方，功勤秉志，遷朝散郎，行左內率府長史，兼左神策軍推官。　公莅事詳明，素/聞廉慎，又遷太子左贊善，兼澧州司馬。　公守法精審，奉公絶私，又遷鳳翔府/功曹參軍，兼攝司録。考袟〔秩〕未滿，政績有聞，又遷游擊將軍、守左衛中郎將，兼左/街副使。　公居官餘暇，處劇若閑，乃撰《益國利人策》凡二伯〔百〕卌余條，上聞　/天聽，除奸去弊，靡不精當。　聖慈觀覽，深見情理，遂酬　公檢校國子祭酒/、使持〔一〕、都督瓊州諸軍事，兼瓊州刺史，充瓊管五州招討使、上柱國，賜紫金魚袋/。在任觀風察俗，撫字化人，寬猛得中，臨事有斷。　聖心以瓊府遐遠，遂授渠州/刺史，官勳如故。到郡未幾，瑞獸入境，政績殊等，又遷福王府傅。方俟大振，不幸/遘疾。大中十一年十月八日，終于京兆府萬年縣之私第，享齡六十有九。凡日/親友，孰不涕洟。公堂堂器宇，肅肅儀形，信在言前，行爲人表，見會高遠，度量/弘廓，常懷倜儻，志不苟且。養民如赤子，嫉惡如仇讎，實人倫之軌範也。嗚呼，夫/賢如是而不享大名，行如是而壽不永，天可問乎？夫人高平郡程氏，早年殁于/京師，有九女五男。長女婦于馮翊魚氏，次女婦于太原王氏，以次女婦于蘭陵/蕭氏，餘稚女小男年尚沖幼，未閑禮則，方俟嘱配，豈料禍生楚毒，纏綿無所逮/及，號天叫地，痛無所依。嗣子綽，守官邛州大邑縣尉，趨庭永決，問禮無因，濍絶/再三，殆不勝致。罄囊槖敬造功德，竭家産廣被喪儀，長辭膝下之榮，永隔終天/之别。以大中十二年閏二月廿八日，葬于京兆府萬年縣洪固鄉冑貴里東違〔韋〕/曲村畢原上，祔于 大塋，禮也。縱之与 公有舊，嗣子綽請余爲文，懼陵谷之/推遷，勒斯銘於泉户，其詞曰：

寒松之節兮， 匪彰于春。 夜珠之朗兮， /詎顯於晨。 君之德行兮， 造次莫陳。 餘芳不泯兮， 恩流後人。 佳山鬱鬱兮， 雙闕峩峩。/ 生死異路兮，
誰復來過。 被准禮教兮， 送居於野。 古來達士兮， 無那此何。 問望空存兮， 音容悄然。/皎皎眉目兮， 在人眼前。 永辭白日兮， 長卧黄泉。 夜臺
一閇兮， 千年萬年。 /

〔簡注〕

〔一〕脱「節」字。

一二〇 唐故隴西李生（悦）墓誌銘

〔誌文〕

大唐故隴西李生墓誌銘并序 /

前京兆府櫟陽縣丞于薰述/

昇官爵則以公忠奉國爲上，處下位則以孝敬事主爲先。/苟有智識可嘉，勤勞足紀者，不可不刊于貞石，使其不泯/乎。大中十三年五月廿四日，進士王君罕喪其勤舊人李/悦。李生幼而知礼法，自童丱即事秀才之 先德，禀/性端方，處事强濟，奉巾屨，備灑掃，具膳羞〔饈〕，執鞚馭之禮，未/嘗一日而闕。朝勵夕惕，如此踰二十餘年而無勞苦之色。/時輩皆敬而事之。暨秀才在襁褓，則罹 艱禍，皆李/生鞠養懷抱，迨至于成人。預人事及婚媾，有以見恭敬。盡/忠之節，終始如一。又孜孜葺治王氏之資産，剋己奉公，無/毫髮之私。使王氏一家衣贍食足，無凍飢之憂，皆李生勤/勞而致。雖昔之衛青，不能過也。嗚嘑！天不祐善，喪其良人。/遘疾一夕，終于王氏永樂里之第，享年五十有三。有子三/人：長曰小狗、次曰醜兒、小曰沙州，皆孝愍〔一〕可録。女三人：長/女適張氏，一女年已及笄，一女纔年七歲。秀才深軫悲慟/之懷，哀情纏迫，送終之禮，悉皆豐備。以其年六月七日葬/于萬年縣義善鄉，相土宜也。陵谷懼變，秀才於余爲友善，/故請余誌之美。銘曰： /

石堅有音， 蘭秀而芳。 節義可採， 千載不亡。 /長安之南， 杜陵之傍。 永祔窀穸， 人皆感傷。 /

進士李彧書 /

〔簡注〕

〔一〕「愍」字之「民」部缺末筆避諱。

一二二　唐河東薛氏（凌）長殤女墓誌銘

〔蓋文〕

大唐故/薛氏長/女墓銘

〔誌文〕

河東□□長殤女墓誌銘并序　/

鄉貢進士韋詢撰　/

薛氏分派，始自皐陶，鼎盛於時，輝煥圖譜。曾王父諱承/矩，　皇大理寺丞；王父諱昱，　皇鳳翔少尹、賜緋魚袋；/父凌，前任衛尉少卿、賜緋魚袋。女即　少卿之殤長也。/嗚呼，女生及笄，方議良配，不幸丁其　外艱。至性自□，/□□於内，水漿杜口，號叫無時，苦塊未除，柴毀已甚。/少卿常自撫而勉之曰：天奪尔　恃，誠則不仁，越制已/绖，於吾何有？女則强自整飾，欲解　慈顔。晝或節哀，夜/常悲泣。由是氣息綿惙，疾疹大侵。報本遺形，終期□□，/雖乖喪紀，固在不移。以大中十三年八月十三日歿于/親仁里之僦□也，始年二十二。其年十月十五日窆于/長安萬年縣洪固/鄉胄貴里北韋曲原，權祔于　外氏/之封域，從其志也。少卿雖過而未娶，常卜姓宜吉，娉/于　張氏夫人。女有二兄二妹，皆同器昆與妹也。每晨/昏之外，怡怡自親，訓導多方，綽有裕。遽成長夜，永閟冥/鄉，哀叫之聲，痛如刀鋸。少卿即詢之　外兄也，嘗因/追　慰，泣叙悲懷，冤叫而言，感慟鄰里。請爲銘誌，免謝/不從。陵谷虞遷，尅石誌墓。乃爲銘曰：　/

嗚呼！豈竟無歸而命之使倐耶，將有適而命之使　/短耶。不然，何倐短之分成，倚伏之數窮耶。　/

一二三　唐河東薛氏（凌）次殤女墓誌銘

〔蓋文〕

大唐故/薛氏次/女墓銘

〔誌文〕

河東薛氏次殤女墓誌銘并序　/

鄉貢進士韋詢撰　/

有唐大中十三年九月五日，女□□十六，殁于親仁/里之僦舍。其年十月□五日□□長安萬年縣洪固/鄉冑貴里北韋曲原，權祔于外氏之封域，與□□/姊窆隣闕，從其志也。薛氏之門，弈代軒冕，女之□/胤，於此不書。曾王父諱承矩，皇大理丞；王父諱昱，/皇鳳翔少尹、賜緋魚袋；父凌，前任衛尉少卿、賜緋魚/袋。女即少卿之次殤也。女未及笄，丁其外艱，未/幾而又喪其愛姊，銜哀靡訴，晝夜悲啼，至性自天。/動合經制，視之孩幼，喪□不□。少卿方軫闈房之/悼，而又喪其長女，念其遽，露鍾愛特深，誘諭多方，/終難解釋，久嬰宿疹，遂□弥留，親□醫方，得其小差/□藥稍進，眠卧似安。倉卒之間，奄然而往。少卿即/詢之外兄也，因往吊焉，悲叙哀懷。□有其請日，卜/宅宜吉，連舉二喪，淚眼將枯，驚魂已失，觸情傷悼，生/意全無。追往念存，□懷難遣。輀車並駕，丹旐雙驅，/既往何知，戕生莫甚，申哀寫恨，宜有其文，託此悲誠，/辞謝無已，是虞遷谷，敢此直書。銘曰：

在家孝□□，/出嫁豈無天。淑慎其德永，閟窮□權窆。異鄉□ /〔一〕

〔簡注〕

〔一〕銘文似未盡刻。

一二三 唐李秀士（彦温）故夫人河東裴氏（損）墓誌銘

〔誌文〕

唐李秀士故夫人河東裴氏墓誌銘并序 /

秘書省著作佐郎李黄文撰 /

夫人諱損，字濟川，姓裴氏，河東人也。裴本作𨛬，𨛬始得姓，因秦非子之後，封於𨛬/鄉。後徙封解邑，字乃從衣，故曰裴氏。至東漢燉煌太守遵徙居河東，故代爲河東/人。裴氏自東晉後分爲三眷：仕燕者，燕在東，稱曰東眷，樂浪太守嶷之後是也；仕/凉者，凉在西，稱曰西眷，武都太守嗣之後是也；嗣第三子奇之孫處東西之間，遂/別稱曰中眷。夫人其西眷也，皇朝以來，實稱盛門。曾大父諱淑，太子司/議郎，贈大理卿；大父諱常棣，太子右庶子，贈禮部尚書；皇考諱損，秘書少監、/駙馬都尉。皇妣以憲宗皇帝第九女封陳留公主，贈趙國長公主，謚曰/惠昭。夫人即都尉次女也。寔出于惠昭，外則憲宗之孫，穆宗、/宣宗之甥，今皇帝之中表。内則故御史臨爲季父，今冬官尚書泰章爲貳/從叔。夫人生於綺羅金翠之地，長於科第軒冕之門。不以戚里自矜，不以華/族爲恃。其在家也，凡女工必備，及出適，凡婦道克全。良人李彦温常銜其私論曰：/爲婦不親侍姑奉伯，孰知吾孝敬耶？爲母不躬訓男撫女，孰知吾慈仁耶？今公之/太夫人及伯氏公之素所有之息嗣咸在廣陵，雖家止云久，且卑濕不若京華之/安。矧公名宦，身吾址基繫，固不可一日離長安城。願罄資用與公，築室儲糧，馳□/賫金請伯氏白大家，徙居上國。俾吾上獲申孝敬，下得行慈仁，誠甘望也。抑/便公之仕進乎。噫！天之高，神之玄，不展夫人之志，爰乖李君之望。太夫人方/議飾裝，而夫人因誕嬰疾，纔踰月，竟終于上都靖安里第，行年三十四。時大中/己卯歲建子月下旬之四日也。夫人自去歲秋仲適于李氏，僅歷四時，遽成千/古，誠生死常理，倏短定分。奈杖周嗚嗚，襁褓呱呱何？奈親属增傷，臧獲如狂何？即/以來年正月十日歸葬于京兆府萬年縣東韋曲故嗣澤王大塋之側，禮也。/夫人之子未微晌而非己之出者，元子曰廷敏，次廷夢，與室女二人。長子雖志學，/長女雖初笄，秦吴路睽，皆不逮事。余又聞　夫人當屬纊之前，顧謂兄姊曰：即身/後侍郎宜愈今日也，仍親密科名人故舊貴達處，悉導遺言，無忘薦郎於主司。雖/瞑目猶能結草尔。豈不賢哉，斯言歟。由是李君益非莊子之歌，弥過潘仁之悼。將/欲自誌，姑慮内寢厥德。以余宗黨熟故，盡授其端，請余染翰意者，欲彰美於外焉。/於戲，初李君於余也，以俱　近属，謂房從未遠。俾　夫人垂帛而傳禮，今又見託/斯文，是始終於余矣，其可辭而不銘之耶？　銘曰：/

松柏聞貞兮桃李云質，　生于戚里兮儷于宗室。　其名既貴兮其福宜全，　厥/德如斯兮厥壽而然。　貞石深鐫，　美著芳傳。　後之人將識其賢，　觀乎斯文。/

一二四　唐故右神策軍散兵馬使兼押衙銀青光禄大夫檢校國子祭酒兼殿中侍御史上柱國太原郡開國公食邑三千户襲實封五十户永業田五十□郭文幹夫人安定梁氏墓誌銘

〔蓋文〕

大唐故/梁夫人/墓誌銘

〔誌文〕

唐故右神策軍散兵馬使兼押衙銀青光禄大夫檢校國子祭酒兼殿中/侍御史上柱國太原郡開國公食邑三千户襲實封五十户永業田五十□/郭文幹　夫人安定梁氏墓誌銘并序　/

鄉貢進士王鵠撰　/

夫人安定人也，其先嬴姓。青社建國，列于《春秋》，錫胤垂休，/代有英傑。洎唐右神策軍護軍中尉、開府儀同三司、知/内侍省事梁公諱守謙，即夫人列考也。夫人素稟專貞，早/貪詩禮。閑和淑慎，叶窈窕之風規；恭儉節用，明婦道之深/旨。動不逾於法度，言必洽於族姻。纂組之工，蘋藻之職，式/光彤管，懿績可嘉。宜錫大年，以揚令問，善慶何邈，短/期奄謝。以咸通二年辛巳歲七月十一日癸未終于長/安縣安定里，享年七十有四。以其年冬十一月二十/日庚寅窆于縣西南高陽原，鄰　侍郎之域，禮/也。嗣子二人，皆績襲　禁戎，弓裘不墜。長曰恂，/衙前兵馬使，充永寧屯使，銀青光禄大夫、檢校太子賓客，兼監察御史、上柱國，襲實封二十五户；次曰逵，衙前正將，/銀青光禄大夫、檢校太子賓客，兼監察御史、上柱國，/痛劇如斬，哀深在疚，泣血見託，用銘玄廬。詞曰：/

邦之媛，　德如山，　去　帝里，　辭人寰。/歸長夜兮掩泉關，　万古同兮松楸閒。　/

昭武校尉前守右威衛河南宜陽府果毅李賢書、刻/

一二五　唐翰林待詔朝請郎試左金吾衛兵曹參軍李琉妻夫人廣平宋氏墓誌銘

〔蓋文〕

唐故廣/平宋夫/人墓誌

〔誌文〕

唐翰林待　詔朝請郎試左金吾衛兵曹參軍李琉妻夫人/廣平宋氏墓誌銘并序　/

翰林待　詔朝請郎試左金吾衛兵曹參軍李琉撰　姪男釴書并篆　/

維咸通五年歲次甲申二月戊午朔十四日辛未，　/有唐翰林待　詔、朝請郎、試左金吾衛兵曹參軍李琉之妻/廣平宋氏夫人卒于京師崇仁里之私第，享年廿有六，嗚呼/哀哉！以其年五月景戌朔十一日景申，卜葬于京兆府萬年/縣李永村，當第九新婦辛氏塋之直北，在東塋之西南，南塋/之東北。雖居蒿里，幽冥之間，与諸塋日夕相望。宋氏之先，出/自微子之後。　曾祖諱英，　祖諱偉，　父諱慶，並皇不仕，累/代以守道安貞而位不高顯，然家風禮讓，亦爲時人所稱。　/夫人藴柔和之清秀，承積世之祥祉，好道而體仁，處約而簡/静。謙冲孝敬，天然而知，不俟教誨，觸類而長，日新其德。性聰/達强記，又閑胡琴，好内典修善之事，又詩書禮樂自小飽聞。/嗚呼！　夫人廿有一歸于我室也，時琉方閑居習業，未嘗官/敘。或月下吟詠，或燈前讀書，　夫人未嘗不隨也，其相得如/此。有子二人，長子未名而殞；次子名利兒，未晬而終。因喪此/子，疾瘵日加，遂至膏肓，走醫聚藥，經數十日，雖華他〔佗〕、扁鵲之/輩，盡思無能療之。琉雖嘗讀佛經色空之言，莊氏鼓盆之説，/頗達生死之道，及覩弥留之夕，顧遊處之蹤，未免揮涕摧慟。/諸姪請刻石爲識，藏于墓門，以虞陵谷，遂爲銘曰：　/

行多於孝，　性本於仁。　婦德方顯，　母儀初申。　/宜同榮禄，　偕老千春。　何期忽往，　永作泉人。　/

一二六　唐故銀青光禄大夫檢校國子祭酒前虔州司馬殿中侍御史上柱國吴郡朱府君（迥）墓誌銘

〔蓋文〕

大唐故□/州司馬□/郡朱府□/墓誌□□

〔誌文〕

唐故銀青光禄大夫檢校國子祭酒前虔州司馬殿中侍御史上柱國/吴郡朱府君墓誌銘并序　/

前容管經略副使文林郎試大理評事兼監察御史宋廷休撰　/

從翰林待　詔朝議郎守榮王府長史上柱國翃書　/

府君名迥，字致遠，南朝之冠族。曾祖庭珪，傲世不仕；祖沂，皇試左金吾/衛長史；父倹，前任虢州别駕；母南陽縣君滕氏。昆弟七人，曰逵、逌、遠及/廼、遼、迢，偕英邁卓立，□序光揚，孝友温恭，操立無缺。娶安定胡氏，育二/子。長曰孟孫，次曰小喜，並丱角問學之下。府君束帶入仕，釋褐奏授左/衛翊府兵曹，再調授廬州□縣主簿，結綬理事。基歲，有以久違 /具慶，因假使歸 寧，願守□□之行，遂解仇香之印。□日，會 李公尚/書按節回中，表請主□邸，轉右千牛衛長史，尋加憲察。領務之後，職業/克修，徇公無絲毫之欺，承敬有遵守之譽。 元戎换鎮青海，嗜賢求舊，/改虔州司馬，才爲時用，力有餘地。增銀青貴級，檢校國子祭酒、兼殿中/侍御史。經歷考第，亟移星律。 帥臣罷鎮，府君抱初終節義之體，尚/古人堅守之心，不由他門，累歲敬俟。 帥臣高步郟鄏，久未就 /寵命。今淮海 丞相節 別乘恩倚之素，擢府君右職，亦不驟祇/命而决盡 李公之遇。府君生積慶之門，自鍾福祐。行孝道以事父母，/藴慈和以穆弟兄，沽信義以□□知，備禮樂以接朋友。言行不虧於法/度，喜怒不形於顏色。端莊畏慎，不苟利而承家；謙默推誠，復謹身而節/用。年始强仕，名不曰不□；□□□，□不曰不足。禄食綿綿而相襲，閨/門嗃嗃而益茂。腰金曳□□□景仰，固可以齊百年之上壽，振萬里/之飛鵬。疾不沉而飲膳□□，□不改而寤寐遑安。神氣無飛越之色，殞/謝無驚怛之狀。奄然如歸，似假莊夢。咸通七年三月二日終于萬年縣/勝業里之私第。以其年閏三月丙午九日甲寅葬于本縣崇道鄉蚍村。/歸窆有期，辱 命爲誌，愧無旌善之能，何以揚其 至美。銘曰：/

良哉府君，繼運而生。其道宏遠，其行貞明。卓尔茂器，/藹然嘉聲。賢因徙宅，訓由過庭。天何不壽，奄于泉扃。/湯湯灞滻，鬱鬱佳城。蕭條壠樹，寂漠松塋。逝而不返，/空留令名。/

一二七　唐故朱氏小娘子墓誌銘

〔蓋文〕

唐故朱/氏小娘/子墓銘

〔誌文〕

唐故朱氏第四十一女墓誌銘并序/

守太府寺丞宋延休述/

於戲！大塊之中，孰不生死？雖壽夭同期，而倏短/一何相邃哉。洎陰陽不測，神化無窮，幽冥之道/難明，斯古之格言也。有唐華州别駕朱公名儉/幼女，始自丱歲，至于齠年，無驕騃任情之性，有/孝敬慈順之心。聰而且敏，柔而能温，知父母保/□之恩慈，奉兄弟友愛之深旨。覬望成立，輝映/家門。奈何苗而不秀，蕣花凋落，暴疾纔嬰，遽至/長夜。年十三歲，咸通八年七月九日逝于萬年/縣勝業里之私家。 曾祖庭珪，皇不仕。 祖沂，/皇試左金吾衛長史。母滕氏，南陽郡君，哀慟悲/傷，幾不勝忍。先以日月未便，權厝於塋域之側。/以九年正月十四日歸窆于本縣崇道鄉蛇村/里。余與 别乘厚其分，辱命誌之。銘曰：/

逝若歸途，生如行客。年方幼稚，促景何迫。/龜兆有期，兹辰卜宅。依俙音容，髣髴精魄。/冥漠重泉，凄凉九陌。寂歷孤墳，風霜松柏。/

一二八　唐故白水縣令（夏侯）府君如夫人南陽鄧氏墓誌并銘

〔**蓋文**〕

南陽鄧/氏夫人/墓誌銘

〔**誌文**〕

仲父故白水縣令府君如夫人南陽鄧氏墓誌并銘/

前陝虢等州都防禦判官將仕郎監察御史裏行夏侯藻撰　/

夫人姓鄧氏。高曾不仕，故不述。父何，皇任棣州/録事參軍。　/夫人之子洙，是藻　仲父弟，哀次請余/撰文。　/夫人梗槩，性剛剋，有難犯之色。爰自抱恙，語

其/子曰：我百年後，葬我於長安城足矣，無負吾心/也。洙既奉　/慈旨，敢違其　教。　/夫人一女，省師，小亡；一子洙，毀瘠羸形以奉　/喪次。　/夫人咸通九年十

月七日殁于河中官舍。以咸/通九年十一月廿五日，葬于萬年縣洪固鄉中/大韋村。銘曰：/

天何高而昧，　地何厚而不載。　已矣　/夫人，身不留于代。　/

鄉貢進士李崇書并篆蓋　/

一二九　唐故盧州長史嗣澤王（李彦回）墓誌銘

〔**誌文**〕

唐故盧州長史嗣澤王墓誌銘并序　/

鄉貢進士高熀撰　/

世崇外誼，道貴内融，純懿發自於中，明慶固傳於厚德。人之達此，不/曰韙歟。治中諱彦回，字匡輔。丕承　帝系，　高宗六代之/嫡孫，玉葉金莖，　家門實旌於國

諜，此略不書。　曾王父漣，皇秘書/監；大父潤，皇宗正少卿、兼右千牛衛將軍；烈考溶，累拜權知殿中監，/佐遷揚州左司馬，皆居官有政，傳慶生公。外宗河南于氏，

先夫/人即　國初燕公之胄胤，　今相國之諸姑。公文學□□，英/邁奇特，才超賈、馬，業懋王、楊。行表潔清，氣含貞粹，兩舉進士，三場焕/然。春官遺賢，時輩歸望，

榮及　具慶，色養朝昏。冲茂含章，無喜/愠而怡然順理。出言有則，秉德不回，將範儒林，斷心筮仕，端莊履直，/於聲利而澹若□懷。大中九祀，丁　□司馬憂，哀毁柴

立，慟聞　/天聽。　今上御極，聞斯行諸，朱紱金章，錫襲　舊國。尋加王/府諮議。弘輝王度，克嗣　家聲。以遠　高堂，求移外任，禄貴及/膳，特授盧州長史。首尾

二載，滲〔漪〕灩無虧，亦足以盡私懇。洎秩滿，復丁/外疚，終制舊宅。　時相　中外延仰邀招，方將優授專城，暴疾俄從/大夜，咸通九年七月五日殁于永崇里之私第。

噫！惜哉，命矣夫！享年/五十一。娶博陵崔氏女，早世，餘一紀。有子四人，曰恩、桂、誂、賀，承嫡曰/桂；室女二人，長曰師娘，次曰妙娘。皆切號殞，有如卞孺。令季

彦温，金/玉其人，埙箎迭韻，感同氣之分重，惜諸姑之窮離，哀毁萎摧，所不勝/忍，奔馳上國，營護窀穸。問龜以其年後十二月十七日，歸窆萬年縣/洪固鄉東韋曲村辟原上，祔從　王父之櫝，禮也。虞其谷變，宜誌玄/宮。熀早陪與遊，備熟　馨德，願旌懿行，實録於斯，握管泫然。銘曰：/

浮世渾渾，天道寧論，覺疑在夢，晝惑爲昏。德歸於善，/善必宜尊。顔何生促，跖何壽存。□風祢嗣，帝子王孫。/期藩茅土，以大乾坤。何謂橓華，□迢樗根。薤露風咽，/□里雲屯。能襲先德，冀昌于門。□流亹亹，慶在後昆。/

一三〇　唐（張君遇妻）故隴西李氏夫人墓誌

〔蓋文〕

唐故隴/西李夫/人墓誌

〔誌文〕

唐故隴西李氏夫人墓誌　/

夫前大同軍衙前兵馬使銀青光禄/大夫檢校太子賓客上柱國張君遇述/

唐咸通十年三月十八日終疾於招國/里私第，享年四十。李氏夫人，襄陽人也，/年十八出適。皇父山南東道中軍副將/少清次女。嗚呼！一生行於婦随，應奉六/親賓客。至於生計，内外合儀。二男一女：/長男復禹，次男復周，庶女伴娘。夫人生/於庚戌，卒於己丑。其年四月十六日葬/於京兆府萬年縣寧安鄉姜徐村南原。/嗚呼哀哉！神爽失覩，魂兮何去。白玉墜/泉，永沉千古。/

一三一　唐故宣徽使贈内侍梁公妻彭城郡劉氏夫人墓誌銘

〔誌文〕

唐故宣徽使贈内侍梁公妻彭城郡劉氏夫人墓誌銘并序　/

朝議郎前守康王友兼殿中侍御史上柱國黄裕撰　/

夫人即宋高祖武帝裕之後，　唐相國、右僕射幽求之九代孫也。　曾王/父諱　，皇左驍衛將軍；　王父諱進，皇殿中侍御史；　烈考諱汎，皇鄭州/長史、兼監察御史。　先夫人吕氏生四子：孟曰辿，殿中侍御史；仲曰元亮，右/神策軍南倉使，贈左散騎常侍；次曰文義，右神策軍好畤鎮使、守凉王友、兼御/史中丞；季曰元敫，前浙西都押衙、試左威衛長史。女二人，　夫人即第二/女也。生知四德，素達三從，孝敬柔和，賢明貞順。笄年伉儷，歸于　德門，垂範/閨闈，睦親婉淑。侍　舅姑以孝，安長幼以仁。　先舅諱守謙，時爲右/神策軍護軍中尉，常加禮敬，雅器重之。至若舉桉〔案〕如賓之節，家肥中饋之規，婦/道母儀，知賢聖善，　夫人備之矣。洎年卅六，無何不幸居孀，訓令子以義/方，撫諸孤以慈愛，嚴明逾於孟母，鞠育類於姜莊。尤重釋宗，希延福祉，兼崇老/氏，亦冀長生。謂傳山甫之齡，未盡南陔之養。豈期久嬰沉痾，百藥無瘳，朝露俄/侵，奄然大漸。以咸通十一年六月十四日終于京兆府萬年縣永昌里之私/第，亨〔享〕年六十七。以其年十一月廿四日葬于萬年縣崇道鄉李姚村，祔 /先塋内之塋，禮也。有子三人：長曰全柔，通直郎、行内/侍省掖庭局宫教博士；/次曰全方，宣德郎、行内侍省奚官局令、賜紫金魚袋；季曰全略，登仕郎、行内/侍省掖庭局宫教博士，皆 殿庭碩德，俊彦英才。泣血孝思，哀毁癯瘠，感深蒿里，痛切樹風。先遠之期，卜云其吉，青烏是兆，馬鬣爰封。慮其谷變佳城，舟/移夜壑，以愚列在族末，好學業文，請以誌之，永傳懿德，冀旌異代。乃述斯銘曰：/

宋皇之裔， 唐輔之孫。 地高族盛， 子貴母尊。 斷機慈教， 不食無論。/□□閨壼， 增輝 德門。 久處夫榮， 將依子禄。 國號未崇， 川流何速。/□□隙駒， 俄驚風燭。 痛咽行雲， 哀摧骨肉。 令人何恃， 伯仲呼天。/□□云吉， 窀穸斯還。 霜凝柏冷， 霧靄松煙。 夜臺永閟， 何千万年。/

一三二 唐京兆杜公故夫人滎陽潘氏墓誌銘

〔蓋文〕

唐故夫/人潘氏/墓誌銘

〔誌文〕

大唐京兆杜公故夫人滎陽潘氏墓誌銘并序 /

鄉貢進士劉希顔述

堂兄 前元陵臺令玄景書/

夫人姓潘氏，其先滎陽人也。即皇明經及第諱希古府君之曾/孫，皇左領軍衛兵曹諱庭皎府君之孫， 廣王府諮議則府君/之次女，今昌州刺史玄玘之妹，並積德秉猷，嚮方植禮，時稱茂/族，世謂慶門。夫人繁祉效靈，穠華挺質，誕有淑德，既美且都，非/禮不行，惟善是慎。夫人早失 慈訓，内式自成，昌州念之，特選/懋德。年十九歸我 杜氏，克持婦道，是佐君子。薦羞無闕，瀚濯/有常，自諧如樂之和，式盡如賓之敬，閨門之内，穆穆雍雍。杜公/禮樂生知，英明神授，悌于兄弟，信及友朋。太中時嘗應五經，數/隨鄉賦春闈，兩戰皆敗垂成，惜哉。藝出衆人，名屈於世，因投班/筆，遂別董帷，持身而清慎保安，奉職而恪勤有立，成令夫之美/矣，亦良媛之助焉。嗚呼，韶景方穠，蕣華忽墜，金颸纔動，蘭芳已/凋，逡隙如飛，逝波難駐。綏福之況，謂偕老而有徵；仁壽之期，嗟/與善而奚爽。以咸通十一年十一月十六日終于京兆府頒政/里弟〔第〕，享齡三十。有子三人，長曰大都，仲曰小都，季曰四都，年雖/沖幼，皆習詩書，啼憶遺音，髣髴疑在。粤明年辛卯冬十月十有/八日庚申，窆于萬年縣洪固鄉北韋村，禮也。杜氏世居富平，以/不宜迩祔，故宅于兹矣。杜公欲鼓莊盆，傷恨難已，願勒貞石，用/紀餘芳，率爲其詞，要當實録。銘曰：/

於戲夫人兮容範難儔，克配君子兮威儀好仇。/謙謙積德兮壽宜永保，蒼蒼福善兮禍復何早。/其室唯迩兮怨極神傷，其人已亡兮魂消恨長。/幽堂一閉兮終天永隔， 雪涕迴瞻兮蕭蕭松柏。/

一三三　唐故盩厔鎮遏兵馬使銀青光禄大夫檢校國子祭酒兼右驍衛將軍御史大夫上柱國滎陽縣開國子食邑五百户毛公（孟安）墓誌銘

〔誌文〕

唐故盩厔鎮遏兵馬使銀青光禄大夫檢校國子祭酒兼右驍衛將軍御史大夫上柱國滎/陽縣開國子食邑五百户毛公墓誌銘并序

鄉貢進士趙訥撰　/

公諱孟安，字太山，即此雍人也。昔周文錫姓，裔嗣胤昌。尋有著於詩、傳，亦有績勳德於武功，或顯/名經史，或懿美佳聲，任極公侯，難具載矣。　公即魏遂之裔，寶之後也。其先本寄咸陽，入/仕京國。　皇祖重暉，朝請郎、鳳翔府虢縣令；　皇父叔鄉，京兆府果毅都尉、賜緋魚袋、贈/左清道率府。　公即果毅都尉之長子也，尚幼趍〔趨〕於　禁軍，長積勳於雄旅。功成任職，登爵/宦榮。大中八年，解褐授申州司曹參軍。器懷倜儻，玉立挺然，操節不羣，威名動衆。愿而能恭，寬/而以栗，行孝於家，盡力於　國。大中十四年，授衙前□將、檢校太子賓客。咸通四年春，致政。太/原王公拔擢，授押衙主迴易。其年秋，轉右威衛□□□守簡廉，恪居官位，易利既逸於舊則，貨/益出於前規。咸通五年夏，遇我　軍容，録其□，拔其材，授散兵馬使，還陟外巡使、兼易務。明/察兩司，公心夙夜，姦邪除弊，聚斂有方。旦暮既□勤勤，巡警專於翼翼。同年秋，遷昭王府咨議/參軍，爵秩驟升，勳崇不日。時歲在閹茂年，改加銀青光禄大夫、檢校國子祭酒、懷王府長史、兼/殿中侍御史。乃識尼父之五常，又知周公之三□。禋于大蜡，方辯旅於泰山；詞祝祀蒸，恪敬遵/於告朔。成均既歷，釁教知儀。咸通八年春，加先鋒兵馬□。其年秋，授右威衛將軍。官居衛地，令德/聞天，六旅□威，一軍齊肅。令名考績，理合遷昇。咸通十年秋，改轉右驍衛將軍、兼御史中丞。雖/乃兩居衛地，一德不渝，俊哲英明，公□□□。官位歷於崇班，職未離於繁務。利盈積萬，納貨賄/而不愆；警察一街，除兇暴而絶跡。以寬恕爲能，以清廉爲節。不惡而嚴，教之以德，化洽考就，風/俗允和。　上曰：良哉。而格我政，賞其勞，輟其用。咸通十一年，遷授盩厔鎮遏兵馬使、加御史大/夫。其鎮乃凋殘虛損，倉廩全無。　公乃單車馳赴，恤撫臨人。語云：百年勝殘去殺。我　公治焉，/朞月而已哉。未經兩祀，歲半月餘，遂使一鎮來蘇，疲人樂業，迩無不懷，遠無不肅。行者歌謠，毗/鄰仰德。清平坐致，日宴歡筵。顒望昇遷，即候除拜。不幸穹蒼不祐，降及瘵嬰。羣薦良醫，復無瘳/損。　公乃自知休咎，衰疾定歸。既藥餌之無徵，必知天喪予也。遂自扶羸，承昇守道。是時也，/鎮縣官寮無不失聲揮涕，百姓軍人咸惣〔總〕道牽泣歧。垂淚攀轅，睥睨數里，途路皆傷，飛禽鳴顧。/不踰三日。抵至　帝京，皎然數日。尚極分明，中流囑遺言，復無差錯。漸增寢默，倏忽沉昏。咸/通十二年十二月五日終于定坊之私第也，時年五十有八矣。　夫人焦氏，廣平郡/君，德齊於班氏，禮備於大家。中饋無虧，蘋蘩礼用。痛承筐之無實，毀形蓬鬢；思雙鳴之失伴，哀/苦斷弦。有妹三人，同依四德，啼聲哽咽，悶絶號咷。泣同胞而丹瞼〔臉〕不舒，噫共乳之魂離滴血。嗣/子三人，年方幼稚。長曰瓊，衙前子弟，肅奉嚴訓，景行獨高，達于家邦，遵於禮樂，哀摧罔極，泣血/昊天；次子琮，年十一；小男巡郎，無時行泣，哀感四鄰，閭里悲嗟，孝齊罷社。室女一人，年始初笄。/啼傷窈窕之容，苦摧婉娩之質。瓊等持高柴之孝行，踐閔子之無間。然號泣旻天，心摧叩地，哀/鳴在疚，莫知所從，永慕何依，終身視履。遂乃馴聖人之道，卜宅而措之。以咸通十三年四月四/日葬于京兆府長〔一〕縣龍門鄉石井村之新塋，礼也。嗣子等懼陵崗遷變，阿阜傾移，咸思追遠依/仁，乃崇不朽之跡。請余録德於貞石，以爲銘曰：　/

和氏之璧，山嶽胤靈。天何不祐，世喪其英。哲人既没，/政德惟清。千年作則，万代永貞。天地不憖，國寶何傾。/寬弘茂德，動静惟馨。
嗚呼哀哉，掩殪長材。窀穸既閉，/永夜無開。生亦功立，其死也哀。靈魂寂默，泉壤長幽。/令德垂世，時推勿休。餘風遺愛，嗣續千秋。/

〔簡注〕

〔一〕此處奪「安」字。

一三四　唐故京兆府醴泉縣丞李府君（符聖）墓銘

〔誌文〕

故京兆府醴泉縣丞李府君墓銘并序 /

前知度支獲嘉分巡院將仕郎前試太常寺協律郎裴　灌　譔/

府君姓李氏，諱　，字符聖。九廟近属，即澤王之嗣，乃　高宗七/代孫。其本枝派别，備載國史，此不復云。曾祖湛，官至秘書監，贈揚/州大都督。祖泗〔潤〕，博通群史，知百氏源流，官至少宗正，贈絳州刺史。/皇考　德茂，名清官，列九寺，多權謀，善變通，兩爲出疆使，盡得黠/虜情實，聞於朝廷。自殿中監領衛尉卿，咸稱嗣王。　武皇帝之築/仙臺也，急徵五百役夫食於寺，遽不能辦。得罪，出爲明州司馬，復/移揚州司馬，卒官。太夫人河南于氏，即贊善大夫謠之女。生三男，/府君即其次也。幼而好學，能爲七言五字詩。雅善音律，雖金石絲/竹，咸盡其妙。舉進士，辛勤名場幾廿載，志業不就，一旦乃愷然歎/曰：大丈夫榮辱窮達，命也。誰能孜孜一名，使骨肉終日栖苦哉？當/謀代耕之禄。遂以舊銜赴集。咸通十五年夏四月，吏部指授京兆/府醴泉縣丞。未及　謝，遘疾。其夏六月廿五日終于上都延福里，/饗年五十二。以府君之得〔德〕行文學，不振於一宦；以府君之禮義仁/信，不濟於中壽。誰能知之？噫！孔丘，聖人也，不能致其身於上位；孟/軻，賢人也，窮厄於四海。蓋名位之不繫賢愚，壽夭不在善惡。今右〔古〕/而然哉，不獨李生明矣。府君娶河東裴氏，即某官某之女，先府君而終。生/一女，年尚幼。府君之來娶前，有一男曰某，早歲在淮海主别業，今之不及/喪也。夫人殁後，納良家子張懿川，生一女曰契兒，始三歲；一男曰秃兒，始/再歲。家窮，喪葬唯懿川與僕者史□主之，衣衾棺殯，祭葬墳墓而無闕也。/□□其年□月十五日，葬府君於上都城南某鄉某村先夫人之墓，禮也。/□□□□其疾也，無藥石之救；其終也，無栗〔粟〕帛之贈。蓋力之窮也，悲夫！/□□人託□□義，余亦有心，時之未偶也，徒虚語耳。其孤來請銘，亦幸託/□識而刊諸石，乃爲銘曰：

良玉易碎，利劍易折，命也如斯，惜哉貞節。春/□秋來，天長地闊，幽壤一□，音徽永决。白楊悲風，青山明月，人生到此，孰/□□哲。/

〔簡注〕

〔一〕誌文鐫刻粗率，缺筆掉劃。

一三五　唐故鳳翔府天興縣令樊（嗣昌）府君墓誌

〔蓋文〕

大唐故/樊府君/之墓銘

〔誌文〕

唐故鳳翔府天興縣令樊府君墓誌并序　/

鄉貢三禮范陽郡湯夔撰/

府君諱嗣昌〔一〕，字繼之，南陽人也。世族簪裾，積代軒冕。曾祖諱泳，制/策登科，太原府祁縣尉，累贈兵部尚書。大父諱澤，亦中策科，尚/書右揆，歷任荊襄，擁旄兩鎮，自終天禄，葬于河南府，贈太師。祖母齊氏，封汧國太夫人。　皇考諱定紀〔二〕，進士及第，累遷尚書水部/員外郎。娶隴西李氏，封隴西縣君，故左散騎常侍翶之長女也。/府君即水部之長子，親弟京，才學奥贍，風雲氣高。未親中鵠之/策，不覩遷鶯之日。府君資蔭食禄，調集數任之官。三歷字人，飲/冰立節，皆聞政理之化，咸觀製錦之能。撫恤疲甿二十餘，考重/其仁義，不貪世財，吏有清通，心多慈惠。婚太原王氏夫人，婦道/之禮，過有三從，閨訓之儀，豈唯四德。孟母爲友，婕妤爲儔。於家/之肥，貞順無比。有男四人：長曰峻，未仕，而孜孜甘旨，顔閔之行，/孝義絶倫，棣蕚連芳，山巖並秀。次子鍊与釗，在蘄嶺之林巒，緝/太師之　恩賜，告其喪日，旋即遣人。小男嵩，年纔弱冠，性質孤/標，才雄峭壁之高，文若貫珠之美，不墜先門之業，早赴春闈，一/捷未亨，堅志無二。幼女雖笄之歲，卜吉未偶，淑人賢行，婉娩之/儀，即有佳期之選。舉家泣血，寧勞六時，號〔三〕慕之情，想如刀割。府/君道德顯著，享壽七十六春，神氣不衰，奄扃泉壤。乾符三載二/月六日終於長安縣延福里，是月廿八日瑩于萬年縣坊趙村。/斂以親凭其棺，葬以親臨其壙。刻石爲誌，以誌爲銘。其詞曰：/

天命之常，　有賢有良。　形窆泉夜，　魂飛夕陽。　既歸西土，/奚苦奚傷。　以表其德，　葬之爲藏。　刻斯銘誌，　用顯其亡。/丹旐翩翩，　白雲茫茫。　蕭松檟，　記于之鄉。

孤子嵩書/

〔簡注〕

〔一〕「嗣昌」二字擠刻，筆劃纖弱。

〔二〕「定紀」二字擠刻。

〔三〕「號」字末筆缺筆避諱。

一三六　唐故朝散大夫行内侍省宮闈局令員外置同正員上柱國賜紫金魚袋潁川陳公（再豐）墓誌銘

〔**蓋文**〕

大唐故/陳府君/墓誌銘

〔**誌文**〕

唐故朝散大夫行内侍省宮闈局令員外置同正員上柱國賜紫金魚袋潁川陳公墓誌銘并序　/

　前潤州金壇縣尉時貫撰并書兼篆額　/

公諱再豐，字益之，其先潁川人也。　洎于上古，至我　巨唐，冠冕纓簪，具標清史，/不可彈〔殫〕書。　曾祖諱　，祖諱　，皆不仕，志親雲水，性樂丘園，高標將/等
二踈，野逸以齊三士。　皇考諱良祐，徵事郎、行内侍省掖庭局宮教博/士、上柱國，忠勤奉　國，孝謹承家。　傳閥閱之門軒，紹纓簪之班位，何以致此，降/慶及于　常侍
焉。　公即徵事郎之令子也。　公以忠以孝，懷武懷文，開/翅戾天，一冲霄漢。　洎長慶四年三春之首，筮仕　王門，僶俛例躬，曾無懈墮。　大/和二載，　皇情倚注，　寵
澤頻霑，二祀星霜，命授顯服，賜其緑綬將仕郎、/内侍省掖庭局宮教博士。　且如　公涉賈、馬之波闌〔瀾〕，紹管、桑之心計，道既叶於/變通，位必速於騰趠。　會昌六年，
加朝散郎。　大中十四年中夏，加承議郎、行内侍/省内僕局丞、員外置同正員、上柱國，除授弓箭庫判官。　下車乃教誡胥史，明貫/理條，吏不罔欺，曹無積弊，仍以宿衛。
弓開月勢，有柳營之令籌；劍出霜鋒，指狼/星之隕耀。　咸通八年冬末，加宮闈局令。　九年四月，　懿宗皇帝聞公材器，/吏事頗能，鄉〔嚮〕積効於　皇庭，　朕以錫其
朱紱，賜緋魚袋，加朝散大夫，仍舊職。/公澄明若鏡，辯敏如川，節槩凌雲，風姿倚玉。　十五年十一月，賜紫金魚袋，充當/司副使。　公以文齊七步，武洞六韜，緼〔蘊〕
經天緯地之材，苞輔俗濟時之策，方崇/班列，望主重難。　奈何疾起二豎之徵，莫究胡香之効。　禱神祈福，靡有不爲，究藥/尋醫，竟無徵効。　嗚呼！逝水東流，應無却返
之日；金烏西邁，豈有重耀之期。　時乾/符五年四月十四日薨于永興里之私第，享年七十有九。　夫人清河張/氏，閨門保道，令譽馨宗。　今則殞志銷形，灰心蓬首。　有
令子一人，曰處球，將仕郎、/行内侍省内府局丞、員外置同正員、上柱國，以孤峰聳碧，群籍藏珠，文標吐鳳/之祥，美繼懷蛟之瑞。　始夫必紹佳聲，永傳徽跡，霄漢之程可
期，雲衢之路可保。/公即以明年十一月五〔一〕日窆于京兆府萬年縣上傳村崇道鄉，乃置新塋，/禮也。　貫忝修文業，課斯荒拙，不盡徽猷，難彰厥美。　銘曰：　/

　猗歟陳公，　軌躅難同。　帝王苗裔，　簡册昭融。　九天秋鶚，　萬里名鴻。/内苞儒業，　外建武功。其一。　雅度汪汪，　小心翼翼。　修身踐言，　果行育德。/
文質彬彬，　威容抑抑。　自東自西，　自南自北。其二。　哲人其萎，　天喪良臣。/白日長夜，　泉臺不春。　來如止客，　往如歸人。　痛彼松楸，　蕭蕭莫申。
其三。　/

　玉册官將仕郎試太常寺協律郎劉贍刻字　/

〔**簡注**〕

〔一〕「五」字系「三」字改刻。

一三七　唐故朝散大夫行翼州司馬尹君墓誌蓋〔一〕

〔蓋文〕

大唐故朝/散大夫行/翼州司馬/尹君墓誌

〔簡注〕

〔一〕根據此蓋形制和紋飾，其時代應爲高宗朝。

一三八　唐故開府程公墓誌蓋〔一〕

〔蓋文〕

唐故開/府程公/墓誌銘

〔簡注〕

〔一〕根據此蓋形制和紋飾，其時代應爲玄宗朝。

一三九　唐齊國夫人墓誌蓋〔一〕

〔蓋文〕

唐故齊/國夫人/墓誌銘

〔簡注〕

〔一〕根據此蓋形制和紋飾，其時代應爲玄宗朝。

一四〇　唐故濟陽丁府君墓誌蓋〔一〕

〔蓋文〕

唐故濟/陽丁府/君墓誌

〔簡注〕

〔一〕根據此蓋形制和紋飾，其時代應爲玄宗朝。

一四一　唐故吴府君墓誌蓋[一]

〔蓋文〕

大唐故/吴府君/墓誌銘

〔簡注〕

〔一〕根據此蓋形制和紋飾，其時代應爲中唐。

一四二　唐（王伉妻）戴夫人墓誌蓋[一]

〔蓋文〕

大唐故/戴夫人/墓誌銘

〔簡注〕

〔一〕此誌與《唐故驃騎大將軍行右衛上將軍致仕兼御史大夫上柱國瑯琊郡王食實封二百户贈陝州大都督王公（伉）墓誌銘》同出。王伉誌載其祔於夫人戴氏之墓，王伉卒於元和八年，戴氏先其八年而亡，故此蓋應系年爲元和元年前後。

一四三　唐韋湑中央鎮墓石

〔誌文〕

黄中總炁，/統攝無窮。/鎮星吐輝，/流鍊神宫。/

今有大唐鎮國大將軍、行左羽林衛大將、修文館大學士、上柱國□□□贈司徒、使持節、并州諸軍事、并州大都督韋湑，滅度五仙，/託質□陰，今於雍州萬年縣鄷國鄉爲汭里中（中泐）安慰撫邺。黄□哺飴□□□□充溢，練飾形骸，/□□□億劫不□中岳（中泐）上□宫，供給衣食（下泐）/侍衛安鎮，悉如□□□□舊典女青文。中央黄天，承元始符命，告下中□九□□□□□神鄉□□。/

一四四　唐韋渭東方鎮墓石

〔誌文〕

□□阿薈，無怨/□音。須延明首，/法攬菩曇。稼那/阿奕，忽訶流吟。/
華都曲麗，鮮菩/育臻。答落大梵。/散煙慶雲。飛灑/玉都。明魔上門。/無行上首。回蹠/流玄。阿陀龍羅。/四象籲員。/
東方九炁青天，承元始/符命，告下東方无極世/界土府神鄉諸靈官：今/有大唐鎮國大將軍、行/左羽林衛大將軍、修文/館大學士、上柱國、譙國/公、贈司徒、使持節、并州/諸軍事、并州大都督韋/渭，滅度五仙，託質太陰，/今於雍州萬年縣酆國/鄉溈汭里中庇形后土，/明承玉文，安慰撫卹。青/靈哺飴，九炁朝華，精光/充溢，練飾形骸，骨芳肉/香，億劫不灰。東岳太山/明開長夜九幽之府。昇/擢魂神，沐浴冠帶，遷上/南宮，供給衣食，長在光/明，魔无干犯，一切神靈，/侍衛安鎮，悉如元始明/真舊典女青文。/

一四五　唐五精鎮墓石盒蓋

〔蓋文〕

其靈冥冥，以此/爲極。陽覆陰施，/大道之則。五精/變化，安魂之德。/子孫獲吉，諸殃/永息。急急如律/令。/

一四六　後晉（吕知遇妻）故彭城郡劉氏夫人（珪）墓誌銘

〔蓋文〕

故彭城/劉氏夫/人墓誌

〔誌文〕

晉故彭城郡劉氏夫人墓誌銘并序　/

鄉貢進士陳拙撰　/

粤稽古昔，肇判肧〔胚〕腪，天法乾而地法坤；陶甄萬彙〔彙〕，陽稟日而陰稟月。運序四時，晝夜繇是無恒，寒/暑於焉不息。所以死生之位列，脩短之數分。至理既然，其誰可逭？逮萬斯載，咸一其悲。或乃存而有/聞，歿兮可紀。俾内則之風不泯，中和之譽克彰者，其在　/夫人歟。　/夫人姓劉氏，諱珪，號至真。其先出豢龍氏之苗裔，厥後遷徙汶陽，今爲汶陽人也。曾祖諱光，皇/任登州黄縣令；　/祖諱道，抱好尚之志，遂不仕焉；　/考諱貞，皇任鄆州園林使、銀青光禄大夫、檢校國子祭酒、兼御史中丞；　/妣潁川陳氏。　/夫人即　中丞之長女。陰精構質，坤德儲休，秀異標於始孩，婉淑彰於既長。丞〔承〕順由其天性，靡看/趙郡之書；功容稟彼自然，匪授曹家之訓。四德聿備，百兩宜遵。爰以簪笄之年，式納皮馬之幣〔幣〕。歸于/東平郡吕公，名知遇。公即　故光牧、尚書諱環之令子焉。以積德累功之基，荷其出如綸之澤，累遷至/邢洺磁等州制置榷鹽使、金紫光禄大夫、检校尚書左僕射、兼御史大夫、上柱國。洎　/夫人告虔榛栗，盡敬舅姑，非唯叶鳳凰之鳴，抑亦慶螽蜇之羽。律娣姒以禮樂，令高門有穆/若之風；教子孫以詩書，俾士搢揚灼然之譽。雖桓少君之德行、蔡文姬之辨〔辯〕才、謝道藴之賢明、/鍾夫人之鑒識，亦不足加也。比謂壽山永固，寒柏長青，何期夢奠兩楹，疾生二竪。盡元化五禽/之術，胡獲小瘳；用景純九卷之方，弥成大漸。即以天福五年庚子歲十二月五日啓手足于萬年縣安/上街之私第，亨〔享〕年六十八。噫！不登上壽，遽逐逝川。違乎偕老之文，决彼終天之別。附佳城於汶水，方/且阻艱；卜吉土於秦原，靡無不利。即以七年夏五月一日窆厝於長樂原北之權禮也。　/夫人之子曰名繼旻，將仕郎、前守磁州長史。黄陂度量，緒柳風姿，一鶚棲於士林，獨鶴翻於文囿。清/辭落紙，麗若春華，和氣襲人，煦如春日，誠可謂積善餘慶之所及也。女長曰蘭，適前豳州司馬/瑯琊王公諱廷裕，不幸早逝；次曰芝，適前金州進奏官、銀青光禄大夫、检校左散騎常侍、兼御史大夫、/上柱國河南祝公名翔，或守性柔和，各契桃夭之旨，或立身夷雅，皆推玉潤之名；次曰蕙，以幼慕真如，早/從披落，法號堅能，講《般若經》爲業。孫兒七哥、女五哥以其母早亡，皆　/夫人親鞠之撫之，是彝是訓。長史自遘倚盧之禍，弗忘陟屺之懷，泣血迨於三年，絶漿踰於七日。孝/誠所感，梟鳥爲之輟巢；哀毁過常，里人爲之罷社。載念欲奉盡先之敬，上酧　/罔極之恩，宜叙述其芳猷，而摭揚於懿行，盍憑鴻筆，奚属鯫儒。實以拙素叨鮑叔之知，夙忝孔融之待，遂臨鉛槧，直録見聞。銘曰：　/

懿哉劉氏，　淑德令名。　厚坤孕秀，　皓月儲精。　門高汶水，　郡茂彭城。　眷乎家諜，　具載芳聲。/爰自笄年，　歸于君子。　奉上以恭，　使下以禮。
關關雎鳩，　采采芣苢。　諒藴賢和，　式符詩旨。/閨閫肅肅，　子孫振振。　情深費祖，　愛極軻親。　乃聞既長，　乃見立身。　慈訓之善，　熟能比倫。/方亨
〔享〕選齡，　遽縈美疹。　著卜成安，　藥攻靡應。　蘭敗國香，　鸞孤皎鏡。　傷悼之情，　荀潘可并。/欲返故鄉，　其如路長。　乃從龜筮，　權葬牛崗。　松楸
既樹，　宅兆斯康。　祐兹良胤，　永保吉昌。/

一四七　北宋故承奉郎檢校尚書工部員外郎守瀘州録事參軍兼殿中侍御史東平吕公（繼旻）墓誌銘

〔**蓋文**〕

東平/吕公/墓誌

〔**誌文**〕

大宋故承奉郎檢校尚書工部員外郎守瀘州録事參軍兼殿中侍御史東平吕公墓誌銘并序　/

郭忠恕撰　/

至矣哉！鈞□開國，齊海岱之全封；執玉來朝，諒宗祧之遐裔。秦繫興絶，漢賴安危。達諷喻以賦美/人，衍陰陽而端術士。在邦必達，爲時而生。絃歌彈糾之命官，蘭省霜臺之華貫。予所否者，吾知免夫。/公諱繼旻，字□遠〔一〕，須句人也。　曾祖諱濤，皇任千牛衛將軍，禮優宿衛，刃掌發硎，勾陳必賴於樂推，/黄道全資於警蹕。　祖諱環，皇任光州刺史，名高牧伯，位重使君，降甘雨以隨軒，揚仁風而逐/扇。　考諱遇，皇任邢洺磁等州制置使、金紫檢校左僕射。　妣彭城劉氏夫人，漏澤寵

光，肥/家德教，循名責實，自葉流根，時論榮之，遐不謂矣。　/公即　僕射之長子也。弱不好弄，遊必有方。習詩、禮以過庭，效揣摩而觀國。淹中學問，師唯謹/於素王；汶上丘園，重爲瀾於費宰。雖五侯同日，一鶚秋天。惡去聲〔二〕巧宦以沽名，胡能就桀；待　/明君之懸爵，亦既安劉。採訪以　聞，綠綸乃降。天福中特授陝府硤石县令，超文林散官，歷覽/史書，此非常例。有是拜者，謹而日之，餘刃割雞，維桑馴雉。俄属蒲坂之下，板築克勤。府帥以幹濟聞/天，就加儒林郎。墨綬升階，綵衣餘慶。奉養而旨甘畢偹，侍疾則藥餌先嘗。俄鍾彼岵之哀，併灑望天之/血。樹梓果除於死鹿，嘉禾復賴於去蝗。旋拜京兆醴泉縣令，加試大理司直。下車布政，爲親割股者八人；/解印而歸，攬轡傷心者百姓。未幾，　大君有命，舉尒所知，吏部趙侍郎上交簡在　宸衷，兼官臺/憲。即除京兆高陵縣令，加承務郎、兼監察御史。守封壃於近蜀，興疏鑿於濁涇。載南畝者忘其勞，食夫稻/者懷其惠。府帥以　/公政能克著，褒奏遂行，既達　天庭，就加　帝澤，由是檢校尚書工部員外郎、兼殿中侍御/史。柔亦不茹，猛以濟寬。寵加粉署之資，政滿親民之任。閒者左司黄郎中　達聡明目，推賢讓能，當/舉主以訪聞，恨知人之已晚。俄遷邠州録事參軍，加承奉郎。六聯重寄，千里□□。科徭必預於爲丁，獄訟罔/欺於先甲。吁！南陔失志，西被初降。牛善糞金，通流美利，魚能濯錦，濬道朝宗。滂澤思及於遠人，精選率先/於時彦。遂移授濾州録事參軍，天遥拱北，徒勞戀　闕之心；水接雲南，俄染飲弓之疾。遂求長告，却返/舊居。七編之家訓遺留，一夜之文星殞落。以大宋乾德五年九月十三日寢疾終於永興里之私弟〔第〕，享年六十。/元婚樊氏、李氏並早世。今夫人隴西李氏，姬嬴族盛，陶孟母儀，天傾既□於如賓，晝哭不違於從子。/有嗣三人：孟曰濟，早亡，嚴霜摧木，朽壤傾山；仲曰澈，季曰涣，並嵇松節操，緒柳風流。家出珪璋，必爲珍於/希代；時生麟鳳，終作瑞於　昌朝。有女四人：長適汝南周氏，早亡，月華方盛，籬蕣俄凋；次適安定皇甫/氏；次二女在室，皆克全婦德，勤事女工，俱懷謝氏之才，咸有文姬之辯。有孫三人：山翁、村翁、釣翁，/尚幼。琴枝有菀音欝〔三〕，行葉垂陰，未求擇木之知，有相召雲之寵，而皆銜哀荼毒，卜吉蓍龜。即以當/年十二月六日葬於萬年縣長樂原北，祔　/先塋，以故孟子陪葬，禮也。地叶青烏，庭飛白鶴，既安滕室，必大于門。於是記其姓名，寫之琬琰。忠恕/才慙濬發，事免媿辭，聊泣故人，乃爲銘曰：　/

天地交兮雲雷屯，　宮爲君兮商爲臣。　配三才兮生哲人，　/胡万年兮贖其身。　唯公清兮若止水，　徵近古兮罕倫比。　/方貼職兮登栢臺，　何强蒐兮閉蒿里。　平生志氣在凌煙，　/歿後遺芳如謫仙。　我作辭兮今絶筆，　泫然揮涕恨終天。　/

〔簡注〕

〔一〕誌主名、字皆爲小字，誌文中凡提及人名，皆小字。

〔二〕「去聲」二字爲小字注。

〔三〕「音欝」二字爲小字注。

一四八　北宋故武陵龔公（德方）墓誌

〔蓋文〕

大宋故/武陵龔/公之墓

〔誌文〕

有宋淳化四禩〔祀〕癸巳冬仲月七日，雍人武陵/龔德方塋。父諱吉字全慶，暨叔氏諱遠字思之，于西邑布政鄉大/郭村以祔于禰祖諱順字孝和之墳，以成其禮。弗求志於它/士，非吝有侑，盖懼其佞而虛孅〔美〕，俾千古而下，/明吾望者，以名僇焉，吾是以得自而志。吾　/祖岐人也，本寔編户，唐季徙家于是。嗚呼，一/世僅革，兹世又從而革。幽蘭胡敗而蔓草胡/盛，平昔事實，竟何云爾。且吾父、叔生無辜〔罪〕於/鄉曲，殁無憾於宗族，共享一百有五歲，而吾/父得半之四。有男八、女八、孫十。吾愚朴，故直/書其事，再拜，刻石而銘云：　/

京鎬之西兮蒼蒼塚木，　彼塚之人兮/吾天與叔。　筆兹石兮庶明夫氏族。　/

兄　德裔　弟　德源　德興　德林　德成　德風/

阿重看書　/

進士高湛填諱　安文璨鎸字　/

進士魏和篆盖　/

一四九　北宋故（吕通妻）仙居縣太君張氏夫人墓誌銘〔一〕

〔額題〕

宋故仙居縣太君張氏墓誌銘

〔誌文〕

宋故仙居縣太君張氏夫人墓誌銘并序　/

伯孫澤州晉城令大忠撰序　/

仲孫秘書省著作佐郎大防撰銘　/

叔孫秦州右司理參軍大鈞篆額　/

季孫　敕賜同出身進士大受書　/

家君殿中，卜以嘉祐六年九月癸酉〔二〕，葬我　/王父祠部府君、　/王母仙居縣太君於京兆藍田驪山之陽。命其子大忠、大/防曰：吾哀不能文，惟　仙居之先烈懿行，不可不著，汝/其叙銘之。大忠等再拜承命。謹按：

夫人姓張氏，亳州/譙人，祖諱仁璪，以明經進，尤精律學。周廣順初，爲大理卿。/當時朝廷無紀律，執政柄者以情上下。四方之獄，法官傝/懦，迎意而傅會之。獨大理與其貳劇可久，持法不阿。有不/可者，力争於朝，必當而後止。/國初，爲司農卿。有子五人，人授一經，後各以其經登科。務/本，贊善大夫，娶丞相文穆吕公之女弟，以生　夫人。大/夫既卒，文穆公收其孥以撫之。時　祠部府君舉進士/京師，有名當世，特爲文穆公所知，遂以　夫人歸呂氏。/生我　伯父著作君，次則　家君殿中也。景祐五年/十一月十五日，後　祠部府君三十六年，以疾終，享壽/六十四。嘉祐元年，　/上恭謝　/天地，用　殿中恩，追封仙居縣太君。　夫人性静而/專，動必以禮，治家教子，皆有方法云。銘曰：　/

大農之仕，　逢世之季。　持法以平，　挺然不倚。　/多辟立辟，　從古所難。　以誠行之，　雖厲而安。　/翼翼仙居，　餘慶其流。　配賢嗣良，　何德之優。　/

羅道成鐫字　/

〔簡注〕

〔一〕此誌與《北宋故宣德郎守太常博士通判西京留守司事騎都尉借緋贈尚書祠部郎中呂公（通）墓誌銘》同出。

〔二〕嘉祐六年九月朔庚戌，癸酉日爲二十四日。

一五〇　北宋呂氏（大防）下殤岷老墓誌

〔誌文〕

呂氏下殤/岷老之柩/

大防□□□□□年六月/不育，熙寧五年十月祔葬。/

一五一　北宋故宣德郎守太常博士通判西京留守司事騎都尉借緋贈尚書祠部郎中呂公（通）墓誌銘〔一〕

〔蓋文〕

宋故贈/祠部郎/中呂公/墓誌銘

〔誌文〕

宋故宣德郎守太常博士通判西京留守司事騎都尉借緋贈尚書祠部郎中呂公墓誌銘有序　/〔二〕

朝散大夫守光禄卿直祕閣知陝州軍府事兼管内勸農使提舉銀冶務公事上護軍天水縣開國/子食邑六百户賜　紫金魚袋趙良規撰　/

孫承奉郎守祕書省著作佐郎知永康軍青城縣事大防書　/

右班殿直雷壽之篆蓋

將仕郎守將作監主簿趙君錫填諱　/

公諱通，字推之。其先齊太公之後。太公既封營丘，其子孫入齊者爲姜氏，留汲者爲吕氏。今故汲城有太公/廟碑，書汲郡子孫官爵。至 公猶爲衛州新鄉人。曾祖諱珣，唐睦州長史，贈太子少傅。曾祖妣李氏，追封隴/西郡太夫人。祖諱咸休，周尚書户部侍郎，贈右僕射。祖妣劉氏，彭城郡夫人。考諱鵠，太子中允，贈尚書司封/員外郎。妣楊氏，追封號略縣太君。 公舉進士，登淳化二年甲科，授河南府緱氏縣尉。淮南轉運使奏其才，/遷平江軍節度推官。用舉者召拜祕書省著作佐郎、監楚州裝卸倉，轉本省丞。 真宗即位，聞其名，召/試學士院，除太常博士，通判西京留守司。咸平五年四月四日，以疾卒官，享年三十七。 公方毅有守，鋭精/文學。少丁司封府君之喪，刻苦自立。年二十遊京師。當 太宗浸平天下，求士如不及，英才異人往往/拔用。慨然有自奮之志。丞相文穆公蒙正、正惠公端，皆以族親在顯位， 公往依之，章表牋疏多出 公手。/正惠使高麗，邀以自隨。朝夕出入二公之門，而志氣論議未嘗以貧賤少詘。趙韓王普留守西京，其壻〔婿〕監察/御史張秉愛 公才，欲薦之。 公亟以書謝曰：趙公之門，誠寒士所欲附。然由徑以取富貴，某不能也。公果/言之，請從此絶，秉於是愈益奇 公。宋文安公白知制誥，學者宗之。後進争趨其門，或不得見。及觀 公文，/稱賞嗟歎。明日，自造其居。由此名益大顯。孫何、丁謂、任隨輩皆譽傾場屋，群士莫敢望。 公與之相善，同保/以應有司。時人目爲「龍虎保」。既而俱試開封府，及薦名，何第一， 公次之。明年春， 太宗御崇政殿，親/考天下士。 公程文入優等。既唱名，文穆公以族弟稱謝殿上。 太宗疑公以力致，罷遣之。 公不自/辨〔辯〕，徑趍〔趨〕出。有頃，大臣更奏 公才行殊異，復召賜第，猶居甲科。在緱氏清嚴，吏不敢欺，洛民歌之。及遷蘇州，/屬歲大飢。佐州守謀畫招輯流民復業者數千户，死者皆爲收瘞。採訪使以狀聞， 優詔褒諭。自平江比召/試，不一歲凡三遷其官。其在西京， 真宗議幸澶淵以征契丹，欲料河南勁兵，益屯 行在，轉其府廩/以餽之。使來問狀，時尹以疾謁告。 公爲條奏利害及移用之方。 上讀奏，驚曰：作奏者誰？使者以 /公對。遂欲不次用之。其後將召，而 公得疾卒矣。嗟乎！士之負才能者，患不見知於上，既知之，患不用。若 /公之才，且將用矣，不幸奪其年，卒不得施，豈非命乎？有文集十卷，藏於家。娶張氏，司農卿仁瑑之孫，太子右/贊善大夫務本之女，文穆公之甥，後 公三十六年卒。子男二人：英，終著作佐郎；蕢，今爲殿中丞。女三人：長/適左班殿直王令先；次適進士史諮；次早亡。孫九人：大忠，澤州晉城縣令；大防，著作佐郎；大鈞，秦州右司理/參軍；大圭、大章未仕；大受，同進士出身；大臨、大觀、大年未仕。孫女五人。殿中既登朝，贈 公尚書祠部郎中，/追封張氏夫人仙居縣太君。嘉祐六年，殿中以狀來告曰：我上世皆葬於新鄉。今子孫宦學在秦，又得吉地/於驪山之麓。將以九月癸酉，舉 公及夫人之喪，葬於京兆府藍田縣玉山鄉李村之原。願得銘於墓。予因/閲其家譜。吕氏出於炎帝，自周以來，或大或微，多有顯人，其可異者。當五代之際，更後唐、晉、周爲侍郎者凡/三人，俱有名於時。經亂譜亡，莫知其緒。然參求傳記，考其本末，蓋兄弟行也。其一曰琦，晉天福中以兵部卒；/其一曰夢奇，後唐長興中以户部卒，皆著國史；其一即 公祖户部府君也，周顯德初終于位。吏部尚書張/昭叙其神道甚詳。故 國初衣冠間謂之「三院吕氏」。蓋三人之興，同出於燕衛之間，而操行名位又同也。/然天福之後，至其子一爲參知政事，一爲宰相贈侍中，餘慶正惠公是也。長興之後，至其孫且曾孫而爲宰/相者二人，文穆公、文靖公夷簡是也。獨顯德之後，尚未大振， 公又抱才不及施而殁，論者頗以三吕始同/而後異。以予觀之，著佐、殿中固已仕宦，有聲搢紳，而諸孫燁然，皆以文章才德自進。關西號多豪傑，至語士/族，則莫敢與吕氏爲比。 公雖獨不自享其報，孰知不在其後人也哉？銘曰：/

烈烈户部， 有名于世， 事傳豐碑， 在報宜備。 慶流于 公， 才出士類， 持躬直清， /秉節端毅。 蘇州之畫， 民始受賜， 西京之奏， 遂簡 帝意。將召于朝， 其有所試， /胡奪之年， 而屯其施。 三吕入 宋， 大顯者二， 公不自享， 其在後嗣。 驪山之陽， /自 公始隧。 徽音不亡， 刻此銘誌。

熙寧七年九月朔改葬于縣北五里太尉原。〔三〕公是時贈官至兵部侍郎。〔四〕

鐫者羅道成 /

〔簡注〕

〔一〕此誌與《北宋故（吕通妻）仙居縣太君張氏夫人墓誌銘》同出。

〔二〕「有序」二字爲小字。

〔三〕吕通卒於咸平五年（一〇〇二）四月四日，嘉祐六年（一〇六一）九月癸酉（二十四日）與妻張氏合葬。熙寧七年（一〇七四）九月朔（一日）改葬。

〔四〕此行爲小字補刻。

一五二 北宋吕大防先妣夫人方氏墓誌銘〔一〕

〔誌文〕

先妣夫人方氏墓誌銘并序 /

夫人姓方氏，慶曆五年九月二十七日以疾卒于慶州司法/掾之廨。八年，權厝於京兆藍田之佛舍。後十三年，得嘉祐六/年歲次辛丑九月癸酉，舉葬于縣之西北卅里驪山之原。其/無狀，子著作佐郎大防請于 朝□：臣所居官三年，有司/來責功狀，於法應遷。臣母亡將葬，無封号以識墓。臣謹昧死/請以所遷官追封亡母方氏。□□□未下，而葬期至，而又不/自隕□。輒叙外家之世官， 夫人之德行，繼以銘而内諸/壙中。謹按：

外曾王父諱厚，世家江南，仕李璟爲饒州司户，贈/虞部郎中。外王父諱易從，始去□鄉，居華陰。舉進士，中景德/二年甲科，累官屯田員外郎。外王母姚氏，永安縣君。 夫/人無昆弟姊妹，外王父愛之，擇其所歸。時 家君殿中，文/行有名士林，遂以歸吕氏。年始十六，而婦道備焉。 仙居/縣太君方在堂， 夫人晨□□色，左右無違。斂其奩囊所/有，盡以奉□□□有一錢。 殿中□□□嫁，貧無以行。 /夫人解□□以□之退，而縵服糲食，□以爲不足其居。 /仙居喪，號野□□，殆將不支。其視姒之子如己子，其御婢妾/能使畏而愛之，諸子之未就外傅者，皆穆教於□□。夫人平/居之容，□戒之曰：汝曹它日從事於政，□□必儉，無繳繞以/以〔二〕爲明，□徼幸以爲智，無苟以爲德，□□□行之。比 夫/人之葬，□且仕者四人：大忠，澤州晉城令；大防，其次也；大鈞，/秦州右司理參軍；大受，同進士出身。諸子未仕者二人：大臨，/京兆鄉貢進士；大觀，舉進士。女二人：長適進士喬岳，次蚤亡。/孫男二人，次徽女二人，並幼。銘曰： /

哀哀蒼天，喪我 母儀，良玉巳器，□□照月，既絙而虧。/哀哀蒼天，胡寧忍予？有 母而不□□，曾烏鳥之不如。/哀哀蒼天， 母兮何之？窮聲索氣，□神我答，終天亘古/兮，不聞慈誨之孜孜。

羅道成刊/

熙寧七年九月朔改葬于縣北五里太尉原。 夫人是時追封旌德縣君。 /〔三〕

〔簡注〕

〔一〕此誌與《北宋故朝奉郎守尚書比部郎中致仕輕車都尉賜緋魚袋吕府君（蕡）墓誌銘》同出。

〔二〕「以」字衍。

〔三〕此行以小字補刻於誌面左側方框外。

一五三　北宋故汲郡吕君（大章）墓誌銘

〔誌文〕

宋故汲郡吕君墓誌銘并序　/

臨汝秦偉節撰　/

堂姪景山書　/

君諱大章，字仲夔，祕書省著作佐郎/諱英之仲子，其族系見于著作府君/之誌銘。君少而孤，以質直勤儉自任，/能攻苦食淡，力治生事。養親必有甘/旨而贍，其族人亦不使不足以爲親/憂。故素産雖薄，而歲時薦享，昏〔婚〕喪賓/客之用取具焉。與人交必以信，而多/得其情。待其下不純以威，而事克治。/里閭宗族皆稱之曰：是爲良子弟矣。/治平四年六月十九日卒，享年三十/有一。娶隨氏，生三女，長未嫁，次皆蚤/卒。熙寧七年九月庚申〔一〕，葬于京兆府/藍田縣太尉原，祔其祖兵部府君之/兆。銘曰：　/

儉以豐其親，　勤以佚其家。　/不昌其年，　豈命也邪？　/

翟秀刻字　/

〔簡注〕

〔一〕熙寧七年九月朔丙申，庚申日爲二十五日。

一五四　北宋故朝奉郎守尚書比部郎中致仕輕車都尉賜緋魚袋吕府君（蕡）墓誌銘〔一〕

〔蓋文〕

宋故尚書/比部郎中/汲郡吕府/君墓誌銘

〔誌文〕

宋故朝奉郎守尚書比部郎中致仕輕車都尉賜緋魚袋呂府君墓誌銘并序　/

朝奉郎守尚書度支郎中知同州軍州事輕車都尉借紫趙瞻撰　/

承奉郎試大理評事前權隴州防禦判官雷壽之書并篆蓋　/

公諱賁，字秀實，其先出于四嶽，作禹心吕〔膂〕，故封爲氏。太公歸周，其屬有留汲者，以封爲姓，　公其後也。/自　公始徙于京兆之藍田。　大王父咸休，皇任尚書户部侍郎，贈尚書右僕射。　王父鵠，皇任太子/中允，贈尚書司封員外郎。　父通，皇任太常博士，贈尚書兵部侍郎。　公始生即孤，隨其　母張夫人/依外氏丞相吕文穆公，故就西都之鄉舉。　公始冠，文辭學問已高士論，而洛守當世鉅公，鄉賢能爲/諸京府最。及奏籍，　公在甲等，洛之選固常爲禮部望，而所試不合有司意，遂報罷。　公年四十餘，未/仕居鄉，以道義教育子弟後進，委曲規檄不之倦。其存孤幼、赴患難，惟恐不及。都轉運使張奎領京兆/府事，聞士大夫之論，即欲以羔雁聘禮，邀致學官。　公謙避不應累舉。慶曆二年春，特賜同三禮出身，/調慶州司法參軍，慶治經略府帥行軍，制一切便宜。嘗傳一才吏，以重法而欲於獄具貸，出鐫爲之用。/公持議不回，帥即嘉納，名節自兹卓然矣。既而用要官薦，就遷成州同谷縣令。　公政清直舉，盭守臣/之爲，屢爲所構，卒毋文害。或訟守不法事，　公顧爲平反之，眾服其有德量。嘉祐四年，以薦者益多，銓/筦引對，擢大理寺丞，出知邠州定平縣事。秦城古渭寨羌兵圍譟，轉運使檄　公餉軍，糧道危絶。公/遽鉤索旁近，緡錢益糴繼給。虜既平，上多弟賞，而　公不自贊，賞亦弗及。至和二年，敘遷太子中舍，移/知邵武軍歸化縣。謡俗率憙吏文，以訟相軋，故江外道雅號劇治。　公以爲忠信可以入水火，況盡人/邪。民善詛祝，以動官吏，或以是告　公，謂曰：吾聞其術，必得所生甲子，乃能殺人。審令長政不平，彼殆/能除害。即録其時日予之，且曰：吾不汝欺也。邑人驚歎，知爲悔懾。縣瀕杉谿，構橋甚力，夏秋漂没，病於/材役。　公始經畫，度爲浮梁，而舟揵孅悉頗重其取，眾遽白曰：長利也，　公其毋取。即相與計所具成/之，以至于今。三年，遷殿中丞。還　朝，除僉書河陽節度判官公事。復　敕提舉均耀州稅。　朝/廷初詔，方天下田。時猝未知其法，　公曲爲條教，遂正經界。六年，遷國子博士。八年，　英廟嗣位，恩/詔遷尚書虞部員外郎，　敕僉書定國軍節度判官公事，賜緋服魚佩。治平元年，遷比部。四年，　/今上嗣位，遷駕部。熙寧元年，移知果州，以道遠不拜。　公自是不復以仕宦爲意。二年，遷虞部郎中，分/司西京。三年，疾作於京師，時子大防直舍人院，出隨大丞相幕府宣撫陝西。　上即命中人撫問，仍/詔侍醫診視，蓋異數也。四年，遂請致仕，　詔許之。向在定國幕府嘗權州事，而會　今上即位，例/得奏薦親屬，　公有季子未仕，乃以子壻〔婿〕喬岳應令。至是復置其子，而以兄之子大圭奏任恩例，人皆/義之。五年，　上祀明堂，進加比部郎中。七年六月十四日卒于家，享年七十有五。始疾，且敕諸子具/後事，子皆怛泣，不忍奉命。乃自爲詩，以諭里人。營辨〔辦〕棺柩，不以死生爲戚，其達如此。夫人方氏，封旌德/縣君，尚書屯田員外郎易從之女，先　公卒，自有誌銘。是年九月辛酉〔二〕，葬　公于藍田縣玉山鄉太尉/原，夫人祔焉。子男六人：長大忠，秘書丞；次大防，尚書度支員外郎；次大鈞，光禄寺丞；次大受，同進士出/身；次大臨，潁州團練推官；次大觀，不仕。大受、大觀皆早卒。女二人：長歸前名山縣主簿喬岳，次早卒。孫/男四人：景山、義山、道山、至山。女六人。曾孫三人。前葬期，諸孤皆予之友，以行狀來取銘。予知　公爲詳，/故當爲銘。　公篤道義、善辨論，韻宇標置，廓然君子也。若慶州法守之勁，同谷德報之恕，古渭逃賞之/恬，耀州均賦之敏，歸化待民之誠，西京退身之明，勁維節，恕維器，恬維德，誠維性，敏維才，明維識，能以/六者始終，仕雖不至公卿，然流風遺書足以訂不朽矣。學者道孝慈，考善慶，嘗患未有以充其説，如　/公之諸子，人人賢明，故京兆吕爲關中衣冠譜弟之首，豈非其可充也邪？其治命曰：吾葬　兵部府君/之墓驪山西原，道險非計，當遷于平易地，使世世不以葬勞人。且慎毋訹術家五姓語，及浮圖氏之齋/薦者。故今并以　兵部之喪，改窆于新兆云。瞻銘之曰：/

勁恕立身，恬敏行道，誠明始終，六德之奧。四子之賢，教乃有蹈，京兆之呂，中正是告。

翟秀武德誠鐫　/

〔簡注〕

〔一〕此誌與《北宋吕大防先妣夫人方氏墓誌銘》同出。

〔二〕熙寧七年九月朔丙申，辛酉日爲二十六日。

一五五　北宋秦州右司理吕參軍（大鈞）妻馬夫人墓誌銘〔一〕

〔誌文〕

宋秦州右司理吕參軍妻馬夫人墓誌銘/

秦州司法參軍石約撰　/

夫人京兆萬年人。祖景，直史館，伯父端，西/京左藏庫使，皆顯名於時。父靖，少有隱操，/學杜甫爲詩數千篇，精緻可愛。晚年以兄/端遺命，属之令仕，强起爲延長令以卒。娶/蔡氏，生夫人，甚賢，愛之過其子。念無以爲/壻〔婿〕者，年二十始得其友人之子吕大鈞，遂/以妻之。越明年皇祐五年將見于夫廟，而/有疾，至十二月生一子徽。又明年，當至和/二年二月十日以疾卒，歸其骨於吕氏。夫/人沉静有識，其卒也，延長哭之極慟，嘗書/十六字紀其行，今取以爲銘云：　/

如珪如璋，　如芝如蘭。　/　不幸短命，　婦人之顔。　/

嘉祐六年始葬藍田李村原。熙寧/七年九月，改葬縣北五里太尉原。/〔二〕

羅道成刊/〔三〕

〔簡注〕

〔一〕此誌與《北宋故（吕大鈞妻）樂壽縣太君种夫人墓誌銘》同出。

〔二〕此段以二行小字補刻於銘文後空白處。

〔三〕馬氏卒於至和二年（一〇五五）二月十日，嘉祐六年（一〇六一）始葬藍田李村原。熙寧七年九月（一〇七四）改葬縣北五里太尉原。此誌正文應製於初葬之時，即嘉祐六年。銘後小字補刻於熙寧七年九月改葬時。

一五六　北宋故前進士吕君（大受）墓誌銘

〔誌文〕

宋故前進士吕君墓誌銘并序 /

將仕郎守陝州陝縣令范育撰 /

梓州觀察推官承奉郎試大理評事雷壽之書 /

君諱大受，字彦煇，其先汲郡人。曾祖鵠，贈尚書司封員外郎。/祖通，終太常博士，累贈尚書工部侍郎。父蕡，今爲尚書虞部/郎中，知果州。果州既仕，徙居京兆藍田，以純行著於鄉閭。有/子六人，皆賢，君其弟〔第〕四子也。少穎晤過人，弱冠有能文聲。嘉/祐六年，中進士第。先是，君兄三人相繼登科，時人榮之。而君/愈自刻約，處衆若無能者。明年，君迎婦岐下，時果州涖官河/陽，君之二弟侍焉，皆將應詔里中。君一日感疾且革，置死生，/不少戚戚，猶强起爲書，以不克歸侍，而使二弟行爲恨。書未/致而君卒，實嘉祐七年五月二十四日，享年二十有五。君性/孝友，事親汲汲，常患不至。與人接，中心涣然純易，而持議確/正，行不苟隨，故人皆樂與之交。使夫窮年懋學，以見施設，其/可量哉？而不幸早死，悲夫！君善草書，耻以自名，故罕傳於人。/妻張氏，桂州荔浦縣主簿珹之女，娶三日而君亡，無子爲後。/權殯于藍田縣李村原祖塋之偏。後七年，熙寧二年己酉，果/州語諸子曰：喪至葬終也，使此子未安，其終可乎？遂以十月/辛酉，還祔於大塋前葬。命君之季弟大觀來屬銘。育之先子/與果州友善，故得以兄事君之三昆而友二季，深惟世好之/篤，且慕吕氏之多賢，而獨悼君之不幸，故不辭而爲之銘曰：/

學貴有源，　維質之醇。　菐〔業〕貴要終，　而數之屯。　/所得在己，　所失在天。　非君之患，　伊人之歎。　/

七年九月改葬于縣北五里太尉原。〔一〕 /

南豳翟秀刻/

〔簡注〕

〔一〕此行爲小字補刻。吕大受初葬於熙寧二年（一〇六九）十月辛酉（二十八日），熙寧七年九月改葬。

一五七　北宋故處士吕君（大觀）墓銘

〔誌文〕

宋故處士吕君墓銘并序 /

光禄寺丞知同州韓城縣事范育撰 /

前同州司理參軍雷壽民書 /

處士呂君，其先殷人也。太公之歸周，其不從者居汲，故汲之/呂與東平、河東、東萊、范陽之呂，皆以族顯於漢、唐、五代之間。/在汲而顯者，周尚書户部侍郎諱咸休，於君爲高祖。其曾孫/尚書比部郎中蕡，始去汲，家關中。又葬其考贈尚書兵部侍/郎諱通于京兆藍田驪山之原。故君之葬也，不得之汲，而從/其祖兵部府君之兆。君，比部君之少子也，諱大觀，字求思。幼/敏給强識，常童之所莫及。年十餘歲，讀史至《律歷志》，輒自運/筭〔算〕乘除，達其統紀。於是博習群書，下至方技佛老之説，莫不/洞解。連舉進士不中第，比部君憐之。凡再，得以恩及子，而君/辭皆不就，以推與其旁親。既長，學益篤，悉棄其舊習之不急/者，一於禮義之要，而沈〔沉〕潛於天人性命之際。或勸之求仕，則/曰：古之仕者，未嘗有求。故出處去就，莫不爲義也。今之仕者，/未嘗無求，故出處去就，莫不爲利也。士之廉鄙敦薄，正在乎/義利之辨。求與不求之分，本且失之，而責其末，亦不足以語/道矣。勸者不能難，遂不復應舉。日取孔子、孟子之書，磨研諨〔副〕/析以極其義。師事扶風張子厚，能傳其道而蹈其行。蓋將學/至於聖人而後已。不幸短命，年二十九以卒。娶京兆雷氏，生/二子，男曰至山，女曰畫奴。君之卒以熙寧五年五月丙戌。後/五月，得十月壬寅之吉而克葬。銘曰：　七年九月改葬縣北五里太尉原。　/〔一〕

志學矣，或不由其道。造道矣，復不得其年。豈天之嗇於仁歟？/將吾道之重不幸歟？抑君之命至於此而已歟？悲夫！ /

〔簡注〕

〔一〕此行爲小字補刻。呂大觀初葬於熙寧五年十月壬寅（二十七日），熙寧七年九月改葬。

一五八　北宋呂氏（大雅）殤子與伯墓誌

〔誌文〕

呂氏殤子與伯之柩 /

大雅之次子，一歲。/熙寧四年八月夭/殁，七年九月祔葬。/

一五九　北宋呂氏（大雅）殤子鄭十七墓誌

〔誌文〕

呂氏殤子鄭十七之柩 /

大雅之第三子，二歲。/熙寧六年八月夭殁，/七年九月祔葬。 /

一六〇　北宋（吕大圭妻）故陳留張氏夫人墓銘〔一〕

〔誌文〕

宋故陳留張氏夫人墓銘并序/

夫人姓張氏，其先陳留人。曾祖/賢，不仕；祖清，河南潁陽令；父世/基，不仕。夫人既笄，歸嘉州洪雅/主簿吕大圭。未幾，舅没，夫且未/仕，服勤不懈，事寡姑以孝聞。斂/篋鬻所藏，以資叔妹，而無吝色。/從其夫之官于蜀。熙寧六年三/月三十日以疾卒，享年四十五。/明年十一月辛丑〔二〕，葬于京兆府/藍田縣太尉原吕氏之兆。銘曰：/

無悔於勤，無怨於貧，賢哉夫人。/

〔簡注〕

〔一〕此誌與《北宋故朝散郎致仕吕君（大圭）墓誌銘》同出。

〔二〕熙寧七年十一月朔乙未，辛丑爲七日。

一六一　北宋吕氏（大鈞）庶母馬氏墓誌

〔誌文〕

吕氏庶母馬氏墓誌　/

庶母馬氏者，我先君比部府君夫人，旌德縣君之/媵妾也。年始十歲，即從夫人歸我先君。後二十二/年，而夫人即世。又三十年，先君即世。凡事我先君、/夫人五十有二年，而勤謹忠愨如一日。先君有子/八人，其長者未及昏〔婚〕嫁冠笄，幼者未免襁褓。而夫/人寢疾，獨知庶母之良。乃深屬先君，委視諸子。夫/人既終，先君官小家貧，庶母悉力撫視，勞辱極至。/有所不足，不以稟請，輟簪履以資之。雖曰感夫人/之知，亦其性然也。後諸子皆出仕，有婦有孫，且有/曾孫矣，所以奉養庶母者亦有加。庶母老且病，而/猶勤力不懈。每時節，盡所有以施予羣下，私褚〔褚〕不/留一錢。後先君一年，當熙寧八年六月二十三日/以疾卒，即以七月朔陪葬于先君墓側。諸子孫諸/婦，皆哭之盡哀，諸妾御亦多爲之出涕。庶母生一/女，適雅州名山縣尉喬岳。又乳夫人之子光禄寺/丞大鈞。其葬也，諸子、孫、婦皆送至墓所。乳子大鈞/又爲此誌。/

一六二　北宋汲郡吕氏（大忠）殤子汴之墓誌

〔誌文〕

汲郡吕氏殤子汴之墓/

大忠之子，生二歲，夭于/大名府。元豐癸亥/十月癸酉〔一〕祔葬于/顯祖諫議府君之兆。/

〔簡注〕

〔一〕元豐六年歲癸亥，十月朔癸酉。

一六三　北宋汲郡吕氏（義山）中殤子麟墓誌

〔誌文〕

汲郡吕氏中殤子麟者，義/山之子也。幼而孝謹聰惠，/不煩師誨，自勤於學。内外/親族，皆冀其有成。生十有/二歲，以疾夭於長安，實元/豐乙丑十月乙酉也。越十/有二日丁酉，歸祔于藍田王父宣義郎府君之兆。外/姻太原王讜傷麟之不幸，/爲之銘曰：/

孰賦其秀，孰嗇其壽。/天乎人乎，無所歸咎。/

一六四　北宋故著作佐郎吕府君（英）墓誌銘〔一〕

〔蓋文〕

有宋/吕德/華墓

顯妣夫人王氏，緣從兄微仲任尚書右丞，用元祐丙寅　明堂恩例，奏封永壽縣太君。八年/癸酉正月辛丑，永壽君不幸以疾終。以其年十有一月甲申祔。因加誌石以蓋。哀子大圭謹記。/

〔誌文〕

宋故著作佐郎吕府君墓誌銘并序　/

姪將仕郎守澤州晉城縣令大忠撰　/

姪　勅賜同出身進士大受書　/

京兆府鄉貢進士郭潛填諱　/

府君諱英，字德華。曾祖諱咸休，周户部侍郎，贈左僕射；曾祖母劉氏，/彭城郡夫人。祖諱鵠，皇任太子中允，贈司封員外郎；祖母楊氏，追封/虢略縣太君。考諱通，皇任太常博士，贈祠部郎中；母張氏，追封仙居/縣太君。　府君少孤，力學舉進士。天聖八年登第，選補京兆府藍/田縣主薄。秩滿，授邠州三水縣尉。俄還蓬州良山縣令。郡守嚴刻，不/假吏過，參佐奔走，以奉約束。小不如法，即峻繩而摘去之，獨知　/府君，與之盡欵曲，且言于　朝。未幾，丁仙居之憂。服除，權汝州團/

練判官。會歲饑，被州移行縣視貸。 府君以官廩不足，出己錢爲/酒食，召諭諸豪，俾其出粟以賑之，被全活者甚眾。劇賊張海，攻劫襄/鄧間，郡邑震恐不自保。郟汝之屬邑，民稀而吏弱，會其令缺，賓掾虞/其攝也，往往謝病於家。 府君奮然曰：吾從事於州，郟民亦吾民，/安忍坐視遺豺虎也？吾往且護焉。遂請行。然寇竟亦不至。歲滿當遷，/知州事范祥惜其才，奏乞就遷京官監洛南稻田務。或勸 府君/以賂營於有司， 府君歎曰：進退得失，命也。不以道得之，人將不/食吾餘。既而果不得遷，止授稻田之命。凡留四歲，後用薦者，拜著作/佐郎，監杭州浙江税。舟次楚，遇疾以卒，享年五十有六，皇祐二年五/月十一日也。後以嘉祐六年九月廿四日，葬于京兆之藍田玉山鄉/李村原。 府君沉默仁厚，平居隐几，終日不出一言。顧名利淡踈，/如有所避。遇事矯矯，不可奪也。其爲治多陰功潜德，故所至無暴然/之譽。及其既去，則民皆感泣以思。在汝久，故尤得汝人之心。代還遮/道，不得行者累日。嗚呼！可謂賢矣。娶王氏，贈太子太傅明之孫，殿中/丞掞之女。生男三人：大圭、大章、大年，愿而能嗣其業。女之壻〔婿〕長曰宋/元穎，次曰秦昱，又其次曰李亢，皆士人也。孫女二人尚幼。銘曰：/

士之所患， 未居其位， 既持其權， 而復畏避。 /不繫於勢， 秖繫於懷， 嗚呼 公乎， 可謂其才。 /

熙寧七年九月庚申〔二〕改葬于縣北五里太尉原。

羅道成鐫/

〔簡注〕

〔一〕此誌與《北宋故（吕英妻）永壽縣太君王氏墓誌銘》同出。

〔二〕熙寧七年九月朔丙申，庚申日爲二十五日。元祐八年十一月朔庚辰，甲申日爲五日。

一六五 北宋故（吕英妻）永壽縣太君王氏墓誌銘〔一〕

〔蓋文〕

宋永壽/縣太君/王氏墓

〔誌文〕

宋故永壽縣太君王氏墓誌銘并序 /

右光禄大夫守尚書左僕射兼門下侍郎上柱國汲郡開國公食邑六千三百户食實封貳阡户吕大防撰并書 /

太君姓王氏，大名成安人。曾祖考遷，贈光禄卿；妣唐氏，晉昌郡太君。祖考明，天福中/舉進士，掌藥元福書記。以言規元福，元福不聽，捨之去。上書求仕州縣，累遷右補闕，/爲 太祖皇帝所深知。王師征江嶺，皆密與其謀。江南將用兵，除黄州刺史。既而/大兵圍金陵，逾年不下。唐將朱令贇者，自上江以舟師數萬來援，將燔采石浮梁以/下，衆以爲令贇之師至，則金陵之圍解矣。乃於瀕江葭菼中，多立檣干爲疑舟，以緩/其師。令贇果懼而不進，諸將因大破其軍，生擒令贇於陣間。金陵平，官至禮部侍郎。/太宗皇帝以刺史禄禄之。妣傅氏，南陽郡太君。考掞，累官殿中丞；妣郭氏，參知政事/贊之女，封長安縣君。　太君幼孤，鞠於外氏。年二十二歸呂氏，實我　世父祕書省/著作佐郎英之夫人。　著作府君初以羈旅京師，登進士第，甚貧窶。　太君不以爲/不足。後赴官錢塘，道病卒。諸孤尚幼，　太君捐簪珥以治行，乃護喪柩而還。舟人初/易　太君之嫠弱也，日益懈，令之不聽。　太君呼而戒之曰：舟我所當乘，尔輩舟所/當役。苟不恪，且送之官。乃聽命。　著作君嘗爲汝官，買田於郟而謀居之。　太君以/其孥歸於郟，治田營居，日以增葺。叔姪之已仕者，皆分禄以給之。　太君遇諸子甚/肅，嘗察其所從游。苟得其人矣，雖貧賤親爲視庖厨以待之，非其人，雖富貴不顧也。/由此諸子皆有立，而長子大圭特以孝友之行聞於鄉。既而被其叔父致仕之恩，遂/從政於郡縣，又以治行聞於官。元祐二年，　詔封永壽縣太君，賜鳳冠霞帔以寵/之。八年正月二十三日，以疾卒於寢，壽八十五。　太君勤儉明察，御下極嚴。善治家，/左右莫能欺者。事姑以孝，視娣姒以仁。年雖耄耋，而聰明不衰。性喜整絜，而晚節不/倦。將終前數月，悉屬家人以後事，如知其期者。男三人：大圭，右宣德郎；大章，早夭；大/雅，陳州南頓縣主簿。女三人：長適絳州司户宋元穎，次秦昱、宋紘，皆士人子。孫男四/人：仲山、信山，方從學，餘幼。女三人：長適汝州進士薛莊，次在室。曾孫男一人，尚幼。以/其年十一月十日祔葬于京兆藍田太尉原之先塋，　著作君之墓。大防幼學於　/著作君，　太君視之猶子也。太君既老於郟，大防方備位政事府，乃請於　朝/曰：　世母齒耋，不任輿馬之勞，從子遠仕。敢以歲例乞大圭爲潁昌從事，以便迎養。/既受　命，而　太君歿，可哀也已！銘曰：/

禮部之顯，起於成安。定越平吳，皆與其權。/破令贇兵，其績最偉。有功不揚，厥咎在史。/抑抑　太君，實其遺孫。大耋之年，猶席其勳。/出於顯家，歸我　世父。夫曰才偶，子曰令母。/大邑啟封，錫以冠裾。周原之丘，千載是圖。/

〔簡注〕

〔一〕此誌與《北宋故著作佐郎呂府君（英）墓誌銘》同出。

一六六　北宋（呂大雅妻）故賈夫人墓誌銘〔一〕

〔蓋文〕

賈夫/人誌

〔誌文〕

宋故賈夫人墓誌銘并序　/

右宣義郎句當在京寺務司武騎尉呂景山撰　/

元豐五年十一月庚辰，　從叔陳州南頓縣主簿大雅之夫人賈氏卒。後十一載，/是爲元祐八年正月辛丑，　伯祖母永壽縣太君以壽考終。是年十一月甲申〔二〕，舉/夫人之喪，從祔于京兆府藍田縣太尉原之先塋，　永壽君之兆。　主簿君以其/子仲山之狀示景山，使銘　夫人之墓。景山不敢辭，謹按：

夫人其先開封尉氏/人也。興國中，四世祖伯祥爲汝之郟城令，没于官，因徙家焉。曾大父先、大父永和、/父世濟，皆讀書晦處，不事進取，是故無聞于時。 夫人警慧温淑，蚤失所怙，而兄/弟皆夭。 夫人事寡母、撫庶娟，曲盡孝友，母氏由此守義不再嫁。十有五歲而歸/主簿君。是時 永壽嫠居，御家嚴整有法度。 夫人言動謹在繩墨之内，左右就/養，服勤婦事，能獲 姑之歡心。其没也， 永壽念之不忘。初， 夫人與庶娟俱在/室，而其母鞠養之道蓋有隆殺。 夫人每以所有潛使分遺，必均而已。既歸吕氏，/又爲庶娟擇壻，納之使奉母養，其睦婣廉約如此。先是， 叔父祕書省正字諱大/臨之嗣未立，主簿君以其子孝山爲 正字君後， 正字君易孝山曰省山。元/祐八年正月癸未， 正字君以省山年甫及冠，乃諏日具儀祗告 祖考，命外姻/毋敦常、王康朝居賓贊行三加禮，字之曰子茂，抑欲省其躬而茂其德也。 世父/龍圖公以 郊祀恩任省山爲郊社齋郎，成 正字君之志也。四月庚午，不/幸 正字君捐館，而省山實主後事焉。 夫人享年三十有二，生子男五人：長仲/山，舉進士；次則孝山也；餘皆蚤亡。女一人，未嫁。烏乎！ 夫人既多男子，而又能推/有餘以繼宗族之嗣，賢於人遠矣。重惟 正字君疇昔，以是稱 夫人，且命景山/記其事，乃泣而銘曰： /

烏乎夫人， 既慧且温。 叔氏居約， 來嬪我門。 /移母之敬， 以事所尊。 推娟之愛， 室家歡欣。 /逮我叔仕， 不幸蚤世。 收也有子， 又以命繼。 /其繼伊何， 實祕書君。 維我祕書， 德大名聞。 /如簴鴻鍾〔鐘〕， 如器純玉。 雖多令子， 克肖不足。 /獨有宗事， 斯焉可託。 元祐八載， 歲在作噩。 /孟春之初， 三加禮恪。 錫名命字， 茂德省惡。 /曾未逾時， 祕書棄館。 遠日有期， 叔母亦窆。 /祔于其姑， 永壽君兆。 它山之石， 鑱詞以告。 /

雲安軍司理參軍新差管句書寫秦鳳路經略安撫都總管司機宜文字吕至山書并篆蓋 /

〔簡注〕

〔一〕此誌與《北宋承務郎致仕吕君（大雅）墓誌銘》同出。

〔二〕元祐八年十一月朔乙亥，甲申日爲十日。

一六七　北宋（吕大忠妻）故姚氏夫人墓誌銘〔一〕

〔誌文〕

宋故姚氏夫人墓誌銘 /

吕公爲寶文閣直學士，葬其繼室樊/氏，因易夫人棺椁衣衾同祔先塋。/紹聖三年十月二十九日，侄至山記。/〔二〕

著作佐郎知鳳州河池縣事李周撰/

夫人姚氏，世爲京兆右姓。 祖度，不覊樂/施，所交盡當世賢豪，如蘇長史舜欽、高/處士懌皆從之遊。 父鄀，舉進士不第。 夫/人性專静，不妄語笑。 年二十，歸晉城令/吕大忠。 晉城方少年，喜賓客，然病貧不/能充所欲。 夫人嘗携斂〔奩〕中玩好，密授婢/子，以貰酒脯。 晉城愧其意，乃曰：吾祖所/尚，苟佳士日至，此長物，奚惜

哉？慶曆五/年閏五月十五日，因誕不育，遂卒。內外/宗族，皆相弔以泣。嗚呼！可無述乎？銘曰：/

生有所稱，　歿有所歸。　/弗迨者壽，　夫何足悲。　/

嘉祐六年，始葬藍田李村原。　熙寧七年九月，改葬/縣北五里太尉原。　夫人是時追封真寧縣君。　/〔三〕

羅道成刊/〔四〕

〔簡注〕

〔一〕此誌與《北宋呂夫人（大忠妻）仁壽縣君樊氏墓誌銘》、《北宋故追復寶文閣直學士朝散大夫致仕呂公（大忠）墓誌》同出。

〔二〕此段以三行小字補刻於首題下空白處。

〔三〕此段以二行小字補刻於銘文後空白處。

〔四〕姚氏卒於慶曆五年（一〇四五）閏五月十五日，嘉祐六年（一〇六一），始葬藍田李村原。熙寧七年九月（一〇七四）改葬縣北五里太尉原，紹聖三年（一〇九六）十月二十九日再記。此誌正文應製於初葬之時，即嘉祐六年。後一段小字補刻於熙寧七年九月改葬時，前一段小字補刻於紹聖三年十月二十九日葬樊氏時。

一六八　北宋呂夫人（大忠妻）仁壽縣君樊氏墓誌銘〔一〕

〔蓋文〕

有宋故/仁壽縣/君樊氏/墓誌銘

〔誌文〕

宋呂夫人仁壽縣君樊氏墓誌銘并序　/

朝奉大夫權京西路計度轉運副使兼勸農使上護軍賜緋魚袋借紫閻令譔文/

朝散郎直秘閣新差知潭州軍州兼管內勸農事兼荊湖南路安撫充兵馬鈐轄飛騎尉賜紫金魚袋張舜民書　/

朝奉郎直龍圖閣權知陝州軍府兼提舉商虢州兵馬巡檢公事飛騎尉借紫游師雄篆蓋　/

寶文閣直學士、知秦州呂公將葬其夫人，請銘于令。公歬〔前〕守秦/五年而徙渭，令爲茶馬官，先公而至，後公而代，實知公家範與/夫人之懿，故不獲辭。夫人樊氏，果州南充人。曾祖守温，贈屯田/郎中。祖象，贈光禄卿。考鐸，祕書丞。秘書始居于華。母袁，蚤卒，夫/人未笄，哀毀如成人。事繼母王，莫或知其非嫡也。秘書遴擇所/配，晚乃歸公。公仕州縣時，贒〔賢〕士大夫已盈其門。夫人日治肴觴/無倦色。逮事舅莘國公，奉養惟謹。族眾食貧，夫人先之以勤儉，/敦睦親疏愛服焉。呂氏世學禮，賓祭婚喪莫不倣古。平居貴賤，/長幼必恭。夫人身率而行之，閨門肅乂如學校官府云。公季弟/亡，夫人鞠其二子如己生。至男仕女嫁，乃喜曰：吾願畢矣。天資/孝敬，其治家雖細務必有灋〔法〕。自奉簡約，無所嗜好。獨喜觀書，又/學止心養氣之術。紹聖二年夏，聞其姊秦國李夫人之訃，夫人/與之年相若，且少同苦甘，悲涕不自勝。因邑邑成疾，以八月辛/未卒，年五十九。留殯于秦。後一年，公自渭進職，再守秦。以十一/月戊子葬京兆府藍田縣太尉原之先塋〔二〕。子三人：道山、汴奴皆/夭；錫山，承務郎。維古之盛時，女子學乎姆師。故婦婦、母母而習/俗美。至先王之澤熄，列女始記于史家，何其寡也。如夫人端一/不貳，拔乎流俗，可不謂難乎？銘曰：/

樊仲之孫，呂侯之配。相侯乂家，以及其外。士則有學，允迪忠孝。/夫人少成，不自姆教。維敬維一，乃克令終。勒銘幽石，以詔無窮。/

姚文鐫字 /

〔簡注〕

〔一〕此誌與《北宋（呂大忠妻）故姚氏夫人墓誌銘》、《北宋故追復寶文閣直學士朝散大夫致仕呂公（大忠）墓誌》同出。

〔二〕紹聖三年十一月朔丁亥，戊子日爲二日。

一六九　北宋故追復寶文閣直學士朝散大夫致仕呂公（大忠）墓誌〔一〕

〔誌文〕

宋故追復寶文閣直學士朝散大夫致/仕呂公之墓 /

公諱大忠，字進伯，其先出於汲郡，後爲/長安人。年二十有九，以皇祐五年中進/士第。甫至七十，即累章告老，後三年始/得請。紹聖四年，以寶文閣待制致仕，自/左馮翊歸長安里第。元符三年四月十/二日寢疾而没，享年七十有六。是年七/月八日，嗣子錫山奉公之喪，歸葬于藍/田白鹿鄉太尉原之先塋。以埋文隧，碑/不可亟得，託其故莫〔幕〕府武功蘇昞紀其/大略，以葴諸幽。嗚呼我公！其持己也約，/其待物也誠，其立朝也直，其視民也恵，/終始一節，無閒然矣。若夫施設用捨，則/繫所遇如何爾，論撰之詳，以俟作者云。/

〔簡注〕

〔一〕此誌與《北宋（呂大忠妻）故姚氏夫人墓誌銘》、《北宋呂夫人（大忠妻）仁壽縣君樊氏墓誌銘》同出。

一七〇　北宋汲郡呂錫山長女文娘墓誌

〔誌文〕

汲郡呂錫山長女文娘，/建中靖國元年七月十/四日辰時生於長安。明/年九月二十四日亥時/得風疾而化。性極恵，其/母侯甚憐之。後五日，歸/殯於藍田縣崇因褒訓/禪院。又一年，以十二月/四日遷祔祖寶文公之/墓側。 /

〔蓋文〕

宋吕氏/婦侯夫/人墓銘

〔誌文〕

宋侯夫人墓誌銘/

承奉郎吕錫山撰/

通仕郎耀州雲陽縣令王康朝書/

奉議郎守殿中侍御史侯蒙篆蓋/

予少時聞侯公與先公厚善，嘗侍側，望其風貌峻整，使人斂衽知畏，聽其論議，/至及天下事，是是非非，挺然不阿。已而得公之爲人，剛毅正直，以節自高，不肯/俯仰徇世。好信於鄉，重於士大夫。其後，予數奉公燕閒。公愛予，許妻以女。公諱/孝傑，官止朝散郎，其先高密人。自公之父朝奉大夫諱中立仕關右，筮宅京兆，/徙家焉。公没，夫人尚幼，母崇德縣君田氏守義。平居玩書史，夫人有疑，輒就咨，/遂能曉其大指。公之元配有子四人，崇德頋復均壹，夫人陰有助焉。年十有六，/歸於予。時先公致其事於家，既饋，委以壺政。夫人處畫知大體不煩。先公晚年/多疾，夫人夙夜伺起居，狀惟謹。先公棄養，夫人於祭，親饎飪，羞豆鉶，必絜以嚴。/嘗曰：婦人所先者，祭耳。又況君家以爲重乎？人以是多之。夫人天資警悟，識量/遠，言動一循於禮，雖婢使不見喜愠。待人以誠，人有善，樂爲之譽，聞其過，絶口/不道。予長安大族也，夫人事上以敬，撫下以慈，皆得其情。自奉约服飾，取給則/止。事有忤於理者，他人方色改氣，拂膺夫人。初若不經意，事帖然卒契於理，人/莫測其所施設。予歸自外，夫人必問其所與。知從賢者游，則悦，曰：是所望於君/者也。又以先公所以戒予者相勉，使予知所守，夫人力也。崇寧甲申四月癸丑/以疾卒于予之正室，享年二十有二。内外族黨，莫不欷歔出涕。叔母种夫人哭/之哀，謂予曰：汝居約，婦能安之，其賢可得乎？始夫人疾，其兄益日視焉。夫人慮/羸然不自支，重貽其憂，猶持形立氣，紿以少閒。疾稍亟，或勸禳之者。夫人曰：生/死，賦之天耳，是可禳耶？將死前一日，顧乳母在傍，如有所言，久而未發。乳母莫/寤。夫人以兒屬曰：善爲我護之。神識不亂如此。嗚呼痛哉！卜以七月甲申〔二〕，葬于/藍田太尉原之先塋。生子一人：男曰清孫，始生五閱月矣；女曰文娘，早夭。予觀/夫人之德之行雖繁，予文不足以究，特取其著者書之。使其得長年盡見所爲，/其書也烏有既乎？銘曰：/

天之報施，猶形表景。善必福所以勸，惡必禍所以儆。如夫人者，德/純行懿，而壽不永。予非敢必於天，庶幾萬一之應，慮爲善者怠，爲/惡者兢。鑱其石，以書予之哀。嗚呼！夫人骨可朽，而名不泯。

李壽昌刊/

〔簡注〕

〔一〕此誌與《北宋（吕錫山妻）故齊夫人墓誌銘》同出。

〔二〕崇寧甲申爲崇寧三年，七月朔壬申，甲申爲十三日。

一七二　北宋汲郡呂氏（景山）第四女倩容墓誌銘〔一〕

〔誌文〕

宋汲郡呂氏第四女倩容墓誌銘并序　/

著雍困敦之歲十一月丁巳冬至，汲郡呂氏用其先人之/禮，率族人脩薦事于三世之廟，而顯妣秦國夫人之室第/四女嫣祔焉。執觶奉俎，既致之以履霜之思，止賓設位，又/申之以舐犢之愛。禮成，爲之不樂者終日。已而始卜得是/歲十二月丙申之吉，歸葬于京兆府藍田縣太尉原之先/塋。於是父宣義郎景山泣而銘之。嫣，字倩容，皆予所命也。/其行第四。母李氏，崇德縣君，乳母耿氏。元祐元年九月十/日生于丞相府。年二十二歲，病足弱之疾，卒于長安昇平/坊之第，前此一歲二月二十有三日也。其爲人明慧異於/常童，凡女工、儒釋、音樂之事無不洞曉。孝友婉娩，盡得家/人之懽心。而汲公、秦國尤鍾愛焉。暨汲公之南，亦從至大/庾嶺下。不幸遭離大故，返葬關中，往復萬里，艱難百爲，嫣/實與焉。汲公治命，面予冠帔。建中靖國元年，始拜　恩/賚，惟加笄之日，一嘗服之。許嫁章郇公之曾孫壽孫者。病/既革，趣之成禮。壻〔婿〕行次華陰，而已逝矣。屬纊前一日，予誨/以死生浮幻之理，合掌聽受。遺言大抵懼貽父母傷悲之/情，複語自寬而已。嗚呼，可哀也已！銘曰：　/

慧何豐，　壽何嗇。　從王母，　即幽宅。　/

其墓南直汲公之新兆，其東則殤兄鄭冀、弟小四合/住祔焉。冀、小四嫡子也，因識于左方云。

大觀二年十/二月二十一日雲陽縣令太原王康朝書　/

姚彥刊/

〔簡注〕

〔一〕誌主呂倩容系呂景山第四女，汲郡公呂大防与秦国夫人孙女。

一七三　北宋承務郎致仕呂君（大雅）墓誌銘〔一〕

〔蓋文〕

宋承務/郎致仕/呂君墓

〔蓋底面文〕

大唐故定/州刺史上/柱國張君/墓誌之銘〔二〕

〔誌文〕

宋承務郎致仕吕君墓誌銘 /

朝奉大夫充環慶路經略安撫使司勾當公事武騎尉張閎中撰 /

朝請郎通判永興軍府管句學事兼管内勸農事驍騎尉賜緋魚袋句德之書 /

承議郎充環慶路經略安撫都總管司管勾機宜文字吕至山篆蓋 /

惟吕氏世居汲郡，五代間同一祖。其後派而爲三，起家俱至大官，士族衣冠之盛，/世莫與比，當時號「三院吕氏」。周廣順中，爲一時名臣者諱咸休，給事中、左散騎常/侍，遷户部侍郎，所謂廣順侍郎院也。咸休生鵠，太子中允、贈太傅。鵠生通，太常博/士，贈太師。通生二子，長曰英，著作佐郎，贈朝散大夫；次曰蕡，尚書比部郎中，贈太/師，追封莘國公。莘公羈旅入關，以篤行稱長者，居京兆府藍田縣，爲其縣人。大夫/公官于汝，後居郟城，子孫因家焉。莘公諸子仕益顯貴，追先公之志，卜葬於縣之/白鹿鄉太尉原。自其祖太師始故，家郟城者必反葬，從先塋也。

君諱大雅，字正之，/大夫公之季子。母王，安定縣太君。君少孤，能自立。安定性嚴，君事之盡孝，能得其/歡心。元祐初，從兄丞相大防，遇　明堂大禮，奏補假承務郎，調陳州南頓縣/主簿。秩未滿，丁母夫人憂。徒行千里，奉柩歸葬。居喪哀毁，氣僅相屬。廬於墓側不/忍去，負土以封，不知寒暑。人爲之感動。居則燔香誦佛書，語未嘗及他事也。去喪，/君殊無出仕意，族人强之，乃起。再調鄧州順陽縣尉。君笑曰：是不可以已乎？遂請/老。建中靖國元年春，以承務郎致仕。兄朝散郎大圭，以君勇於求退，故相繼謝事。/至是與君優游里社，朝夕相從，怡怡如也。士大夫咸仰其高風焉。大觀己丑正月/庚子，以疾卒于寢，享年六十有六。將死之夕，與家人酌酒敘別如平日。俄頃，翛然/而逝。蓋晚年益悟性理，其所養，人有不及知者。君天資静默，悃愊無華，初持一心，/未嘗變節。拯人之急，惟恐不逮，聞人之過，絶口不道。始丞相欲官之，而非君素志。/其母勉之曰：吾老矣，願見汝得仕。由是不敢辭。君試吏雖未久，而更事若老於遊/宦者。奉公不苟，以盡事上之義，人以是益賢之。娶賈氏，先君卒。繼室羅氏。子十一/人：長仲山，文林郎、華州蒲城縣丞；次省山，文林郎、行定邊軍判官。以省山爲從兄/大臨之後，餘皆早亡。女二人：長歸進士李公輔，次歸進士張納言。孫男三人：允修、/簡修、禮修，皆幼。其孤扶護西歸，卜明年庚寅二月丙申〔三〕，舉以葬焉。宣德郎、知醴泉/縣事王康朝狀其行。將葬，遣使來謁銘。閎中實受室於吕氏，頃年從君遊，且久知/君爲詳。義不得辭，乃爲之銘曰： /

謂君必退，　則亦已仕。　謂君必進，　既仕而止。　/仕也慰母之心，　止也求吾之志。　優哉游哉，　終焉以遂。　/勢利之塗，　其轍孔異。　聞君之風，　亦可少愧。 /

李壽永壽昌刻 /

〔簡注〕

〔一〕此誌與《北宋〈吕大雅妻〉故賈夫人墓誌銘》同出。

〔二〕《金石録》卷四：「唐定州刺史張萬福墓誌，正書，無書撰人姓名，永徽五年四月。」從原刻紋飾上來看，正是唐高宗時代墓誌蓋樣式。趙明誠應該是目睹過此誌的原石或誌拓，而誌蓋很顯然被藍田吕氏收藏，後改刻作吕大雅墓誌蓋。

〔三〕大觀四年歲庚寅，二月朔庚午，丙申日爲二十七日。

一七四　北宋（吕錫山妻）故齊夫人墓誌銘〔一〕

〔蓋文〕

齊夫/人墓

〔誌文〕

宋故齊夫人墓誌銘　／

承事郎前監安肅軍酒税務吕　錫山　譔并書　／

建安趙安常以術遊四方，士大夫願識者衆。大觀丁亥，予爲安肅/軍之酒官，遇焉。觀其定貴賤、決死生若指諸掌。雖其人在側，言之/無隱。一日，予以休咎問之，徐答曰：功名未可期。歲在丑，恐不利於/君妻。予初未之信。大觀己丑春三月戊午，夫人果以乳死。嗚呼！豈/數已定而不可逃耶？將會逢其適耶？冬十月，予受代，舉夫人之喪，/卜以明年春二月丙申〔二〕，返葬於京兆府藍田縣太尉原先塋之次。／

夫人齊氏，始家祁州蒲陰縣，後徙居常山，今爲真定府人。父朝請/郎仲雍，母永安縣君陳氏。夫人幼失母，能自修飭。既長，每春秋與/祭，念母之不及見，涕不能止，家人見而傷之。性沈〔沉〕静，凡出一言，必/反覆思之，曰：得無差乎。以是持其身甚謹。至於女之所工，不待教/而妙絶過人。時朝請公爲郡，孜孜於政，不暇顧私。閨門事無巨細，/多委夫人畫焉。平居專誦道家書，頗得其指，有糠粃世故意。夫人/生于元豐之甲子，至崇寧乙酉始歸于予。相從三年如一日，嘗勉/予以學。又曰：士之出處當自重，無苟合以徼進。予佩其言，且喜夫/人之識高，它日必爲賢婦。孰謂天奪之遽耶？夫人方娠也，數謂予/曰：君其力嗣家聲，弟以不得偕老爲恨耳。窮其所因，復不答。古所/謂魄兆，夫人其是乎？生女二人，皆夭。銘曰：　／

予觀夫人兮，四德純備。如蘭之薰兮，如玉之粹。宜歸大家兮，/以貴以榮。事不可期兮，作予之配。自憐覊跡兮，大海一萍。得/官窮塞兮，誰同臭味。相待如賓兮，古人之流。屈指何時兮，匆/匆三歲。不與其壽兮，識者之嗟。愁雲晦日兮，天爲雨涕。寶奩/塵掩兮，脂澤猶存。音容易遠兮，難求寤寐。生死殊路兮，纏痛/綿綿。刻石幽宫兮，予辭無愧。

李壽永刊　／

〔簡注〕

〔一〕此誌與《北宋（吕錫山妻）侯夫人墓誌銘》同出。

〔二〕大觀己丑爲三年。大觀四年二月朔庚午，丙申日爲二十七日。

〔蓋文〕

宋樂壽/縣太君/种氏墓

〔誌文〕

宋故樂壽縣太君种夫人墓誌銘　/

武功蘇眪譔　/

琅邪王毖書　/

廣平程穎篆蓋　/

《詩》云：妻子好合，如鼓瑟琴。非謂昵其私，厚於愛，嬉嬉佚樂以爲悦也。政欲陽倡陰/和，夫義婦順。夙夜儆戒，志於相成。解而更張，至於調理，然後以爲美也。吾友叔子，/鄉里之分則所事也，在師門則所畏也。於夫人，則眪也之妻與夫人實兄弟也。固/甞親見其爲人，以是得觀淑德之與君子偕，而家道肅雝。好合之義，考之古人無/媿矣。叔子姓吕氏，諱大鈞，字和叔。進士中第，至宣義郎。晚節以三代絶學自任，望/聖人德業，欲一朝而至焉。故同門誄其志行，號誠德君子。夫人姓种氏，世名家。父/諱古，早以隐德稱，尚氣義，立朝有勳績，終東上閤門使。夫人生而不羣，閤門公甞/歎曰：乃不爲男兒，以大我家耶？既歸吕氏，逮事莘國公，婦職以孝謹稱于娣姒。娣/姒相愛，晚益和厚。故丞相汲公甞稱曰：吾家賢婦。以爲閨門矜式。元祐間，首奏冠/帔，又封樂壽縣太君。初，叔子從子張子之學，以謂道德性命之微，則存乎致知。若/推之行事，誠之著，義之實，莫盛於禮。故凡喪祭冠昏〔婚〕，至于鄉飲、相見之儀，莫不推/明講習，可以想見古風。自是關中士大夫，班班師放，寔叔子倡之。而夫人同好，不/愆不違，由内以及外，其助爲多。叔子捐館，其葬其祭，一本於禮，如叔子所以居莘/國公之喪。其子承意遵教，不敢怠。以至從學仕官，莫不舉先人爲帥〔師〕，以成就其賢。/不幸先夫人而没，自是夫人積憂傷，寢疾久之。以政和二年六月辛丑卒，享年七/十三。子義山，前夫人馬氏出也，大□□育之道，無不盡過於所自生，終身不見其/間焉。既寡，閤門公欲奪其志，夫人誓死靡它，以門户自任更三十年，人莫得而議。/雖諸父黨，不敢以諸女處。老益莊重，内外姻戚，見者無墮容。人或諫之，曰：吾安於/此，不勞也。性沉審，敏於處事。治家勤儉，稱其有無，莫不樽節適中。生平嚴於法度，/不尚綺麗聲樂，身能之而不御，謂非婦道之先。燕游雖盛而不好，謂終吝之道也。/其於媵御，撫之有恩意。諄諄教戒，不大聲色，故人人樂盡力。義山，宣德郎。孫德修，/將仕郎；輔修，從事郎，卒。女適宣德郎范益，一在室。曾孫安仁、求仁、居仁。今其没也，/德修實主其喪。以是年九月壬申〔二〕，袝葬于藍田之先塋。銘曰：　/

名父之子，　得氣之剛。　嬪于德門，　其人更良。　相待如賓，　肅肅閨房。　/族黨尊愛，　望其色莊。　夫子振古，　先進於禮。　三代之遺，　講修濟濟。　/

關輔不□，　緊自吾啟。　風出家人，　實惟根柢。　夫子既没，　持之益嚴。　/公叔文子，　母儀是瞻。　昊天不吊，　哲淑殄殲。　我銘□□，　雨涕霑霑。　/

李壽□　/

〔簡注〕

〔一〕此誌與《北宋秦州右司理吕參軍（大鈞）妻馬夫人墓誌銘》同出。

〔二〕政和二年九月朔乙卯，壬申日爲十八日。

一七六　北宋故朝散郎致仕吕君（大圭）墓誌銘

〔蓋文〕

宋故朝/散郎致/仕吕君/墓誌銘

〔誌文〕

宋故朝散郎致仕吕君墓誌銘并序　/

朝奉大夫提點彭州冲真觀岑穰撰　/

通直郎前充提轄措置陝西川路坑冶鑄錢司檢踏官王毖書　/

朝散郎專切管勾永興軍耀州三白渠公事賜緋魚袋邵伯温篆盖　/

許汝間有儒先生曰大圭，吕姓，君玉其字。自少嗜學，逮壯益勵，老而不怠，以勤於六藝，盖無不/講習，而禮學尤深，既考明其制度宜適，以慶以弔以節文，冠昬〔婚〕喪祭行之於家，而其君臣、父子、/夫婦、朋友，所以立己接物之大要，則佩服而勉趨之，曰：吾讀書非徒然也，蹈規矩、遵繩墨，久而/安焉，不以爲難。燕私不見惰容，恭静而和。與人情篤味深，不失其正。必誠必信，無虚諾甕言。老/益諄諄，訓迪後進，周流於忠孝道義之域。請老退居十有餘年，築堂苟完，處而樂之。飲食起居，/自養有方。恬淡寧謐，心逸而神怡。有田近在宅之四周，命家人躬耕給食。入雖不□，而用之中/節，常若有餘。客至，輒具酒肴，挽不聽去，與之論説前世得失成敗，評裁人物，欣慕其忠良賢德，/而貶斥其不肖邪佞。意見詞色，如身履其間。年八十餘，猶細字抄古書，閲誦不少厭。聰明悍堅，/志氣浩如也。鄉人服其誠而化其德，往往相勉，不爲非義。雖遨蕩譁謔細故，亦畏先生知之。其/没也，驚悼相弔，奔走會哭。里巷至爲之罷市，野人輟耕來赴者甚衆。嗚呼！可謂剛正純一，至誠/格物之君子矣。穰紹聖、元符間官于許，與先生爲同寮。先生年實父我，乃待我以友，相與好甚，/故得其人爲詳。先生病革，猶顧家人曰：爲我寄聲岑彦休。然則非穰，其誰爲銘？吕氏自太公望/避紂于汲，子孫或著或微，卒不去其土。故汲之新鄉，吕姓爲多。先生之曾祖諱鵠，故任太子中/允；祖諱通，故任太常博士，皆以汲公大防貴，贈太傅、太師。考諱英，故任著作佐郎，累贈中大夫。/自太師始葬于京兆之藍田，子孫因爲長安藍田人。中大夫官于汝，既卒，先生與母王夫人樂/其土風，止汝之郟城。初試藝，屢爲鄉貢首選，不中第。仲父蕡，汲公之考也，熙寧中以虞部郎中/致仕。任先生太廟齋郎，仕爲嘉州洪雅主簿、華州渭南尉、知襄州南漳、潁州沈丘縣事。用舉者/改宣德郎，簽書忠武軍節度判官廳公事。磨勘擬通直郎，避祖諱，乞守前官。　今上登極，/覃恩轉奉議郎，賜服五品。尋乞折資監蔡州商税務。還承議郎。崇寧二年，以朝奉郎致仕。　/八寶恩授朝散郎。政和六年七月二十日終于家，享年八十有六。始娶張氏，追封安居縣君。繼/室王氏，封安仁縣君。男信山，迪功郎。女適士人何遹祖。孫簡修。卜以七年十月十九日歸葬藍/田之白鹿鄉太尉原世墓之次。先生居官勤力悉意，孜孜於事。爲邑又有以教化其民，率其鄉/人行鄉飲酒禮，示以古義。完學舍，使羣處肄業，躬爲講說，立之課程。故所至，人知務學，其風一/變。潁昌事莊敏韓公，他吏屬懾威屏氣，莫敢出一語。先生獨有所可否，惟是之從，韓公每改容/聽納之。汲公當國，先生未嘗干以私務，補益其所不至。既而汲公竄謫，先生年七十矣。間關千/里，即貶所見焉。王夫人卒，廬墓左，終喪纍然不勝哀。育甥姪女之孤者，視若己子，均其奩具，擇/良士歸之。禮義所宜爲之，率先衆人。喜賦詩，平易不迫，能盡其意。晚尤好《易》，條列四象，別以爲/圖。文章質直典嚴，如其爲人。有《草堂集》五十卷。銘曰：/

福之在人，惟壽爲難。壽而無聞，如不壽然。初或厲操，晚乃怠隳。有始無終，亦奚用爲？/異哉先生，志高行篤。老益嗜學，宵光自燭。天亦畀之，康寧之休。聰明悍堅，俾克自修。/如沈麟士，火下細書。如顏洪都，守道晏如。與少者言，孝弟（悌）忠信。與農里言，恪勤善順。/惟其身之，俗故訓之。不爲□□，功利自滋。年垂九十，何吒其逝。失所表儀，邦人是畏。/玉山之傍，泉深土完。歸從□□，萬世之安。/

【簡注】

〔一〕此誌與《北宋（吕大圭妻）故陳留張氏夫人墓銘》同出。

一七七　金李居柔買地券

【誌文】

維大金正大三年歲次丙戌九月朔二十二日癸亥，安/葬立祖故大資政大夫前陝西東路轉運使□行六/部尚書李居柔，以今年八月初五日□□□龜筮協/從，相地襲吉，宜於京兆府咸寧縣龍首郫修行/北社安厝宅兆，謹用錢九万九千九百九十九/貫文，兼五綵信幣置武五郎墳地一畝，於内建/立新墳一座。東至青龍，西至白虎，南至朱雀，/北至玄武。内方勾陳，分掌四域，丘承墓伯，封步/界畔，道路將軍，齊整阡陌。千秋千歲，永無/咎殃。若輒干犯訶禁者，將軍亭長收付河伯。/今以牲牢酒飵、百味香新供爲信契。財地交/相分付，工匠主人，内外存亡，悉皆安吉。急急如/五帝使者女青律令。

合同〔一〕

【簡注】

〔一〕「合同」二字騎縫朱書，僅有右半部。

一七八　元故從仕郎耀州同官縣尹郭君（汝弼）墓誌銘

【誌文】

大元故從仕郎耀州同官縣尹郭君墓誌銘/

奉議大夫華州知州兼諸軍奧魯勸農事呂端善撰 /

將仕佐郎前河東陝西等路萬户府知事弟　安善書 /

君諱汝弼，字良佐，姓郭氏。族祖諱時中，字器之，爲關輔碩儒，仕爲三白渠副使，號太/華先生，有家傳。其子崇期，字達卿。有族譜圖，載其先世系出周王季之穆號叔，後爲/郭氏，世居太原。唐末避仇，徙家陝西之蒲城縣，爲宗甚鉅。自君之五世祖諱完，而上/莫考名字。高祖諱道，高祖媲楊；曾祖珪，曾祖媲韓；祖鑑，祖媲王，皆葬蒲城。考玨，字德/招，妣屈。考生兵亂間，遷徙四方。後居京兆咸寧，優游里社，落落爲偉丈夫，隸名儒籍。生/七子，曰汝舟、汝楫、汝霖、汝翼、汝弼、汝賢、汝明，君之行第五。幼受業行省員外郎宗親/遺安先生郭公鎬周卿。少長，從寓齋先生李庭顯卿學。踰冠，聲聞藉甚。至元癸酉，　/皇嗣安西王開府陝右，招延髦彥，置館府署，有文學參軍典書之目，時与選者皆一/時之英。乙亥，起君　王府典書，實与前文學今翰林學士姚燧端甫、前記室參軍今/廉訪馬紹庭季卿輩游，从者數年，遠邇拭目，以爲宛然有瀛洲之風。用是學業日懋。/丙子，奉　教乘傳祠泰山，得与東諸侯及耆儒宿德欵晤，酬答游道，自兹逾廣。無何，/王車上征，中書左丞觽齋汪公惟〔一〕分省四川，禮君爲掾屬，不以吏責。觽齋語余於/京師曰：西省得掾郭良佐矣。其容忻然如有獲。未幾，奏降　敕告俾君經歷馬湖路/總管府事。未上御史臺，辟君經歷隴右、河西道提刑按察司事。三年，轉同州韓城縣/尹。又三年，轉耀州同官縣尹。甫年，以疾歸于家而終。君爲人美丰姿，尚鮮潔，嗜書爲/學，不以家事累其心。爲辭章特敏給，其得意處不愧古人，蓋其天質所長。平生以吟/詠爲至樂，作詩文幾千首，時以文章士目之，謂其不屑世務。然其居家也，父母怡愉，/安寧壽考，無侵擾之虞；兄弟輯睦，同居共爨，無紛争貨財之累。其居官也，無纇德，無/墜事，同列無違言，民下無謗誹，公府無責讓。無萋菲媒蘖之患，有非世儒所易及者，/進方鋭而遽止此。君昆季七人，四先逝。其姪楨，有美才，亦早世。君之死，仲兄季弟哭/之曰：無有就者而存，有成望者而殁，天殆禍郭氏耶？凡与識者，莫不悼惜。悼悼其年/不永，惜惜其才用不竟也。然此特人情之常，揆以至理，有不必然，物各有分定，人能/無愧怍，斯可矣。生而學問有所成，能文章以自宣，爲時録用，安父母之心。爲鄉黨之/榮，死而遺哀於兄弟，作時人之悼惜。是足以遺後人，可謂無愧怍矣。審以謂富貴壽/考，足以盡人之情。則世之賢於君者多矣，求其哀悼如君者，恐或不然。或父母之不/寧，或昆季之不相能，饕世利而不止，遺子孫之危禍，則於彼何取焉？君生於　/有元代金之十五年戊申，終于大德三年之己亥七月五日，享年五十有二。娶故經/歷都元帥府事張公諱頤字濟民女。男植，既冠，方學。姪在者曰樞、曰桓，皆植兄也。同/居踵家教，有輯睦風。姪女三人，屈玨、李德、巡檢王德輔〔二〕皆其壻也。姪孫一人，曰赫。赫，樞/子也。越三日，葬君于東陵鄉孝義村先人之兆，不能歸祔於蒲城之先塋也。兄汝楫/以開成路儒學教授劉元狀其實，來請銘。君於余爲外妹壻，且少長從游，宜爲銘，且/以慰其昆季哀慟之情。銘曰： /

人生兩間，貴適世用。苟不其然，生醉死夢。猗与良佐，力學求師。師有正傳，用昌于詩。/孰不能詩，子能得要。不龜手一，用有微妙。詩昌其身，又昌厥家。父母不戚戚，兄弟不咨嗟。/藩府清風，省臺要路，用不子遺，騰口交譽。韓山蒼蒼，同官舊邦。撫字遺愛，邦民不忘。/人猶惜之，展材不既。我獨謂子，可亦無愧。彼昏罔知，雖貴奚爲？作銘以告之，維子其知。 /

省差安西路石匠提領程珪刊 /

〔簡注〕

〔一〕「中書左丞觽齋汪惟」應爲汪惟正，字公理，鞏昌鹽川（今甘肅隴西一帶）人。元至元間長期掌握兩川軍事，對攻宋作戰發揮重要作用。汪氏兄弟（惟和）勢力長期盤桓於川、陝間。此處當爲惟正避諱，空而不書末名。

〔二〕「德輔」二字爲小字補刻。

一七九　元董正爲遠祖建塋壙誌

〔誌文〕

遠祖董氏壙誌/

昆孫百奴　/

長安堅童/

次來孫董威、婦王氏/

來孫婦田氏、　/張氏、粘哥氏/

京兆路打捕民匠提領來孫董/正刱〔創〕茔/〔一〕

〔簡注〕

〔一〕誌文未署年代，據地名和職官稱謂，應爲元代刊立。「京兆路」即「京兆府路」之省稱，係元代早期沿襲金代對關中中東部的稱謂。《元史・地理志》：「（至元）十六年，改京兆爲安西路總管府。」下葬於至元十二年（一二七五年）三月的《元故京兆路鎮撫軍民都彈壓曹公（世昌）墓誌銘》，誌主職官中即有「京兆路」之稱謂（見《新中國出土墓誌・陝西〔叁〕》，上册一三二頁）。元代在地方設立有打捕提領所，置提領、副提領各一員，秩从七品。

一八〇　元董正爲高祖建塋壙誌

〔誌文〕

高祖董氏壙誌/

玄孫董正刱〔創〕茔/

一八一　明故處士張公（義）墓誌銘

〔蓋文〕

明故處/士張公/墓誌銘

〔誌文〕

明故處士張公墓誌銘　/

賜進士出身承直郎户部河南司主事關中李崙撰文/

賜進士出身文林郎都察院試御史咸寧雍泰書丹/

賜進士第奉政大夫户部郎中金城文志貞篆額/

公諱義，字從禮。其先鳳翔郿縣人，後遭兵荒徙居同州。閲數年，復/居咸寧，遂爲咸寧人。乃横渠先生之後也。曾祖潔夫，知神木事；高/祖德堅，授奉訓大夫、知耀州事；考仲益，洪武初以耆恤赴詔；妣王/氏，生子二人。長曰順，先公卒；公居次，隐德弗耀。少至好遊，負元龍/司馬之豪氣。棹扁舟，掛蒲帆，迤邐海内，財日益豐，以家日益富。嘗發/倉廩，濟饑餓數十輩。貧而不能婚者，輒出幣以婚之。噫！公之德其/厚矣乎。公娶田氏，有賢德。生子三人：孟曰縉，仲曰紳，季曰緣，皆業/于商，以追公之故步。縉娶許氏，李氏，紳娶王氏，緣娶邢氏，咸能勤/儉，克嗣田氏之徽音。女二人：長適商傑，次適馬駿，皆名家婦。孫男/曰鎡，曰鏄，未娶。教以詩、書，待成大器，以爲邦家用。孫女六人：長適/同邑趙雄，次適趙鐸，餘者年幼在室。然此皆公德之致也。公於/成化己丑正月一日寢疾，子縉等蚤夜服以湯藥，弗瘳。公乃呼而/告曰：我知此疾不能復起。我死，汝宜善事汝母。兄弟尤宜和樂，恪守先業。言訖，遂倏焉而逝。公生於洪武壬申五月三十日，終於成/化己丑閏二月初六日，春秋七十有八。卜於成化乙未二月十有/一日葬於鮑陂新塋。山水環聚，甲於他地。縉等懼其久而或泯，時/與兄縣尹綸公踵館請誌諸石。予重其請，故遂爲之銘曰：　/

公心而坦，公性而剛。衣冠雅肅，行義端莊。蚤遊湖海，/暾晲風霜。瑞慶流衍，家勢日昌。桂子繩繩，踵業于商。/蘭孫濟濟，紹襲書香。七十有八，夢斷黃粱。公生也榮，/公死也傷。葬於鮑陂，山水生光。銘刻於石，千載流芳。/

大明成化十一年歲在乙未仲春之吉，孤哀子縉等泣血上石。

京兆葉友才鐫/

一八二　明太僕寺卿吉公（慶）配贈宜人蕭氏繼配封太孺人胡氏合葬墓誌銘

〔誌文〕

大明太僕寺卿吉公配贈宜人蕭氏繼配封太孺人胡氏合葬墓誌銘　/

賜進士河南等處提刑按察司僉事前吏部驗封郎中里人王納誨著 /

賜進士河南等處提刑按察司僉事前吏部稽勳員外郎咸寧馬應祥書 /

賜進士山西等處提刑按察司僉事前兵部武選員外郎宜川劉琛篆 /

太僕公既卒二十有四年，是爲正德十一年，繼配胡氏亦卒。先四十有七年，是爲成化/六年，配蕭氏卒。至是十二年仲冬廿四日，始啓其兆合葬焉。叔子占持所爲狀來請銘。/按：公吉姓諱慶，字孟榮，其先南陽人。高大父諱飛卿，曾大父諱仕中，避元僑居長安。大/父諱元善，以戎繫籍，遂爲長安大宗。生子三人，曰禎、曰祐、曰祓，祓即公父也。慷慨有奇/氣，化嗇成豐，隐然家以起。娶張氏，生子六人，曰進、曰泰、曰逵、曰八十、曰慶、曰惠，慶即公/也。公端凝沉默，自髫年如老成人。博極群籍，尤邃於《易》。時當人北面，由是《易》道大行焉。/景泰元年，中省試得第四人，會試累不利。先後遭父母喪，虞禫哀忌，因情酌禮，纍然中/井然有式。天順八年，俯就銓選，部試得第一人，釋褐爲河南府同知。公自入官，競惕尤/甚，職專清戎，事至務單厥心，不敢誣一人。每矢曰誣人何異誣己？民有惡少曾福者，當/道不能伏，乃付公鞫。公曰：惟執法耳。遂得其情，彼無敢忤。又有李玉者，率眾倡亂，殆不/可遏。公撫諭諄切，其眾什一曰：母恐我，吉侯可恃。即出降。公擒其渠魁，眾解散而去。嵩/陽礦洞間，不時竊發號咷叫嘯。公扞禦無遺策，迄數年，地方得以少恬。成化五年，歲運/延綏大阻，公攝其事，無毫髮是爽。都御史余公嘉其賢能，聞於 /上，上賜以白金綵絹，蓋異數也。成化十年，以例請，得贈父祓如其官，母張氏爲宜人，配蕭氏/亦爲宜人。明年陞東昌府知府，河南之民遮道留履奪其行，今洛有名宦祀可考也。公/治東昌，亦如河南，而東昌之地與民又非河南比。 /兩京巨衝，支度無紀。公一惟與縮，雖大閹貴戚，僅能如禮。民用是少甦而謗乃滋至矣。公/亦弗是懼。二十年，陞山西行太僕寺卿，或疑其枉材。公欣然就道，至則治行益謹，譽日/益隆。甫三年，引疾而歸矣。公涖官二十餘年，清慎勤苦如一日，爲 /天子所褒，嘉爲鉅臣碩夫，所旌揚郡乘， /國史可采，而人耳目尤不可揜矣。於乎已乎！公得年七十有四。配蕭氏，西安護衛子貴女。/閑〔嫺〕女紅，執婦道，有佐理之功而不克享，得年四十有八。繼配胡氏，西安前衛旻之女，相/夫有程，帥婦多內律，撫諸子不啻其己出，賢可知已，得年七十有三。以子時貴，封太孺/人。公生子六人：曰臣，姚安倉大使；曰人，丁未進士，中書舍人；曰士，取應未第而卒；曰占，/己酉舉人，永寧知縣，俱蕭出；曰時，壬戌進士，吏科給事中；曰卜，讀書未娶而殤，俱胡出。/孫男十二人：曰奎東，襄城訓導；曰啓東，赭陽驛丞；曰顯東，辛酉舉人；曰迎東、曰呈東，生/員；曰在東、曰仰東、曰大東、曰朝東、曰道東、曰諧東、曰況東。女三人，舉人李繡、驛丞惠鳳、/通判劉繪，其婿也。孫女六人，指揮劉鏞、參將蔣存禮、指揮陳文、儒士朱珮、邢金、邢賓，其/孫婿也。心焦坡，長安上腴之墟，實公新兆云。銘曰： /

維雍自豫，緊公是承。克相厥家，宜人是貞。孺人嗣之，靡德不勝。維德是媲，以考我令終。/施于後人，吁嗟乎眎茲是徵。 /

一八三　明故奉訓大夫康公（泰）夫婦合葬墓誌銘

〔蓋文〕

大明故奉訓大/夫知州康公夫/婦合葬墓誌銘

〔誌文〕

大明故奉訓大夫康公夫婦合葬墓誌銘　/

前鄉貢進士文林郎知崞縣事同邑王玘書、撰/

康公諱泰，字士和，世爲長安張旺里人。先世行實，其詳不及考。公之祖道真、父敬，/俱隐德弗耀，鄉人以善士稱之。母張氏，婦道母儀足爲閨門軌範。迨公出，以穎秀/夙成，薦游邑庠。即有志科目，克勤不怠。配宜人同邑閆氏，爰自來歸，覘公志在焚/繼，以卒乃業，閆遂克盡婦道，事紡緝，與之同勤苦。公志一或少懈，閆必力勸之俾/復勤，厥後果以明經領正統。戊午，鄉薦繼擢守山東高唐，夫婦尤能以忠勤公廉/互相砥礪，人凡稱太守之賢者未嘗不及閆也。久而，一旦謂太守曰：職居黄堂，名/位不爲卑矣，身家亦有榮矣。盍再娶，得與更相敬侍，不惟拙室之力少解，幸而後/有嗣息之增，是又康門之幸也。太守從其志，復娶名門劉氏，其柔順内助之德與/閆無少異，且能各盡内睦之道，人皆以賢稱之。厥後，太守克知止足，急流勇退，引/年還家，社結耆英，優游桑梓，誠明哲保身之道也。繼而劉果有嗣息之增，人稱之/皆閆力之賢所助也。太守春秋七十有四，以定數莫迯〔逃〕，乃於成化庚子六月廿/有二日以疾卒於家之正寢。卜卒之明年辛丑廿二日，同閆、劉合葬西鄉金光里/桃園坊西半里許之新塋。時閆、劉已先卒。據閆生則永樂乙酉四月廿有八日，卒/則成化丙戌十月九日，壽六十有二；據劉生則正統己未五月十有九日，卒則成/化壬辰五月十二日，壽三十有三。今同一合葬之期也。子女六人。長子曰健，讀書/明理，不求聞達，惟幹理家政。始配張氏，早卒，繼而復娶三氏，皆名門，有婦德，爲立/嗣故也。次曰壽，官拜衛輝府淇縣丞，大著忠勤廉能之譽，將膺顯擢，以父喪哀歸，/過情感疾而亦卒，惜乎弗見其所止也。配宋氏、陳氏亦皆名門。女三人。曰淑善者/居最長，適今知印咸寧故家曾光，閆所出也。曰吉，其季也，酷嗜詩書，有志科目，復/有　/王賓之選而未果。女二。一曰慕貞，以端莊静淑天成，選嬪　/永壽王輔國將軍之夫人，已膺　/誥封之榮。一曰慕潔，亦若姊之賢，適兵部尚書王公。子素，才足以掇名科，尚未遂，劉/所出也。孫男女雲仍繼出，若濟溥增慶，仍有尚幼而未名者，及女孫名未立亦然。/悉賢善貞淑，可尚内而曰慶者，亦嗜讀書，誠可以遠大期之。孤哀子健，具狀泣請/誌銘紀諸墓。予覘其事、哀其情，不可以無言，因爲之銘。銘曰：　/

問學淵微，早領鄉薦。出登刺史，政聲獨善。引年來歸，耆英是伴。女嬪　/王門，子仕花縣。生榮死安，惟公可驗。金光之原，高風永占。　/

成化十七年歲次辛丑孟春下澣葬吉

孤哀子健等泣血立石　/

關中葉友才勒　/

一八四　明故張公（緣）墓誌銘

〔蓋文〕

明故兵/馬張公/墓誌銘

〔誌文〕

明故張公墓誌銘 /

賜進士第文林郎知昌樂縣事江都方天然撰文/

賜進士第修職郎行人司行人永壽楊儀書丹/

賜進士第奉政大夫户部郎中咸寧劉顯篆蓋/

弘治十二年五月十五日， /恩榮兵馬張公以疾卒於正寢。厥子鎡等將葬，持鄉進士許洪所述事狀乞銘。按狀： /公諱緣，字宗福，其先鳳翔郿縣人。有元時以戎事荐振，徙居咸寧，遂占籍焉，實/横渠先生之後也。高祖德堅，陝西行中書省員外郎；曾祖潔夫，知神木事；祖謙，/洪武初以耆宿應詔；考義，縱志江湖，隐德弗耀。母田氏，有懿德。生子三人：孟曰/縉，仲曰紳，公其季也。性天聰敏端慤，湛恬澹，不尚浮華。以凡百玩好能奪志，悉/不攻。嘗曰：人立雲泥中，不進而效忠以報國，當退而效勤以成家。乃繩先武，事/家人生業。自天順初迄成化丁未，接濟邊儲，獲鹽章及萬數。屢走馬下淮、浙、利/煮海，曾無虚日。尋是財日益豐，家日益富，名日益振。行寓揚時，客有田姓、徐姓/遭江患，貲本盡喪，流落將不能生。公出貲爲本，讓其利，任自與。後皆抵富。嘗有/夥貨殖者相與争利，久而不平，質之公，化爲固遜。凡百事爲，無專主，無不肯，咸/比之義。抵成化戊申事畢，買舟置貨歸故鄉，人争繪維揚别意圖，且詩且序，凡/若干卷。且崇殽載酒，追而送之揚之茱萸灣。盤桓久之，徜徉不舍，爲之歌曰：張/公張公，範我商中。兹而歸去，吾誰與從。既而抵家，宗族冒實惠，里中貧乏、婚葬/不能舉者，公慨然周給，未嘗出求索。嗚呼！公之爲人，節儉正直。與人約，雖小必/踐。人有不善，雖涉親識，亦面折之，取恨不顧也。事嚴慈極孝。及終天葬祭，悉合/禮制。娶邢氏，生子二：長曰鎡，次曰鉞，皆穎達幹蠱，紹公事克肖，人目爲跨竈器。/鎡娶盧氏、高氏，鉞娶袁氏，皆克勤儉以執婦道。生女二：長曰四姐，適士人楊泰，/早卒；次曰七姐，配 /臨潼王，位正宫。以公婕姻玉柯，請 /天子命，錫冠帶，進兵馬階，以榮終身。固報德崇貴之厚典，亦天以是報公也耶。孫子/一，曰雲漢，鎡之子。公生宣德九年五月二十八日，卒弘治十二年五月十五日，/享有春秋六十有六。卜是年十一月初四日，葬陝西省城南鮑陂之原。噫嘻！生/不媿生，死不媿死。斯其可銘也已。銘曰： /

猗歟張公，士類之雄。克昌厥後，克紹先宗。儉以成家，隐以成名。有子有/孫，引嘗引蒸。雖天算之不遐，謂必於萬斯年而衍芳聲。嗚呼！斯又信其/然耶？ /

孤子鎡等泣血上石

京兆義官葉友才勒 /

一八五　明故商隱張公（縉）墓誌銘

〔蓋文〕

明故商/隱張公/墓誌銘

〔誌文〕

明故商隱張公墓誌銘　/

西安府儒學訓導蜀川喻通撰文/

咸寧縣儒學訓導金臺張遷書丹/

西安府儒學訓導内江張傑篆盖/

按狀，公諱縉，字宗賢。負資豪逈，氣象飄颻，蚤有湖海志。成化初，邊/塵鼓，會　/朝廷濟儲，例輸粟若干，獲浙鹽若干。自是疋馬東南，櫛風沐雨，遨遊/許年。公娶咸寧處士許公女，有懿德，内事姑。公以事羈外，不果遄/歸，慮恐失嗣，乃掄浙士人李繼宗長子，納采定祥成配。弘治改元，/得疾，興西歸志。天不祚年，疾日益篤。明年十月初二日，卒錢塘油/居橋沈氏邸。有子一，鍾，李氏出也，尚幼，莫能扶襯〔櫬〕。是時，公弟紳在/揚，亦事煮海利。訃聞，悲哀頓絶。方蘇，奔喪不計旦暮。既而拾公遺/貲行李，買舟携鍾奉柩渡江而西。以有禁，託柩城南碧峯歸主正/堂。今年辛酉秋，紳有炊臼梦，失耦王氏，葬有期，命鍾置棺葬。公盖/取陰陽家乘凶義。鍾亦老成曉事，久抱公喪在淺土，憂阻時不利，/遂從期。嗚呼！公爲人狷介峭直，自奉甚儉，性天至孝，處兄弟友愛/尤篤。與人交利，不取便處，客肆人咸嚴憚之。生永樂十八年八月/初三日，享春秋六十有九。考義，生三子，公其長，紳次，緣又次，俱義/官。祖謙，洪武初以耆宿應詔；曾祖潔夫，知神木事；高祖德堅，陝西/行中書省員外郎，原鳳翔郿縣人，占籍咸寧焉。女一，行二姐，適趙/雄，許氏出。鍾娶楊氏，生子一，趙禄，女一，淑潔，皆在幼。嗚呼！公妻許/享高年，訓鍾成克家子，且撫字孫。是固人事之常，亦自公種德感/致也。鍾將奉柩鮑陂之原，來乞銘。余官在文字，况夫門人演，其族孫也，銘安能爲情哉？乃銘。銘曰：　/

維嶽降神，生此張公。性天耿直，心地良明。徜徉詩酒，白蓮之/情。優游湖海，青草之風。有子一人，克纘佳聲。有路三千，允返/佳城。佳城之側，山水掩映。山水無變遷，此銘萬萬年。　/

弘治十四年十一月二十八日孤子鍾泣血上石

長安鄧海刊/

一八六　明武德將軍施公（傑）墓誌銘

〔蓋文〕

大明/誥封武德/將軍施/公墓誌

〔誌文〕

明武德將軍施公墓誌銘　/

鄉貢進士長安姜作撰 /

鄉貢進士長安丁澤書、篆 /

公諱傑，字汝美，望出廬之巢縣。上世譜逸莫考。始祖諱忠，元/末以良家子歸附我 /聖祖，入尺籍，陷堅服遠，累三戰功授秦川衛正千户。後随侍 /秦愍王之國，改西安右護衛。高祖諱貞，貞生廣，廣生禮，是曰公/父，纘承前緒，謹始令終。公以冢嗣襲授世蔭，能以勤慎自厲。/事上御下，舉得其道。厥後以年老謝事家居。正德甲戌，有疾/遽至，不起，時季秋十有一日也。距生於正統辛酉，得壽七十/有四。公爲人謙約節儉，廉公有威。自還政後，日樂於田野，愛/好子孫，教以義方。處親故曲盡恩義，故其殁也，人多思之。配/丁氏，左衛百户善之女；劉氏，咸陽望族。生子男一，曰堅，繼公/職。女七：一適千户張鵬，一適百户魯宗周，一適典仗王昇，一/適百户崔盛，一適百户何洪，俱丁出；一適千户姜愷，一適儀/賓子陳鋭，俱劉出。堅取鄭氏，都指揮英之女；何氏、王氏，皆關/中名家。生孫男七：廷吉，取蘇氏，千户欽之女；廷臣，取馬氏；廷/政，未取，鄭出也；廷憲、廷言、廷用，何出也；廷美，王出也。孫女三：/一適百户許吉，一適千户劉天爵，皆出自鄭氏。其一尚幼，王/氏出焉。時廷吉、廷臣皆生子，是公有二曾孫云。堅卜是年冬/十有一月，葬公於咸寧縣魚藻里先塋之次。乃求銘於予，將/納諸墓，以爲不朽圖。予與公素雅，故不辭係之以銘。銘曰：/

嗚呼施公！ /烈望乎先， /克倡乎後。 /

是所謂不死者存， /又何羡乎皇天之不吊？ /

正德九年十一月十七日，孤子堅泣血上石。 /

鄧海蕭滋勒/

一八七　明秦府引禮張公（鎡）墓誌銘

〔蓋文〕

明將仕郎/秦府引禮/張公之墓

〔誌文〕

秦府引禮張公墓誌銘 /

西安府儒學教授陳留高福撰文 /

訓導登豐常瑀書丹 /

汝陽宗學篆盖 /

公諱鎡，字待時，咸寧著籍。曾祖仲益，洪武初應 /詔耆宿；祖義，考緣。母邢氏，生公二人。公長，次鉞，先卒。生女二，長/配士人楊泰，次配 /臨潼王，位正宫。公自垂髫時随厥考上揚，事煮海利，支余東/吕四場。課凡南畿及江浙之間，靡國不到。弘治甲寅，厥考與/兄弟異財，以所得淮鹽三千百數盡付執掌。復之揚，不數/年，貲本鉅萬，因買屋携家眾居焉。弘治己未，厥考卒，歸葬如/禮，復反揚。迄正德庚午，杜事西還。是年母卒，亦從禮葬。正德/甲戌，會例輸粟若干，授　/秦府引禮職。尋中疾，藥物無功，遂不起。娶妻盧氏，側高氏、郭氏、周/氏。周有娠，厥月未彌。子一，曰翱，　/臨潼王儀賓，盧所出也。公生天順甲辰正月初十日，卒正德/甲戌十一月十八日，春秋五十有一。卜正德乙亥正月二十/七日葬。翱以鮑陂祖塋風氣欠佳，掄曲江之側定新塋。啓厥/祖壙遷之中，以公從昭穴葬焉。先期衰絰乞銘，余誌而銘之。/銘曰：/

曲江之滸，風味悠然。長樂伊左，終南在前。山水掩映，萬世綿/綿。伊誰與俱，　/皇明張氏之原。/

正德甲戌十二月二十日製。/

長安蕭滋鐫　/

一八八　明西安府道紀司正都紀傅公隐德（希成）壽誌銘

〔蓋文〕

西安府道/紀司都紀/將仕佐郎/傅公壽志

〔誌文〕

明西安府道紀司正都紀傅公隐德壽誌銘　/

嘉靖七年五月五日，宗潤趙紫衣豫爲尊師都紀公壽誌銘。都紀公者，吾叔也。/知其不爲忘死忘形，而爲有道之士，謂宜誌之。按狀：都紀公傅姓，希成名，隐德/字，別號玉菴冲虛道人，籙名冲霄，咸寧六海人。大父諱景春，以年高獲壽官，而/鄉飲延爲大賓，實　/永壽康定王妃之諸祖父也。伯諱璉，任閿鄉主簿。父諱琮，母李氏，咸有令德。公天/粹穎拔不凡，少遊鄉塾，好讀老子法言，若有黄冠氣象。及　長，入玄門，師事玄/寶觀中和煉陽法師柴公洞林。洞林以其所學盡授之無靳，時　/憲宗改元初也。成化乙巳，領度牒於　/京師。歸，益崇其所學。關中雨暘，不時必延諸公禱，無不應。如是者五六。其次鎮巡/藩臬，下及士庶，皆以有道之士目之。朝廷遣中貴陳公喜致祭　西嶽、西鎮、/西海、河瀆，兼設醮事，公爲高公，輿論翕然，時　/憲宗庚子也。癸亥，關中復旱。公登太白湫祈禱，立應，歲獲豐稔。甲子，西安道紀正員/缺，時鎮守太監平陽劉公雲、巡撫御史寧縣周公季麟、西安太守内江馬公炳/然，交章以公之姓名奏于　朝，　/天子曰：可。命下，選爲西安道紀司都紀，正授將仕佐郎。遂領西安一路道教，時正德/丙寅也。居無何，嘗思水木本源之念，乃樹石於攷〔考〕琮之墓，不以親没而輟其孝。/鄉有貧不能葬者，輒出資以助之。公之孝友，出於天然，恭勤儉滔，不爲矯情。其/設壇醮、建殿宇、塑神像、索遺書、追遠祖，與夫律身始末之事，備載於會昌樊子/豫撰公墓碑文者，尤可考也。公生天順戊寅八月十五日子時，將來期頤之壽，/空其銜於左，以俟其後，兹不敢贅。其曰趙宗潤、謝宗恩、閻宗潔、譚宗雲、李宗良、/馬宗遠、駱宗注、張宗明、李宗堂、王真陽、侯真岳，皆公之弟子也；其曰常明祐、李/明仙、譚明佐、譚明義、吕明福、趙明祐、梁明楝、肖明輔、馬明棧、李明禎，皆公之法/孫也；劉道棋者，孫之孫也。夫豫志而喜賞者，則有公之況冲寂，我祖閿鄉簿子/也；臨石而瞻慶者，則有公之姪傅鳳、傅潤、傅海、傅濟、傅滄、傅淇其人也。是又弗/可以叙而書之也，遂銘之。銘曰：

居仁由義，有儒家之賢；脩真養性，實玄門之仙。/德教敬裕，徒孫覃綿。豫爲壽志，百世永傳。

姪府庠生友山傅深書并篆 /

嘉靖七年歲在戊子八月二十日卒，閏十月二十二日葬。

長安蕭滋、仝男璋刊/

一八九　明喬松處士張季父（鋭）及配石氏王氏合葬墓誌銘

〔蓋文〕

明喬/松處/士張/季父/之墓

〔誌文〕

明喬松處士張季父及配石氏王氏合葬墓志銘 /

賜進士中順大夫南京通政司右通政谿田居士馬理撰并題蓋

邑人周世道李世美刊 /

谿田門人邑庠生劉守德書 /

張季父者，諱鋭，字天賦，號喬松處士，高陵奉政里人也。其先居涇津寒村，歲作桴橋，人號桴/橋張家。後遷阿藩寨北，元初遷今徐吾村云。高祖諱大，配王氏，生謙。謙配任氏，生亨。亨配李/氏，生成。成重厚有量，起家周貧，名聞諸邑。配鄧氏，生弍子：孟和、仲聚、季喬松。喬松配石氏，繼/王氏、張氏，生男弍：孟饒，娶石氏、張氏；仲教，娶田氏，繼亦田氏；季赦，娶强氏。俱王出。女六：長妻/永豐里王善，次妻里人王愷，次妻善弟杲，石出；次妻愷弟合，次妻楊九式，次殤，王出。孫男弍：/保住，饒所育；南充，饒出；講書，教出。孫女五：造兒，妻郭下里張千；玉兒，妻東吴里郭朝選，饒出；/改過，饒育；平兒，教出；存兒，赦出。初，喬松穎悟未學。稍長，觀於鄰塾，識文字焉，乃抄書誦習。卒/有聞，事親及二兄，力田服賈無遺力。成化末，關中大饑，人相食。喬松嘗不遠千里，負米并驅/二驢，兼程而馳，以養耆年。歲時，必率族人合祭諸先。祭畢，則設男女席而飲，且勸且戒，或歌/或咢，彌日而罷。或屢空，則爲啚〔圖〕其生理，助其昏喪，均其賦役，禁其貪饕阿私。故族人無爭訟/焉。諸子各教以勤業。教使學於涇野吕子，仍親賢取友，遂食廩學宫爲端士。諸女訓以内則。/爲擇婿，聞楊九式年幾三十，勤學，貧不能昏〔婚〕，以女妻之。已而九式登戊子鄉舉，人稱明焉。居/鄉諏日時及書數、法律者無虚日，在賈中亦如之。故所在有争者，皆來决平。甚至人命重事，/就而平者亦多。嘗販木秦州，有横民恒乘漲濤散人筏木，復潛自淺所取而有之。獨聞喬/松筏至，則莫敢窺者。又嘗客漢中，漢中學士大夫學官與善者數十人。年八旬誕日，使預止/賀客。客弗聽，而來壽者數百人。士人則詩歌頌禧，而中部人亦與焉。疾革，族弟經、虎二人問/子孫計。笑曰：汝徒見世人臨終支析子孫，我弗及。謂有所忘邪？夫支析者，以心有間也。吾三/子同心無間，何支析之有？二人難服，/至泣下而退。屬纊之前夕，諸子爲備衣冠，白母：吾去當/在明日耳。次日，問支干，教以庚戌定角日對，乃首肯曰：可百無禁忌。有頃，瞑目。配石肅潔，早/卒。王恭默方正，相喬松，訓諸子孫嚴甚。有驕惰者，輒遠之弗見。然慈惠不私，諸姑姊姒咸敬/重焉。宿觸寒成疾，𡖖冬輒發。然紡績不廢，諸子苦諫止之，不可。族有姒氏，老而孀且貧，每分/之衣食，俾歲無凍餒。甥王景先被祖母虐，將亡去，薄暮來訴。姑諾之，因止宿。明日，曉以義理。/景先悟，即辭歸。他日，上下交謝，更慈而順焉。侄婦王氏被夫譴，怨而厭生，乃諭以婦道。王氏/解，至今恒述以諭人。姪鳳欲娶婦，乏財而止。王聞，白喬松，計歲用，畀其餘朋，乃得婦焉。歲有/旨蓄，值病者不時求啗物，輒與之。故農月穫時，鄰人咸争先相工。其殁也，鄰里婦女皆臨哭。/時石出女病，哭三日不絶聲，迄死念及必哭。它日，諸姑姊姒見遺孤，輒隕淚張存。喬松生于/辛未景泰二年十月弍十一日戌時，卒于庚寅嘉靖九年五月二十弍日辰時，年八十。石生/于壬辰景泰三年九月，卒于乙巳成化二十弍年四月初四日午時，年弍十四。王生于戊寅/天順元年弍月十八日亥時，卒于丁丑正德十二年正月弍十日巳時，年六十。兹將以壬辰/正月十二日合葬二柩於所居村西北之新塋。教辛卯冬雪中走三原，經月，居問志銘。於是/爲序而銘之。銘曰：/

振振喬松，生逢好仇。爰穀爾嗣，封於兹，其永休。

孤子饒、敦、赦泣血上石/

一九〇　明秦藩宗室輔國將軍蘭齋公（朱秉枝）壙誌銘

〔蓋文〕

大明秦藩/宗室輔國/將軍蘭齋/公壙誌

〔誌文〕

明秦藩宗室輔國將軍蘭齋公壙誌銘/

賜進士第前徵仕郎禮科給事中奉/敕巡視　神機三千五軍團營等處軍務侍經筵官陸海王準撰/

賜進士第文林郎山西道監察御史咸陽王獻書并篆/

輔國將軍秉枝，號蘭齋，乃/太祖高皇帝七世孫，/秦康王之曾孫，/臨潼惠簡王之孫，/敕諭奉嗣臨潼王府鎮國將軍寅畏堂諱誠潤之第九子，母夫人盧，生母夫人李。以/正德辛未授封輔國將軍，配勾氏，封夫人。公生而穎異，爲宗人所鍾愛。比長從/學，恂恂温雅。時寅畏堂性嚴方，諸子悉令之延師就學。獨公以季見愛，召諸膝/下，親授書命讀，凡諧聲草隸之法，悉諄諄以誨之。恒戒曰：富易奢，貴易驕，人情/也。汝爲宗室，富貴兩至，慎勿任情廢學以貽/昭代羞。公遂唯而退〔一〕曰：敢不敬奉教。未幾，寅畏堂卒，公哀毁骨立，會歲時伏臘，思慕/□□至廢寢食，雖家人百喻莫能解。既事母夫人李勤慎滋至，聞市有鬻果蔬/異味之新者，即倍值易之以奉夫人。夫人嘗爲諸兄迎養，公必朝夕省候，月無/間日焉。夫人□□□必日□見心始慰。自弱冠時依兄庸齋俱居，每花晨月夜，/張筵酬和，形骸俱忘。暇時取史觀之，見東平、河間之賢，曰：彼何人也？予何人也？/予爵雖不而若，予寧弗克勉而之賢邪？益大肆力於學，遠近士夫罔不樂與之/交游。此餘於當路之利弊臧否一無私議云。且自念曰：予宗室也，宜守官守禄/以終身，若妄有干涉，踰制矣，奚其宜？其天性之真，類如此。居無何，逌於嘉靖壬/辰四月初一日卒，距生於弘治丙辰八月初七日，得壽甫三十有七。生女一，夫/人勾氏〔二〕出，封平湖縣君，許聘長安士人白繼志。生男一，曰惟燁，側室宋氏出，封/奉國將軍，聘咸陽名家康氏女，尚未配。公卒之明年，/天子遣祭，給塋皆如制。卜以嘉靖乙未七月二十六日，葬公於咸寧鮑陂里之新塋。/嗚呼！公居宗室而盛德若斯，其他隱行可例知矣。然竟弗壽而卒，惜哉！吾爲之/銘曰：

富裕貴崇，爰純敬融。罔逸厥學，弗愆諸躬。云壽固嗇，於嗣寔豐。爰刻堅石，/安安無窮。

孤子惟燁泣血上石 /

〔簡注〕

〔一〕所脱之字，係據早期拓本補充，下同。

〔二〕《明宗室輔國將軍蘭齋（朱秉枝）夫人苟氏合葬壙志》作「苟氏」。

一九一　明武德將軍施公（堅）配宜人鄭氏合葬墓誌銘

〔蓋文〕

明武德將/軍施公配/宜人鄭氏/合葬之墓

〔誌文〕

（上缺）□公配宜人鄭氏合葬墓誌銘 /

□□士知山西屯留縣事眷生西渠高嶽撰 /

□進士出身户部郎中張環篆 /

□府紀善進階正五品鄉進士清苑楊甫山書/

嘉靖癸巳十二月二十有一日，北庄施公卒。其配宜人鄭氏於嘉靖甲午八月二十有七日亦卒。厥/孫博類卜嘉靖十六年四月十有三日舉公與宜人之柩，合葬於咸寧光太里之先塋。先期博持長/安庠生柳子自榮所爲狀，請余誌其墓。夫誌者，記也，所以誌死者之實行也，誌而弗實，猶弗誌也。余/於公亦知其賢，及觀於狀，盖相合焉，余是以強誌。按公狀，諱堅，字汝立，北庄別號也。其先直隸廬州/府巢縣人。始祖諱真，歸附從我 /太祖高皇帝渡江，武功濯濯。洪武改元，除江陰衛百户、昭信校尉。復以功進/承信校尉。後以功改陞西安/左衛右所副千户，授 /誥命武略將軍。更調秦川衛。尋改西安右護衛；高祖諱忠，承先職，功陞後所正千户，授 /誥命武德將軍，生廣，廣生禮，禮生傑，繼相承蔭。傑配丁氏，生公，性敏質朴，履霜勵節，勇烈難肩，雖武嗣而/嗜文學。及長，學禮，善容儀，氣象磊落，作止有規度，人望之知其爲公也。至弘治辛酉，承襲祖職，蒞政/有聲，譽達上下，德並其爵，屢應軍政。三十七年恒兼以屯刑庶務，歷承事 /秦府，勤儉自持，始終不替。於凡 /敬録屯倉巨細事，罔不盡職，遠邇以良吏慕之。及疾，安厥命，知不可/起，呼子孫曰：古稱七十者稀，吾年七十，足矣，尚何憾？不數日，果卒。其得之天賦者類如此。宜人西安/前衛都指揮英之女，閑雅可範，女紅絶人。及歸公，舅姑事之以孝，子姓教之以義，僕婢御之以慈。敬/事夫子，或有或無，黽勉不怠，俾公成武名而不憂於内顧。公有側室，宜人處之裕如，未嘗見妬忌色。/撫愛側室子，無異己出，鄉鄰咸以女德目之。公之賢有相於宜人，宜人之賢無負於公命也，人何力/焉？子男十：長廷吉，娶蘇氏，蚤卒，繼娶康氏，生子博，廷吉卒；次曰廷臣，娶馬氏；次曰廷政，娶胡氏，卒，繼/娶魏氏，俱宜人出也；次曰廷輔，娶　宗室女；次曰廷弼，娶趙氏；次曰廷璋，俱何氏出也；次曰廷相，王/氏出也；次曰廷渭，亦何氏出也；次曰廷言，亦王氏出也；次曰廷諫，亦何氏出也。女五：長適護衛千户/許吉；次適千户劉天爵，宜人出也；次適左衛百户楊月，王氏出也；次二尚在室，徐氏出也。孫男五：長/曰博，襲公職，卓有治政聲，娶高氏，廷吉出也；次定住，廷臣出也；次年成；次豐收，廷政出也；次七十，廷/弼出也。孫女九：長適護衛百户應襲吕登，廷臣出也；次適百户吴東，廷政出也；餘俱未字。重孫男一/，曰京兒。重孫女一，曰小京。俱博出也。公生天順八年十月十四日，享壽七十。宜人生天順六年十月/初三日，享壽七十有三。噫！夫剛而健，婦順而柔，是故永調琴瑟之慶，壽躋期頤之美，其必昌大厥後/而發潛德之幽光，宜乎其有銘也。銘曰：/

體乾之穆，秘坤之沉。懷奇抱光，履素蹈真。武志激烈，餘澤弗泯。柔風馨著，以嗣徽音。昭格於天，子孫/振振。嗚呼！椿萱同□，荒野白雲。/□□崇岡，億萬生春。

張宥刻/

一九二　明宗室輔國將軍（朱秉材）母夫人李氏壙誌銘

〔蓋文〕

皇明宗室/輔國將軍/母夫人李/氏壙誌銘

〔誌文〕

皇明宗室輔國將軍母夫人李氏壙誌銘/

不肖稔惡，恙及我母。自母賓幽，銜恤靡至，夙夜號泣，哀感弗寧。值今遷柩歸葬，/禮宜勒石，用垂不朽云爾。憶昔我母，深處宮壺，内言不□，履[一]歷之實，蓋有他人/不及知者。將欲假人，恐多遺落，此不肖所以甘冒不韙而敢自志之。沐手爰書，/五内分裂。嗚呼痛哉！母姓李氏，咸寧興慶鄉耆慶之長女。時當幼沖，天性柔嘉，/頗知孝義。父母宗族咸重之曰：此女必配大人。迄弘治丁巳，歸我先君。琴瑟適/調，未嘗反目。先君受封鎮國將軍，雖貴弗驕，雖富弗侈，優賓禮士，爲善自樂。大/端皆母内相之力，其克盡婦道如此。厥後，母以子貴，受封夫人。先君嘗慰我/母曰：家事苦累多矣，克勤克儉，無如汝者。吾家皆汝，何慮不齊？凡禴祀飲燕之/巨，鼎俎鉶胾之微，悉屬母主之。母必種種周密，無少廢弛。衆内之人，皆來取法。/其賢勞作則，母實有焉。不肖異母弟凡九人，母皆保育之，無小無大，視若己出。/猶以問學誨諭，勗以成人。故今群弟稍明德性，無復俗氣，何者？非母訓戒之功/耶？其他立身飭行，不一而足，因可以類推矣。母生男二：長秉杝，封輔國將軍，嫡/娶于氏，封夫人，側室魏氏，待封未至；次即不肖秉材，亦封輔國將軍，嫡娶薛氏，/亦封夫人，側室高氏，亦待封。生女一，封順義郡君，配儀賓燕希鉞，孫男六：惟焻、/惟烇，乃秉杝之子，皆封奉國將軍，焫娶龐氏，烇娶袁氏，皆封淑人；惟姚、惟炅，并/未賜名，明聚、明來，乃秉材之子，尚未受封。孫女四：長封崑山縣君，配儀賓吉夢/麟；次許侯門，未聘；其二尚幼，皆長男杝所生者。曾孫男二，曾孫女二，皆孫男焫、/烇所生者。嗚呼！一脉流通，繩繩相繼，九原之下，母心其少慰矣。母生於成化庚/子巳月十七日，卒於嘉靖乙未酉月初一日，享年五十有七。訃聞于庭，遣賜禮/祭如制。筮嘉靖己亥子月二十八日附葬先君，安壙祖兆之次。嗚呼！興言及此，/厥痛如割。悠悠蒼天，我生何恃。悲夫！因繼以銘，用足餘哀。銘曰：

莫峻者山，母德/與臻。莫濬者淵，母澤與深。昊天曰明，足諒母心。千萬斯年，聿懷母恩。/

不肖長男秉杝泣血篆盖 /

不肖次男秉材泣血謹誌并書/

〔簡注〕

〔一〕「履」字因石面損泐，以小字補刻行右。

一九三　明舉人韓君（希）墓誌銘

〔誌文〕

明舉人韓君墓志銘/〔一〕

明舉人韓君墓志銘 /

丁酉舉人年生李希顏譔、書 /

丁酉舉人年生楊環篆 /

君諱希，字子進，別號友六，世爲咸寧人也。曾祖寬、祖璋，咸詩禮相/承，肅雝家政。父胤昌，稱廩膠庠，綽有令譽。配姓康氏，伉儷攸宜。正/德甲戌五月十九日，乃君懸弧之辰也。君眉宇秀朗，志氣不群，孝/友温恭，出於天性。經訓子言，過目不忘。九齡時即能賦詩，年十二/三，文采益著。時大司馬劉公天和西掌文衡，召君探問，答對如流。/公以奇童異之，尋曰：靈哲之氣，不宜早泄。汝且養晦以勤學問。於/是下帷發憤，潛心大業。涵濡四詩，綜採百家，藝精篆隸之法，文追/班馬之躅。垂及十年，汪洋閎肆，得其玄矣。郡守夏公雷、督學龔公/守愚每校，輒居優等，深加器重。嘉靖丁酉，賓興届期，御史戴公璟/素號博雅，寔柄試事，批閱君卷，稱以奇才。欲冠多士，不果，遂薦第/六，時春秋二十有四矣。再試南宮，舉皆不售。處約陋巷，韞玉待賈/而已。歲癸卯季冬，君以北上，衝冒霜霧，抵鄴疾作。調攝小愈，强力/如京，致患痛風，兼以扶疾應試，精神過役。已而撤棘，登名乙榜。方/鼓篋橋門，與海内豪傷相共論談，而沉疴糾纏，日漸增劇。甲辰八/月初一日卒於京邸。輿櫬西旋，哀感路人。享年才三十有一而已。/悲哉！悲哉！君童少失恃，事繼母萬不異若慈。取胡氏宗人府儀賓/思恩長女，婉嫕淑慎，婦順明章。生男子一，未期而殞。女子三：長字/于權。厥父周旋葬具，數月弗克。時大中丞翁公萬達、邑令馬公珮/並憐其才而哀之，出粟致賻，厥事始襄。乙巳四月十七日安厝於/孟村祖塋。嗚呼！斯人資性超殊，藻思軒翥。謂宜蹴躋勛華，接翼鸞/鵠，夫何天衢屢躓，景命不永？百夫莫贖，萬古長夜。早泄一言，乃凶/讖矣！悲哉！悲哉！余與君盍簪有年，計偕□□，愴今視昔，邈若山河。

/昔羊長達少亡，夏侯孝若爲之叙，極相讚悼。君之酷烈逾於長達，/余非孝若，詎能闡述。但恐没世，芳問弗宣，謹按舉人胡君濡狀，勉/摛銘辭，用彰令德。銘曰：/

英英君子，河嶽之精。髫年啟秀，弱冠揚名。/辟彼威鳳，靈音將鳴。辟彼龍駿，逸足甫騰。/天胡不弔，遽兆兩楹。于胥孟野，原盤水泓。/

掩茲玉樹，振彼金聲。裔世考履，視我勒銘。/

蕭璋刊字 /

〔簡注〕

〔一〕此誌誌、蓋合一，誌文首題前有篆書大字一行作爲題額。

一九四 明故南岡余君（相）墓誌銘〔一〕

〔蓋文〕

明故南/岡余君/墓志銘

〔誌文〕

明故南岡余君墓志銘 /

賜進士徵士郎禮科給事中侍 經筵官石谷山人王準譔 /

華谷山人許宗伊書並篆 /

南岡余君歿三年，爲嘉靖戊申冬十一月十有九日，其子儀賓熺將舉葬鴻固原/祖兆，泣向石谷子求南岡君墓銘。石谷子曰：嗟乎！余於南岡之殁而重有感，余/於南岡之葬而重有感也。南岡姓余氏，名相，字文卿，南岡其別號也。以例儲粟/授七品散官，世爲浙之樂清人。祖永成客秦，覽山川形勝，占籍咸寧，遂家焉。生/子霖。霖慷慨負義，有大德，人不可及。配劉氏，生子五人，皆岐嶷不凡，南岡居季，/長安人稱南岡故曰余五，曰余五云。霖公成化初與先叔直菴公同商浙淮，余/家有鹽數千引，伯父不羈，先祖存耕公斥之嚴，陰以引獻諸勢豪，力不能禁。/先祖父詒曰：其家鹽與余某夥分，霖公異鄉勢者，弗能拘，遂分其半鹽引，半在/霖公所。霖公往來七八年，悉以本息償，絲毫弗隱。余家感其義幾五六十年矣。/南岡少弗記余，登進士後見南岡頗相往來。先叔嘗道其事，余以爲雖古人不/多見也。因而重南岡。南岡雖不厚余，亦不甚薄。又交游三四十年，南岡與司寇/一峯蘇公厚。余官京時見公每有事必託南岡，南岡爲公，事事皆理。蘇公卒，南/岡盡哀，余羡其真霖公子也。乃辛卯，余罷官歸見南岡，與長安諸豪貴交締如/金石，諸豪貴有所欲，南岡奉承，雖數十金不惜。子熺，尚 /汧陽王輔國將軍子東陽縣君，授奉訓大夫、宗人府儀賓。女二人：一適王舉人/彙征，一聘王篪。孫男三：曰卦兒、曰玄佑、曰小卦，皆縣君出。南岡生成化辛丑正/月二十八日，壽六十五，殁于嘉靖乙巳十一月二日。嗟嗟悲乎！以南岡之才，若/得世用，其施爲將無不可。南岡能積財，能交締。晚年乃以不遂懷怏，鬱鬱而殁。/若人能如南岡者濟之，南岡當再倍發大財，志無不伸者，乃竟若此。天耶？人耶？/其子以志見屬余，不辭者，亦以先世締交之道，亦以憫南岡之殁而自念交遊/者，能無一人念南岡者哉？此余不能不重有感于南岡之葬也。銘曰：

南岡篤行，/爰以孝聞。母病籲天，介福何云。母喪而葬，哀毁恭勤。吊者唁者，冠蓋繽紛。嗟嗟/南岡，胡爲而亡。南岡之亡，重爲可傷。高原之下，於惟兹野。過者立馬，厥淚攸灑。/

不肖男熺泣血上石/

卜占刻　/

〔簡注〕

〔一〕此誌與《明先考南岡余公(相)配先妣孺人石氏墓誌》同出。

一九五　明秦藩臨潼王府奉國將軍（朱惟𤇾）淑人梁氏合葬壙誌銘蓋〔一〕

〔蓋文〕

明秦藩臨/潼王府奉/國將軍淑/人梁氏合/葬壙誌銘

〔簡注〕

〔一〕此誌誌石現藏西安市文物保護考古研究院，拓本和録文刊布於《新中國出土墓誌·陝西叁》上册二一九頁、下册一一七頁。

一九六　明秦藩保安王府鎮國將軍梅山公（朱秉橺）夫人楊氏劉氏合葬壙誌

〔誌文〕

明秦藩保安王府鎮國將軍梅山公夫人楊氏劉氏合葬壙志　/

梅山公諱秉橺，例不稱字，廼號梅山。上推其源，　/太祖高皇帝七世孫　/秦愍王五世孫，　/保安莊簡王孫，靖和王子也。母夫人吴氏，弘治戊午四月十三日誕生公/于王宫。衍派自天，睿哲夙禀。及年請封，正德癸酉四月十五日　/賜封鎮國將軍，食禄千石，秩一品云。公既膺簪組，貴而無驕，富而好禮，樸素/自敦，温恭朝夕。家政之暇，翻閲往牘而已。若孝以事親，禮以訓子，慈/以御下，義以周急，尤人鮮克儷者。僉謂　/宗室之偉望，宜享遥齡。顧倏爾謝華，考終正寢。時爲嘉靖癸丑十一月初/四日，得壽五十又六。越二年丙辰春正月二十四日，奉公柩葬于咸寧/縣鳳棲原。訃奏，　/皇上詔賜祭葬如　制，　/卹〔恤〕典也。公配楊氏、繼劉氏，皆封夫人；内助張氏、王氏，俱早卒，待封。夫人李/氏生子曰惟㷖，可氏生子曰烷，皆封輔國將軍。㷖娶盧氏，封夫人；烷/聘張氏。女一，封陽平郡君，卒。孫男一，孫女二，俱幼，㷖出也。爰述其概，納/諸幽壙，用垂不朽云。　/

不肖男㷖、烷泣血上石

卜占刻／

一九七　明宗室奉國將軍益齋（朱誠漼）配淑人張氏合葬壙誌銘

〔蓋文〕

皇明宗室／奉國將軍／益齋配淑／人張氏合／葬壙志銘

〔誌文〕

皇明宗室奉國將軍益齋配淑人張氏合葬壙志銘／

先叔益齋翁者，迺我　／太祖高皇帝之六世孫，　／秦愍祖王之玄孫，　／永壽懷簡祖王之曾孫，　／鎮國將軍曾祖志埵之孫，　／輔國將軍祖公錯第三子。祖母夫人張氏，繼配劉氏生翁。既生請名，　／賜名誠漼。及年請封，　／誥封奉國將軍，歲食禄六百石。請婚，配張氏，咸寧士人秀之女，　封淑人，皆／制也。蚤終，繼配劉氏、王氏、唐氏。　翁生三子：長秉柚，淑人張氏出，娶侯氏；次／秉楠，早終，唐氏出，娶楊氏；次秉槿，王氏出，娶徐氏。子俱　封鎮國中尉，婦／俱　封恭人。孫男一，惟熒，　封輔國中尉，娶劉氏，　封宜人。孫女六：長雷／潭鄉君，配儀賓任仕；次羅溪鄉君，聘儀賓魏光恒；其四尚幼，未名，皆出於／柚。翁生於弘治庚戌六月十五日，終於嘉靖丙午六月二十三日，享壽五／十又七。淑人生於弘治壬子十二月初八日，終於正德辛未七月初九日，／享壽一十又九。卜嘉靖丙辰二月十三日合葬於咸寧鴻固原，從新兆也。／我　／秦藩奏訃，祭葬恩禮如　制。嗚呼！叔翁誕自　／皇宗，天性純篤，克盡忠孝，恪守禮法，不尚浮華，恭以事上，寬以待下。家法之嚴，／承式於子孫；樂善之風，夙流於中外。誠宗室中之翹楚也。嬸母淑人張氏／暨劉氏、王氏，俱叔翁先後而終，其賢行雖志於前，但寄葬不一，兄柚心不／忍其涣也。各啓〔啟〕其壙，遷新塋而歸葬焉，可謂喪盡其禮者矣。棵情忝姪子，／恒侍左右，乃素知其行者也，謹因其請而爲志。既志，復爲之銘。銘曰：／

嗟哉益翁兮，宗室之英，猗歟淑人兮，蚤歲遐升。卜期發引兮，合葬佳城，勒／銘於石兮，永播芳聲。／

秦藩永壽王府宗室鎮國中尉姪秉棵頓首謹撰拜篆書／

不肖男秉柚、秉槿泣血上石

關中柳自華刊字／

一九八　明宗室輔國將軍蘭齋（朱秉枝）夫人荀氏合葬壙誌

〔蓋文〕

大明秦藩宗／室輔國將軍／蘭齋誥封夫人／荀氏合葬／壙志

〔誌文〕

皇明宗室輔國將軍蘭齋夫人荀氏合葬壙志　/

先考臨潼王輔國將軍諱秉枝，號蘭齋，乃　/太祖高皇帝七世孫，　/秦愍王六世孫，　/臨潼惠簡王追封　/秦安王孫，　/鎮國將軍追封　/秦恭王誠潤第九子，母太夫人李氏出。聞諸父輩曰：先考生而穎悟，天性/聰敏，坦中樸外，守禮執謙，崇尚詩書，不悦遊戲，雅好賓客，不接匪人。不/幸蚤年棄世，不肖不能盡孝一日。嗚呼，痛哉！先妣荀氏，乃長安處士荀/學長女，配我先君，　/誥封夫人。德性柔婉，動遵女度。其奉我祖妣，靡不孝誠；其相我先君，無不敬戒。/及我先君逝時，不肖方十有一歲，云妣撫育有道，訓誨有方，且嘗命予/侍左右，曰：汝父帝室中之英傑也，不幸天早奪其年，幸而生汝，汝當善/繼善述，克勤克儉，庶不負汝父與我属望之意耳。是終始愛予如此，不/肖雖捐身以報，尤不能仰答罔極之萬一。惜偶爾疾作，其壻儀賓白繼/志，關中素以名醫稱，遂親事湯藥。不肖復請良醫數人，與之共議以治。/卒之天不假年，遂逝焉。予不得盡孝終身，嗚呼，痛哉！妣生女一，封平湖/縣君，配儀賓白繼志。母宋氏，生子一，即不肖惟燁，封奉國將軍，配邢氏，/封淑人生孫男二，長懷埌，封鎮國中尉，配徐氏，封恭人；次懷埰，尚幼，未/封。孫女三，長封臨鎮鄉君，餘尚幼，未封。先考生於弘治丙辰八月初七/日，逝於嘉靖十一年四月初一日，壽三十有七。　/秦藩奏　/聞，　/皇上賜諭祭。於嘉靖十四年柒月二十六日葬於咸寧鮑陂原之次。先妣生於/弘治己未五月初八日，逝於嘉靖四十一年六月初四日，壽六十有四。/奏　/賜諭祭。於嘉靖四十一年九月初九日啓先考之壙而合葬焉。不肖未學不能/文，惟流涕記石，用垂不朽云。　/

愚壻宜賓白繼志謹書/

不肖男惟燁泣血上石/

一九九　明先考南岡余公（相）配先妣孺人石氏墓誌〔一〕

〔蓋文〕

明先考南/岡余公配/先妣孺人/石氏墓誌

〔誌文〕

明先考南岡余公配先妣孺人石氏墓誌　/

壬戌歲十二月初十日，不肖將啟先考壙，舉母柩而合葬焉。乃含哀/爲誌，用記不忘。嗚呼痛哉！先考姓余氏，諱相，字文卿，別號南岡，世爲/浙之樂清人。祖永成客秦，覽山川形勝，遂爲咸寧人。生祖霖，配祖母/劉氏，生五子，先考居季，配我先妣石氏，爲咸寧望族。聞先考少業學/即敏慧有成，博雅好古，不喜凡俗。善草書，工詩文，德器方嚴，情識逸/暢。以早失所怙，遂廢學業商，竭志養母，以終餘年。凡可得爲悦者，罔/不盡禮爲之。時伯氏爲庠生，先考力家裕業，以供母侍兄，未嘗少懈。/顓顓怡怡，出自天性。孝友克敦，先考爲攸備矣。及業鹺淮揚間，以良/賈著名。然輕財好義，磊磊有古人風。慷慨疎達，至今有稱聞焉。後厭/世務，倦志江湖，迺援例爲七品散官。耽慕林泉，遯〔遁〕跡城市，即卜築于/南川之曲，逸樂自適，悠游卒歲。釀酒畜牲，種蔬樹果。或臨流登高，即/賦詩紀興。時以隱君子重之，故縉紳之士，咸深契而樂從焉，嘉尚志/也。先妣天性簡重，懿德温雅，雖慎默寡言而儀則有度。自于歸我先/考，多所内助，敬事我祖母，允修婦道。處家人有嚴君禮，宗戚聞德，僉/稱其閑静慈和足爲母儀也。每語不肖輩，規戒指示，必曰：克振家聲，/紹休先烈。其訓誨諄切，爲家庭永式。柔順貞一，我妣爲攸備矣。按先/考生于成化辛丑，卒于嘉靖乙巳，壽六十有五，石谷公有先誌。先妣/生于弘治辛亥八月二十四日，卒于嘉靖庚申八月初十日，壽七十。/今合葬于鴻固原，從先兆也。生男一，即熺，汧陽府儀賓，配東陳縣君。/女二：長適參議王彙征，次適庠生王篪。孫男子三：長曰化龍，府庠生，/娶康氏；次曰躍龍、曰見龍，尚幼，俱縣君出。嗚呼痛哉！父母俱存，人生/至樂。我考既辭世，我妣不永年。罔遂承歡之懷，深抱終天之恨。摧裂/五内，痛可勝言哉！謹含哀爲誌，以紀先德，繩後世云。/

不肖男熺泣血上石

卜古刻/

〔簡注〕

〔一〕此誌與《明故南岡余君（相）墓志銘》同出。

二〇〇　明故處士面山張公（饒）暨配石氏高氏合葬墓誌銘

〔蓋文〕

明處士面/山張公配/石氏高氏/合葬之墓

〔誌文〕

明故處士面山張公暨配石氏高氏合葬墓誌銘　/

賜進士通議大夫提督南贛汀漳等處軍務兼巡撫江西地方都察院右副都御史前　/南京光禄寺卿直隸徽州府周潭汪尚寧撰併顯盖

富平趙詵、趙詰刊　/

高陵隱君面山張公，徽府照磨臨涇公之兄也。臨涇蒞我徽，自下車來，即有勇退之意。每會予，輒道/兄之素履。一日持兄狀属予文以志墓上之石，予義臨涇爲人，遂不辭。按狀悉其實如左：

公諱饒，字/勉之，面山其號也，排方第七，鄉黨亦以七稱。里名奉政。先居寒村，後遷阿籓寨，元初改居徐吾村。先/祖諱大，大生謙，謙生亨，亨生成。成厚重有量，名聞諸邑，配鄧氏，生子三：和、聚、鋭。鋭即公父，行實詳見/三原谿田馬翁撰誌。配石氏，繼王氏，生三子：孟饒，即公；仲斆，任徽州府照磨致仕；季赦。公亦配石氏，/因無子，育斆子積生員爲嗣，娶任氏、石氏，先卒，繼配高氏，生二子：長稢，生員，娶王氏，繼王氏；次穗，娶/蕭氏。女一，適東吴里郭朝選，石出。孫男四：渟然、油然，積出；湛然，稢出；洞然，穗出。孫女三：長適本里王/宗堯，次字渭裔里楊舉人男儒士楊將；次幼，俱積出。公性孝友仁恤，勤儉恭謹，且有識時應變之才。/甫弱冠，從伯父商，伯父輒奇愛之，待以腹心。及長，客蘇杭諸郡，有名聞，遂成大家。後父疾革，属公兄/弟卧榻前語之曰：吾家世守耕讀，日用尚儉，爾等協守此心，切勿分異，吾死無恨矣。公泣唯即，身先/倡家，終身不改焉。待二弟以腹心，雖一飯一衣，無不與供。弟亦敬事甚謹，凡事必禀命方舉。以此見/重於谿田翁，乃題其室曰「孝友堂」。邑主事雙河劉公微時過其家，見公兄弟晏飲歡怡若賓客，歎服/再四。比歸，召巽君兄弟克力，詳道其由，復合居焉。馭諸子姪各以義方職業教之，故諸子姪登庠耕商/者亦各以事序。時弟斆在庠以文鳴，公會識友，五渠李生謂曰：他日登仕，當以清廉自守，令遠近稱/爲好官好人，母〔毋〕貪財，爲子孫累。後斆居宦，果毫髪苟取，皆公有以命之也。見族人貧困者，則輙憐/之；不能婚者，曲爲之婚；不克葬者，曲爲之葬。耕者資以牛，稼者遺以種。且每遇會飲，即痛以凌人好/鬬之禍示戒。以故数十年來族人無訟者，皆公有以化之也。及接人無遠近親疏，惟一團和氣，相與/一會後靡不敬愛思慕。凡諸不平事，率請决於公，雖强梁者，亦陰化焉。昝氏有兄弟構怨者十餘年，/公以数言評之，其怨遂釋。街民楊瑜遭人命事，衆議納賂求和，邀公取裁，公累辭不得。及和衆密假/罪費以賂公，公不受，且曉以後患，事果敗，衆皆受害，公獨不與焉。人以此服公有先見之明。他若/還涇南王四之遺布，反山西客人之失金，施粟以活姪婦西氏数口之命，捐貲以濟夥計王子一家之生，/與夫深感劉登孟蘭等輩之圖報者，皆公之奇節碩惠炙人口而不可以枚舉者也。若公者可/不謂草野中韓范歟？且屡舉鄉飲，公竟辭謝不就。公之廉静又豈下人者哉？是故公殁之日，遠近吊/者咸相謂曰：天今奪吾一方主矣！其痛公也，舉嗷嗷然。公初攖疾，屡藥不痊，其家慮無送終具，時弟/斆客居河南，無書信者数年矣。偶以喪具寄歸，若預知者。然越数日公逝，此非兄弟友愛感通，何以/能若此也耶？石氏端明勤慎，房無私積，相公事親亦以孝著，其親嘗謂馬生應暘曰：吾子婦孝友無/間，如此予心能無樂乎？予何虞不壽？至於處妯娌、育子姪多有恩。亦恤貧喜施，雖家有異物可惜愛/者，人來借取輙與之。公之成家，亦石氏内多助也，高氏謹確簡然，相公二十年，鮮有惰容。理家馭衆，/恤孤憐貧，亦若石焉。公生於弘治元年十一月二十一日亥時，卒于嘉靖三十九年九月二十日子/時，壽七十有三。石氏生於成化二十三年二月十八日卯時，卒於嘉靖二十年正月二十一日未時，/壽五十有五。卒公之年十一月二十一日合葬于西北祖塋之昭位。高氏生於正德五年八月十五/日午時，卒于隆慶元年正月初六日亥時，壽五十有八。積等以是歲三月十七日啟公壙而復合葬/焉。予嘉其爲人而遂銘之。銘曰：

入事父母，出敬長上。役志友愛，苦力農商。義方訓後，室無私藏。惠及/孤貧，化被豪强。謀有規度，動罔弗臧。取信于友，見重于鄉。涇水之北，嶻山之陽。封此佳城，萬億無疆。/

隆慶元年丁卯春三月邑庠眘生陸渠鄭守朝拜書

孤哀子積、稢、穗泣血併姪科、秩、穆上石　/

二〇一　明故徽州府臨涇照磨臨涇張公（斆）暨配田氏合葬墓誌銘

〔蓋文〕

明徽州府/照磨臨涇/張公配田/氏合葬墓

〔誌文〕

明故徽州府臨涇照磨臨涇張公暨配田氏合葬墓誌銘　/

賜進士第文林郎知文安縣事前禮部觀政陽陵邑人門生兩川王業頓首拜撰併顯盖　/

鄉進士　陽陵邑人眷生四溪李體艮頓首書　/

師諱敎，字仲學，號臨涇，高陵縣奉政里人也。先世居寒村，後遷阿藩寨，元初改居徐吾村。高祖諱/謙，生於元末，迄今二百餘年，據三遷舊塋約九百餘歲矣。謙配任氏，生亨。亨配李氏，生成。成配鄧/氏，生鋭。鋭配石氏，早卒。繼王氏，生三子，孟饒、季赦，師居仲，乃其行二者也。正德末，爲邑學生，屢試/不第。嘉靖辛亥歲貢，入太學。壬戌，授直隸徽州府照磨。丙寅年致仕歸。越七月卒於正寢，實隆慶/元年正月初九日也。其子積等，將卜以是年三月十七日合葬於祖塋之穆位。乃走狀，請生銘。生/按狀：師生即穎異，少從學塾師，塾師深奇之。比長，益篤志力學。見人有道義者，無少長輒以師事。/繼師涇野、谿田二翁，咸稱之。巡撫路公托二翁修《全陝通志》，二翁即首薦師與其事。且精于麟/經，屢試上列，督學唐公每舉以風書院士子。其事二親，就養無方，深得古人承顔順志之道。母疾，/躬湯藥，晝夜衣冠侍側。及没，水漿不入口者数日。墓居三年，哭泣過度。比父没，哀毁亦如母。事繼/母尤謹。後繼母老，欲歸前子。師固留不得，乃具棺衾而送之。殁，亦終其制。于兄嫂敬事，則甚致謹，/未嘗有惰容、逆語相詆。且痛其喪明、無子，乃命長子積爲嗣。嫂殂，仍勸兄娶少婦，後果生二子，兄/目復明。其弟携金三百，客河南，因貲折損，困滯客邸，三十年不克反。時年亦老，師每念輒流涕不/已。及致政歸，乃枉路而邀之同歸。嗚呼！孝友若師，雖謂曾、閔後一人亦可也。且人恒以善謀利教/子孫，師訓諸子義方之外無復他責。又每每戒之曰：富貴有命，汝輩當守孝弟勤儉，若巧謀私積，/吾甚不願汝曹爲也。雖諸女，未嘗不以是戒之，不以貞順勉之。當時與師交遊者，靡不感師之誠。/是故如馬生子健、劉生仲旵貢士、平野高教諭、五渠李主事、雙河劉輩，皆相愛敬如兄弟焉。非師/之善交能如是乎？若及門之士，痛師之殁，皆守喪視殮，哭臨如喪考妣。非師善教之德，有以在人/心歟？且平生守正，不事干謁。入京上銓，人有勸幸進者，輒斥不從。時早朝，適當祁寒，人多使代/之，師曰：是欺君也。必親詣而不憚。及任徽州，清操愈勵，時諸僚屬多迎阿上官以取寵，師守自若。/郡牧推重其操，不惟府屬最殿，托以考課。與凡滯獄大疑，亦罔不委讞之。如辨金貴、金恕之屈直，/平黄音、汪旦之鬭〔鬥〕争，釋鄭元、程十一人之命，皆發奸擿伏，通於神明者也。故一時諸上司聞之莫/不曰：若張照磨者，可以語今之循良吏矣。皆將薦揚以爲國家大用。師遂奮然思歸，雖府院交留，/終莫能止。比抵家，惟會晤賓客。每語人曰：吾之子孫，有祖宗薄田産可以爲生，兹所以急急歸者，/第以吾老矣，吾弟亦老矣。吾之親識者無幾矣。有餘俸，願效二疏，以樂餘年耳。居数月而疾作，不/復起。遠近聞者，不惟服師之廉，而歎其識見之高者且比比焉。乃若恤寒士而助貧者之葬，解縊/構而成相競之婚，與夫却尚生催貢之餽，辭孺子援溺之酧等事，皆師之餘緒，不可録述者也。奚/必一一志哉？師生弘治甲寅四月初三日巳時，卒之年七十有四。初配田氏，莊重訦默，動止合禮。/舅姑妯娌，皆目爲良婦。且善撫諸子，長於女工。及殁，闔門追墓之。生二子：長積，承兄嗣，爲縣學生/員，娶任氏；次科，縣學生員，娶梁氏。女一，適本里按察司吏穆人合。生於弘治癸丑十月十八日亥/時，卒於嘉靖己丑七月初八日申時，享年三十有七，先師卒三十八年矣。繼亦田氏，尤執婦道。生/子二：長秩，娶安氏，側室昝氏；次稔，勤學刻苦，娶田氏，未佩而卒。女二：長適毘沙里趙宗實，次適宗/實堂弟吉。孫男七：浡然、油然，積出；浩然、沛然、渾然，科出，浩然聘涇陽縣南吴里王氏；小園、新園，/秩育。孫女六：一妻本里王宗堯，二字渭喬里楊舉人男儒士楊將，四幼，積出其三；其五、其六皆幼，/科出。是宜有銘。銘曰：

懿哉先生，抱德終始，窮則守義，達則知止。涇水之北，政原之南，封兹佳/城，億萬斯年。

隆慶元年丁卯季春十有七日，孝子積、科、秩泣血上石。

富平趙訓刊　/

二〇二　明秦藩宗室誥封鎮國中尉竹溪公（朱秉柚）歸葬墓誌銘

〔蓋文〕

大明秦藩/宗室誥封/鎮國中尉/竹溪公歸/葬墓誌銘

〔誌文〕

大明秦藩宗室誥封鎮國中尉竹溪公歸葬墓誌銘 /

長安縣儒學通家晚生何應龍撰序并篆、書 /

明興自嘉、隆以來，鱗趾呈祥，螽斯衍慶，濟濟林林，溯古帝王，以迄今日，宗室之盛，莫/是過也。偶有賢宗爻崗君者，持洒翁行實造余書志以鳴不朽，誠孝思也。按狀：竹溪/公者，是 /太祖高皇帝七世孫， /秦愍王六世孫， /永壽懷簡王五世孫，鎮國將軍志埵曾孫，輔國將軍公鍇之孫。自奉國將軍誠漋配/淑人張氏，於正德五年六月二十九日生公，乃嫡長子也。尊 /制，上 /請 /賜名秉柚。嘉靖三年， /誥封鎮國中尉，秩從四品，食禄四百石。請婚，乃配侯氏，受 /封恭人。生子一，曰惟焌君者， /封輔國中尉，配劉氏，受 /封宜人。生女四：一封雷潭鄉君，適任仕；二封羅溪鄉君，適魏光恒；三適邢節；四適劉櫝。/遇 制，俱封宗女宗婿，節、櫝皆冠服。孫男一，曰懷雜，受 /封奉國中尉，娶王氏，受 /封安人，卒，次聘蔣氏，未娶。孫女二：一適趙秉德，爲宗女宗婿；一尚幼。當公生甫四歲而/失岵恃，德性天成，不襍嗜慾，自有造以至成人，舉動端莊，交與不妄，訓迪子孫，親賢/友善，修德礪行，名重鄉國，賢人君子僉爲宗室首稱焉。今有賢子孫守禮下士，爲善/自樂，誠鱗趾螽斯，然不將與 /祖宗有光耶？嗚呼！公宜壽考，胡乃賓天，珠沉玉瘞，至今宗室士夫追思之。逝於嘉靖三/十八年正月二十四日，享壽五十。其子爻崗君事死如生，事亡如存，多朞不忍歸葬/釋服。茲卜於萬曆十八年九月初三日歸葬於咸寧縣韋曲里祖塋之次，因君之請/而敬銘之曰：

公派天潢，人傑性靈，克盡孝敬，敦睦同宗。交與不苟，詩書輒通，樂善守/禮，振時馳名。沖年理家，厥德愈崇，榮光祖宗，啟佑后昆。韋曲之里，丸丸柏松，乃安斯/寢，雄峙佳城。子孫萬禩，永奠嘗蒸。

不肖孤子惟焌泣血上石/

張文刻/

二〇三　明茂才雙栢張公（積）暨配任氏合葬墓誌銘

〔蓋文〕

明故生員/雙栢張公/配任氏合/葬墓誌銘

〔誌文〕

明茂才雙栢張公暨配任氏合葬墓誌銘 /

鄉進士文林郎知山西大寧繁峙縣事邑人眷生對川楊守信撰 /

臨潼縣鄉進士承德郎任山西太原府通判 眷生敬亭趙光裕書 /

茂才張公名積，字子發，雙栢其號也。西安府高陵縣奉政里人也。先世居寒村，後/迁阿藩寨，元初改居徐吴村。遠祖諱謙，配任氏，生亨。亨配李氏，生成。成配鄧氏，生/鋭。鋭配石氏，早卒，繼配王氏，生三子，孟饒、仲斆、季赦。斆配田氏，即公父也。受業文/簡吕公、谿田馬公二老師門下，學有源渊，造詣宏深。十科不第，由太學生授徽州/府照磨。正德己卯生公。公岐嶷穎異，聰睿嗜學，日記數百言，人咸以奇童目之。早/得家傳，速肖不群。年少蒙督學文谷孔公考選，入學爲弟子員，自是益勵。初志博/涉群書，長於《春秋》，有声三秦，人咸以爲奪嵬科、陟膴仕皆公能事也。詎 命蹇運/蹇，終困林泉，士夫惜之。伯缺嗣承，照磨君命繼伯後。伯母故，人咸以公嗣，勸勿娶/少。公跪勸伯娶少，生二子。即今子孫繁衍，子登庠、孫登庠，何者非公德所致？事伯/承順顔旨，疾供湯藥，喪祭以禮。後因伯有子，復繼照磨君後。生平制行端謹，孝友/克全。教子以禮法，且敬慈老幼，憐恤孤寒，誠鄉曲模範，後學典刑。配任氏，儒門世/家。得女範，備五德，幼嫺婦道，長端母儀，教子育孫，克相夫子。公夫婦一德，賓升之/日，親疏遠近莫不哀痛，抑可以見公夫婦之行誼矣。公生於正德十四年十一月/初四日酉時，卒於萬曆三年十二月二十七日辰時，享壽五十七歲。任氏生於嘉/靖元年十二月初四日申時，卒於萬曆三十年正月初八日戌時，享壽八十一歲。/生子二：長浡然，娶知縣 對川楊守信女，早卒，繼郭氏、梁氏；次油然，早卒。生女四：/一適本里王宗堯，一適知州 閬川楊守介孟子生員楊鏘，一適 閬川季子生/員楊鎡，一適混沙里儒士趙炳。孫男二：長正蒙，娶穆氏，楊出；次東蒙，郭出。孫女五：/長適渭橋里儒士楊四端，楊出；次適涇陽縣王仕宦，郭出；余幼。重孫三：四序、五序、/丑序，正蒙出。其子浡然卜以萬曆三十一年十一月二十日葬公于照磨翁墓次。/銘曰：/

嗟嗟雙栢，朴實宅心。孝友持行，宜第不第。英傑早聞，宜壽不壽。敦厚克終，天實爲/之，理難盡憑。涇水之陽，雲山之陰，建此佳城，萬年長新。/

萬曆三十一年歲次癸卯終冬念日 /

不肖孤魯藩引禮張浡然暨孫正蒙、東蒙泣血上石 /

臨潼周守節刊 /

二〇四　明文學鄭季子墓誌銘

〔蓋文〕

明文學/鄭季子/墓志銘

〔誌文〕

明文學鄭季子墓志銘 /

侍　/兩朝經筵太子太保光禄大夫都察院左都御史致仕三原亦齋温純撰/

後學胡廷器篆　/

門人程應詰書　/

隆萬間高陵諸生，有鄭季子廷春者，喜邑涇野吕先生内外二篇，謂鄒魯微指在仁，即以仁名其齋。居嘗不踐一蟻，/不殺一生，見殘忍者不憚切責。又遺券以反族子邦智于蜀，焚券以聽里人郭獻之負。又于凶年出飲食以活餓者，/收養且嫁其女子之鬻于優而乞者。時家甚匱，人争譁，季子自若。然夢有吉徵久之。萬曆甲午，仲子一杰以讀季子/書舉于鄉，其譁者始大服。君子謂一杰此舉可以堅爲仁者之志云。乙未十一月辛巳，季子卒，一杰與其兄一豪、弟/一雋將以乙巳十一月二十舉葬事。先期一杰以行實乞銘，余覽而喜，吾儒者之有後也，其忍辭？按狀：鄭故高陵奉/政里人有諱滿者，生有才。有才配屈氏，生子男二，長文舉，次文美，字得中，邑學生，質樸緝學，攻文試數冠諸生。邑朱/令重之，延教子弟。居數年，無一言關説。受廩二十年，士出其門者衆。將貢，以疾卒。配趙，生子男三，長廷蘭，次廷馨，又/次即季子。亦質樸，學務近裏，不寢爲然諾，爲諸生亦三十年。初，次君以治書未成，命季子改治春秋，曉大義矣。既而/翻然曰：先子以書鳴家，而孤改之耶？遂仍治書益力。亡何，次君見背，趙哀，與其兄析箸，房産惟二兄所欲，養趙竭力，/殯殮葬祭，率以身任，或稱貸爲之。居喪不飲酒茹葷，飲食雖蔬羹必祭，公祭胙至必薦，不俟經宿，事無巨細必告，趨/墓揖拜必欽，雖年六十如一日也。兄無後，後別支未幾蕩敗無餘，遺嫂令諸子母養。先是，嘉靖乙卯地震時壓傷甚/多，季子夫婦亦被壓，而櫃扇兩覆之如翼。張氏起之，一無所害，此實天之有意全季子者。季子愈以德張氏，敬養/不忘，諸子因以稱孝友。鄉族鄭生，邦道任生，天眷十許輩，無論行修，一視訓迪，后多成立。讀書尤註意孝弟〔悌〕節義之/言可法者，書做好人、行好事、存好心、寧人負我，毋我負人，及司馬温公積陰德語，坐隅自警，因以戒子。訓里女適田，/聞貸以聘，即返其幣。里人屈仕義以貂皮求關説，斥之。王宗堯被誣，夜扣門求伸，曰：堯差勝，不憚傾家以謝。季子目/攝之曰：毋處世讓，不爲屈我，若即裕，奈何傾家求勝爲命。一杰往解，既解，兩家悦服。自是里人以事求季子居間/者接踵矣。性儉，一杰試南宫歸，以貂帽羅衣進，曰：吾家素貧，若一旦加兹，雖子道乎人，或有議其華者，不强之，不御/疾革。誡弟子程生應詰及一杰曰：若等入官第爲　/國爲民，若貪黷以求饒餘，非吾望也。時里人程希杰爲人陷，名登惡籍，曰：希杰偶誤耳，蒙此名，謂終身何。遂力疾爲昭/雪，令自新。蓋仁心爲質，類如此。既卒，吊客千計，無不酸鼻流涕，可以知季子矣。余惟世之人之昌阜其後也，非以屢/積則以屢困。然困而積也易，既昌阜而積也難，持此以指數諸昌阜者，百不一爽。次君受廩三十年，季子爲諸生亦/三十年，屢困矣。而又積有世行，且日服膺鄒魯之仁，豈涇野先生之流風使之耶。一杰又質樸，余與論鄒魯之仁，即/虞廷之一之中，即于人心求道心也，食息起居，無之非是。而翁學近之無問一矣，光而大之在吾子。一杰唯唯。既昌/阜而又積也，可知余爲此志且系以銘，安知非左券耶。季子字汝元，生嘉靖壬辰十二月辛巳，比卒年，享壽六十有/四。配張，生子男三：長即一豪，兵部武生，取東城坊李朝坎女，繼小張村梁九平女；次即甲午舉人一杰，取魏村田直/民女；次即一雋，學博士業，取生員王誠女。女三：一適田租，一適儒士魏村王慎獨，俱卒；一繼適慎獨。孫男六：長可久，/聘梁伯裕女，一豪出；次可大，聘魏村羅登攀女；次可欲　；次可繼，聘邑學生李自材女；次可爲，/　俱學博士業，一杰出；次可傳，一雋出。孫女五：一字涇陽聽選吴汝居子，學博士業，人仁，一杰/出；餘尚幼，三一豪出，一一杰出。墓在居之西北坎山午向。　/　銘曰：　/

惟土積腴植斯豐，惟人積行慶斯鍾。豈以慶積行抑，自偹厥躬。承前啓後，腴積曷窮。後翩翩其未艾也，將企鄒魯而/遡虞廷之中。　/

萬曆三十三年歲次乙巳十一月初十日

男一豪、一杰、一雋等啣哀上石

富平趙九重勒/

二〇五　明見山孫公暨妻王氏墓誌銘

〔誌文〕

明見山孫公之墓

見山孫公墓誌銘　/

大明萬曆壬午七月初九日，見山孫□□□□□□□越乙酉歲十二月/十六日，子學古等奉柩葬城南樂□□□□□□□禎屬眷後知公□/稔哀絰杖而造舍，請誌銘。謹誌□□□□□□□見山，世爲咸寧北王□/人。魯大父泰有隱德，大夫鎰宿□□□□耆賓。父左泉翁，天寵府學生。/母孺人王氏，同邑處士錦女，于正德庚辰七月十八日生公。公居長而曰度/曰□□□弟也。公生而穎異，氣度偉雅。幼年善悟小學書，嗣學《易》，習舉/子業，諸史百家，靡不洞覽，發爲文章，意中理竅，措辭有則。補邑庠生，體父/精勤之諭，益大肆力於學，人僉以高擢擬之。尋試補廩主司，寘累優次，未/嘗有驕傲色。居家事親，盡心竭力，務得其歡欣。間有疾，躬煮藥餌，食必先/嘗，皇皇期痊，甚至竟夕不寢。父臨終呼三子而訣曰：吾身歿後，凡喪具□/爾家有無。公與二弟哀毀切至，葬祭悉如所命。母王孺人，理内嚴整，閨壼/肅然，若不聞人聲，舉婦屬無敢懈惰者。公丁寧母訓，私以勸偶而又日以/孝友誡諸子。以故偶之勤儉，妯娌稍讓，而子之懿行，可枚爾述。嘉靖癸丑，/里人夛〔多〕病疫，弟庠暨婦染焉。時嗣息未立，而家人苦不敢近。遂徙弟别室，/獨守而調之，月餘不倦，疾賴以痊而公不受染，或者以友愛回天，未可知/也。所與遊皆當世名人，朋儕中即平日甚狂僻者，一親炙之不敢出一詼/語，作一妄動，而公之爲人可識矣。初，公德美學博，自謂青雲可立致，竟爾/不售，二中榜副而已。里人倜儻惜之，公之心泊如也。生平無恙，遘丙子疾/痰，手足失桯，以子孫自娱，然猶不忘詩書，日令以張次粘壁玩之。居數年而卒，益知公之學不徒爲富貴功名也已。公配王氏，邑庠生永顯女。生子/七人。男三：長學魯，取趙氏，先公卒；次學古，取王氏；次學詩，取趙氏。女四：長/配　永壽王府鎮國中衛惟烋；次配　宜川王府鎮國中尉惟爌，俱　誥/封恭人；次適府學生員楊華；次適趙國祚　臨潼王府儀賓奇子也。又男/曰茂，取沈氏。孫男一，濯，學詩出。銘曰：/

德器厚而不窳，韞櫝實而不寠。抱和之璧，靡售於時；造物忌才，如斯而已。/公有嗣焉，箕裘克繼；公有息焉，允光門楣。是宜假年，溘焉長旋。蒼蒼佳城，/樂遊之原。勒銘孔昭，永垂九淵。矗矗堂封，載祀載瞻。/

長安舉人眷晚生瑞廷劉逢禎頓首譔　/

姪男學思頓首書、篆　/

不肖男學書、詩泣血上石　/

卜大□刊　/

母姓王，其父永顯，母高氏。生正德辛巳十/二月十四日，終萬曆癸卯八月初十日，享/壽八十有三。萬曆戊申四月十七日啓先/公壙合葬焉。姪男學思再書，男學詩上石。/〔一〕

〔簡注〕

〔一〕此段位於誌面左上，以小字補刻。

二〇六　明（王尚禮妻）李氏墓誌銘

〔誌文〕

明李氏墓志銘　/

夫氏雙泉王翁之正配，士春李君之次女也。氏雖目不睹女則諸訓，/而其行若昔賢之通書史者。姑性嚴，氏能事之，得其懽心。雙泉翁有/副室者三氏，又悉能容之，人稱不妬云。先是氏未舉子時，以族人子/可美、倪氏子可觀爲嗣。及氏生子曰廷弼，又能待兩嗣子不殊己出/子，人又稱其不偏云。槩神峪里人有子，槩不延師讀書，以故俗多悍、/多鄙，多好爭訟，衣裾而馬牛者，比比也。氏能延師教子，廷弼用是憤/發，咿唔之聲，恒至夜分不寐。自是厥後，文思又日長進。萬曆庚子，督/學臧奇其文，取充藍邑弟子員，氏且喜且又曰：兒勿以此足也，此萬/里發軔之初也。廷弼因是益下帷攻鉛槧業。無何而疾作，醫罔奏功。/雙泉翁痛不欲生，氏且含淚吞聲，多方慰解之。乃天雖奪廷弼之速，/不絶雙泉之祀。越三月而廷弼媍〔婦〕楊氏生子矣，今名籲俊者是。氏又喜/曰：吾得孫不啻得趙璧隋珠矣！吾夫庶幾不爲若敖氏矣！吾夫庶/幾得歆其祀矣！吾夫庶幾自今可寬慰其心矣！吾今得孫之日，即吾/兒再生之日也。居恒祝天，祈保佑乎孫者，又無不至矣。乃今孫籲俊/年甫弱冠而嗜學，不少休，則人又稱天藉此以報氏云。先是，雙泉翁/父名士荣，大父名臣，曾大父名文，三世未豐。自氏于歸，躬織紝克勤，/佐之以計然之術，於是家始漸豐，乃今累千金，富與王侯埒矣，則氏/内助之功居多也。氏生於嘉靖己酉三月十五，卒萬曆庚戌五月十二，/壽六十二。男一，廷弼，娶楊氏；女二，一適楊惠，一聘周氏。孫籲俊，廷弼/出，娶杜氏。今卜葬於田湾北原。雙泉翁恐氏之行泯泯也，於是暨孫/請志於余，嗚咽流涕，若不自勝，且曰：氏雖長於荒村之中，而其行若/前所称，槩不誣也。於是乎銘曰：

明李氏之墓　/

西安府歲進士楊光宗譔　/

西安府庠生　屈必揚書　/

鰥夫王尚禮同孫王籲俊泣血上石

卜相刻　/

〔簡注〕

〔一〕誌文末記下葬時間，權以誌主卒日萬曆庚戌（萬曆三十八年）五月十二日系之。

二〇七　明故誥封奉政大夫工部營繕清吏司郎中伊菴王公（訓）暨配誥贈宜人李氏田氏合葬墓誌銘

〔蓋文〕

明故誥封奉政/大夫工部營繕/清吏司郎中伊/菴王公暨配誥/贈宜人李氏田/氏合葬墓誌銘

〔誌文〕

明故封奉政大夫工部營繕司郎中伊菴王公暨配贈宜人李氏田氏合葬墓誌銘　/

賜進士第通議大夫資治尹吏部左侍郎兼翰林院侍讀學士　/兩朝實録副總裁　/經筵　/日講官關門盛以弘頓首拜撰　/

賜進士第承德郎兵科給事中邑人年家眷侍生楊維新述狀　/

賜進士第奉政大夫山西兵備僉事邑人眷晚生劉復初書丹　/

賜進士第中憲大夫四川兵備副使邑人眷晚生李仙品篆額　/

繕部郎中王君國相，以父封奉政公年邵，時時思歸覲省。適其署所董内急　/陵殿，外急遼鎮之甲仗器械，大司空方倚繕部以治辦，勢不得請，則時時形□于色。天啟□□□□/七日，封公卒于里中。訃音至都，繕部號慟西奔，而請余爲公及二配誌銘。公諱訓字□□□□/菴，陝西高陵人也。曾祖諱寅，祖諱文智，父諱仲憲，母趙氏。公事親孝，二親既老患□□□□□/夕供奉於左右，無倦怠。居喪克遵古制，與伯兄析産，推豐取瘠，畢□未嘗有違言□□□□□/潛心於《易》。入邑庠爲諸生三□□□弗録，益嗜學，夙夜探討經籍，廣覽博矚。即醫□□□□□/研究。與族弟河間同知寧虛共□□其先人世系爲家譜，表墓合（？）族以追遠聯渙□□□□□/之學業，夙講夜讀，務中課程，乃□□□，遂登進士第，除壽光令，則教以□潔持己□□□□□/往令邸視其政事，令每退食，必詢所設施有裨民社，爲之懽鬯〔暢〕，稍弗慊于心。即□□□□□□/殫精撫字。遂以治邑政成封公爲文林郎□□□知縣。初（？）令晉擢爲户部主事□□□□□/教以出納欲准，稽查欲嚴，而主事遂以聲□□□□□□□□迎養公於□□□□□□/覃恩封公爲奉政大夫工部營繕司郎中。公既膺□□□□□□□□□□□□□□□□□□□/自娱，遠跡公庭，不肯與郡邑之事。親友有過□□□□□□□□□□□□□□□□□□□/樂就之。暮年偕齒德之高者爲適老會，不務諧□□□□□□□□□□□□□□□□□□/奉舅姑，和偕妯娌，以贊公力學。以繕部貴，贈宜人□□□□□□□□□□□□□□□□□/　月　日舉一女。繼配田氏，父仲舟，爲壽官，祀先□□□□□□□□□□□□□□□□□/及居官皆有方。繕部迎養壽光，每以慎用刑恤□□□□□□□□□□□□□□□□□/靖甲辰正月初五日，卒於萬曆甲寅正月初十日□□□□□□□□□□□□□□□□/距其生嘉靖乙未九月三十日，得壽八十有七。男長□□□□□□□□□□□□□□□□/國相，工部營繕司郎中，娶亢氏，贈宜人，繼安氏，封宜□□□□□□□□□□□□□□□□□/氏。次國極，娶亢氏，繼亢氏，女適趙寬。孫男二，予縉、予□□□□□□□□□□□□□□□□/繕部兄弟卜于天啟二年十一月初十日，合葬公與二□□□□□□□□□□□□□□□□/稽古弗遘，而以迪後。後以登庸，寧殊已售。韞謨弗試，而以□□□□□□□□□□□□□/，遡内外其咸臧。勒銘合瘞，徹始終以耀光。　（下闕）/

二〇八　明昭勇將軍崔君淑人細氏合葬墓誌蓋

〔蓋文〕

有明昭戫〔勇〕/將軍崔君/淑人細氏/合葬之墓

二〇九　明故處士桑田崔君合葬墓誌蓋

〔蓋文〕

明故处士/桑田崔君/合葬墓志/銘

東楚客堂老人/楊宏題石/

二一〇　明處士雲峯張公配孺人樊氏劉氏史氏合葬墓誌蓋

〔蓋文〕

明處士雲/峯張公配/孺人樊氏劉氏史氏合/葬墓誌銘

二一一　明昭信校尉西安後衛百户渭川孫公墓誌蓋

〔蓋文〕

明昭信校/尉西安後/衛百户渭/川孫公墓

二一二　清修明故通奉大夫山西左布政使翼明王公（國相）暨元配誥封夫人亢氏夫人安氏夫人韓氏李氏合葬墓誌銘

〔蓋文〕

明方伯　/翼明王公/墓誌銘

明故通奉大夫山西左布政使翼明王公暨元配誥封夫人亢氏夫人安氏夫人韓氏李氏合葬墓誌銘　/

賜進士出身整飭嵢嵐兵備道兼陝西府谷等處駐劄偏關僉事通家眷晚生馬雲龍頓首拜撰　/

賜進士出身江南江寧府推官通家眷晚生田薰頓首拜篆　/

丁酉科舉人眷晚生王養瑚頓首拜書　/

余兹博觀總總，曠覽芸芸。飄輪幹乎乹，湫盤浮乎坤。亦既升井爲炎，降斗爲寒。廣矣邈矣，不可臆紀矣。而迺達人/其間，恒百世而相感者，殆有若細若氣微若聲者之爲之區隩乎？矧夫同是恭桑之里，事業茂乎麟爛，名譽善乎/彪炳。休風奕奕，逾久而新，如我方伯王公者乎？公諱國相，字思忠，號翼明，先世山西洪洞人。自始祖道彬公徙居/高陵西南鄉，去縣治二十里。四世祖諱寅，曾祖諱文智，家世皆有積行厚資。祖壽官諱仲憲，號竹泉，里中以富實/好禮稱。父諱訓，號伊菴，弱冠入庠，精於易學及天文、地理諸書。娶李氏，生一女，早卒。繼娶田氏，淑惠恭順，生五子，/長曰國楨、次曰國柱。楨甫入庠，與柱相繼淪亡。先生遂絶意經生業，抱道自樂。性質直嚴正，周急拯危。與田太夫/人精白禱於雲夢，公實應期而降。生而聰敏，七歲能吟詩聯對。父口授經書，輒解大義。稍長，事父母以孝聞。及成/童，負笈從前川郭先生學。居未幾，先生曰：此穎悟非常，吾不能爲之師矣。入授經於父，遂以易學名家。十八歲，補/博士弟子員，督學使即以大器目之。二十歲，食餼於庠。是年，芝草産座右，觀者如堵，一時咸異之。公益攻苦，焚膏/繼晷，寒暑不易也。萬曆丙午，以義經冠本房。越明年丁未，成進士，筮仕山東壽光令。壽光，青齊劇邑也，多豪強兼/並，百姓苦徭役不均。時當審編，公慨然曰：居官不能悉民利病，何以官爲？廼爲之酌肥瘠、定高下，數十年之弊/更之一旦，邑大治。遣人歸省，畧云：兒不敢取非分之物以辱吾父也。太史公曰：孫叔敖出一言，郢市復。子産病死，/鄭民號哭。公儀子見好布而家婦逐。良哉爲邑，敻千古矣。公乎殆可與爲儔乎？詎特中牟馴雉，河上投巫，同日而/語哉？己酉，分校鄉闈，得士七人，成進士者六。一時功業赫著，爲世牒光。五載秩滿，課最，封文林郎，賜誥，贈斟鄩。士/民立碑建宇，肖像而祠之。旋蒙/內召，授計部主政，經理財賦者二年。甲寅，丁內艱。服闋，補工部郎。會有/顯陵之役，及告竣，羡金二萬，公毅然盡數歸帑。/天子降璽書褒美，賜鈔幣、封奉政大夫。辛酉，丁外艱，縈縈凷〔塊〕餘。旋奉敕分憲潞州。時寇掠晉中，值國家承平日久，遠近/震驚。公獨率朽鉞鈍戈之旅，晝則督戰，夜則登陴。時餉多不繼，捐俸金，解束帶，收家人簪珥，分給將士。由是軍士/服其威信。會守冀南，威信益著，紀律益嚴。士卒咸奮勇争先，遂擒渠首王嘉胤。賊衆失勢，夜遁渡河，復相聚寇葭/綏。督撫上其事，聞於朝。/上命兼理葭綏，刻視其成功。尋陞貴州左布政。會/瀋藩及撫按交疏：晉中保障，非王某不可。/廷議仍令征勦，遂有晉陽方伯之命。封通奉大夫，贈三代皆二品如其官。未幾，從戎露宿，左股中濕，遂/予告歸。未五十而懸車，士民欲絶，送者夾道，涕泣如失父母。檢視行裝蕭然，圖書數卷而已。暨抵家，杜門謝客，讀書一/室中，終日不釋卷。或勸以爲勞，公曰：吾自幼受嚴父教，樂此不倦也。且時一披閱，手澤存焉。以此仰承，色咲孝思，/不既永乎？性儉素，終其身布衣草履，泊如也。平居無疾言厲色，兄弟怡怡，里/御童僕皆以恩。少嗜酒，雖攖疾毖，飲對/賓客，必盡歡。其後，以家口繁衆，伯仲析居，囊無私貯，如薛包之取僕取器，第取其老者弊者，曰：與我相習久也。里/中迄今高其誼。辛巳六月晦，痰作，急更衣冠，端坐而逝。公生於萬曆辛巳年十二月二十六日巳時，卒於崇禎辛/巳六月三十日辰時，享壽六十有一。弟二人，國標、國極，俱禮部儒士。初娶亢氏，事舅姑極其謹慎，夜則挑燈煮/茗以佐誦讀。封孺人，贈宜人，加贈夫人。繼安氏，嫺於女德，政治之暇，多所裨益。封宜人，贈夫人。繼韓氏，封夫人。後/公卒二十二年，不以存亡易念，不以盛衰改節。冰霜之操，昭若日星。公修身齊家之道，久而彌善。天之報公者，豈/淺鮮哉？庶李氏，慈良嚴翼，動有規度，内室之中，肅若公庭。先公逝十二年。生二子：長子紱，早卒；次廷佑，廩生。生女二：/長亢氏出，次安氏出。長適庠生劉丕烈，次適儒生張星炳，俱蚤逝。廷佑娶任氏，繼岳氏、岳氏、王氏，庶張氏。生四孫：/擢、捷、掄、揮。孫女一。擢娶邵氏。侄子縉，庠生，娶米氏，繼李氏。弟極出。跡公生平在官，則以平易近民，以嚴毅治衆。既/不吐剛茹柔，亦不磨磷涅淄。而家食之吉，復恂恂於鄉黨。蓋天性既優，而得於庭訓者復深。文章德業，寧可一□/竟哉？余既與公同里閈，側聞伊菴先生之學，習公明德久矣。遂肆力于三陳九德之業。以故公子廷佑從余游。仲/冬九日，將合葬於先塋之東塍。以狀來求余誌，余不獲辭，因爲之誌，而復爲之銘。/

銘曰：廣平曰原，猗抑且膴。日月於中，猗幾今古。逶迤氣勢，倚相吞吐。涇耶渭耶，猗交爲浦。公今藏玉，猗萬億□。石/不可泐，猗水不腐。子姓麟振，猗從斯溥。/

大清順治十八年歲在辛丑黄鍾〔鐘〕上澣之吉〔一〕

不孝男廷佑，孫擢、捷、掄、揮泣血上石 /

〔簡注〕

〔一〕黄鐘爲十一月的代稱，上澣即上旬官員休息日。唐宋官員實行旬休，即在官九日，休息一日。休息日多行浣洗，稱休沐或澣。月上旬的休息日稱上澣。

二一一三　清誥封驃騎將軍協鎮西寧副總兵官都督僉事瑞吾喻公（道貞）暨配劉夫人合葬墓誌銘

〔蓋文〕

誥封驃騎將/軍協鎮西/寧副總兵/官都督僉/事瑞吾喻/公暨配　/劉夫人合/葬墓誌銘

〔誌文〕

皇清誥封驃騎將軍協鎮西寧副總兵官都督僉事瑞吾喻公暨配　劉夫人合葬墓誌銘 /

賜進士出身内翰林侍讀加一級年家眷弟王豫嘉頓首拜撰 /

賜進士出身内翰林庶吉士年家眷弟王吉相頓首拜書並篆 /

驃騎將軍協鎮喻公者，當代之名將也。其豐功偉烈，載在　/國史，應與琬、琰並垂矣。於　康熙十九年閏八月卒於家。令嗣公持狀請誌於余。余桑梓執/交，頗悉　公之素履，因狀以爲之誌。

公諱道貞，號瑞吾，關東金州人也，隸籍長安已歷/三世。其高、曾與祖，代有　贈封，遠不具述。　公父諱三思，　贈驃騎將軍。　公母陳氏　/贈義方夫人。誕公，生而岐嶷英毅，事親克孝，接人克恭。奇偉岸異，迥不猶人。少負大志，/弱冠從戎，隸　制臺孟公麾下。値定鼎之初，大難未平。孟公鑒　公之才，託以心膂，授以/五品職，令靖三秦負固之寇。順治元年，逆寇賀珍、賀弘器等旋撫旋叛，　公親率健丁千/餘，犂庭掃穴，滅此朝食。捷聞，奉　/旨紀録者二。至順治五年，河西狪逆米喇印、丁國棟擁衆作亂，河西一帶撫鎮大臣尅陷甚多，/聚衆數十萬餘，長驅而東。時孟公西剿， 公以勁旅鋒解重圍，大破狡逆之胆。承其披靡，/復大破於金縣之城東，蘭州、河西等處以漸而復。又兼程窮剿米喇印，旋即授首，拔梁州、/恢甘州。逆賊愴惶遁聚肅州，以俟哈密外援。 公兵至，始而四面攻圍，繼而城北豎立雲/梯， 公身冒矢石，奮力先登。登城一呼，喊聲震天。分頭截殺，逆賊奔潰如鳥獸散。親斬哈/密僞王子土倫，執訊盈百，斬首千餘。 公下城開北門，引大兵入城搜剿。逆首丁國棟尚/踞西門樓，高壁堅處，盼望援兵。 公以秘計授其脅從，生擒逆棟，報捷獻俘。以數十萬之/巨寇，迅掃不遺余種。由是奇功茂著。於順治七年陞遷甘撫中軍遊職，及戰功累百，督撫/交章首薦。於順治十年九月内 /命下，陞授甘肅東協西寧副總兵。因 /誥封 公嫡配王氏爲淑慎夫人。 公益勵忠貞，撫恤士卒，表率諸營，協贊督撫修邊備，安黎/庶，練勁旅，奠番叢，烽煙無警，衝塞倚爲長城。修鼓樓，建橋樑，聿新孔聖之廟，重起明倫之/學。紳玉士庶立生祠以祝之。嗣是， 川陝制臺李公知 公驍勇戰將，疏題平川。於順治/十七年， 公奉 /旨征剿至川，旋戰旋撫，先聲奪人。僞將軍郝成義等嘯聚萬衆，莫不崩角投順。蜀中一帶，安/若泰山。一切兵民，咸詠來暮之歌。 公英略冠世，氣盖三軍。若大展胸中之百萬，盡抒元/老之壯猷，侯封萬里，直指顧□事。 公達人也，博覽黄公秘術，心得乎成功者退之旨。早/爲掛冠，棄軒冕若敝履。還居長安，冠道巾，衣衲服，坐蒲團，拈百八，惟與賢士大夫先生長/者講忠孝而課子弟，談道義而化奸頑。僊骨道風，飄飄然有凌雲氣，脱俗入化。忽焉無恙/而逝。 公其神耶？僊耶？亦石隱將軍擬伏虎耶？松象老子信猶龍耶？抑大漢子方之後身，/明初清泰之化身耶？余幾無以誌吾 公。第以《洪範》之五福揆之，可謂全且備矣。配 夫/人劉氏，相夫教子，敬順温勤，孝尊育衆，恭莊過人。今合葬於雁塔之南，水環山抱，松柏蔚/然，允福人之福地也。 公生於明萬曆乙巳年之九月二十三日戌時，卒於 康熙十九/年閏八月初六日午時，享壽七十六歲。 夫人劉氏生於明崇禎庚午年正月十三日寅/時，卒於 康熙二十一年七月二十日戌時，享壽五十三歲。 公子維新，國子監監生，聚〔娶〕/西安督糧道韓公諱志道少女。茲卜 康熙二十一年十月二十二日卯時開壙合葬，故/誌其生平。此孝子不忍其親之英猷亮績湮没無聞之苦心。請鐫於石，藏之窀窆，以垂不/朽，系以銘。銘曰：

惟君之生兮龍驤，惟君之逝兮珠藏。名垂麟閣兮昔炳炳，勳著嚴疆兮/今煌煌。憶彼英武之軼倫兮，精誠貫日而恢恃；緬彼神靈之在天兮，僊骨跨鶴而翺翔。/

不孝男維新泣血上石 /

長安卜年、世鐫字 /

二一四 清誥封驃騎將軍協鎮西寧副總兵官都督僉事瑞吾喻公（道貞）元配王夫人合葬墓誌銘

〔誌文〕

皇清誥封驃騎將軍/協鎮西寧副總兵/官都督僉事瑞吾/喻公元配 夫人/王氏合葬墓誌銘/

皇清誥封驃騎將軍協鎮西寧副總兵官都督僉事瑞吾喻公元配王夫人合葬墓誌銘 /

分守衡永郴道駐劄永州府布政司參議年家眷晚生朱士傑頓首拜撰 /

江南池州府文林郎知銅陵縣事加一級年家眷晚生孫維震頓首拜書並篆 /

康熙二十六年十二月六日，驃騎將軍喻公元配　王夫人卒。　/

康熙二十八年十月七日，葬夫人於長安城南曲江之北，大雁塔之前，與喻公合也。先是，/數月前厥子維新泣授行狀，不憚數千里遣使詣都門求銘于余，曰：不孝維新將葬母，使/來請銘，乞勿吝。余與將軍同鄉，又以戚故，兼讀行狀，能悉夫人始末，故不敢以不敏自謝/也。夫人家世三韓，祖父爲金州衛千户。當明季時，因兵燹徙居燕京。夫人生而性質朴，寡/言笑，不喜紈綺粉飾之事。甫及笄，爲擇厥配，遂歸將軍。將軍雖幼負壯志，猶未大展，自得/夫人爲内助，遂慨然欲建奇勳、樹偉績以成大名於天下。審時度勢，爰及夫人同來于秦。/值　/皇清定鼎，遇大司馬孟公諱喬芳者，總督三秦，遴選三韓宿將及謨猷素蓄勇略蓋世者列薦/以登，將軍乃乘機而奮焉。于順治七年授以甘撫中軍游擊，與夫人同焉。於順治十年九/月擢陞甘肅東協西寧副総兵，與夫人同焉。既而奉　/旨征川，將遺夫人于本鎮，夫人曰：我兩人背鄉井而客居者，已閱數省矣。年踰五旬而欠一子，/雖爲國忘家，掃除寇氛，固人臣之忠，而功成之後，亦當爲奉祖先焚香火計耳。于是將軍/協謀進剿，屢著奇功，而餘孽漸滅之際，遂決意致官，掛冠而回矣。初欲立家蘭州，既乃卜/居西安。脩園圃，治生業，優游作林下叟矣。夫人乃廣施舍，樂賑濟，焚香暗祝，日夜爲立後/計。弘斯有容之量，學樛木譱〔善〕下之德。當將軍耳順之年，乃生賢嗣，即諱維新者。夫人于/是擇賢而有才者委治其家，惟得與將軍頤養天年，以冀其子之成立。前康熙十九年閏/八月初六將軍卒，彼時夫人年近八旬，慟哭柩前，曰：吾當随夫并逝，奈其子尚幼，未諳世/故，少緩數年之死，留爲吾兒之庇。遂與其子營葬事于康熙二十一年十月二十二日。葬/將軍後數年，迺郎舉一男孫，取名曰釗。夫人曰：子壯矣，孫立矣，吾願亦已足矣，可以陪吾/夫於地下矣。未幾染疾，不服藥而逝。生於萬曆三十二年十一月十五日寅時，及卒，八十/有六。卒之年舉一女孫，卒後未幾，復舉一男孫，取名曰鐸。釗與女孫皆韓氏出，原任陝西/布政司左參議韓公諱志道少女；鐸係側室王氏出。　銘曰：

盡婦職兮四德能嫻，敦母道/兮三從惟嚴。卜宅穸兮合葬而安，利後人兮世世其賢。曲江環繞兮雁塔峙前，二名不朽/兮兹宅同傳。　/

不孝男維新率孫釗、鐸泣血上石　/

長安楊玉璞鐫石　/

二一五　清敕授文林郎知射洪縣事宗周喻公（維新）墓誌銘

〔蓋文〕

皇清敕授文林/郎見任四川/直隸潼川州/知射洪縣事/宗周喻公墓/誌銘

〔誌文〕

皇清敕授文林郎知射洪縣事宗周喻公墓誌銘　/

文林郎知新都縣事年家眷寅弟秦天賜頓首拜撰　/

奉直大夫知潼川州事年家眷弟吴樹臣頓首拜書　/

文林郎知蓬溪縣事年家眷寅弟張世祺頓首拜篆 /

公諱維新，字宗周。家世三韓，閥閱簪纓，代不乏人。我 /朝初，大司馬、總督孟公收復全陝，特拔將材。 /太翁老將軍以副總兵坐鎮西寧，功箸〔著〕邊陲，軍民
欣戴，方略不讓金城。後辭/任，遂卜居于長安。年登耳順，始生 公焉。岐嶷穎異，識者早卜爲偉器。當/太翁升遐時， 公方十四，年雖幼小，而立志不凡。孑然一
身，卓厲英發。作太/學生時，潛心舉業，閉户讀書，慎言慎行，不妄交接，無紈庫〔袴〕氣。癸酉年，膺招/民之選。甲戌歲，始承 /簡命，作牧于射邑。射邑在川，蜀中
凋敝之餘，夙稱難治。 公因其土俗，相其机/宜，革從前之弊政，立將來之良法。紳衿士庶，歡然愛戴。有喻母之頌，謂數/十年來始逢此良牧焉。履任八載，諸 上臺
稔知其賢能，僉謀薦舉。因川/南邊彝梗化，整旅進勦〔剿〕匪。惟 公賢能傑出，調用軍前。方欲立功超遷，奈何/水土不利，抱恙以歸，延綿數月而卒。諸 上臺無不
悲憫，邑人士盡皆墮/淚，如喪考妣。及扶柩而歸，遂安葬于大塔先塋 老將軍墓側。 公係三/韓世家， 叔祖諱成龍，見任江南巡撫；堂兄諱維邦，原任正藍旗都統，
告/老家居。 公生于康熙六年正月初八日子時，卒于康熙四十一年五月/二十六日卯時。原配韓氏，西延鳳漢左參議督糧道韓公諱志道女。子六/人，長子諱鐸，次子
諱錦，韓氏出；三子諱銓，李氏出；四子諱鈉，王氏出；五子/銑，郭氏出；六子諱鉉，徐氏出。女子四人，俱未出閨。銘曰：
曲水悠悠，雁塔巍/巍。海天龍隐，華表鶴歸。瑞靄籠盖，佳氣鬱葱。幽宫永奠，後嗣疊興。 /
不孝男鐸、錦、銓、鈉、銑、鉉泣血上石 /
長安卜泰鐫 /

二一六 清誥授奉直大夫湖廣永州府道州知州王公（甲士）墓誌銘

〔蓋文〕

皇清誥授奉直/大夫湖廣永/州府道州知/州東園王公/墓誌銘

〔誌文〕

皇清誥授奉直大夫湖廣永州府道州知州王公墓誌銘 /

新都令王君延慶，予同寮友也。君治新都有善政，予夙推慕之，已而持其先人行實乞/銘於余。予謹按：
道州刺史、奉直大夫王公諱甲士，字伯臣，改字木伯，號東園。其上世爲/咸寧人，明正嘉時，公六世祖江涯公以直諫聞天下，自後科第仕宦，累世不絶。江涯公/第
四子爲刺史公諱用卿，爲公高祖。刺史公第二子爲昌化公，爲公曾祖。昌化公生紹/美公，紹美公生申命公，申命公生二子，長即公也。公登戊辰進士，爲綏寧令。後補
贛榆，/以循卓異等擢道州刺史。旋以不合上官罷歸。卒年七十有五。娶萬氏，封宜人；趙氏，贈/孺人；高氏、張氏、崔氏俱待贈孺人。子男四人，長即新都令諱延慶，
趙出；次延善，高出；次/延燮，張出；次延揆，崔出。女四人，女孫四人。公生於順治壬辰八月十八日子時，卒於雍/正四年六月十四日巳時。兹以七年十二月初二日
奉公柩葬於曲江祖塋北之新阡，/銘曰： /

粵稽王氏，世籍咸寧。積善流慶，代産賢英。篤生我公，卓哉偉人。幼而聰穎，博學工文。長/而通籍，品軼群倫。筮仕之初，三月政成。再試劇邑，如鮮之烹。贛故難治，俗竄民貧。公來/爲宰，民頌更生。民患阻饑，公予之飧。乃積乃倉，古法是因。民患野處，公爲之屏。維藩維/垣，户可不扃。舊多夥盗，雞犬時驚。設方安弭，萑苻藏形。版籍有混，由公而均。訟獄多紛，/恃公而平。贛有海市，罔利相仍。公爲釐革，法而不征。由此仁政，播爲仁聞。聿來 /簡擢，州牧是膺。公治如贛，異地同心。玩者以肅，悍者以馴。道有溢賦，上下同侵。公怒絶去，悉/予諸民。不私其身，不負其君。上官雖暴，孰畏其嗔。解組遄歸，與世莫争。綽綽進退，不知/戚欣。古稱仕宦，猶羶與腥。一爲染指，都屈不信。孰如我公，獘〔斃〕絶風清。相厥品度，惟古堪/群。用掇大略，俾藏之深。可朽者石，不滅者銘。/

賜進士出身奉政大夫延綏西路同知加二級紀録九次年家眷姪錢金森頓首拜譔 /

賜進士出身文林郎江南寧國府寧國縣知縣加四級年家眷晚生劉鑑頓首拜書 /

賜進士出身文林郎福建汀州府長汀縣知縣加三級年家姻晚生梁樟頓首拜篆 /

男延慶、善、燮，揆泣血上石 /

長安卜兆夢鐫/

二一七 清誥封驃騎將軍奉政大夫丹卿李公（桂）墓誌銘

〔蓋文〕

皇清誥封驃騎/將軍奉政大/夫丹卿李公/之墓

〔誌文〕

墓誌銘 /

今上御極之己酉歲黄鐘月丙申日戌時之吉，太和、時庵兩年兄扶 /皇清誥封驃騎將軍、奉政大夫馨菴公李年伯之柩，與 /誥封二品夫人李太君年伯母合葬於陝西城南之龍馬。 兩年兄先以表碣之事郵寄一緘，屬余爲之誌蓋以余與時菴/同捷南宫，知 年伯大人梗概甚悉，余雖素不能文，然既忝年誼，又何敢以不文辭？謹按： /年伯李姓，諱桂，蘭亭其字也，行一。家世雍州，代有聞人。 年伯髫齡穎異，肆志詩書，其自命不苟之槩，早爲時髦所推重。/後值吴逆跳梁，作梗南服，我 /聖祖仁皇帝乾威丕震，用兵滇楚。 年伯奮然興曰：大丈夫志在天下，須當學班定遠輩，投筆而取封侯，安能毛錐終老耶？/因而從事戎行，奇功屢著。丙子歲，噶爾旦負固不庭， 龍戰瀚海， 年伯又效命絶域，忠勇爲一時之冠。飲至之日，論/功行賞，授以都督僉事職銜，正擬卓用，而 年伯乃念椿萱早喪，末展孝思，遂淡志功名，自安家食。每於春露秋霜，廬/墓悲哀，其純孝有如此者。欣逢 /聖朝不負功臣，干旌屢賁。而年伯却徵不起，甘作邱壑夔龍、衣冠巢許，惟以琴尊風月，自肆於山巔水崖之間。幸而天誘/其衷，世德發祥， 大年兄已食禄 天家，累官直隸山東諸省，所往皆兵民帖服，行陣戢穆。 /年伯庭訓之力居多焉。 二年兄尚瞻依膝下，未獲鵬搏。　年伯朝夕引翼，面命耳提。至甲午科高登賢書，癸卯又捷會/闈，　/欽點侍衛。余因附驥，同備一官，得悉顛末，乃益信　年伯之一經課子，學有淵源，非若近世之盜襲虛聲者所可望其項背。/不意戊申之秋，粵東返棹，將奉禄養于淮陰，忽而抱病舟中，路經江右滕王閣下，遂騎鯨仙去矣。嗚呼！天道茫茫，哲人/其萎，何遽奪　年伯之算竟至此極乎？雖然，　年伯之純忠純孝，不縈情於高爵厚禄，而適志於泉石煙霞。迄今　兩/年兄符分重鎮，爲　/國家股肱心膂之寄。異日　/聖天子推原義方之教，大沛　綸綍之恩，褒廕數世，顯名當代，印纍纍而綬若若，則　年伯之忠孝性成，並以忠孝詒謀於/子孫身後之食報，更未有艾也。又奚必躬膺顯職，親登仕籍，始足爲人生遭遇之隆也哉。　年伯生於順治十六年五/月初七日午時，卒於雍正六年九月二十二日子時，享年七十正歲。　年伯母生於順治十三年正月二十九日寅時，/卒於康熙五十二年十二月十五日亥時，享年五十有八。其相夫子，齊眉偕老，雞鳴盥漱，有古淑媛風。生子二：長逢春，/現任廣東黄岡協副總，娶太學生候推州同知王公諱青雲長女；次遇春，癸卯進士，　/御前侍衛，現任江南淮安城守營中軍守府，娶邑庠生楊公諱臻范次女。生女一，適現任漕標中軍副總馬公諱義。孫男二：/長之蟠，聘甲午科舉人功加副將尹公諱龍次女，次君出；之珩，長君出，未聘，俱業儒。兹值　年伯與　年伯母合葬之/期，其先葬　年伯母也，卜吉於西安府咸寧縣韋曲里新阡之原。今合厝於此，取壬山丙向，作辛巳辛亥分金。余身羈/婺州，不能親盡執綍之忱，謹濡墨含毫，既誌其生平，仍欷歔而系之以銘。其銘曰：　/

雍州勝地，　關内名邦，　中山翠靄，　渭水流長。　龍沙隱現，　氣局堂皇，　乾坤奠位，　百世其昌。　/

賜進士第　御前侍衛　/特簡協鎮金華等處地方副總府加一級紀録一次年眷姪烏麗珠頓首拜撰　/

長安縣儒學生員眷晚生　高眾仰頓首書丹並篆蓋　/

雍正七年十一月之□　/

不肖男逢春、遇春泣血上石　/

二一八　清誥封一品夫人（尚某妻）葉太君墓誌銘

〔蓋文〕

皇清誥封/弌品夫/人葉太/君墓誌/銘

〔誌文〕

皇清誥封一品夫人葉太君墓誌銘　/

敕授文林郎原廣東惠州府歸善縣知縣監督潮惠東界等處監政由丁丑拔貢加一級年家眷晚生孫/能寬頓首拜撰　/

賜進士出身任四川順慶府知府前翰林院檢討加一級年眷世姪潘祥頓首拜書　/

賜狀元及第原総督雲南貴州等處地方兵部右侍郎兼都察院右副都御史提督軍務総理粮餉加二/級門人張文焕頓首百拜篆　/

葉太君者，陝西靖遠衛人，原江南掌印闖司葉公諱蓁次女，榮禄大夫、宣化提督尚公繼配也。夫人/生而賢淑，正静在室，時爲父母鍾愛。及年十七，于歸尚門。時提督公坐鎮固原，於康熙十八年出兵/川中。夫人遣使迎 /贈翁垂勳公於固原署中，朝夕奉養，痞寐未懈。二十二年，公陞神木副帥，又迎 贈翁于署中，殷勤侍/奉，不遺餘力，内外稱孝婦者，咸以首推夫人。後 垂勳公蓴鱸念切，含淚對夫人曰：爾賢媳婦也，吾/不忍言歸，但邊塞苦寒，吾年將七十，腹疾時發，恐伴異鄉，不得不急歸故里。爾夫征戰以來，受 /皇家不次之榮，爾當扶助爾夫，上報國恩。老夫即至泉臺，亦瞑目矣。又抱丹庭云：汝好撫吾孫。宦海茫茫，/恐後會無期也。夫人泣涕拜志。不料拜别之年，即永訣之日也。二十三年二月聞訃，公哀哀如絶，夫/人潸潸淚盡而繼以血也。二十五年，葬 垂勳公於長武舊阡，盡哀盡禮。嗟夫！提督公歷任秦、吴、楚、/閩，跡遍天下。夫人贊勷内政，不記年矣。三十四年，調任澎湖，汪洋數千里，提督公勤於國事，单騎就/道，留夫人并眷口寄居興化。時值歲歉，丹庭兄弟等年方弱冠，夫人敦請明師，以母道兼父道，朝夕/訓迪，必入孝以出弟。三十七年，公調直隸三屯營副師。未幾，陞宣化總兵。四十一年 /特陞提督。是年恭遇 /覃恩，加封太君一品夫人。提督公賦性威嚴，歷任以來，夫人多方婉慰，官弁侍妾婢僕輩，受恩良多。四十/四年，提督公告致歸里，夙嬰疾病，常寝床褥，日事藥餌。夫人衣不解帶，親嘗湯藥者五年如一日。五/十年春，提督公見背，夫人哭踊有禮，葬祭無違。服闋後，夫人將公無子妾婢俱令適人，分文不取，衣/物首飾，俱令携去。雍正元年，夫人因丹庭等家口衆多，難以共居，諭令六分均分。臨終之際，又命長/孫煒書寫遺言，諄諄務令兄弟和好，勿墜家聲。嗚呼！提督公， /皇家之柱石，夫人，尚氏之賢媛也。夫人雖長逝，而徽德懿行，有與終南渭水俱長者。夫人生於順治十八/年辛丑十二月初二日丑時，卒於雍正十二年甲寅四月初八日申時，享壽七十有五。丈夫子五：長/丹庭，候選州同，娶程氏，江南癸酉科舉人以儼公女，夫人出；次聖庭，候選州同，娶王氏，原福建陸路/提督萬祥公女，繼娶楊氏，原臨淄縣知縣端本公孫女，楊孺人出；三芝庭，候選州同，娶顧氏，候選國/子監助教文炳公妹，夫人出；五明庭，候選州同，娶吕氏，原安義縣知縣曰紹公女；六鳳庭，娶貟氏，原/春江協鎮萬良公姪女，朱孺人出。女四：一適原汀州総兵王公國興子太學生弼；一適原辰州協鎮/崔公耀子太學生秉仁；一適原天柱營參將劉公有謙子候選府同知元勳；一適候選州同齊公興/學子戊子科舉人瑆。孫男三：長孫煒，娶杜氏，長安增廣生淳公女，丹庭出；次煜，芝庭出。次焕，鳳庭/出，俱幼未聘。孫女二：長丹庭出，次聖庭出，俱幼未字。曾孫女一，長孫煒出，幼未字。丹庭等以九月二/十一日將啟提督公之封合葬焉。余既叙其梗槩而誌之，因係以銘。銘曰： /

維棲鳳之垧，雄於五陵。二璧合藏，以莫不寧。於維夫人，明德惟馨，有萬斯齡，有後斯承。以莫不興，於/我銘是徵。 /

孝男尚丹庭、聖庭、芝庭、明庭、鳳庭，孫煒、煜、焕泣血上石。 /

二一九 清誥封宜人王母（王甲士妻）萬太君合葬墓誌銘

〔蓋文〕

皇清誥封宜/人王母萬/太君合葬/墓誌銘

〔誌文〕

皇清誥封宜人王母萬太君合葬墓誌銘 /

誥封王宜人者，故道州刺史王公諱甲士配也。道州公殁而余哭於其室，不数年而又以哭公者哭宜人也。/尋病廢，謝客久之，而嗣君新都尹諱延慶率諸季持狀來請曰：筮有期矣，將奉吾母以從先君子。藉吾子/一言，以不朽地下也。余早侍道州公杖履，而故同年友梁子正者，公倩也，其曷可辭？按狀：宜人姓萬氏，出長/安望族。伯父户侯者，順治戊子鄉薦令四川南充，而良宜人之閤教有自來矣。暨于歸道州公而相莊也，雞/鳴昧旦，候舅姑寢楹之前，珮環璆然，進退有儀，動止爲則。王故稱冠蓋多禮数，中外無不交口賢者。亡何，太/夫人捐館舍，宜人椎髻而持家政，未嘗須臾敢燕息也。其所上太翁餐，先意承志。晨昏滫瀡之資，非手調不/以進也。故太翁得安於養而道州公得安於讀，績聲與書聲相答也。乃公竟用是成進士，授綏寧令，遷贛榆/，尋擢道州牧，所至清白有聲。而宜人益以廉善相勗勵，無珠玉錦綉之奉，無珍錯玩好之蓄。姻族有急者，倚/若困笥，人由是益重道州公也。方道州公之歷令而牧，而宜人不欲随也，以太翁甘旨故也。迨太翁不禄，而/宜人備醫禱，謹窀穸，喪葬盡禮，不啻太夫人含襚時也。家人数百指，男服力，女服紅，寢不聲笑，里不聲怒，不/啻道州公坐堂皇而經紀之也。乃道州公以剛直忤上官意，拂衣歸。宜人迎，勞之曰：是獨不爲疏大夫耶？誰/謂而薄田不足供饘粥，而貽謀不足光似續耶？然當是時，新都君業英英頭角，鋭意繩先經世之學，宜人頋/之欣如也。已又愸如曰：王氏再世，一綫耳，不可以吾故而孤大夫後。南有樛木，能逮下也，不然即螽斯之宜，/奚獲焉？既而舉三丈夫子，而宜人喜可知也。髫而塾之，冠而室之，拊之摩之，以玉於成，若愛新都君。新都/君樂母之慈也，什倍所自出也。而諸母之不私其所出而交相愛也，則宜人之教先之也。獨怪宜人以寛平/博大之德而数不育，僅僅一巾幗子，而又嫠而孤，造物固以節義德行，厚母骨肉之間，而宜人推之，訓於有/家。博習經傳，講明古今節孝大旨，不以髦而倦也。白髮岸坐，翕然左右，頣指肩脅，而供色笑者相環也。天畸/報之，而宜人夥收之，畛域既捐，遂履於坦。仰答夫子在天之靈，而俯啟後昆克家之美。賢婦賢母，宜人兼之/矣。然聞新都君自晉封，歸養恂恂，孺子慕，而其諸季亦至性深醇，常以未獲奉母而終事之爲憾。每述母懿/行，未嘗不涕泗交頣也。余感其志而誌之。宜人生於順治辛卯十月初五日午時，卒於雍正乙卯十一月十/一日卯時，享年八十有五。子男四：長即新都尹諱延慶，孺人趙氏出；次監生延善，高氏出；三監生延燮，張氏/出；四延揆，崔氏出。女四，宜人出者一，適丙子科舉人梁諱模，即子正也。餘幼未字。今於乾隆元年丙辰十月/初十啟道州公兆而合葬焉，禮也。是宜銘。/

銘曰：世稱婦德，於其助也，乃以篤厥祜也。世稱母德，於其育也，乃以廣厥穀也。夫孰使之？前有耀而後無疆。/聯跗齊穎游之乎？康莊其萬石之家風，而七鬯於王者耶？/

賜進士出身文林郎江南寧國府寧國縣加四級年家眷晚生劉鑑頓首拜撰/

賜進士出身奉政大夫延綏西路同知加二級紀録九次年家眷姪錢金森頓首拜書/

賜進士出身文林郎湖廣桂陽州嘉禾縣知縣加三級年家眷晚生任之彦頓首拜篆/

男廷慶、善、燮、揆泣血上石/

二二〇　清誥授武翼大夫山東登州鎮標右營遊府宜菴劉公（尚義）墓誌銘

〔**蓋文**〕

皇清誥授武翼大/夫山東登州/鎮標右營遊/府宜菴劉公/誥封淑人曹太君/合葬墓誌銘

〔誌文〕

皇清誥授武翼大夫山東登州鎮標右營遊府宜菴劉公墓誌銘 /
敕授中憲大夫分守山東登萊青整飭海防道兼水利事世襲一等子年家鄉眷寅弟趙之壁頓首拜撰/
敕授奉直大夫山東東昌府臨清州知州加七級年家鄉眷弟張維垣頓首書丹/
修職郎吏部候銓學正年家眷姻弟晉席琮頓首篆蓋 /
公諱尚義，字宜菴，姓劉氏，先世古南鄭人也。高、曾以來，代有令德。至 公祖諱繼漢始遷長安。 /繼漢公暨 公考諱自孔，以 公貴， /誥封武翼大夫。 公祖
妣樊太君、 妣張太君、 柳太君俱封淑人。當 公母馭隺〔鶴〕， 公甫冲幼，依 /祖母爲恩育。爾時薪儲不給， 樊每撫 公太息， 公輒解曰：祖母勿憂，天既生
孫，終有以興劉氏之/門。其童年自命，嶄然已露頭角。及稍長，好技藝，喜談孫、吴書，衆僉異之。康熙壬寅歲，棄儒就伍。随/征閫外，剋爾格隆寺、西海及巴里坤等地，
公每以奮勇告捷。至雍正庚戌，救援科什圖、峩崙磯，/與敵交鋒者二十餘日。 公力奪山梁，殲逆衆、突重圍，會合官兵，毫無怯色。緣是勞績丕著，得蒙/皇恩賞賜銀
兩，給督中營把總。於乾隆之五年， 制憲公慶鑒 公防静逆無踈，拔補提標城守營千總。/任事以來，惟以整風化、勤簡閲爲己責。以故歷釐數載，懲惡警頑梗之習，
練兵多超矩之能，軍民/於今猶嘖嘖稱威德不置。越五年，預行保舉，赴部引 見，蒙 /賜大緞一疋。丁卯春，随中協永剿金川。 公領兵取丹哈山，燒燬〔毀〕碉寨，
群虜竄逸而亡於鋒鏑者亦無算。/次年復攻取卡撒右山梁石水碉、雙碉等寨，不問晝夜，盡掠其險而據之。蓋 公知碉寨難克，甚/於城廓，非有摧山破壁之威則不獲全
勝。因又監造大炮，以爲掃靖邊檄計，其殫心畢力，視唐之/晟、宋之彬亦堪伯仲于其間。及凱旋，從 忠勇公傅入覲 /天顔，賜宴瀛臺， /特授山東登州營遊擊。十六
年， 翠華南幸， 公奉文總查 御道，又蒙 賜宴及五爪龍大緞二疋、貂/皮、銀牌等物。 公念受 恩深重，務期竭智盡忠，力圖報稱。凡一切經營計議，莫不高人一
等。至/於營中部伍、器械，井然有條，確然有法，爲軍弁除夙積之弊，而貽久遠之規。即解馬甘省，帶病充/差，曾不知自恤其身。尋報部議，叙加一級。迨丙子歲， /
聖駕臨曲阜， 公管站道兵丁事，蒙 /賜宴泉林，又 /賜五綉龍衣、貂皮、小刀、荷包。 公回署曰：居官奉/職，不辭勞瘁，但求無愧於心。今 恩榮叠沛，何以問厥心
於五夜。居無幾，於庚辰之正月忽患症，/旬日而卒于官。三月， 公之子將扶柩旋里，軍民皆挽輀流涕，設奠道傍者數十里不絶。嗚呼！ /公之志願未竟，而勤勞 王
事，愛養士卒，疲精憊神，一病不起，殁于官舍。武侯所云鞠躬盡瘁者，非歟？至若天性至孝，每以奉差守職，不獲掃墳墓爲酸心。則當日之懿行，著於門内，實功業所
由，彪/炳閭里，盡口碑之，又不必爲 公一一備載。 公生于康熙四十一年八月十七日丑時，卒於乾/隆二十五年正月十三日丑時，春穐〔秋〕六旬有二。元配曹淑人，
渭南縣司捕曹公長女，先 公逝；繼/配宋淑人，處士諱元柱公次女；側室王氏，舉丈夫子三：長德基，曹淑人出，娶路氏，太學雪麓公長/女；次德柄，宋淑人出，聘韓
氏；次德一，王氏出，未聘。孫男家祥，孫女家瑞，德基出，俱幼。乾隆二十五/年十二月十五日， 公與曹淑人合葬于省城東南孟邨之 /先塋。嗣君乞余誌銘，以余稔
知其出處，弗獲辭，遂質言其梗概，以垂不朽。且 /銘曰：
積善獲慶，五世其昌。惟 公品藝，虎賁龍驤。屢奉 /天討，頻荷 /恩光。名垂青史，功著旂常。九原有穴，既吉且康。窀穸兹土，云胡不臧。
孝男德基、柄、一，孫家祥泣血上石 /

〔蓋文〕

皇清誥授武德/將軍例授武/義大夫山西/大同鎮北楼/營參將型齋/李公墓誌銘

〔誌文〕

皇清誥授武德將軍例授武義大夫山西大同鎮北楼營參將型齋李公墓誌銘　/
　賜進士出身奉直大夫原知廣東高州府化州事年姻眷弟呼延華國頓首拜撰文　/
　賜進士出身奉政大夫原知山西直隸代州事年眷弟施敬勝頓首拜書丹　/
　賜進士出身文林郎知安徽寧國府旌德縣事愚姪壻劉元龍頓首拜篆蓋　/
公諱中模，字子蒦，型齋其號也。青霜紫電，世爲長安望族。余幼從先大人宦轍，/寄跡浙閩間，未得時相過從，然耳稔其人久矣。迨余官粵東，道出江西，公適爲/贛鎮中權，始識荊，相得甚歡。繼復以女妻余長子鵬揚，姻婭至誼，故知公最悉。/公　父凌漢公，舉大夫。子二：長諱中楷，癸丑進士，　贈榮禄大夫，甘肅寧夏鎮/掛印□□官；仲即公也。三歲失恃，家綦貧，與兄同事　凌漢公，曲意承歡，子職/弟道，交盡無虧。爲□□豁達倜儻，不以貧窶介念。雖甕無儲粟，弗顧也。與人交，胸/無城府，不輕爲然諾，諾則□踐其言。好讀書，精心韜畧，以武庠領乾隆戊午鄉/薦。己未聯捷，成進士，補四川□□□標中軍守備。維時制軍果毅公策深器重/之，遂調補督標。十七年，進剿褓谷關□□出師，身先士卒，奮勉攻戰，生擒逆首/蒼旺，公與有功焉。事竣，以功議叙，擢南北營都司。二十六年，推陞江西南贛/鎮標中軍遊擊。三十六年，遷山西大同鎮北樓營參將。公歷任以來，撫愛兵民，/寬嚴得法，訓練以時，故所在畏威懷德，每遇陞遷，兵民□道攀轅，如失慈父。去/後，樹豐碑以誌遺愛，至今猶有泣念者。夫馭兵之道，平日不能結之以恩，攝之/以威，一旦疆場有警，驅人於鋒鏑之中，而期其用命，不亦難乎？如公□殆所謂/不戰而操必勝之權者歟？惜乎未得晉秩，提鎮多所建豎，然全豹之斑已□□/可覩矣。按公先世代有令德。　祖諱長茂，以公兄總鎮公貴，　/誥贈驍騎將軍；　父諱文蛟，　/誥封驍騎將軍；　母姜氏，　/誥贈夫人，候銓同知諱武長公女。公以康熙五十三年甲午十月初六日丑時生，享/壽六十有四，乾隆四十二年丁酉十一月二十六日酉時卒於官。元配張氏，　/誥贈宜人，例贈淑人，咸寧庠生梧生公女；繼配寇氏，誥封宜人，例封淑人，咸寧庠生懷萊公女。子二：長大烈，太學生，娶楊氏，咸寧太學生/育□女；次大焯，早殤。女一，適余長子辛卯科舉人候銓知縣呼延鵬揚，俱寇淑/人出。孫男二：長發春，聘王永泰女；次榮春，聘李克讓女。孫女二，俱未字。公遺命/以榮春爲大焯後。四十三年，大烈扶柩歸里。兹卜吉於本年十二月十六日巳/時，安厝於城南孟村新塋，戌山辰向。銘曰：　/
　龍驤世業，兄晉戎元。公能媲美，懸胄魚門。無勇非孝，允體斯言。榮及先世，垂裕/後昆。永奠幽室，樂遊之原。蒼蒼鬱鬱，子孫其蕃。　/
　　孤子大烈率孫發春、榮春泣血上石　/

〔蓋文〕

皇清待贈修職/郎太學生/福田楊公/墓志銘

〔誌文〕

皇清待贈修職郎太學生福田楊公墓/誌銘 /

公諱世增，福田其號，國子太學生/也。世居省垣。 曾祖崇吾公諱昇，/清介有俠氣，匿孫氏遺孤，事載家/傳，多隐德，故瓜瓞蕃衍，爲一時望//族。 祖義亭公諱培芝，其兄 符/遠公諱生芝，讀書樂道，學品爲士/林翹楚。與王山史、康孟謀遊，名重關西，至今人猶樂道之。 義亭公/事兄如父，一切家政不以累兄，時/稱爲壎篪競爽云。舉丈夫子五最//少， 六吉公諱瑄，即 公父也，處/己接物，持家課子侄，俱嚴謹有祖/父風。元配 范太孺人，生子二：長/鹿川公諱世輔，明經進士， /例贈奉政大夫；仲即 公。繼配 王/太孺人，生 叔平公諱世均，太學//生，爲 公季弟。 公生而淳朴，自/幼即不慕浮華。入家塾攻舉子業，/潛心肄習，誠慤如老成人。而恭順/篤謹，侍高堂每能得其歡心，處昆/季之間怡怡如也。迨 六吉公棄/養，後家道素豐，日以昌熾。昆季和//議，思各自樹立以光大其門閭，爰/同稟命于 王太孺人。太孺人允/其請，且勖以推讓，遂別爨焉。 公/外嚴内寬，寓精明於渾厚，與人交/無忤言遽色。而籌畫生理，經營家/政，一以勤儉爲宗，不自惜其勞瘁，//事無鉅細皆以身先。衣不重帛，食/不重味，數十年如一日。其式廓前/業，焕然爲閭里光者，盖皆自潔己/寡過、克勤克儉中來也。昔唐肅、代/間，風俗奢靡。楊綰入相，汾陽爲之/減聲樂之半，清德亮節，彪炳史策。//(下轉第二石)若 公之遭逢 /聖世，雖未登仕版，而勵操持、恭節儉，篤/守先人遺範，嗚呼，亦足以爲鄉里/風矣！語云：貴而能下，所以常守貴也；富而能貧，所以常守富也。 公/其庶幾乎？至於逢歲歉，輸米助粥//賑，太守義之，匾其門曰：好善樂施。/其他義行多稱是。客歲邑侯張愛/濤先生重修縣志，表揚節孝義烈。/時 公年垂髦，猶復慨然捐貲以/勷盛舉焉，其能識大體類如此。 /公生於乾隆八年十二月初三日//酉時，卒於嘉慶十七年五月十八/日寅時，享壽七旬。元配王孺人；繼/配康孺人，邑庠生名濟泰公姑；繼/配燕孺人，前任直隸古北口都閫/府諱化鵬公女；側室王氏，今在室。/子一，滮，太學生，燕孺人出，娶李氏，//太學生諱之恪公女。女三：長適傅/名振甲；次適韓邑庠生名爕，俱王/孺人出；少適傅邑廩生名焌，康孺/人出。孫二：體仁、體志，幼業儒，俱滮/出。今其嗣君卜吉是年二月初六/日申時扶 公柩安葬於里王村//新塋，巽山乾向。持狀丐銘，奎叨在/梓里，熟聞 公之爲人，且與嗣君/交。弗獲以不文辭也。既誌乃銘。銘/曰：

關中名區，緊古雍州。水深土厚，/代毓英流。卓哉我 公，性行兼優。/儉以養德，慎則寡尤。高曾矩矱，子//孫弓裘。年登古稀，香山逸叟。身没/名留，瑯玗琳璆。佳城鬱鬱，奕世凝/庥。 /

甲子科舉人吏部揀銓知縣年家/愚姪劉兆奎頓首拜撰文 /

候補儒學訓導愚甥陳九成頓首//拜書丹 /

丁卯科舉人吏部揀銓知縣姻晚/學生李應震頓首拜篆盖 //

男滮率孫體仁、志泣血上石 /

嘉慶十八年歲次癸酉花月穀旦/

二二三 清待贈郡庠生楨亭屈君（廷輔）暨德配李孺人梁孺人合葬墓誌銘

〔誌文〕

皇清待贈郡庠生楨亭屈君暨德配/李孺人李孺人梁孺人合葬墓誌銘/

關中有大姓三，曰景、曰昭，而自秭歸/來秦川，支分派别，歲月三千，冠裳劍/佩，弓治相繼者，首推屈氏。君屈姓，三/閭裔也，世居義龍村。乾隆間移居柳/家山，俗名窑窠者。是諱廷輔，字楨亭，/鄉飲成名公之子，處士際泰公之孫。/年七歲，日讀冬書，無不記憶。十五入/太學，有薦紳先生見之，嘆曰：眉似長/松，肌如玉雪，洵黄家家兒也。吾當留/服於他日。積五六年，再應童子試，卒//不得志。遂棄去學武。嘉慶十六年，學/使□平泉試同州，舉秀才，后習舉業。/以高堂立□，公□期倦勤，精心果力。/□□□□不□十年間，席豐履厚，家/道日興，而和順爲心，豐儉□□□有非/尋常俗人所能及者，始余□貢士拜/□□立□□於里第。公□□□之召，/□□來□其山□□□□□□□□□/之用。□□我□厚□□□□□□□/□□明□余去而北土□□年□/□秦來□洵及□舊□鄉飲立□公/□□□□□年，余自京旋里，弔楨亭//於寢門南面。嗚呼！滄桑有變，星漢無/常。回憶十年之間，宗梨既杳，櫨果何/存。人生天地，猶白駒之過隙。嗚呼！楨亭竟何爲哉？君有子二人、女二人、孫/三人、曾孫女二。以今 /上十七年三月卒，將以是年十一月/卜葬祖塋側。縣庠生孝子振南已擬/李孺人、李孺人、梁孺人爲之祔矣。又欲得予言以誌其墓。友人印玉石以/誌之。其詞曰： /

技追紀昌，才儗周郎。惟山河之既渺，/使余黯然而神傷。於戲！劍掛白楊兮//兔馴於場。 /

道光十七年歲在丁酉冬至前七日/良辰 /

例授徵仕郎吏部即選直隸州分州/加一級乙酉科選授貢生愚弟朗山/原印玉頓首拜撰 /

邑儒學生員浪翁世愚弟原梅頓首/拜書并篆盖 /

振南　儒 /

男　孫仲學□石/

指南　文 /

□山□　□/

二二四　清誥授朝議大夫晉封通議大夫欽加三品銜候選知府前鄜州學正己巳補行壬戌甲子科舉人理齋張公（煒）墓誌銘

〔題簽〕

皇清/誥授朝議/晉封通議/大夫/三品銜候選知府前鄜州學正主講崇/化書院己巳補行壬戌甲子科舉人　/理齋張公墓誌銘/丁酉科舉人受業/田易疇頓首題籤/

〔蓋文〕

皇清誥授/朝議大夫/　晉封通/議大夫三/品銜候選/知府前鄜/州學正己/巳補行壬/戌甲子科/舉人理齋/張公墓誌/銘　/

〔誌文〕

皇清誥授朝議大夫　晉封通議大夫　/欽加三品銜候選知府前鄜州學正己巳/補行壬戌甲子科舉人理齋張公墓誌銘/

例授文林郎吏部揀選知縣乙酉科拔貢/丁酉科舉人受業岳峙敏首撰文　/

誥授奉政大夫同知銜湖北儘先補用知/縣乙酉科拔貢受業陳樹霖敏首書丹　/

賜進士出身　/誥授奉政大夫翰林院編脩　國史館纂/脩加五級受業胡鼎彝敏首篆蓋　/

理齋夫子辭世之次年冬月，卜葬有日，先/期世兄立本持行狀屬峙銘其墓且誌生/平。峙從　夫子遊歷年久，獲益良多，雖不/文，於義不能辭，亦不敢辭，謹就見聞所及/而敬述之。　夫子氏張，諱煒，號理齊，京兆/長安人也。世有潛德，原籍山西太原府，後/某公以游幕遷陝，譜牒遠不可攷矣。　曾/祖諱世興，乾隆丁酉拔萃孝廉，戊戌進士，/歷任山東堂邑城武魚臺知縣；　妣氏章，/敕封孺人。　祖敦，邑庠生，任山西平陸榆/次縣丞；　妣氏弓，　父諱瑞芝，號雨田，由/太學生授從九品，　母氏王，俱□贈如例。/　夫子幼有至性，聰穎過人，事　父母先/意承志，出於至誠，迨雨田公卒，哀毀逾/（接第二誌石）恒，喪葬如禮。事　太夫人甘旨罔缺，尤得/歡心。有女弟幼攖痼疾，醫弗瘳，　太夫人/最鍾愛，　夫子亦以終鮮兄弟，善調護以/慰慈衷。同治初，花門構亂，省城戒嚴，米珠/薪桂　太夫人旋復棄養，營喪葬外，幾至/屢空，而　夫子艱辛特勵，耿介益持，淡名/利，寡交遊，奮志詩書，自甘淡泊，此則孝友/克敦，清修自好，出於天性者然也。　夫子/性耽經史，窮且益堅，隨月囊螢，寒暑無間，/蓋凡諸子百家以及星相等書，靡不備覽。/嘗謂德行道義所以禔躬，至文章特餘事/耳，然有德者必有言，理固宜然。弱冠，補博/士，蜚聲黌序，吐囑名貴，每脱稿，耆宿及當/道咸器重之。嗣登壬戌甲子賢書，論者以/爲文章有價，非其學養純篤，何克至此。庚/辰歲一赴春闈，歸即淡情仕進，專以成德/達材，誘掖後學爲念。咸邑胡明府延佐簿/書，立内課課生童，即倩　夫子代爲批閲，/口授指示，諄諄弗懈。議增脩脯，力辭不受，/一時好學之士咸樂登龍。而因人施教，俾/各成才，入詞林、膺民社、掇巍科、食廩餼者/數百人，皆本學於　夫子者，出以用世，則/　夫子之遺澤長矣。或勸再赴南宮，　夫/子終以女弟病卧，不忍遠離，負　太夫人/（接第三誌石）遺囑，遂不復出。額其居曰宜雨宜晴山館，/蓋取素位而行宜無不宜之義。終日危坐，/不履市廛，不入衙署，惟以課徒教子，流覽/經史爲樂，家貧受業者不受脩脯。丙申丁/酉歲主講崇化書院，教授生徒，專主躬行。/與講帖括，亦以身心體驗爲勖，並請於堂/課定額外多加十名。及解館，諸生戀戀不/捨，遂有教敷桑梓之頌。　夫子既答以詩，/復撰楹聯以示鼓勵，並集批改課藝雜著/待梓，亦可謂教思無窮者矣。　夫子著作/等身，不欲問世，前糧道劉冰如觀察□人/關中，課藝同門，以未窺全豹爲憾，亟請於/　夫子，因有宜雨宜晴山館文存詩存之刻，/及詩存、雜著續刻，閲者争先快覩，謂言/爲心聲，即言可以見德。而序中若宫農山/太尊毛子林明府，皆有經師、人師之推。峙/序雜著，亦謂　夫子立言、立德、立功，可並/垂不朽也。　夫子由孝廉奉　旨選授鄜/州學正，未之任，爲請封顯揚計援海防，例/加今銜。元配氏李，性情淑懿，動合闔範；繼/配氏樊，嫺内則，習姆教、佐家政，井井有條，/撫前室子逾於己出，俱已先　夫子卒。子/二，長鳳翥，邑庠生，李出，亦先　夫子卒；次/立本，樊出，亦能精心繼述，喜自樹立。　夫/（接第四誌石）子生於道光十四年八月□六日辰刻，殁/於光緒二十五年十月十□日戌時，享壽/六十有六。今於次年冬月初四日巳時，扶/柩詣永甯門外何家村東阡　祖塋巽首/乾趾，啟繼配樊淑人之壙而合葬焉。峙忝/列門牆，既抱心喪之痛，又重違世兄立本/意，爰爲謹述生平而敬爲之銘。其詞曰：/

終南之精，豐鎬之英，篤生夫子，毓秀鍾/靈。潔清賦性，耿介操持，淡情仕進，經史自/怡。德行淑身，留芳永久，砥礪敬修，家庭孝/友。道集厥躬，先知先覺，善誘循循，牖啟後/學。文章著述，與古爲鄰，言中有物，推陳出/□。如何昊天，哲人永逝，式我□型，遺風□/□□□□□兆卜龍首，佳氣葱葱，□□□/後。蒼松翠柏，鬱鬱芊芊，勒諸貞珉，億萬斯/年。/

男立本泣血上石　/

二二五　清太學生叔平楊公（世均）墓誌銘

〔誌文〕

皇清太/學生/叔平/楊公/墓誌/銘

□□□叔平楊公墓誌銘　/

□□□□□學教諭　恩貢/□□□□楊玄青頓首拜撰/

□□□□司訓廪貢生澄邑/世愚姪李邦選頓首拜書丹/

候補儒學司訓廪貢生愚甥/陳九成頓首拜篆蓋　/

公諱世均，字叔平，太親翁　/六吉公之第三子也。幼失怙，/經營家務，未得卒儒業，援例/入國學。賦性惇厚，懿行可嘉/焉。余嘗見人之爲誌者，每曰/某也孝，某也弟，某也忠信，及/考其行，名不符實，泉壤抱慚/者多矣。夫誌也者，誌其實也。/不實矣，誌何爲？且聖人取人/不求全，不責備，苟有一善足/録，必表而出之。矧　公之/實行，鑿鑿可據哉。　公之事/孀　母也，二十餘年如一日，/凡温清定省，衣服食用，無不/曲盡厥誠，是其孝行克實也。/　公之事諸兄也，唯諾惟命，/不敢少違。後值鬩墻之變，雖/（下闕）

二二六　清恩賜黄衣榮膺八品宜安潘公（成義）墓誌銘

〔誌文〕

皇清恩賜/黄衣榮/膺八品/宜安潘/公墓誌〔一〕/銘

皇清恩賜黄衣榮膺八品宜安潘/公墓誌銘 /

乙酉科舉人揀選知縣即用/教諭前借補興安府紫陽縣/訓導現任漢中/府寧羌州學正/年家眷晚生范/士增頓首拜撰/

己酉科舉人吏部揀選知縣/年家晚生周聲/頓首拜書並篆/

公姓潘氏，諱成義，字宜安，祖居/山西臨晉。 曾祖諱邦縣， /祖諱忠， 父諱起鳳，世以善/著於其鄉。 母姚太君，生丈/夫子三， /公其仲也。 伯兄/成章公。 其弟 成德公，早逝。/公雖家貧，上事 父母必極孝/養。病則躬親湯藥，衣不解帶/者數月餘。及歿，哀慟毀形，幾於/滅性。葬務竭力，以從豐厚，一/身獨承，不復累兄。 故鄉人皆/以孝弟稱善。 嗣值歲荒，日用/益窘。 公以産業盡付兄姪，/（下闕）

〔簡注〕

〔一〕「誌」字反書。

二二七 清例贈登仕郎鄉飲介賓太學生潤翁趙公暨元配王孺人繼配王孺人合葬墓誌蓋

〔蓋文〕

皇清例贈/登仕郎鄉飲/介賓太學生/潤翁趙公暨/元配王孺人/繼配王孺/人合葬□/□

二二八 清待贈咸寧縣太學生簡知晁府君塘記蓋

〔蓋文〕

皇清待贈咸/寧縣太/學生簡/知鼂〔晁〕府/君塘記

後記

《陝西省考古研究院新入藏墓誌》截稿付梓，編者心内五味雜陳。一是有些不舍，畢竟與貞珉墨拓相伴數載，反復摩挲中有如老友，其凹其瑕、其筆其畫，歷歷在目，不忍兩忘；二來亦甚感欣慰，六百餘種一千一百餘方墓誌、數十萬字，逐字校對，逐件核準出處，一生中得以做成此件大事，也不罔付了這些青春。

二〇一二年春，編者在院内核準立項，着手整理院藏歷代墓誌，得到院領導和同事們的大力支持。「陝西省考古研究院院藏歷代墓誌整理與研究項目」先後獲得兩項陝西省文物局考古發掘資料整理專項資金資助，向後又得蒙故宫博物院承擔的國家社科基金重大招標項目子課題資金三次滾動資助。已出版的《長安高陽原新出土隋唐墓誌》，獲二〇一四年度國家古籍整理出版項目資助，並獲二〇一六年度全國優秀古籍圖書獎一等獎殊榮。如此厚愛，對於剛剛得窺墓誌整理研究門徑的編者來説，幸何如之！前輩學者王素、任昉、葛承雍、王其禕、羅丰、張建林等諸先生對本項目都給予了指導和教誨。劉呆運、邢福來、譚青枝、李恭諸先生慨允查閲原始發掘資料，張蘊、田有前、王小蒙、王望生、段毅、馬志軍、肖健一、楊利平諸先生提供了墓誌出土信息。讀者在本書中看到的每一方墓誌，都是考古工作者辛勤勞動的成果，在光潔可人的紙面背後傾注了他們辛勤的汗水和無私的奉獻。上級部門和前輩專家的認可，院裏領導和同仁們的傾力支持，都給了我們莫大的信心與動力，支撑着本項目的順利完成和三部著作的付梓。

爲了保存和利用院藏墓誌這批珍貴的文物資料，本院專門斥資在涇渭基地修建了一千平方米的石刻文物標本庫，定做安裝了密集架和展示架，將院藏墓誌逐一登記，編號後上架保存。目前，通過目録可直接檢索到某方墓誌的存放位置，大大方便了墓誌的調閲。此乃極大功德一件，值得樹碑立傳以褒揚之。

整理出土墓誌是件費力不討好的苦差事。項目組自二〇一二年起，歷經六個寒暑，翻檢原石、核對拓片、校對文字、搜尋資料，工作繁瑣而枯燥，没有一定的毅力是無法堅持的。吴鋼先生在《唐碑俗字録》的後記中説：「只要一坐下爬格子，像練氣功一樣，甚麼也忘了；也像和尚禪定，如入妙境。」每讀前輩此語，感同身受，苦樂自在其中。其實最讓我苦惱的，不是翻檢原石和校對拓片的勞累，而是只見墓誌而不知其出處的迷茫。考古發掘出土墓誌最重要的價值在於其出土環境和背景資料，脱離了這個「母體」，墓誌就僅僅是歷史文獻而不能成爲考古材料，其研究價值將大打折扣。從故紙堆中搜索可用的墓誌出土信息，與院内曾參加一綫考古發掘的在職老師和退休專家共同回憶墓誌出土情況，成爲項目後期的主要工作。項目雖然結束，但此項工作仍在繼續。以出土墓誌爲綫索，整理考訂考古發掘資料，也是我們今後的一項重要工作任務。

全書的墓誌録文、校對和統稿由李明負責。葛承雍教授在百忙中爲本書賜序，並多次指導和鼓勵編者深入研究。著名考古學家羅丰先生欣然命筆題寫書名，爲本書增色。上海古籍出版社賈利民先生與編者反復溝通，把握本書的方向與細節，付出了極大辛勞。姚明輝博士作爲本書責任編輯，仔細審閲書稿，糾誤頗多。王勝利、劉永剛不辭寒暑製作拓片，西安書院門静默齋托裱拓片，广州漢國數據公司製作掃描圖版，李欽宇拍攝了部分照片，杜鎮博士、米晨凡女史等也爲整理和校對墓誌付出了辛勤的劳动。感謝關心與支持本書編輯、出版的各界人士！

編者

二〇一八年十二月